社科学术文库

LIBRARY OF
ACADEMIC WORKS OF
SOCIAL SCIENCES

王亚南 ● 著

王亚南文选

(卷一)

中国社会科学出版社

图书在版编目（CIP）数据

王亚南文选/王亚南著. —北京：中国社会科学出版社，2007.3

ISBN 978-7-5004-6239-2

Ⅰ.王… Ⅱ.王… Ⅲ.①王亚南-文集②经济学-文集 Ⅳ.F0-53

中国版本图书馆 CIP 数据核字（2007）第 086649 号

出版策划	任　明			
特缴编辑	龚肆仁			
责任校对	安　然			
封面设计	弓禾碧			
技术编辑	李　建			

出版发行	中国社会科学出版社			
社　　址	北京鼓楼西大街甲 158 号	邮　编	100720	
电　　话	010-84029450（邮购）			
网　　址	http://www.csspw.cn			
经　　销	新华书店			
印　　刷	北京奥隆印刷厂	装　订	北京一二零一印刷厂	
版　　次	2007 年 3 月第 1 版	印　次	2007 年 3 月第 1 次印刷	
开　　本	710×980　1/16			
印　　张	80.75	插　页	9	
字　　数	1398 千字			
定　　价	150.00 元（全三册）			

凡购买中国社会科学出版社图书，如有质量问题请与本社发行部联系调换

版权所有　　侵权必究

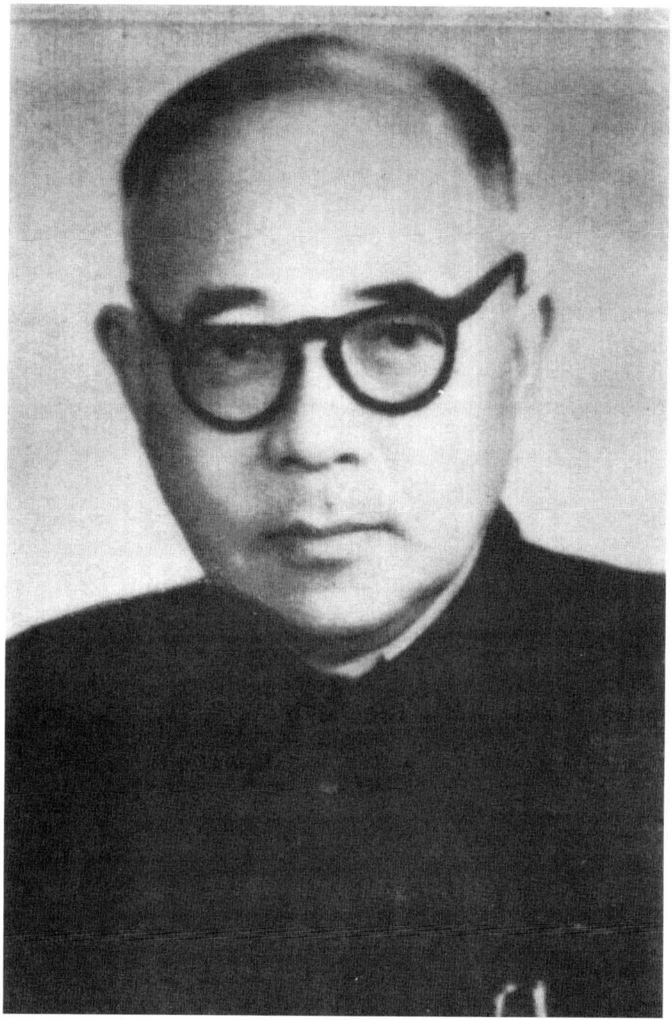

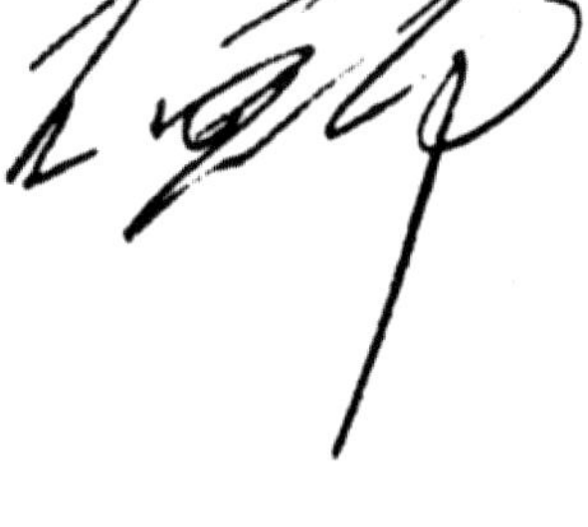

王亚南主要译著和他创办的部分刊物

王亚南两本主要论著的版本

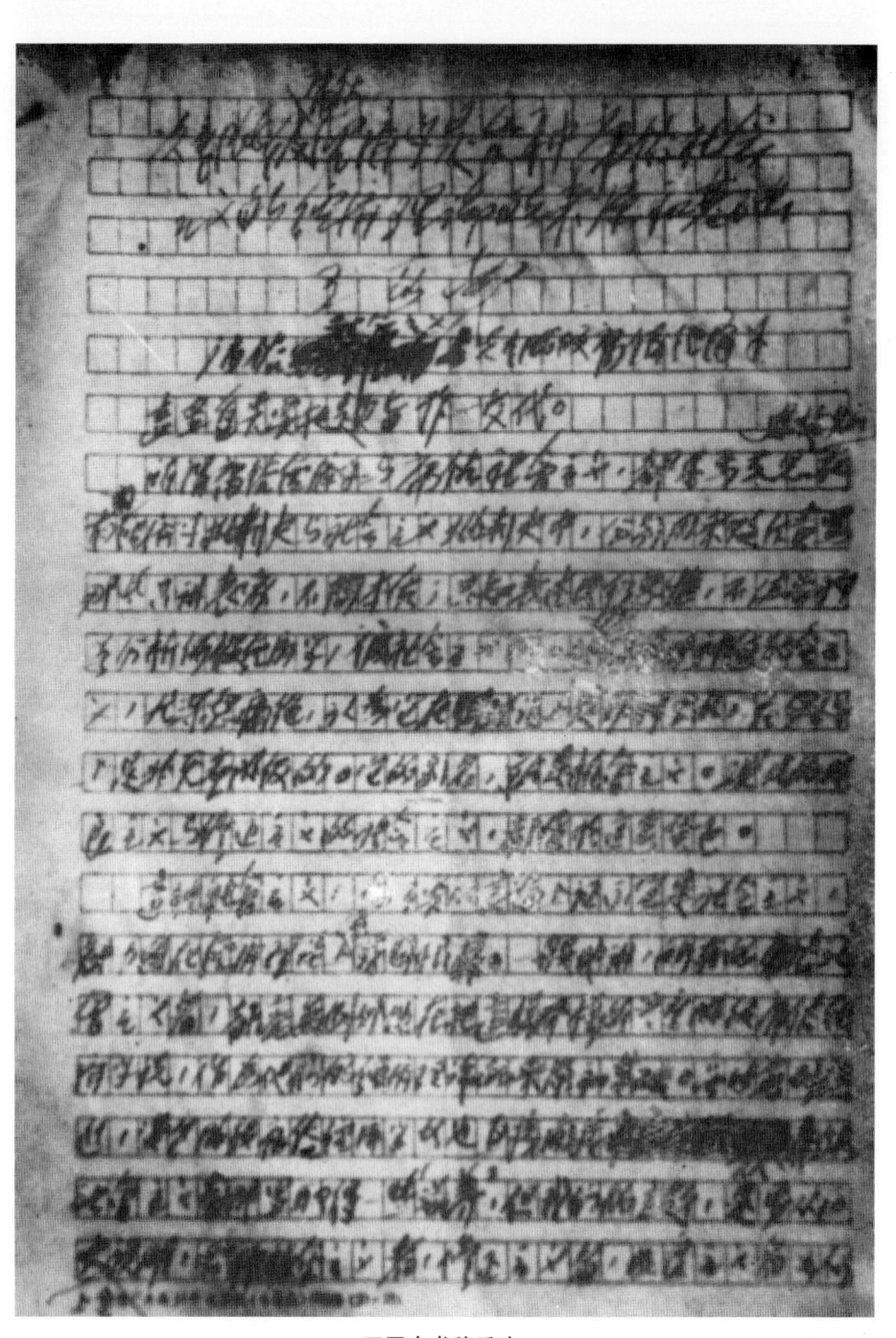

王亚南书稿手迹

王亚南与青年学生座谈学习和研究《资本论》问题

郭大力、王亚南译《资本论》
1938年8月初版本

王亚南在中山大学讲授《中国经济原论》时与部分学生合影
（前排正中为王亚南）

《中国经济原论》(《中国半封建半殖民地经济形态研究》)的
历次版本

目 录

王亚南生平事略 …………………………………………… (1)

政治经济学

经济科学论 ………………………………………………… (3)
政治经济学上的人 ………………………………………… (8)
政治经济学上的自然 ……………………………………… (19)
政治经济学上的法则 ……………………………………… (29)
经济学与哲学 ……………………………………………… (44)
政治经济学及其应用 ……………………………………… (53)
政治经济学在中国 ………………………………………… (68)
关于中国经济学建立之可能与必要的问题 …………… (90)
关于中国经济学之研究对象与研究方法的问题 ……… (98)
政治经济学上的中国经济现象形态
　　——略论有关中国经济形态的几种认识 ………… (107)
政治经济学的新任务(节选) …………………………… (112)
新经济学界的研究方向 ………………………………… (114)
广义政治经济学研究发凡
　　——广义政治经济学研究大纲第1—2讲 ……… (119)
贯彻在广义政治经济学中的诸基本原则
　　——广义政治经济学研究大纲第3—4讲 ……… (132)
读苏联《政治经济学教科书》的一些体会 …………… (153)
政治经济学的理论联系实际问题 ……………………… (164)
促使生产力发展的动力究竟是生产力内部存在的矛盾，
　　是生产关系，还是其他？ …………………………… (170)
价值规律在我国社会主义经济中的作用 ……………… (177)

从发展社会生产力的角度来申论我国社会主义现阶段商品
　　生产与价值规律作用问题 …………………………………… (182)
充分发挥价值规律在我国社会主义经济中的积极作用 ……… (188)
社会主义政治经济学中若干理论问题 ………………………… (198)
也谈社会主义社会的商品性质(节选) ………………………… (208)

政治经济学史

政治经济学史方法论 …………………………………………… (217)
怎样从立场、观点、方法来辨别马克思主义政治经济学与
　　资产阶级经济学的不同本质 ………………………………… (270)
怎样从资产阶级经济学的学习中获得教益 …………………… (284)
马克思对资产阶级政治经济学批判的态度与方法 …………… (295)
古典政治经济学及其发展 ……………………………………… (306)
威廉·配第《赋税论》出版三百年 …………………………… (317)
研究古典经济学的现实意义 …………………………………… (327)
马克思主义政治经济学与资产阶级古典政治经济学 ………… (331)
中国经济学界的奥地利学派经济学 …………………………… (347)
凯恩斯经济学说批判 …………………………………………… (363)
当代三大经济思潮 ……………………………………………… (385)

《资本论》研究

《资本论》是怎样一部关系人类命运的伟大著作 …………… (453)
《资本论》产生的时代背景与阶级历史任务
　　——纪念马克思逝世八十周年 ……………………………… (462)
《资本论》是一部政治经济学典范,也是一部阶级学典范 …… (473)
《资本论》总结构的系统理解
　　——关于"《资本论》的总结构、辩证法及其体系对于政治
　　经济学研究的影响"之一 ………………………………… (484)
体现在《资本论》中的辩证法
　　——关于"《资本论》的总结构、辩证法及其体系对于政治
　　经济学研究的影响"之二
　　　　　　　　　　　　　　　　　　　　　　　　　　　 (499)
唯物主义历史观与马克思主义政治经济学方法论
　　——关于《资本论》第一卷的几篇序与跋 ……………… (515)
《资本论》的方法 ……………………………………………… (525)

再论《资本论》的方法 …………………………………… (535)
《资本论》第一卷的系统理解 …………………………… (544)
《资本论》第一卷学习提要及其问题 …………………… (570)
《资本论》第二卷的系统理解 …………………………… (582)
《资本论》第二卷学习提要及其问题 …………………… (602)
《资本论》第三卷的系统理解 …………………………… (619)
学习《资本论》第三卷值得注意的若干问题 …………… (673)
《资本论》三卷的综合系统理解 ………………………… (681)
恩格斯在创作、捍卫和阐扬《资本论》方面所作的伟大贡献 …… (698)
《资本论》体系对于政治经济学研究的影响
　　——关于"《资本论》的总结构、辩证法及其体系对于政治
　　经济学研究的影响"之三………………………………… (712)
列宁对于《资本论》体系的阐扬、应用与发展
　　——关于"《资本论》的总结构、辩证法及其体系对于政治
　　经济学研究的影响"之四………………………………… (722)
毛泽东同志关于"要有目的地去研究马克思列宁主义的
　　理论"的教导与《资本论》研究…………………………… (745)
我们当前研究《资本论》的目的与要求 ………………… (760)
我们应当怎样研究《资本论》 …………………………… (766)
《资本论》的学与用 ……………………………………… (774)
写在《〈资本论〉通俗讲座》前面 ………………………… (788)
关于《资本论》对于资本主义垄断阶段,是否还有现实性的
　　问题 ………………………………………………………… (797)
当代资产阶级经济学者对《资本论》表示的新姿态 …… (803)
关于应用《资本论》体系来研究政治经济学社会主义部分的
　　问题 ………………………………………………………… (813)

中国半封建半殖民地经济形态研究

中国经济原论(专著) ……………………………………… (829)
　　初版序言 …………………………………………………… (829)
　　1947年新版序 ……………………………………………… (833)
　　增订版序言 ………………………………………………… (836)
　　日译本序言(节选) ………………………………………… (838)
　　俄译本序言 ………………………………………………… (840)

导论——中国半封建半殖民地经济的形成发展过程及其研究上的
　　两条战线 ……………………………………………………（845）
中国社会的商品与商品价值形态 ……………………………（882）
中国社会的货币形态 …………………………………………（899）
中国社会的资本形态 …………………………………………（917）
中国社会的利息形态与利润形态 ……………………………（945）
中国社会的工资形态 …………………………………………（965）
中国社会的地租形态 …………………………………………（986）
中国社会的经济恐慌形态 ……………………………………（1009）
结论——中国半封建半殖民地社会生产关系下的诸经济倾向的
　　总考察 …………………………………………………（1026）
中国商业资本论（节选） ………………………………………（1037）
中国商业资本与工业资本间的流通问题 ……………………（1053）
中国官僚资本之理论的分析（节选） …………………………（1062）
抗战时期的物价和物价管制问题（节选） ………………………（1079）
抗战时期经济的重要性及中国战时经济政策（节选） …………（1087）
论抗战后中国都市与农村的社会经济关系 ……………………（1095）
抗战后中国经济的实况、其特质及其问题（节选） ……………（1103）
《中国社会经济改造问题研究》序 ………………………………（1111）
从技术观点看中国社会经济改造的思想的批判 ………………（1114）
从资本观点看中国社会经济改造的思想的批判 ………………（1123）
混合经济制度论批判 ……………………………………………（1132）
我们需要怎样一种新的经济学说体系 …………………………（1141）
福建经济总论 ……………………………………………………（1147）

中国新民主主义经济形态研究

由半封建半殖民地经济到新民主主义经济 ……………………（1163）
旧社会生产关系与土地改革中表示的诸规律 …………………（1172）
三大经济纲领与社会劳动生产力的解放与发展 ………………（1189）
新经济的构成与性质 ……………………………………………（1199）
新经济的诸范畴、其法则及其作用 ………………………………（1206）
当作一种社会革命思想体系来看的新民主主义 ………………（1217）
马列主义与新民主主义社会经济形态 …………………………（1222）

中国经济史法则及方法论问题

中国社会经济史纲·绪论 …………………………………………（1235）
中国社会经济史上的法则问题 …………………………………（1247）
中国经济史研究的现阶段 ………………………………………（1260）
中国公经济研究 …………………………………………………（1263）

王亚南生平事略

王亚南，字渔邨，是我国当代著名的马克思主义经济学家、教育家，中国共产党党员，新中国成立后，担任厦门大学第一任校长，中国科学院前哲学社会科学学部委员、常委，第一、二、三届全国人大代表。

王亚南同志1901年出生于湖北省黄岗县，1969年病逝于上海。他一生始终坚持不懈地追求真理，不屈不挠地为传播和研究马克思主义而奋斗；他以在经济学和教育两大领域的杰出贡献，蜚声中外，他的业绩将永垂青史。

王亚南幼年生活贫困，靠亲友资助读完中学。1923年考入武汉中华大学教育系，同时兼任中学英语教员以维持生活。当时董必武同志在武汉兼任中小学教员党政训练处负责人，王亚南常去听他讲课，接受进步思想的启蒙和熏陶。1929年大学毕业后，严酷的现实和爱国的热情，促使他毅然只身奔赴长沙参加北伐军，并在军中担任政治教员。大革命失败后他到上海，因工作无着落而流寓杭州，借住大佛寺。在这期间，他结识了后来成为当代著名经济学家的郭大力。他们共同商定了一个从事经济学研究和包括翻译《资本论》在内的宏伟的计划。1929年东渡日本，在东京研究马克思主义经济学，从事写作并开始翻译资产阶级古典经济学，为翻译马克思伟大著作《资本论》奠定基础。

"九一八"事变后，王亚南满怀反蒋抗日、拯救祖国的义愤回国。在上海继续从事写作、翻译，并参加党领导下的进步文化活动，后兼任暨南大学教授。1933年11月，福建的人民政府成立，函邀他往福州出任人民政府的文教委员和人民日报社社长。不久"闽变"失败，遭国民党通缉，取道香港前往欧洲。在德、英等国住了1年多，深入考察西欧资本主义制度，广泛搜集革命导师马克思、恩格斯的斗争事迹，并继续进行经济学的写作和翻译。1935年冬经日本回国。在上海与郭大力重新会合后，全力投入《资本论》的翻译工作。

1937年抗日战争爆发，他曾在上海参加抗日救亡运动。1938年上海沦陷后，在当时国共合作共同抗日的形势下，王亚南到武汉任国民党政府军事委员会政治部设计委员会委员，同在其中工作的共产党员和进步人士频繁接触，并有机会接受周恩来同志的教导。同年，与郭大力合译的《资本论》三大卷全译本，在党的热情关怀和支持下，由上海读书生活出版社出版，有力地促进了马克思主义在中国的传播，并使他成为当时国内很有声望的进步经济学家之一。1939年武汉沦陷后，王亚南辗转到了重庆，旋即于1940年9月到广东坪石任中山大学经济系教授兼系主任。他把马克思主义基本原理与中国实际相结合，致力于半封建半殖民地经济形态和战时中国经济问题的研究，创办并主编《经济科学》杂志。1943年英国著名学者李约瑟访王亚南于坪石，提出了中国官僚政治的有关问题，这是他后来写作《中国官僚政治研究》的动机。在中山大学，他用隐蔽的巧妙方式宣传并讲授马列主义经济理论，鼓励与扶持进步的青年学生，受到广大师生的爱戴，但也遭到国民党当局的忌恨，终于被迫于1944年离开中山大学，前往福建永安任福建省研究院社会科学研究所所长，并创办《社会科学》杂志和经济科学出版社，组织研究人员去闽西，进行红军根据地的土地改革调查；同年应邀兼任当时内迁至长汀的厦门大学经济系客座教授，讲授《高级经济学》、《中国土地问题》等专题，深受厦大学生的欢迎。1945年春进步记者羊枣（原名杨潮）遭受国民党的残酷迫害致死，王亚南为表示抗议愤而离职，1945年秋到长汀出任厦门大学经济系主任兼法学院院长。抗战胜利后，厦大由长汀迁回厦门。由于积极支持学生革命运动，受到国民党特务的监视与威胁。1949年1月，在严重的白色恐怖下，由党组织帮助离开厦门前往香港。5月初又由香港北上到达北京。不久，在清华大学任教，讲授政治经济学大课。1950年6月，政务院任命王亚南为厦门大学校长。中国科学院哲学社会科学部成立时，他当选为学部委员、常委。

1954年起，连续当选为第一、二、三届全国人民代表大会代表，同时担任福建省政协副主席、福建省教育工会主席、福建省哲学社会科学联合会主席。

1956年率大学代表团访问印度，1957年至1958年率中国教育专家组赴缅甸工作3个月。

1957年5月23日在厦大光荣参加中国共产党。

1969年11月13日因患恶性肿瘤病逝于上海华东医院，享年68岁。

王亚南同志毕生从事马克思主义政治经济学的研究，出版译著41部，发表论文300余篇，是一位译著丰富的经济学家，他在经济学领域的杰出贡献主要有四个方面：

　　首次全译《资本论》三大卷。王亚南和郭大力用10年心血，克服重重困难，于1938年出版马克思伟大著作《资本论》三大卷全译本，是马克思经济学说在中国系统传播的里程碑。《资本论》是公认的博大精深的巨著，但在此之前我国一直没有完整的全译本。而要准确无误地译成中文，不仅要具备精湛的中文表达能力，还要有深厚坚实的理论修养和渊博的学识积累。王亚南和郭大力严格按照他们在大佛寺制定的计划，先用8年时间，翻译马克思之前的6部经济学和经济史名著，包括亚当·斯密的《国富论》、李嘉图的《政治经济学及赋税原理》，为全译《资本论》打开通道。在当时国民党的"文化围剿"的白色恐怖下，郭、王两人无所畏惧，勇往直前，历尽艰辛，终于胜利完成全译工作。这是他们为无产阶级革命事业对中国人民作出的贡献，他们的这一突出业绩是永存的。

　　王亚南是中国马克思主义经济史学的开拓者之一。从30年代起，他就从中国经济史入手，探索旧中国的社会经济问题，取得了丰硕的成果。他大胆创新，独树一帜，完整系统地提出著名的"地主经济论"。他认为中国的封建制度分为领主经济和地主经济两大阶段，而以地主经济为特征，区别于欧洲的领主经济。由此进而指明中国封建社会长期停滞在地主经济阶段及其原因，论述了中国封建地主经济形态和半封建半殖民地经济形态的历史渊源。王亚南这种把地主经济封建生产方式作为一个整体，从经济结构、政治体制和文化思想等几个方面，进行全面系统的、宏观与微观相结合的研究，来解释中国社会经济史长期争论的"停滞发展"问题，被称为是"对30年代以来讨论的小结"，这在解放前的中国经济史学界是一个突出的科学研究成果，它的理论贡献具有深远意义，并为国际史学界所瞩目。

　　关于中国半封建半殖民地经济形态的理论研究，是王亚南一生中最为杰出的贡献。他把马克思主义的基本原理和中国实际相结合，对旧中国半封建半殖民地经济形态进行了深刻的剖析。发表了一系列很有影响的专著，包括代表作《中国经济原论》（解放后由人民出版社出版时，改名为《中国半封建半殖民地经济形态研究》），以及另两本代表作《中国地主经济封建制度论纲》、《中国官僚政治研究》等。通过上述著作，对于旧中国的商品经济理论、资本理论、利润利息理论、经济危机理论、官僚政治理论等方面，都有自己的独到精辟的见解，并形成完整的经济理论体系。在这些系统研究中，他着重指明在近代旧中国的社会经济关系中，既有外国资本、官僚买办资本和民族资本，又有封建经济，这个经济形态具有过渡性质。在当时的经济学界历史学界关于近代旧中国的社会经济性质问题的长期争论中，为主张近代旧中国是半封建半殖民地社会的正确观点，作出了科学的系统的理论阐发。这对于认识中国新民主主义革命的性质、对象和革命的战略策略具有重大意义，是对新民主主义革命理论的一个卓越贡献。

王亚南在经济研究方法论上的一个重要贡献，就是他极力倡导"应站在中国人的立场上来研究经济学"。他认为经济科学是一门实践的科学，应该面对中国的实际，使马克思主义政治经济学中国化，建立"中国经济学"。他自己以身作则，身体力行，他的代表作之一的《中国经济原论》，被誉为中国式的《资本论》。解放前的学术界认为他的论著具有"中国的、实践的、批判的三大特色"，是一个恰如其分的评价。解放后，王亚南继续坚持马克思主义与中国实际相结合的道路，非常重视发扬党的理论联系实际的优良传统。他结合我国社会主义建设的实际，进行了新民主主义经济研究，《资本论》研究和价值规律等方面的研究，出版了有关专著，同时在出任厦门大学校长以后，锐意改革，率先倡议成立经济学院，积极创办经济研究所，创办《厦门大学学报》和《中国经济问题》等杂志，锐意把厦大办成既是教学中心，又是科研中心。联系到当前建设具有中国特色的社会主义和经济体制改革，使我们进一步认识到王亚南这一主张的重要性及其现实意义。

王亚南同志不仅是杰出的马克思主义经济学家，同时也是一位具有高瞻远瞩，在教育理论上富有成就的教育家。他的教育论、人才论和教学论，内容丰富，很值得重视。他从近代教育发展趋势和中国实际出发，提出现代教育要以科学教育和民主教育为核心，主张社会科学和自然科学的教育并重。早在50年代初，他就认为综合高等院校中存在的"重理轻文"现象必须纠正过来。他从科学研究的本性和功能出发，主张大学要充分重视科学研究，要创造自由研究的学术风气；他根据矛盾的普遍性和特殊性原理，提出要认清校情，发挥优势，办有特色的大学的教育指导思想。他十分重视人才的发现、培养，强调要给人以适合发挥才能的环境。他发现和培养陈景润的事迹，曾被作家徐迟赞誉为"一个懂得人的价值的经济学家"。王亚南对人才大胆使用而不求全责备，胸怀宽广，不论资排辈，积极扶植新进，受到人们的赞扬和怀念，树立了一个高大的师表形象。而他的教育理论和教育思想，是他留给教育工作者继承的一份宝贵财富。

王亚南之所以成为蜚声国内外的经济学家、教育家，是同他所处的时代、环境分不开的，但更重要的是他具有优秀素质、高尚情操和良好品德。他执着追求真理，坚持马克思主义，坚信只有共产主义能够救中国，只有中国共产党才能领导中国人民进行革命和建设。为了追求真理，他勇于修正错误；他热爱党的伟大事业，因此他衷心拥护党的领导；他具有从实际出发实事求是的精神，因此他治学严谨，以博求深；他严以律己，平等待人，因此他能谦虚谨慎，深入群众，关心职工生活，常以自己的稿费为职工和学生排忧解难，有的是固定的补助；他曾长期补助厦大托儿所幼儿园的费用开支，因此被公认为"懂得职工疾苦的好校长"。他不愧为能够按照党员标准严格要求自己的中国共产党党员。

从《王亚南文选》五大卷，我们可以看到一位杰出的经济学家、教育家所走过的道路，《文选》是王亚南同志留给后来者的一份珍贵的精神财产，对它的继承和发扬，将有利于促进我国学术文化的繁荣和教育事业的发展；并将为建设有中国特色的社会主义作出贡献。

本文引自《王亚南文集》编辑委员会（福建教育出版社 1988 年版）

政治经济学

经济科学论

一 讨论的范围

经济科学是经济学或政治经济学之较为严格较为郑重的表现。

把经济科学作为对象来研究，可能要涉及它的许多方面。它具有如何的性质，它被构成为一门科学的各种法则究有如何的妥当性，它那各种法则，是从现实经济关系中被发现出来，抑是我们为了认识的便利，或为了实现某种预悬的经济理想，依据实际经验，予以观念的构成的结果。所有这些方面的探问，都似在逼着解答一个问题，即经济学是否已成功为一种科学——一种与自然科学有同一规律性同一妥当性的科学。

这是一个千百次被提出来、千百次被解答过了的问题，我不想在这里比论各家各派的解答，并品衡它们各别合理程度的限界。我只想把我自己关于经济科学的认识描述出来，不论我所描述的，究是它的正体，抑是它的某一个侧面。

我认为："经济科学是一门实践的科学，是在实践的应用的过程上形成的科学，是要在实践的应用的意义和要求上才能正确有效地去研究去理解的科学。"

这三点，是我要在下面展开说明的。

二 经济学是一门实践的科学

一般把经济学头上，冠以"理论"两字，表示与所谓实用经济学相区别。在说明的方便上，我并不反对把经济学中，某些有关技术性或技术性较大的部门或方面，包括在实用经济学这个名词下面来叙述。但我在这里所强调的实践的应用的科学，却是另一种概念。"实用"，是就技术上立论，而我所要说明的"实践的"或"应用"的云云，却主要是从社会方面立论。在这种理解上，说经济学是一种实践科学，那实在寓有纠正一般常习与故智的用意。经济学是适应资本主义经济要求，照应资本主义经济现实，而产生的一门科学。在其发生的意义上讲，它的实践性是非常明白的。但当它大体具有科学的内容，而成功为一门科学的研究之后，大约因为下面这种事实，它的实践性，就渐渐不大明朗了。那事实就是，资本主义经济本身，既由它的向上发展阶段，转到向下发展阶段了，它的光明面就渐渐被其阴暗面所笼罩，它不需要正视现实，暴露现实，或经济之科学的研究，却反而需要掩饰现实，脱离现实，或经济之玄学的研究了。约在19世纪初期，古典学派的经济学，就由英国的大卫·李嘉图（David Ricardo），法国的西斯蒙第（Sismondi）宣告结束。以后，经济学愈来就愈被戴上"理论的王冠"而把它的实践性逐渐抹煞。西斯蒙第的大著《政治经济学新原理》（1819年），李嘉图的大著《政治经济学及赋税原理》（1817年）出版后不到十余年的光景，西尼耳教授（Prof. Senior）就大声疾呼要把经济学放置在几个基本命题的基础之上，改造成为"演绎的抽象的科学"。他的《经济学基本纲要》（1834年），就是准备作为这种科学的标本。他极力主张一切主义式的说教，一切社会改良的提案，一切受支配的道德的或意识的关系，都当排除净尽。然而，他在孟彻斯特的纺织资本家招宴之余，就有了延长劳动时间的新发现（说利润是12小时劳动日最后1小时无给劳动的产物）——言外是表示劳动者不工作到12小时，资本家的利润便无着落，资本家为什么要得利润呢？他有另一种新发现来说明，即"把生产工具的资本"一词，改作"节欲"，"利润是节欲的报酬"。他这些大发现，似乎都是某种"意识关系"不曾排除净尽的结果。从此，我们可以约略知道：任何把经济学玄学化或"纯理化"的企图，不过是在消极意义上从反面来行使实践。经济学的实践性愈大，需要把经济学纯理化的要求也愈大。为了避免强暴的污害，愈是美丽的女子，就愈要涂饰得丑恶。西尼耳教授以后，由英国杰文斯（Jevons）发其端绪的经济纯理研究，就由奥地利派诸经济学者"光大发挥"，以致使经济学完全脱离实践，一直到晚近经济学上的讨论，更加与经济现实背道而驰了。资本家社会最关心的经济恐慌问题，经济学者很巧妙地行使"精神治疗"的手术，把恐慌的研究，歪曲为"景气"的研究。结局，就连英国资本家代言者的新闻社论，也发出这样的怨声："我们关于电子运动的速度，较之关于货币运动的速度，知道得更多。我们关于宇宙体系中地球绕日的循环，较之关于产业的循环，知道得更多。我们能够预言不可见的及不能达到的遥远的天体运动，较之我们能够预言恐慌的终结，是无比的正确。"经济学家真难做了，一方面希望他们讲谎话，一方面又希望他们说真理。假使预言资本家社会的溃灭，和预言地球与木星相碰有同样的自由，则资本主义的终结，就是恐慌终结的预言，恐怕比世界末日的预言，还要正确。

但我们可以把话说回来，从上述这件事实的正反两面来说：经济学的实践性，经济学是一门实践科学，却并不因为经济学者们具有某种"意识的关系"的歪曲，而更形暧昧。

三 经济学是在实践过程中形成

惟其经济学是一门实践科学，它的形成，就显然是不绝通过实践，不绝应用的结果。从这里，又表现了经济科学之历史的性格。现代资本主义经济在它的各发展阶段，都有其不同的经济现实。从而，是受着不同的经济法则的支配。把各别经济发展阶段的经济法则发现出来，就是经济学的任务。所以，经济学在以整个资本主义时代经济为研究对象的限界内，它无疑是在适应着各发展阶段的实践要求。亚当·斯密（Adam Smith）的经济理论，表现为初期资本主义向封建残余及重商体制争取自由大量生产的思想武器；李嘉图、马尔萨斯（Malthus）的经济理论，表现为盛期资本主义，对新起的无产者阶级及其卫护者，同时又是其（资产阶级）内部互讧的思想斗争的实话；奥地利派经济学及马克思主义经济学，则分别表现为后期资本主义内部展开的两大对立阶级（资本家阶级及无产者阶级）之思想斗争的实话。从不同实践要求所体现的经济理论，在其发展过程上，由于经济现实一方面逐渐排除非资本主义成分，而益发展成为"纯"资本主义的属性，益发适于科学的研究，同时，又逐渐在"纯"资本主义的基础上，益加繁复其资本主义成分的内容，益加需要科学的研究；此外，经济思想在其自身发展演变的过程上，又日益由"累积"与"深化"，而增加其科学研究的可能，于是，经济学的形成，就表现为"由实践的到理论的"外观，使那些需要从反面来把握经济学之实践性的经济学者，特别是奥地利派经济学者，振振有词地把经济理论，当作与经济现实变动无关的"纯理"来处理来研究了。

这样，经济科学在其形成过程上，就不曾须臾离开实践，虽然对于它的历史的实践，须得从它的正反两面来加以解释。

四 经济学要在实践的意义与要求上去正确理解

经济科学既然是实践的，既然是连续通过历史实践过程而形成的。我们对于这门科学的研究，就显然不能像研究数学或物理学一样，忽视它的社会性质。事实上，我们如其不能把握其现实的社会性质，就无法研究，而且也用不着研究了。一般社会科学的理论，都不能离开它所体现的社会现实而得到理解。不明了亚当·斯密的时代要求，他的自由主义个人主义的说教，均将成为没有意义的呓语。如中国某名经济学者，把中国人民的无组织，"一盘散沙"解释为"太自由主义"了，从而结论"中国不需要自由主义"，那真是在玩弄"概念的魔术"。不理解现代经济上的自由主义的真精神，根本就是由于不理解斯密时代的经济实践要求。这同另一位名经济学者把王莽新政中的六筦五均，解释为晚近资本主义社会实行的统制主义经济的滥觞，是同样"望文生义"的胡说。如其他们如此这般的理解，单是为了"自我满足"的研究兴趣，当然有他们的"自由"，但他们在"主张"了：以不顾实践性的研究成果，拿来适应实践的要求。这就不仅说明了中国的"经济学的贫困"，同时也还照映了中国经济的贫困。

事实告诉我们：资本主义各经济发展阶段的理论，就在资本主义社会，也只认定它们在各经济发展阶段是合理的，是可以作为现实经济活动之指南来运用的。前一经济发展阶段的理论，往往不但不能帮助后一经济阶段的发展，且还不免变为其发展的障碍。一般的理论，在特别阶段之妥当性的限界，特定经济阶段的理论，在表象类同而本质相异的社会的妥当性的限界，都说明经济学研究者，不能太素朴了，太大意了，太把研究看得轻易了。"求知"原不难，难在"明变"。以中国人的地位来研究经济学，至少应知道：中国社会是在哪个经济发展阶段，在全世界经济系列中，是处在怎样的地位；哪些经济理论会给我们那种经济地位之改善以妨碍。哪些经济理论可能给予我们那种经济束缚之解放与改造以帮助。这是我们不单为了兴趣，不单为了个人"文化消遣"而研究经济学的人们，所应特别关心的问题。我曾把以次几点意见，作为现阶段中国经济学界共勉的要求：

第一，我们要由经济学的研究，正确认识现代资本主义经济所由产生、发展及其衰落的原因，看哪是由那些基本运动法则的作用。它的必然趋势，由此得到把握了；它在当前所表露的破绽、矛盾、冲突，以及拼命由战争方式来挣扎的诸般现象，乃可得到合理的说明。

第二，我们要由经济学的研究，确实认明资本主义对于落后的中国经济，发生过何等影响，是有害的还是有利的，是妨碍的还是促进的。资本主义在它的各发展阶段（初期、盛期、后期、晚近的没落期），对于各殖民地乃至次殖民地，必然会采行一些"因时制宜"的不同的侵略政策，把握了它们的侵略政策的演变动态，一定大有助于中国经济解放斗争上之战略的确立与实行。

第三，我们要由经济学的研究，扫除一切有碍于中国经济改造的观念上的尘雾，那些尘雾，不仅是关于经济本身方面的，同样是关于经济学以外的一切社会科学乃至自然科学方面的，因为经济学是最有现实性和最有基本性的科学，能够在经济学上把握住正确理论的核心，则帝国主义历来在中国有意无意、直接间接散播的文化侵略种子，乃可因以廓清。

第四，我们应由经济学的研究，明确知道中国社会经济改造发展所必须与最可能遵行的途径，由此认知现阶段的中国经济，何以定要彻底实行民生主义经济政策的原因。

我们研究经济学如能有这几种基本认识，那就算是把经济科学看为实践的科学。反之，经济学的实践性，也只能经由这样的研究，而表现出来。我以上述四点意见，致希望于中国经济学界，同时更以此勖勉自己。

政治经济学上的人

一 科学研究法上的常识问题

把人作为对象，可从种种观点来予以考察。事实上，人确曾在各种科学领域或各种学问体系上，被研究到，被考察到了。在人类学上，在生理学心理学上，在各种社会科学上，乃至在哲学及神学上，人曾被分别的显示出不同的特质，不同的品格，不同的姿态。但不论哪门科学或学问体系，它关于人的研究或考察，都只涉及他的全体生活的一个断面；而且，愈有科学性的研究，便愈只能把握他的一个生活的断面来描述。我们如果在人类生理组织的研究上，把政治的、伦理的、乃至神学的关于人的诸般概念，混凑在一起，那就根本无法探究出人类生理组织的有机作用及其特征，从而，根本无法形成现代生理学这门学问。对于其他各种科学的研究，亦是如此。

这已经是科学研究的方法论上的普通常识。然而在事实上，这普通的基本常识，却并不常为许多自命为科学家的研究者所重视。在经济学研究的领域内，就常常发生这个常识问题。

二 表现在经济活动上的人性

现代经济学在某些基本法则（例如价值法则）上，虽是启端于英国的威廉·配第（William Petty），但一般地说，却是以亚当·斯密为创立者。斯密的整个经济学说，是把经济上个人的自私自利本性，作为其研究的出发点。他以为："人类不能像动物那样的独自生活，他不能不取得同胞的协助，所以，假使他仅仅依赖他人的恩惠，一定不行。他如果能刺激他们的自爱心，使有利于他并告诉他们，替他作事，是为他们自己的利益，他要达到目的，就更容易多了。不论是谁，如果他要与旁人作买卖，他首先就要这样提议，请给我以我所要的东西吧，同时，你也可获得你所要的东西，这句话，是交易的定义。我们日常必要的东西，全是依这个方法，从他人手上取得。我们每人所需的食料饮料，不是出自屠户、酿酒家、烙面包师的恩惠，那仅是出自他们的自利打算。我们不要对他们的爱他心说话，只对他们的自爱心说话。我们不要说自己必需，只说他们有利。"① 这段话，是斯密的个人主义哲学，亦是他的社会哲学。但要探索他这种自利的功利的哲学的来源，却不难发现那是一部"旷古未有的坏书"中的下面这一段话的翻版，那是说："如果把艺术教育放在一边，来考察人类的本性，我们便知道：使人类成为社会动物的，不是友情，不是善性，不是恻隐心，也不是装模作样的殷勤厚意，却是他的最卑贱，最可恶的品性，这品性，就是他适应最繁荣最幸福社会的必要条件"〔曼德维尔（Mandeville）著《蜜蜂寓言》序文〕。曼德维尔所理解的最繁荣最幸福的社会，就是经济发展的社会，在这个经济的社会中活动的人，只有"最卑贱最可恶的品性"才最能适应。而这"最卑贱最可恶的品性"就是亚当·斯密所强调的人类的自利本性。曼德维尔把自私自利看作卑贱而可恶的品性，可见他还是"蓬心未革"；但因为他把艺术教育放在一边了，把一般所称为道德的"友情"、"善性"、"恻隐心"、"殷勤厚意"，都排除在经济活动的打算以外了，他就被视为"有伤风化"的恶人，而他的书，就被诅咒为"旷古未有的坏书"了。

然而，由经济发展所逐渐实现了的"最繁荣的社会"，愈到后来，便愈只有看见所谓"最可恶的品性"或"自利本性"，在那里活动了，而把这"自利本性"所展开经济事象，作为其研究对象的经济学，愈要发挥其科学的性能，就愈需要把艺术、教育、道德及其他社会意识放在一边，使从事经济活动的人，变成马歇尔（Alfred Marshall）教授所说的"全然不受伦理影响的、细心的、拚命的、利己的、唯金钱利得是求的人。"②李嘉图的经济学说，是古典经济学的最高峰，但亦就因为这个原因，"经济人"的概念，始在李嘉图的著述（特别是《政治经济学及赋税原理》）中，显出了最鲜明的轮廓。那种经济人在社会中似乎只有一种活动，即谋利的活动；只有一种要求，即生计的要求；只有一个目的，即成为富人的目的。他被假定为没有道德，没有真理，没有艺术；其理想不是善，不是真，不是美，只是富。而这种纯粹经济人活动所在的社会，就完全成为一个逐利的市场了。就因此故，在李嘉图的大著中，就不易找到几个关于所谓"精神文化"的字样，事实上，他所描述的社会，他所考察的逐利的

---

① 亚当·斯密：《国富论》上卷（郭大力、王亚南译），神州国光社1934年版，第16页。
② 马歇尔：《经济学原理》第1版序言（刘君穆译），上海民智书局1932年版。

市场，也根本用不着那些字样。但也就因此之故，他就被一般关心世道的人，玷称为不道德的唯物论者了。

其实，为了研究的便利，或者，为了科学的研究的需要，在经济学上舍象去人在经济生活以外的一切社会的精神的性质，那和在生理学上不涉及人的一切社会的精神的性质一样，丝毫用不着稀罕。不希望接近科学的道德家或精神万能主义者，他们是有瞎眼乱说的"自由"的，但经济学者亦"堕落"到连这点科学常识都辨认不清楚，那就非常值得纳罕了。

三 "经济人"被历史学派杀害了

企图把人的经济生活以外的一切社会生活，都包括在经济学中研究，那是德国经济学上的浪漫主义者的幻想。但因为他们根本认定"有政治的所在和有经济的所在，决没有道德可言"（斯赫累格尔语），他们的理论，也就根本是浪漫的，不值得去重视。然而，他们这种浪漫主义思想的传统，却被新旧历史学派经济学者，变相的承袭下来。他们都相信：由经济的事实所形成的研究对象中，除了现实要素之外，还包含着非物质的，感觉上不能把握的人格的要素，即人的精神活动。他们设想，只要人类有自由意志，则经济行为在结局上，就必呈现出由这个自由意志导引出颇丰富的不规则的变化无常的现象。所以"在经济生活现象的领域内，除了自然法则诸历程的因果关系外，还有依存于伦理的人及自由目的之因果关系"（克尼斯语）。对于旧历史学派的这种认识，新历史学派毫无保留的接受了，而不曾加上一点新的因素。比如像新历史学派经济学的领导者施穆勒（Schmoller），就郑重表示"历史的方法，原是要使经济学的研究，和道德、法律、国家及文化发展的一般原因，发生正确的关系。即指示出：由个人及利己心发出的结论之外，复教人们研究集团现象；并且，于分析之外，复教人们把正确的综合作为问题"。惟其他不肯承认"经济人"的存在，于是在他看来，所谓国民经济学，在一方面，是处在应用的自然科学、工学、机械学、森林学、人类学、土俗学、气象学、一般及特殊植物学、动物地理学之中间；在他方面，又是处在最重要的精神科学、心理学、伦理学、国家学、社会学之中间。因为照他所设想：国民经济不但是一个人间的自然构成物，同时又是一个继续由感觉、思维、行动所形成的社会文化的构成物。简言之，经济学是一种"天人之际"的学问，是心理的科学，同时又是伦理的科学。

在研究经济学的时候，采取这样的思维方法，他们如其论到心理学，论到伦理学，又必定有理由把经济的要素，或经济意识的要素，混杂进去，而达出心理学或伦理学，同时是经济的科学的结论。这一来，一切的科学，都得彼此相关的彼此相含的混杂起来，而没有独立的科学可以成立。

"经济人"在历史学派眼光中是不存在的，经济学在他们眼光中，也应是不存在的，然而，他们都像煞有介事地建立起了一个经济学派。首先对他们提出抗议的，是被称为奥地利学派的经济学者们。现在我们且看他们这一派是怎样释明经济学上的人的问题。

四 古典学派及奥地利学派之"经济人"的社会基础问题

在经济学的方法论上，奥地利学派大体继承了英国古典学派的丕绪。由李嘉图辈所假定为其研究出发点的"经济人"，刚好被历史学派的伦理大师们逐出了经济学的"道场"，但重又由门格尔辈把他召唤回来了。门格尔曾强调一种所谓"严密的"经济学，他对这种经济学所下的定义，总是用严密的方法，去追求，去理解那从事经济活动的人，在欲望满足的努力上所显现出来的人类利己心之表现。

他这种说法，在历史学派的克尼斯（Kneis）一流人物看来，是颇不释然的。因为人从事经济活动的时候，他的那种活动，是在全部人格影响下进行的，而不是单为其经济动机所支配的。这就是说，人类在追求经济目的的时候，同时并没有忘记他的人生目的。但门格尔是这样反驳这种似是而非的议论。经济生活诚然是全体人类生活的一部分。但这个事实，并不能阻止或否定经济学把经济生活抽象出来，孤立起来，以便发现其法则的研究方法之合理。严密的研究方法，须探求实在的简单的要素，在这场合，用不着顾虑这个要素是否独立存在的现象，是否和完全的现实一致，他认为，在理论经济学上成为问题的现象形态，如像绝对的只追求经济的目的的那种人，在我们的观念里，只是部分的存在。我们不是在人类生活全体性上研究人类生活，而是在部分性上，研究其特定生活，而况，无论在哪种社会，满足经济欲望的努力，或者所谓经济的动机，始终是最普遍最重要的。把这种经济动机与努力所形成的经济生活，孤立起来加以考察，当然有其可能与必要。①

---

① 波多野鼎：《现代经济学论》第1章（彭迪先译）。

门格尔的抽象方法，是整个奥地利派经济学者所采用的研究方法。由他们这一派所描述的"经济人"，是李嘉图的"经济人"的"再版"。不过，无论是在英国古典学派心目中，抑是在奥地利学派的心目中，"经济人"尽管已由伦理的政治的以及其他社会生活方面的影响分离开，或者说，"经济人"已是经济生活以外的一切社会生活现象全被舍象去了的结果，但依据他们的全部理论，"经济人"这个抽象，却像是超历史的存在着，而不曾被理解为特定社会，或现代资本主义社会的产物。这一来，"经济人"就不但舍象去了经济生活以外的一切社会生活，同时还像把他的一定经济生活的内容也舍象去了。结局，最抽象最简单的"经济人"，就变成了失去了社会基础的"幽灵"。自然哪，古典学派奥地利学派所研究的经济现象，通是资本主义经济现象，他们所假定的"经济人"当然是活动或作用在那种经济现象中的人，当然是以资本主义为其社会基础的人。但因为他们把资本主义的"经济人"，看成了永生的，看成了此后一切时代一切地方都存在的，于是，"经济人"的永生，便被结论出资本主义社会的永生。在这场合，不是资本主义社会的经济运动，把"经济人"奥伏赫变了，就是"经济人"自身失去了社会基础。

事实上，对于所谓"经济人"，我们至少应当把握其以次的几种性格。

第一，"经济人"对于全体性上的人类生活，虽然是一个抽象，一个在研究便利上被孤立化的单纯形态，但他却具备有最现实的内容。他不是鲁宾逊，而是如实的体现着特定社会阶级利害关系的体化物。

第二，他是经济活动的主体，但这并不是说，他是现实经济的支配者。恰恰相反，现实经济一直在支配着他，使他的经济活动，力求接近现实，力求与现实相适应。惟其如此，

第三，他在现实经济中扮演的角色，便在不绝随现实经济的变动，而异其机能，而异其地位。这表明，他不是一个固定的形态，固定的现象，而且，实际上他还被物化为现实经济本身。他是要在变动不居的现实经济的转化上去理解的。

为了明确指证以上的说明，并给市民经济学之"经济人"的认识以批判，我们是需要对经济学上之人的概念，加以具体的分析的。

五　资本主义社会最典型的人

在经济学是以资本主义经济为其研究对象的限内，经济学上的人，显

然是指着资本主义社会最典型的人。如其说,封建社会最典型的人物,是封建领主和农奴,那么,资本社会最典型的人物,就是资本家与工资劳动者了。"资本主义生产方法的全部性质,最取决于资本与工资劳动的关系,而那种生产方法的主要当事人,资本家与工资劳动者,在这程度内,也不过是资本与工资劳动的体化和人格化。他们是一定的社会性质,由社会生产过程,捺印在诸个人身上的。换言之,他们是这种确定的社会关系之产物。"①

但在资本行使统治的社会,资本家的经济动机及其努力,当然更容易被注意到。事实上,前述马歇尔教授所谓"全然不受伦理影响的、细心的、拚命的、利己的、惟金钱利得是求的人",大体系指着资本家,资本家是资本社会的主人,甚至有的经济学者,把他们看为是资本主义的创造者,据桑巴特(Werner Sombart)所说:"资本主义为单个卓绝的人的事业。……它是企业的形态上来到世界上的,即在人类精神合理的、思索的、高瞻远眺的组织形态中来到世界上的。在当初,这单个的创造事业,是一个'冒险的'、'进取的'人的创造事业,他抱着决心,要离开向来经济行为的轨道,另辟一条新路……资本主义的企业家,挟着他的活动,涉及好些整个的国家,并使好些整个人口,脱离他们的生存方法……他们替千万人创造新的经济方法。他的目光远射,要以自己的意志操纵许多人的意志……这样的标新立异者、这样的改革者、这样的破坏者、这样的创造者,总是单个的人,并且总只是少数的人——即使历史没有对我们证明这一点,然对人性本质的考察也会达到这种结论。"②

在一部战争史上,多的是"一将功成万骨枯"的故事,在现代资本主义发展史上,也许同样多的是这种"血腥"的故事。英雄同资本家,无疑都是"要以自己的意志操纵许多人的意志",但他们自己的意志,就是不受外力或他力限制的么?由"少数的人",创造资本主义,确实"历史没有对我们证明这一点",事实上,就从资本家的"人性本质的考察",也不会达到这个结论。

首先,我们来谈资本家的意志。英国经济学者麦克库洛赫说:"难消的利润热情,可咒诅的黄金欲念,常常决定资本家的意志"。如果说这句话欠明了,最好这样来加以补充:"货币所有者,当作资本运动的有意识

---

① 马克思:《资本论》第3卷(郭大力、王亚南译),读书生活出版社1938年版,第755页。

② 《现代资本主义》第1卷第2分册(季子译),第695—697页。

的担当者，便成为资本家。他的人身，或者不如说，他的钱袋，是货币的出发点与复归点，流通之客观的内容——价值的增殖——是他的主观的目的；他，以资本家的资格，或当作有意识有意志的资本之人格化，是以抽象财富之递增的占有，为唯一促进活动的动机。"①

"财富的递增"，"价值的增殖"，都是不能从流通上得到的，由是，资本家的"人性"，资本家的"生命"，就需要加以更深入的考察："当作资本家，他本来是人格化的资本。他的心，便是资本的心。资本的生命冲动，是增殖价值，创造剩余价值，即用不变资本部分，用生产手段，吸收最多可能的剩余劳动。资本是死的劳动，它象一只吸血鬼，必须吸收活的劳动，才能有生命；所吸收的血愈大，其生命也愈活跃。"②

资本家的心，既变成了"资本的心"，资本自身的扩大要求，不绝增殖价值的冲动，在企业上扩大规模，改进生产组织，拓展市场，以及与这种种相关联的规模条件的变革，便益益采取自然法则的形态，益益采取与生产当事人相独立而不能由人统制的形态，而且，这资本主义生产方法之内在的法则，还会进一步，"当作外部的强制法则，支配着每一个资本家"。

在这场合，在资本家被看为是人格化的资本的限内，他的对于价值增殖的狂热要求，便被表现为社会生产力发展的动力，表现为较高级社会形态之实在基础的物质条件的促成者。在这种限度内，资本家的历史价值，资本家值得尊重的地方，才被充分显现出来。同时，资本在其扩大过程中，把动物界为争取自身生存而进行的残酷斗争的自然状态，移到人类社会的可咒诅的事实，也就不能由特定资本家个人负责了。"在此，一切个人，都被视为经济范畴之人格化，被视为特殊阶级关系与利益之代表。经济社会形态的发展，从我的立场看，乃是自然史上的一个过程。无论个人在主观方面可以怎样超出周围的种种事情，他在社会方面总归是周围种种事情的产物。从我的立场看，他对于这种事情的发生，是和别人一样不负责任的。"③

我们由上面的说明，资本家就不但表现了桑巴特所说的"创造"世界的"业迹"，且还可不负这世界上一切罪恶，一切弊害的责任。但应注

---

① 马克思：《资本论》第1卷（郭大力、王亚南译），读书生活出版社1938年版，第105页。
② 同上书，第174页。
③ 同上书，原著者初版序第3页。

意一点，资本家如不看作是资本的人格化，而被恭维成为"高瞻远瞩"的有"决心"的组织者，那就不但不能显出他的历史价值与"业绩"，并且也无法为他脱卸制造罪恶的责任。

维护资本家，就不能维护资本家所由存在的资本制度，要把资本家描摹为有自由意志的世界创造者，就不能为他们开脱制造罪恶的责任；一般经济学者在这里感到踌躇，甚且感到狼狈了。然而，使他们感到最不释然的，却还是资本主义社会中的另一个集群，即劳动者阶级；他们一般虽把这种人放在"经济人"的范畴以外，但在政治经济学上，都是无法忽视他们的存在的。

六　劳动的人化与劳动者的物化

作为现代经济之标帜的资本主义的商品生产，是以劳动者将其劳动力当作商品出卖为特征，或者说，是以工资劳动为基础。劳动力的出卖者或工资劳动的当事人，虽为劳动者，但购买他的劳动力的资本家所属意的，却不是劳动者自身，宁是他那能够造出较大于其本身价值的劳动。这正如把油料当作使用价值来购买的人，他们属意的人不是卖油者，而是油的本身。油商把油贩卖出去了，油的使用，属于购买者；劳动者把劳动力贩卖出去了，劳动力的使用，亦属于资本家，但油与劳动力的同点，到此为止。在使用过程中，油与其贩卖者是毫无关涉的，而在劳动力，它却是其贩卖者之精力与体力的直接支出；在这种联系上，属意于工资劳动的资本家，有时不能不连带注意到工资劳动者。不过，在他们心目中，工资劳动与工资劳动者的地位颠倒了：工资劳动人格化，劳动者却被物化了。他们的经济学，很显明的反映出了这种事实。

在近代初期，资本与劳动的活动，尚被拘束囚禁于封建遗规及重商体系的诸般限制中。为资本家请命的亚当·斯密，除了强调资本的自由外，更大声疾呼劳动的自由。他认为："劳动的所有权，是其他各种所有权的根本基础。所以，这种所有权，是神圣不可侵犯的。贫家所有的世袭财产，就是他们的体力与技巧……妨害他们体力技巧的使用，即是侵害他这最神圣的财产。"[①] 他主张劳动的神圣自由权，很显然是他知道资本的神圣自由权，是以劳动的神圣自由权作为"根本基础"，但他其所以强调劳动的自由，而不强调劳动者的自由（虽然在《国富论》中，也不时述

---

① 亚当·斯密：《国富论》上卷（郭大力、王亚南译），第160页。

及），就因为在这种场合讲劳动者的自由，不过是作为劳动的自由之附带条件。劳动被人格化，劳动者却被物化了。

这种情形，我们如向生产过程，价值增殖过程，或者劳动力的使用与消费过程的内部看去，那更会发生深刻的印象。在生产过程中，资本取得了对于劳动（实现的劳动力）的支配权。体现着资本的生产手段，充分表现为吸取他人劳动的手段。在这种限度内，已经不是劳动者使用生产手段，而是生产手段使用劳动者了。劳动者对于生产手段，不是把它当作生产活动的物质要素，来供他消费，却反而是把他自身当作一种特殊的生产手段，来让物质的生产手段去消耗。一位自动机工厂的抒情诗人乌尔博士曾说：工厂是一座大的自动机，由各种机械的和意识的器官构成，那些器官全隶属在一个自动的动力之下，并在不断的协力中，为生产一个共同的对象而动作。在他设想：发动的中心机械，在事实上，并不单是自动机，而是一位专制者，在它自己的周围，"招集着无数的臣下"，供它指挥。① 而且，它所指挥的，还不仅是服侍它的劳动者，即资本家亦在按照它的性能，依从它的性能所指示的定则，从事活动。不过，资本家在表现着资本之无限制的盲目的冲动的限内，在表现着资本对于剩余劳动之狼样的贪欲的限内，劳动者就表现为没有人性，其健康，其寿命，都毋庸关心的劳动力；为了增加剩余价值，为了使各种机械一分钟也不停止它的活动机能，被看作劳动力的劳动者的全部时间，都成了使资本增殖价值的劳动时间。他们的人格教育时间，精神发达的时间，社交的时间，生理活力与精神活力的自由表现时间，甚至星期日的安息时间，全被剥夺去。结果，产业愈发展，愈加机械化，劳动者便愈表现得与知识的精神生活相对立。据一位社会学者所说："无智是迷信之母，也是产业之母。思虑与想象是易于错误的。手足的活动习惯，既与思虑无关，也与想象无关。所以，制造业最繁荣的地方，即是人类最无思索的地方。在那里，工作场所，可以看作是一座机械，所以人为其构成部分。"②

人成了机械的一个构成部分，于是，在工资形态上，以食物给予他们，也就像以煤炭添入汽炉，以油脂注入机器一样。劳动者在现实上被剥夺了人性，而一般市民经济学，也就站在这种现实上，把劳动者的生命，劳动者的健康，劳动者延续其种嗣的要求，看为不值得注意的问题，甚且

---

① 马克思：《资本论》第 1 卷（郭大力、王亚南译），读书生活出版社 1938 年版，第 339 页。

② 同上书，第 290 页。

是多余的问题。比如，马尔萨斯的人口论，就是要证明劳动者阶级依据自然的人口法则，不能不在必要的场合，取消他们满足人的欲望的权利，或者说，取消他们当作人来生存的权利。

但从经济上另一个视野来看，劳动者的人的性质或人的欲望，却又被注意到了。劳动者对于资本家的社会，是从两个方面来报效。一方面，他是商品的生产者，另一方面，他又是他所生产出来的商品的消费者。他是生产者，虽然只注意他的劳动力；他是消费者，却不能不注意他的购买力了，事实上，尽管资本家社会对于消费的劳动者，只留意到他的购买力，正犹之乎对于生产的劳动者，只留意到他的劳动力一样，但要使他们有较大的购买力，就等于说是提高了他们的消费，在这种意味上，就像是可能高扬劳动者之人的性能，和人的生活，注意到这一点的市民经济学者，提出了许多带有浓厚的浪漫蒂克性的改良方法，以为在分配上，能使劳动者得到较大的份额，结局，终归是可以更有益于资本家的荷包的。巴师夏（Bastiat）的"乐观分配论"，杜能（Thünen）的"自然工资论"，约翰·穆勒（John Stuart Mill）的"工资基金说"，都是想把那在生产过程中被剥夺了的劳动者的人性，使它在消费方面回复过来。但在事实上，劳动者之人性的忽视或否定，并不单是由于他在生产过程上变成了被机械支配的工具，同时也由于他在消费方面，被剥夺去了人的生活或人的享受。

七 人类的合理关系不能在政治经济学上得到实现

典型的资本主义社会，是以资本家及劳动者为其典型人物。资本主义的生产方法，使他们两者的关系，不表现为人与人的关系，却表现为物与物的关系。经济学能把他们这种变常的（就资本主义社会讲，也许是正常的）关系如实表现出来，不是冷酷，也不是什么煞风景的事，却正是道出了真理。要把这变常的人类关系改变过来，那不是经济学的事。奴隶的生活方法，使奴隶所有者与奴隶彼此没有人的关系；封建的生产方法，使领主与农奴之间，也没有人的关系，资本主义生产方法是更进一步了，也像更具有自由平等的外观了，但人与人的关系，有的地方也许表现得更好，有的地方却表现得更坏。在资本社会里面，劳动者与资本家，固然是对立着，仇视着；其实在竞争的场合，资本家与资本家之间，甚至劳动者与劳动者之间，亦并不怎样和谐。当大资本家摧毁小资本家的时候，他眼光中所见的，并不是小资本家，而宁是他那宗小资本，而在大资本家自身，他亦是不自觉的受着资本之无限贪欲的支配。至劳动者的互相排挤，亦是由于他们被位置在生存竞争的境地。这一切，都有一定的社会经济法则纲维着。因此，也只有在经济学上能得到合理的说明，一旦人与人的关系，由物与物关系解脱出来，经济学也就终止了它的历史任务。在这种理解上，似乎表明我们之所以有经济学，正因为我们还存在着不合理的人的关系，亦就因此之故，不能显示出不合理的人的关系的经济学，甚或把那种关系故意涂饰得失其本来面目的经济学，就俨然是多余的存在了。

"现实世界之宗教的反映，必须等待日常生活关系，在人面前，表现为极明白极合理的人与人的关系，和人与自然的关系之后，才会消灭"；社会经济生活上的变常现象，必须等到人与人的结合，是采取真正的自由形态，而不是采取何等不平等的强制形态或不自然的买卖形态，然后始能消除。

然而这不是想到就可做到的事，一定的社会物质基础没有形成，这个不合理的历史便得继续，我们就得通过经济学，去正误人类的不合理的经济关系。

1942 年 2 月 17 日

政治经济学上的自然

一 自然与社会

政治经济学是一种社会科学。它所研究的对象，是社会而不是自然，是社会现象而不是自然现象。在这种认识上，"政治经济学上的自然"这个题目，就像没有提出来之可能与必要了。然而全部现代经济学，甚且是最优秀的市民经济学的代表者的理论里面，始终不曾认清"自然"，不曾在他们经济理论上，把那些由"自然"所引起的论点，予以明确的清理。

不错，政治经济学是研究社会，研究社会中之经济现象的。但我们一提论到社会，定然要分析到社会构成之现实前提。社会科学者告诉我们，那种现实前提计有三项：一是人类——这人类不是幻想的，孤立的，固定的，而是现实的，活动着的，是依着他的活动，与自然发生联系的，同时，是依着他的活动，与其他的人类发生联系的；一是人类的行为——他活动着，与自然与其他人类发生联系的最初的历史行为，就在生产那些为了维持他这种"活动体"所必需的现实生活条件，其中包括着饮食、衣服、居住以及其他事项；一是物质生活条件——其中包括有既存条件与人类的生产物。前者是指着广义的自然条件即人口人种等人类的自然与外界的自然（狭义的自然条件）。后者所指，则为生产手段的范围，劳动力，劳动者熟练的程度，科学上及技术上的实用性的发展程度，生产过程之社会的组织等等。①

当作一门重要社会科学看的经济学，它所研究的对象，虽然是社会现象，但其中却织入了上述的许多自然条件和因素。对于这些自然因素，有的经济学者，把它的作用扩大来看；有的经济学者，又把它的作用缩小来看，无论采取哪一方面的看法，都不曾在他们的理论上，对自然与社会的关系，予以适当的处理。对于自然认识的不够，同时就是对于社会认识的不够。我们很可以从这一个考察的角度，把现代经济学说史的发展，看成

---

① 参见王渔邨《中国社会经济史纲》。

经济学者们对于自然认识概念的发展。

不过，这种认识的发展，并不是直线的。照应着资本主义现实经济发展在它衰落期所遭遇的波折和其不可克服的障碍，市民经济学在这方面也反映出了后退的自然主义化的倾向。

一般说来，人类对于自然愈能表现它的拘束控制力，即自然力愈能为社会生产力所支配，我们也就比较能相应地看清自然在社会现象中的作用。一旦社会生产力的发展，受到其内在的不可克服的困难的阻碍，就连社会的现象——社会劳动生产力，也表现为完全脱离人类意志而独立活动的不可理喻的自然力了。在这种场合，人类或作为社会经济现象之说明者的经济学家，要想恢复其理性、恢复其对于自然力的认识，至少应当在主观上，把社会劳动生产力位置在可能更高度发展的意境上，始不致为他当前所呈现的反常现象所困惑。

在下面，我想用较具体的史实，来论证我在这里的所提论到的抽象的说明。

二　对于自然认识之经济学史的发展

当农业还对工业，当土地还对资本，表现为压倒重要性的近代初期，就是卓越的经济学者，如重农诸子乃至亚当·斯密，都很自然的分别把自然秩序，当作了他研究的出发点。作为重农主义之中心思想的纯收入论，就是认定社会上依赖自然最多的产业，有最大的生产性。自然以它对于人类经济活动上赐予的丰啬程度，指示出人类经济活动所应当遵循的途径。吾人接受自然的此种启示，将其经济活动重心支置在自然赐予最丰的农业上，则由此实现的形式的社会秩序，就是自然秩序。

亚当·斯密用他的比较进一步的自然观，去代替重农学派的自然观。经济上展开的视野，在亚当·斯密的英国，是比重农学派的法国，广阔得多，有希望得多的。当时英国工业发展所具备的条件，已使斯密能把他的观点，从农业上移到工业上，斯密所理想的"自然而自由的制度"，尽管没有把农业除外，他甚至还明白指示依存于土地上的诸般规则，该是如何妨碍一般社会传统规则的解除。但，他的重要论点，他所谓"社会劳动生产物"、"分配于各阶层的自然顺序"，以及他所强调的"自然价格"，"自然财产"等等，通是就工业范围之论。

事实上，不论侧重于农业的重农学派也好，抑是侧重于工业的亚当·斯密也好，所谓"自然的"概念，都应理解为"合理的"概念，理解为反对过去种种封建体制与规定的"现代化的"概念。这是启蒙时代一切启蒙学者一致的作风。所以，当资本主义经济形态，已经取得了优势的社会存在的时候，即资本已代替土地而取得了社会优势的时候，作为经济学研究对象的经济现实当中，自然条件或因素，固已逐渐减少了它的重要性，同时，借自然社会哲学来支撑资本主义经济的要求，逐渐平淡化了。

然而，就在经济学对于这种比较素朴的自然社会哲学，已逐渐减少其依赖程度的过程中，它对于其严密处理"自然性质问题"的要求，才开始认真起来。最能表现科学性质的英国李嘉图的经济学，已经把所谓自然观的社会哲学的说教，丢在一边了。作为经济学之核心与基石的价值理论，虽然从斯密起，就认定经济学所研究的，只是交换价值，而不是属于自然性质的使用价值，到了李嘉图，这种论点，却更加发挥和确定了。他一开始论究商品价值时，就把劳动价值学说应用到商品，限定在"可由人力增加总量，又允许生产自由竞争"的那些生产物方面。其他如古书古画之类的东西，他认定是由稀少性决定其价值。此外，若珍贵的葡萄酒，乃因其葡萄产地，具有特殊品质的土壤，属于自然性质，亦不在讨论之列[①]他这种研究方法，自然极合乎科学的逻辑，但反对者却把他们所设认定的例外，夸大起来，例如商品的二元论，至少把劳动价值学说否定一半了。他的论敌马尔萨斯就是从他的价值学说的这种孔隙中，给予他无法招架的攻击。但为了弥缝这种缺陷，李嘉图的庸俗拥护者麦克库洛赫就把李嘉图认为要当作例外来处理的属于自然性质的葡萄酒的价值问题，加以极富有滑稽意味的"人工的"解决。在麦克库洛赫看来，所谓劳动，并不限定是人类劳动力的支出，所有畜力、机械乃至自然的作用，都可包括在劳动的范畴中。依这个劳动的定义，贮藏的葡萄酒，依贮藏时间的延续所增加的价值，乃因那种葡萄酒在贮藏期内，发生了一种为我们所期望的自然作用，这自然作用既然是一种劳动，所以，劳动价值学说，并不会因此自然性质的因素，而受到破坏。他这种近似愚妄的劳动价值弥缝说，随即就引起马尔萨斯这样的嘲弄。他说："在这种新的定义帮助之下，任凭什么，都可拿来证明，例如最容易证明的是：如果你把石子看为是葡萄干，你可把石子与面粉，牛奶，脂肪一起做起布丁。"[②]

李嘉图及其后继者在价值论上留下的这个漏洞，变成了以后一切反劳动价值学说的最习用的口实，历史学派的大师卡尔·克尼斯就曾这样设

---

① 参见郭、王合译《政治经济学及赋税原理》。
② 参见拙著《经济学史》上卷。

问:"当一卡德小麦可以和一科德木材作等价交换的时候,在人造林中,由人类劳动作生产的木材,和在原始森林中野生的木材,有没有区别?"这疑问由奥地利学派者"赞承"下来,进一步追询:"未经人力经营的处女矿山,为什么可供买卖?""未开垦的土地,为什么可供买卖?"尽管这是极其流俗的疑难,他们却认为不仅可持此戳到古典学派劳动价值论的痛处,在古典学派及其后继者把劳动价值学说作为其全部理论核心的限内,抓住了他们这个痛处,似乎可以使他们整个经济学说全崩溃下来。

然而,价值论上的自然因素问题,是在对于资本主义的地租理论的建立,或在地租问题的解决当中,就被解决了的。庸俗经济学者及奥地利学派,似乎把这点大意的或故意的忘却了。

三 由劳动价值论上的自然因素问题到土地地租论上的自然因素问题

资本主义经济的发展程序,大体是开始于工业方面,而次及于农业方面。而资本主义经济研究的展开,亦大概是按照这个次第。

不错,作为现代经济学之开端的重农学派的理论,一般是从忽视工业和强调农业入手的,但这个学派所主张的大农经济,虽然已把当时英国农业之资本主义式经营作为前景,而他们说的土地自然生产力,都显然是把资本放在次位,也显然是资本尚未对土地取得优势社会地位之落后经济意识的表现。

对于土地地租问题之资本主义的理解,一定落在其他有关工业上的诸般经济问题之后的。但现代市民经济学的完成,却非等待土地地租问题已有了理论的解决途径不可,就因此故,现代市民经济学由李嘉图的研究,达到了极峰,而科学的地租理论,亦是由他立下基础的。

我们知道:在工业的领域内,自然的作用,是随着工业的发展,而愈益减少其重要性的。在工业生产的诸要素中,只有工厂建立所需的土地,发生自然性质的问题(自然也还有利用水力等自然条件的工厂,但这点我们下面还有论到的机会)。而且,工厂厂址这种自然要素,还有以次的事实,把它在人们的意识上的重要性减低了:第一,工厂厂址所费,在对土地可以集中利用的全工业生产费用中,只占一个极不足道的比例;第二,用作厂址的土地,已经不是利用它的自然力,而宁是利用它的社会地位。因此,主要把工业资本主义经济作为研究对象的经济学者,就很自然地对自然因素不予注意。资本主义在它的发展过程中，在它由工业领域逐渐展拓到农业领域的过程中，必然要引起地主阶级与资本家阶级的斗争，从而必然要引起对于地租问题的狂热研究。在现代市民经济学最发达的英国，亚当·斯密在资本主义初期还不易看出这个问题的严重性，他很素朴地把这个问题处理了。以为地租的发生，是由于土地生产物对其他生产物，有更大的不可减缩的需要。其后继者但却是地主阶级的代言人的马尔萨斯，却对于当时主张"地租是掠自消费者而给予地主的东西"的意见，提出了以次这种自然观的反驳，他以为地租的直接原因，虽然是"基于原料生产物的市场价格，超过其生产费的那种事实上"，但那不是由于独占，而是由于：（1）土地有赍与耕作者维持生活必须以上的生活资料之性质；（2）生活资料有创造它自身需要的特质；（3）土地的稀少性，肥沃土地稀少。他认为，在这些自然原因的连同作用下，土地生产物乃能获有超过其生产费的市场价格。简言之，即地租是得自自然。

　　李嘉图是与马尔萨斯站在相反的立场的。他根据劳动价值法则来说明他独创的差等地租的形成过程。土地之量的限制与质的不等，以及所谓土地收入递减法则，是他的差等地租论构成的前提。他已经把自然是作用在社会条件下的事实指明了，但对于有关自然问题在理论上的处理，仍留下了一些不能令人满意的解释。他把地租定义为利用了土地自然土壤力所给予地主的报酬，一开始就会给人以地租是直接产自土地自然力的印象。其实地租的产生，地租额的大小，并不能直接以土地自然力，此自然力的大小，即土地的丰度来说明，却应以土地自然力，及按照土地自然力的大小，加大了社会劳动生产力的事实来说明。能用这种方法考察问题，劳动价值法则始不难通过自然条件在价值增殖过程中所生作用的难关。

　　其实，任何一种生产经营或社会生产物，都不免多少依赖自然。但无论其依赖自然到若何程度，都不能妨碍经济学上最基本的劳动价值法则的建立。先就工业上讲，然后再就工农业上比较来讲吧。

　　一切资本家的经营，都期待在收回成本以外，至少获得普通利润或平均利润。此平均利润的高低，是取决于社会平均劳动生产力的大小，而此平均劳动生产力，则受规制于社会平均生产条件。假如某个工厂的生产条件，超过一般社会平均水准以上，从而，它所能期待的利润，亦相应超过平均利润以上。不过，它这超过平均水准以上的生产条件，可以是由于有专利或有秘密性的发明，亦可以是由于特殊的自然便利，如自然水力瀑布之利用之类。基于特殊的发明，其超额利润当属于资本家；基于特殊的自然水力，无论此自然水力是属于资本家自己，抑是属于其他土地所有者，其超额利润将会转型为地租。

与工业比较，农业一般的是更依赖自然，当作农业之主要生产条件的土地，是一个大自然力，这个大自然力的作用，并不参加其生产物之价值的形成与增殖。"当作生产因素不须成本便可加入生产的自然因素，无论在生产上能够尽怎样的职能，都不是当作资本的构成部分，加入生产内的，它是资本的无偿的自然力，它是劳动的无偿的自然生产力。"[①] 这种自然力的作用，不参加价值，正如同农工业上所需依赖的其他自然力如水如空气的作用，没有什么不同。其唯一的差别，也许就在前者因为面积量的限制，须在地租名义下，为独占者提供地租罢了。

但农业上的资本，同样会依资本主义社会的生产方法，与工业资本要求平均利润，因之，农业上所提供的地租，就一定不是由此平均利润分出，而是由此平均利润以上的超额利润形成。农业上的自然作用，既不在生产物的价值上发生影响，然则一般对农业能造出超额利润之根据的较大剩余价值，究将作何解释呢？在这种解释上，如其我们还不忘情于自然的作用，那就是因为农业生产物，在其生产过程上，更需要依赖自然，更需要迁就自然的有机成长程序，它的技术的诸条件的改良，就不允许其同工业采取一样迅速的步骤；同时，这种发生于自然性质的限制，又因为一般农业经济发展所必然遭遇的较大社会障碍，而益加强其作用。结局，农业资本的有机构成，一般皆落在工业之后，而较低资本构成所包含的较多可变资本，即其生产物中所体现的较大劳动量，就形成了农业劳动剩余价值超过工业劳动剩余价值的根源——即农业上一般能由其超额利润转化为地租的根源。

"自然力不是剩余利润的源泉，而只是剩余利润的自然基础，因为这种自然基础，允许劳动生产力有异常的增加。这好比，使用价值为交换价值的担当者，而非其原因。"[②]

说到这里，自然因素在价值论上，从而在政治经济学上，使人感到困惑的问题，理应可以释然了，一切拿自然因素的作用的大小，来诘难劳动价值论，由是根本否认政治经济学上的法则的议论，理应可以罢论了。原

---

① 马克思：《资本论》第 3 卷（郭大力、王亚南译），读书生活出版社 1938 年版，第 635—636 页。

② 同上书，第 543 页。

始森林和人造林的树木，同样需要采伐与搬运的劳动，前者即使无须栽培劳动，即使无须更多的采伐与搬运的劳动（根据经验理应是更多的），那不过表明它依据此"自然"基础，能提供其经营者以剩余利润或较后者更多的利润而已。不费劳动的处女矿山可以买卖，其买卖价格，并不是体现什么价值，只不过像自然瀑布所有者，由瀑布场所的独占，要求地租一样；空气如其在量上有限制，如竟能为人独占，它对于需要者，也会索价租卖的。

这都是一些不足较论的常识上的问题，然而许多庸俗经济学者，竟想用自己理解不过来的常识，去代换科学的真理。

四 自然性质问题是经济学研究的试金石

试一浏览现代经济思想发展的历史，似乎可以让我们得出这样的结论：一个经济学者的科学修养，很可由他克服经济上之自然性质问题的程度来加以判断；同时，还可由他对于经济问题的理解，是采取社会观点，抑是采取自然观点来判断。自然性质问题，是当作社会科学之经济学的试金石。

前述麦克库洛赫把自然作用当作劳动来理解的笑话，原是在马尔萨斯认定劳动价值学说不能解释自然作用的诘难下引出来的。在马尔萨斯自己，他却因为无力分析自然与社会的作用范围的"限界"，早就把他名噪一时的人口论，干脆建立在自然基础上，以为人类有食与性的自然需求，在食的满足，能够刺激性的作用的前提下，人口的增加，会超过生活资料所能供应的限度，于是贫困罪恶自然发生。这种纯自然的认识，不但把财富分配攸关的社会生产关系，完全抽象了，在当时为李嘉图所强调的社会生产力不绝发展的事实，亦被忽视了。

古典学派殿后的经济学者约翰·穆勒，尽管以新经济学者自命，而富有社会主义的热忱，但他结局仍只能彷徨于个人主义与社会主义之间的最重要的原因之一，也许就是由于他在分配论上解放了，在生产论上却太受了自然的约束。他认为"关于富之生产的法则与条件，带有物理上之真理的性质，不是任意的，随便的，人类无论生产什么，总得依一定方法，在一定条件下进行。这方法，这条件，就是由外界之物的性质，和人类自身肉体上精神上之固定性质所形成的人类之生产，总不免为其从来之蓄积的分量所限制，从而总得与其精力，熟练，机械的完全性，乃至利用结合劳动之利益的妥当性为比例。如非耕作方法上有若干改良，在同一土地上，两倍劳动量，总不会生产出两倍食物量来。凡此种种，都是不能由我们人类的好恶所左右的……"① 他这段话向我们解明了几点意思：第一，他把生产法则与生产条件混同了，把劳动过程上所需具备的诸劳动条件，一视同仁的予以处理，以为这些条件在任何社会从事生产，皆需具备，因而作用于这些条件中的生产法则，也就在任何社会，皆有其妥当性。虽然，他紧接着上述议论，表示"我们关于自然法则的知识，将来更有扩展，因而有一天在产业上想出空前未有的新秩序，能在某种范围内，变更生产方法或增加劳动生产力，那也是难得逆睹的。"这种正确的理论闪光，随即又被歪曲为"不论是物也好，是心也好，其穷极的性质，决无法变更"的空谈。

由约翰·穆勒结束了的古典经济学，到了美国学派的建立者凯里（Carey）的手中，翻出了许多花样。关于自然性质与社会性质之分野的问题，他像调和古典派所暴露出的各阶级利益以及调和农工商各业的利益一样，一开始，就把它们等同起来。在其所著《社会科学原理》中，他认定"个人与个人间的社会组织，乃自然秩序的一部分"。他力图扩张人类行为规则成为自然科学，想给予经济法则以普遍适用的真理，并努力使世人相信，支配社会与自然实体的世界诸法则的完全一致。为了证实这点，他提供了我们这样有趣的例证，表示"人'总是'由山边移向下面的草原同树木丰茂的川谷，财富有了增长，劳动力同他的生产物，'总是'渐渐地昂贵，而工业制造的货物，'总是'渐渐地低廉。"从这种极其表象的"貌似"情形，来说明自然法则与社会法则的一致，想由是从经济学上抹煞去有关自然性质的问题，这是百分之百的天真无邪的乐观态度。

责难古典学派应用自然科学的方法来研究社会科学的历史学派，他们自始就不像美国经济学者那样，把问题看得过于简单，他们认定"要在经济现象中建立起可以看出的可以认识的法则，经济学者必须饱尝一番烦恼"（希尔德布兰德语），因为在他们看来，经济学在把两种性质不同的东西，即"物的因素与人的因素"作为研究对象。惟其经济学所研究的国民经济，同时附有自然条件与文化条件的特质，"经济现象在事实上的出现，就为人类的能力，乃表现在关联于外部的自然的对象物，生产物，构成物上这种事实所限制，的确，它的发生，它的运动，皆必须受自然法则所规律，人间的能力，决不能变动它，只不过能把它处理或领导。气候及土地的生产力，流动的动力，蒸气的爆发力等，他们各依自然法则以表

---

① 约翰·穆勒：《经济学原理》（亚希勒版），第199页。

现，如此，人类所能为力的地方，无非是依照自然所决定了的性质去做罢了。"这是历史学派经济学完成者克尼斯的议论，这个议论，倒很像后来奥地利学派经济学完成者庞巴维克（Böhm-Bawerk）的说教。庞巴维克表示：经济学的法则，应建立在与自然科学及心理学不相冲突的基础上，他们同样把人类经济活动所依据的基础，拿来混乱那种活动所表现的规律，但虽是如此，他们却都认为经济法则，毕竟与自然科学不同。奥地利学派把经济学理解为半自然科学，而历史学派则认定国民经济学一方面是处在应用的诸自然科学之间，同时又处在重要的诸精神科学之间（施穆勒语）。

本来历史学派研究国民经济，是采取"包容的"方法，即有关经济活动的一切社会的自然的因素，都一视同仁地加以考虑，他们重视经验而不注意抽象的分析，对于经济上的自然性质问题，始终不肯接受他们所坚决反对的古典学派研究的结果，他们彷徨颠倒在所谓自然条件与文化条件之间，"不知何以裁之"，那是颇不足异的。而在经济学方法论上，自诩是继承古典学派传统的奥地利派诸学者，却因为他们适应现实的需要，把古典学派的客观主义，变为十足的主观主义，这一来，他们虽然不绝强调着抽象的分析方法，但却舍象去社会的经济现实，从人类最原始的消费欲望观点，来推断一切经济行为，结局他所研究的全部经济，都被自然化成毫无现实意义的东西。经济学上一向不容易分析的自然因素，他们就很自然地看得不成问题了。

由上面简单的叙述，我们已不难明了：现代经济学是在对于经济上的自然因素，逐渐予以科学处理的过程中，慢慢地建立起来的，同时，又是在对于现实经济上的自然性质问题，或则无力鉴别，或加以无差等的混同，终至全面自然化的研究过程中，被庸俗化被支离化了的。

五　经济学教我们如何缩减通过"自然发展阶段"的痛苦

事实上，经济学上对于处理自然性质问题所"演出"这诸般现象，需要从现实经济之客观的发展变动中，去得到理解。如其说经济学之科学的研究，乃在解决其研究对象中之自然因素对于理论上所引起的困难问题，同时那种困难问题，又需视现实经济发展所成育起来之客观条件的具备程度，而决定其解决的限界。则拘囚在资本主义狭隘视野中的经济学者，实无怪其在李嘉图以后，对于这个问题，不但不能有所成就，甚且把已有的成就"折杀"了。因为他们的客观现实，早已无需或不能让他们对经济现象作科学的分析。

不仅此也，现代经济学所论究的对象，为资本主义经济；从全体来看，整个资本主义经济运动，已经是表现为不受人类意志支配的盲目的客观存在，表现为一种自然现象。而从资本主义所由产生，以及资本主义将会转化的历史的社会的连续运动，亦被表现为"自然发展阶段"。在这种过程中，人与物的关系，被颠倒的转变为物象在自作主宰，人反而受其支配的"反常"现象了。这个事实被反映在一般经济学者眼光中，当然会增加他们认识经济现象中之自然作用的混乱。他们常由此把经济上的人对人的社会关系，放在一边，而仅着意于人对于自然的技术关系。

由是，我们知道，要在经济理论上，正确辩解资本主义经济中的自然作用，固须资本主义发展到一定阶段始有可能；要正确把握整个资本主义的自然性格，即其离人类意志而独立活动的性格，则须资本主义已经完成其转型的发展，在以次的状态下始有可能："社会化的人，协作的生产者，合理的调节他们和自然的物资代谢机能，把自然放在他们共同管理之下，不让他当作一种盲目的力量来支配自己，却以小量的力的支出，在最与人类相照应相适合的条件下，实行这种机能。"

人类是要到了真能控制自然并合理运用自然的时候，才真能理解自然。在所谓"自由的王国"里面，自然是人类的奴隶，在客观存在还从外部强制着人类去迁就它的所谓"必然的王国"里面，自然实际是做着人类的主人。这个关键，只有对自然作用能作科学处理的政治经济学，才能为我们指明出来。我们处在各别社会经济发展阶段的人，也只有理解并运用这种经济学，才知道经历那些表现为自然的发展阶段的如何不能避免？缩减那些经验的痛苦的如何始有可能。

中国经济理论研究的落后，是与中国经济的落后相照应的。就因此故，我们从事经济学研究的人，更须对所谓自然，作一番"格物致知"的工夫。

政治经济学上的法则

一 关于经济法则问题的提起

近几年来，因为我有机会同一些研究经济学的青年朋友们接触，得知在他们脑子里，时常浮荡着下面这一列问题：

（1）经济学实际就是一列经济法则的综合，而经济学的法则性问题，又是一个哲学问题，或是哲学在经济学上的表现。究竟研究经济学，是否必须研究哲学？或者，不对哲学有相当修养，就真的不配谈经济学么？

（2）人类社会自始即有经济生活，自始即应有经济事象变动的规律存在，为什么直到现代，始有经济学出现？尤其是，为什么在现代经济学出现以前，就连有关过去经济之任一局部形态的法则，亦不曾明确的被发现出来？

（3）被经济学所反映出来的经济现实，究在何种限度有其真实性？即经济学的法则，在它的客观妥当性上，究和自然科学的诸般法则，有多大的距离？

（4）同是表志着资本家意向的经济学，为什么在资本主义社会初期，特别是在它的正盛期，能够说明真理？而到末期，则不能够？

（5）说某种经济学说错误，是不是说它的全体，都没有一点是处？反之，说某派经济学说正确，是否可以认定它中间也有不尽符事实的地方？

（6）一个学说所代表着的客观环境过去了，是否那个学说全部都成了问题，都要随着成为过去？

（7）不同社会的自然条件和历史条件不同：以特定社会的经济为基础而形成的经济学，要把它的结论，适用到其他社会，套现成的公式行么？

（8）经济学到了晚近，似已走到了它的终点，或已近似完成了它的历史任务，我们是否还有增益其法则，或发现其尚未被发现的法则之可能？

上面这一列问题，我想是每一个想对经济学作较深入研究的人，所要求解答的。仔细把这些问题加以分析，就知道，那都会直接间接关联到法则问题上去，设把有关经济法则的诸般问题分别予以解述，则对于上面所列诸问题的疑问，也许大体可以释然。

二　法则是什么

法则这个用语，普通是用来表示诸事象在特定情形下所显现出的相互因果关联。一种事象，对其他诸事象，或者，其他诸事象，对某一事象，在一定条件下，发生某种作用，在它们之间，表现出了一定的变动，表现出了有关数量的质量的一定事态，则在同一条件，同一作用下，那同一变动或同一事态，一定会重复的被表现出来。这即是说，法则本身存在着一种规律性。

某一组或某一些事象，相互间在特定情形或特定条件下，表现出一定的因果规律，在不同的情形，不同的条件下，却会表现不同的、或非前一规律所能范围的变动现象。在纷然杂陈的诸事象，和纷然错综的诸作用、诸因果关联之间，或者，在连续继起的诸事象诸作用之间，有一个总的法则，把它们综合连贯起来，使各别的法则，从矛盾上显出统一，从绝对上显出相对，从一般上显出特殊，使它们各别的法则，各别的因果关联，在总的大法则之下，表现出一种条理秩序。相成的，相续的，固不必说，即使是相反的，相克的，若从其最高的境界，最高级的发展形态看去，它们亦是有相统率的，或存在于诸规律之间的规律性。这即是说，法则本身存在着一种系统性。

这种系统性和上述的规律性，不只说明了法则这个概念的内涵，同时还意味着它的本质。法则尽管是一个抽象，它所体现出的对象，尽管不一定能完全，不一定能无遗漏，但它本身，却与客观现实分离不得。它是现实在主观上最集中的，最有概括作用的，最真实的体现。这就是法则的实在性。

法则不能离开它这三种属性——规律性，系统性，实在性——而得到理解。它们分别是哲学上认识论，方法论，实在论的研究对象。被自然科学和社会科学研讨着的任一法则，都须具备这三种属性。不同种类，不同性质的科学，其法则所体现的这三种属性，尽管在程度上不尽能一致，但对于这三种属性本身，都是缺一不可的。例如，没有实在性的理论体系，即使也能、或者更能表现出一个规律系统的外观，但结局无非是一个没有生命，没有内容的观念构成罢了。

因此，我们研究经济学，如有了哲学的修养，当大有助于经济学的理解。但经济学本身，已经是把哲学作为它的理论构成的骨干。一个大经济学者，例如英国古典经济学最高峰的研究者李嘉图，他就是最没有哲学修养的人，但他的研究，却显出了光辉的哲学的色调。一般人都称说他是市民经济学的最高造诣者。却不大有人把他看作是市民哲学的最高造诣者。其实，人或市民，在他心目中，作了最有哲学意义的经济的抽象；由是，他所定立的法则，就最能破除一切阻碍科学演绎的理论上的以及其他社会上的障碍，而表现了最实在的和最有规律系统的贯彻作用。

要之，法则的所在，就是哲学的所在；当作"科学中之科学"来看的哲学，尽管像是站在科学以外或以上，尽着领导的范围一切的功能。但我们经济科学研究者，切不要只着意于经济学以外的哲学的研究，而忽视了经济学本身的哲学的研究。

三　经济法则是什么

理解了"法则是什么"的问题，对于"经济法则是什么"的问题，似乎就可不大费思索而得出一个答案。

不过，前面关于"法则是什么"的说明，是就法则本身之最高的综合性而言，换言之，那是同时把有关自然现象的法则，和有关社会现象的法则，加以抽象，而得出其共通的属性。在这场合，有关社会现象的法则，对于自然法则表示的诸特殊地方，就被舍象了。

在经济现象被括入社会现象而加以考察的限内，要讨论经济法则，似乎特别要把那些在前一场合被舍弃了的特殊地方，加进我们研究的范围来。换言之，就是经济法则除了应具有一般法则的规律性，系统性，实在性而外，还得添上它由社会的本质所导来的历史性。

一切有关社会现象的法则，因为是社会的，所以都是历史的。

当然，从一个更高更远的境界来看，自然界的诸种事象，亦并不是固定着的，没有它们的历史演进的迹象。比如，把自然界作为对象来研究的自然科学，"到了19世纪，它就本质的是研究过程及事物之起源与发达的科学，把自然事件总括到一个大全体的关联的科学。研究动植物有机体的过程的生理学，研究各个有机体组从萌芽到成熟的发展的发生学，研究地壳之渐次构成的地质学"① 等等说明了自然界的诸事象，都不免受历史法则的支配，甚至一般认为最有定着性的天体运动，自从1755年康德的《一般自然史与天体论》问世以后，亦被暴露出了它的历史性质。不过，自然界的变动，经历时间过于长久，把它作为对象来研究的人类，实在大有"蟪蛄不识春秋"之感；亦就因此之故，自然现象比较起社会现象来，就不免要显得千篇一律的定型化了。而且，我们在这里所要阐明的历史性，是由社会本质关系导来的历史性，是由人类特定社会之利害关系，以及由此关系所产生的意识作用或反作用于其间的诸社会现象，所连续表现出来的发生，发展，乃至其完结的历史性。若自然界的历史变动，完全离人类意识而独立，即使人类的社会活动，对于自然也发生过一些反作用，但"在自然中相互作用的，仍是纯无意识的盲目的力素；在这些力素交互作用中支配着一般的法则。"②

把上面这种意见分释清楚了，我们始可较明确的辨认社会科学诸法则之历史性的内涵。从而，也就可以更容易了解经济法则是什么或经济法则有什么特质的课题了。

在一般社会科学中，经济法则的特别确实性。是被一般经济学者，特别是奥地利学派的经济学者们所欣赏了。在他们设想的经济学所研究的对象，包括有极多的自然因素。比如照门格尔所说，经济之最简单而又最原始的要素，是（1）欲望，（2）自然直接提供人类的财货——自然物，（3）想在可能范围内，满足欲望的种种努力。"欲望"在他眼目中，是最自然不过的东西；自然物不必说；仅有满足欲望的种种努力，才是社会的。结局，把这些要素作为研究对象的经济学，或者，由这些要素相互作用而表现出的"类型的关系"或一般所称之法则，就有半自然的性质。由是，在他看来，经济学就较之一般社会科学，即他所理解之法律学，国家学，社会学等，有更严密的，可应用严密方法研究的特质，可以说是介乎自然科学与社会科学之间的一种科学。另一位奥地利学派的巨子庞巴维克，也是非常强调经济法则的自然性质。他在他的大著《资本肯定论》中，就主张该书所要讨论的问题，在性质上，特别需要建立于健全的自然科学原则之上。认定政治经济学的法则，绝对不能和自然科学或心理学发生冲突。此外，其他奥地利派学者如维塞尔（Wieser）辈，都依据同一出发点，夸大经济法则的自然性质；维塞尔所著的《自然价值论》中，简

---

① 《费尔巴哈论》（彭嘉生译），第93页。
② 同上书，第96页。

直把价值法则看为诸自然因素作用的结果。在这里，人被还原为没有社会意识的自然人，经济活动被视为这种自然人之自然欲望所造成的行为。在科学的分析上，对于一种经济法则的建立，当然需要把一切有碍那种法则表现其作用的其他社会因素舍象去。但我们这样做，并不是要否定那所谓"自然人"，"自然欲望"的特定社会性，反之，却正是要由此更明确更科学的显出其特定社会性。把经济法则自然化，其用意也许就是在使经济法则永恒化，换言之，就是要抹去它的历史的特质。

然而，经济法则是社会的，它必然是历史的。

不但此也，与其说，经济法则与其他社会的法则，有什么不同的特点，那就不但不是由于它的自然性质，却反而是由于它的更基本的，对现实更直接的社会性质。任何一种法则，在本质上，尽管是某一些客观事象之间的因果关系的体现，但对于客观的现实毕竟是再生产的，第二次的东西。由于法则所体现的客观现实，有的是属于最基层的社会事象，有的是属于较上层的社会事象；于是，在一般社会意识中，如像哲学，宗教等等，就因其离最基层的社会事象最远，被称为最高级的意识形态；如像政治学，法律学乃至社会学等等，就因其离最基层的社会事象较近，被称为次级的意识形态，而在经济学，因为它是直接的把物质的社会关系作为其诸般法则所体现的对象，所以是最基本的或最有社会性，或最不能避免社会物质利害关系的作用的意识形态。

因此，在一般的社会的法则中，要说经济法则有它的特点，也许勉强可以说，它的特点就在此。

四　经济法则被发现的顺序

经济法则大体上包括两个范畴，一是关于经济的法则，一是关于经济发展或经济史的法则。

这两个范畴的经济法则，尽管其体现的对象，早就客观的存在着，但其被发现，却是现代的事。这原因，就是由于科学法则的发现，大体是依照以次的顺序：

（1）由自然法则到社会法则。

（2）由较完成的对象形态的法则，到较不完成的对象形态的法则。

（3）由总体的法则到部分形态的法则。

（4）由个别形态横断的法则，到其纵的发展的法则。

比如，就第一点而论，一切社会法则，大抵都是在自然法则发现以后，才被发现的。因为人类在最初，根本就不能从广大的视野，认识到他们社会本身秩序。他们当时的社会，被文化交通等等，拘限在极狭的范围内。但是，即使在那极狭的范围内，他们却已直观的体察到了自然的秩序。最有规则的天体运动，最初被他们发现了。天体运动既有规则可循，接着物体运动的规则被发现了；往后，由无生物间的运动秩序，逐渐启发到生物界的运动秩序。最后，始观察体验到了人类社会本身的运动法则。由天文学到物理学，到生物学，最后到社会科学的这种科学建立的顺序，法儒孔德（Comte）把它指证出来了。当作社会科学之一分支的经济学，即使再基本些，亦不能违反这种科学发展的定律，而提早被建立。虽然有些经济史学者，认定政治经济学比我们所想象的早得多，且认为希腊罗马亦有其经济学。[①] 但是，在希腊，尽管有冒名亚里士多德所著的经济学问世，究与我们这里所论及的经济学或经济学的法则，是不同种类不同性质的东西。科学上的经济法则，决不能反乎历史定则，而在现代社会以前被发现出来。而且，

就第二点而论，科学法则的发现，并不是，且不能，从没有完成的或较不发达的对象形态始，而是从比较完成的较发达的对象形态始。研究社会科学，不仅要在知识上，有所贮备，不仅要根据客观情势，有所要求；而且要被研究的对象本身，已经够提供充分的考察材料，即是已经发达到了可供科学的专门的研究的程度。就经济法则所体现着的现实而论，尽管商品价值，利润，工资等经济形态，是早就客观的存在着的，但在现代以前，它们只是零碎的，偶然的，不规则的；在量上受到了整个社会经济发展条件的限制，遂使其性质和现代在同一名称下所表识的各种经济形态，有极大的分野。此外，再进一步，

就第三点而论，个别经济形态的发展，是在其总体形态全面发展下进行的。而在考象过程中，表面上，好像就各个别经济形态开始，较易入手；但是，体现着各个别经济形态运动之诸法则，虽然综合起来，就是经济学本身，可是，那种综合，并不是机械的凑合，而是依一定的系统所构成的体系。总的概念，总的体系没有明白，构成那种总体系的个别经济形态的运动法则，一定无法得到正确的理解。人类生理组织的研究，是先于构成那种生理组织之细胞的研究的。自然，在经济学总体系建立以前，事实上，是有了其各别经济形态之研究存在的，并且，后者局部的研究，可能有所益助于整个经济学体系的确立。比如，由重商主义和重农主义所提

---

① 布朗基：《经济发展史》第1章。

示出了的有关价值价格及利润等的不成熟的概念对于亚当·斯密的关于这些方面的较成熟的概念,一定有了不少的益助。但我们在这里的说明,不是要问及经济学成立以前的各种零碎的不曾系统化的经济思想,是否有助于经济之科学的研究,而是要分辨,各种经济形态之系统的研究,或个别经济法则的确立,是不能不在总的经济法则确立过程中去进行的。更具体地说,当作经济学之总锁钥的价值法则如没有建立起来,像工资,利润,地租等法则,是不能希望有所成就的。最后,

就第四点而论,一切经济形态,不管是地租,劳动,货币,抑是商品,都不是到现代才有的;就地租说,由劳动地租,到实物地租,再到货币地租;就劳动说,由奴隶劳动,到徭役劳动,再到雇佣劳动;货币和商品,亦均有它们各别演变的历史;并且,在它们各别演变过程中,都早就客观的存在着各别的变动法则。但在研究的程序上,根据我们在上面第二点中所讲的,既然要由较发达的较完全的对象形态开始,即是就地租言,要由货币地租开始;就劳动言,要由雇佣劳动开始,故包括各种经济形态之经济历史法则的发现,一般是经济学建立以后的事。因为不能横断的理解个别经济形态的法则,则对其相续的发展法则,是没有方法可以进行研究的。这是现代经济史学其所以要在现代经济学成立以后,才被提出研究的基本原因之一。

五　经济法则被研究被发现的历程

我们已经知道,现代经济之所以被提到科学研究的领域,那是经济本身允许并要求把它作科学的研究。但由开始研究,到研究确有成果,其间曾经过了一个长的历程。而在这当中,一切经济的发现,大体显出了以次两大迹象:

(1) 由现象的进到本质的;
(2) 由不完全的进到完全的。

先就前一点来说。

"经济学,当作一种真正的科学,是在制造业时代最初出现的。"[①] 而"这个时期,大体是从16世纪中叶至18世纪末叶为止",[②] 就在这个时期

---

① 马克思:《资本论》第1卷(郭大力、王亚南译),读书生活出版社1938年版,第293页。

② 同上书,第268页。

中，除了极少数的卓越经济理论家，如英国的威廉·配第，法国的魁奈（Quesnay）等，凭天才的卓识，不完全的，乃至近似素朴地触到了经济的本质而外，当作当时支配的学说体系的重商主义，差不多全是从表面的因果现象出发。他们其所以这样做，就因为商业资本运动，是采取"货币——商品——货币"公式，终点货币对始点货币的较大额，是产自流通过程；利润就是买卖之间的货币差额；这货币差额，是增殖的财富，亦是增殖的价值。对于这种表象的肤浅认识，货币，价值，财富，成了同义语。当时经济的表象，只允许他们作外观的把握；而当时商人资产者们的愿望，亦只要求他们作外观的把握。

"真正的现代的经济科学，是在对于由流通过程移到生产过程的理论考察上才开始的。"①

在重商主义由理论到实际，都表现出了崩溃的征候的18世纪末叶，由重农诸子发其端绪的本质的研究，到了英国古典学派，始逐渐被提到了最高峰。不过，经济学上的诸基本法则，虽然到了亚当·斯密手里，已经系统地被发现，被构成一个相当广泛的体系，但斯密时代的经济现实，还不免使他"未能免俗"地杂拾了一些极其表面的现象。比如，关于最基本的价值法则，他硬把最常识的工资，利润，地租三者，当作了价值构成的要素，连重农诸子已经体认到了的原垫资本（固定资本）与年垫资本（流动资本）加地租（纯收入——或剩余价值），构成价值的素朴理解，也被退步了。惟其他对价值的法则不能更本质地建立起来，利润地租等法则，遂都相应地失之表面化。这事实，正好说明了斯密时代的客观经济现实，还残杂了一些掩蔽他明确把握本质的因素。

再过40年后的李嘉图时代，资本主义的经济事象，日益复杂化，纯粹化，高度化，成熟化。惟其复杂化，乃更能提供我们以充分考察的对象，更能显示我们以有机的因果密切关联；惟其纯粹化，即是说，惟其没有包含前一社会经济体制的残余，经济学就愈能对当前经济事象，作科学的分析。李嘉图面对着这种成熟的纯粹的资本主义经济，所以，他才能发挥其抽象研究方法，把各种经济形态，很透彻地追究到底。亦就因此之故，价值，工资，利润，地租诸法则，在李嘉图手中前进一大步了。

按照这种程序推演下去，似乎经济法则到了李嘉图的后续者们，可能研究到完成的境界。然而经济科学的历史性——由社会本质导来的历史

---

① 马克思：《资本论》第3卷（郭大力、王亚南译），读书生活出版社1938年版，第264页。

性，不允许我们作这样的推论了。

我们且把论旨转到前述第二点。

李嘉图的经济学说，或者，李嘉图所定立的经济法则，除了极少数有特别成见的经济学者，如凯里之流外，一般都承认他的研究，已经到达了极峰。但这所谓研究到达了极峰，是不是说，他所定立的诸经济法则，已经达到了完满的十分成熟的境界呢？我们的答复是否定的。

作为李氏全部经济理论之基石的劳动价值法则，尽管在深入及表现的方法上，踏进了过去一切经济学者所望尘莫及的地步，但因为他未理解到劳动与劳动力的区别，未明确把握住不变资本对固定资本，可变资本对流动资本的区别，以致始终不易使利润的本质的来源寻觅出来。结局，他对他自己的价值法则，就不能不提出近似根本推翻的两大修正。价值法则立基不固，利润，工资，地租诸法则，都受到了莫大的影响。

在李嘉图以后，不论是他的正统的后继者，如詹姆斯·穆勒（James Mill），麦克库洛赫等，抑是他的所谓社会主义派的后继者，如汤普逊（Thompson），霍吉斯金（Hodgskin）等，都不能对他的缺点有所弥补，却反而杂拾一些俗流的意见，把李嘉图研究的成果俗化了。降及以"新经济学家"自命的约翰·穆勒，他在基本的价值法则上，只补缀了一些无关宏旨的似是而非的见解。此后则是经济学"蒙尘"的阶段。德国历史学派诸子，始终不曾触到经济法则本身，他们全部的努力，都是费在推翻古典学派所认定的一般的永恒的经济法则上。再回过头来强调经济学之科学法则的奥地利学派，他们由主观价值学说出发所定立的利息利润诸法则，完全不曾触到社会的本质。这原因，就是由于限界效用①价值法则本身，根本就是由一堆社会心理常识拼凑起来的，由观念构成的空洞的抽象。

经济学在李嘉图以后所蒙到的坎坷，是同资本主义经济，在这以后所不绝遭受的恐慌，有了极密切的本质的联系。资本主义经济发展，它本身所包含的矛盾，即由商品生产方式造出的广大社会失业群，对于资本主义本身的威胁，亦在以同一程度发展。在资本主义感到生存威胁，须得采取防卫的保守的立场的限内，经济学必然会带上辩护的性质。结局，要把李嘉图所定立起来，但不曾予以完成的诸经济法则，即是揭露资本主义生产之秘密的法则，再向前加以发展，势必有待于站在批判立场的经济学者。所以，在这种理解上，批判经济学是对于古典经济学的继续；也就是说，

---

① 限界效用，即边际效用。——编者

未经完成的古典经济诸法则，是到了批判经济学才予以完成的。

六　经济法则的妥当性的限界

经过上述研究历程所确立起来的经济法则，即以劳动价值法则为中心而展开的有关资本主义各经济形态的运动法则，即使是已经完成了的，再没有漏洞可寻的"完全物"，但它或它们对于其所体现的经济现实，究具有怎样的妥当性呢？换言之，是不是"天衣无缝"似的，有无限的包括无遗的妥当性呢？

这个问题是需要予以分释的。

首先，在经济法则是体现着资本主义各种经济形态之运动倾向的限内，它在本身，已经受到了资本主义的社会的限制。尽管前述奥地利学派诸子，想把他们研究的成果，范围一切人类社会的经济活动；把原始猎人渔人打猎捕鱼的工具资本化；用原始人打猎捕鱼的动机；来揣测资本家生产的动机，用孤立的沙漠上的旅游者的饥渴心情，来解释他们的限界效用价值学说，但他们由这种研究方法所定立的法则，不但不能体现出任何一个历史时代的经济现实，且也不曾体现出资本主义社会的经济现实。愈是有科学性的法则，就愈不能是"万应丹"；"推之百世而皆准"的圣人之言，以言其妥当性，不过表示这"百世"的社会，还是同一性质的社会而已。总之一句话，资本主义社会的经济法则，本质上不能不把它的妥当性局限在资本主义社会。这是十分容易明白的。

其次，纯粹的资本主义社会，即一切都照着资本主义经济法则而作用的社会，在客观上是不存在的。资本主义经济到了它的最末一瞬间，仍不免伴存着一些非资本主义的乃至反资本主义的经济因素；这些因素，无论是属于过去的，抑是属于未来的，总都非资本主义的经济法则所可范围。要把这个论点扭转来，就是，纯粹的资本主义社会虽然是一个抽象，一个假定；但由各种经济法则所体现的经济现实，确是由资本主义的因素，资本主义的生产方法，进行着全面的统治。就在这种理解上，我们乃不妨说，现代经济学上的诸法则，至少可以在大体上，表识着资本主义的现代经济。

此外，同是一个资本主义社会，它的社会有机构成，可因其所禀赋的自然条件与历史条件而不尽相同。当作资本主义后进者的德国，它的经济组织，就与最典型的资本主义国家即大英帝国，表示了相当距离的分野。自然，德国资本主义经济，与英国资本主义经济，相互显示的特点，我们不能据以判断资本主义本身，有多少不同本质的形态。只能理解为：德国资本主义经济中，较之英国包含了更多的前资本主义的成分。亦就因此之故，政治经济学上的一般经济法则，其体现德国经济现实，就相应的没有它体现英国经济现实，那样包括，那样充实。

所有上面这几项说明，显然为我们达出了这样一个宝贵的结论，就是：经济法则的妥当性是有它的限界的。经济现实要比经济法则丰富得多。

七 经济法则的绝对性，一般性，永恒性的问题

我们前面已指明经济法则包括了两个范畴，即有关经济的法则，和有关经济发展的或其历史的法则。稍加分析，就知道两者间保有对立和统一的关系。横断的经济法则如其有了永久的性质，经济发展的法则，根本就不容易建立起来。所以，在这场合，经济学家的立场，和经济史学家的立场，表现了相反的相对立的倾向。但在另一方面，有关特定社会的经济法则本身，已经是全经济史发展过程中的某一社会阶段的经济法则，离开了各别特定社会的特定经济法则，经济的历史的法则，也无由建立起来。我们明白了这种关键，就可进而讨论到经济法则的绝对性，一般性，和永恒性了。

在发展的观点上，经济法则是不能具有绝对性的。强调它的绝对性，只限于在下一场合，就是它在特定社会，如我们在这里所论及的，在资本主义社会，它体现着资本主义诸经济形态之运动倾向的限内，它是绝对的，就是说，只有它，比如就价值法则而论，只有劳动价值法则，才真能表现出资本主义商品运动的本质。如像所谓需要供给价值法则，特别是限界效用价值法则，根本就不能取得社会的存在，即使它们存在着，且还有一部分经济学者予以传扬和拥护，那亦不过像"附赘悬疣"，甚至如癣疥和结核菌之存在于人身一样，决不能由它们表现出一个正常的健全的人身的本体。这即是说，不谈资本主义社会的价值形态则已，要把它加入考虑，劳动价值法则就占有排他的绝对正确的地位；同样的，不谈资本主义社会的利润形态则已，要把它作为考察的对象，平均利润法则，利润率递减法则，亦占有排他的绝对的正确的地位。

这就是经济法则的绝对性。但经济法则的这种绝对性，是就它所体现着的特定社会的经济现实而言。那种社会失其存在了，或者离开了那种社

会,这绝对性马上就变成了相对性。资本主义社会的经济法则,不但对于较高级社会无所见短长,即对于较低社会,亦失去了现实的价值。但我们这种结论,不会遭到事实逻辑上的反对么?被称为实行社会主义的苏联,不还在应用着研究着资本主义的经济法则么?然而,仔细分析起来,这与其说是社会主义社会还要应用资本主义经济法则,就毋宁说是由于那种社会还保留着相当成分的资本主义经济。

至若经济法则之一般性的问题,那与前述的绝对性保有密切的联系。当作一种社会科学的经济学,其基本法则的建立,必得遵循以次两个途径之一,才可能具有一般的妥当性:即是说,它那些法则,要就是把诸特定社会经济事象,加以独立化,抽象化的结果,否则就是它那些法则所据以定立的社会经济结构,是一种世界的范畴,是诸特定社会在某一历史阶段或历史时代共有的范畴。因此,由这任一途径所形成的经济法则,当它对同一历史阶段诸特定社会保持适用的妥当性的限内,它是一般的;当它对不同历史阶段的任一社会显出不适用的特异性的限内,它又是特殊的。

在这里,我们对于经济法则之一般性与特殊性的理解,还当有所释明。从经济法则所适用到的,或者所体现着的社会经济形态来说,当它被序列在人类社会发展的大动境中,它显然具有一般的共同的特征,而这也正是经济法则本身之一般性的对照;但不同的自然条件与历史条件,却又使它在诸特定社会的经济结构上,在其规模上,其纯粹程度上,其支配范围上,乃至其延续期间上,都显得极不一样。不过,这种种特殊,虽然是法则之一般抽象所由构成的基础,但却不是法则之特殊性的基础。因为太强调了这些特殊关系,是会导出每个国家,每个社会的各别经济法则,这样一来,一般的经济法则就无由建立了。

最后,我还要把经济法则的永恒性的问题提出来。在现代说明的经济理论体系(包括正统学派,历史学派,奥地利学派,乃至晚近的数理学派,制度学派等等的经济学说)内,除新旧历史学派及制度学派而外,差不多都一致地认定他们所研究的法则是有永恒价值的。甚至就是历史学派诸子,他们尽管强调过去的,被他们所反对的学说的暂时性,但他们的历史观,好像到了资本主义社会就中止了。资本主义经济须得永生,社会经济发展法则,也就似乎不会再向前延续。他们的社会利害关系的成见,把他们的历史观破产了。作为古典学派之殿将的约翰·穆勒,虽然大胆地提出了革命的分配论的号召。认定"财富之分配,是受支配于社会之法律与习惯,而决定分配的规则,则是存于社会支配者之意见与感情,时代不同，地方不同，此规则亦因而大异。"① 这是说，分配法则，不是历久不变的。但主张革命分配论的这位大经济学家，同是却这样把他的生产论永恒化了。他以为，"关于财富生产之法则与条件，带有物理上之真理的性质，不是任意的，随便的……"② 他对于他的永恒性生产法则，还讲了许多话，不多征引了。这里也不便深入批论生产法则和分配法则之间的不可背离的联系。总之，他把生产法则和生产条件，混为同一范畴的东西，事实上，"诚然有一些东西，只属于两三种社会形态，其他一些东西，则为一切社会形态所共通。这些在一切社会形态都存在着的规定，就是少不得，少了它，无论什么也生产不出来的东西"③ 申言之，劳动过程是一切社会所少不得的，在劳动过程中，由人的活动，用劳动手段，在劳动对象上，引起预先企图的变化。"它使自然物适于满足人类欲望，是人与自然间物质代谢的一般条件，是人类生活的永久的自然的条件，故与人类生活形态无关，得在人类生活的各种社会形态上共通适用。"④ 显然的，在这劳动过程上已协同使用着的劳动力，劳动手段，劳动对象，都只算是生产条件，而不是什么生产法则。

而且，就是为一切过去社会所共通的经济法则，也并不是永恒的不变的真理，在广义经济学的范畴里，某一种社会过渡到或突变到另一种不同性质的社会，都是由于新增的生产力，对于原有生产关系感到束缚，因而促成其崩溃的结果。这个经济大法则，尽管是人类过去一切社会形态所共通体验过来的最本质的关系，但对于未来的社会，却不一定适用。

可是，我们在这里提论到的经济法则的永恒性的问题，与其说是要在积极方面说明某些法则有如何的永恒，不如说是要在消极方面说明资本主义社会的诸特定经济法则，决没有永恒性。

八　经济法则的应用

关于经济法则，我们已在上面，从多个视野加以考察了。但理解了经济法则，并不一定就能应用经济法则；而且，对于经济法则之真正的明确的理解，还差不多是需要通过应用过程来实现的。我们很不容易在实践的

---

① 约翰·穆勒：《经济学原理》（亚希勒版），第199—200页。
② 同上。
③ 河上肇：《经济学大纲》序言。
④ 马克思：《资本论》第1卷（郭大力、王亚南译），读书生活出版社1938年版，第133页。

圈外来对一种理论作"致知"的工夫。

但我们一把经济法则移到应用的领域，上述的有关经济法则之绝对的与相对的问题，一般的与特殊的问题，以及永恒的与暂时的问题，都将加入考虑中。

首先，经济法则之一般性，既然是对同一历史阶段之各特殊社会经济现象，加以抽象的结果，则愈是有一般性的法则，愈是有高度综合性的法则，它对各特定社会经济，就愈只能体现其最有代表性最有特征性的部分。这在一方面不免妨碍着法则本身的作用；同时也妨碍着特定社会对于它自身法则的认识。

经济法则在其作用着的进程中，不但要受着它自身所由建立的经济事象以外的经济关系的影响，同时还要受着经济关系以外其他一切经验情形，如自然条件，政治倾向等等的影响。亦就因此之故，经济法则表现出的作用，并不是直线的，叫人一见就明了，不假思索就能判断的。比如，"在资本主义生产的全体下，一般的法则，往往依各种极错综而近似的方法，在不绝的变动中，当作一个不能确定的平均，或当作一个支配的倾向，来贯彻。"① 法则的作用既是在不绝变动中，通过一个支配的倾向而贯彻；有些惧怕法则的学者，就借此反对社会事象有什么法则；还有一些经济常识专家，又借此否定太需要抽象力，太费头脑的法则。不但此也，经济法则的作用，是需要充分的时间，和相当广阔的环境，才能表现出来的。尤其是贯彻一个社会变革过程的较有延展性和延续性的法则，那对于一般性急的短视的研究者，更显示为一种不可耐的麻烦工作。

经济法则在它作用过程表现出的这种迂缓性，和不明快性，立即就影响到特定社会，尤其是在转型过渡阶段的社会，对于它本身的经济法则的认识，一个过渡的社会，照例有几种，至少有两种不同性质的经济形态，从而，有两种不同性质的经济法则在作用着。正惟其如此，代表着这种社会的不同立场的人们，就有根据把这种社会理解为与他们现实利益相符合的那一面，而否定其另一面，结局，这个社会本身的法则的认识，就被暧昧起来了。诚然，"一个社会就会把它自身的运动法则发现，也不能跳过，或以法令废止自然的发展阶段，它只能把生育时的痛苦减短和缓和。"② 甚且，我们还可由此引论说：一个社会不论它怎样坚持的不承认

---

① 《资本论》第3卷（郭大力、王亚南译），读书生活出版社1938年版，第113页。
② 马克思：《资本论》第1卷（郭大力、王亚南译），读书生活出版社1938年版，原著者初版序第3页。

自身的运动法则，也不能永久停驻，或以法令维系在其当前的发展阶段，它极其限，只能不幸地把崩毁时的痛苦延长或加大。然而，学术的研究，或者经济法则的明确把握，或一个社会对于它自身的运动法则的发现，在实践的意义上讲，也不外是希望在变革过程上，得到一些便利，减少一些苦痛和灾厄而已。

关于经济法则在中国社会的应用，我曾发表过一篇政治经济学及其应用的长文章，① 那是特别从中国社会着眼来写的，所以这里只论到一般，而把经济法则在中国社会应如何应用的意见从略了。

1942 年 12 月 27 日

---

① 见本书《政治经济学及其应用》。——编者

经济学与哲学

一　经济学与哲学的分野

过去的人，很少把哲学和经济学联系起来讨论，波拿（Bonar）曾写过一本《哲学与经济学》，德国缪勒所著《国家学纲要》把哲学、神学、经济学三者连同作形而上学和形而下学之综合研究，得出许多奇特的结论，被称为浪漫主义哲学者和浪漫主义经济学家。此外，在大经济学者中，特别强调经济学与哲学之联系的，要算约翰·穆勒了。他的经济名著就标题为《政治经济学原理及其在社会哲学上的应用》（一般简称为《政治经济学原理》），他认为："经济学与社会哲学其他部门，在不可分离地纽结着。"

对于哲学与经济学之各别的及其关联的认识，其发展过程，随时代不同，而有不同的认识；将两者各别的认识，依史的发展，相关起来理解，就是经济学与哲学之关联性的认识发展过程。在分门研究极形发达的今日，一方面这两者似乎是越发"田野分明"了；但同时，它们却是更加密切的联系着。为了说明的便利，先把一般人所强调的两者的分野，加以简略的叙述。

最庸俗的学者们，仅仅在形式上将两者分别开来：

以哲学为：形而上的——观念的——精神的——（用中国的话来说，为:）"道"的学；

以经济学为：形而下的——实践的——物质的——（用中国的话来说，为:）"器"的学。

但哲学本身不是形而上的（是实践的最高级和最统一的意识形态），把它当作形而上之学来理解，实因只对它作形而上地来研究所致。经济学诚为实践的"物质之学"（是实践的最低级和最现实的意识形态），但说它是"器"的或是"术"的形而下之学，亦因只把它（过分）作为形而下地来理解的结果。把哲学当做与物质及日常生活的经济分离开的观念的和形而上的学问，是不通的说法。

其次，一般最似是而非的说法，以为两者（因对客观世界现象）所研究的范围不同：

以哲学为：关于世界总体诸现象的认识和说明——是综合的；

以经济学为：关于世界部分的（经济）现象的认识和说明——是部分的。

这种说法，仍然是一种表面的、机械的和笼统的划分，说它们一是综合的和一是部分的，只有在许多前提的严格限制下，才可成立。不然，只是片面地将经济学和哲学分开，把它嵌进哲学中去研究。

德国国家社会主义者的新历史学派大师桑巴特，又以为人类对事物"认识方式"的不同，可以分为：

（1）形而上学的——属于绝对事物的境界——哲学；

（2）条整的或记述的——属于自然的境界——自然科学；

（3）理解的——属于人的境界——社会科学。

桑巴特的"认识方式"的分类，目的仍在区分哲学与自然，社会科学。由上面的划分法足见他对于哲学，自然科学，社会科学分野的认识，不仅是三者本身境界的分野，同时是人类对客观认识（思维）的方式之分野。所以说，我们固不能以前者——形而上的认识方式——处理后两者——自然科学或社会科学——的各别问题，也不能以后两者——记述的或理解的认识方式——来研究前者——哲学。如果不去分别各别的认识方式，竟去交错运用，那就是"方法上的帝国主义"！像他这样三分法，不仅客观和主观，互不相涉，且是绝对的隔离。

但在现实当中，哲学和经济学，并不如一般形式论者所想象中的那么"疏远"！

二　哲学与经济学的共通性与关联性

先讲哲学与经济学的共通性。我们可从两方面来考察：

第一，两者同是特定的社会意识形态。这就是说：两者同是某一特定社会历史阶段的物质（经济）基础的反映，是特定历史阶段的社会意识，但因对于所反映的社会物质基础距离的不同，而显出两者的差别性：

（1）哲学是最高级的和最统一的意识形态，它距离物质基础最远，受社会物质基础的束缚最少。

（2）经济学是最低级的意识形态，它距离物质基础最近，受社会物质基础的束缚最大。

我这样说法，是因为社会意识的发展，虽相应于社会的发展过程，但意识自身有它发展的规律。这种规律表现在高级的意识里，较在低级的意识里更可能，即是说，高级的意识，相对地更离开客体的最初反映，它比低级的意识距离物质基础为远，且经过相当复杂的中介的过程，容易表现出自己的规律性；同时，又或近或远地反映着客体（社会）的法则性。所以，社会意识的运动与社会法则的运动，保有一定平行的关系，但非绝对地平行。社会意识有时超越在社会物质机构的前面，有时又远落在它的后面。

哲学是最高级的社会意识形态，它自己发展的规律，相对地要比经济学为大；更须通过更多极复杂的中介表象，来反映社会的法则。换句话说：社会物质基础对于社会意识的束缚力，表现在哲学者小，表现在经济学者大，说哲学是最高级的意识形态；即是说，经济学相对地为最低级的社会意识形态（因为它直接反映某一社会的经济生活）。

倘以英、法、德三国为例：那么，经济学较发达于英国，社会学较发达于法国，哲学较发达于德国。英国18世纪的经济发展，较法国为前进，德国相对地最为落后；但德国哲学，仍能吸收英法的精英，而发展为较高级的形态。这里就说明了哲学对于社会物质基础的伸缩性为大，而在经济学却是较小的。

第二，两者同是实践之学、历史之学。哲学不是玄之又玄的东西，正如经济学一样，是实践之学；惟其是实践的，也必然是历史之学。我们追溯哲学之历史的演变，更可看出它们的真相来：

（1）在希腊哲学的第一期，以赫拉克利特为代表的素朴的自然哲学，正反映着希腊由原始共同体的崩溃，进入奴隶社会的转化，而表现为"变"的哲学。到第二期柏拉图、亚里士多德为代表的哲人政治哲学及贵族社会主义的伦理观，完全反映着奴隶统治的剧烈要求。及至第三期从希腊灭亡起，伊壁鸠鲁等的快乐主义，怀疑主义，更反映着奴隶统治崩溃过程中的各种纪实。

（2）其次，中世的经院哲学，向被称为"神学的奴婢"，"封君的精神生产者"；由前此演变而来的玄学的哲学，证明了神的存在；恰从反面来领导实践。愈是观念的哲学，从反面所显示出的实践反而更大；譬如：印度人民的生活，陷于极度的贫穷，但印度的庙宇建筑，却金碧辉煌；正反映着英国统治者，以最观念的神的信仰的提倡，来达成它最现实的统治实践。

（3）到了现代的启蒙哲学，称为"科学的助产婆"，或"市民阶级的教谕",也只是一种社会实践的要求与反映。

在哲学如此,在经济学尤是如此。事实上,在近代社会以前,经济思想根本就是混同在哲学中研究的。关于这点,后面还要论到。

再讲哲学与经济学的关联性。

我们分析了哲学与经济学的共通点之后,就可知道:两者的共通点,正是两者统一认识的基础;在这一基础上,哲学把整个人类的知识,在总的观察上,运用一个原理,一个方法,在完整的世界观上统一起来。经济学放在这一意义上理解,是被统一于一般世界观的理解中,因为经济学的特殊法则被抽象了,又被吸收而内涵于这一总的法则中。哲学的法则,成为经济学的方法论;经济学的法则,又成为这一总的法则之一特殊侧面具体化。

从而,我们站在经济学方面来看,它又是最现实的社会意识形态,它的形成过程反映着各个社会阶段现实的积累,正是哲学在经济学这一侧面的形成过程。经济学由不断的实践,而得到正确的结论,对于正确的哲学世界观之形成,是一个极大的贡献。在这一意义上,我们可以说:科学的经济学建立的时候,正是科学的哲学体系在经济学这一范畴的完成和树立的时候。

哲学与经济学的关联性就这样由同而不同,由一般而特殊,但特殊的法则,又是一般法则的特殊化。两者在统一的理解上,由不同的而为具有相同的规律性或法则性。

三 经济学由哲学分离的过程

最初,经济学是混在哲学领域中研究的。我们先看两者成立的历史:自有希腊哲学以来,至今约两千五百年;而经济学的成立,自威廉·配第至今约两百五十年;自亚当·斯密起,则只有170年光景。我们这样把哲学和经济学的成立,当做两门各别的学术比较,则哲学成立的历史,竟较经济学要长十倍乃至十余倍,但我们又从这一系列的比较中,反映出两者历史发展的混合过程。经济学绝非凭空建立起来,在经济学还没有体系化以前,我们称它为经济思想;这种经济思想的发展过程,我们又称它为经济学前史。在经济学前史期,所有经济思想,只有到哲学中去寻找;它是片断的或琐碎地包含在各种哲学思想中。就是在经济学成立以后,许多哲学家,也同时多是经济思想家。例如在古代柏拉图,亚里士多德等为哲学家,但其价值论与分工论又为经济思想,所以又可称为经济思想家。此外色诺芬（Xenophon）更为著名的经济政策家，中世纪经院哲学纷传一时的"正价论"、①"商业论"、"利息论"的哲学思想，也是显例。近代哲学者如德之费希特、黑格尔，英之休谟、洛克，法之孟德斯鸠、魁奈等又都为经济思想家。

这里，带来了一个问题，即：哲学家何以又是经济思想家呢？换言之哲学家何以要兼重经济现象的研究呢？

从研究的立场论，无论任何社会，经济生活总为人类生活的基础。所以经济现象是意识形态中最易反映，而且是最重要的部分，也是哲学者所不能不涉及的部分。从实践的立场来看，无论国家或私人间的利害关系，向以经济的利害为主；使哲学者不能不解答国家或人民的许多经济上的实际问题。如中世纪经院哲学，证明神的存在，给予神的信仰以哲学的解释。因此，对于日常所遇的经济问题，自可根据这种哲学，作为神的指示，而给予解答。

哲学既要兼收经济现象的研究，但是经济学又何以从哲学中分离而独立呢？

自哲学方面说：从希腊的自然哲学，至中世纪经院哲学的演变史，凡1500年，哲学是愈变愈玄奥了；中世纪神的哲学流行一时，哲学为神学的奴婢，神学为科学的哲学建立的桎梏；难怪有人说：自希腊至中世纪，为科学与神学的斗争史。在这一时期，是神的哲学，充分显露其对科学的束缚力；但当社会史完成了科学的历史前提以后，科学必然是以否定有神论的姿态出现；因而渐次脱逸了神学的哲学的束缚和压制，而相率独立了。经济学是诸科学中之一，其建立和完成，自也不能例外。

从经济学方面讲，上面所提到的社会史的前提，是科学脱离哲学而独立的前提；自然也是经济学建立和完成的前提。经济学正如其他任何科学一样，它所研究的对象，是事物的因果法则；而研究诸现象间因果和法则，自一方面言，正需要一个具有最复杂的关系和现象的环境；反之，正因日常生活的关系和现象，愈益复杂化，也就愈益导向事物因果法则研究的要求与兴趣。自古代至中世纪初期，人类生活简单朴质，即中世纪庄园经济，也仍在孤立的自给自足状态之下，人类日常简单的经济生活上诸问题，不能刺激经济思想有剧速的发达，也不能提供诸科学研究的前提。至庄园经济开始崩溃的末期，自然经济渐向交换经济转化，人类经济生活的方式，开始扩大起来了：日常生活的现象和关系日渐复杂化，经济生活上

---

① "正价论"，即"公平价格论"。——编者

提出了更多的新问题，也强烈地引起重新解释的自然兴趣。就这样，社会史替诸科学建立，也替昏庸的神的哲学之否定，完成了客观的前提。人类于是运用着日常生活的经验，和知识上历史丰厚的遗产，不仅消极地开始批判现实，并且积极地寻找各个领域内的因果法则。而且更互相利用着诸科学的成果，以研究各种科学（如利用自然科学的法则，来研究经济学的法则），诸科学相率的脱离了古旧而玄奥的哲学而独立了；哲学也用诸科学上的成果，开始脱去神学的外衣，而进入新的境界了。

经济学由古旧的哲学中独立了，但新的哲学的发展，又使经济学走上更高级的前途。

四 在现代市民哲学感染下所形成的经济学

近代各种哲学的勃起，彻底地突破了中世纪基督教义的世界观；随着工商业的发达，和社会阶级利益的新转变，而引起市民阶级的需要，哲学也由死寂的停滞的基督教义中解放出来，而调换了它的顾主；由僧侣，地主的代言人，一变而成新兴工商业市民阶级利益的实践者；由神的制欲的意识形态，发展为追求理性和财富的强烈要求。

实际上，近代英、法、德三国哲学思想是交流与混一的。

近代（自15世纪以后）西洋哲学，约可分为三派：

（1）英国经验哲学如培根、休谟、洛克他们强调自由，所谓"自由王国"；

（2）法国启蒙哲学如卢梭、孟德斯鸠、达兰贝尔，他们强调自然，所谓"自然秩序"；

（3）德国古典哲学如康德、费希特（J. G. Fichte）、黑格尔，他们强调理性，所谓"理性王国"。

我们为理解便利起见，姑先这样分类，并不是说三者绝不相涉，不过用来指出各派的强调点而已。如主张自由的，必求理性；主张理性的，必求自由；主张自由的，又必要求合理的，自然秩序。而所谓自由，自然或理性，都不外反中世纪昏庸的基督教义和封建意识的产物，为代表市民阶级的意识形态，而且这三国的哲学，都互相影响，又显出三者的交流与混一。

同时，经济思想的发达，又在新兴市民哲学的影响下，成为市民的哲学在经济思想上的反映；如重农主义者魁奈的"经济表"，描画一个理想王国，在这王国里，根据自然秩序而为社会秩序；这种自然秩序，是天定或天治的,在人格上表现为个人的自然权利,在经济生活上表现为个人财产权,个人对财产有绝对的自由。亚当·斯密的《国富论》第一篇就是论劳动生产物分配给各个阶级间的自然顺序。主"人性"论,以个人主义相标榜;反抗不合理的制度,以为要如此,始能产生自由自然的秩序。这些,都是市民的哲学的经济学的构成和体系化的过程。

当重农主义者和亚当·斯密将资本主义社会,描画成理性的自由的王国时,正是资本主义向前发展的时期,资本主义的光明面,衬托出它们天真乐命的幻想。但这一光明而自然的世界,不过经短短的数十年(1776—1817年)后,就显得益形阴暗和不自然了;在理性和自由的王国里,不合理和不自然的呼声(葛德文、圣西门、欧文等的反抗),到处可闻;悲观和抑郁的气氛(李嘉图等的理论),弥漫一时,改良和革命的口号,也先后被提出来了(西斯蒙第、圣西门、葛德文等)。经济学开始向两个方向转化:

第一,向形而上学转化:

资本主义向着阴暗面转化,它的学者们,对前人堂皇壮烈的词句已成为不能兑现的支票;前人所夸耀着的光明面,虽曾表现着,但当前的黑暗面,却也不可否认地存在着。在资本主义面对着光明时,经济学所表现的是优势,是力,是热情。但当黑暗面被暴露无遗时,抑郁与苦闷,只有转化为对现制度掩饰了;不敢再面对现实的问题,只玩弄着观念的"纯理论"。19世纪以后,特别是古典经济学的集大成者李嘉图以后,一切替资产阶级说话的经济学,都有一个主要的特征,就是把当前特定社会的社会经济现象,定型化为自然现象,为永久不变的现象,这到了以心理、数理、技术等等为研究主题的奥地利学派而集其大成,而形而上化到了顶点了。

第二,由批判的到再批判的理论之展开:

初期的古典经济学者们,以两重使命出现在历史舞台上,批判封建的生产和交换方式的遗物,同时,定立资本主义的一般经济法则;并把后者强调为天经地义的永恒的真理。到了19世纪初,这两重任务,差不多都告完成了。可是资本主义经济的发展,一面是浩荡的清除了封建生产的残余,一面却带来了"贫穷和罪恶";现实揭开了"自然法则"的不自然,现实将"理性王国"和"自由契约"撕得粉碎,"自然的秩序"显得支离不堪了。自古典主义者定立起来,而由俗流学者所庸俗化乃至形而上化的经济理论,变成了被批判的对象,批判者再被批判了。"贫穷和罪恶"的逐渐扩大和加深,迫使着人类由"节制生育",而"捣毁机器",一步步逼近了"自由王国"的宝座，新的经济问题，重新引起了新的兴趣；科学的哲学和经济学统一的理论，在罪恶的气氛中被迫着对"边沁"和"自然法则"作一次再解剖，再认识，再评价，而建立起来了。

五 经济学在哲学方面的成就

在论到经济学对于哲学的成就以前，先要说明经济学的两个范畴：

经济学研究的顺序，是开始于现代社会经济问题的分析，到现社会发展法则的发现，即由现代经济法则的把握，进而发现前者及后者的社会，也各受其一定发展法则的支配。经济学在这仅以现代经济法则的研究为对象的限内。称为"狭义的经济学"。以整个社会各历史阶段的经济发展法则，全盘的作为研究对象的限内，称为"广义的经济学"。

狭义经济学指示我们：资本主义社会的一切经济现象，都有其法则性与因果性；这些法则，根据资本主义的物质基础而发展和运动。其本身虽不明白指示我们利害的途径，我们却能在法则发展的因果关系中，明辨利害的前途。其次，狭义经济学，更指示我们，在今日极端复杂的经济现象中，一个法则的发展，必然连带到其他法则的作用。而且，资本主义社会各种法则相互作用的结果，致使各个社会阶段，具有不同的经济结构，受支配于不同的经济法则。

广义经济学不仅指示我们，各个社会都有其各别的法则；各个社会的转移（消灭与再消灭），也受支配于一定法则，而且更指示出，某一定社会已发现其自身所由支配的法则时，也不能运用法令或政策，使其急躁地突跃过一定的自然发展阶段；至多，只能依照经济学所暗示的可能而有利的途径，以缩短其转移的期间与痛苦。

现在，我们进一步要问：经济学对哲学成就了些什么呢？

现代哲学最大的特征和最大的成就，是建立起一种完整的发展的世界观。它反形而上（定型化）的倾向，由实践中形成，而又为实践之学的认识的前提。但哲学体系的完成，又须依靠自然科学与社会科学分别完成其历史的发展的研究；这种发展的认识，是由自然科学首先完成的。自然科学自14世纪至18世纪，所运用的方法，是搜集的和叙述的，即将自然的现象，当做完成的事物，加以搜集和叙述。19世纪，则成为整理的科学。由叙述式的，转化为对象形成和发展过程的研究；康德的"星云说"，达尔文的"进化论"，以及研究动植物有机体形成过程的生物学发生学，研究地壳逐渐构成的地质学等等，已将自然界变动和发展的认识，揭开了序幕。

但是人类社会发展演变的事象，比自然界的现象明显而易见，何以社会科学的建立，却落在自然科学之后呢？在研究的程序上讲，自然界诸具体化的事物之发展法则，是比社会现象的抽象化之法则，首先被人注意和发现。同时，在实践的意义上讲，此自然的发展法则，最初是被人当做学术上的成果理解，而被忽视了它的实践性；但社会发展法则之被发现，往往最初是激起强烈的社会实践的要求，而与现实社会的利害相抵触。社会科学就在这样的双重的制约下，后于自然科学而发展形成的。

经济学是社会科学中最基本的科学，它既在上述的这种环境下，发展完成其体系，完整的将现实社会的发展转化的法则性，指示出来，则其他的社会科学，也必然的以经济学的成果，而渐次完成其体系。反过来讲，诸社会科学体系的完成，同时也就完成了统一的完整的科学的哲学世界观。

六　结论

哲学与经济学不但有逻辑上的联系，它们还具有共同的历史范畴，关于它们的相生相成，可有下列三个结论。

第一，哲学和经济学的完成，一方面是互相排拒，互相制约着的，他方面又互相关联，携手并进的，在认识和方法论上，完成统一的发展的世界观。

第二，两者的完成，同以批判始，也同以批判终；古典哲学和古典经济学，同以批判前者的哲学和经济思想，而尽其历史的使命；二者携手并进，甚至是以哲学者而兼经济思想家，在统一的立场上达其任务。但两者分别达其完成时，却又因更新的社会问题的发生，它们又变成了被批判的对象了，而批判它们的哲学和经济学，也同样是相关相联的，携手并进的。

第三，我们知道两者是实践的学问，同时是历史的学问，所以我们无论是研究哲学也好，研究经济学也好，都不要忘记哲学与经济学在现阶段中国的实践的与历史的任务。

政治经济学及其应用

一　问题的展开——论经济学的应用，寓有测验，批判，选择，和运用一般经济理论的意图

照一般所说，政治经济学，也如其他社会科学乃至自然科学一样，可以用两个不同的目的来研究它。把注意集中在它所由构成一门科学的本质，其规律性，及其一般法则的探究上，那是为了实现"纯理论"的目的；把注意集中在如何使一般经济规律运用到特定社会，以期达成特定社会之现实要求的探究上，那是为了实现应用的目的。但这种说法，即使是为了说明的便利，也须注意其机械割裂所生的危险。在经济学是一种实践科学的限内，离开应用，根本就无从理解。离开现实的"纯理论"研究，那比向着竹子作格物致知工夫，还要渺茫，还要没有结果。

经济学是一种最有现实性的科学，对于它的一般法则和规律性的把握，诚然需要我们运用抽象力，舍弃一切足以妨碍其认识的特定社会现实的要求，有如"物理学必得在自然过程表现得最充实，且最不受他物影响的地方，视察自然过程"一样。但这种研究方法的采取，却显然不是为了把理论与现实隔离，恰好相反，那正是为了撇开乱人视听观感的，由特定社会的种种现象，好把事物还原到它本来的面目上去讨论。惟有最严密的经济科学，始能显出现实经济的本质，最能体现出现实经济运动的秩序，规律性及其必然归趋的法则。不理解现实，根本无法分辨这些法则的正确性，反过来说，这些法则的正确性，又是要通过现实，运用到现实上，才能得到证验的。

引论到这里，似乎在说明的程序上，会逼着我们得出以次几种认识：

第一，经济学上的法则或规律，如其能适用于特定社会，必然是由于它具有普遍的或一般的妥当性，必然是由于它那些法则所由构成的社会经

济形态，与该特定社会的经济事象，有了某种程度的符合。

第二，当作一种社会科学的经济学，其基本法则或原理的建立，必得遵循以次两个途径之一，才可能具有一般的妥当性，而适用于特定社会，即是说，它那些法则，要就是把诸特定社会经济事象，加以独立化抽象化的结果；否则，就是它那些法则所据以定立的社会经济结构，是一种世界的范畴，是诸特殊社会在某一历史阶段或历史时代共有的范畴。

第三，从经济学本身方面来讲，当它对诸特定社会保持适用的妥当性的限内，虽然是一般的，但当它适用到个别特定社会的限内，却又是特殊的。同时，从经济法则所适用到的社会经济形态来说，当它被序列在人类社会发展的大动境中，显然具有一般的共有的特质，但不同的自然条件与历史条件，却又使它在诸特定社会所显示的经济结构，在其规模上，其纯粹程度上，其支配范围上，乃至其延续期间上，都显得极不一样。

在发展的观点上，经济学诸法则，是一般的同时又是特殊的，这种事实，以后经济学所据以形成的社会经济形态，得因各特定社会之历史条件自然条件不同，而显出种种差别，种种变态的事实，一方面使我们对于经济理论的研究，发生一些难于克服的困难，同时，对于经济理论的正确运用，就更加不易了。

比如，从广义上讲，各历史时代的社会经济，都有其特定的法则，前资本主义社会与资本主义社会，当然是由不同的经济法则所支配；但这里且撇开前资本主义社会的情形不讲，在资本主义体制之下，其经济秩序，其生产力发展程度，并非始终一致。哪怕同一经济现象，"也因各种有机体的全部构造不同，因它们的个别器官不同，因这各种器官作用的条件不同等等，而受支配于完全不同的法则"。我们所研究的经济学，无疑是以现代资本主义经济为它研究的对象，现代资本主义在它发生，成长，衰落，崩溃的各阶段，显然具有各别不同的经济结构，从而，表现了各别不同的经济运动法则。我们研究经济理论，首先得把经济理论或经济法则的这种一般的与特殊的妥当限界，区别明白；对于这点有了把握，然后始可权衡了某一特定社会的历史的自然的条件，而把它"应用"起来。

因此，我们这里所谓"应用"，比它在字面上所显示的意义，要广泛深远得多。首先，它应该在"应验"或"测验"的意义上予以理解。经济学上的正确的理论法则，在实践上，应当具有"以铁的必然性发生彻底作用的趋势"，它说明较不进步的社会或国家，是较为进步的国家的前身；反过来，"产业更发达的国家，不过对产业更不发达的国家，预示了它们将来的形象"。在这种认识下，任何一个社会形态，或者，一个国家，无论它的产业状态，是处在前资本主义时期，抑是在资本主义时期的任一历史发展阶段，皆可从两个方面，进行应用上的证验。那在一方面，可由其产业的趋势，证验我们所研究的经济法则本身，是否真的具有"铁的必然性的彻底作用"，即是否正确，是否如一句古话所说："推之百世而皆准"。同时也可证验，环绕着我们的社会经济状态，究能在何种范围，何种程度，能适用那种法则。也就是说，看我们所考察的社会经济，究具有何等性质。这两方面的证验或测验，当然是互为作用的。

其次，"应用"云云，应当在批判的意义上予以理解。事实上，前述的证验或测验，就已经是一种批判，一种比较性的批判，至少，是一种初步的批判。因为在那种证验中，我们已知道从"繁然杂出"的诸般理论中，辨认出何者最能说明特定社会经济的变动趋势。可是，再正确的理论，亦不允许我们套用现成的公式。任何特定社会经济现象都不是把他的本质明显地暴露在我们眼前，都不能不因为它特有的自然条件与历史条件的拘束，而难于使它的发展过程，百分之百的去迁就何等划一的标准化的格式或理论。把这种现实对理论的"偏差"指证出来，就特定社会或国家所具有的自然社会条件，加以剖析；并由是推断有同某一社会经济形态的理论，是否有在某种限度加以"补充"之必要，这是我们研究经济学在应用上应当留意的批判工作。

又其次，"应用"应当在选择的意义上予以理解。如其说一般经济理论，所阐明的是一些"是什么"的问题，是如何始能有效的表现现实经济运动趋势，及其因果关联的问题，那我们现在所讨论到的经济学的应用，就不免要越出"是什么"的限界，而涉及"应怎么"的问题。无疑的，我们的研究，虽不能在这两方面得出何等难越的鸿沟，但愈是在"是什么"上着眼，就愈带有科学性；愈是在"应怎么"上着眼，就愈带有技术性或政策性。某种社会或国家，在保持或巩固它现有经济结构的要求下，当然有理由选择能满足它那种要求的经济理论；另一种社会或国家，在改革或打破它现存社会经济状态的要求下，也应当有理由选择能满足它那种要求的经济理论。我们甚且可以说，我们的选择，不仅应依照有利还是有碍于我们要求的准则；还当依照何者较有利何者最有利于我们要求的准则。这就是说，就一般而论，某种经济理论体系，尽管全有其妥当性，但为了实现特定社会的特定要求，我们仍当在那整个理论体系当中，知所抉择。

最后，"应用"应在运用的意义上加以理解。在我们上述的假定程序上，要到了把经济理论妥为运用的阶段，才算是曲尽了"应用"的能事。

经济是一切政治社会现象的基础；相应的，经济理论也成了一切政治的社会意识之基本的认识。"人类适应他们的物质生产样式，而构成社会关系，同时又适应他们的社会关系，而构成原则，观念，范畴"。这种论断，虽还不能为一般人所共认，然而即使是对此论断表示异议的人，也有许多不自觉或半自觉的在实践上来接受这种认识。特定社会经济结构的拥护者，乃至企图打破现状的变革者，都不大自觉地或被动地把经济理论作为防守或进攻的最有力的武器。近代的资产阶级，在资本主义发展的任一阶段，都没有忘记使用这一武器；同时，每一个经济落后的国家，当它奋然走上资本主义旅途的时候，也都不曾放下这一武器。那些从进化舞台退消了的国家，那些还踯躅在落后旅途的民族，他们的失败，当然有许多各别不同的原因，但其中有一个不可忽视的共同原因，也许就是不善于，不知道，甚至误用了这一经济理论的武器。本来是一个求解放革新的国家，却把要保持现状，要掩饰现实的那一套理论，拿来当作教义宣传，结局，不但先自解除了自己攻略乃至防卫的理论武装，甚至授人以柄，引颈就戮了。不仅此也，即使某种国家已发现了何种经济理论，确实可以作为它满足比经济要求的指导真理，但如其把这真理强调到了妥当的限度以上，把这真理拘执到了需要限度以上，致不能与一般的实践要求相配合，那也同样得不到预期的结果，甚且只有相反的结果。

由上面的说明，可以结论出以次几种认识：

第一，论经济学的应用，论经济学在特定社会或国家的应用，不但不否定一般经济理论，而且是在肯定一般经济理论经济法则的前提下，对它们作更有效的探究。

第二，经济理论及它的应用，虽然在着眼点上，可以勉强来分开，但其实经济理论，是在应用过程上形成和展开的。适应特定社会现实要求而发生的经济理论，同时可以是对于一般理论之内容的充实或补充。而由此过程形成或展开的理论，又反过来成为应用的准则。经济学或经济理论和它的应用，是相互推演相辅而行的。

第三，从应用上讲，从特定实践要求上讲，经济学在它是一种现代科学的限内，在它是从各特定国家的经济体制中，取得其依据的限内，它显然具有异常深厚的国民的或国家的性质，虽然我们同时也确认一切民族或国家，还有一个共同的社会性质，作为一般经济法则所由构成的张本。

在下面，我将由民族或国家的立场，来说明经济学曾是怎样通过一列"应用"的过程，而成功它现在这种完成了的姿态的体系。

二 英国学者把经济政策混同在经济学中研究，德国学者把经济政策当作经济学研究

为了说明经济学完全是一种实践科学，我想就英德两国经济学者研究经济的态度与着眼点，来加以引申的说明。

一般把经济学当作纯粹理论的科学来考察，他们的论据之一，就是说，经济学不是经济政策，经济政策是一定政治组织，为了实现某种经济目的，而采行的经济措施。所以它是一个通过现实政治要求而实现的实践上的范畴。它与经济学的关系，就在它依据经济学研究所指出的现实经济变动趋势，而决定某种实施方针。在这种范围内，说经济学是理论的范畴，说经济政策是实践的范畴，常识当然不允许我们发生疑问。但不允许我们发生疑问的，仍只是常识而已。一把政治经济学形成过程加以研究，经济学同经济政策就不会"彼疆此理"的严格分别开。

研究现代经济学体系的学者，有的把经济哲学，经济科学，经济技术学三者，总括在经济综合学一词中。[①] 就中，经济科学被解释为一般经济学，而经济技术学或经济术学，则主要是指经济政策，这样一种安排和配列，不但没有把经济学与经济政策的密切关系显示出来，却反叫它们各立门户，互相疏隔起来。至少，这于我们这里所要解明的问题，不能有所帮助。

如其仍照常识所说，我们是先有了经济理论，然后再依照理论定下政策。但揆诸实际，许多重要的理论，却反而是在受着政策的引导，或者是政策推行中的产物，是实践的产物，其中的前因后果的关键，最好是用事实来说明。

（一）英国经济学者是怎样形成他们的经济理论呢

这里所说的英国经济学者，当然是就古典学派诸学者而言。从而，他们的经济理论，就主要是指着自由主义经济思想，以及与那种经济思想相表里的个人主义经济思想。亚当·斯密是他们的先导者，他对于这两种思想，是用这一段话来加以限制确定："一切特惠的限制的制度，一经完全废除，最明白最单纯的自然的自由制度，将自然而然的，自己树立起来。每一个人，在他不违反正义的法律时，都应听其完全自由在自己的方法

---

① 参见《经济学解》（王毓瑚译）一书中桑巴特《三种国民经济学》所说的三种经济学。

下，追求他自己的利益，而以其勤劳及资本，加入对任何其他人或其他阶级的竞争。"① 这一段话，他不但是把它当作其全部经济理论的出发点，且还把它当作已经实现的，或定要实现的事实，而展开其经济理论。他的分工论，价值价格论，分配论，都贯彻了自由主义个人主义的要求，同时，又像是把自由主义个人主义经济现实，作为其诸般经济理论的基础。理想与现实，理论与实践，学说与政策，都被混同了。他对于重商主义重农主义的批论，亦同样把它看作是学说，同时又看作是政策。凯恩斯博士 (Dr. Keynes) 说得好："……亚当·斯密与其同时代的人，乃至近代的经济学者，对于科学一语的使用，通未关说到科学与上面述及的术的区别。他们意想上的科学，就是知识之系统的集体。那包含有理论的命题，也包含有行为上之实际的法规。"② 这所谓"行为上之实际的法规"，就不外是政策的变相说法。政策或实践关系，完全混同在理论研究中了。这种表现方式，不是会妨碍理论的展开么？

关于这点，我曾经这样去分释它："……斯密的议论，当然没有完全脱却术的范围，且带有浓厚的策士的意味。有人还说，他写《国富论》，正是对于政府当局的'献策'，可是他的主张，他的时代，把他这种倾向矫正了。……斯密所主张的，是个人主义，是自由放任主义，即是要求个人的经济活动，完全脱去一切政令干涉，因而，他的'献策'的意向，却反而是叫政府当局不要干涉经济活动。不从为政者的统治观点上讨论经济学理，而站在所谓'经济人'的求利观点上讨论经济学理论。所以，他就能基于现存的事实和分析，把经济学当作一种科学来研究，结果，经济学已不是一种统治之术，而是人类社会科学的一部分了。"③

但他的主张，是基于他的时代和社会，所以归根结蒂，要看他及他的后继者，是怎样把政权包括在理论中研究，不但不妨害其理论的发展，且反而大有造益其理论的发展。据一位德国历史派学者所说："这个学派（指英国古典学派——南）是很有世界性的……因为他们对于最普遍最抽象的理论，主张颇力。但同时，这个学派，亦是很有国民性的。他们那几位（指休谟，亚当·斯密，李嘉图，马尔萨斯——南），都是彻头彻尾的英国人。他们的原理，他们的例证，都是根据自国国民的政策与历史，而

---

① 亚当·斯密：《国富论》下卷（郭大力、王亚南译），中华书局1936年版，第311页。
② 《经济学绪论》第2章第1节（王亚南译），民智书局1933年版。
③ 见拙著《经济学史》上卷。

其见闻，亦限于这个范围。……"① 其根据、其见闻，都限于"自国国民的政策与历史"，何以能"对于最普遍最抽象的理论，主张颇力"呢？对于这个疑问，可用布哈林的一段话来予以释明："英国根据许多理由，已经在世界市场上确立了他的支配权；它不惧怯任何竞争者，也无须要为了确保竞争者的胜利，而采取何等人为的立法的手段。……因之，英国资产阶级的理论家们，就无须为了英国资本主义的特异性，而特别烦心。他们虽然是代表英国资本家阶级的利益，可是，他们却在纵论着经济发展的一切法则。"②

英国既根据许多理由，对内对外都采行自由主义的立场，都要求实施自由主义经济政策，他们的经济学者，就在学理的探究上，得到了很大的便利。愈是要适应实践的要求，愈是主张把国家对于经济的干涉限制权力，缩小到最小的程度，他们的理论，就愈加不致遭受人为的立法的关系的妨阻，而使他们"有力量去追究经济各倾向到底"，在复杂社会现象中，抉发出经济现象之规律与法则了。这是他们受到社会的与时代的"惠泽"使然；所以，差不多是英国诸大经济学者之"专利品"的自由主义，可以从理论上去理解，亦当从实践上去理解，是理论，是科学，同时又是政策，他们把经济政策结合在经济学中去研究了。

（二）德国经济学者是怎样形成他们的经济理论呢

德国的国情，与英国两样：德国资本主义经济的发展，将近要迟1个世纪。这一件事实，就不但决定了德国学者对于经济理论研究的出发点，且也决定了他们经济理论展开的历程。但在我们所要阐明的论点——经济学是通过应用的实践要求而形成的论点上，这事实，却就更加便利我们的说明了。英国经济学者把经济的实践或政策，混同在经济学中，德国经济学者更进一步，简直就把经济政策当作经济学来研究了。

这原因，一方面是由于"德意志社会的特殊历史发展，使德意志在资产阶级经济学上，不能有独创的造就"，于是，当作完成品，由其先进的英法两国输入的经济学，即英法两国"现实之理论的表现，在他们手上，成了教义的集成。"③ 从18世纪末到19世纪中叶，是英法两国经济理论在德国最风行的时期，亚当·斯密的《国富论》，萨伊（Say）的

---

① 罗雪尔：《英国经济史论》绪论。
② 布哈林：《有闲阶级经济学》序论。
③ 马克思：《资本论》第1卷（郭大力、王亚南译）。

《经济学》，在德国的宣扬传播，甚至比在他们的"出产国"还要热闹。如其我们肯相信英法两国经济理论在德国的风行，是以这两国的工业制品在德国市场上格外泛滥，作为其存在的依据，那我们同时也得相信：就在外国经济思想最称时髦的当时，德国在它落后的经济状况下，一定要出现与其相适应的，同时是对抗外来思想的经济理论。就出发点上讲，英国对内拒绝立法干涉，对外无需国家保护的经济场面自然是自由主义思想孕育的温床，个人主义与世界主义，则在这里分别作为其原动力和展望而表现出来；但在各邦分立，正苦于外国政治的经济的优势压迫的德国，它在实践上的要求，必然促使它的经济学者，在个人与世界之间，去发现国家，强调国家。所以，国家在德国人，是一个含有莫大诱惑性与绝对性的名词。德国的政治家不必说，就是哲学者，教育学者，乃至文学者，都喜欢把"国家"作为论题。在经济学的理解上，他们是把经济学作为"国家科学"的一个重要部门。德国的官房学原是当作德国重商主义而出现的。这个学派简直把经济学与行政学，甚至把经济学与警察学混在一起，他们认为国家经济政策的至上原理，便是国家政治警察的权力利害关系，便是由上而下的经济生活之严密的统制。这种思想，在英法两国早随其经济的发展，市民阶级对政治权力的伸张，而化为思想史上的陈迹；但在德国，却因适应其落后经济状况，而成为其此后经济理论之有力的传统，费希特在1800年出版他的《封锁的商业国家》，以他哲学的便于构思的想象力，主张国家是一切经济设施的与经济活动决定者。"国家不仅规定一般工业阶级之数，尤必须规定任一特定部门之人数，而使其从事于最紧急的东西之生产"。国家为了确保国内人民经济生活的安定，"应禁止国民和诸外国交通"。但这里有一个前提，就是"国家必须具有生产上消费上的独立性"，有了这种独立性的国家，才够得上说是一个国家。到了亚丹·缪勒（Adam Müller），更在他1809年出版的《国家要义》中，尽量发挥其浪漫性的构思，认为国民"各个的生产力，只在国家依着高度的生产力而生产的时候，才能够生产"，如其国家停止其自身的生产，一切小生产也自行停止其生产。

哲学者，浪漫主义经济学者的经济理论，当然不免包含一些与现实脱节的观念，但他们却一致的传述着德国传统的国家经济学理论。到了历史学派的前导者李斯特（F. List），他更把过去渐要沉淀下去的"国家至上论"，很具体很实际地应用到经济学方面，虽然他那过于着重经验的实践方法，破坏了他所强调的自然经济发展阶段法则，使他这样的被品评着："与其说他是理论经济学者，不如说他是政策家。"但他由历史方法反对英国经济学者之普遍主义演绎主义，所达出的结论——即德国经济未发展到足与英国抗衡的程度，不能采取自由贸易政策，而必须采行保护政策的结论，都为其后继者装饰在经济史料和学说史之"博学的美装"里面，以一个经济学派的姿态呈现出来。罗雪尔（Roscher）的《历史方法的国家经济学讲义纲要》被称为这派之最初的科学叙述，他把经济学描摹成这样一副姿容："国家经济学，不仅是一个致富术，还是一个政治科学，其重要的问题，是判断和支配国民。我们的目的，在记述诸国民经济上思考些什么，意欲些什么；为何努力，努力成果如何等问题。这种记述，只有同国民生活其他诸科学，尤其是法制史政治史及文化史极密切结合着，才有可能"。他照着这种认识去从事搜集史料的工夫，虽然愈来愈同他所要接近的目标——证示落后国家不能效颦先进国家采行自由贸易政策的目标——隔远了，反而给予他的研究，以"学"的外观，但国家经济学，毕竟被他加了"致富术"和"政治科学"的头衔，使尚论者总不会忘记他是在研究经济政治学或政策学史。罗雪尔以后，所谓旧历史学派中人物，还有希尔德布兰德及克尼斯两位，前者特别强调经济阶段论，后者却更重视经济学之政治的伦理的性质，以为"站在历史立场的视察经济学，经济学便要成功为伦理的经济学及政治的科学"。

　　就在旧历史派经济理论向前演变的过程中，德国的经济，已渐由对内关税同盟的采行，和对外保护贸易政策之实现，而踏上了资本主义的旅程，至普法战争结束，统一国家出现了，李斯特辈所梦想的英国优势经济，已在德国逐渐展开。就照这派经济学者的理论，国家对于经济的干涉，应该大可收敛起来，经济学的研究，也应该少受经济实践的拘束。然而，德国经济学者，这时又被负担了一个新的使命。在德国资本主义迅速发展过程中，迅速增大起来的无产者阶级，甫一抬起头来，就获有英法诸国无产者阶级很长的斗争的经验。同时，以英国乃至法国资本主义发展倾向为对象而展开的批判的社会主义学说，又从英法方面传播过来，和德国境内已经滋长起来的反资本主义的理论交织着，给无产者大众以意识的武装，造成德国资产阶级莫大的威胁。这一来，德国卫道的经济学者，又不能安心于"纯理论"的研究了。加之，随德国资本主义经济发展，而从另一方面抬起头来的自由主义思想，又由所谓孟彻斯特学派的形成，"德国经济学者会议"的组织，渐使历史学派感到有些难耐了，于是，他们汇合一班有德国经济思想传统的学者，把渐要失去实践意义，且无法对抗社会主义和自由主义思想的旧理论，加以新的"装潢"，在提倡"新经济学"的号召下，"合组"了一个"社会政策协会"，其领导人物为施穆勒。

施穆勒在1873年第一次会议中的开会讲辞,被视为他们这一伙"讲坛社会主义"派人物的共同宣言,同时也是他们的"新经济学"的积极内容。那是说:"我们不但否定财产和所谓分配的极端不平等,否定深刻的激烈的阶级斗争,还否定自由政治制度";"我们虽然不满意现社会的诸关系,痛感着有改良的必要,但我们不能说变革一切科学,打破一切现存的关系,我们反对一切社会主义的实验"。然则怎么办呢?他们"一致信奉一个国家观",认为国家的使命,国家的权力,应随文化状态而变化,在德国现状下,他们愿意那种"行公正的法律和行政,保护弱者,使下层阶级向上起来的国家权力"。为要证明他们这种主张的正确,他们分途向浩瀚的经济史料的"宝库"出发了,结局当然是"满载而归",并且也构成了他们的"新经济理论体系"。他们(特别是施穆勒)极力强调经济学是一种伦理的科学。但归根结蒂,顶多不过是一种社会政策学的说教而已。

在所论为资产阶级经济的限内,德国经济在未发展时期,不能有科学的研究;在它既发展的时期,又不许公平的科学的研究,于是他们的理论,只好更素朴、更具体地反映实践要求,把经济学看成经济警察学,政治科学,伦理科学,他们无非是把一般经济政策,作为经济学来研究罢了。

三 当作民族生存斗争武器的经济学与当作社会之生存斗争武器的经济学

由上面英德两国关于经济学研究的实况,我们已可大体明了,任何经济理论,都是形成于应用的实践的过程,而非由于任何特殊经济理论家之乱逞思辨。然而这还只是说明了经济学实践性的一个侧面。我们还可从其他方面或其他视野,来加以补充的考察。

在实践的应用的观点上来考察经济学,经济学大体是带着两重或两个历史使命而显现出来,那两个使命,就是作为民族生存斗争之理论的武器,和作为社会生存斗争之理论的武器。由于这两种生存斗争方式,愈到现代,或者说,愈到晚近,愈形剧烈,愈把经济实践要求,作为其原动力而展开,经济学的研究和有意识地加以利用,就更加成为必要了。在近代"斗争不限于个别的地方生产者之间。地方的斗争,发展为民族间的斗争,为17世纪及18世纪的商业战争。最后,大工业及世界市场的产生,使斗争成为普遍化的斗争,同时采取了空前未有的剧烈性。不仅各个资本家的,而且整个生产部门的,甚至整个国家的生存问题,都由是否怀有自然的或人工造成的生产有利条件来决定。败者无情地被人排除，这正是达尔文的争取自身生存的斗争。这一斗争，由自然界移于社会，而且更为剧烈了。在我们目前，动物的自然状态，变为人类发展的焦点。社会化与资本家占有两者之间的矛盾，表现为个别工厂中生产组织化与全社会中生产无政府状态中间的对立。"① 这是半世纪前，表现民族的社会的生存斗争的经济实话。到了我们今日，情形当然更加凄惨和复杂了。社会的生存斗争，有时必须转化为民族的生存斗争，如当前各法西斯主义国家，为了解决国内的社会矛盾，而向外发动战争；同样的，民族的生存斗争，也可能或必然转化为社会的生存斗争，如上次世界大战中的要角俄国，竟在战争过程中，把整个社会变质了，这种眩惑人的变化，在其演化重心在经济领域的限内，经济学理论的研究和应用，就更加大意不得，而成为民族或社会生存攸关的问题了。兹且分别说明经济学在这两方面的应用上，究竟表现了哪些值得注意的征候。

（一）表现为民族生存斗争武器的经济理论

这里所谓民族，差不多具有国家同一涵义。我们已经把经济学限定为以现代经济为研究对象的经济学。现代经济虽然以个人利己观出发，而演成世界的规模，但却始终把国家作为其活动的政治的界限。而这"国家"，为要团结内部，加强对外斗争力量的场合，又被混同的代以"民族"这个名称。

经济理论在民族生存斗争上的应用，是采取两个形态：其一是侵略的意识形态，其一是求解放的意识形态。大体上，当一个国家或一个民族，对外处于劣势的时候，求解放的经济理论便被强调着。反之，当它处于优势的时候，又必然要采用另一套理论。还是把英国德国作为例证来说罢。

在英国的自由主义经济思想，配合其各种制造品，向德国"大量"注入的19世纪初期，德国经济学者李斯特，就大声疾呼地叫德国注意英国的文化侵略——经济理论侵略的阴谋。他说："政治经济学之著作或教授，无不醉心于世界主义学派，而视一切保护税为'学理上之疣'。彼辈有英国之利益以助之，有德国各埠及各城市之英货贩卖者之利益以助之，故无往而不胜利。尤可痛者，英国内阁善利用'金钱势力'，钳制海外舆论。苟于其商业有济，则挥金如土，从未有所吝惜。大队通讯员，领袖著作家……漫游各地，专从事于攻击德国工业家要求实施保护税之'无理

---

① 恩格斯：《由空想的到科学的社会主义》（吴黎平译）。

的愿望'……时流学说与德国学者之意见，既皆倾向于彼辈，以故为英国利益辩护者之工作，尤易易也。"① 这段话深刻地表明，英德两国学者及政府，在怎样把经济理论作为其经济利益保护的武器。李斯特及其后继者的保护主义学说，在科学的评价上，尽管远不如自由主义经济思想之系统而深入，但在作为战斗武器的实践意义上，却显然是自由主义思想之致命的死对头。

自然，英国自由思想在形成过程上，作为对内争取生存与利益的作用，或比较作为对外争取生存的利益的作用为大，这是英国经济较先发展的情势使然。但德国经济发展的不利条件，却使它的经济理论，一方面表现出求解放的自卫的意识，另一方面却又配合其后进资本主义的打破现状的冒险急进要求，而表露出极其浓厚的侵略意识。前述那位哲学的经济思想家费希特，曾在其《封锁的商业国家》中表示：凡是一个国家，自必有其出产的"自然境界"，没有依赖外国供给国民生活上所必需的一切生产品之必要。国家必须具有生产上并消费上的独立性。此种境界，可以依着和平的战斗的手段而获得之。政府在夺取自然的国境后，必须从快发出宣言，声明此种战斗的目的，并非是什么合并。这一段出自爱国主义的哲学家之口，对于此后德国乃至其他帝国主义国家之侵略理论，提供了一个非常有力的泉源。为德国学者"专利发明"的"生存空间"的理论，不外是费希特扩大"自然境界"的再版。而在帝国主义侵略斗争过程中被宣扬着的"世界再分割论"，布洛克经济论，把资本社会特有的相对人口过剩解释为绝对人口过剩的人口论，以及作为其副产而出现的种族优劣论，世界工业农业分工论，乃至敌国特制的东亚共存共荣论，中国社会循环演变论等等，都是作为侵略的经济理论而产生出来。拆穿西洋镜，许多新奇好听的新学说，均会显出其狰狞的原形。然而，这些看来是完全为了对外推行经济侵略政策的理论。事实上，用到国境以内，又很可作为维护特定社会集团之权益的法宝。

（二）表现为社会生存斗争武器的经济理论

这里所说的社会，是指着现代社会中相互对立的各种利害相关休戚相关的社会集团。一国经济发展，在特定的社会关系之下，当然会促使各社会阶层间的利害互不相同，于是从各别社会阶层利害关系所反映出的经济思想，不能不相应地表现出不同的分野。在近代初期，各国的重商主义理

---

① 参照李斯特《国家经济学》（王用化译）。

论，从社会的立场去看，都是所谓第二阶级（君主）对第一阶级（封建贵族僧侣）行使经济斗争的思想表现。国王或君主联合第三阶级（商工市民）在财富上及其他有关经济方面的措施，均在限制或剥夺僧侣贵族的特权。德国官房学者有的直截了当地把其经济论著题名为德意志王侯国，或君主义务论。这些论著，当然可以包括在罗雪尔所讽刺的"腓力·威廉的经济学"的意识形态中，翁肯（Oncken）把重商主义称呼为"王侯致富政策体系"，史盘（Spann）则称之为"有利于资产阶级及活动资本，但不利于贵族领主政治专制主义体系"，姑无论其妥当性如何，但却无疑显示了当时经济理论之社会阶级利害关系的"内情"。

当亚当·斯密用他的理论，道出英国资产阶级的要求，而得到满意的成果以后，英国经济就"一帆风顺"地成就了极大的发展。产业革命成功了，与产业革命相配合的农业革命（即是使农业生产者与其生产手段分离，而造出产业预备军的"圈地运动"）也成功了，僧侣，贵族，乃至王侯的权益，都相继遭受剥夺与限制，第三社会阶级或资产阶级变成了天之骄子。经济学不是"到此止步"了么？但就在这当中，经济学者要为他们的新的实践要求烦心了。随着资本主义的发展，以前原不足为资本阶级利益发展阻害的劳动阶级，地主阶级，现在都抬起头来。特别是新兴的地主阶级，它凭借政治势力，凭借谷物保护条例，作了商工资产阶级的死对头。它们以谷物保护条例为中心而展开的白热论争，倒使劳动阶级从意识上从实利上得到了小小的便益。"在一方面，论证谷物条例对现实生产者没有何等保护效用，那是资产阶级煽动者的利益；在另一方面，土地贵族对工厂状态所加的非难……以及他们对于工厂立法所表示的'外交的热忱'，都为工业方面的资产阶级所深恶痛疾。英谚有云：两贼相争，善良者从中获利。在实际，支配阶层的这两派都在极无耻的榨取劳动者，他们彼此由于榨取问题的喧哗论争，双方都成为真理的产婆。"① 当时论争两方的主帅，是马尔萨斯和李嘉图，代表地主利益的马尔萨斯，虽然用激越的辞句，说明地租的增涨，显示为国富增进的表征。以为"没有地租就不仅没有都市，没有海陆军，即艺术，学问，制造工业品，舶来便利品或奢侈品，所有一切，都不会存在。"② 但李嘉图却很心平气和地证明"除了地主，一切阶级都不利于谷物腾贵……地主与社会各阶级的关系，

---

① 马克思：《资本论》第1卷（郭大力、王亚南译），读书生活出版社1938年版，第571页。

② 高畠素之：《地租思想史》（王亚南译），神州国光社1937年版，第56页。

是一方面全然损失，一方面全然得利。"① 他用种种精神的研究，达出地租是"掠自消费者而给予地主的东西"。马尔萨斯被驳倒了，贵族地主阶级的利益，到了 1846 年的谷物条例的撤废，就失却保障了。但李嘉图的学说，虽被人批难为"只见货币资产阶级憎恶地主阶级的简单的记忆"，可见马尔萨斯在拥护地主利益的场合，尽管和李嘉图相对立，当他拥护资产阶级的场合，即在反对劳动阶级的场合，却又是李嘉图一伙的战友。他的大著《人口论》，不是当作反对劳动阶级拥护者葛德文（Godwin）和康多塞（Condorcet）而发表出来的么？

但在李嘉图和马尔萨斯的当时，劳动阶级的力量，还不够威胁资产阶级的生存，故这些问题的理论，还能保持科学的冷静。李嘉图还"素朴地认定阶级利害的对立关系，是社会的自然法则，并还意识到以这种对立为研究的出发点"。但资产阶级经济学者至此已达到了难于再向前进的限界。"从此以往，无论从实际方面说，抑从理论方面说，阶级斗争都要采取公开的威胁的形态。……从此以往，成为问题的。不是真理与非真理的问题，只是于资本有益抑有害，便利抑不便利，违背警章抑不违背警章的问题。超利害的研究没有了……真正的科学考察没有了……"②

在以资本主义经济为研究对象的限内，从相反的立场，来继续英国古典学派经济学，或说明的经济学体系的，是所谓批判的经济学体系，或马克思主义经济学体系。这个体系的研究，是从古典学派终止了的地方开始的。但他们的研究，他们的各种经济理论，同样的或更显然的是当作特定社会阶级的生存斗争武器而表现出来。他们毫不讳饰地表示"这种批判如果可以代表一个阶级，那么，它只能代表无产者阶级"。③

总之，经济学由它产生以至发展，不是表现为特定社会集团争取利益、维护生存的斗争武器，就是表现为特定民族国家从事侵略或力图解放的斗争武器，在这种限度内，经济学是实践的科学，由不绝应用而形成的科学，就更加显得分明了。

四　几个显明的提示

由上面的说明，似乎可以综括的给予我们这几种提示：

---

① 李嘉图：《政治经济学及赋税原理》第 2 章（郭大力、王亚南译）。
② 马克思：《资本论》第 1 卷（郭大力、王亚南译），读书生活出版社 1938 年版，第 2 版跋第 7 页。
③ 同上。

第一，无论从哪个角度或哪个视野来看，经济学的形成，都是由实践要求和应用的结果。

第二，说经济学的应用，似乎应当理解为：有了一种完成了的或定型化了的经济学，摆在那里，让我们来对它加以研究，证论，批判和运用。但尽管我们为了解说的便利，不妨如此想法，可是经济学在其形成与演变的过程上，并不能机械地把它当作一个固定的形态来把握，而应当把它当作一个发展的形态来把握。经济理论是在不断的应用，不断的发展。它的发展的限界，就是产生它应用它的社会存在的限界。

第三，到今日为止，因为资本主义经济已临近了"花开蒂落"的阶段，经济学不妨相应地理解为已经成熟了的或不能更有何等发展的科学。但我们在实践的应用的意义上的研究，却由此得到了不少的便利。我们可以把握资本主义全部历史时期的经济运动法则，以究明其社会经济发展的一般倾向，可是"一个社会就会已经把自动的运动法则发现，也不能跳过，或以法令废止自然的发展阶段，它只能把生育时的痛苦减短或缓和"。

第四，一个国家或民族，如其他的经济是落后的，如果它需要把它通过自然发展阶段所遭遇的痛苦时期减短或缓和，它就得照应自己所处的经济发展阶段，证验，批判，选择，运用一切有利于其经济发展的经济理论，作为其争取生存，求得解放的思想斗争武器。反之，如其他不辨黑白利害地把妨碍其经济发展的诸般经济理论，当作教义来宣传，无批判无选择地一律予以被动地接受，它通过自然发展阶段的痛苦时期，就不可避免地要延长起来。

如其我们不否认经济理论之正确的把握与运用，大有助于一国经济改造与发展的前途，则中国经济现代化历程之艰困与延缓，就至少要使中国经济学界的昏迷状态和中国经济学研究者之缺乏内省的批判的实践的精神，来负一个相当大的责任——然而这是我往后要具体说明的问题。

1942年1月10日

政治经济学在中国

一 当作舶来品输入的政治经济学

（一）中国没有产生政治经济学的环境

就一般社会科学而论，政治经济学算是一门最能反映现实，而又最须以现实为依据的科学。在这门科学是以现代资本主义经济为探究对象的限内，像在中国这样一个经济落后的半封建国家，一个直到现在，还有不少的人，主张把欧美资本主义制度当作理想移植过来的国家，当然没有产生政治经济学的可能。我们现在所研究的经济学或政治经济学，是当作完成的舶来品，从先进的资本主义国家输入的，是紧随着那些先进资本主义国家的商品或机械品而输入的。

不过，这里须得指出：这种文化舶来品的输入，若溯其渊源，那大体还是一种首先通过日本，再输到中国来的转口货。而政治经济学这个译名，也还是沿用日本的。即如最先把西欧经济名著《国富论》译述过来的严又陵氏，他对于政治经济学或经济学原是译为计学。不过，随着中国社会经济发展情形的演变，和中国文化水准相应提高，以前完全或主要由日本转输的经济科学乃至其他一切近代社会科学自然科学，已渐能自行直接输入了。但无论经由日本输入，或是直接由欧美输入，直到现在，我们对于政治经济学还不曾脱却"述而不作"的阶段。就是幻想"一切古已有之"的国粹主义者，①恐怕也无法否认这种事实罢！

谈到这里，我们似乎不应"数典忘祖"地忘记提到以次这个"考据"。十余年前，日本有一位经济学者泷本诚一氏，著有一部《欧洲经济学史》，在这部书后面，他附有一篇题名为"重农学派之根本思

---

① 在五四运动当时，记得某国粹杂志上，登载过一篇崇孔论的大文章，其中就力说论语"生之者众食之者寡，为之也疾，用之也舒，则财恒足矣"那几句话，是孔子的经济学原理，因而孔子是"大经济学家"。这高论，近已寂然了，但某经济学博士却在前几年的上海杂志上说王莽经济政策上的诸种措施，是近代统制经济的渊源，总算无独有偶了。

想的探源"的附录,这篇附录的主旨,在反复说明重农派之思想的根源,完全出自我国古代的"四书","五经"。他最后总结这篇翻案文章的大意说,"要之,构成魁奈(重农学派的主导者——南)学说之基础的根本思想,完全吻合于'书经'及其他经典上所表现的中国太古的王制,及其学说的旨趣,不同的地方,丝毫没有,这种论断,我想不会不正当吧。但现在一般人,都认为近代的经济学,是发祥于法国或苏格兰,竟把其重要的母家中国完全置之于不顾,这实在是我们东洋人的一大憾事啊!"

我们看到这段话,当然非常高兴,经济学竟是"吾家宝物"了。但仔细加以考察,就知道这段传奇的说明,完全不合事实。魁奈这位医师,原来曾有过一部《中国专制政治》的论著以表述他对于开明的专制政治的憧憬。他鉴于法国农村凋敝情形,希望有这么一个理想的政治体制来救治当时农业上的危机。但因他是路易十五的侍医,不便明说法国腐败政治所给予农村的破灭影响:乃用中国古代学者"托古改制"的战术,把中国古代的君主专制体制,照其所理想的描摹出来,以讽喻规劝时君。而他希望在那种政治体制下实现的农业,都是大农形态,富农形态,或资本主义化的农业形态。他那种农业经济思想,与中国古代重农的言论,以及见诸实行的农业措施,根本没有相同之点,最多只能说是彼此都是重视农业罢了,所以,我们单从表面上,见到他称赞中国的专制政治,就说他的重农思想是导源于中国,那是太牵强附会了。我们原不否认近代经济学的发祥地是在法国,是在苏格兰;并且还可补充地说:苏格兰的亚当·斯密且曾在着手其大著《国富论》的著述以前,"问道"过重农学派诸子。但重农学派诸子所由取得"近代资本主义之最初的系统的发言人"的资格的经济理论,与中国古代重农思想无涉。

(二) 以德国作为比证

其实,因经济落后,必然引起经济思想落后的事实,是一切经济发展比较落后国家都曾经历过来的。即如在18世纪70年代的德国,它在哲学及其他学术方面的造诣,尽管早有非常烜赫的成果,但对于政治经济学,它却因为经济发展受到了历史的社会的障碍,而不得不向当时先进的英法两国,低头来做学生,这是由德国一位大思想家非常坦率地承认过了的。

"直到现在(指1873年——编者)经济学在德意志还是一种外来的科学。……德国资本主义生产方法的发展,从而,近代资产阶级社会的树立，曾受到那几种历史事情的阻碍。经济学在德国发展的地盘，依然没有。这种科学，依然是当作完成品，从英法两国输进来。德国的经济学教授，都还是学生。"①

我们这里且不忙比较今日中国，是否处在70年前德国所处的那种地位。但有一个值得关心的问题，就是我们的经济环境，不允许我们有自己的经济学。则我们的同一经济环境，也不允许我们正确了解从外国输入的经济学。处在前资本主义的客观情况之下，要对于我们感到十分生疏的资本主义经济问题，表示何等意见，或进一步有所阐发，那除了我们在现实经济上力图改进迎头赶上之外，是非常困难的。这情形，在70年前的德国，也同样经验过。前述那位德国大思想家，曾紧接上面引述的文句，表示了以下的意见：

> ……德国的经济学教授，都还是学生。外国现实之理论的表现，在他们手上，成了若干教义的集成。他们周围的世界，是小资产阶级的世界。从这个世界的情形来解释，这种种理论是被误解了。他们觉得在科学上自己没有大的力量。他们还感觉不安地知道，自己所讨究的问题，实际是自己所不熟习的问题。他们大都凭借学说史之博学的美装，或杂凑些无关系的材料……来掩饰。②

他后面这两句话，是针对着德国历史学派说的。我们往往不自觉错误地把德国历史学派与英国正统学派或古典学派对称起来，仿佛德国也产生了一种与英国经济学不同的新经济科学。其实，历史学派在经济学上的成就，顶多不过是在方法论上转了一个小弯，③ 而他们其所以要转这一个小弯，无非为了德国当时在经济自由竞争上对敌不过先进的英国，才由李斯特发端的几位经济学者，把德国原来当作其重商主义传统的所谓官房学，加以改装增补，而成功为披起历史经济学说外衣的保护主义经济政策理论。站在资本主义经济学的立场上，那不独谈不上何等新的创见，甚且把那种科学支离歪曲了。

不过，我们还得把话讲回来，古典经济学到英国的李嘉图，法国的西

---

① 马克思：《资本论》第1卷（郭大力、王亚南译），读书生活出版社1938年版，第2版跋第6页。
② 同上。
③ 亚当·斯密：《国富论》下卷第4篇第1段（郭大力、王亚南译），中华书局1936年版。

斯蒙第已经登峰造极了，在同一资本主义的视野里，我们不能再苛求德国经济学者作何等新的贡献。而这种支离的历史经济学说的形成，那还是1871年普法战争前后德国资本主义经济迅速发展的结果。

再就我国来说罢。由目前远溯到中日战争前后，中国资本主义经济的成分，不能说没有相当程度的发展，但因历史的政治的诸种情形的阻碍，以致中国经济，始终踯躅在由封建主义到资本主义的过渡形态中。就资本主义世界的全经济序列来讲，这种落后的经济形态，不可避免地要以带有极大隶属性的次殖民地经济形态，而以买办商业金融，封建式的土地所有关系以及关税权、工业权、内河航行权的丧失这一列具体事实表现出来。而在这种经济环境下的中国经济学方面的研究者，很自然地会痛感到旧来封建传统对于民族资本主义发展所加的束缚与妨害。虽然后来随着国民革命运动的进展，一部分研究者也漠然知道反封建与反帝国主义有必然的联系，但他们却认定，中国要摆脱封建与帝国主义的迫害，只有自己也变成资本主义国家，即是，先进的资本主义国家可恶，资本主义却是可爱的，各先进资本主义国家之现实经济的理论上的表现，却是大大嘉纳的。于是，祝福资本主义，礼赞资本主义经济学教义，就大体形成了中国对于政治经济学研究的支配的事实。单就中国现经济形态立论，这种意识上的反映，不但为必然的结果，且还是不应十分非议的，因为与过去封建社会的经济形态较量与封建的社会经济意识较量起来，礼赞资本主义的制度及其理论表现却宁可说是进步的表示。

不过，在中国经济过渡到资本主义的难产期内，资本主义对世界行使的统治，已日复一日地暴露了破绽，苏联经济形态的飞跃发展，更说明了资本主义经济暗淡的前途，于是在最近十年来，我们本来是因在半封建社会经济形态上的意识，却为世界大经济环境的改变，却为世界整个经济意识的改变，而必然对于原来无条件接受的资本主义经济学的教义，逐渐引起了加以选择的重新评价的要求。这就是说，我们对此政治经济学的研究，不但必须采取批判的态度，并也可能采取批判的态度了。

可是，正因为这种"可能"，不是中国社会经济自身改进的结果，而是世界大经济环境改变的结果。结局，在政治经济学研究的观点上，尽管有一部分人从世界整个经济动态上着眼，还有一部分甚至一大部分人，仍不免被中国前资本主义经济形态所拘困，觉得资本主义经济是我们必须经过的光明大道，从而，资本主义经济学或政治学是我们的福音。在目前的中国经济学界，显然还是以后一倾向为特别显著。中国的经济学者，强半是由先进资本主义国家的学府"闻道"归来，如果我们不妨僭越地说，学者是具有某种成见的别名，则当前的经济学界的后一倾向的显著，就无怪其然了。

因此，把多年以来的乃至时下的关于政治经济学的研究情形，加以比较详细的检讨，那也许是颇有益处的。

二 我们是在怎样研究政治经济学

提出我们是在怎样研究政治经济学这个问题，似乎着眼在看察研究的技术方面，例如如何译述，编著，组织研究会，发表论文等等，但我不想枝节地论到这些方面。我所注意的，毋宁在考究他们把政治经济学当作怎样一种性质的学问来研究。

大体上，中国研究政治经济学的人对于这门科学，有两种看法。设加以不十分妥切的区别，其一就是过于形而下学的看法，其二则过于形而上学的看法。且分别加以说明。

（一）形而下学的看法

最初，在政治经济学开始介绍到中国来时，乃至在此后相当长的期间，大家对于这门学问，是很直观地或望文生义地把它看作是极形而下学的学问，是发财致富的学问，或者是使个人发财使国家致富的学问。那是毫不足怪的。过去许多经济学者，特别是资本主义初期的经济学者，受了当时经济基本观念的限制，且为了使其学说见信于当时的国君和国人，都把他们的经济著述的题称来与财富相关联。重农学者杜尔哥（Turgot）的大著题为《关于财富的形成和分配的考察》，即如负有政治经济学创立者的声誉的亚当·斯密，他那简题为《国富论》的大著，其全题名就是《国民财富的性质和原因的研究》，并且他在该书中，正爽切地表明"政治经济学的目的在富其人民而又富其君主"。[①] 不过，在斯密以后，经济学已完全当作一门科学，而不复是发财致富的宝典了。而且在这以后，经济学者不但关心致富原因的研究，同时还关心致贫原因研究了。随着资本主义经济的发展从一方面看，社会是更富了；从另一方面看，社会却又似更贫了。一国最大多数的是穷人；一部人致富受了大部分人致穷的限制，富人也感觉不安了。致富与致贫都成了经济学的研究对象，结局，经济学就没有理由看作是发财致富的捷径书了。

---

① 亚当·斯密：《国富论》下卷第4篇第1段（郭大力、王亚南译），中华书局1936年版。

不过，在享受资本主义的乐趣，但同时却在吃资本主义的苦头的先进国家，虽然十分明白这以资本主义经济为研究对象的经济学，并不能告人以发财致富的方术，但经济学开始输入到落后的国家，或者落后的民族，所以输入这门学问，却显然抱有这个企图。即如严又陵氏之选译斯密的《国富论》，以及他在该书中所加的许多案语，就充分说明了此种事实。

但实际经济情况的推演，也逐渐教训了中国一般经济学研究者，抱着发财致富的企图去研究经济学，是完全没有用处的，说到这里，我倒要插话几句不全是滑稽也不全是题外的话，就是：有谁果真想从经济学的研究来发财致富，却倒可以用到一部反资本主义的经济学书中去找到捷径和榜样，《资本论》第一卷《资本的积累过程》那一篇（第七篇）对于近代资本家所由形成的经过，举述无数有声有色的实例；而对于小资本家如何变成大资本家（同上书第1卷第3、4、5、6篇），都根据事实，提出了鲜明的例证。不过，令人感到不十分愉快的是，就在一个非资本家如何变成小资本家，小资本家如何变成大资本家的过程中，也分明从反面显出了独立生产者如何变成雇佣劳动者，变成了赤贫的事实。

总之，政治经济学无论是站在辩护资本主义的立场的，抑是站在批判资本主义的立场的，我们都不能在它那里嗅到金银的气味或听到其铿铿的响声。虽然仍有一小部分经济学研究者，还不肯放弃传统的成见，但大部分人却已从发财致富的幻想中觉醒过来了。不过，这一觉醒，经济学马上在他们手上变了性质；它由一个极端，被投到另一个极端了，即是，他们对于经济学，原来是采取过于形而下学的看法，现在却又采取了过于形而上学的看法了。

（二）形而上学的看法

政治经济学不像初期经济学者所宣传的，"富其人民而又富其君主"，那么，它是怎样一种学问呢？就我们中国介绍这门学问过来的经济学者来说，我们是有什么必要，要把这门学问介绍过来呢？在经济学早已形成为一种科学，且早已当作一门科学来研究的事实，使他们有理由运用"为学问而学问"的这一公式了。不过，他们的认识，也不完全一致，或者说，把政治经济学"超然化"的程度，互有不齐，设勉强加以区分，就有以次三个类型。

1. 当作纯粹与现实无关的学问。这也许是一个比较极端的类型，但却并不是怎样稀罕的。政治经济学原本是作英国社会经济的产物而登场的。由英国经济学者定立的经济法则,在那些经济学者自己,乃至那些把他们的理论,当作教义来宣扬的其他各国经济学者,大体上,都看为是有无限妥当性的真理。亚当·斯密在他的大著《国富论》中,就惯于使用一切时间一切地方的语辞。李嘉图的大著《政治经济学及赋税原理》就曾被当时的经济学者誉称为第一次立在永恒法则上的真正的科学。① 标本的庸俗经济学者西尼耳,立志要使经济学成为一种"抽象的演绎的科学"。单是这样,经济学上的说明,已经差不多同数学上的加减法则,一样用不着疑难了。而下述两种事实,更加强了这种认识的坚信:第一是,在资本主义还继续行使统治的限内,关于资本主义经济运动定立的法则,自然还保持有相当的妥当性;第二,要对资本主义制度辩护,也不可避免地会从观念上思维上来确认经济学理论的妥当性。因此,当作完成品——由引论到结论都安排得非常妥当的完成品,输入中国的经济学,就被中国经济学者们看为是推之百世而皆准的绝对主义的东西。而我们经济学者,对于这反映着与我们不大熟习的甚至完全隔膜的外国经济现实的理论,无力鉴别,无法鉴别,就更只好当作与现实无关的学问来接受了。不但此也,晚近奥地利派经济学之传扬于欧洲大陆乃至大陆诸国的大学,也很快地影响到了中国的学术殿堂。这派经济学在方法论上是一般主义与绝对主义的鼓吹者。这里且引述几句充分表现这种教义的杰文斯的说明,他说:"经济学的第一原理(指效用变动法则——南),是如此正确适用;所以我们可以说,这种原理,与人性相关而言,乃是一般的真理",他并说"这种科学的理论,乃如此单纯,如此深深根据人身组织及外部世界的普遍法则所构成。所以,在我们所讨究的一切时代内,那都是同一不变的。"② 与二加二等于四的算式,没有时空的特殊现实性一样。然而,这样看成纯粹超现实的经济学,却正在为我国不少经济学者当作新创见新发现来宣扬。

2. 当作与资本主义各国经济变动无关的学问。不错,我们是还有许多经济学者,明了经济学是现实经济的产物,不能有超现实的存在。经济学上诸般原则,究因各资本主义国家的经济变动,或整个资本主义世界经济变动,作了何种修正;那些原理原则,对于新发生的

---

① 德·金拉(De Quinery《在一个吃鸦片烟者的自白里》,第 255 页)对李嘉图的经济学是这样赞扬的"……李嘉图却先天的从悟性本身出发,演译若干法则,那对于材料之黑暗的混沌,还是第一次放射透彻的光明,从而,在先不过是一种尝试的讨论集,现今却成了一种真正的科学,第一次立在永恒的法则之上。"

② 凯恩斯:《经济学绪论》第 9 章注释(王亚南译),民智书局 1933 年版。

经济问题，如何不能应用，他们都是漠不关心。事实上，自由经济竞争，原是资本主义经济体系的基干，这种经济形态，已在各资本主义国内或全资本主义世界内，为统制经济布洛克经济①所代替了，为卡特尔、托拉斯等经济形态所肢解了，但原来以自由经济为核心为研究对象的经济理论体系，仍旧在中国经济学界当作教义来敷衍、铺陈，好像在各资本主义国家的经济，从而，它们的经济理论，没有变动那回事一样，这该是如何的"恬淡"啊！

不错，在我们的经济学界，在我们的经济出版物上，我们的经济学研究者，也不甘落后地讨论到上述那些较新的经济事业。但他们所发挥的所转述的关于这些问题的理论，究竟对于原有的经济学教义，有何等不相连续的地方，有何等根本矛盾的地方，他们也许不是全无感触，不过他们多半看作完全不同或完全无关的事情来处理。即是说讨论新经济变动时，和辩护旧经济形态时，他们是采取"分途应战"的办法。这是稍一检点时下的经济出版物，或经济学者的言论，就可以发现不少的实例。

不仅此也，资本主义经济的变动，在上述的限度内，毕竟是资本主义经济，由某一阶段，发展到另一阶段的变动，把这些变动看得与资本主义经济学教义没有十分了不得的关涉，站在资本主义立场上，也许不是情无可原的。但当前的资本主义世界，不是有六分之一的领域，已经"滑落"到另一个世界去了么？这件事对于旧来经济学理论所给予的"冲击"该是非同小可罢！该是不宜等闲视之罢！可是我们的经济学者，仍表示得非常"镇静"，并表示经济学的大曙光，就在面前。且看某经济学者的高论罢：

> 经济学成为科学为时已久，其间因科学社会主义与历史学派之抨击，使正统学派所遗之硕果，几奄奄无生气。然经济学为解决人类生活问题之科学，其地位至崇，职责綦重，岂可因小挫而遽丧气耶……经济学成为研究人类行为之科学，可计日而待也。②

从这些话里面，我才知道经济学的"地位至崇，职责綦重"！它这种崇高地位，恐怕是经济学者替它提升的。姑且不管措辞上待斟酌的地方。

---

① 布洛克经济，即集团经济。——编者
② 朱通九：《战后经济学之趋势》，第1页。

我指出的是，他这所谓经济学成为研究人类行为之科学，云云，虽大有所本，[①] 但把"研究人类行为"这一命题，作为未来经济学的内容，已就笼统含糊得可观。而况他所指的这种"科学"即效用学派经济学（据他后面的说明），已经在当作既成的教义宣扬着，并不要计日而待也！不过，他毕竟感觉到了正统派所遗之硕果（？），几奄奄无生气了。把效用学派经济学，当作正统学派经济学的复兴；认定经济学的"奄奄无生气"纯是由于"科学社会主义与历史学派的抨击"而不触及资本主义世界一大块版图的沦陷，这可见得他是怎样把经济学当作与各资本主义国家经济变动无关的学问！

3. 当作与中国社会经济问题无关的学问。政治经济学既是舶来品，是以外国资本主义经济为研究对象的科学，那么，中国经济学者研究这门学问，把它看得与中国社会经济问题没有何等关系，就似乎是再自然不过的了。不过，政治经济学的研究，究竟与中国社会经济问题的理解与处理，有没有密切关系，我拟留在本文最后一节来说明，这里只要指出这个事实，就是，一般经济学研究者，都不大留心这些问题，即我们中国这种经济形态，政治经济学是把它归属在它的全体系中的哪种经济范畴？我们对于经济学的探究与理解，那在中国社会经济问题的解决上，究有何等帮助，我们所拥护所推崇的经济学教义，在实际的应用上，是否于中国经济的改造，大有毒害？

事实上，提出中国经济改进问题的中国经济学者，尽管极口诋骂帝国主义，昌言解脱民族资本发展束缚，但他们所提出的改造方案，只是依据同一套政治经济学教义，那套教义，却正好是叫中国民族资本"屈伏"在整个资本主义系列之下，而尽其殖民地经济形态的机能的。然而，这个非常明白的矛盾，他们并不曾意识到。这就是因为他们从没有把政治经济学这种科学当作与中国社会经济问题有关的学问来研究。

以上三种不同的研究经济学的方式，究其旨归，无非是把理论与现实隔离开，不过程度互有不同罢了。

三　我们一向在研究怎样的政治经济学

前一节关于我们研究政治经济学的方法或方式的说明，已可想见我们

[①] 据朱通九《战后经济学之趋势》底页声明："本书材料，大部从 W. C. Michell 所著 *The prospects of Economies* 译出"，故知其"大有所本"。

一向所研究的经济学，具有怎样的内容了。但为补充前面的说明，这里且就我们所研究的政治经济学本身，较具体地指出其根本的缺陷。

要就我们研究的经济学本身来考察，势不能不注意到我们时下流行的有关经济学的书，特别是有关经济学原理原则，或题称为经济学"原理"、"概论"一类的书。由大学讲堂到一般经济学的出版物，都应成为我们考察的对象。不过，为了集中论点，指出一般趋势起见，最好是就我们经济学研究者奉为教义，视为不可逾越的圭臬来演述的经济理论；或者就最通行的、每个经济学初学者，都须领教领教的经济学入门书，揭出其共通的千篇一律的论旨与法式，以为下面鉴别批论的张本。

自然，我这里所批论的经济学读物，不仅是我们经济学者的书，我们经济学者编著所据的，或直截了当用原本教授的，乃至指定初学者参考的外国经济学者的著述，都包括在内。因为事实上，现代经济学教义所显示的破绽，中国经济学者还负不了责，且也似乎毋庸代人受过。他们至多不过做了一点传述或转述工作。

所有这些经济学读物的最显著的共通点，由它们叙述的体裁，或叙述的程序，反映非常明白。经济学上所谓四分主义说、三位一体说，差不多是所有这类读物所依以构成其内容的法式。揭开无论哪一部这类的书，除了首先对经济学加以定义，并解述其本质任务及方法外，接着就是生产，分配，交换，消费这四大部门的分别演绎，而在这四大部门的每一部门中，也差不多全是就资本，劳动，土地，从而，就资本家，劳动者，地主，又从而就利润，工资，地租这几大要素，几大单元，整齐划一地排比出来，构成经济学的整然系列。这种形式上的整秩，正好象征资本主义社会表面的秩序，而资本主义社会生产的无政府状态和分配上的不合理，却也正好象征这种具有整秩外观的经济学的内部结构的凌乱，我觉得，把经济学上的这诸般法式或体裁加以论述，那就可想见我们所研究的政治经济学，究具有怎样的特质了。同时，一般政治经济学研究者，所以常在理论与现实之间掘起一条鸿沟，也不难由此得到理解。

现在且就上述的四分主义说和三位一体说，分别加以检讨。

（一）四分主义说的检讨

经济学上之有四分主义出现，那是经济学已经庸俗化了的结果。在以前古典学派的几位经济学大师的著述，都看不到此种体裁。亚当·斯密的大著《国富论》以分工论开始，李嘉图的《政治经济学及赋税原理》以价值论开始。都是随着理论的展开，把生产，分配，交换，消费的事实，不拘形式地，分别就其在全经济运动中扮演的机能，予以说明。但自1821年詹姆斯·穆勒出版其《经济学要义》，把全书分为四章，第一章生产，第二章分配，第三章交易，第四章消费，于是经济学上，就有所谓四分主义。他这部书的写成，原是由于他与李嘉图颇有友谊，李嘉图那部大著《政治经济学及赋税原理》的出版，就是出于他的怂恿。但因为他觉得那书艰深难解，不便初学，故特于携子约翰·穆勒散步时，择讲其中精义，令其笔记，后将此笔记整理润色，以成此书。他为了把李嘉图的艰深理论，加以明易条理讲说，特采取此四分法。这种四分法体裁的采用，李嘉图的理论体系，虽然变得模糊不清了，但却非常适合此后经济学日益肤浅化普遍化与通俗化的要求。所以愈到后来，四分法就愈加成为经济学著述最通行的体裁了。

通观资本主义社会的经济现象，好像其经济运动的程序首先是，生产物由生产领域产生出来，再分配在直接间接参加生产活动的各主体之间，比如，分配在资本家劳动者及土地所有者之间，他们各将其所得，行使交换，最后各人把交换的成果，拿来消费。一看，把这诸般经济现象作为研究对象的经济学，按照这种次第，分为四个部门，排比出来，仿佛是再明白再自然不过的了。但稍一检讨，就知道这是极不合理的分论法。这里简单指出以次两个错误：

1. 理论体系的支离。一个有组织的理论体系，应当有一个重心，有一个统一全部脉络的中心枢纽。等于"四头政治"的四分法，不能把这个重心，这个中心枢纽告诉我们。一个社会的总生产物，以如何的方式，如何的比例，分配在各成员之间，它们以如何的方式行使交换，以及消费的一般条件及其比重如何，均是取决于当前的生产形态。有哪种社会生产，就有哪种与其相适应的分配形态，由一般流通显示出的交换关系，它是作为全生产过程中的一个机能而作用着的，至于消费，在作为生产手段的消费的限内，已经是生产中的要素形态，而此外在作为生活资料的消费的限内，那在经济学上，不过是当作附随事项，在必要场合提到罢了。自然，一般消费能力的大小，交换范围的广狭，乃至分配比例的变动，都会在生产规模，生产形态上发生反拨的作用，但其作用，仍不过是限于一定生产形态生产关系所允许的范围之内，生产在全经济活动中所占的这种统一全部脉络的中枢地位，单是把它位置在四分法的第一把交椅上，是表现不出来的。把陪角同主角"平等"起来，把群众和领袖看得一样没有差等，我们的经济学者们是很容易感到不成体统的。但经济学上的这平列式的无头无脑的无政府状态，他们却丝毫感觉不到，且反而认定这正是井井有条的理论体系。不过，我得顺便指出：经济学上四分法的这种"古典"作风，虽然为19世纪中叶以后的经济学著述所一般宗法，但比较有点理解有点特见的经济学者，却大抵知道这是一种阻碍理论展开的格式，这是可以从他们著述中看得出来的。

2. 说明程序的凌乱。也许说，特别看重生产，把分配，特别是把交换，消费屈居在隶从地位，那是经济学上某一部分人或某派的主张，而非大家一致赞同的"公意"；还可说，经济学的理论体系，并不一定要特别对生产另眼相观，才能建立起来，像大经济学者李嘉图的《政治经济学及赋税原理》，就是着重分配问题。① 主张限界效用说的奥地利学派经济学者，特别强调消费问题；此外，历史学派的几位名经济学者，还把交换作为社会经济发展阶段的枢纽，他们各别都完成了一定的经济理论体系。在这里，因为篇幅的关系我不能深入地解答这些问题，不过，我得指明，李嘉图把研究的重心放在分配上面，那与这里成为问题的四分主义无关，他不过由此限定研究的范围，等于写部分配论的著述一样。历史学派经济学者奥地利派经济学者分别把交换或消费作为其理论的出发点，虽其理论的支离，我们往后还有从长讨论的机会，但他们并不一定是四分主义的宗法者。即使退一万步说，经济理论的建立，并不一定要把社会生产形态作为重心，但整个经济理论由四分主义或四分法去说明，一定是要显得凌乱不堪的。首先，现实的经济活动，并不是显分畛域地生产了再分配，接着再交换，最后始归于消费。一把生产过程看作是再生产过程，它的生产手段，就是交换分配过来的结果。同时生产还是一直由消费支持着进行的。劳动手段的消费，劳动力的消费，乃至劳动者对于生活资料的消费，通是作为生产上的作用来说明的。在观念上把它们硬分出次第来，已经够支离了。而况在依次的解说上，又须全般的重叠。消费主要是在生产领域进行的，结局，就大体要在生产项下来说明。往后又变一个花样，在消费项下来说明。分配的几个主体，首先就在生产方面，事实上，生产上还不绝在行使着分配。生产物当作生产要素加入生产领域，生产物又当作完成品从生产领域移到市场，它的来龙去脉，对交换发生了不可分离的关系。劳动者与资本家之间的劳动力的买卖是资本家生产日记上的一件基本事实。但这在生产项下必须处理的问题，又得在四分主义的交换项下去听候摆布。总之，在四分主义下勉强割裂开的诸般经济事实，是难免说了又说的。

---

① 李嘉图在该书序言中说："……这种分配受支配于一定法则，确定这种法则，是经济学上的主要问题。"

现在且进而论到与四分主义"相得益彰"的经济三位一体说。

(二) 三位一体说

经济学上的三体一体说，或经济三位一体说，是用这个公式表现出来：

土地——地租
资本——利润
劳动——工资

这个公式，自亚当·斯密以来，即为经济学者所崇尚。但对于这个公式的运用，则不尽相同。斯密大著《国富论》第一篇，标题为"论劳动生产力改良的原因，并论劳动生产物分配给各阶级人民的自然顺序"，对于标题后半截，他是这样说明的：

> 不论是谁，只要自己的收入，出自他的源泉，他的收入，就一定出自这三个源泉：劳动，资本，或土地。出自劳动的收入，称为工资，出自资本的收入，称为利润；……专由土地生出的收入，通常称为地租。①
>
> 一个每年土地劳动生产物的全价格，自然分为劳动工资，资本利润，土地地租这三部分。对于三个不同阶级的人民——依地租为生，依利润为生及依工资为生的人民——构成各各不同的收入。②

斯密提出这种分配观来的当时，困难的问题，尚在生产不得自由，所以对于分配，他认为只要听其自然，相互竞争，各阶级间的利益，必跻于平。他是非常乐观的，但是到了半世纪后，英国经济学上的困难问题，渐渐移到分配上了，所以李嘉图那部应时产生的大著《政治经济学及赋税原理》就把分配问题作为他研究的中心，他在序言上，加以这样的说明：

> 劳动，机械，资本联合使用在土地上面，所生产的一切土地生产物，分归社会上三个阶级即地主、资本家与劳动者……
>
> 全土地生产物，在地租，利润，工资的名义下，分归各阶级……

---

① 亚当·斯密：《国富论》上卷（郭大力、王亚南译），神州国光社1934年版，第61页。
② 同上书，第60页。

从李嘉图这几句简短的话里，我们看不出他与亚当·斯密前面那种说明的区别。不过，斯密的乐观主义的分配观，到了李嘉图手中变得非常黯淡了。他对于分配上的这三个形态——地租，利润，工资——各别性质，已会反映现实的情势，加以明确的区别。或者说，他正好是想要确定它们本质上的差别，确定它们相互间的对立关系，才把它们相提并论的。李嘉图以后的经济学者，或者说，在李嘉图以后，处在分配问题日益严重化，愈加需要从经济意识上予以辩护的那种情势下的经济学者，他们就刚好利用这个公式的神秘性，企图由这个公式来掩饰这三者间的区别，来从观念上消除它们的对立性。

现在且分别就这个公式各组的个别方面及其综合的全体方面，来辨析其不合理的究竟。

1. 从各别考察上看出的不合理。这里所谓各别考察就是就组织这个公式的三分组，加以考察。首先，我们来看：

土地——地租

把土地作为地租的来源，作为地租所由形成的原因；反过来，地租当作土地的结果，从常识上来判断，这个命题，并不是不可以成立，而在实际上这个命题，已在一般人观念中，看得非常自然，而且将其定式化了。但这个命题用这种公式表现出来，其用意并不全在指示地租是以土地为其来源，而主要是要表明，有了土地，自然而然地要求地租，地租是有了土地的自然结果。结局这个在一定的特殊的社会，以土地所有权，即以对地球一片段的私有为前提条件的土地——地租，就表现为超然历史的存在了，就表现为再自然再合理不过的真理了。但是这个当作"真理"存在的事实，一揭穿它在土地——地租这个公式中所含的秘密，就要暴露出不合理的"内情"，土地是一种自然物，它虽然在每个社会形态下，都拿来作为生产要素，但并不是一拿来作为生产要素，就自然地要造出地租，造出一种作为物来理解的社会关系。可知把自然物土地看作勒取地租的手段，是特定社会的产物，是由特定的人为法律所支持的。一般地讲，土地——地租这个公式，根本不能成立；就特定社会来说，那却也只能反映出不自然不合理的关系。次说：

资本——利润

经济学者对于公式中的这个分组，有时还用这种表现方式，即资本——利息。这比资本——利润这个表现方式，还有神秘性。因为在资本——利息中，当中的媒介全消失了，生息资本回归到所有者手中，是与当作媒介的循环（即资本在现实运动中，先由货币资本转化为生产手段，再通过生产过程，转化为商品，由商品售卖后归到资本家手中的循环）分离的。它表现为会自行生产货币的货币。所以，这个表现方式：资本——利息，最无意义，但也许因为最无意义，就显得最有神秘性了。资本——利润这个表现无疑是比较接近现实，比较能显示现实的关系。但一般经济学者对于这个表现方式的看法，是表示资本自然要产生利润，正如土地自然要产生地租一样。利润是当作资本的结果而产生出来的。在这里，我们因篇幅的限制，不能深入地说明"资本是以物为媒介的人与人的社会关系"，故资本——利润这个表现方式根本不妥，但拥护这个表现方式的经济学者，有时也不自觉地把它否定了。就是当他们无论把资本当作价值体（就货币表现来说）来考察，抑是当作物质体（就劳动的生产条件；机械，原料等等的使用价值方面来说）来考察，都难于安心地承认利润会直接从资本产生出来的时候，他们就借助于转一个弯的说明，说利润是对于资本所有者即资本家的劳务的报酬，或资本家"忍欲"不事浪费（典型庸俗经济学者西尼耳的大发现）的结果。无论就哪一个说法，都把资本——利润这个表现方式否定了。但经济学者尽管自己把这个表现方式否定了，但资本——利润在他们心目中，仍然是看作一种出于自然的安排。最后再看：

    劳动——工资

  这是把工资作为劳动的价格来表现的。照前面的说明，在这里，劳动被看作是工资的来源，工资也自然是劳动的结果，不劳动，即无工资，劳动了，决不能不给予工资。这颇像是自然大公无私的法理。但首先我们须得明了，劳动就它本身说，它是不存在的，是一个抽象。就社会方面考察，它是指着人类和自然的物质代谢机能所赖以促成人类的生产活动，无论就哪一点解释我们显然不能说是对它支付代价。对一个抽象对一种活动机能支付代价，是怎么也说不通的，不错，在"劳动力"这个语辞，尚未被提出以前，经济学者是不觉含糊地把"劳动"来作为"劳动力"的代用语。但这也不能为他们的错误解脱。劳动——工资，是被当作一种超然历史的表现方式来解释的。好像工资劳动，劳动工资是一切社会通有的形态，我们当前的社会即资本主义社会，不过是把这种形态，当作一份历史的传统事实继承下来罢了。不但此也，在资本行使着统治的社会里，竟用这种表现方式来确定劳动对于工资的要求权，一如土地对于地租的要求权，资本对于利润的要求权一样。这样，"无私的"一视同仁的表示，倒宁可说是出于经济学者的"公正"与"慷慨"。但我们如其把这整个公式的各分组加以综合的考察，却又只能证示那种表现方式中所含蓄的

"机诈"。

2. 从综合考察上看出的不合理。这整个公式，即土地——地租，资本——利润，劳动——工资的公式，所以成功为三位一体的组合，似乎只有这一点共同的地方，那就是，各分组的表现方式，都是消除了任何例外，除了历史限制的一般的表现方式。从这出发，又导出了另一个共通点，就是他们各别分组，都是看作自然安排的自然关系。但我们一考察实际，就知道这两个共同点，完全是存在于经济学者观念中的，或者说，经济学者是把这两者作为目的，来构成这个公式的。我们且来检点一下这三个分组的前项，即土地、资本、劳动。我们已经知道：土地是自然物，资本就它的价值关系来说也好，就它的物质体或使用价值的关系来说也好，通是以物为媒介的人与人的社会关系，而劳动，则是一个看作生产活动的社会机能，在其本身，也是一个抽象。这三者的性质，看不出一个共同点。而各别以它们这三个分组前项为来源的地租，利润，工资，极其限，可以说它们分别构成社会各阶级的所得或收入，是其共通点，但问题也从这里发生了。为什么有的收入，如劳动者的收入，要靠劳动者自身的生产活动才能得到；有的收入，如资本家的收入，不用自己操劳，或只行使监督职权就能得到；最后，有的收入，如地主的收入，他不但不用直接作生产活动，且无须操监督的烦劳，只要法律确认地球的一个片壳为他所私有，他就大可游乐在千百里外，而消费他人在那块土地上所生产的果实。这三个不同性质的收入，理应不能"一视同仁"。而且不幸的是，这三个收入的来源，虽然被经济学者分划得非常清楚，但溯其本源，却又都不外是出自一定劳动，推动一定资本，在一定土地上所生产的价值生产物。这价值生产物，先分划为工资与剩余价值，剩余价值再分划为利润地租，这同一价值生产物，或者说，一定量的价值生产物，区划为地租，利润，工资三者的来源，它们之间分配的比例，或益于此必损于彼的比例关系，就显然要表现为它们相互对立的关系，这无疑是这个三位一体公式的致命的矛盾。这种矛盾，前述李嘉图一流古典经济学者，尽管不稍隐讳地揭露出来，而此后的庸俗经济学者，却故意用这种公式，来掩饰，来涂抹现实的对立痕迹。并且，他们至少也意识到，劳动者卖了力，要获得够维持其生存，维持其继续劳动所必要的工资，那不独十分必要，且是非常合理的。由于公式中的这个分组取得了合理的存在（仍是他们想象中的），把其他两分组与它合组在一个公式中，自然都合理化了。不过，这样做，有意识地这样做，毕竟还是少数较有见地的经济学者，其他不过习为模仿，机械地奉为金科玉律罢了。

在大体上，这个三位一体公式的流行，还受了四分主义的不少影响，也可说，两者相互加大了不合理的程度。在四分主义的体裁下，地租，工资，利润量比例在分配项下（前述四分主义的创始者詹姆斯·穆勒，就曾在论分配那一章，把这三项分别为三节来说明）。而将其来源土地，劳动，资本比例在生产项下，这样，这个公式就像更取得合理的外观了。因为参加生产的要素，各在分配上获得一份报酬。在另一方面，这个公式在形式上的配列，也给了采行四分主义的一种便利。

它们是无独有偶，相得益彰了。

这是晚近经济学一般内容的典型和标本。濡染在这种经济学传统下的中国经济学者，从而，在中国经济学界，也自然是依样画葫芦地千篇一律地反映出来，但偶然检点时下的经济学读物，似乎有了一点"改革"。就是因为奥地利派经济学家特别看重消费的原故，中国近来的经济学著述，有的硬把消费论"调升"到生产论前面，（如李权时、吴世瑞等的著作）使四分主义上的第一把交椅，由消费占据起来。此外，在生产项下，除了土地，劳动，资本，又添一个生产要素，是曰"组织"，不过这一"改革"，就使分配项下以组织为来源的收入，尚不易找到受主了。大概结局仍是划归担负生产的组织责任的资本家。但这对于三位一体公式，却就未免发生破坏的影响了。

总之，中国经济学界的政治经济学著述，大体是依四分主义法式和三位一体公式的模本仿造出来的。这种形式，这种体裁，这种性质的经济学，又无怪研究者们把它看成了与现实经济，与资本主义各国经济变动，特别是与中国社会经济改造问题，不发生关系的学问了。

但是我们应不应该研究这样的政治经济学呢？

四　我们应以中国人的资格来研究政治经济学

对于中国经济学界，一向研究政治经济学所采的方式，及其所视为政治经济学之典型模本的内容，已在前两节都批论过了。在那种批论中，我始终没有忘记一点，就是，与我们中国所处的现实社会经济地位相照应，中国经济学界不可避免，不可讳言地要表现一种落后的征候。因为政治经济学本是近代资本主义社会的产物，我们自己的经济环境无法产生一种特别的政治经济学，同时，现时经济环境又限定了我们对于政治经济学修养的程度，于是，我们对于舶来品的政治经济学所表现的模仿或"人云亦云"的现象，就可说是十分必然的一种趋势了。而且，因为资本主义经济在衰落过程中，更需要一种掩饰现实状况的经济学作为掩护，以致我们前面指出的那种无关现实或歪曲现实的经济学格外风行，这又足以加强我们经济学界的那种必然趋势。

但是，我们的现实社会经济状况，对于政治经济学上之理解的要求，却正好同这种趋势相反。这就显然要导出我们研究政治经济学的目的论了。从整个资本主义世界的系列上来看，中国经济在受着资本主义的两重的苦难，一是中国资本主义不易发达的苦难，一是环绕着中国的世界资本主义经济过于发达的苦难，这两者互为因果，就造成了我们中国今日这种次殖民地经济的地位。如其说，政治经济学的性质，不同于现实社会无关的道地的形而上学一类东西，它是现实经济的理论的表现，且应是现实经济的理论的表现，我们对于这门学问的研究，就不能采取一种"毫无所谓"的漠然的态度，因为这根本不是研究，而是在耍观念上的把戏。还有，如其我们研究政治经济学，是为了要对中国社会经济改造有所贡献，我们尤须认清现代政治经济学的真面目。

总之一句话，我们研究政治经济学，应随时莫忘记：我们是以中国人的资格来研究。中国人从事这种研考的出发点和要求是与欧美大部分经济学者乃至日本经济学者不同的，他们依据各自社会实况与要求，所得出的结论，或者所矫造的结论，不但不能应用到我们的现实经济上，甚且是妨阻我们理解世界经济乃至中国经济之特质的障碍。而我们多年来的经济学界的表现，已把这关键如实地说明了。

（一）三个前提的认识

我以为，我们的政治经济学研究者，在开始他的研究以前，应有以次几个前提认识。

第一，在所论政治经济学是以资本主义经济为研究对象的限内，我们一反省到中国经济在资本主义经济系列中，所占的隶属地位，就知道那种经济学是用怎样的眼光，怎样的动机来讨论次殖民地或准殖民地经济。也许我们还不肯自列于殖民地经济范畴，但资本主义经济学者在论殖民地经济时，特别在前次大战后论布洛克经济一类经济问题时，始终是未忘怀中国，至少，他们对于殖民地经济的一大部分理论，可以适用到中国经济上来，所以，我们把他们在政治经济学上的理论作为教义，那就无异承认自己是他们的代言人。比如，今日中国经济学论坛上出现的"以农立国论"就像不知觉地在作着东亚共荣圈内的"农业中国"论的呼应。

第二，资本主义跨越到了帝国主义阶段，其危险性是加大了，但与这照应着，它的警觉性也加强了。它要动员一切可以动员的力量，来防卫资本主义世界的统治。虽然苏联的特殊经济形态，从它内在矛盾冲突的空隙中突然耸立起来了，但这却更要加强它的警觉性，使它需要从政治、经济、军事、文化各方面，来从事防卫和对抗。在文化方面，最有现实性的政治经济学，当然是被特别注意到了的。各国景气研究机关的设置，大学校中的特设政治经济学讲座，以及研究景气之类的经济刊物之风行一时，俨然是要在经济学上造出一种"景气"，一以缓和国内反资本主义制度的倾向，一以镇定那由实际经济恐慌所引起的悲观失望心理。当然，把这些议论传扬到诸落后民族间特别是传扬到大家"特别看重"的，而正好又在昂扬着反帝国主义气势的中国，一有机会，它们是不会放过的。结局，在以"买办"舶来经济学为能事的许多中国经济学者眼光中，果然闪射着经济学前途的"光明"。这一"人造的"回光，又终于发射出了我们不要害怕资本主义的结论。

第三，由于资本主义经济运动内在的矛盾和缺陷，尽管站在辩护立场的经济学者，在多方设法来掩饰弥缝。但早在资本主义极盛期的19世纪中叶前后，就已经产生了许多站在批判立场的经济学说。经济学上历史学派奥地利学派以及所谓新正统学派（指马歇尔所领导的一批经济学者）间"内讧"的理论，当然应属于批判经济学说的范畴，反之，那些恰好是辩护理论的"丛合"。就中，仍以资本主义经济为分析对象，但却是当作研究英国经济状况及经济史之结果而产生的德国社会主义学派的批判理论，却因为资本主义经济愈来破绽愈大的趋势的印证，愈加在政治经济学领域内，形成了对抗传统经济思想的巨流，而以这种经济理论为出发点的苏联经济的出现，更加强了它在政治经济学领域的地位。所以各国经济学界虽然如我们前面讲过的，在多方重复旧的教义，并矫造新的光明，但在另一方面，却也不难见到反对学说的发扬滋长。英国格列果利教授（Prof Gregory）在1932年发表了一篇《资本主义的前途》的文章，一开始他表示，"现存制度继续存在的希望，目前算是最微弱了，在近代经济史发展上，向来不曾有过这种现象，两年来的不景气，使整个国际经济结构的基础发生动摇……"由于这种实况，就在各国引起对于资本主义制度的非难。他先就美国某某学校当局如何怀疑资本制，又接着说到各国大学的情形："至若大学的学术空气，情形也不见得较佳，在欧洲大陆上，大学就是反对现存制度的中心。"他的这种言论，虽然不曾把那些想换一个方式来"堵住"资本主义"没落"的法西斯理论分别开，但总可概见现代资本主义及以它为依附的政治经济学，该达到了怎样一个破碎支离的阶段。

由以上三点，我们首先知道，传统的政治经济学说，原本就是不利于中国这种国家的社会经济的改造的；其次知道，这种政治经济学，还在当作一种文化侵略或文化麻醉的武器，以期防止我们的社会经济有所改革；再其次知道，政治经济学即使没有任何御用目的存乎其间，它本身已是遍体疮痍，我们如果不从批判的观点去研究，那就无论在实践上抑是在理论上，都不能给予我们何等帮助。

（二）三大研究鹄的

由上面分别论到的几个前提认识，已经显示出了我们研究政治经济学的鹄的何在。在大体上，那亦有三点可言：

第一，就是要由政治经济学的研究，确定我们对于一切社会科学的基础知识，和作为我们从事社会活动的实际指导。我们知道：当作政治经济学研究对象的物质生活过程即经济过程，是现实社会的基础。所以，无论是从事一般社会科学研究，抑是从事任何实际社会活动，都要通过经济学，而了解此种现实社会基础之必要。波格丹洛夫（Bogdanov）讲过这样的一段话："不论是就历史全般通体而论，或就社会意识的发展而论，不论是研究外交问题或宗教问题，都不能不顾及社会之经济的纽带（社会之基础的构造）。"并不能不借用经济学的结论，所以经济学实可看为社会科学体系中的基础。经济学在社会科学中的使命，无异物理学和化学在一切有机过程和无机过程中研究的使命，不知道物理学和化学的结论的植物学者，动物学者，天文学者和农业学者，等于解除武装的兵士；同样，社会学者，历史家及法律家如果没有经济学的知识，就要同他们处在同一的境地。此外，想在社会斗争和社会事业方面活动的人，如果不知道经济学，也要和没有武装的兵士一样。[①] 在今日经济事业日趋复杂，人对自然，人对人的各种社会斗争方式，却直接间接介入经济的因果关联，而把我们每个人牵涉在里面，我们即不作社会科学研究，不从事何等社会事业，在日常平淡生活上，亦就无形要受着各种经济法则的支配。在这种意义上，经济学的研究，或对于经济知识的获得，就不限定是某一部分人的要求了。

第二，就是要由政治经济学的研究，彻底了解近代资本主义经济运动的法则，由是确定资本主义的必然归趋，并对它在此必然归趋的演变过程中，所表露的破绽，矛盾，冲突以及拼命挣扎的诸般现象，加以合理的解

[①]《经济科学概论》（周译），第4页。

释或说明。这种要求，也许是各不同性质的国家（不论是社会主义的苏联抑是资本主义国家，乃至殖民地国家）的经济学研究者所共通的要求，但于中国特别紧要，中国还踯躅在由封建主义到资本主义的过渡阶段，中国还彷徨在向着资本主义前进，抑是向着民生主义为内容的社会主义前进的不定歧途。如果理论连带着现实，指出了资本主义的祸害及其没落前途，我们即使不要害怕资本主义，却也没有理由要"亲近"资本主义。

第三，就是要由政治经济学的研究，扫除有碍于中国社会经济改造的一切观念上的尘雾，那种尘雾，不仅是关于政治经济学本身的，同样是关于经济学以外的一切社会科学乃至自然科学方面的。因为，政治经济学是一种最有实践性，最有现实性（把它看为与现实无关的学问，如前面所说，那不是因为政治经济学本身没有现实性，正是想回避它的现实性）的科学，能够在政治经济学方面把握正确的理论核心，则在政治学、社会学、哲学乃至自然科学方面所抱的诸种成见与幻想都可廓清。事实上，在帝国主义势力影响下的中国，全般的社会意识，都渗透有帝国主义文化侵略的毒素，中国社会经济上每一种变革，都有那种毒素在其中发生阻碍作用。所以，中国不言改造则已，否则政治经济学便当成为中国反对落后封建意识，反对帝国主义文化侵略的"文化武器"，从而，如何运用这个武器，如何锻炼这个武器，就是中国政治经济学研究者的责任了。

此外，我还想特别提出下面这一点要求，以加大我们研究者的责任，那就是，我们要由政治经济学的研究，逐渐努力创建一种专为中国人攻读的政治经济学。也许有人疑问：第一，科学无国界，用不着每个国家都有它自己的特殊科学，第二，政治经济学是现实经济之理论上的表现，落后的中国经济，如我们前面第一节所说，是怎样也不能产生一种经济学的。但如果把我们所要求创立的政治经济学家，解释为特别有利于中国人阅读，特别会引起中国人的兴趣，特别能指出中国社会经济改造途径的经济理论教程，那又当别论了，那种理论的全般体系，可以特别注意其论断或结论在中国社会经济上的应用；此外，其例解、其引证，尽可能把中国经济实况，作为材料。像这种一个体裁与内容的政治经济学，到目下为止，我们尚不曾发现。我们尽管已有不少进步的政治经济学读物可供参考，也有不少的外国的政治经济学者，在为中国社会经济理论努力，并已有相当的成果，但总不能十分适合我们的要求。自然，像我在这里所规定的供中国人研究的政治经济的内容，实际无非就是一个比较更切实用的政治经济学读本，但我们要把这方面的努力，作为中国政治经济学研究者的一个鹄的，就是认为创立一种特别具有改造中国社会经济，解除中国思想束缚的性质与内容的政治经济学,是颇不同于依据现成材料来编述一个政治经济学的读本。那颇需要我们研究政治经济学人,在有关世界经济及中国经济之正确理论体系上,分别来一些阐发准备的工夫。

(以上7篇原载《经济科学论丛》,1943年10月出版)

关于中国经济学建立之
可能与必要的问题

楔子 "中国经济学"这个名词,是我于 1941 年,在新建设杂志上,发表《政治经济学在中国》一篇论文(该文已收印入拙著《中国经济论丛》中)里面开始附带提论过的。此后所有发表的,已经集印成书的《经济科学论丛》,《中国经济论丛》以及刻下已在桂林文化供应社排印好,而尚待印行的《中国经济原论》乃至最近在写作中的《中国经济意识论丛》差不多都直接间接在把中国经济学这个命题,作为阐述的重点。就中,特别是《中国经济原论》一书(其内容如第一篇政治经济学上的中国经济现象形态,第二篇中国的商品与商品价值形态,第三篇中国的货币形态,第四篇中国的资本形态,第五篇中国的利息利润形态,第六篇中国的工资形态,第七篇中国的地租形态,第八篇中国的市场与经济恐慌形态——以上各篇大部分已分别发表于中山文化季刊,广东省银行季刊,时代中国等杂志),像很够资格题称为"中国经济学",但毕竟为了科学的慎重起见,觉得仍不妨避名就实的用《中国经济原论》这个语词来代替"学"好。

近几年来,国内出版界,未明白提出,但却在直接间接讨论着我们所理解的中国经济学的内容,在这里,且不忙解说那种要求因何而产生,那是我以后要说到的。我只须指明,由那种要求所表现的正视中国经济的倾向,我个人也许独觉得最多,当我前述诸论著连续发表当中,我就曾连续接到或碰到许多有志于中国经济之科学研究者们的半是鞭策,半是质疑的信或口头论难。他们所不大释然或疑虑的地方,大体是一个新辟研究领域所应被注意到的诸种问题。如中国经济的研究,是否值得或需要创导一个学的体系,而称为中国经济学?中国经济学的提出,是否有破坏科学统一性的嫌疑?如其这些问题,可因我们设定的范围加以解释,它在构成上的方法论将如何去说明?中国经济的特点,如何去同一般经济相区别和统一?我们可能研究出的中国经济变动过程中表现出的规律,是否可用以说明中国社会诸上层建筑，如文化、政治、家族等等方面的表象？所有这些问题，有的是关于中国经济学绪论方面的，有的是关于中国经济学本论的方面的，还有的是关于中国经济学研究成果或结论之应用方面的。就我个人讲，我以往发表过的诸论著，我相信，有的问题，已就我个人能力许可范围内，予以解答了，但一定还有许多没有解答的，或解答得不够的地方。我衷心感到有找一个机会同大家从长讨论一下之必要。我下面想就中国经济学研究当中需要讨论到的诸般问题，按照一定的展开程序，分别引述下去。

把中国经济学作为研究的课题，我想大家首先就会感到："中国经济学"这个语词本身，是否有在科学上站不住脚的毛病。经济学是一种基本的社会科学。科学上研究的诸般法则，都是有一般性的，比如经济学中的价值法则，利润法则，工资法则，乃是从现代商品货币经济关系中发现出来，无论哪一个国家，只要它的商品货币经济关系确立起来，它就必然会有那种价值法则，利润法则，工资法则等在其中发生作用，而由这诸般法则综合起来构成的经济学，也就可以看作是这个国家的商品货币经济关系的"说明书"。现代最初成就商品货币经济关系的国家，大家都知道是英国，就因为这个缘故，以这种商品货币关系为研究对象而形成的现代经济学，就曾先在英国树立起来。所以现在还有人溯源的讲说"英国经济学"这种话。不过，这种原来当作英国社会之产物的经济科学，其中所研究所定立的诸般法则，虽然是把英国的商品货币经济作为考察对象，但等到继英国而起的法国，德国，美国等国家，都相继从事商品生产，都同英国一样的，是拿货币去购买商品，购买生产工具，购买劳动力，经过一定的生产程序，然后再把新生产的商品卖出去，取回比原来投下较多的货币，于是，在其中，在这经济总体运动中，同样存在着价值，利润，工资等等的法则。因为生产的方式同，生产的社会关系同，作用在那种方式，那种关系之下的运动同，于是，原来就英国经济现象研究出的经济学，一样是英国，德国，美国的商品货币经济的写照。这些国家乃至其他任何国家的经济学研究者，只要它们国家经济，采取了商品货币的形态，他们就用不着再为那种经济形态下的价值，利润，工资，地租等等，去定立法则，结局，原本是产生在英国的经济学，就成为一切商品货币经济国家共同的经济学了。经济学一般化了，不是英国可以专有的东西了。亦就因此之故，我们有时要用"英国经济学"这个名词，就需要加上一些限制，否则就颇有语病了。

由上面讲述的这段话，我想大家定会认为"中国经济学"这个语词，是不很妥当的。经济学在当作科学的限内，不允许带上"国别"的帽子，来破坏它的一般性。正犹如物理学，化学，天文学，地理学等等，不允许带上英国，美国，法国或德国的帽子一样。其实，单就这一方面讲，我们似乎还不曾从消极方面，把"中国经济学"这个语词的不妥当地方，完全道出来。为了充分发挥大家在研究上的极可宝贵的怀疑精神，我得把这个语词的另一方面的疑问指出来。

我已在前面说过，经济学是以现代商品货币经济或资本制经济为研究对象而成立的科学。一个国家，如其它已完成了它的商品货币经济关系，它就无须乎有自己的经济学，如其它不曾完成商品货币经济或资本制经济，或者它的经济大体还逗留在前资本的阶段，它又不可能有自己的经济学。在多年以前的中国社会性质论战的过程中，诚然有人公然主张中国已经资本主义化了，以后事实证明这种说法不妥，特别到了战时，一向由国内若干都市方面的买办商业所罩饰的资本主义外观，都给乘机跳梁活跃起来的封建势力揭破了。近年已再没有人倡言中国是资本主义国家了。但不论如何，如其我们是资本制国家，我们将共有各先进国家的经济学，如其我们不否认自己还大体是受封建生产方式支配的国家，我们就无法产出经济学。二者必居其一。即"中国经济学"的建立，不是无此必要，就是无此可能了。

说到这里，我需要就这两方面的疑问，分别来同大家释明，也许就在这种释明中，可以使大家知道：提出"中国经济学"这个口号，即开辟一个中国经济之科学研究的园地。不论就理论上讲，抑就实践上讲，都是有其必要的。它这种研究的必要，虽不一定就意味着它"中国经济学"——提出的可能，但却显然加大了那种可能。

先从理论上来讲"中国经济学"这个名词提出的必要罢。

从19世纪末叶起，经济学的研究，已由狭义的，逐渐推移到广义的了。狭义的经济学是如上面所说，以现代资本主义社会的商品货币经济为研究对象，而所谓广义经济学，则是以包括资本制社会在内的一切社会的经济形态为研究对象。经过了半世纪以上的时间，虽然广义经济学已经有了不少的研究成果，但它全部的研究成果，还只能保证广义经济学这门新兴学问或新兴科学可能成立的根基，距离它的圆满完成，其间还有一个相当长、相当曲折的历程。这是为什么呢？说来是颇不简单的。

人类社会有许多历史时期。每个历史时期都有它不同于其他历史时期的社会经济基础；或者换一个说法，不同的历史时期，是由它们各别不同的社会经济制度或经济结构来区别的。目前最为一般人所公然主张或默认的诸历史时期，不是旧历史家用古代的，中世的，近代的，那一类时间上的形容词来表现的区划，那太含糊、笼统，不合科学的绳墨了。原始社会时代，奴隶社会时代，封建社会时代，资本制社会时代，社会主义时期，这个分法，虽然还有少数的社会经济学者，对其最初那个原始时代，乃至奴隶制与表现封建实质的农奴制间的关联，还有不大释然的地方，或者还提出了异议；但其他已为一般所公认。好了，人类社会发展的诸历史时期，既然大体不出上述这五个阶段，那么，以一切历史时期之社会经济为研究对象的广义经济学，就显然是要研究这各别历史时期之社会经济变动的基本法则。现在，我在这里不是要指明那些法则是什么，而是要指明与我这里研究有关的一件基本事实，那就是：各相续历史时期发展的总动向，第一显著的，当然是我们可以诉之常识而判断的，由简单到复杂，但我们还需要从那种发展历程中，找出有助于科学说明的一个论据。即人类社会在愈早的历史时代，他们为维持生存，克服自然所表现的社会劳动生产力，愈益薄弱，这种论断如其不大远于事实，那么，说人类社会愈在早期的阶段，他们的社会活动，愈会受制于自然条件，他们的社会，哪怕是处在同一历史阶段，愈会显示出各别的特殊性。反过来说，如其社会愈发达，到现代这个历史阶段，它的社会劳动生产力，将愈来愈大，愈有力克服气候，地形，人种以及其他种种自然因素的特殊性。根据这正反两面的推论，我们就似乎可以大胆作出这样的结论，说社会劳动生产力较大的甲国资本主义社会与乙国资本主义社会间所表现的差殊性，要比社会劳动生产力较小的甲国封建社会与乙国封建社会间所表现的差殊性为小，或者说，两资本主义社会的国家间所表现的一致性或一般性，要比两封建制国家间所表现的一致性或一般性为大。更具体的说，美国的资本主义与英国的资本主义乃至与远东日本资本主义间的差殊性，是没有欧洲封建制与东方封建制间的差殊性那么样大的。在另一方面，希腊罗马社会的奴隶经济形态，依据我的推论，本质上，与东方奴隶经济形态的差殊性，是可能较之东西封建经济形态间的差殊性更大的。大家看了这段话，也许有些觉得新奇，但这并不是我的发明，我不过将现代经济史学者们关于这方面分别表示的零碎见解，加以系统的说明罢了。不过，你们如其关于这种说法，提出异议，或者还不很释然的地方，我是会负责予以解答的。

然则，上面这个像是新的意见的提出，同我们这里研究的问题，它有什么关联呢？那首先叫我们明了：广义经济学其所以不很容易完成，就因为它的研究，不仅以资本主义经济为研究对象，还以资本主义以前以后的诸种经济为研究对象。资本制以后的社会且不必说，资本制以前诸历史时代，既是愈向着过去，其各别民族国家，在同一社会史阶段所表现的差殊性愈大，则资本制以前诸社会阶段的经济事象，虽然愈来愈简单，但因为要就这些愈来愈会在各不同地理环境或自然条件下表现着极大差殊性的同一历史阶段的诸社会经济事象，研究出其一般的共同的法则，是不免愈来愈觉困难的。比方说，全世界的封建制的最包括最一般的若干基本命题，基本法则，虽然大体建立起来了。但单单那几个基本命题或法则，是还不够充实广义经济学有关这一历史时代之社会经济现实的说明的。中国的封建经济型，在世界一般的封建制中，显示了极大的特点，而况，这个型的封建经济，还在这样大的领土上，经历过这样长的悠久岁月。如把中国这种封建制的原型，及其在现代掺杂进的混合物，加以较详尽的研究，那对于广义经济学的贡献和充实，是有极大的意义的。为了强调这种研究的重要性，我们不在狭义经济学的含义上，而在广义经济学的含义上，在广义经济学完成的过程中，提出"中国经济学"这个名词来，是有其必要的。

然而，上面尚是就学术或科学研究上立论，现在应当折转到实践的意义上来。

大家想想看，中国讲"维新"，讲"改革"，讲"建设"，是同西欧资本国家势力接触不久以后，就正式开始的。曾国藩李鸿章们，一把太平天国的乱事平定了，就于1862年仿造外国的方法，建立有关军需品制造厂，中经张之洞一般人的提倡，到后来亦为一般所提倡。但经历世纪四分之三的长期岁月，我们社会在外型上像是有些改变了，并且那些改变，似与"维新"、"改革"的要求无大关联，甚且是反乎那种要求的，结局，我们的社会在骨子里，还顽执的保持几千年的传统。这原因，将如何去分释呢？外力的束缚当然是大家可以不假思索而举出的答案。但我们稍读一点近代史，便知道除英法这两个国家外，一切较后发达的现代国家，如像德、美、日、俄等等，它们向着现代的路上走，都曾受到外力的压制，所以，把这种维新无效，改革无成的责任，完全诿诸外力，似乎不尽切合事实。本来，叫压迫束缚我们的外力，多担当一点责任，并也不是一件怎样说不过去的事，但最可虑的是，这样一种想法或认识，曾妨碍我们去反省去探究那种阻碍现代化进行的其他较基本的或与外力同样重要的原因。旁的我们暂且不说，从将近一个世纪以来的我们革新实践上，已不难想到我们国人无论在朝在野，在政论上，在学术论坛上，对于我们国家需要变革的途径，似乎都没有明确的把握着，自然，在这当中，我们应特别提出，中山先生的民生主义的经济改造原理，确实很正确的把那种途径指明了，并且那种原理及其政策的提出，已很明显的证示过去的维新，过去的变革，如以开设工厂，修造铁路，建造轮船为内容的维新，变革，根本就未触到我们社会需要维新变革的痛处。然则中山先生的主张，已经提出了相当长久，为什么还不曾脱却那种主张的阐扬的阶段呢？其中原因当然很多，但我这里却只须指明与我们所研究的问题有关的一点，那就是在民生主义提出以前障碍着李鸿章张之洞一流人物之革新意识的中国社会经济形态，恐怕在某种程度，也在民生主义提出以后，还障碍着我们的政论家与经济建设论者们。换句话说，就是由于中国过去封建经济，对其他国家表现了极大的特殊，即其他国家的封建基础，是建立在领主经济之上，土地不得自由买卖，与土地相联系的劳力，不得自由移动；中国的封建基础，是建立地主经济之上，土地大体得自由买卖，劳力大体亦得自由移转，土地与劳力或劳动力的自由变卖转移，是资本制的商品经济所要求的基本前提。因为在资本制的社会，一切人的因素，物的因素，是都要被要求着商品化的，假使其中任何一种因素，不论是物的，抑是人的，其买进卖出受着制度的限制，不能自由移转，那就不但从事任何产业经营，无法积累到大量的资金或大量的劳力，那种经营的产品，也就无法计算出价值，也因此故，无法计算出真正的利润，对于地租，工资等等，都无法成就现代的形态。这一来，并不是说，难得建立起资本制经济的诸基本法则，事实上，根本就无从建立起资本制经济本身。惟其如此，每个现代国家在开始现代化的当时，殆莫不经历一种从封建解放土地，解放劳力的土地改革，并且，还依照它们各别改革土地的彻底程度，决定它们后来资本制发展的进步程度。在各国如此，其在中国，就有关使人想不通的蹊跷地方了。如前面所说，中国的土地与劳力，在中国的特殊封建制度下，既然一向是自由移转的，于是在理论逻辑上，中国要走上资本主义之路，就似乎无须乎经过他国所曾分别经过的土地改革。莫说中国人不懂得科学，不懂得理论逻辑，他们，李鸿章张之洞以及其他后来大大小小的张之洞李鸿章之流，就很像敏感的，依据这种想法，企图让中国的社会制度原封不动，而在它的上面，建立起他们所期待的现代经济秩序来。尽管他们中间有些人昌言民生主义的正确性，等到考虑实践问题，却似乎在根据不动弹原有的社会经济，亦可从事现代建设的那一套"轻便而低廉"的理论，把民生主义放在脑后了。如其我们据此说他们对民生主义信念不够真实，也许他们是不大首肯的，其原因究竟安在呢？我不知道大家是怎样思考法，就我想，或许可以归咎于中国过去封建制的烟幕性太大，明明是封建的，却从土地及劳力的自由转移的外观上，显示现代资本制的姿态来；如其说客观存在的事实，不能为我们分担那种信念与实践相背离的责任，归根结底，又要由我们对民生主义的阐扬，不够深入，不够详尽，不够科学，或者说，由我们对民生主义所据以产生的中国经济本身的认识，还有些朦胧。真的科学的研究，是不能凭外观的现象来下判断的。

中国封建制上的那种土地劳力自由，是中国封建制较特殊的地方，也是它比之其他各国的封建制，较为进步的地方。可是，它从这里所表现出的自由，不仅对资本制所要求的自由，有极大的距离，在本质上，甚且可以说不是资本制所要求的那种自由，就因此故，它的进步性，至多，也只是就封建制来说的，而绝不是就资本制来说的。惟其它虽较为进步，在本质上仍是封建的，它就在那种自由的外观下，隐蔽着许多妨阻资本制发生发展的实质。那些实质究何所指，不是我在这里要详细说明的（以后还有专篇讨论的机会），我所要指明给大家的一点，就是我们以往在实践上作出了的许多徒劳的努力，其关键在于大家只感知到或直观到中国经济的外观，而不曾科学的去分析它的实质。即是说，对于中国经济本身太隔膜了。这种积习太深了。为了矫正由认识朦胧引起实践上的凌乱步骤，强调中国经济之科学的研究，而由是提出引人注意的"中国经济学"这个名词来，亦是有其必要的。

由上面理论与实践两方面提出中国经济之科学研究的必要来，即在此种涵义下，提出"中国经济学"之研究的必要来，我想大家一定是赞同的。但我已讲明过，必要并不一定就意味着可能。所以我必须再就中国经济学建立之可能方面，加一番解释。

对中国经济加以科学的研究，本来直截了当的说是中国经济论，或中国经济研究，就行了，用不着抬出"中国经济学"这个大题目。但因为中国经济之科学的研究，尽管在理论方面，在实践方面，有如此的必要，但国人乃至国内经济学界人士，却始终对中国经济，不肯下一点科学研究工夫，他们一般的都把中国经济是什么，它具有如何的性质等等根本问题，总好像当作是"先天的"或凭枝枝节节的一知半解的常识，就可理解似的。惟其如此，"中国经济学"的提出，在消极方面可以说是要矫正这种根深蒂固的太看轻了、太看容易了中国经济这个对象之研究的错误，而在积极方面则是企图由此引起大家对这个研究对象，能严肃的予以注意，并振奋起科学研究的热枕。

这种用意或者这种要求本身，已经就在无形中，把"中国经济学"的内容与性质限定了，我们研究的，强调的，既是这种内容同性质的"中国经济学"，它的建立的可能性，就正好是存于这种限制之上。它不是在现代经济学领域内，自划一个独立的特殊的研究藩篱，反之，它正好是依据或应用现代经济学及现代经济史学的基本原理原则，来发现中国经济的特质，及作用于中国经济中的基本运动法则和其必然的演变趋势。在这种意义上，依"中国经济学"的名义，所研究出的成果，那不但是于一般经济学的世界性，毫无所损，且可说是对于一般经济学的原理的发挥，对于正在形成或完成过程中的广义经济学内容之直接的正面的充实。

此外，为了补充中国经济学建立可能的上述的意见，还可从侧面对经济学国别化的事实，加以简略的释明。在经济学的研究领域内，尽管我们不允许破坏一般法则的任何尝试，但在经济学史的研究领域内，我们却不难发现，产生在某个国家内的特殊经济理论，都被经济学史家有意无意的冠上了国别的名号，如正统派经济理论，被称为英国经济学；重农学派经济理论，被称为法国经济学；历史学派经济理论，被称为德国经济学；限界效用学派经济理论，被称为奥国经济学；美国经济理论混杂着奥国经济理论，被称为美国经济学。诸如此类的称呼法，不管其内容与实质如何，都是经济学史家，根据它们各别学说系统的产源地，给它戴上国别的帽子。就中，法国重农学派经济学说，是在英国正统学派经济学稍前一点发生的，大体是反映着法国过渡阶段中的经济实相，英国的正统学说，大体还赞成了这种学说的合理部分，德国奥国的经济理论，则是在不同的立场上，对英国经济学加以批难和修正。在经济学史领域内，尽管有这么多不同的派系和学说，但并不因此妨碍英国经济学说，如实的反映着现代资本制经济运动的这一事实。因此，德奥诸国的经济理论，虽然是在对英国经济理论，或对一般经济学，提出相异的有破坏性的意见，但从整个经济学的世界性一般性上讲，它们却格外显得破碎支离，从而，把它们在对英国经济理论的对立意义上，冠以国别的，或有"德国的"，"奥国的"，"美国的"形容词，那不但对其现实的一般妥当性，无何等益助，且反而表现那都不过是资本制经济在它各发展阶段，在各别国家特殊条件下的有局限性的意见而已。

知道了这种分别，我们就可以不致因经济学史家们对经济学冠上的国别帽子，而把德国奥国或法国经济学，与英国经济学等同看待，而由此误以为经济学因国而异，并没有什么世界性。这是我们在提出中国经济学这个名词来的时候，特别要大家注意的一点。

1944 年 11 月 7 日于永安野马轩

（原载《东南日报》1944 年 11 月 14、15、18 日）

关于中国经济学之研究对象与研究方法的问题

一

关于中国经济学建立之可能与必要，我已在其他场合，[①] 在一定的限制下，予以科学的肯定了。这里更进一步提出中国经济学的研究对象与研究方法的问题。

我这里所提及的方法，是被限定在比较窄狭的范围内的，它不但不完全包含有一般所谓方法论那样广泛的范围，且也不包含研究中国经济学在处理问题的技术上的全面的意义，而只是在讨论研究对象的当中，附带的述及。原来一般方法论的涵义，包括了研究立场，出发点，以及有关技术性的方法等等。大概每部科学著作里面在本论以前所提述到的绪论，所提述到的所论学科的性质，范围，方法，以及或隐或现的附加上的著作者个人研究的观点，通可称为那部著作研究的方法论。现在我已经提出过下面将要提出的诸般问题，都不是讲的中国经济学本身，而是讲的研究中国经济学所必然要发生的问题；不是定立中国经济法则，而是研究为何并如何定立中国经济法则；换言之，不是本论，而是绪论，即方法论。因此之故，我在这里所提及的研究方法，就显然不意味着全面的方法论。至于技术意义上的方法，那是在每个论题下都需采用的，亦不宜在这里作总的说明。

然则我为什么要在研究对象的论究当中，特别提出研究方法呢？最大的理由，就因为确定研究对象，是一个颇不简单的问题，研究对象不能明白的确定，法则的探求，就成为不可能了。我们说，中国经济学的研究对象，是中国经济，任谁都不能否认，事实上，我已一再讲过，中国经济学是中国经济之科学的研究了。但中国经济究何所指呢？它是意味着中国经济的哪一个阶段呢？它的时空限制怎样呢？不错，当我们提出中国经济学

[①] 1944 年 11 月 14、15、18 日《东南日报》。

这个语词的时候，大家也许会理解到它的研究对象是现代的中国经济，是与西方资本势力正式接触以后的中国经济。那么，与西方资本正式接触后的这个时间很长，将近一个世纪了，这一个世纪中的中国经济变动很大，我们从纵的方面指出它的运动或变动法则，也许可能，若求指出其某一横剖面的运动法则，则我们所研究的，就不是这一个世纪间的中国经济，而是这一个世纪中的某一阶段的中国经济。而且，如其我们所研究的中国经济，它里面所包含的经济成分，从社会发展史上去看，是现代资本制的成分占着较大的比重和优势，我们就很可直截了当的看它是现代资本制的经济形态，所要研究的，不过是它对一般资本制的可能的差别性罢了。如其事实上，在我们所研究的对象中，是非资本的经济因素占着优势，或者资本的经济因素，还不曾明显的占着优势地位，那一来，我们对于所研究对象的法则的把握，就无法采行单刀直入的简捷途径了。即是说，我们需要讨论到现代这种经济形态所由演变过来的历史前身了。由是，作为中国经济学研究对象的中国经济，看似非常明白，稍经科学的分析，就知道它要求我们解答以次几个问题：

第一，研究对象的包容限度问题。科学的研究，原是要把握所研究对象的单纯因素，如其我们要涉及我们所研究对象，即中国经济的传统经济成分，则所研究的结果，就不单纯是目前的，同时是过去的，这是否要超出科学研究对象的包容限度？

第二，研究对象的叙述次第问题。如其对于前一问题能作出满意的解答，即我们关于现代中国经济的研究，不妨论述到过去经济形态，或者必须论述到过去经济形态，那么，我们在这研究对象的叙述程序上，究应先从其现代形态（这里一再表述的现代经济形态，不是意味着一般所理解的资本制的形态，而是特称的指着中国传统经济在现代受了资本制影响所形成的经济形态）起，然后再在其中解析其过去因素，抑先从过去形态说起，然后再看它在怎样逐渐为现代资本制所影响，所侵蚀，所混杂化？

第三，研究对象的时空制约问题。如其说，不论我们在叙述上，要采取怎样迂回的途径，最后的要求，总在求得对于现代的中国经济形态的特质及其诸基本运动法则的理解，然以现代资本制对中国传统经济形态所加的侵蚀和混杂化的影响，在时间上在空间上乃是逐渐延续，逐渐扩展的，我们将要研究出的特质及其诸基本运动法则或规律，究在这种经济形态扩展到中国全领域内的何种限度，才显示出它们的作用，并在何时才达到这种限度，才最能显示出它们那些作用呢？

上述这几个会发生在研究对象之把握上的问题，一向是为我们研究中国社会性质的学者或专家们所忽略的，但科学的研究，却需要我们郑重的把这些问题提出来。我下面将尝试的对这些问题分别予以解答。而对于研究对象讨论上所要运用的方法，则存于那种解答上面。

二

对于第一个问题，即研究对象的包容性问题，是早就存在着的，是在把中国社会性质问题当作问题来研究的当时，就已经存在着的。这是现代的中国社会性质论争之所以变成了中国社会史论争的症结所在。

科学要求所研究对象的单纯，是一个事实。而我们现代中国经济这个研究对象，无法过于单纯，也是一个事实。所谓单纯，是从同一性质社会基础，或同一社会生产关系出发的。一个社会的诸般经济事象，如其一元化到了最高程度，即如就资本制性质的社会基础或社会生产关系来说，如其过去封建的乃至更古旧的经济因素，都逐渐归于消灭，而未来社会主义的经济因素，尚不曾脱却胎胚的阶段，则它这个社会普遍存在着的经济事象，哪怕发展得最充分，它们相互间的联系，哪怕表现得最复杂，但作为科学研究对象来看，却是单纯的，单一的，因为它们通是属于资本制的范畴。反之，如其一个社会，像中国在现代的这个社会一样，还是处在过渡时代，尽管它全社会的经济事象，比起上面所讲的那个一元化了的社会来，真不知要简单多少，但它那种经济事象里面，就不仅包括有以前各社会史时期，特别是封建社会时期的各种不同社会性质的因素，并且，从某些方面看，像是某种社会性质的构成因素，占着较重要的地位，从另一些方面看，又像是其他种社会性质的构成因素，占着较重要的地位。我们把这样一种社会的经济事象作为研究对象，就显然要在认识上，在科学分析上，发生一些困难。

不错，我们所研究的，既是在现代的中国经济，即使它是过渡的，即使它的各种构成因素，是未经同性质化的，未经一元化的，那并没有什么妨碍。因为它的构成诸因素，究是谁占着较大的比重，谁演着主导的作用，似乎并不是我们应特别注意的。我们似乎只应注意到那些不同社会性质诸因素，在混同结合后所形成的那种不是封建的，亦不是资本的，而是第三种性质的或过渡性质的东西。把它这种性质的经济特征及其在社会中作用的动态和倾向发现出来，就似乎可以达成我们研究的任务。而且，对于这种研究对象，探究它各别构成的混杂的因素，虽然是不单纯的，不纯一的，但如其看它混合构成的结果，或把它看作第三种性质的东西，它不就表现得单纯了，便于我们作科学的研究么？

一切形式主义者，往往把极困难的问题处理得最容易，把极复杂的问题处理得最单纯。

我们诚然是把过渡经济的总体作为研究对象。但我们如其是想从它这种对象经济形态，探究出它已经在社会各方面作用着，并还会继续增大其作用的诸般倾向，那个总体是不能告诉我们什么的，而一定要看构成它这总体的诸因素，各别的，相互的，在作着怎样排斥，抗拒，乃至苟合的活动。显言之，就是要看旧来的传统的经济成分，在怎样逐渐的为资本制的经济成分所侵蚀，或者看它们对资本制经济成分，在行着怎样的限制，抗拒或适应。必须在它们这种相互制约相互适应的过程中，我们对于中国经济，始能看出它的特质和动态，中国经济对我们始不是一些混杂而无从究诘的模糊概念。

论到这里，我们已知道对于现代的中国经济的研究，必须把研究的范围，延扩到社会史方面去，至少，必须延扩到封建经济方面去。但这里又要发生新的困难。前面已经讲过，封建经济在各别社会各别国家间表现的差异性，一般是较之资本制经济在各别社会各别国家间表现的差异性为大的；而按照一般科学研究的顺序，即先由较发达的对象形态，研究到较不发达的对象形态的顺序，现代对于较发达的资本制经济的研究成果，大体又是比之对于较不发达的封建经济的研究成果为大的。换言之，即差异性较大的各别国家的封建经济，其研究成果反而较不完全，在这种理解下，我们要依据现代已经完成的经济学，来判别中国经济中之资本主义因素，就比较容易；要依据研究尚不完全，尚不充分的有关封建经济的研究成果，来判别中国经济中之封建因素，就比较困难了。而且，我们一再说明过，中国社会的封建制，是有着它极其特殊的地方，对于它这种特殊的地方，或者对于它这种具有特殊性的封建制全体的科学研究，还是留在最幼稚的阶段。我们显然不能完全依据一般封建制的研究结论，也更不能依据有关中国封建制的一些零碎而富有匆促性的论断，来确定中国经济中之封建经济因素，究在何种限度保有它的原型，或者，究在何种限度，受了资本制经济的影响。这就是说，我们在确定中国经济还不曾由资本制占着支配地位，即还有相当浓厚的封建经济成分存在着的限内，对于它的研究，就必须研究到中国传统的典型的封建制本身，这在表面上，好像是超越了科学研究对象的包容限度，而在事实上，却正好是科学研究不免要加担在我们身上的要求。

三

对于第二个问题，即对于研究对象的叙述次第问题，亦即我们的研究对象，既然需要把封建经济形态放在里面，然则我们应当怎样开始我们叙述的问题。从表面上看来，似乎最妥当的办法，就是先把我们在现代的中国经济，全般加以解述，然后再从其中辨识出何者为封建的成分，何者为非封建的成分。这是非常普通的叙述方法。但当我们指称其中所含封建经济成分的时候，不是先须对于封建制本身，有一明确认识么？这一诘问，我们马上会想到，从封建制研究起，是理论逻辑要求的程序，而且，先指证出我们典型的封建经济形态，然后再循序探究这种经济形态的崩溃过程，探究这种经济形态，在何种范围，何种限度，为现代资本制经济所代置，所左右，所改变，这无疑是非常顺理成章的。

然而，我们对于所研究的对象，若按着这个程序去探究，那除了上述的理由外，还须根据一种假定，那是说，资本主义的生产关系，还不曾在中国社会生起根来，中国社会一般的生产方法，还不是资本主义的。因为没有这一个假定，我们的研究，也将如我们对于先进诸国的经济的研究一样，只把封建的成分，看作是存于其社会最落后角落的残余部分。事实上，在中国社会性质论争当中，主张中国已经是由资本主义经济成分占着绝对支配地位的学者或政论家们，就已经是采行这种研究方法。当然，科学的研究，是尊重假定的。我们可以如此假定，自无法禁阻他人不作另一假定，但其中有一个区别，即科学上的任何假定，不是建立在空中，而必须建立在有最大可能的坚实基础之上。

我们要了解一个社会的经济的性质，看它的表面现象是不行的，看它集中浮现于我们研究者所在场所的表象是更不行的。如其说，判定一个社会究有怎样的性质，需要看看它的根底，看看它的最一般的、最通行的生产组织，则在我们社会中，作为一个农业社会的生产结构，劳动生产关系，一般差不多没有了不起的变更，所有变更了的，或者正还在由其变更而影响着基本的生产结构的，毋宁是存在于流通方面的。即在城市方面，在生产上有了根本变革的，仍只限于极少数都市的极窄狭部门，一般的讲，还是流通上的变化，大于或多于生产上的变化。在这里，我的意见也许有两点需要斟酌：其一是，任何国家的经济现代化，大体都是先由都市工业方面的改造，渐及于农村经济的改造，资本主义生产方法对于前资本社会的生产方法的代置或征服，最初只是就其支配影响而言，并不是一下子就把农村社会的原有生产方法都从根加以破坏。我是大体同意这种说法的，但可惜我们社会在都市在工业方面的变革，迄未造出这种对全农村社会的支配的影响，而且任何一个社会的现代化，即使其发端是在都市方面，要使都市方面（本质上是工业方面）的现代化能顺利进展，环绕着都市的广大农村，是必须先对都市工业上的改革和发展，能由其自身生产关系的改变或破坏，提供现代化工业站稳脚跟的坚实基地的。这是破坏工作必须在农村方面有了端绪，即传统的土地所有形态，或传统的以土地为中心的农村社会生产关系，必先有了变革性的破坏端绪，然后在工业方面，始能顺势的从事变革性的建设程序。在近百年来的蹒跚不前的现代化过程中，我们农村的旧社会生产关系，无疑在逐渐趋于分解，但那种分解，近似大破落户的式微和衰颓，而并非经历了有创意的变革性的破坏。就因此故，在作为一个历史时期的社会体制来看的限内，中国的封建经济，诚然是在衰弱无力的苟延着，但它这种有深厚传统关系的制度的无力苟延，却是很够力量障滞着羽毛未丰的新社会关系或生产方法的建立的。不过，我在这一点的说明上，也许就会引起另一需要斟酌的地方，那就是在前一篇提论到的中国封建制的进步性。许多把中国现代经济看为是资本主义性经济的人，也许不是完全不理解：资本主义经济秩序的建立，首先就需要一个变革了的农村社会，作为它成育发展的基地。但他们的这种认识，给中国封建经济的进步性或开明性迷惑了。我不能在这里详细剖析此中迷惑的原委。我只补述前面说过的一句话，封建制的进步性，只是看作一种封建体制的限内，它才是进步的；也就是说，作为它的进步性的体现物的诸社会经济因素，并不曾、也不会否定或代替它这种制度本身。

要之，我们对于中国经济的研究，其所以必须要从封建制经济的分析开始，就因为我们假定中国现代经济中的封建成分，还占着极优势的地位，且因为我们这种假定，是建立在非常确实的经验事实上，而我们以后的研究，并还会给它以非常明确的证验的。

四

对于最后第三个问题，即研究对象的时空制约问题，我的解答是这样的。把中国经济作为对象来研究，显然是要求从那种研究中，发现中国经济内在诸因素相互作用的因果关联，其演变定律及一般倾向。申言之，即我们所着意的，与其说是中国经济之静态的理解，毋宁是其动态的把握。在现代经济学的研究上，原有所谓经济静学与经济动学的区划。实则经济学的研究，如企图在发现或暴露现实经济的演变趋势或运动法则，而由是作为实践政策上的依据，则勉强用无数假定支持的静态研究，就似乎没有多大的现实意义了。不但此也，在一个现代性经济大体一元化了的社会，或者，其经济活动大体定型化了的社会，倒也无妨让有闲的学者，埋头去作静态的定性的分析，若在我们这种过渡性的社会中，却似更应把现实经济的演变趋势和运动法则，作为我们研究的主题。在这种认识下，我们把研究对象的范围，延展到传统的封建体制方面，就比较更多一层理由了。

但我已讲明过，溯源的探究封建体制的特质，是作为更明确理解中国现代经济的一个准备性的研究步骤。我们最后的目的，仍在发现出这在现代的中国经济，这包含有太浓厚封建成分，以致无法成就资本主义发展的中国经济，究在它新旧倾轧与交替中，表现了那一些法则，那一些显明的倾向。果其如此，那些法则与倾向，就显然有时空制约的关系存乎其间。也就是说，它们只是中国经济在一定时间和一定空间内的现实表现。过此以往，即不在这一定时空内，它们就不发生作用了；过此以往，就非我们的研究成果所能范围了。然则我们能不能把我们研究成果所作用的时空范围具体指证出来，如说，它们是在多长的期间内，多广的地域内，才有效的作用着呢？尽管这是属于繁琐经济学的事，但我们对于这种疑问，却须作以次两点简单的分释：

第一，所谓法则，所谓倾向，即使再有周延性，也无法包括尽现实，现实比法则是丰富得多的。我们对中国经济作科学的研究，诚然是以探究或发现出其基本的或主要的倾向和法则为旨归，但这种意向，并不妨碍我们在这种努力范围以外，更作比较包容，比较更多方面的探讨。这正如为自然科学研究对象的自然现象，尽管其基本法则已被连续发现出来，使各种自然科学得有了成立的可能，但这各种自然科学的成立，并不意味着自然界的一切现象，全都有了因果法则的说明，同时，更不意味着已经有了的研究成果，会妨碍继续的研究，恰恰相反，许多更进步更有妥当性的说明，却正好是依据已有的研究成果。因此，我们对于中国经济的研究，只要能把握其基本变动诸法则诸倾向，就似乎无须当心它对现实的反映，究会周延包被到什么程度了。

但这一分释，很自然的会引起另一种分释的必要。如其我们对于中国经济研究的成果，只能是把握其作用在一定时空限度内的诸基本法则和倾向，这个时空的限制，就似乎需要指明出来，以明其作用的限界。它们当然不是，也不能是近一百年来在全中国经济领域内存在着作用着的。如其说，一种社会经济法则或其倾向，是由许多经济条件形成的，某一项或某些项条件不曾全备，它那种倾向就无从造出。即使全备了，其中某一项条件不曾完全成熟，它也不容易显现，不论在自然界也好，在社会方面也好，根本就难得找到百分之百的显示某种倾向或法则的完整条件。这是我们研究自然科学需要借助于各种实验器，研究社会科学需要借助于抽象分析力的一个最大原因。我们研究在现代的中国经济，尽管远溯到以前封建体制，尽管按照一般的惯例，是把鸦片战役作为现代化的起点，无论为了实践上的要求，抑是为了理论上的方便，我们总往往是比较侧重它在当代或晚近这一阶段的实况，因为从动的发展的观点来看，愈到晚近，不仅它们发生作用的条件会完备一些，它们作用着的范围亦会广阔一些。虽然它们潜在的可能的作用，也许是早在这个阶段以前就已经存在着的。在这种认识下，要枝枝节节指出某项法则某种倾向，是在某某时期某某地域，发生作用，那将变为无益的冗谈。资本主义的价值法则，利润法则，工资法则，在资本制存续的时期与空间，是会继续发生作用的。不管亚当·斯密研究的经济，与李嘉图，与晚近奥地利派诸子研究的经济怎样不同，也不管他们研究的结果怎样不同，（由亚当·斯密启其端绪，由李嘉图予以完成，由奥地利派予以歪曲的）那些法则，一直在不顾人们的志望而严肃的存在着作用着。自然，它们在初期作用着的范围，是远不及晚近的辽阔而普遍。但我们所注意的，宁是它贯彻其作用的底力和必然倾向。这是我们研究中国经济所当借鉴的地方。我们不是要明白知道我们发现的经济法则，是在怎样长的期间内，是在怎样大的范围内，才发生作用，而是要注意它们在以如何大的底力或必然的力量，即使通过种种限制，还能贯彻，延续，并扩大其作用。

五

当作一个结论，我需要予前面比较抽象述及的诸论点，以一个较具体的例证，把它们连贯综合的解说出来。比如，在抗战过程中，我们的商业资本活动，总算是我们经济上最突出的现象了。商业资本自我扩大的倾向，似在以万钧之力，压缩了社会各方面对它所加的责难与限制，并反过来以"触手成金"的魔术，使一切接近它的其他社会活动，都部分的或全体的转变为它的活动，生产事业商业化了，银行事业商业化了，合作救济事业商业化了，一切官业，许多官厅，都在直接间接当作商业自我扩大倾向或定律的体现物；四方八面呼出的制裁打击商业，甚至激烈喊叫诛戮非法商人的号召，都变成了带有讥嘲性的绝望无力的尾声。学者专家们同一般无经济知识的常人一样，对于中国商业的这种魔力，表示毫无理解；他们与那般无经济知识的常人唯一不同的地方，也许就在装着像是知道罢了。要研究他们对这种经济现实无理解的第一个原因，或许就在他们把中国当前商业，与它存在的社会基础，与它以往历史传统的关联，割裂开来研究，而不知道我们这种不受生产过程羁勒约束，不服务于生产的商业形态，在战前，就已经用"搜集国内土产，统办全球制品"的买办性能，在社会各方面发生阻止现代化，阻止工业化的影响。而它对于官厅，对于公私信用机构，对于土地等等政治、经济诸方面发生的"同化"或腐蚀作用，正是其过去传统精神的扩大和延续。因此，单就当前商业现象本身作格物致知工夫，是愈格愈不能通的。亦就因此之故，把中国在封建体制下的特殊商业形态弄个明白，再看其带上买办标记以后的变化程度，它当前所以能显出如此大的魔力的真相，就不难理解了。在这种认识下，要指出这种商业变态扩大倾向，真正是在何时何地发生，显然没有何等意义。不过，关于中国商业资本运动法则，以后还有详述机会，这里只是简略提起，以示上述研究对象诸问题的解答，并非抽象的泛论罢了。

1944年11月26日于永安野马轩

（原载《改进》第10卷第4期，1944年12月）

政治经济学上的中国经济现象形态

——略论有关中国经济形态的几种认识

首先，我们其所以标题"政治经济学上的中国经济现象形态"，言外概表示：中国的经济现象形态，只有在政治经济学上才能看出它的本质，而直至今日为止，不少的中外学者，却都惯于用非经济学的观点，来考察中国经济现象。举其最关重要者，最先当推伦理的观点，其次是政治的观点，又其次是自然的观点。这三者中，前两观点对于稍有科学素养的人，最容易显示其是非曲直；惟最后这一观点，因为它取得有客观的科学的外观，颇需要特别予以鉴别。所以，我们的论点，是比较集注在这一方面，而对于前两者只是附带及之。

从伦理的观点来看经济，这是中外古已有之的作风。经济这一事象，虽然无问古今，使人们为了生存或生活，都对它特别表示关怀，因而在其社会意识中，特别不能忘情于它的作用或影响。但直到晚近经济事象日益呈现其重要性以前，在外国不说，在中国，人们有时尽管像很了解"仓廪实而知礼义，衣食足而知荣辱"的名言，但一到了自己丰衣足食轻裘肥马，"坐而论道"起来，又仿佛是"知礼义而后实仓廪，知荣辱而后足衣食"。这一观点在有意无意之间被形成，就很容易在中国经济现象中，看出一些新道理来，即与欧美阶级利害对立关系的经济组织相较量，我们的经济血脉中，似乎特别容易表现出家长制的，温情主义的，协作的，顺乎自然的诸特征，那可以被概称为伦常的经济体制。我们惯于自诩的王道经济，即针对着所谓资本主义的霸道经济而自鸣得意的那种说法，亦无非是就这些特征加以渲染润色的结果。中国经济本身的封建性，落后性，即使像是显示了如此这般的高见，"信而有征"，可是强调这种"王道经济"的人，恐怕自己稍微清醒一点的时候，也会觉得这是一种过于浪漫主义的憧憬。

从政治的观点来看经济，是比较没有伦理观点那样素朴，那样带有浪漫主义色彩的。但就中国传统的专制主义政治，来说明中国经济形态，不管那是依据了如何的古典，认识的出发点，根本就被颠倒错乱了，当然于中国经济的理解，无所益助。事实上，这样一种意见，尽管在近代初期，曾被一位有名的法国重农学者，为了讽谏其君主，放言中国农业如何合理而进步，并把这合理的进步的事实，归因于中国君主采行了开明专制政治〔魁奈（Quesnay）：《中国专制政治论》〕，而"托古改制"的提出了；往后，一位德国大思想家，更依据传闻，说中国的农奴制度，是由最初的专制皇帝秦始皇所创造。① 然则专制政治专制皇帝，为什么对于中国经济形态，具有偌大的制造权力呢？其最大的原因，是被归结到集权的封建组织本身上。再问，中国何以能形成中央集权的封建组织呢？到这里，政治观点的本身，不能循环的来说明，一种自然的观点被采取了。

其实，同一黑格尔，就曾在上述的同一著作中，就历史之地理的基础，说明东方社会的历史，如何受了地理限制的影响；并还具体的指明：关系中国人生活最重要的是农业，是水，从而，堤防及一般治水工作，一向就被视为中国政府的最重要国务。如其说，这种国务的进行，在江河，土壤，地形诸自然条件限制下，不允许各地方各部落分别单独去办理，而必须由是强制的产生出一个全面负责的中央集权政府，来完成全国农业灌溉系统的任务，并由是才形成集权的封建经济体制：在理论逻辑上，似乎是极其自然的。无怪许多有名的中国通学者，如里息特荷芬（Richthofen），马扎尔（Madjar），威特福格（Wittvogel）等，都直接间接表示出这种观点。自然对于经济的作用，特别是对于以农业为重心的经济的作用，决计不容忽视。在现实上，一个政府对于经济的诸般设施，一定大有助于那种经济全体之形质上的改变。中国历代王朝在创业之始，都注意奖励农业，疏浚河渠，因而造成经济复兴局面；至其末造，复因朝廷贵介沉于逸乐，不知稼穑艰难，任意耗费，怠于农业生产之奖助，以致引起经济上的破局。所谓"灌溉与排水作业一被忽视，农业立即便归于荒废"，所谓"人工灌溉为东洋农业不可缺少的条件"，所谓一切亚细亚政府的经济机能，就在发挥复杂的灌溉制度的机能，并由是使中央集权的政府干涉不可缺少，均是从上述史实中引出的结论。但这诸般结论，即使可以看作是中国中央集权封建制度受到强化，受到支持的有力理由，却不能由此论证：我们的特殊的封建经济形态，是由诸自然条件形成的治水要求，强制产生的中央集权封建政治作用的结果。因而照此推论，中国的特殊封建经济形态，就是建立在中央集权的封建政治基础之上了。自然的观点，确实

---

① 黑格尔（Hegel）：《历史哲学》。

与政治的观点统一起来了，但这些中国通学者，特别是威特福格氏所不时强调的，政治是以经济为其下层基础，和自然条件随时在为社会所制约的立论张本，就不免要受到一些损害。威特福格氏曾对《中国农业经济》的作者瓦格涅（Wilhelm Wagner），作过体无完肤的无情批判，他认定瓦格涅所论述的中国农业经济的自然基础，差不多全是从气象学的、土壤学的、人种学的观点出发，因此，自然诸条件对农业的制约作用的这一面，是被注意到了；自然诸条件系在一定社会关系之下，施作用于农业，或在一定社会关系可能容允的限度之下，制约着农业的发展程度与方向的这一面，瓦格涅却没有留意到。所以，在他看来，瓦格涅根本忽略了中国农业自然基础，与中国农业之实际构成的内在的统一。① 这是非常允当的。但明于责人的威特福格氏，在论及中国特殊封建形态的形成时，却把它的基因，归之于复杂而广袤的灌溉系统建立的要求上，归之于自然施肥的必要上，而把有关这两方面的自然因素分析起来，又正好是瓦格涅所强调的地形学的、土壤学的诸特殊条件。事实上，中央集权的封建体制的建立，倒不是由于在广大地域内进行治水和与其相关的自然施肥的要求，反之，却是中央集权封建组织所由建立的经济基础，不但有允许那种要求实现的可能，且有促使那种要求实现的必要。原来中国中央集权的专制的封建形态，大体是到秦汉以后才渐渐确立起来，在这以前，虽然在周代乃至殷末，全国有一个最高的主权者，作为统一的象征，但其实质上，仍是分立的，分土而治的，离心的封建局面。而由这种分立的封建形态，转移到集权的封建形态，显然不能由广袤性的灌溉系统建立或治水的要求来说明，而是由于在分立的封建的局面下，一般社会经济事象，特别是在交通，商业，高利贷业，手工制造业，乃至领主贵族们的消费欲望，和公私财政支出上的诸般情势的改变，促使旧来的领主经济组织，无法继续维持。或者说，在春秋以至战国的战乱过程中，一方面，旧时的封土经济关系，被强制的破坏了，解体了，同时各国由并立互争所扩增的一般消费，所要求扩大的财政支出，早需要从各自领有的土地上增加收入，因而，极容易感到原有的领主经济形态的阻碍，而当时由铁的发现以至"以铁耕"所表象的一般劳动生产力的增进，更促成了打破那种阻碍要求的实现。结局，这种变革，便在受传统关系束缚较少的秦国，首先正式以"废井田，开阡陌"的历史插话表现出来。秦国由是"以致富强"，更进而统一中国，而这原已实际在各国部分的或变相的进行着的"变革"，一经统一的秦国，

---

① 参见《中国经济史研究》（横川次郎译），第 95—103 页。

使其法令化，彻底化，这就使黑格尔所依据的，由"秦始皇帝创造农奴制度"的"传闻"，像是不为无因了。"废封建，置郡县"的可能，中央集权的可能，只是寄托在郡县没有经济自主独立权的经济条件中，只是寄托在全国土地劳动剩余生产物，以赋税名义集中于中央，然后再由中央以俸禄名义分给于郡县的经济关系中。

等到这种经济基础逐渐建立起来了，中央集权的专制政治逐渐形成了，孔子尊王攘夷的大一统的政治理想，就恰好适合秦汉以后的历代王朝的现实要求，秦相国吕不韦的《吕氏春秋》，汉董仲舒的《春秋繁露》，就在阐扬并完成孔子的大一统主义，而伴随这个主义，或为这个主义所内涵的儒家全部伦理思想，自然不仅是适应那种经济关系，并不绝反作用于那种经济关系之上，使其具有伦理的外观，而益加凝固定型起来。物质上的利害与传统的固执相结合，遂使人错觉的认定经济关系由伦理的关系所产生，① 甚且谓：中国经济组织一部分由过去专制政治组织所支配，而一大部，直到现在，还是为传统与习惯所支配。② 这些理论，看去都像不错，但传统与习惯又是在为什么所支配呢？由治水而强制成立中央集权封建制度的说明，亦正类此。中央集权的经济基础在全国农业上，全面的，或在广大领域内，注意治水灌溉设施，是必然的，且是必要的。全面治水设施一旦建立起相当规模，对于集权统治发生一种侧面支持作用，那亦是非常自然的事。但我们不能把因果颠倒过来。孔子，秦始皇，中央集权的封建政治，治水要求，都是把一定的经济条件作为存在与发生作用的现实前提。其他，如认定海岸线，季候风不适于对外贸易，以致使中国经济，不克资本主义化的诸般理论，都是把自然条件与社会关系分开来考察的结果。

上面这个论点，乃说明研究中国经济，须依据政治经济学的观点，而不宜采取这以外的其他观点，这是在消极方面，廓清我们认识尘障的第一步。接着，我们就要碰到下面这一个问题了：我们应用政治经济学的法则，来考察来研究中国经济，然则政治经济学所研究的对象，是否与中国经济为同一种类，同一范畴的东西呢？或者换一个比较有弹性的说法，即中国经济形态，究能在何种程度，何种范围，受政治经济学诸范畴的制约或规制呢？这样的问题的提出，似乎把我们前面肯定中国经济要在政治经济学上得到理解的命题，加以疑问似的诘难了。

---

① 马克士·韦柏（Max Weber）：《社会经济史》第4章。
② 雷麦尔（C. F. Remer）编：《中国经济论文集》序言。

但这种疑难，只要我们把政治经济学本身的理解范围，由一般"以商品社会为研究对象"的狭义经济学，移到"以各种人类社会之生产交换及生产品分配等等的条件与形式"为研究对象的广义经济学，就大可释然了。狭义经济学是被当作一个最重要的部分，包括在广义经济学里面的，一切历史的社会经济形态，都可由它所定立的诸般通例法则，加以尺度或品衡。

但我们知道，广义经济学是尚待建立尚待完成的一门学问，在科学研究的必然程序上，较复杂的较完成的形态，比之较单纯和较未完全发育的形态，是最先被成功的研究或分析的。在半世纪以前，一位大思想家就曾昌言当时"所有的经济学，几乎都只限于研究资本主义的起源与发展"。[①] 即在今日，虽然有了不少研究前资本主义社会经济的著述，但仍不曾完成广义经济学的坚实基础。广义经济学本身所由建立的一般准则既未确立起来，拿它的不完全规律，来测定资本主义社会以前的任何经济形态，当然颇有问题。中国社会性质论争，其所以演成那样分歧的混战局面，这也许是一个相当重要的原因。因为，广义经济学对于现社会以前的各种经济形态，如像狭义经济学对于现代社会的经济形态一样，定出了明确的规律和范畴，那对于中国社会经济形态的研究，一定会提供不少的便利。比如，英国经济学者，已就英国经济条件，对现代经济，定立起了一般法则，只要德国的社会经济组织，已大体具备了先进国英国的社会经济条件，德国的经济学者，就用不着对他们本国的经济形态，再去定立法则，争论性质了。——然而，无论就广义经济学本身讲，抑就我们的经济形态本身讲，我们目前似乎还没有这种便利。

在广义经济学是把诸特定社会的经济法则，作为其实质内容的限内，中国经济形态的分析，虽可能有助于广义经济学的建立，但我们目前要对中国经济加以研究，就似乎只能在消极方面，依据狭义经济学的说明，以推断其不是什么（即指着那些非狭义经济学所能范围的诸经济因素），同时，更在积极方面，依据广义经济学（包括狭义经济学及经济史学者关于现代以前各历史时代经济法则之不完全的指示）的诸般说明，以论证其是什么了。

（原载《福建省研究院社会科学研究所研究汇报》
第 2 期，1947 年 6 月）

---

① 恩格斯：《反杜林论》。

政治经济学的新任务(节选)

我们目前的新形势、新环境，对于政治经济学或我们政治经济学界，提出了什么新的要求呢？换言之，在我们人民国家立在领导支配地位的工人阶级政党，将怎样发挥这一党派性科学的作用，或将怎样明确地确定它的中心任务呢？大体说来，那种中心任务有两个：

其一是：使一般从事社会主义经济政治文化建设工作的人，对于马列主义，对于党的政策，不但有明确的认识和研究的信心，并还有努力促其实现的热忱与决心。

其二是：使那些在目前及将来担任实际建设工作的人，具有计划管理的才能，而政治经济学之学术性的较高深的研究，也是要在这种实践要求上取得其意义的。

前一任务，是向一般知识界提出的；后一任务，是特别向经济学人提出的。在当前"一切方面，皆从发展生产出发"，一切力量，皆集中到经济建设方面的号召下，后一任务的达成，当然非常重要。但经济技术管理指导的专长，并不能完全期之于政治经济学这门科学本身，那同时必须期之于与政治经济学密切关联着的一般经济技术方面的科目。研究各种有关经济技术科目的人，他们学习政治经济学，当然比较那些担任文化政治建设工作的人，有较多较大的意义（如作为进一步研究各种经济学说的基础），但其主要目的仍在使他们对新社会建设具有最大的信心，和为新社会建设表现最大的热忱。事实上，一个对新社会建设认识不清，因而对于其前途表示怀疑的专家，他就不但不愿发挥其专长，且也会使在其旧社会所受到的技术训练，不能适应新的作风与环境。所以斯大林曾就经济技术人才的需要，作如下的指示："我们并不是需要那一种工业指挥人材和工程技术人材。我们所需要的是能了解我国工人阶级的政策，能领导这个政策，并决意诚恳把它实现出来的那种人材，而这是什么意思呢？这就是说，我们已经走入这样一个发展阶段：这时工人阶级应当造就他自己的生产技术知识界，即能维护它这个统治阶级在生产中的技术利益的知识界。

向来无论那一个统治阶级,都一定要有它自己的知识界。苏联工人阶级当然也一定要有它自己的生产知识技术的知识界。"[1] 从这个指示中,我们知道:我们新中国所需要的经济建设领导人才,并不仅是有了生产知识技术知识就行,必得他们了解无产阶级的政策,"且决意诚恳把它实现出来",才真算是我们所需要的技术知识界的人才。否则,不论他们的生产知识如何丰富,管理指导的技术如何高明,他们脑子里如其充满英美庸俗经济学所培育的市侩主义、享乐主义,表现出十足的官僚习气、买办作风,他们不但不能成为我们经济建设上的助力,且会成为阻碍。

在一个生产不发达的国家,生产技术人才或经建人才,本来是相当缺乏的,而我们临到目前这个转型改造阶段,要创造出自己所需要的生产知识、技术知识界,就除了把已有的,即在买办官僚教育制度下培育的人才加以改造外,就是加紧创造新进的优良干部。然则我们将怎样去改造他们创造他们呢?那最先最必要的,就是实践生活中或联系着实践生活去学习马列主义,学习马列主义的认识论,即辩证唯物论与历史唯物论,学习马列主义的政治经济学。由这种新认识论,使我们对于认识社会改造社会,采取工人阶级的立场和唯物主义的观点,以及暴露矛盾、克服矛盾的辩证法,并由体现着这种思想方法的新政治经济学,了解我们社会何以必须采行这种新经济形态,并如何加速造成这种经济向着社会主义前进的步骤与途径,即是说。"无产阶级的党,为要有可能去影响社会物质生活条件,并加速其发展,便应凭借这一社会理论与社会思想。这种理论和思想,能正确反映社会物质生活发展的需要,因而能发动广大民众,能动员他们,把他们组织成一支决意打破社会反动势力,并为社会先进势力开辟道路的无产阶级政党的伟大军队。"[2]

因此,人民国家所加担于政治经济学的新任务,或我们研究这门科学的最基本要求,与其说是在获得一些空泛的经济知识,熟习一些书本上的经济规律与联系,就无宁说是在改造我们的思想,使我们在经济上乃至在其他一切社会文化方面的活动和努力,皆能科学意识的依据"生产发展的规律",依据社会经济发展的规律。

1950 年 5 月

---

[1] 《列宁主义问题》,第 459 页。
[2] 《联共党史》,第 149 页。

新经济学界的研究方向

一　新经济学界与旧经济学界

不论哪一种政权，"不论那一个统治阶级，都一定要有它自己的知识界"，① 把范围缩小一点，就我们这里的论题说，就是一定要有它自己的经济学界。

中国现代的封建买办官僚统治，在其形成过程中，虽曾因封建主义与买办资产阶级在某些方面的抵触，而相应引起了传统封建经济意识与买办资产者经济意识之间的冲突，但由于在国际资本的作用下，买办官僚政治，买办官僚经济，逐渐取得了对于封建主义地方主义的支配权，于是，买办资产者经济意识——功利主义、市侩主义、垄断主义以及由客观技术主义与主观主义限界糅合而成的形而上学的经济教义，就相应把传统封建经济意识，即道本利末，重农抑商，"不患寡而患不均，不患贫而患不安"的那一套见解，屈服在可怜而尴尬的地位，而确立其领导支配的权势。晚近二三十年来的中国经济学界，就这样当作中国买办官僚统治的一个重要构成部分，而且尽着对于那种统治在经济方面之宣扬与弥缝的职能。

可是，就在中国买办官僚统治形成过程中，反对那种统治形态的前期国民革命运动，新民主主义革命运动，也在断续地逐渐地增大其对抗力量。就因此故，一向为买办官僚统治服务的经济学界，亦自始就蒙受着"异端的"批判经济理论的驳斥与困扰，等到人民革命势力向全国席卷起来，整个买办官僚统治阶级固出尽了丑，彻头彻尾表现了脆弱与无能，而当作其重要构成部分的经济学界的领导人物，则在全国统治破产的经济这一方面，用接连不断的"新经济措施"、"新经济方案"……来表示他们的愚昧和无耻。

在目前，买办官僚统治已经作为历史的结束，而当作其陪葬物的买办

---

① 《列宁主义问题》，第458页。

资产经济学界，也宣告寿终正寝了。

代替买办官僚统治的人民的新政权，必须有它自己的经济学界了。

在新旧经济学界作着历史交代的当中，我们对于已经成为过去的旧经济学界，没有什么好说，而对于日益壮大的新经济学界，则希望在它的研究总方向方面，略述我个人的意见。

二 一序列待斟酌的问题

新经济学界的研究方向，已经有不少经济学人断片地提论到，如配合新经济实践，如少谈旧经济多谈新经济，如通俗化实用化……不一而足。在明确提出研究总方向的原则之前，似乎需要通过诸如此类的较具体问题的说明，所以，我先就以次诸论点，加以解述。

（一）社会与技术

关于经济研究上的社会性与技术性的问题，有两点意见值得提出来加以商讨，其一是：我们时常责难资产阶级经济学者，说他们对于一切经济问题的看法和处理，都形而上学地不顾其社会属性，只是在技术上枝节地用工夫，于是有人就在这里划一条分界线，说资产阶级经济学者只注意经济问题的技术面，新经济学者则注意其社会面，这是对的么？又其一是说：当一个社会正在转型的时候，应注意研究其经济问题的社会性质，转型已大体告成了的时候，则只注意研究其技术性质，这又当作何解说？这是两个大问题，但篇幅限制了我的详细说明。当我们指责资产阶级经济学者，为了回避现实或不敢正视现实，只把一切关系社会性质的经济问题，作着枝节的技术处理的时候，那并不意味着反对他们的新经济学者，不重视技术条件问题，恰恰相反，每个真正的新经济学者，都是彻底的唯物论者，都是把问题的解释与解决，诉之于客观物质条件的实证论者，在一定社会关系下，客观的物质条件可能具备到什么程度，可能应用到什么程度，他们不会把自己的幻想和希望，带到解释或解决问题的可能条件里面去，而惯于这样做的，惯于把希望当作事实的，倒反而是那些唯技术论者。当代资产阶级经济学界的权威，不都是一些一面强调技术，一面却又强调主观、重视心理的二元论者么？至若社会已经完成了变革过程以后，可以不要再在研究上重视社会性质，那是相对的说法，是要加进去许多限制方可成立的命题，是说在讨论问题的过程中，已经不要像在以前强调社会变革时那样，把社会性质，把政权性质，提到作为解决问题的前提条件的地位。事实上，哪怕是在一个崭新的社会，仍有它的不同发展阶段。列宁曾这样提醒我们："马克思主义理论的绝对要求，就在分析任何一个社会问题时，都要把问题提到一定的历史范围之内。"①

（二）理论与实践

站在新的研究立场的人，都强调着理论要配合实践，都是为了反对理论研究与实践脱节而提出的。那不能以词害意的理解为理论跟着实践跑，理解为理论对于实践没有指导作用。我们一再讲过，新社会学、新历史学成立以后，一切的革命行动，都成为科学意识的行动，都成为有一定理论根据的行动。"没有革命理论，就不会有革命运动"这一列宁指示，斯大林是用"实践若不以革命理论为指南，就会变成盲目的实践"来注释，后者并驳斥普列哈诺夫指责列宁不注重理论为一种奇怪见解；他以为"许多列宁主义实际工作者，由于环境关系而不得不忙于实际浩繁工作，而不很爱好理论，而又忽视理论的趋向，是完全与列宁主义的精神相矛盾，而且有发于其心，害于其事的极大危险。"② 理论对实践的重要性，实不仅因为每种革命的实践措施，要每个实际工作者有了理解，才能热忱地工作或有效地领导，而更要紧的是因为要他们有了理论的基本修养，他们才能在实践的每一个环节，每一个特定场合，提出新的见解，以充实并发挥那种基本理论。理论与实践在这种意义上的统一，才算是达成了理论配合实践，或实践依据理论的要求。把这关系一般的说明，移到经济研究的领域来，就是：空谈经济原理，诚有类于玩弄观念，无的放矢；但如一旦知道注意经济实践，并且已在革命的经济实践过程中，我们就得明了，离开了经济理论是寸步难行的。

（三）旧对象与新对象

关于经济研究，一般原在采行两种方式：一是依据既成的经济原理，去探究现实的经济事象；一是依据现实的经济事象，去证验经济学原理。在实际上，这两种研究方式是在同时并行着的。但一个社会如其是临到新旧交替的关头，特别是在求理论与实践统一的场合，对于所研究的经济对象，就无法只是注意当面的，新的，而不涉及其既成的，旧的。从原则上讲，旧社会的生产力，或构成那种生产力的诸经济因素或条件，到了新社

---

① 《列宁主义问题》，第 722 页。
② 同上书，第 35—36 页。

会，只是看作新生产力（在一定新生产关系下结合起来的）的"原料"，但这要看那种除旧布新的革命的彻底性如何。假如对旧的生产关系还有所保留，则每种新的经济措施，就要同既成的社会经济关系，打一番交道，或者要对既成的社会生产关系，以及附丽于那种关系中的旧习惯，旧意识，旧作风，有一番彻底的理解。否则，社会转型的大业，就将因为我们对于旧的太隔膜，而无由达成更新的任务。所以，在转型开始的场合，就忽视对于既成半封建半殖民地的社会经济形态的注意与研究，或将不免在改革实践上蒙到一些观念主义的不利影响。注意研究新的经济对象，同时还要不忽视旧的社会经济关系，这是我们处在转型期中的经济研究者所无法避免的双重负担，并且这负担，还显然因为我们当前革命容许中小资产者合作的性质而加重了。

（四）深化与通俗化

一切在过渡中在转型中的社会经济事象，一般都是比较错综复杂的，而注重技术条件，注重实践程序，又更增加了经济理解的深度与阔度，于是，经济理论的深化与通俗化的问题就发生了。从表象上看去，深化与通俗化是正相对立的。但仔细考察起来，就知道那正好是相生相成的。深化的意思，是要在一个经济理论体系之下，把更多联系、更多曲折的内部因果关系，揭发出来，而对于那样揭发出来的因果关系，用极明白浅近的道理或实例表达出来，就是通俗化。比如，熟练劳动与简单劳动的概念，以及依据那种概念建立起来的非平均主义的工资支付原则，本来在马列主义理论中，是相当深入的部分，但我们在转型社会中，把它拿来解释要注重效率，增加生产，就不能采用平均主义的道理，却就能使每个没有什么深入理论修养的工资劳动者，都懂得非常透彻了。进步的社会阶级，得随时依照其进步的程度，提高知识水准，提高经济理论水准。这种提高知识理论水准的工作，虽然不能完全期之于一般人民在实践中的自发的体验，但他们却因为要做一个进步社会的有效率的实际工作者或革命实践者，而有理由要求进步的经济知识与理论，在一定范围或程度内，变成为他们的东西。在另一方面，因为大家这样要求理论，应用理论，并通俗化理论，又反过来成为把理论引到更广泛境界，更间接联系上的深入的前提。

这一序列问题经过了上面的简括说明，我现在可以略有所据地指出我们新经济学界的研究方向了。

三　总方向

当作新政权、新社会之经济意识代表的新经济学界，它的基本任务，显然在研究如何可以减少自然历史的障碍，从速实现新的社会经济体制。这可以说是我们新经济学界的总的研究方向。在这种基本任务下，在这种总的研究方向下，在目前，或者至少在目前，我们应当把全部注意力集中在以次诸方面：

第一，是马列主义经济理论的发挥与普及——马列主义经济理论，是世界各落后国家创建新社会经济体制的最高原则。我们必须明确理解并灵活运用那种最高原则，始能坚定我们革命的经济实践的信心；同时并好好克服那种实践过程中可能发生的诸多障碍。因此把马列主义的经济原则在实践过程中予以发挥，更以各种可能方式将其向全体劳动人民，全体实际工作者普及下去，那显然会大有助于新社会经济体制的创建。

第二，有关经济改进之现实的，历史的，自然的诸技术条件之调查搜集，与统计的资料、分析——在马列主义指导之下，同一经济资料，同一技术条件，将显出极其不同的社会意义。社会转型中带有计划性的经济改进工作，非常需要确实可靠的统计资料与数字，而这些资料与数字，又是上下相蒙相骗的官僚统治下所最不容易办到，或最感缺乏的。

第三，计划性的各种经济研究机构的分区设立——如其说新社会经济的创建，大体上是新政权按照一定步骤，一定计划来推行的，那么，我们根本上为了成就这种创建工作而展开的新经济学界，就没有理由还是采行"各自为政"，"各修各得"的放任主义。但任何知识界，是难于管制的，分区设立各种性质的经济研究机构，就大体可以把各个人研究的兴趣与心得分工协作地与各种特殊部门各特别区域的经济实践配合起来。而这同时又可借以范围或约束经济学界的一般研究倾向。自然，在这种计划性的安排中，对于旧有经济研究设备的整理与利用，对于旧有经济学人的"改造"与吸收，是应当好好注意到的。

把以上三点，作为我们新经济学界的研究方向，也许过嫌简略，但实际作起来，却又是会太嫌繁重的。

1950 年 10 月

广义政治经济学研究发凡

——广义政治经济学研究大纲第1—2讲

想对广义政治经济学下一点研究工夫，是多年的宿愿，同时也从多年起作过一些准备。到此刻，不但准备还不充分，并且时间也不大许可。但一想到：时间是挤出来的，文章是逼出来的，我就勉强来作了。依计划，全文分20讲。还不敢就说是广义政治经济学，所以姑且题称为《广义政治经济学研究大纲》。而且陆续发表出来，并非因为是自认正确，才这么作，倒反是因为怕不正确，想藉此得到大家的指正。

1951年1月22日作者附志

一 提出广义政治经济学，是一种伟大革命的创见

正式把广义政治经济学这个术语提出来，并加以明确的规定，或者正式把政治经济学的研究，区别分为广义的狭义的两个范畴，那是如大家所周知的，是始于马克思主义政治经济学的两位建立者之一的弗里德里希·恩格斯。恩格斯有关这种区分的经典说明，是载在其1878年出版的《反杜林论》中。我们知道，对于《反杜林论》这部著作，马克思不但参加了意见，并还有一部分是他的手笔；就他们在文字上常采取合作的方式说，把政治经济学研究作着这样有历史意义的区分，就毋宁是他们两位革命导师共同提出的创见了。

为什么这是一种革命创见呢？那从马、恩的有关的经典说明，就可以显示出来：

"政治经济学，按广义来讲，是这样一种科学，它研究各种人类社会里的生产、交换及和生产交换相适应的产品分配等的条件与形式——这广义的政治经济学，还是要由我们去创造的。现在我们所有的政治经济学，差不多只是专门研究资本主义生产方式的发生和发展，它开始批判封建时

代生产及交换形式的残余，证明这残余一定要为资本主义生产方式所代替，再后，它从正面阐发资本主义生产方式及交换形式的法则……最后，更以社会主义观点，批判资本主义生产方式，就是从反面来说明它的法则，说明它这种生产方式，因其自身发展的结果，将迅速的达到这种境地，使自身不能再存续下去……"①

这段话，第一明确表示了"最广意义上的政治经济学，是一种用来研究那些支配着人类社会中物质生活品之生产和交换法则的科学。"② 把广义政治经济学加以这样的规定，这就不但把政治经济学的范围，从狭窄的资产阶级的经济学视野展拓开了，并认定有物质生活品生产及交换的社会，就有法则，就有经济科学研究的可能。第二，表示了像这样一种包括甚广的科学，直到他们为止，还是不曾出现的。为什么呢？那是因为"关于人类生活形态的考察及科学的分析，一般是与人类生活形态的现实发展，循由相反的道路。这种考察与分析，是从发展过程的完成结果开始的。"③ 换言之，就是说，人类生活形态的发展，是由简单到复杂，由低级到高级，但关于那种生活形态的科学的研究，却不可能在简单的低级的阶段顺序作下来，而必须待到把复杂的高级的阶段的形态研究好了再回溯上去。这是以极发展的高级的资本主义生产方式与交换方式为研究对象的狭义政治经济学，其所以先于以人类一切历史时代的生活形态为研究对象的广义政治经济学而出现的基本原因。从这种说明中，第三，还表示了广义政治经济学对狭义政治经济学的分野，虽然只是在研究范围上有区别，前者包括后者在内，可是，那是关系到政治经济学的本质的认识和研究方法论的问题，只有把握着唯物辩证法的马恩，才能洞见到资本主义社会以前及以后的任何经济形态，它变动，它发展，它一定是由于本身所特有的物质生产条件，表现出了某种推动其变动发展的倾向和要求，这就是法则，就是政治经济学研究的对象。不过，尽管客观的事实如此，但要认识它，还不只是单纯的理论修养问题，同时还紧密的和革命实践斗争结合着。我们只要稍微考察一下晚近资产阶级经济学界乃至苏联经济学界的情形，就十分明白了。

---

① 《反杜林论》（吴黎平译），第182—183页。
② 同上书，第177页。
③ 马克思：《资本论》第1卷（郭大力、王亚南译），读书生活出版社1938年版，第37页。

二 围绕在政治经济学研究对象的限制性问题上的论争

对于广义政治经济学能否成立的问题，换句话说，就是除了以资本主义经济为研究对象的狭义政治经济学以外，是否还有一种政治经济学，它不但研究资本主义经济法则，并还研究资本主义以前及以后的经济法则。这个问题，引论起来，便成为资本主义以前以后的经济，是否也有法则可言，是否可能成为科学研究的对象的问题。

一般的讲来，对于这个问题的答案，不但资产阶级经济学者，特别是晚近庸俗经济学者是否定的，就在许多打着马克思主义旗帜的经济学者，也是否定的。虽然他们认识的出发点，是颇不一样的。

先就资产阶级的经济学者来说。

资产阶级学者，在本质上一般是不把经济学看成一个历史科学的。他们的历史观，就是以资本主义社会为尽头，资本主义以前的历史是不合理的，是不自然的，资本主义则是合理的自然的。虽然到了苏联的社会主义经济形态出现以后，已经铁一般的证明他们一向强调的合理的自然的制度，也还是一个历史上的特定阶段，可是他们还是顽执的认定，那也不过是又一形态的不合理不自然；他们为了阶级利害，是决不肯承认社会主义经济形态代替资本主义形态，正如同资本主义形态代替封建经济形态是一样出于历史的必然。他们既然是这样看待历史，很显然的，就不能看出各历史时代的经济形态之间，贯穿有何等辩证的转变法则，从而也就不能理解到，各历史时代的经济形态，都各别具有它们独特的存在的和发展的法则。虽然他们有时很天真的，"把原始时代的渔夫和猎人，当作商品所有者，使其交换鱼和野兽，并使其依照实现在交换价值中的劳动时间的比例来交换"，① 如著名的优秀资产经济学者大卫·李嘉图就是这么做；又或把普通农民凿木为桶所用的斧头看作现代资本家设备在工厂中的机器一样的资本，② 如著名的庸俗经济学者庞巴维克就是这样做。可是，尽管他们这样浪漫蒂克的把古往今来的经济形态一视同仁的看待，仿佛资本主义的商品经济法则、资本蓄积法则，也可在那种原始社会见到，可是他们却为

---

① 马克思：《资本论》第 1 卷（郭大力、王亚南译），读书生活出版社 1938 年版，第 37 页。

② 参见《资本肯定论》（曾译），第 16 页。

了怕贬损资本主义经济制度的"独特合理性",和他们所主张的资产阶级的政治经济学的永恒性,始终不肯明认政治经济学也可把以往那些"不合理的"经济形态,看作值得研究的对象。不错,在19世纪30年代,曾有一个法国资产经济学者亚朵夫·布兰基(A. Blanqui)很例外的讲过这样的话:"政治经济学是比大家所设想的要早得多的历史时代的产物,希腊人罗马人都有他们的经济学。"①可是,他所理解的希腊人罗马人都有他们的经济学,是什么一回事呢?他不过是要表明,希腊人罗马人也有他们的经济思想罢了。

事实上,资产阶级经济学者,不但不承认资本主义经济以外的任何经济形态,作为政治经济学的研究对象,甚至也不肯,实际也不敢把资本主义走向下坡的没落阶段的经济法则的研究,放在他们所理解的政治经济学的范畴里;以为那样的研究,即暴露资本主义没落倾向的研究,都不过是异端的成见,都不过是为了拥护无产阶级利益所编制的一套学说。还不止此,他们甚且更进一步,连古典经济学者在资本主义向上期为了反对封建生产方法,为了从正面强调资本主义制度所作出的一些光辉成果,也因为那有利于反对阶级,而将它贬损得一文不值。于是,在他们,比较有科学性的资产阶级的政治经济学,就干脆地被取消了。代替它的,是和资本主义经济现实无关,至少是和资本主义经济运动法则无关的一大堆经济观念——即所谓奥地利经济学和价格经济学一类东西。因此,广义政治经济学的存在问题,自始就不曾明显的进到他们的认识境界。而认真把那看作问题来谈论的,倒毋宁是自认为站在马克思主义旗帜下的那一种人。

次就所谓马克思主义经济学者来说。

在马克思、恩格斯提出广义政治经济学这个范畴以后,站在马克思主义立场,明确的提论到政治经济学的寿命问题的,即政治经济学何时发生何时终结问题的,亦即政治经济学是以什么社会经济形态为研究对象的,是德国的马克思主义的女革命斗士罗莎·卢森堡(Rosa Lusemburg)。在她死后的1925年始公刊的《经济学入门》那部书中,她曾一再论到有关政治经济学这一方面的问题,她讲过亚当·斯密经济学怎样适合资产阶级经济要求之后,接着说:"我们理解何以经济学约在一世纪半前,方始发生的事,用同样的眼光,就可以明白经济学此后的命运——即经济学既作为关于资本家的生产方式之特殊法则的一门科学,其存在与职能,明明是与资本家的生产方式的存在相连结的。一旦那种生产方法停止,即刻就失

---

① 参见罗莎·卢森堡《经济学入门》,改题为《新经济学》(陈译),第4页。

了基础。换言之，作为科学的经济学，在资本主义之无秩序的经济，让位与劳动社会总体意识的所编成所指挥的计划的经济制度的时候，其职务便算告终，所以，近代劳动阶级的胜利与社会主义之实现，就是作为科学的经济学之终结……经济学的任务与对象，既是说明资本家的生产方式的发生发展和扩张的法则，则经济学结局必然要发现资本主义没落的法则。资本主义与从来各经济形态相同，不是永远存续的，不过是在推移中的历史的一个过程，社会发展之无限阶梯中的一个阶段罢了，由此，有关资本主义发生的学说，竟辩证的变为资本主义没落的学说；有关资本主义生产方式的科学，变为社会主义科学的基础；资产阶级之理论的支配工具，变为无产阶级解放革命斗争的武器。"①

卢森堡对于有关资本主义生产方法的狭义政治经济学的历史任务的分析是相当透辟的，她也明确认定资本主义经济形态，在社会史的发展过程中，只是一个阶段。不过，这一阶段有一个特点，就是由于它的生产的盲目与无秩序，就特别需要经济学的指导。从而在言外，她就认定，政治经济学只合把这种资本主义生产方式作为研究对象；对以往的经济形态，她虽没有明白说明是否有成为政治经济学之科学研究的可能，但对于未来的经济形态，即今日在苏联实行的社会主义经济形态，她却十分肯定的认为没有作着科学研究的必要。因为社会劳动总体被意识的编组在统一计划之下，政治经济学的研究，便成为多余了。

卢森堡是死在苏联社会主义经济形态出现不久后即1919年，她不能看出社会主义经济的法则性，她不能认识社会主义经济的发展，是同样或更要研究作用在那种经济形态中的诸法则的理论的。我手边还没有足够的资料，确定她从德奥诸国的马克思主义曲解者如希法亭（Hilferding）辈那里受到了多少影响，但重复她这种错误的苏联少数派经济学者鲁滨就把否定社会主义经济法则，否定社会主义经济的科学理论研究，当作了反动实践的一个思想武器。在这个问题上，布哈林也是同鲁滨一鼻孔出气的。由是在苏联经济学界，就曾有一个时期，特别在反动少数派盘踞要津的时期，满布了走了样的马克思主义的经济理论。如像拉比托斯这样的学者，也竟在其1930年第五版的《政治经济学教程》后面，所附《政治经济学方法论》这篇文章中，力言："政治经济学只研究一个经济形式，商品——资本主义的发展定律。"② 并还着重的表

---

① 参见罗莎·卢森堡《经济学入门》，改题为《新经济学》（陈译），第75—76页。
② 《政治经济学方法论》（吴译），第7页。

示："这门科学不是研究人类的一切社会关系，而只研究调剂生产关系的定律，并且只限于无组织（商品——资本主义）经济的生产关系。"①不过到了翌年，他在同书第六版中，就把他的这种不正确的看法，给修正过来了。"我们在政治经济学研究上，不是局限于商品——资本主义经济的发展法则的，对于苏维埃经济理论也要研究。"② "……马克思主义经济学，所以至今主要是悉心研究商品——资本主义经济的发生发展及死亡的诸法则的，就是因为它是在资本主义社会的诸条件上，并且是在无产阶级进行倾覆资本主义社会的斗争场合里产生与成长起来的……既然苏维埃经济产生了，无产阶级的经济学，再不能仅注意于商品——资本主义经济的诸法则，因为只有在我们的经济运动法则的深刻研究的基础上，无产阶级才能把社会主义推到成功的道路上。"③ 拉比托斯在他这样把他的原来主张修正过来之后，还紧接着在正文后面，附加一个说明说，先前认定政治经济学只限定研究商品——资本主义经济，是受了鲁滨、布哈林辈的影响，那些人是把避开苏维埃经济特征及其特殊问题特殊法则的研究，作为其达成资本主义复辟的手段。

其实，不仅拉比托斯，所有在当时及以后相当时期存在于苏联经济论坛讲坛的有关政治经济学的著作中，都在有意无意的重复那一类的错误见解，列昂节夫曾经这样指摘过："关于社会主义经济法则的特质的问题，在政治经济学的讲授中，在提纲和教科参考用书中，存在着许多本质上的错误和缺点。其中常有一种是浮面的因而也是不正确的观念，认为只要一铲除资本主义，凡是它所有的一切法则就都消灭了，并且认为在社会主义的国民经济制度中，是没有任何经济法则的，也不可能有任何经济法则的……这种非常错误的看法，在本质上，就断绝了了解苏维埃国民经济制的真实关系的可能性，因为没有法则的地方，没有合法的发展的地方，那儿就无科学之可言的。"④

经过了这样与革命建设实践相联系的斗争的清算，政治经济学研究范围的限制性问题，始重新回复到它的正确理解。依据马克思主义的学说，不管社会经济采取哪种形态，它总是根据一定客观条件所表现的必要性，所表现的一定法则的转变而发展的。那里有经济形态的存在，那里就有变

---

① 《政治经济学方法论》（吴译），第 3 页。
② 《政治经济学教程》上册（李译），第 18 页。
③ 同上书，第 15—16 页。
④ 《政治经济学》（解放社版），第 423—424 页。

动发展，那里就有法则，就有政治经济学研究的余地。①

三 马克思主义政治经济学在本质上是广义政治经济学

谁都清楚，马克思主义政治经济学的代表著作，是马克思的《资本论》。他在该书的初版序言中，曾明确表示："本书的最终目的，是揭露近代社会的经济的运动法则。"② 这就是说，在无产阶级革命的实践要求上，他是把他的研究，集注在近代资本主义经济发生发展及没落法则的揭露上。可是他的研究目标尽管是如此，当他要把资本主义的经济法则弄个明白的时候，他就得针对着资产学者散布在资本主义经济上的观念尘雾，作一番廓清工夫。资产学者毫不自觉矛盾的，一方面强调资本主义生产方式的永恒性，以及它对其他生产方式的优越性合理性；同时又用胡子头发一把抓的办法，把资本主义社会存在的各种经济形态和其他社会的同类经济形态混同起来，使资本主义生产方式对其他社会生产方式显不出何等优越和合理。无论从哪一方面讲，他在揭露资本主义经济的运动法则当中，都不能不对其他在资本制以前及以后的非资本主义的经济形态，作过历史的分析。因此，在《资本论》这部大著中，除了关于价值、关于货币、关于劳动、关于资本蓄积、关于商业高利贷业、关于地租……等等，都曾以极多的篇幅，精密阐述其发展的历史过程，阐述它们在不同社会的不同特质外，并还随时对每一个经济形态，指出其有关的历史性格。而对资产阶级学者给予了无情的批判。所以，恩格斯说："倘要各方面周到的批判资本主义的经济，那么只知道资本主义的生产、交换及分配还是不够的，至少还应该扼要的考察资本主义以前的形式或同时存在于落后国家的形式，拿它们来和资本主义形式相比较。直到现在，只有马克思一个人，一般的采用这种考察和比较，我们对于资本主义以前的理论经济学的知识，差不多完全是从马克思著作中得来的。"③

---

① 这里特附加说明，在拙著《政治经济学史大纲》第1章第1节中，我自己也曾犯了一个错误，认为严格意义的政治经济学，是到资本主义社会才有作着科学研究的可能与必要。而在以前的社会，则无此可能与必要。那错误是从1933年旧版《经济学史》中沿袭下来的。新版第二版原已全面改订过来，但改订稿寄去，书已印出了。

② 马克思：《资本论》第1卷（郭大力、王亚南译），读书生活出版社1938年版，初版序言第3页。

③ 恩格斯：《反杜林论》（吴黎平译），第183—184页。

其实何止资本主义以前的理论经济学的知识，就是在《资本论》乃至在《反杜林论》、在《共产党宣言》、在《哥达纲领批判》……等著作中，对于将来社会或马克思、恩格斯所企图实现的社会主义、共产主义社会的许多基本理论知识，他们不也在可能的范围内，给予我们不少的正确提示么？

马克思、恩格斯像这样的集中剖析资本主义经济，同时却连带着论述前资本主义及社会主义经济特质的精神，到了他们的直接继承人列宁的手里，就得到进一步的发挥。列宁曾明确的把马克思主义政治经济学，规定为"关于不同社会经济结构，及各种结构之根本形态的基础概念"。[①] 所以他由是定义政治经济学为"研究在历史过程中发展着的各种社会生产结构的科学"。[②] 可是在研究的范围内，他和马克思、恩格斯不同，这在基本上当然是由于他们所处的时代不同，他们的革命实践要求不同，但同时也由于马克思、恩格斯已集中他们的全副精力，把资本主义社会由发生发展到没落研究得十分明白了，列宁就无须再在这方面多下工夫（虽然他关于剩余价值的实现理论，关于恐慌的学说，曾在马克思、恩格斯经济学体系中，增加了不少的卓越见解），却把马克思、恩格斯所研究的结论，联系到他所面临的资本主义向着帝国主义转化的新情势，联系到帝俄落后资本主义进到社会主义的革命实践要求，而写出了《帝国主义论》和《俄国资本主义的发展》这两部大著；由于《帝国主义论》，资本主义的没落法则，更得到了透辟精到的发挥。由于《俄国资本主义的发展》，马克思、恩格斯分别关于前资本主义社会经济形态，特别是关于商品经济，关于农民的两重性质，关于土地问题等等，都依着俄国的实际的丰富资料，予以科学系统的说明。至若他在大革命以后，对苏联过渡经济性质的分析，对新经济政策理论的展开，殆莫不是马克思主义政治经济学在资本主义经济研究范围以外的拓展。

不过，由马克思、恩格斯天才的提示，由列宁具体解析到的有关社会主义的经济理论或社会主义政治经济学，到了他们的忠实继承者斯大林手里，又更进一步予以发展和充实了。斯大林在领导社会主义建设过程中，为了对国内资本主义复辟派的歪曲理论进行坚强的斗争，不得不把社会主义根本不同于资本主义经济的特质，极明确的揭示出来。他依据恩格斯所着重指出的"无产阶级专政国家为一最大经济力量"的指示，依据列宁

[①] 《列宁全集》第2卷，转引自拉比托斯《政治经济学教程》上册（李译），第12页。
[②] 列昂节夫：《政治经济学》（解放社版），第29页。

所强调的"政治是经济集中表现"的指示，认定由苏维埃国家运用政治力量，加强经济的领导组织与管理，是推行社会主义计划经济的必要前提。他认定由计划经济逐步展开的各种要求，如发展大工业，如把小农生产导向合作的集体的形式，如铲除城乡的对立，如提高劳动人民的生活水准……等等，通是社会主义经济运动法则的体现，而如何根据具体条件与实际经验，掌握这种经济运动法则，并如何去说明这种运动法则，那就是社会主义经济学的内容。斯大林在他的《论苏联土地政策的几个问题》当中，在《论新的环境和新的经济建设任务》当中，以及在几次五年计划的总结和报告当中，已充分证示他和列宁是社会主义政治经济学的创建者。而他的最光辉的著作《辩证唯物论与历史唯物论》，更把一切历史时代的经济形态及其发展法则，替我们提要钩元的作了最明澈的指示。

要之，依据马克思主义，依据唯物辩证法所论究的经济理论，政治经济学，因为它是把每一个特定历史时代的经济形态，当作整个社会史序列中的一个阶段，一个推移中的过程来理解，所以即使它的任务或目标是限定在分析某一个特定时期的经济形态，也不能不具有涉及一切时代的广义的性质。

这就是马克思主义政治经济学在本质上其所以必然是广义政治经济学的道理。

四　在狭义政治经济学学习上所碰到的许多问题，要由广义政治经济学得到理解

尽管如我们前面所说，马克思主义政治经济学在本质上是广义的，但到目前为止，不论在社会主义的苏联，抑在我们新民主主义国家，对于政治经济学的研究，大体还是集注在狭义方面，即还是侧重在以资本主义商品经济为对象的狭义政治经济学方面。许多学习政治经济学的人，就曾因此提出疑问。要解释这种疑问，并不能从理论上着眼，以为一种完整的社会主义经济学或新民主主义经济理论体系，还没有建立起来，姑且还是学习有关资本主义经济的学说，要这么解释，就真像是"为学问而学问"，学一些与我们现实无关的东西了。恰好相反，我们比较着重的研究狭义的有关资本主义的经济学，倒反而是为了革命与建设的实践。在目前，就我们这些社会主义国家新民主主义国家讲，我们大体还是带着资本主义经济的残余，向着社会主义的方向走；在过渡的期间，我们不但需要明确了解资本主义的性质，明确了解资本主义因素的作用，依照适应我们革命或建设的客观需要，在某种场合容许它，利用它，在某种场合阻止它，在某种

场合打击它；同时，我们知道，由于一个社会，转型到另一个较高级的社会，并非把一切旧有的都全盘毁掉了重新再来，而往往是把旧的组织、旧的机构、旧的生产交换形态，通过一序列改造程序，使它们适合于或服务于新的社会目的。比如像工厂、矿山、银行……一类资本主义的设备或机构，如像管理经营诸般资本主义经济行为的组织和技术，固然都得使它们好好的转化为新社会的物质基础条件，就是商品、货币、信贷、工资……等等深刻体现着资本主义性格的经济形态，也还不能干脆的一笔勾销，在一个相当的时期内，甚且要辩证地把它们应用为从根铲除资本主义的有效手段。还不止此，我们当前虽然把国内的资本主义势力帝国主义势力打垮了，但正因为我们在国内肃清或限制资本主义——帝国主义，它们就在国外以各种侵略方式来威胁包围窒息我们，所以，彻底了解资本主义——帝国主义，认清它们的剥削侵略的特质和其在没落过程上的反动趋势，就成为非常必要了。要之，无论是就社会主义新民主主义的建设实践上讲，抑是就反帝国主义的革命实践上讲，都不能不通过狭义的政治经济学的学习，来加强我们的认识和信心；事实上，不能彻底理解资本主义，也就无法彻底认识社会主义和新民主主义。

可是，正如恩格斯所指示我们的，对于资本主义经济形态，是不能单从那种形态本身得到彻底理解的。我们极容易把以往前资本主义社会的形态，拿来和资本主义的有关形态，作着类比的混同。比如我们在学习政治经济学当中，不是时时碰到以次这类问题么？

（1）资本主义社会习见的一切经济名词，差不多都可以在古代社会见到，能不能够说古代社会也存在着资本主义？

（2）出卖劳动力的事，是不是只能在资本主义社会才能有的？

（3）货币要用活劳动交换，要购买劳动力，才能转变为资本，假使奴隶不是由战争俘得，而是由市场购得，那所花费的货币，是否算作资本？

（4）奴隶社会封建社会早有商人将本图利，增殖价值，为什么说他们拿出图利的本钱，没有发生资本机能？为什么以往社会的商业资本与资本主义社会的商业资本性质不同？

（5）商业高利贷资本破坏了封建生产方式，能不能说现代社会的商业资本信贷资本也破坏了资本主义生产方式？

（6）……

诸如此类的问题，即使比资产经济学者所谓野蛮人杀打野兽的石斧木棍亦为资本的说法，还要表现的智慧一些，但这类问题不弄明白，却同样会认不清资本主义的独特本质。

由于政治经济学已成为我们当前学习生活中的一门极重要的学科，我觉得，对于上面这类经济发生的问题，与其分别去枝枝节节的解释，使疑问者仍然得不到一个全面的清晰的概念，就宁不如把各历史时代存在着的类同经济名词或经济形态，依各别社会生产方式的本质差异，来加以比较系统的说明，能这样，他们由前资本主义社会学习到资本主义社会，就不会引起那一些似是而非的疑问了。

然则这种研究工作，是否可以让经济史去作呢？我认为经济史在它的职能上，是担负不了的。

五　广义政治经济学与经济史的关系

广义政治经济学与经济史当然密切相连，甚至有相涵的关系，但显然不是同一的。我在多年以前曾这样加以划分："……经济史与广义政治经济学的区别，假使不妨在这里顺便作一解释，则广义政治经济学所着重的是存在于各别历史时代的经济法则，而经济史所着重的则宁是史实及各别历史时代相续推移转变的经济法则……"[①] 到今天，虽然我大体还支持这个看法，但却认为那种表现方式过于生硬。要将它明白分释起来，应是下面这样的：

（1）经济史侧重在各历史时代的经济史实方面，广义政治经济学则侧重在各历史时代的经济的原理和法则方面。

（2）经济史在其所叙述的史实中，贯穿着各历史时代的经济的发生发展的总原则或总的发展法则，而广义政治经济学则须对于形成那种总原则或总的发展法则，就各历史时代同时存在着的诸个别经济法则予以较详尽的较具体的充实或论证。

这里且用一个例子来说明。由封建社会转变到资本主义社会，在经济史上我们无疑是需要把其中有关的经济史实叙述出来的，比如就欧洲社会讲，我们是需要把当时庄园解体、商工业基尔特崩解、商品货币流通加繁、商业扩张、海外掠夺及原始蓄积增大，以至产业革命发生的诸般史实叙述出来的。但把这些史实依照一定的发生顺序编列出来，是否就算是经济史呢？尽管我们所见到的差不多都是这类东西，那显然只算是史料，而不能称为科学的经济史；科学的经济史是要在这些史实中，贯穿一个基本的总

[①] 王亚南：《中国经济原论》（三联新版），第16页。

的发展法则。那就是在封建末期的社会胎内，小商品生产发展起来了，劳动生产力增大起来了，原有的领主贵族与农奴结成的生产关系，不能容许那种生产力的发展，于是，突破那种旧生产关系的资产者的革命运动，就发生了，由是，就把小商品生产，催生推进到资本主义的商品生产，资本主义社会出现了。而资本主义社会所需要的两大法宝：以各种原始方式蓄积的资本，因旧的生产关系解体创造的自由劳动力，都是在那种转型过程中准备好了的。所有上述的商业扩张，海外殖民地的掠夺……都是蓄积原始资本的注脚；庄园的解体，基尔特崩溃，……都是创造自由劳动力的注脚。各种重要经济史实，如被系统的组织起来，体现着那种社会经济的总发展法则，那就是一部科学的经济史。经济史的任务，是到此为止的。

可是，在以自然经济为特征的封建制的末期，庄园体制商工业基尔特制度是怎样逐渐解体了的呢？小商品经济是怎样逐渐发生起来的呢？由小商品经济进到资本主义商品经济，是怎样推移过渡的呢？综言之，那当中表现为生产力与生产关系冲突的总经济法则，是怎样变成为一种社会性的运动呢？那显然不是偶然的凑合，而是由于社会各别存在的经济活动，相互联系，相互制约，所形成的一序列法则连同作用的结果。如像有关生产、交换、分配的法则等等，虽然如我们后面要讲明的，在性质上，在贯彻的作用和范围上，都不像资本主义社会同名称的法则那样，但都无疑是依着这些法则的连同作用，才把当时社会劳动生产力对生产关系对抗和突破的总要求或总运动倾向表现出来。广义政治经济学尽管随时都得把握这种社会经济变动的总关节，但它的基本任务，却需要深入到全面的经济史实中，去把那些作用在它里面的诸种法则和原理清理出来，发掘出来。

从这里，我们就可了然广义政治经济学与经济史的关系，同时也知道，单有经济史的说明，是不能代替广义政治经济学的。

六　我这里研究广义政治经济学的目标和所设定的范围

一切理论研究，是由客观实践要求引起的，是为实践服务的。我们研究广义政治经济学，当然也是如此。

特别是中国的国情——由铲除封建，容许资本主义，向着社会主义理想目标前进的新民主主义的国情；联合欧亚一切新民主主义兄弟国家，向苏联靠拢看齐，并多方学习它的革命建设经验，同时对帝国主义作殊死的搏斗的国情；已经在客观要求上，确定了我们研究政治经济学，不应限于狭义的了，而我们一般研究政治经济学，还是把最大一部分时间用在探求资本主义——帝国主义的理解上面，那也无非是为了更好地认清我们新民主主义社会主义乃至共产主义的特质和前途。如其我们没有理解到这一点，而把太多时间花费在资本主义经济的研究上，那就真是很值得考虑的问题。

无论如何，为了研究上避免重复，也为了研究的分工，我想把我的研究范围，作着以次这样的规定：

（1）一般政治经济学讲得比较少，甚至全没有认真触到的前资本主义各历史时代的经济原则或法则，我打算多讲一点，虽然这是非常困难的，但也无妨根据我们革命导师们已有的提示，和已有的比较可以信赖的史料，作一点尝试，就是讲错了，也许是可邀鉴谅或容易得到改正机会的。

（2）一般讲得比较多的资本主义经济部分，或狭义政治经济学部分，我就打算讲得少一些。那如我在前面讲到的，并不是说，资本主义经济部分，不应重视，不应多费时间来研究，而是因为大家都在这方面讲得很多，我就不妨少讲；只在前后系统联系的必要上，把它最基本的一些法则，挈领提纲的叙述出来。

（3）关于苏联社会主义经济部分，在今天的中国来讲，是非常必要多讲一些的。社会主义经济学，诚然还有待于完成，但马克思、恩格斯的提示，列宁、斯大林的创见，以及有关苏联经济的各种形态的丰富参考资料，已大可供我们在这方面努力向前发掘的坚实基础。至若有关共产主义社会的发展原则问题，我们一般学习政治经济学的人，也很容易以一半好奇一半存疑的态度，提出不少的说明要求来。但那方面的问题，今日苏联经济学界也许要当作一件非常迫切的事来处理，他们也实在更有条件去接触它，我们论究起来，就较不切近，较为困难了，所以我只想在论及社会主义社会经济法则时，顺便作一些原则性的说明。

（4）新民主主义的法则性问题，已经当作一个迫切任务，提到我们新经济学界面前了。它显然应当在我们进行研究的广义政治经济学当中，占一个非常重要的地位。而且在理论研究的实践意义上讲，我们对于一切其他社会经济形态及其经济法则的分析，理应全都归结到增进我们对于新民主主义经济的特质及其特殊法则的更明确的理解。

所有关于上面这些社会的经济的原则或法则的研究，在进行当中，当然应当先把各别社会经济形态或其经济史实，具体而概括的加以叙述，但这是关系到方法论的问题，那将在下面专篇予以说明。

（原载《新中华半月刊》1951年第14卷第5、6期）

贯彻在广义政治经济学中的诸基本原则

——广义政治经济学研究大纲第3—4讲

科学的政治经济学，它的出发点，它的全部说明和叙述，以及其中包含的每一概念，每一论点，每一章节，都必得系统的贯彻着若干最基本的原则。它的这种原则性问题，也就是有关它成功为一门严密科学的方法论问题。

一般的讲，单从形式上表象上着眼的庸俗经济学，无非就是彼此矛盾冲突且与经济现实无关的一些观念的丛集。在我们习见的这类性质的经济学著作中，导论同结论可以各不相谋或反唇相讥；各种术语或概念，例如资本、劳动、货币罢，因为那都不是确切反映着现实，也自无须照应到它们彼此间的内在联系，从而就无妨自由自在的加以处理。它们根本没有意识到关系一般原则性的方法论。在庸俗经济学者的各小派间，即使也有争论，但极根本的方法论的问题，在他们是不存在的，至少是不能看为重要的。

恰好相反，马克思主义的政治经济学，最先就要求把它所进行研究的对象、观点、方法、立场弄个明白。就因此故，凡是接触到马克思主义政治经济学的人，就特别把统括这一切方面的方法论的问题，提到第一位。苏联在十月革命以后的经济学界，因布哈林、鲁滨、拉皮托士等人的立场观点发生问题，而由是展开了清算性质的批判。解放后的中国新经济学界，一般还是在蜕变过程中，因而就随在可以听到一些很离奇的高见：有一位大学讲坛上的学者表示：他能够同时把马克思主义经济学和所谓价格经济学，讲得一点也没有矛盾；这当然是太值的纳罕了。但另一位却表示，他是根本不大过问唯物论历史唯物论的，可是照他自己说，他对马克思主义政治经济学，都不妨说是"通家"。诸如此类的例子多得很，但值得在这里一提的，宁是那些大体站在同一立场，采取同一观点的人，往往对于有关方法论的若干基本概念，也竟持着极不相同的解释，从而就不免引起一些初学者的迷糊之感。比方，由许多初学者提问到我面前的，就有以次这几个问题：

（1）唯物论与辩证法，与政治经济学有什么密切关系呢？不懂哲学，就不容许他做一个经济学家么？

（2）一般经典文献上，都表示政治经济学的研究对象[①]是各不同社会的生产关系，没有提到生产力，生产力不关重要么？那将怎样说明？

（3）马克思主义经济学上最基本的"生产力"概念，在《学习》、《新中华》诸杂志中，就有了极不相同的解释，究竟哪种解释比较讲得通，而同时又不违背经典的说明？

（4）自然条件对于社会经济的变动和发展，是有着相当大的作用的，但我们目前流行的见解，却似把人、劳动力乃至劳动工具的决定性，看得很高，因而就相对把自然条件的作用看得较不重要了，这将怎样弄清楚？

（5）社会经济发展的推动力，有的讲劳动，有的讲欲望，有的讲生产力，有的讲生产力对生产关系的矛盾，而就社会主义社会言，又讲是批评与自我批评，怎样把这些作着统一的说明？

（6）在现代资产者社会中，商品是它的财富的细胞形态，因而分析这种社会的经济，是应当从商品入手的；但对其他非资本主义社会的经济的分析，究应从哪里下手呢？

……

所有这些问题，都是关联到政治经济学的方法论的问题。如其把这些问题，按照一定连续的顺序予以说明，我们就不难理解广义政治经济学中，究竟贯彻有哪些基本原则。

第一个原则性问题：怎样才算在政治经济学中体现着唯物论和辩证法

（一）

当这个问题提到我们面前的时候，首先就应当对唯物论和辩证法作一简单的说明。

唯物论是马克思主义的宇宙观。这个观点，包含有这样几个命题：其一是，宇宙本质上是物质的；其二是，当把物质与精神相对而言的时候，当把存在与思维相对而言的时候，物质或客观存在是第一次的，是基本

[①] 在前面第一讲里面曾提论到政治经济学研究对象的限制性问题，但那里所指的宁是就范围立论。

的，精神或思维是派生的；其三是，所有物质、客观存在乃至它的派生的反映，都是可以认识的。

马克思主义的辩证法，是把唯物论作为前提或出发点的，所以它是唯物的辩证法。它亦包含有几个基本命题：其一是，一切物质、客观存在都是相互依存相互关联着的；其二是，它们是把运动作为存在的形式，在不断变动，不断转化，在一定条件下，在不断发展；其三是，其变动转化与发展，都是通过其内在条件的量变质变过程而表现出来；其四是，在量变质变过程中，在新陈代谢过程中，一般是把它们内在的矛盾冲突斗争，作为推动的契机。所有这些，都显示为自发的不可抵抗的客观逻辑的序列，我们在这种意义上，称它为辩证法或辩证的法则。如依据这种精神，照着它的原样，不参加任何主观臆断去理解它，在那场合，我们就把辩证法看成了辩证的方法。前者是属于认识论的，后者是属于方法论的。在马克思主义，认识论与方法论是统一的，我们一般所称的辩证法，是要在结合认识论与方法论的意义上去理解的。

（二）

现在再来讲，怎样把唯物论辩证法应用在经济研究上，或者怎样使政治经济学体现着唯物辩证法。

因为不论是自然，是社会，抑还是我们在这里作为基本社会事象看的经济，在本质上都是不绝变动转化发展着的，所以只要我们对于它的认识方法，是基于唯物论的，是按照它的本来的存在发展状态加以确认的，那同时，就会使它表现为是辩证法的。

"在马克思，只有一件事是重要的，那就是发现所研究的现象的法则。但他认为重要的法则，不但是在一定时期具有完备形态，且保持相互联系的现象之法则。他更着重的，是现象变化的法则，是现象发展的法则，是由一形态到他形态，由一系列关系到他一系列关系的推移法则。……所以，马克思只关心一件事：那就是由严密的科学研究，证明社会关系的次序的必然性，并对于当作出发点和根据点的种种事实，尽可能予以完全的确认。……马克思认为社会的运动，是一个自然史的过程；支配它的法则，不仅与人的意志、意识、意图相对而言时，是独立的，并且是人的意志、意识、意图所由以决定的。……马克思的目标，既然是以这个见地研究说明资本主义的经济秩序，所以他所不得不做的，只是严密的科学的把经济生活的正确研究所必须有的这个目标，树立起来，这样一种研究的科学价值，在阐明一社会有机体的发生，生存，发展，死灭，以及由它进到高级社会有机体的演变，是受何种特殊的法则支配。"[①] 这是马克思自己引述一篇专门讨论《资本论》方法的论文中的话。他说，那篇论文，"说明了他的方法的唯物论的基础"。唯其《资本论》是这样把资本主义经济的事实当作出发点和根据点，并从那里阐明出不受人们意识意图支配的存在法则和发展法则，那些法则，就必然会当作辩证的规律而表现出来，而被视为资本主义社会的辩证法。列宁曾就《资本论》作过这样的天才说明："在马克思，资产阶级社会的辩证法，只是辩证法的部分的情形。"[②]《资本论》的主要目的，原是"揭露资本主义经济的运动法则"，所以，体现着资产者社会经济变动发展状态的辩证法，只是整个人类社会经济变动发展状态的"辩证法的部分情形"。

从这里，我们就不难了解，政治经济学该是如何与唯物论辩证法密切结合着。而我们自认为不懂得唯物论辩证法，也不妨做一个经济学"专家"或"通家"的学者，是怎样天真啊！自然，他们所"专"所"通"的，如其是庸俗经济学或所谓价格经济学，那就是另一回事了。庸俗学者是把资本主义社会秩序看作一经形成就永远不变的永恒秩序。他们最怕发现其中的辩证关系，莫洛佐特夫曾经讲过："只有马克思、恩格斯暴露了资本主义社会的辩证法，发现了能够改变资本主义社会的力量，资本主义的掘墓人——无产阶级。"[③] 在唯物辩证法的说明上，无产阶级在资产者社会胎内发生成长出来，成为资产者社会的掘墓人，正如同资产阶级在封建社会胎内发生成长出来，成为封建社会的掘墓人，一样是出于历史的必然。

要怎样才能在政治经济学中，体现出这种必然的辩证的发展关系呢？经济事象是复杂的，是参错着各种各色的文化因素、自然因素在里面的，从而，你不能由随便一种研究叙述方式，你不能由随便一种研究出发点，把它发掘指明出来，这就关系到政治经济学的研究对象问题了。

---

① 马克思：《资本论》第 1 卷（郭大力、王亚南译），读书生活出版社 1938 年版，原著者第 2 版跋第 10—11 页。
② 《辩证唯物论与历史唯物论的基本问题》第 1 分册（博古译），第 8 页。
③ 《辩证唯物论与历史唯物论的基本问题》第 2 分册（博古译），第 260 页。

第二个原则性问题：政治经济学所研究的对象，为什么被规定为是社会的生产关系？生产力不相并的看作研究对象，是不是贬损了它在社会经济中的决定作用？

（一）

政治经济学是研究什么的？

对于这个问题，资产阶级的经济学者，曾提出种种答案。这里是无须对它们详加检讨的。大约除了含糊笼统的说是"研究国民经济现象"，又或十分唯心的说是"研究人类避苦就乐的感情"一类肤浅而毫无意义的说教以外，就是那些带有古典性的比较能深入到经济内部联系的见解，也是不能明确的把握住实在的基本环节的。

对于同一资本主义经济现象，马克思曾把古典资产学者大体分别提论到的一些考察方法，检讨过了。他表明，他们无论是采取生产、分配、交换、消费这一四分主义的叙述方法，也无论是采取价值、价格、货币、资本、工资、利息、地租……这一列举的研究顺序，还是其他，他们都在不同程度上，陷在重复凌乱的状态中，分不出主从关系，分不出基本的派生的环节。也就是说，不能彻底唯物的把经济事象自身的运动秩序，照着它的原样表达出来。为什么呢？他们是"明足以察秋毫，而不见舆薪"，在枝枝节节上分析各种经济活动，但一切经济活动所由纲维，所由统率，所由约束的社会主体或社会的基本关系，是一般的被他们看不在眼的。马克思指示我们说："在经济范畴的讨论中，就如一般的在每一历史的社会的科学中一样，应该牢记着的是：（1）无论在实际中或在头脑中，总是有主体存在着的，这儿的主体，是近代有产者的社会，因此（2）表现着这种既定的社会，这个主体之各种表相，各种存在所规定的诸范畴，总是个别的一些侧面。"① 比如，就价值、资本、商品、劳动……这些经济范畴来说罢，它们无论哪一项，假若要深入一点去考察的话，首先就表现是一种社会的关系，一种历史的关系。商品是不能在一切历史时代存在的，在它所存在的不同历史时期，也因其生产其交换的关系各别不同，而显示出不同的特质。假如我们不问它在不同社会的不同关系和特质，把凡被买被卖的东西，一视同仁的得出一个一般的商品抽象，那就成了不切合任何社会的纯观念构成，或者是没有血肉、没有内容的僵硬的空壳。在商品如

---

① 马克思：《政治经济学批判》导论（郭译），第34页。

此，在产生商品的同一瞬间产生的价值也是如此。"在一切社会状态内，劳动生产物都是使用对象，在一定的历史发展阶段中，它才转化为商品。在这阶段中，为生产有用物而支出的劳动，表现为该物的'对象的'性质，即表现为该物的价值。"① 至于资本，马克思随处都告诉我们，那是一种社会关系。资本可以在货币形态存在，但货币不一定是资本；也可以在生产手段生活资料形态上存在，但工具也好，原料也好，食品也好，不一定是资本。"资本仅能在那种地方存在，在那里，生产手段和生活资料的所有者，与售卖劳动力的自由劳动者相遇。这一个历史的条件，包含一个世界史。所以，资本从它初出现的时候起，便在社会的生产过程上划了一个时期。"② 既然一切经济范畴，都是表现为特定社会关系，特别是基于生产而发生的人与人间的社会关系的一个侧面，当我们讨论社会的生产关系的时候，所有那些经济范畴，就分别当作那个社会主体的个别情况而被考察着。无怪列宁指示我们说：马克思的经济学说，就是把一定的被历史所规定了的社会生产关系，在其发生发展和没落过程加以研究。③

社会的生产关系或生产的诸关系，就这样的被规定为政治经济学研究的对象了。

（二）

在马克思的唯物史观公式上，生产关系和生产力，一般是相提并论着的。生产关系与生产力的统一表现，就是生产方式。马克思曾明确表示："亚细亚的、古典的、封建的及近代资产者的生产方式，在大体上可以表识着经济的社会结构进展的各个时代。"④ 既然生产关系与生产力合一起来的生产方式，被看作社会发展史上区别各历史时代的指标，同时，社会经济结构的辩证的发展，一切在阶级社会里，又是由于生产力与生产关系的发生矛盾，而由是引起突破生产关系，解放生产力的阶级斗争所促成，那么，作为阶级斗争有力精神武器的政治经济学，不是正好应当把生产关系和生产力作为它的研究对象么？马克思及他的后继者如列宁、斯大林等，为什么只肯规定生产关系为政治经济学的研究对象，而把生产力放在一边呢？道理是不少人说过的：

---

① 马克思：《资本论》第 1 卷（郭大力、王亚南译），读书生活出版社 1938 年版，第 24 页。
② 同上书，第 12 页。
③ 《经济学教程》（高、郭译），第 15 页。
④ 马克思：《政治经济学批判》（郭译），序言第 4 页。

其一是说：资产阶级经济学者，是惯于单在生产力这一方面研究问题的。惟其如此，他们只承认技术更新，承认量变，马克思主义为要清除他们的技术观进化观，为要加强主张革命斗争与社会质变，所以就更有必要单从社会生产关系这一方面着眼。这么说，就无异认定是马克思主义者"矫枉过正"。事实上，要纠正他们的片面观察，在社会生产关系以外，同时提出生产力来，不也可行么？事实上，资产学者所理解的生产力，根本就是大有问题的，它不曾与生产关系联系起来。

其二是说：政治经济学是一种基本的社会科学。人对人结成的社会的生产关系或者经济关系，才是它所要研究的，至若人对物对自然所发生的技术关系，那么放在工艺学里面去研究。这种说法，是不是也有理由呢？我觉得，那至少是很不充分的。在《资本论》中，马克思不也对生产力作过很多说明么？

其三是说：提出生产关系作为政治经济学的研究对象，生产力就连带被考察到了，任何社会的生产关系，都是要以物质为媒介的，都是要把一定的物质条件，作为其存在基础的。最基本的生产关系，如封建社会由领主与农奴结成的隶属关系，如资本主义社会由资本家与工资劳动者结成的雇佣关系，都是适应着一定的生产力的水平的，就是那些辅助的生产关系，如买卖关系、借贷关系等等，也在受着生产力水平的限制。马克思说："人类在他们生活着的社会里面，加入了一定的必然的离他们的意志而独立的关系，即和他们的物质生产力之一定发展阶段相适应的生产关系。"[①] 从这段话里，我们知道，讲任何一种由生产所展开的一般经济关系，同时都要直接间接触到它所适应的生产力。当我们解说资本主义社会的劳资雇佣关系的时候，是有必要从这点出发的，那就是一般独立生产者在技术条件改进，资本构成提高，基本设备规模增大的情况下，张罗不起起码必要的资金，耐受不了竞争的打击，而不能不转化为工资劳动者，同时其对极的生产组织者也不能不是资本家。并且，当这种关系一经形成，就由生产力一时受到保育，而使那种两极化的可能与必要更加增大，使那种生产关系不绝再生产出来。照应着基本的生产关系的变化，买卖也好，借贷也好，乃至租佃也好，通通改观了。总之一句话，有关生产力的问题，是被放在生产关系的问题的说明中处理了的。前面所说的作为基本社会科学看的政治经济学，必须是把社会的生产关系作为研究对象的见解，是要同这里的说明联系在一起，才是妥当的。

---

① 马克思：《政治经济学批判》序言（郭译），第3页。

（三）

由上面的说明，我们已不难理解到：不把生产力与生产关系相并的看作政治经济学的研究对象，那并没有贬损生产力在社会经济发展上的重要性，那只是表明，严密的科学的研究，需要确定它的最基本的对象和关节。必得把社会的主体、社会的生产关系把握住了，生产力才有可能显出它的积极的能动的意义。

论到这里，我想连带处理一个有关生产力概念即生产力的认识上的问题。这个问题的引起，是由于依据两种略有出入的经典解释：

马克思在《资本论》中关于生产力的概念，是这样加以规定的："劳动生产力（Produktivder Arbeit）取决于多种事情，就中，如劳动者熟练的平均程度，如科学及其技术应用的发展程度，如生产过程的社会结合，如生产手段的范围及作用能力，如诸种自然状况。"①

斯大林在《联共党史简明教程》中说："生产物质资料时所使用的生产工具，以及因有相当生产经验和劳动技能，而发动着生产工具并实现着物质资料生产的人——这些要素综合起来，便构成为社会的生产力。"②又说："生产力的状态所回答的是人们用怎样的生产工具来生产他们所必需的物质资料的问题。"③

这两种解释出入的地方，是前者除生产工具和劳动者——人之外，还把自然及社会文化因素，包含在劳动生产力概念里面，后者单指出生产工具与生产工具使用者。如其说生产工具和生产工具的使用，就连带把科学技术条件的考虑加进去了，其唯一出入之点，就是包括自然和不包括自然。

年来国内论坛上，已经因此有所论争。我有条件的同意这样一种说法，即马克思所讲的，是劳动生产力，斯大林所讲的，是社会的生产力。因为是讲劳动生产力，着重在劳动生产力的水平，着重在它的生产效率或生产性能上，着重在一定数劳动者使用一定生产工具所可能获得报酬或效果上，那就没有理由不把劳动对象或自然的条件考虑进去。所以马克思紧接着上引那段话说："比方说，同量劳动在丰年表现为八斗小麦，在凶年或仅表现为四斗，同量劳动，从丰矿，可以比从贫矿，采得更多的矿石。"斯大林的着眼点不同，他是在历史唯物论中，不是在政治经济学中

---

① 马克思：《资本论》第1卷（郭大力、王亚南译），读书生活出版社1938年版，第5—6页。
② 《联共党史简明教程》，1949年版中译本，第152页。
③ 同上书，第155页。

考察这个问题；他所注意的，是社会的发展，究由什么一些因素发生能动的决定的作用。他在那段引文前面，已经把自然因素在社会发展过程中可能发生的作用的问题，加以处理了，他说它们怎么也不能成为主要的决定的原因。从而他在讲"社会的生产力"的时候，因为是偏重"社会的"方面，不演着重要角色的自然这因素，就被抽象去了。其实马克思在论及生产力与生产关系的矛盾的时候，已在《政治经济学批判》序言中，提到这样的一句话："……由社会的生产力与生产关系间所已成的斗争去求解释。"[①] 在这句话里面，他显然是不在重视生产力有多"大"，而在重视生产力对生产关系，发生了怎样的冲突。

但假如要把这种说明弄得更圆满一点，或者可以作着这样的补充：马克思是处在资本主义前进的时代。资本主义社会的生产力，虽然是大大超过以往一切阶级社会的，但与社会主义社会可能发展的程度比较起来，仍是显得非常有限的。同是在这个地球上，同是在欧洲，同是在俄国领土上，同是利用自然提供的资源，为什么显出这种大差别来呢？生产工具的作用，特别是发明生产工具、使用生产工具的人的作用太大了，太有决定性了。马克思是早就预见到了劳动者的力量的，不过苏联社会的劳动人民，在革命斗争中，在多次五年计划中，在保卫祖国战斗中所表现的无比卓越能力和决定影响，就使斯大林更有理由把自然因素相对的看得更不重要了。同时也就是说，把人的因素，把人所发明使用的生产工具相对的看得更重要了。

一句话，除了看问题的着眼点着重点不同之外，反映着活生生历史现实的概念，也是无妨随着社会变迁有些出入的。问题是在我们怎样合理的去把握它说明它。为了补足这种意见，我还想把自然在社会经济发展上的作用，在以次第三个原则性问题上加以处理。

第三个原则性问题：自然是人类生活和生产的一般的经常的必要条件，它对于我们的经济生活，从而，对于我们所研究的经济法则，会有哪样的限制作用和影响

（一）

先来解述一下自然是指着什么。

---

① 马克思：《政治经济学批判》序言（郭译），第4页。

自然有广狭二义。狭义的说，是人类以外的外界的自然诸条件。把范围推广一点，就连人类自身，人口人种，都属于自然范畴。我们人类，原是自然的一部分。自他的最古祖先，由劳动把自己变成为人，并由劳动去改变自然，控制自然，他就与自然区别开来，与自然对立起来，把自然当作对象来利用来征服。但虽如此，他的躯体，他的官能，仍旧是自然性质的，即使在改变自然的过程中，同时也在改变他自己。

把我们客观的外界自然，在经济的意义上加以解析，大概可以分为两个部类：一是有关生活资料的，如可供食用的植物动物，作燃料的树木等等；一是有关生产手段的，如可耕的土地，可供航行的河流，可供采掘的矿藏等等。自然，这样的区分，不是绝对的，许多可供生活资料用的自然条件，在某种情况下，也可转用作生产手段。

如同我们生在那种生产方式或生产关系的社会，就要先天的受着那种社会生产关系的拘束限制一样；我们被位置在那种自然环境之下，我们的生活，我们的生产，也得受着那种自然环境的局限。在我们的生活，我们的生产，一般的经常需要把自然条件作为基础的限内，即使要改变它，改造它，也是要依着它所提供的范围和限度来着手的，正如同我们要从事社会变革，必得从所在现有的社会生产关系出发一样。

不过这里有一点要加以区别。

那就是，我们要生活，要生产，尽管在任何情形下，都得同自然打交道，要依靠自然，但自然对我们经济生活的限制作用和影响，却依社会发展程度而不同。在比较原初的社会，人类劳动生产力低，靠天吃饭的成分极大，从而，提供现成生活资料的自然条件的丰啬，就要对那种社会的居民，起着最有决定性的影响了；至若可供生产手段的自然条件是丰富还是贫乏，那倒是无关紧要的。反之，在进步社会中，在生产力较发达社会中，现成生活资料是否丰啬，就不是那样重要了，对它关系重大的，对它的发展发生较大影响的，却宁是可作生产手段的自然条件。哪怕就一个国家来讲罢，当它的经济未发达的部分，特别感到现有的生活资料的需要的时候，它的另一部分，经济比较发达的区域，却会提出可作生产手段特别是劳动对象用的自然条件的迫切要求来。我们中国，今日东北所依赖的自然条件的内容，一般就和西北所依赖的自然条件的内容，大不相同了。可是，事实尽管如此，我们决计不能由此引出这样一个结论，以为我们对于自然的依赖，就从反面证示了，自然对于我们的完全决定的影响。在人类与自然发生关系的劳动过程中，即使一边是人与他的劳动，另一边是自然与他的物材，形成劳动是人类社会财富之父、而自然则为其母的场面，我们人，毕竟是立在主动的能动的地位，立在主人的地位，自然加于我们的赠予或限制，即使有加速或延缓我们前进的作用，但我们的社会生产力愈发展起来，我们的经济生活领域愈拓展开来，我们就愈有截长补短，以克服自然障碍的可能；愈有把不利自然条件变为有利自然条件的可能。原始大森林大沼泽大海洋，曾经是我们低度技术状态下的经济生活的阻碍，但在今天，早已是很可利用的大财源了。

一句话，自然即使在任何情况下，是我们经济生活所必需，是我们社会财富必不可少的"原料"，但全部人类发展史，已经为我们证明了，它愈到后来，愈加不能成为我们的社会经济发展上的基本的决定因素了。

（二）

把自然与经济生活的关系作了这样的交待之后，我们就有理由看出一个贯彻在社会发展史上的大原则，那是与我们后面待述及的广义政治经济学的基本内容有密切关联的，所以需要在这里加以说明。

那个大原则是什么呢？就是社会生产力的巨大发展，可以把那种主要由自然条件所范围或所形成的各地域、各不同民族间的特殊性，大大的化除或减少。也就是说，哪怕在同一社会阶段，在不同国民间所显示的彼此间的差别，在低级状态下比较更大，在高级状态下则是比较更小的。

由马克思所提出的社会发展史上的五个历史阶段，五个生活方式，资产学者迄今还闭眼不看事实的，矢口不肯承认资本主义走向社会主义是出于历史的必然。但为了维持他们这种阶级成见，有意的连奴隶制到封建制的推移，由原始社会向奴隶制的推移，也索性予以否认。他们所承认的，仅只是由封建制到资本主义制这一转变，即他们所谓由不自然的向着自然的转变。好像只有这里才有历史法则，才有历史。他们一般所持的理由，就是原始社会也好，奴隶社会也好，在各古代民族间，并不能发现出一个彼此大体一致的生产方式和社会形态。

加强他们这种成见的事实，就是比较不发达的社会阶段，生产力是比较低下的，各社会所受自然条件的限制是较大的；一个民族或部族，就是到了奴隶制度时代，到了封建制度时代，对于原始社会乃至奴隶社会的各种遗留，还是无法好好克服或清除的，这一来，尽管它们的社会生产方式是表现得明明白白的，但采行同一生产方式的各民族，可能在社会风习、种族关系、政治制度，乃至经济活动情况各方面，表显出极大的分野。我曾提出这样一种不成熟的见解:"人类社会在愈早的历史时期,他们为维持生活,克服自然所表现的社会生产力,愈益薄弱。如其这种论断,不太远于事实,那么,说人类社会愈在早期的阶段,他们的社会活动,愈会受制于自然条件,他们的社会,哪怕是处在同一历史阶段,愈会显示出各别的特殊性。反过来说,如其社会愈发达到现代这个历史阶段,它的社会生产力,就愈来愈大,愈有克服气候、地形、人种以及种种自然因素的特殊性。根据这正反两面的推论,我们就似乎可以大胆地说,社会生产力较大的甲国资本主义与乙国的资本主义社会间所表现的差特性,要比社会生产力较小的甲国封建社会与乙国封建社会间所表现的差特性为小;或者说,两个资本主义国家间所表现的一致性或一般性,要比两个封建国家间所表现的一致性或一般性为大。更具体的说,美国英国乃至日本资本主义之间的差特性,是没有欧洲封建制与东方封建制间的差特性那么大的。在另一方面,希腊罗马社会的奴隶经济形态,本质上,与东方奴隶经济形态的差特性,是可能较之东西封建经济形态间的差特性更大的。这就是说,进步的生产力,缩小了诸国家诸民族间的距离",[1]破除了它们原有的自然障碍与历史障碍。

我们把这个社会发展史上的情形指出来,就是要表明一件事实,即广义政治经济学既然是要把一切历史时代的经济形态作为研究对象,资本制以前的诸历史时代,既然是愈向着过去,其各别民族国家,在同一社会史阶段所表现的差特性愈大,则资本制以前诸社会阶段的经济事象,虽然愈往过去愈加简单,但因为要就这些愈来愈会在各不同地理环境或自然条件下表现着极大差特性的同一历史阶段的诸社会经济事象,研究出其一般的共同法则,是不免愈来愈困难,愈需要好好把握住我们这里所述的基本原则,才不致为那一些特殊情况所迷惑的。

(三)

事实上,不但是对于初期中古的经济形态,就是对于那种社会生产力很发达,从而,对以往遗留克服得较彻底的资本主义经济形态,资产经济学者在研究其法则时,就经常因为对于自然因素不能有正确原则的处理,而发生了许多非常可笑的错误。我们甚至可以说,自然这一在经济生活中成为不可缺少的基础的因素,就是政治经济学的考验。古典的和庸俗的经济学的分野,至少主要是在这种考验上表现出来的。

---

[1] 王亚南:《中国经济原论》(三联新版),第9页。

就一个显明的例子来说罢，政治经济学最基本的法则即价值法则，在古典学者亚当·斯密就认定劳动生产物的价值，有两种意义，它有时表示特定物的效用，称为使用价值；有时又表示因占有其物而取得的对于他种货物的购买力，称为交换价值。使用价值是自然性质的物体，它的效用，它的用途，虽然是由使用者发现的，是历史的工作，但是属于它固有的。它虽然是一物取得交换价值的条件，但不是交换价值所由决定的原因和尺度。因此，斯密在研究价值法则时，就把它放在一边，而专门以交换价值为考察分析的对象。到了斯密的优秀的后继者李嘉图，他在讨论商品价值时，就把劳动价值学说应用的商品，限定在"即可由人力增加总量，又允许生产自由竞争"①的那些生产物方面，其他若珍贵的葡萄酒等，他认为是由于具有特殊品质土壤产地产生的结果，属于自然的性质，不在讨论之列。后来一些庸俗的学者，就以为这是劳动价值学说的痛处，有的多方设法弥缝，如马克洛克；有的大肆攻击，如马尔萨斯。最后更由两个庸俗的标本派系的大头目，进一步追问："当一卡德小麦可以和一科德木材做等价交换的时候，在人造林中，由人类劳动生产的木材，和在原始森林中野生的木材，有没有区别？"（历史学派的大师卡尔·克尼斯这样问）"未经人力经营的处女矿山，为什么可供买卖？"

"未开垦的土地，为什么可供买卖？"（奥地利学派的大师庞巴维克这样问）其实，都是极容易说明的。没有经过劳动，没有价值的东西，并不妨疑它有价格，并不妨疑它有独占价格。野生木材也是要费采伐搬运劳动的罢。假如说它减省了造林的劳动，在现实上，木材一旦可以出卖，山林的独占者，是不是会向采伐者索取代价呢？

在价值法则说明上是如此，在与价值法则有密切关系的地租法则的说明上，也同样反映出了古典与庸俗的区别。马尔萨斯是从土地能提供维持耕作者生活以上的生活资料的自然特性和自然稀少性，以及生活资料有创造自身需要的自然特性，来解释地租其所以发生，其所以在资本主义社会不绝提高的原因。李嘉图不是这样，他根据劳动价值法则来说明他所独创的差等地租形成的过程。土地之量的限制与质的不等，以及所谓收入递减法则，是他差等地租论构成的前提。他已经把自然在社会条件下的作用指明了。但有关自然问题在理论上的处理，仍留下了一个漏洞，他把地租定义为利用了土地自然的土壤力所给予地主的报酬，一开始就会给人以地租

---

① 李嘉图：《经济学及赋税之原理》（郭大力、王亚南译），神州国光社1932年版，第2页。

是直接产自土地自然力的印象。其实地租的产生，地租额的大小，并不能直接以土地自然力，自然力的大小，即土地的丰度来说明，却应以土地自然力及按照土地自然力的大小，加大了社会劳动生产力的事实来说明。马克思说：自然力不是剩余利润（按即指着转化为地租所谓超额利润——南）的源泉，非劳动不行。劳动不能不有所凭借，于是进而利用自然工具或创造生产工具，劳动者与生产工具结合起来，从事生产活动，就成功为社会劳动生产力。在从事生产活动时，劳动者无论是他们自备生产工具和劳动对象，抑是依赖他人的生产工具和劳动对象，都不能不基于那种生产活动而结成的生产关系。社会的生产关系一经结成，在某一时期，会因它适合于生产力，而有助于那种生产力的提高，迨生产力逐渐提高到了一定限度，又会感到原来的现成关系不适合它的发展，甚至妨碍它的发展，于是表现出矛盾冲突，直到矛盾尖锐化到了破除了那种关系的程度，社会的生产力，始在一个新的关系下继续向前发展。

从上面说来，社会经济的发展，似乎欲望也好，劳动也好，生产力也好，生产力与生产关系的矛盾也好，都在扮演着促进推动的功能。但这一来，我们就无法确定究哪一样是社会经济向前发展的真正的推动力，而在认识上引起混乱。这种混乱，已确实在我们学习历史唯物论、学习社会发展史乃至学习政治经济学时俨然存在着，以致达到必须予以分释廓清的程度。

劳动创造财富是离不开自然条件的。但只有劳动能创造价值和剩余价值。自然力不是剩余利润的源泉，而只是它的自然基础。因为这种基础，允许劳动生产力有异常的增加。这好比"使用价值为交换价值的担当者，而非其原因。"[1]

要之，一切经济活动是离不开自然的。要从经济现象中发现出它的法则，对自然因素的处理，是一个非常棘手的问题。对于大大减少了它的决定影响的现代经济说，既然如此，对于它还具有相当决定作用的前资本社会经济说，尤其是如此。

然而，科学的研究，又是必须克服这种棘手问题的。

---

[1] 马克思：《资本论》第3卷（郭大力、王亚南译），读书生活出版社1938年版，第543页。

第四个原则性问题：社会经济向前发展的推动力，有的讲生产力，有的讲生产力与生产关系的矛盾，还有的讲劳动，而采取这任一见地的人，多半都反对欲望为社会前进推动力的说法，究竟欲望在社会经济生活改进上是怎样表现它的作用

（一）

"人生而有欲"，为满足生活上的欲望，就不能一味等待现成的自然物送到口里，摆在手边。没有劳动，就不但没有社会文物一切，甚至没有与自然区别开的人类自身。但劳动虽重要，却并不一定就要把它看成是社会经济发展的推动力，因为它是社会经济发展上最必要的最基本的条件是一件事，而当作其推动力来看是又一件事。人劳动，仅是利用自然提供的产品，作着采集活动是不成的，那同动物的区别，就不是很大的。人之所以为人，就在他能使用工具并创造工具来劳动，在这场合，生产力的事实与概念就产生了。劳动被包括在生产力中了。我们讲促进社会经济发展的是生产力，那并没有把劳动抛开，并还把劳动的作用的认识更加确定了。就连资产学者亚当·斯密也很懂得这个道理。他表示："一国劳动通常运用上的熟练技巧和判断力的程度，以及生产人数对不生产人数所占比例的大小，就可决定一国国民全体贫富的命运；特在这两种事实当中，他以为取决于前一事实的，似乎较多；换言之，决定一国的贫富状态，与其说是生产劳动者人数的多寡，倒毋宁说是劳动生产力的大小。"① 总之一句话，说劳动是社会经济发展的推动力，虽不算是错了，但在科学的意义上，却是含混笼统的，不十分适切的。

然则把生产力看成社会进步的推动力，为什么往往又把生产力与生产关系的矛盾作为那种推动力呢？那大体是就不同的场合讲的。在论及社会经济进步的一般时，不妨指称是生产力；任何社会，都是靠着直接生产的劳动者运用生产工具来把它改变和推进的。但在论及特定阶级社会进步时，就得加强的把生产力对生产关系的冲突情况指出来，那无疑还是侧重在生产力的能动作用方面，使更加明确更切合实情。

现在我再来处理有关欲望的问题。

（二）

欲望完全在人类社会经济发展上，扮演了怎样的角色呢？

---

① 亚当·斯密：《国富论》上册（郭大力、王亚南译），神州国光出版社1934年版，第1页。

且看下面这一答案：

"在时代推移中，人类受了什么东西的刺激，要使劳动日趋完善呢？"

"我们回答道：就是要满足他们与日俱增的欲望。"

"人们要改良工具与劳动方法，使劳动更富于生产力，这样的满足才是可能的。从原始时代一直到现在为止，不满足与继续增加的欲望，就是技术改良的原动力。"①

我们在前面已经肯定了生产力是社会经济发展史的原动力。生产力的发展，是技术改良、工具改良、劳动方法改进的结果，现在我们又在这里见到"不满足与继续增加的欲望，就是技术改良的原动力"，岂不是认定欲望是最后的原动力么？

不错，马克思、恩格斯也曾这样定立人类历史的基本前提，即认为，为了创造历史，人类就不能不生活，就非有饮、食、衣、住不可，因此，基本生产手段，"物质生活本身"的生产，就是第一的而且是基本的历史行为，为了这第一欲望的满足，即发生新的欲望，因此，就发生了为了那些生产的诸条件的创造。

但根据马克思、恩格斯这样的说明，是否就可结论出欲望是人类社会经济发展的最后推动力呢？绝对不能。人诚然是因为有了饮、食、衣着、居住的要求和欲望，才从事获得生活资料的劳动，才进一步创造那些为更好获得生活资料的生产手段。可是，这是就原初社会讲的，从而，也可说是就最进步的非阶级社会讲的。若就阶级社会来说，在一方面，直接生产者往往为了满足欲望而找不到机会劳动；往往改进了生产手段，反而使他失掉了劳动机会。在另一方面，不为了饮食衣住，单为了占有贪欲的人，却可在改进技术、发达生产力上大用工夫。他们这批人的占有的贪欲的达成，正好是限制他人、限制那些劳动者满足其最低生存欲望的结果。就因此故，他们为了拼命成就其占有贪欲，虽然也发挥了，甚且是迅速而大大的发挥了改进技术，提高社会劳动生产力的作用，可是，到了某种限度，他们的个人占有，他们的垄断，就成了社会人力财力智力极度浪费的祸根，就成了社会生产力发展的束缚。恰好在这种场合，是要由生产力的能动性能，突破它的束缚，否定或推翻那种个人占有关系或生产关系，才能促使社会经济前进的。

因此，我们不能没有区别的，一般的把欲望看作是社会经济发展的动力。欲望在非阶级社会，在它与劳动结合的社会，在加强劳动就可以按比

---

① 莱姆斯：《社会经济发展史》（李译），第19页。

例增进劳动者生活水准的社会，它是具有决定的推进作用的。反之，在阶级社会中，它在前进阶段虽也很有促进社会发展的作用，可是它那种欲望，早已变形为与日常消费欲望无直接关系的贪欲或占有欲，结果，就不得不使社会最大多数有能力有志愿促进生产的人，无法参加社会生产力的改进工作。

因此，我们对于前面述及的莱姆斯的见解，即无差别的把欲望看为是社会生产力改进的原动力的见解，就无法赞同了。至于庸俗资产经济学者如英国杰芬斯（Jevons）以及奥地利学派一流人物，把欲望看成一成不变的东西，看成经济学的出发点，甚至把经济学定义为"关于满足欲望之乐与不满足欲望之苦的感情的学问"，[1] 那显然是荒谬至极的。事实上，在一切阶级社会中，使直接生产者与生产手段分离得最彻底的，使欲望与劳动脱节得最厉害的，特别是那些经济学者作为唯一研究对象的资本主义经济。

由于欲望在阶级社会与非阶级社会的作用不同，我们倒可由此看出它同交换关系的密切联系来。

第五个原则性问题：以有易无的交换是阶级社会，是财产私有社会满足欲望的特殊方式吗？因为这种社会的发展，有交换关系在其中发生极大的掣动作用，才特别需要政治经济学来探究其经济运动法则吗？有交换，就有生产物变成商品的事实存在，资本主义经济法则的探究，从商品开始，其他非资本社会的经济法则的探究，该从哪里开始呢

（一）

先来解答这里所提出的三个问题中的第一问题。

我们知道，交换是并不限定在财产私有社会存在的。在原始共同体尚未分解，财产尚未私有，阶级尚未形成的社会，交换也曾发生于各别共同体间。"由生产物到商品的发展，是起因于共同体与共同体间的交换，而非起因于同一共同体各分子间的交换。"[2] 可是这种事实，并不妨碍我们作着这样的断定，即共同体间的交换的出现，已经是共同体趋于分解，私有财产将就形成，阶级关系已在萌芽的信号。因此，我们就说交换是建立

---

[1] 王亚南：《政治经济学史大纲》，中华正气出版社1938年版，第386页。
[2] 马克思：《资本论》第3卷（郭大力、王亚南译），读书生活出版社1938年版，第126页。

在私有财产与分工的社会基础上，是没有什么讲不通的。马克思也说，作为交换对象的"商品的发生，后于私有财产。"①

在另一方面，我们非常清楚社会主义社会的苏联，迄今还存在着交换关系，不但有对外的交换关系，还有对内的交换关系。但尽管如此，苏联的财产私有和阶级关系的渐就消灭，新的共产经济的加速形成，那又表明是交换将不可能长久存在的信号。

交换既然是发生于原始共产社会解体过程中，又将消灭于现代共产主义社会完成过程中，我们应有理由断定：交换是阶级社会，财产私有社会的产物。尽管交换的性质和范围，一般是受决定于生产形态，但在把生产看作一个连续不断的过程，看作再生产过程的限内，它一开始，已经就被看作是交换的结果，同时在终结，又被看为是交换的原因。这情形，虽然在阶级关系、财产私有关系最称发达的资本主义社会表现得最明白，可是，就在奴隶社会、封建社会，亦是不难看出它的迹象的。在奴隶社会，当奴隶主不仅为他及他的家族自己消费而生产的场合，他们生产所用的原料和工具，往往就是从市场购买进来的。有的资产学者强调奴隶社会亦有资本主义，亦有自由劳动者，无非就是从这种表象出发。当然就是在奴隶的商品生产颇为通行的场合，自给自足的现象仍同时并存着。而在封建社会的某一段历史期间，那甚且显示为一个支配的现象；即使在资本主义商品生产社会的孔隙里或边缘，间或也有人过着不经由交换的经济生活。但一般的讲来，财产私有社会的劳动生产物，是通过交换方式上来进行分配的，是把交换作为集散手段的。恩格斯曾这样指示我们："在每个历史的社会形态中，生产品的分配以及与之相伴的社会阶级或等级的划分，是由如何生产，生产之后如何交换的情形来决定的。"②

（二）

由上面的说明，我们已不难明了交换关系对于阶级社会经济发展所发生的掣动作用。在某种阶段，某些场合，促进它的自然发展倾向；在其他阶段其他场合，又阻碍它自然发展倾向。人类社会史，一般是用五种生产方式来区划它，把它分成五个发展阶段。但如其用财产私有公有关系来加以区别，就是原始公有社会、私有社会及有计划的共产社会。在原始公有

---

① 马克思：《资本论》第1卷（郭大力、王亚南译），读书生活出版社1938年版，第45页。

② 恩格斯：《反杜林论》（吴黎平译），第360页。

社会，除了它的末期以外，大体是听任自然的自发的发展的，因为生产力极为低下，克服自然障碍极其困难，所以它所经历的时间是非常长久的；但虽如此，它仍是依着社会物质生活条件的要求，而一步一步的向前进展。凡属发展存在着的地方，也就有法则存在着。不过，因为我们远古社会的祖先，照应着低下的生产力，他们的文化水准也是极其低下的，他们不能科学意识的理解社会发展规律，只是纯然感性的为适应物质生活条件的要求，而与自然作斗争。到了共产社会，一切是另一个样子了。生产力是极大，文化水准是极高的，因而自然同社会，都被科学意识的放在人类有计划的支配和管理下。物质生活条件每表现出新的要求，统被看为是再向前发展的新的指标。像在苏联的社会，即使尚在由社会主义进到共产主义的阶段，它已把计划经济，把工业化农业集体化，看作它的社会经济发展规律，因为那些方面的措施，都是按照其整个社会物质生活条件要求而逐渐有计划的展开的。所以计划经济，就大体体现着社会发展规律；一旦到了真正的共产主义社会，情形显然是更会如此的。

由低级的自发性的财产公有，到高级的有计划的共产，其间必须经过各种形式的财产私有社会，在这种社会中，它的经济运动规律，就因为它要通过无政府的商品生产状态，通过交换关系而表现出来，在它自身，就或隐或显的相伴有一列或多或少的经济法则在其中作用着。关系是比较复杂的，整个发展规律的表现也比较曲折一些，即使没有利害攸关的各种有产者的曲解和掩饰，对于它的认识和理解，也是不能像在原始社会或共产社会那样，使人一见明了的，也许就因此故，单有解析一般社会发展演变情况的社会发展史，或着重说明经济发展情况的经济史来处理它，是颇嫌不够的。政治经济学（或广义政治经济学），是在这种要求下产生的。

我想在这里提出以次两点尚不成熟的见解：

（1）政治经济学是在社会交换关系开始的场合，开始其考察的任务。一旦交换关系终结，商品价值的概念，不复存在，每个人的劳动都直接表现为社会劳动，在那里，一切经济事象是非常单纯而明白的，那再也不需要政治经济学来特加以探究了。如其说，经济的管理与计划，仍得对客观经济事象或物质生活条件表现的要求有所说明，那也与我们现在所理解的政治经济学，完全是另一回事。恩格斯在述及广义政治经济学的内容时，往往总把生产与交换相并的提起，那是具有深刻意义的。

（2）如其说上面这种见解可以成立的话，如其说交换终止了，我们现在所理解的政治经济学的历史任务也随着终止了的话，我在前面提论到的政治经济学与经济史或社会发展史的区别，也就非常明白了。在原始社会，在理想的共产主义社会，由社会发展史或经济史的研究，就足够把它们的发展演变规律表达出来；但对于私有社会，对于以交换作为分配手段的社会，单在社会发展史或经济史的名义下去讲它们的经济发展规律，那就颇嫌不够了。

（三）

如其像上面这样肯定广义政治经济学的目标，是要研究支配着各私有财产社会的生产法则或交换法则，那并不是说，私有甫在萌芽的原始社会和私有就将消灭的社会主义的社会生产关系和分配交换关系，就不在考察之列。相反地，后面正准备就这两个的变形的交换情形（以私有社会的标准来看的）来开始并终结我的说明，而由是确定政治经济学在原始社会初期阶段，是怎样无可研究，到了真正的共产主义社会，又是怎样无须藉它来研究了。

现在我要解答前面提到的第三个问题，即近代资本主义经济的研究，从它的细胞商品开始，是科学解析的必要步骤，但对于商品没有这样发达的前资本社会的经济研究，和对于商品已经变形变质了，且是占着很重要地位的苏联经济的研究，应当从哪里开始呢？在拙著《中国经济原论》中，对于中国半封建半殖民地的经济的分析，我仍是从商品价值关系开始的。我在当时也考虑到，封建关系既然还在中国社会经济中占有支配的作用，采用资本主义经济分析法，是否妥当呢？但因为那是一个尝试，没有可以仿效的榜样，又想不出更妥当的办法，虽然觉得从封建的地权来着手，更符合中国社会性质些，但那样研究下来，只是经济史的说明，不能得到经济法则探究的结果。于是，我就采用一种反推法，先就各资本主义经济范畴，加以简括叙述，再引据中国经济现实，证示我们的各种经济范畴的非资本主义性格，然后结论出中国那种经济，贯彻有哪些基本法则。那样讲述的章法，显然是有许多缺点的。有些朋友已经指示过（许涤新先生在他的《广义政治经济学》的"导论"中，有"如何中国化的问题"那一节，那一节谈到的两点，一是"中国经济学"，一是以商品开始中国经济分析是否妥当，我想，那在我，至少应该理解为是对于我的批评。"中国经济学"这个术语，是我在1940年的一篇《政治经济学在中国》的论文中提出的，我当时尽管大声疾呼的反对买办们的庸俗经济学，但那时的经济学论坛，是他们的天下，而研究马克思主义经济学的人，又很少注意到这一点，为了响应当时"中国化"的号召，我就提出这个比较响亮的术语来，但我后来也感到它容易滋生误会，就不再使用，因而把有关中国经济研究的诸论文,题称为《中国经济原论》,《中国经济原论》是从商品价值开始的,这样来研究中国经济,是有许多缺点的,我完全接受许先生的评正)。但究竟应从哪里开始呢?迄今还没有一个建设性的说明。我认为,研究非资本主义经济,一定要按照马克思的《资本论》的体系,那诚然是大可不必,但为了说明的便利,一定说不能从商品价值开始,那也恐不尽然。比如,对于新民主主义的经济分析,我已拜读过一些有关论文,不也多半是从这方面着手么?我自己也写过一篇《新经济的诸范畴其法则及其作用》[①]的论文——还是从商品价值价格说起。问题是在于看你怎么去说明它,怎样去展开全面的分析。一个社会有各种的经济范畴,我们无法把它的叙述,按照它的最重要的次要的顺序编列出来,正如同各个社会都有它不同的极重要的次要的经济范畴,我们也不能把它们都恰如其分的分别妥当的来安置和排列。地权在封建社会最关重要,如其我们研究封建社会的经济法则,是否也应从地权开始呢?马克思讲过:"把各种经济范畴,要依着它们在历史上是决定者的次第,逐渐的叙述下去,那会是不可能,也会是错误。"[②] 在资本主义经济占着极重要支配作用的现社会中,对于逐渐被卷入它的支配范围的半殖民地经济,如像旧中国经济,乃至对于正在大力摆脱其支配影响的社会主义经济,如苏联经济,都从商品价值关系着手来作比较研究观察,那确有不少的便利,虽然机械的拘泥《资本论》的体系,是颇不妥当的。至关于封建社会奴隶社会乃至原始社会末期的经济的分析,我觉得,即使不一定要从商品价值关系入手,至少也得从那种与商品价值有密切关系的劳动形态入手。

广义政治经济学就到了现在,至少就前资本主义经济说,还对恩格斯当时所提论到的,没有大大的进展。在这条道路上的摸索,仍须有些人拿出不怕犯错误的勇气来。自然,当我发现此路不通时,我是绝对会接受正确指示另觅途径的。

(原载《新中华半月刊》1951年第14卷第10—11期)

[①] 王亚南:《中国社会经济改造思想研究》,第274页以下。
[②] 马克思:《政治经济学批判》(郭译),第36页。

读苏联《政治经济学教科书》的一些体会

马克思主义政治经济学是工人阶级从事革命战斗和建设的最有力的思想武器。正如同整个马克思主义思想体系中的其他构成部分一样，政治经济学不断地随着工人阶级革命事业的进展、不断地由工人阶级革命事业发展的经验的总结，而使它的内容日益趋于完备和充实。

我们以往的政治经济学，差不多主要是把资本主义国民经济体系作为研究对象。自从斯大林的经典著作《苏联社会主义经济问题》发表以后，关于社会主义经济或社会主义政治经济学的研究，就进入了一个新的阶段。同时，对于资本主义经济部分，也主要由于《苏联社会主义经济问题》中关于基本经济规律的新提法，而不能不有一些更完密的订正。直到最近系统而完备的《政治经济学教科书》的出版，可以说是完满地实现了这些任务。

人民出版社给予我一个阅读《政治经济学教科书》中译本初稿的机会。我从初步阅读中，获得了不少的启发和体会。这里打算先就《教科书》中主要包括的两个国民经济体系——资本主义经济体系和社会主义经济体系——的说明系统及其在研究上的关联性，提供以下几个不成熟的看法，借供关心这部大著并准备学习这部大著的同志们的参考。

一 《政治经济学教科书》在哪些方面发展了政治经济学的内容和面貌

我们首先需要就《政治经济学教科书》这个书名讲几句话。一般所谓教科书，通常是把已经存在着或已经发现出来了的某门科学理论，为了便于传播、便于教学，而加以通俗化或系统编列的结果。而现在摆在我们面前的《政治经济学教科书》，却具有极丰富的革新的内容，表现了更深刻得多的科学意义。

长期以来，政治经济学就只是被理解为以资本主义国民经济体系为研究对象的经济学说。在资产阶级经济学者固然是如此设想，就在马克思主义经济学者，即使只是把有关资本主义的经济学说思想看作是狭义的政治经济学，但因为那时社会主义还不曾由理想变为现实，他们也就只好面对着资本主义的商品生产关系论证分析其向着社会主义发展、转化的规律和必然性。作为马克思主义政治经济学的基础和依据的《资本论》，照马克思自己所说，它所"研究的，是资本主义生产方式及与其相应的生产关系和交换关系"。① 列宁还认定：《资本论》中所探究的"这个理论，仅仅企求说明一个资本主义社会组织，而没有企求说明任何其他社会组织。既然运用唯物主义去分析和说明一个社会形态时已达到了这样灿烂的成功，那么历史唯物主义当然也就不复是什么假定，而是经过了科学检验的理论；这种方法当然就必须通用到其余各个社会形态方面去，虽然这些社会形态尚未经过专门事实研究和详细分析……"② 人类的复杂生理结构尽管是由细胞发展过来的并且还是由细胞构成的，但细胞学的研究却远较生理学的研究为迟缓。在关于人类生活形态的考察和分析上，在政治经济学的研究上，亦有类似的情形。到今日为止，资本主义国民经济体系所由发展过来的其他社会形态，尽管仍"尚未经过专门事实研究和详细分析"，而从资本主义发展转化过来的更高级的社会形态，即社会主义形态，社会主义国民经济体系，却已经由革命和建设的实践要求，已经应用马克思分析资本主义社会形态的历史唯物主义的方法，已经把斯大林的《苏联社会主义经济问题》这部论著作为典范，而把比较完整、系统的社会主义政治经济学第一次提到我们面前了。这个新创建起来的社会主义经济学说，在《政治经济学教科书》中第一次发表出来，单就这一点讲，已够说明这部《教科书》该具有如何不同于一般所谓教科书的深刻的科学意义。

其次，正由于社会主义政治经济学部分第一次被创建出来了，这就使得包括这个重要部分的《政治经济学教科书》更加具备了广义政治经济学的形式和体系。我们知道，广义政治经济学这个术语是首先由恩格斯提出的。他在《反杜林论》中指出，广义的政治经济学是"这样一种科学，它研究各种人类社会里生产、交换的条件与形式以及与上述二者相适应的

---

① 马克思：《资本论》第 1 卷（郭大力、王亚南译），人民出版社 1953 年版，初版序第 3 页。
② 《列宁文选》第 1 卷（两卷集），莫斯科中文版，第 103 页。

产品分配方式"。① 这个术语本身，具有极深刻的革命意义，它不仅驳斥了那些把资本主义社会形态看作最后一个社会形态的资产阶级学者的形而上学的主观幻想，同时并还殷切期待着、明确预示着由社会主义形态代替资本主义社会形态的辩证的必然变革。因此，所谓广义政治经济学，在本质上，就只能是以资本主义的暂时过渡性为历史前提，或是以马克思所发现的"社会经济形态"为认识前提的马克思主义政治经济学；反过来说，马克思主义政治经济学，哪怕它像在《资本论》中所研究的那样，只是把资本主义的社会形态作为对象，但由于它是用历史唯物主义的方法来论证资本主义社会形态的来踪去迹，论证其发生、发展以至灭亡的全部过程，它就不能不带有广义的性质。不过，在社会主义经济形态未出现以前，甚至在社会主义形态已出现而社会主义政治经济学尚未出现以前，不仅是资产阶级经济学者，甚至在苏联革命初期的经济学界，也还有一些自命为马克思主义者的经济学者认为：政治经济学只限于研究资本主义社会的商品生产形态。例如，拉比托斯在他1930年出版的《政治经济学教程》后面附有"政治经济学方法论"的附文，在那里面，他着重的表示：政治经济学这门科学，不是研究人类的一切社会关系，而只研究调剂生产关系的定律，并且只限于研究无组织的（商品——资本主义）"经济的生产关系"。到了1931年他虽在同书第六版中把这个意见修正了，可是据列昂节夫所说："……在政治经济学的讲授中，在提纲和教科参考用书中，存在着许多本质上的错误和缺点，……认为只要一铲除资本主义，凡是它所固有的一切法则就都消灭了；并且认为在社会主义国民经济制度中，是没有任何经济法则的，也不可能有任何经济法则的……"② 这一切笼罩在广义政治经济学上的思想尘雾，直到斯大林的《苏联社会主义经济问题》公刊出来，才算从根廓清了；而且，也正因为比资本主义更高级的社会主义国民经济形态的生产和分配规律，被发现出来，被建立起来，那就不但使马克思主义政治经济学在更大的程度上具备了广义政治经济学的形式，使政治经济学更有理由、更有根据地看成是"研究人类社会各个发展阶段上的物质资料的社会生产和分配规律"的一门社会科学（参照《教科书》导言），并且还由于在由资本主义到社会主义推移过程中，在社会主义经济建设实践中发现了新的规律和原理，而由此提供了不少有助于进一步研究前资本主义诸社会形态和进一步理解资本主义经济运动规律的有力

---

① 恩格斯：《反杜林论》（吴黎平译），三联书店版，第135页。
② 列昂节夫：《政治经济学》，人民出版社版，第423—424页。

依据。

现在且来看看在《政治经济学教科书》中,关于资本主义经济部分,改变了哪一些表现形式。首先,在"资本主义生产方式"这一篇中,把它区分为垄断前的资本主义和垄断资本主义——帝国主义两个部分来说明,那对于资本主义整体性的认识,对于帝国主义是垂死资本主义的认识,就明确得多、系统得多。在垄断前的资本主义部分有二点值得提及:第一,在"商品生产——商品和货币"以后,不接着论到资本和剩余价值,而把"资本主义的简单协作和工场手工业"到"资本主义的机器时期"先提出来,然后再讲"资本和剩余价值、资本主义的基本经济规律",虽然把《资本论》中的顺序略为改变了一点,但在明确提出了资本主义的基本经济规律以后,这样的改变,是必要的、合理的。第二,在"资本的循环与周转"后面,不接下去讲"社会总资本的再生产与流通",而先把剩余价值转化为利润,剩余价值实现和分解为企业利润、利息以及剩余利润转化为地租,乃至国民收入,加以讨论,再回头来讲"社会资本的再生产",紧接着讲"经济危机",然后转到"垄断资本主义——帝国主义"部分。这样的程序,也像是顺理成章,更符合现实发展情况,对于学习政治经济学说来是更便于理解一些。在垄断资本主义部分内,首先提出垄断资本主义的基本经济规律,接下去讨论体现这个规律的殖民制度等等以及资本主义的总危机,明确地表现了社会主义革命前夜的情景。通过这样的科学系统的表达方式,就最容易使我们认识到,现代资本主义的总运动,在以铁的必然趋势,走到了它的历史尽头。

最后,我还从《政治经济学教科书》中,看到了政治经济学面貌的一个新变化,那就是,在以往,我们所学习研究的政治经济学,一直是把资本主义经济学部分作为主体,由于《教科书》的出现,特别是由于在《教科书》中把社会主义政治经济学开始建立起来了的结果,那个主体,就显然转移到社会主义政治经济学这一方面了。这也就是说,我们过去学习政治经济学,一般只是从那里得出资本主义由其内在的运动规律,必然要创造出并日益发展着否定其存在的无产阶级,而由是实现社会主义的结论;现在,在苏联,在我们中国及其他人民民主国家,社会主义或是已经实现,或是正在迅速实现的过程中,因此,我们学习政治经济学的历史任务,就显然不能只限于加强我们的革命信心和认识,更重要的是要把它当作一个帮助指导我们从事社会主义建设的有力的工具。正是因为这个缘故,一部比较系统完整的社会主义政治经济学,或是一部以社会主义政治经济学部分为主体的广义政治经济学教本,就是非常需要的了。当我们体会到，在革命和建设的实践中，正确的马克思主义的理论指导，该发生了如何伟大的不可估计的力量的时候，我们是应当以非常兴奋与感激的心情，来欢迎这部发展了政治经济学面貌和内容的《政治经济学教科书》的出版的。

二 研究有关资本主义部分的政治经济学究竟对于研究社会主义政治经济学有哪些联系和帮助

当社会主义政治经济学体系已在基本上建立起来，并已在政治经济学这门课程中当作一个重要部分来讲授的时候，大家很快就发生这样一些想法：政治经济学中有关资本主义的部分，是否无须学得太多呢？在我们社会主义国家或正在向着社会主义过渡的国家，学习关于资本主义部分的政治经济学，它是为了处在两个对立斗争着的世界中，需要借此确认资本主义灭亡的必然性和资本主义向着社会主义转变的发展规律，以加强我们的战斗意志和信心呢？还是为了作为一门完整的历史科学，非好好研究理解这一部分，就不容易对社会主义政治经济学部分，有正确的认识的原故呢？大家当然会明了，两方面都有关系。但有关资本主义的政治经济学，究竟在理论上和有关社会主义的政治经济学有怎样的联系？前者究竟对于学习后者有什么帮助？恐怕大家还是不怎么明确认识到的。

我们需要从几个方面来说明这个问题。

首先应当提到的是：马克思主义的政治经济学具体表现在马克思的体大思精的《资本论》体系中。《资本论》就是马克思主义的主要基石。它的主要目的，虽然是在揭露"资本主义的运动规律"，在发现"资本主义的辩证法"，但却是在经济基础连带其上层建筑的整个社会制度和思想生活的相互关系中，并且是在把资本主义当作是一个过程的整个社会发展史中去发现那个运动规律的。因此，马克思主义的政治经济学，决不能单纯地理解为是关于资本主义经济的科学系统知识，同时还是体现着社会发展规律的历史唯物论和辩证法的生动而完整的典范。所以，对于以《资本论》为依据的政治经济学的学习，其实就在训练我们如何掌握并运用马克思主义的立场、观点和方法，这对于其他科学的研究是极关重要的，当然更大有助于对社会主义政治经济学的理解。

其次，当作一门历史科学的政治经济学，它所研究的对象，所研究的社会诸生产关系，尽管因资本主义与社会主义的本质不同而表现了极大的差别，但毕竟有它相通的和相联系的一面。比如说罢，把政治经济学定义为研究不同社会历史阶段的生产关系发展的科学，或者为研究物质生活资料生产与分配的关系或规律的科学，那不管是就资本主义政治经济学来讲，或是就社会主义政治经济学来讲，是同样适用的。而且，正如斯大林所指示："各个社会形态不仅以自己特有的法则相互分开着，而且以一切社会形态所共有的经济法则互相联系着。"[①] 而这共同互相联系的经济规律，就是生产关系一定要适合生产力性质的规律。马克思曾就"劳动过程"这一经济活动的一般意义，启示了我们许多关于经济范畴原则通用于一切社会形态的因素。他说："劳动过程，我们只把它表现为它的简单的抽象的要素时，是一种有目的的产生使用价值、使自然物适于满足人类需要的活动，是人与自然间的物质变换的一般条件，是人类生活的永久的自然条件，所以和人类生产的各种形态无关，在人类生活的各种社会形态上都是适用的。"[②] 其他如生产一般、生产力、生产关系以及生产决定其他一切经济关系的原理，以所有制为生产方式的基础的原理等等，都是马克思所提到的或多或少地与一切社会形态有关的"一般的抽象的规定"，[③] 在有关资本主义的政治经济学中把握了它的基本概念，研究起社会主义政治经济学来，就大体可以当作既明的道理了。

至于那些多少与商品生产相联系的一些规律和范畴，如商品、价值、价格、货币、贸易、信贷、价值规律、货币流通规律等等，那在资本主义生产方式下，是表现得最一般最突出普遍的，到了社会主义社会，由于全民的和集体农庄的两种基本生产形式的存在，由于还需要采取为集体农庄所愿意接受的通过买卖交换的经济联系，这许多范畴和规律，就不能像其他那些更直接体现着资本主义剥削本质的经济范畴和规律（如剩余价值、劳动力价值、平均利润及其规律等等）那样，随着资本主义经济条件的消灭而失其存在。因此，在集体农庄所有制不曾全面转变到全民所有制以前，从而，在商品流通不曾完全为产品交换所代替以前，我们在资本主义政治经济学中所学习的这一些范畴和规律的意义及其作用的认识，在一定限度内，至少，在比较考察之下，是大可增进我们对于社会主义政治经济学的有关方面的理解的。

最后，我还想补述一下斯大林关于马克思的再生产公式的看法，这对

---

① 斯大林：《苏联社会主义经济问题》，人民出版社版，第64页。
② 马克思：《资本论》第1卷（郭大力、王亚南译），人民出版社1953年版，第200页。
③ 马克思：《政治经济学批判》（郭译），人民出版社版，第170页。

于我们由资本主义政治经济学研究到社会主义政治经济学,是一个极有教益的启示。马克思依资本主义的商品价值关系所创制的再生产公式及其理论,在拘泥于形式的苏联经济学者,如像雅罗申柯之流,就以为对于在社会主义条件下的苏联情况,是不能通用的,也就是失了时效的,但斯大林却教导我们,必须善于在资本主义商品价值形式后面,去发现它的基本内容,去把握那个公式所由建立的诸基本原理。他明确指示:"……关于社会生产之分为生产资料的生产与消费资料的生产的原理;关于在扩大再生产下生产资料生产的增长占优先地位的原理;关于第一部类和第二部类之间的对比关系的原理;关于剩余产品是积累的唯一源泉的原理;关于社会基金的形成和用途的原理;关于积累是扩大再生产的唯一源泉的原理,——马克思的再生产理论的这一切基本原理,不仅对于资本主义社会形态是有效的,而且任何一个社会主义社会在计划国民经济时,不运用这些原理也是不行的。"① 在其他以资本主义商品价值表现的形式中,也有相类似的情形。如:资本的有机构成、不变资本节约使用方法、资本的循环与周转以及如资本家在各种场合施行的提高劳动效率和降低成本的方法方式等,都可在一定的限度内把它们所依据的原理原则,用来为社会主义的生产和流通服务。事实上,社会主义社会的经济核算以及加速资金周转的种种办法,也确实在不同的精神和意义上或多或少地运用了那些原理。

然而,这些都只算是说明在学习社会主义政治经济学的某些方面,有必要通过有关资本主义的诸经济原理来增进我们的认识的一面;但还有另一面,更重要得多的一面,那就是必须明确社会主义的任何经济范畴和规律,都是和资本主义的同一范畴同样规律,有着本质的区别的。

三 应当严格分辨社会主义政治经济学的范畴与规律和资本主义政治经济学的范畴与规律的本质的区别

马克思主义政治经济学和资产阶级的政治经济学,最容易显示区别的地方,就在于后者没有明确的历史观点。区别不同时代特质的"社会经济形态"这个范畴,在资产阶级的政治经济学中是不存在的。资产阶级经济学者行所无事地把形式上或表象上类似的东西,都一视同仁地对待起来。哪怕是杰出的古典经济学者如像亚当·斯密和李嘉图那样的人物,也

---

① 斯大林:《苏联社会主义经济问题》,人民出版社版,第72—73页。

不能避免这种错误。当李嘉图依据亚当·斯密的说法，认定在原始社会，渔人捕鱼，猎人捕兽，不但要耗费渔猎的直接劳动，还要耗费用在渔具猎具上的间接劳动，因而，他们生产物的比较价格，就要和费在直接劳动间接劳动上的总量成比例。马克思批判他，说他把资产阶级社会的劳动形态，看成了社会劳动的永恒的自然形态；说他把原始渔夫、猎人看为是其捕猎物的商品所有者，他们好像在依照他们写书当时（按即1817年）的伦敦交易所通用的年息表，来核算他们各自费在那种"商品"中的劳动时间的比价。① 如其说这些古典经济学者忽视了同一形态在不同社会的本质和内容是出于天真；那么他们后继的庸俗经济学者把古今中外的类似形态混拌在一起，就还在那种天真当中，包含了故意否认马克思主义历史观点的邪恶企图。然而，没有唯物主义的历史观点，就不但不能从一般区别特殊，不但不能把握究竟何者是属于特定社会的最根本的范畴，也不易判断那些范畴规律必须伴随旧经济条件的解体而消失，随着新经济条件的发生而出现。

　　自然，我们所学习的有关资本主义的政治经济学，是马克思主义的，是依照历史唯物论的观点方法写成的。但虽然如此，我们从那里所学的一些有关资本主义经济的概念，也难免要在一定程度上，为我们设定一些需要克服的认识上的障碍。我们习惯了有关资本主义政治经济学的体系，就有些不易从那个体系得到解脱啊！其实，不但就整个体系说来是如此，就对每一个范畴或规律讲，也难免有类似的倾向存在。《教科书》在有关社会主义政治经济学部分中，其所以往往把社会主义的各个经济范畴和规律，拿来和资本主义的范畴和规律相比论，无非是要求我们明确地辨认那种区别。

　　在这里，为了说明的便利，为了增进对社会主义政治经济学的理解，我想就广义政治经济学范围内有关经济范畴和规律，粗略地分作以次几个类型加以解释：

　　第一个类型，就是那些与资本主义本质密切联系，随着资本主义制度消灭而丧失其存在依据的范畴和规律，如我曾在前面约略提到的剩余价值以及和剩余价值紧密联系的剩余劳动、剩余时间、必要劳动、必要时间、劳动力价值、剩余价值规律、平均利润及其规律、剩余利润及地租规律、竞争与生产无政府状态的规律、危机等等。当然，与现代垄断资本相关连的垄断价格、各种垄断企业组织形态、总危机、现代资本主义基本经济规

---

① 马克思：《政治经济学批判》，人民出版社版，第32页。

律等也包括在内。所有这些构成资本主义政治经济学核心的范畴和规律，都是把生产资料私有制作为其存在的客观基础。当我们学习社会主义政治经济学的时候，当我们接触到社会主义社会的工资问题、企业利润问题、企业组织形式问题，以及集体农庄市场竞买竞卖的问题的时候，只要我们随时都把握着社会主义是以生产资料公有制为基础，明确认识生产资料不是资本，劳动力不是商品，谁也不能利用旁人的劳动力来榨取利润；那么，这一类型的范畴和规律，就会随着资本主义而消失，不致再混淆我们的认识了。

第二个类型，就是那些与社会主义本质密切联系，只有在社会主义生产方式下才能取得存在依据的经济范畴和规律，如像计划经济、集体农庄、劳动竞赛、按劳计酬、经济核算、周转税、平衡表、计划价格等，社会主义基本经济规律，国民经济有计划按比例发展的规律等等。当我们接触到这些范畴和规律的时候，是应当可以摆脱有关资本主义经济概念的束缚和混淆的，但在实际上，仍恐难得完全避免"貌为比附"的影响。把垄断资本的统制经济概念，拿来蒙糊计划经济的实质；把伪装的"劳动价格"范畴，拿来比附按劳计酬原则；把各种加强劳动、加强剥削的方式，拿来混淆劳动竞赛的真实意义；等等，这都是没有好好分析社会本质的皮相看法和技术观点，时常容易发生的毛病。所谓"鱼目混珠"，所谓"不揣其本，而齐其末"，是我们带着资本主义概念来观察那些仅仅存在于社会主义生产方式下的经济现象时，所应当引为鉴戒的。

第三个类型，就是那些与一切社会形态的经济生活相联系，而采取了普遍的一般的共同形式的经济范畴和规律，如像劳动过程、劳动力、生产、生产力、生产关系、生产力与生产关系的规律等等。那都是我们在学习有关资本主义政治经济学的时候非常熟悉的。但是，同是以一定劳动力推动一定劳动工具，在某种劳动对象上创造使用价值，使适于满足人类需要的劳动过程，在资本主义社会和社会主义社会，就由这一般抽象的规定的具体化，而立即现出了不同的内容和本质；在劳动力作为商品出卖给资本家，由资本家当作使用价值来支配消耗的社会条件下，劳动过程必然会变为价值增殖过程，变为剩余价值生产过程。而在生产资料不复成为私有财产，劳动力不复成为买卖对象的社会主义经济条件下，劳动过程也就不再是剩余价值生产过程了。单就"生产力"这个范畴来讲罢，斯大林曾在他的经典著作《辩证唯物主义与历史唯物主义》中，明确指示了它在生产或生产方式中的一般特征，可是作为社会主义的"生产力"，就比在资本主义社会要显得更生动更有更新的作用，那不但从构成它的重要因素"劳动力"的性质说是如此，就是从生产工具方面说，也可以达出同样的结论。因为在社会主义社会，生产工具更为它的使用者所爱惜所改进，并还有必要与可能做更迅速的更新、更合乎质量的配备。不过，当我们这样考虑生产力在资本主义社会和社会主义社会的不同作用的时候，尤其不要忘记了生产关系在后一社会对于生产力的可能最大适合性；尽管生产关系落后于生产力的倾向是存在的，非对抗性的矛盾是存在的，但作为这生产方式的基础的公有制的特点，能够很快就把那倾向改变过来，把那种矛盾克服过来。这都是非从一般去发现其特质不可的。

最后第四个类型，就是那些与商品生产密切联系着，由于社会主义特殊商品生产形态的存在而还保有一般通行于资本主义社会的形式或外壳的经济范畴和规律，如商品、价值、货币、价格、工资、企业利润、成本、利息、贸易、银行、国民收入、价值规律、供需规律、货币流通规律等等。所有这些范畴和规律，尽管已在不同程度上出现和作用于前资本主义诸社会，但那却无疑是存在于所谓自然经济的孔隙中，而不像在资本主义社会那样成为最一般最显著、每日每时都反复活动着作用着的经济现象。因此，这一类型的经济范畴和规律，就和我在前面第一类型里面指出的直接体现着资本主义社会本质的范畴和规律，连同构成了资本主义经济生活中的息息相通的基本内容，但一到以生产资料私有制为基础的资本主义生产方式消灭了，它们之间的本质的区别，就立即呈现出来。即是说，到了这样的场合，到了资本家的商品生产消灭了，而没有资本家参加的商品生产却还存在着的场合，尽管第一类型的经济范畴和规律跟着消失了，而我们现在所谈的第四类型的范畴和规律，则有的仍旧保有原来的形式和外壳，有的仍旧在一定限度内发生作用，虽然在内容和作用的范围与性质上，是不大相同的。我们研究社会主义政治经济学，最难得从资本主义的经济概念得到解脱的，就是关于这个类型的范畴和规律。幸而斯大林在《苏联社会主义经济问题》中，不但教导我们从生产资料所有形态去区别它们的内容和性质，并还教导我们从生产资料所有形态去区别它们所能取得存在和作用的范围，比如，商品生产和价值规律这些范畴：在生产资料公有的社会主义社会，商品生产的活动只限于个人消费品；而价值规律发生作用的范围，也就受到了严格的限制了。

上述四个类型的经济范畴和规律，归根结底，都是要从生产资料所有形态去区别它们的本质和内容的。我们研究社会主义政治经济学，对于那些专属于资本主义的经济范畴和规律，和专属于社会主义的经济范畴和规律，一般是比较容易判别，或者是比较不容易混淆我们的认识的；就是通用于一切社会形态的一般经济范畴和规律，稍微仔细加以分析，也不难了解；最难得让我们透彻理解和清楚辨别的，是第四个类型的经济范畴和规律，因为它们不但是直接从资本主义生产方式沿袭下来，并还在我们经济生活和以往学习过程中打下了相当坚实的基础。但是，只要我们在学习社会主义政治经济学的时候，不惮反复地从社会本质、从社会生产关系这个出发点来认清：任何经济范畴只是特定社会生产关系的某一侧面的理论表现，那么，我们就不但容易从习惯的资本主义概念解脱出来，而且还能够借着这样的历史地比较观察，来增进我们的认识。

还有值得提到的一点，就是，学习和我们日常经济生活非常隔膜的经济理论，那些理论就极容易变为教条，从而也就极容易蒙糊它的历史性格。我们今天学习社会主义政治经济学，比之我们过去学习资本主义部分的政治经济学，是有不少便利的。在我们的实际经济生活中，社会主义的成分，已经占着非常重要的地位，并还在不断增大其在国民经济中的比重和决定的影响。这就不但使我们的认识可以经常在实践中得到检验，并且过渡时期的经济实践——社会主义建设和资本主义经济成分改造的实践，在不断要求我们从理论上明确社会主义经济范畴规律和资本主义经济范畴规律的涵义及其作用的本质区别。

〔原载《厦门大学学报》（社会科学版）1955年第2期，题目原为《〈政治经济学教科书〉的出版是马克思主义政治经济学研究上的一个新纪元》〕

政治经济学的理论联系实际问题

理论联系实际是怎样成为问题的

我们在政治经济学的学习和研究中，常常产生理论和实际脱节、经济理论和经济现实联系不起来的现象，为什么呢？

第一，由于我们受着现实经济条件的限制，无论哪门社会科学，如果它们反映的现实对于学习研究者是陌生的，或者还是不很熟悉的，那就会要增加理解上的困难，和引起脱离实际的危险。马克思曾经说过：生活在小资产阶级世界的德国人，只好把大大发展了的英国资本主义的经济学，当作一堆教条来接受。① 我们以前研究经济学，显然也是像马克思所说的19世纪前期的德国人一样。当然，现在我们是学习马克思主义的政治经济学，可是它主要还是把资本主义经济作为研究对象；直到《政治经济学教科书》出版，才有了关于社会主义经济的部分，可是对于我们当前社会的过渡经济形态的原则和规律，则还在探究和发现中。这就是说，我们所学习和研究的，仍然是我们不大熟悉，甚至是陌生的东西。一个在资本主义社会或社会主义社会的经济生活中反复重演着千百次的现象和规律，在我们仍旧要费不少时间去揣摩、去体会，这样就不容易和实际联系起来，也就容易产生脱离实际的倾向。

第二，科学理论研究本身的特点，一方面要求服务于实践，同现实紧密结合；另一方面，研究的过程，又往往必须借助于反映着同现实不尽相一致，甚至性质相反的客观情况的学说和理论。比如，我们往往根据反映典型资本主义国家经济现实的理论，来比较和观察一个不发达的资本主义国家的经济现实；又如，我们根据有关社会主义乃至资本主义的经济理论，来研究和分析当前过渡经济形态的特殊性质；这样也就往往不容易脱出既定的理论范畴的拘束，也就容易把既成的理论绝对化起来。

---

① 马克思：《资本论》第1卷（郭大力、王亚南译），人民出版社1953年版，第2版跋第9页。

第三，由于资产阶级经济学及其传统学习方法的影响。19世纪中叶以后的资产阶级经济学著作，有许多是完全变成脱离现实和掩饰经济现实的反科学的东西。它们不是从现实生活中得到检验的原理，因而也就必然在学习者的心目中成为超现实的教条。我们解放以前的经济学界，正是受了这种经济学及其学习方法的影响。解放以后的新经济学界，虽然已发生了根本的变化，但是资产阶级经济学及其传统学习方法，对我们还是残留着一定的影响。

那么，在政治经济学的学习和研究当中，怎样才能防止或纠正理论脱离实际的倾向呢？最重要的就是要反复地弄清楚产生经济范畴、原则、规律的历史实际，同时把经济范畴、原则、规律等应用到我们的实际中来。只有这样，才能够防止和纠正理论脱离实际的倾向，启发我们独立思考，深入地创造性地研究问题。

怎样弄清楚产生经济范畴、原则、规律的历史实际

要想弄清楚产生政治经济学的范畴、原则和规律的历史实际，大体说来，可以通过这样三个办法：一是借助于直接的实地调查，二是借助于社会生活的经验，三是借助于革命导师作出各种概括或结论所依据的大量材料。

先说实地调查。为了确定或明确某种经济范畴、规律是否正确，是否如实地反映了现实，能够作一些实地调查，当然再好不过。但是这种办法往往受到多方面的限制。首先，政治经济学上的各种范畴和规律，不像有些自然科学的概念、原理和规律那样，可以在实验室中加以准确的验证。其次，如前面已经说到的，我们今天学习的政治经济学，基本上还是把有关资本主义经济部分和有关社会主义经济部分作为主要内容，而关于这两个方面的一切经济范畴、原则和规律，又一般的是以比较典型的经济形态为依据的，这对于处在过渡时期的我国读者说来，要进行现场的实地调查，还不免要受到很大的限制。当然，在讲到过渡经济阶段的地方，我们是有条件这样做的，并且已经有不少人正在这样做。

再说社会生活的经验。政治经济学的各个范畴和规律，都要联系到或作用到实际的经济生活。因此，我们要理解和掌握政治经济学的原理和规律，不能不借助于具体的经济生活事例。比如拿价值这个范畴来说，当我们把价值理解为一种社会关系的时候，尤其是当我们进一步把价值规律

（或剩余价值规律）看作是推动整个资本主义经济生活的社会弹条的时候，那几乎要涉及资本主义的全部经济生活；我们对于哪一方面感到生疏隔膜，我们的理解和认识，就要相应地受到限制。当然，要具有丰富的社会生活经验是要作很大的努力的。不仅如此，政治经济学里面所讨论的许多原理和规律，在我们的现实经济生活中有的已经不存在了，或者只是颇不完全地存在过，但是我们仍旧可以借助于别的国家的情况和材料，各种史料，甚至现实主义的文艺创作来进行研究。例如你要理解商品货币拜物教，看一看苏联特·塞摩希金著的《阿里泰到山里去》，将会得到许多非常新鲜的启示。马克思对于巴尔扎克作品中有关资产阶级唯利是图活动的描述给予极高的评价，列宁曾把托尔斯泰的作品看作是反映俄国社会生活的一面镜子，读读这些人的作品对于丰富我们的社会生活经验是有好处的。就是像大仲马写的《基度山恩仇记》那样带有几分传奇性的创作，也可以帮助我们理解近代初期的重商主义的具体形象。

再说革命导师们创造性地作出各种概括和结论所依据的大量材料。我们现在学习的政治经济学，基本上是由革命导师们根据历史唯物主义观点，并且依据大量材料，在不断批判资产阶级经济理论的过程中，创造和发展起来的；它的各个范畴、原则或规律，都是从大量活生生的事实中概括出来的。如马克思在《资本论》里面讨论到的任何一个经济范畴和规律，都是历史地详细说明了它们如何产生、如何逐渐发展的现实过程，都是以大量的材料作为依据的。我们在学习的时候，如果随时留意体会马克思怎样运用现实材料，以及从那些材料概括出各种观念或结论的科学方法，就可以把产生各种经济范畴和规律的历史实际弄清楚，从而对经济范畴和规律有更深刻的认识。比方说，只要你把协作和分工，通过手工制造业发展到大工业的全过程的具体事实好好掌握了，你就会知道，剩余价值之区分为绝对形态和相对形态，以及剩余价值之由绝对形态转变为相对形态，就不是由于观念上的任意造作，而是事实上的必然归趋。

怎样把经济范畴、原则、规律应用到我们的实际中来

把书本上讲到的各种概念、范畴、原则和规律所由产生的历史条件，即它们所反映的历史实际弄清楚，那只是做了理论联系实际的一半工夫；为了达到学习的目的，更重要的是把理论，把包括在理论中的各种经济范畴、原则和规律应用到我们的实际中来。但是，要想把理论和理论中的各

个范畴、原则、规律应用到实际中来，决不能套现成的公式。这里我们不妨结合我国目前的社会经济情况来加以说明。

我国正处在由资本主义到社会主义的过渡时期。对于这样一种过渡性质的社会，我们所学习的主要以资本主义经济和社会主义经济为内容的政治经济学，在一方面，仿佛都是用得上的，即仿佛可以依据有关资本主义经济的理论来理解和处理发生于资本主义经济方面的各种问题，依据有关社会主义经济的理论来理解和处理发生于社会主义经济方面的各种问题。另一方面，我们必须注意到，把有关资本主义和社会主义的经济范畴、原则、规律应用到我们当前的实际中来，就要考虑到我国的实际情况和具体条件，要经过相当曲折的辨认区别过程。因为我国那种原来就不发达，解放后又在政治上、经济上失势了的资本主义经济，以及同资本主义并存，并且还同广泛的个体经济打交道的社会主义经济，是同政治经济学上所反映的资本主义和社会主义的经济现实，有着相当大的距离的。如果我们只看到前一个方面而不注意到后一个方面，就会犯机械搬用、硬套公式的错误。我国某些经济学者在讨论我国过渡时期的基本经济规律的时候，就曾经犯了这种毛病。当然，我们反对把政治经济学上有关资本主义的和社会主义的理论硬套滥用到我们的经济现实当中来，决不是说，我们不应该用这些理论，或者说这些理论对我们没有用处。问题在于把一般经济理论应用到我国当前社会经济形态的时候，不能忽视下面几个认识前提的论据：第一，对于一个已经确立了新政权，但是还没有全面建立起新的社会生产关系的过渡社会，国家政权在经济上的作用是异常重要和巨大的。如果对政权在经济上的革命作用估计不足，就不可能正确掌握过渡社会经济发展的实际；第二，社会的经济生活或经济秩序，始终在受着同它相适应的政治法律的支持或维护。要看到尽管资本主义经济成分还在过渡社会合法存在，但是它已经不能发生像在资本主义社会那样的作用了；第三，我们也不能因为资本主义经济已经失势，公私合营的国家资本主义大大发展了，农业基本上合作化了，就认为已经可以凭借政权或政策的支持，完全按照政治经济学中有关社会主义的理论来确定社会主义经济的各种经济活动及其运动规律的作用范围了。这样做，显然也是不合乎实际的。因为作为国民经济的领导成分的社会主义经济，现在还不是唯一的经济形式，它本身的发展规模和速度，同它对各种非社会主义经济成分领导和改造的程度有密切关系，因而它的经济运动规律（例如社会主义基本经济规律、国民经济有计划按比例发展的规律等）的作用范围，就不能不在相应的限度内受到限制，甚至某些经济范畴（如利润、利息、地租等），还不能不在一定限度内给人以不怎样明确的印象。这都是当我们把理论应用到我们的经济现实中的时候,需要严加辨认的。

此外,还有一点值得注意,就是同一社会经济成分,在不同的社会制度下会具有不同的社会性质和不同的发展倾向。例如同是小生产的个体经济,它在资本主义制度下面,在社会主义制度下面,在我国过渡社会经济形态下面,在性质和倾向上表现得极不一样。这种性质和倾向的不同,可以是由于经济内在条件的改变,或是由于外在条件的变化。不懂得这些道理,就无法理解我国由农村到城市的社会主义改造高潮。

总之,把经济理论应用到实际中来,即运用政治经济学有关资本主义经济部分和社会主义经济部分的理论,来理解、来说明、来处理我们过渡时期的各种经济问题,那是要从许多方面、从不同的角度、从一般到特殊来反复学习钻研的。

对上述两个理论联系实际过程的综合考察

上面就政治经济学理论联系实际的两个过程,分别作了概括的说明。这里再对这两个过程加以综合的考察。

首先应当指出的是:我们把政治经济学的理论联系实际分作这样两个过程来谈,并不是说它们是截然分开或各不相干的过程,实际上这两个过程的思想活动往往是结合在一起的。比如,当你在考察为买而卖和为卖而买这两个流通形态的区别的时候,你需要在所谓思想还原的当中,就小商品生产和资本主义商品生产的现实经济关系加以对照;同时也不可能不在这种观察对照中,触到当前我们经济中的商品流通情况及它的特点。不过,要能够这样做,我们的学习需要有了一定的基础,对于一些基本概念要具备初步的认识。所以对于初学政治经济学的人来说,需要较多地注意弄清楚产生理论的历史条件即理论所反映的历史实际;等到获得一定的基础,再较多地或着重地注意把理论运用到我们实际中来。通过前一个过程,如果把一些基本概念弄清楚了,我们就能够判别那些范畴、规律所代表的经济关系是否合乎我们社会的经济实际,或者我们的经济实际能在何种程度应用书本上的那些范畴、规律。

其次,我们在学习政治经济学当中,如果不是在概念上打滚,一味以概念说明概念,而是在接触到每一个范畴或规律的时候,都认真地弄懂它们所反映的历史实际,那么,我们更进一步把理论应用到实际中来的过程,才可能是一个创造性的独立思考的过程、结合我们社会的经济实际来发展和充实经济理论的过程。也就是说，只有在学习上通过辩证唯物主义的思想方法的训练，使所学得的各种基础知识在实际经济生活中生了根，我们才有可能从当前社会的经济实际中发现出一些新的关系，或发现出具有不同内容的经济范畴和规律。当然，要使理论应用到我们实际中来的过程成为创造性地发展充实理论的过程，那并不单是观点的问题，还要求搜集大量的材料和丰富的社会斗争及实际生活的知识。

再次，我们说在学习上把理论应用到实际中来的过程，必须在弄清楚理论所反映的经济实际的基础上才能更好地进行；但是在我们的思想活动上，并不排斥两个过程的合并展开（这已经在前面说过），同时也并不排斥这样的事实，即：如果我们能很好地把理论应用到我们的经济实际中来，也就能够更好地弄清楚理论所反映的历史实际。因为我们学习和研究的过程，是弄懂理论所反映的历史实际和把理论应用到我们实际中来这两方面不断反复、互相推动的过程，决不是一次两次就能够理解得好、应用得好的。

最后，我们对于政治经济学的学习或研究，如果不是把它当作教条，而是要求真正理解这门科学所包含的各种概念、原理、规律的现实意义，从而加深对当前的经济性质的理解或解决当前经济问题，那么，理论联系实际就必须不只是我们学习、研究的方法，而且是我们学习、研究的原则；我们学习得好或不好，研究得有没有成果，就看我们把弄清楚理论所反映的历史实际、尤其是把经济理论应用到我们的经济实际中来的工作，做到何种程度。这是我们学习研究政治经济学的试金石，建立在辩证唯物主义基础上的马克思主义政治经济学，原来就是通过这样的理论联系实际的过程产生出来和发展起来的。

（原载《学习》1956 年第 12 期）

促使生产力发展的动力究竟是生产力内部存在的矛盾，是生产关系，还是其他？

一

一般地讲来，人类社会的生产力在一直向前发展着。这是每一个略有社会史知识的人都能理解的。但生产力不断破除各种自然的、社会的阻碍而向前发展，究竟是由什么推动的呢？或者说，它的动力是什么呢？就把僧侣主义者、唯心主义者的教义丢开不讲，在马克思主义者阵营内，也还存在着一些极不相同的说法。新中国的学术界，在百家争鸣的号召提出以后，这个问题，也被提到论坛上来了。据最近《福建日报》上展开的讨论，已经有两个针锋相对的意见在争鸣着：一是说生产力发展的动力，是由于它自身内部存在着矛盾；一是说它的发展，是由于生产关系的促进。两种说法都像能从革命导师的文献中，找到支持自己一方的见解的词句，但同时又似任何一方都不能从那种文献中找到完全可用以制胜对方的论点的词句。结局，一种断断不决的拉锯式的论战现象发生了。我想简单讲述我对于这个论战问题的看法。

我觉得双方的论点并没有根本的抵触，甚至可以说是互为表里和补充。显然的，大家都有些接触到问题的本质，再向前进一些，深入事实一些，就可以找到相通的途径，因此，我的说明，既不是要偏袒任何一方，也不是要就它们两方不同的意见加以折衷调和，而是要极明白地指出：生产力如何发展，由什么推动它发展的问题，应放在生产力与生产关系的辩证发展中去解决，正如同有人问到生产关系是怎么发展的，它的发展动力是什么的问题，我们同样要把它放在生产力与生产关系的辩证发展中去解决一样。为什么呢？因为它们本来就是社会生产的两个方面，离开了任何一方，都只能得到片面的理解。现在且就上面提到的两种意见，分别指出其站不住脚的地方，或者指出其需要进一步申述的地方，然后再综合起来加以考察。

二

先讲前一个论点，即生产力由它内部存在的矛盾运动，推着它向前发展的论点。

生产力是由直接从事生产活动的人和他们所使用的生产工具结合成的。在生产者和生产工具之间，或者在人和他用以从事生产的工具之间怎么会发生矛盾呢？又是怎样表现着矛盾呢？这是支持这个论点的人，必须清楚交代的问题。

在历史上，直接生产者和他的生产工具之间的关系，曾具体表现在两种情况之下。一种情况是：为大家所熟知的，原始自由人从变成奴隶的那天起，就和他所用的生产工具处在对立的地位。他们损毁破坏生产工具，曾经达到了异常严重普遍的程度，以至在促使奴隶制瓦解、农奴制形成的过程中，起着极大的推动作用。奴隶一变成农奴，对于原来那种简陋的生产工具，就开始非常爱护。可是到了资本主义社会，工人在工厂中对于机器厂房等等，根本就是采取漠不相关的态度，一旦有罢工反抗一类大事故发生，他们甚且把积愤暴怒发泄在那些死物上面。等到社会主义实现，工人们很快就把他们对于那一切的态度改变过来了，工厂机器尽管照旧，他们借着这一切来进行劳动的一般条件尽管照旧，但却蓦地里发生了新的感情。这是一种情况。另一种情况是：尽管奴隶变成了农奴，所使用的农具，也许不会怎么感到不适合，因为生产力在这两种社会，距离一般是不会太大的。可是到了资本主义社会，由农业上、手工业上游离出来转化为大工业或大农业上的工资劳动者的那些人，在最初他们不但对于生活条件不习惯，就是对于生产工具，也不能掌握，也没有运用的技巧和经验。这就是近代初期的英法诸国，为什么要用严刑峻法来管制无业游民劳动，并还以杀无赦的重刑来禁阻那些已学好了技能的熟练劳动者出国。如其说，这是人的性质和生产工具的性质不适合的例子，那么看看今日中国广大的农村在个体经济过渡到初级农业合作社，再过渡到高级农业合作社的过程中，我们就要看到另一些例子，那就是原有的小农使用的农业生产工具，颇不适合于已经从个体小生产解放出来了的农民。这又是一种情况。上面这两种情况告诉了我们一些什么呢？

首先，直接生产者与生产工具间，原不会有什么矛盾存在。就前一种情况讲，直接生产者对他们所用的生产工具怀着憎恨或爱护的不同情绪，根本是由于他们对生产工具或生产资料的关系改变了，他们在生产中处在不同的地位了，他们由生产成果受到的利益完全是另一回事了。一句话，就是由于他们是处在不同的生产关系中；生产关系的改变，决定了直接生产者对于他们所使用的生产工具的态度的改变。当生产工具不是为他们所有，而是为役使他们的奴隶主或资本家所有的时候，他们自身就物化为奴隶主或资本家增殖财富的工具，同时生产工具则人格化为他们所憎恶所要反对的奴隶主或资本家自身；在这种限度内，直接生产者和生产工具间的矛盾，事实上就是生产力与生产关系的矛盾的特殊表现。

其次，就第二种情况讲，直接生产者不习惯或不能控制他们所使用的生产工具，或者不满意他们的生产工具，从而强烈要求改进生产工具，那虽然有时也可个别的、在一般情形下发生，但若成为一种社会现象，却就又当别论了。要迫使许许多多拿锄头镰刀的手去掌握机器，或者反过来，要让大规模合作化集体化了的劳动者（直接生产者），还继续使用原来的简陋生产工具，那么，从这里反映出来的直接生产者与生产工具之间的矛盾，就更清楚地体现了生产力与生产关系之间的矛盾，不过，我们所举的这两个例子，表示了矛盾发生的不同过程，农奴从封建束缚下转到现代性农业或工业生产上来，说明旧生产关系不能不适合新生产力性质的一面；而我们今日农村个体农民变成了合作劳动者，要求改进生产工具，则说明了新的生产关系在敦促着生产力发展的一面。

要而言之，由直接生产者和生产工具不调和或相抵触体现着的矛盾，从表面看来，虽然像是由生产力内部表现出来的，但丢开了生产关系，我们就不仅无从想象生产力包括的这两个因素怎样会发生矛盾，同时也将无从理解生产力怎样会强烈要求改变生产关系和生产关系怎样会促进生产力的发展。

生产力在社会生产中被看作是最革命的因素的原因，那是表明，在历史的发展过程中，和生产关系相对待而言，生产力一般是走在前面的，是作为新的生产关系的基础而出现的。无论是哪一种新的社会形态，都是把推进发展前一社会形态遗留下的生产力作为它的历史使命。所以，在人类历史上，尽管生产关系有多少次的大转变，而在一般的情形下，生产力则总是一直是赓续前进的。这是因为无论社会怎么改变，人不能一天离开生活资料，不能一天不从事生产，而改进生产，提高生活水平，也就必然成为日常生活中的课题了。但是否可以因此结论说，人们的需要推动着生产力的发展呢？这个提法是太笼统了。在特定社会中，人们究是指着谁？是直接生产者？还是生产主体？当直接生产者同时就是生产主体的时候，人们的需要促使生产力发展这句话是可以成立的；当直接生产者是一种人，生产主体又是一种人的时候,这句话就是片面的。在后一场合,努力改进生产的生产主体,往往不一定是由于个人的生活需要,而广大劳动人民的、特别是那些经常失业者的生活需要,又往往不成其为改进生产的动力。就在这里,我们又看到了,人们的需要能不能成为或在何种程度成为生产力发展的推动力量,是取决于生产力与生产关系的矛盾是否有或在何种程度有合理的解决。

三

当我们如上面所说,生产力的发展,其推动力不是由于生产力本身存在着的矛盾,而归根结底,宁是由于生产力与生产关系间存在的矛盾的时候,那不等于说,生产力的发展完全是由生产关系所促成。因为我们如果把命题作着这样绝对化的表现,马上就要面临到一些难于解答的问题。比如:

(1)当生产关系变成了生产力发展的桎梏的时候,还能说生产关系是促使生产力发展的推动力量么?

(2)当生产关系已经成了生产力发展的桎梏的时候,怎样说明生产力还能不断有所发展呢?

这两个问题,是片面强调生产关系促进生产力发展的人必须有所交代的。他们本来是可以找出一个有力的论据的,但因为他们一直没有深入到生产关系究竟在现实上是怎样发生作用的实际中去,因而就把它忽略了。那个论据就是,在某种生产关系被当作特定社会的经济基础而开始对生产力施加作用的瞬间,已经把它的上层建筑的影响带进去了。事实上,生产关系在法律上的表现,就是财产关系,就阶级社会讲,就是拥有生产资料的阶级,对于被剥夺去了生产资料的阶级,用法律、用一切思想教育手段来强制诱导其劳动的阶级关系。离开了上层建筑,生产关系的能动作用,就不容易表现出来。一个社会的生产关系是逐渐发展起来的,它的各种上层建筑也是逐渐趋于完备的。但当政治法律制度以及精神活动达到了相当完备阶段的时候,它们对于作为其基础的生产关系,就要取得一定的相对的独立作用。也就是说,尽管一种生产关系,如像目前资本主义的生产关系,已经从各方面显得它在妨碍着生产力的进一步发展,但它的上层建筑或总合着各种上层建筑机能的国家机器,却会想尽办法(包括军需生产和战争在内)来缓和那种妨碍程度,或延缓生产关系和生产力矛盾的紧张程度。这就是目前各帝国主义国家为了克服日益沉重的慢性危机,竟不

促使生产力发展的动力究竟是生产力内部存在的矛盾,是生产关系,还是其他?

173

惜多方制造紧张局势，扩大军火生产乃至冒险地诉诸武装侵略的原因。同时也是它们的生产力为什么还能不断有缓慢增加的原因。此外，还有一点必须指出，一个社会的生产力的发展，因为自然条件和历史条件的限制，它在各部门间，在各地区间并不是平衡的，生产关系在全社会范围的发展程度，也应作如是观。而像在中国过去封建时代那样，破坏社会生产力的朝代变动，曾间隙地发生，而历代的领土，就一般的发展过程讲，又在不断地扩大，不断地把生产较落后的社会或民族同化并合进来。在这种情况下，尽管在大体上讲来，生产力的发展已在受着生产关系的束缚，但在不同的地域，不同的经济部门，还不是完全没有发展的余地。我们有的历史家已在把这一点作为论据来说明中国封建制的长期延续，这虽然不是很充分的理由，但总可表明，一个社会即使一般地讲来，它的生产关系已在束缚着生产力，妨碍着生产力，但如听其自然演变，不作革命斗争，它仍旧有办法加强剥削，维持乃至缓慢提高生产力，把痛苦过程拖延很久。目前好些帝国主义国家如像美、英、法等的现实，正在为我们证示这一点。

可是，尽管我们由上面提到的两个论点，即上层建筑对基础的相对独立作用和社会生产的不平衡发展来说明生产关系即使一般地已经发展到束缚生产力的地步，仍旧有使生产力在一定程度上发展的可能。我们并不能因此就断言，生产力的发展，完全是由生产关系所促成，因为，就在这种场合，就在生产力一般已受到束缚，而还能有所提高的场合，那已说明生产关系基本上是在妨碍生产力而不是发展生产力，或者至少已表明生产关系一面虽允许生产力仍有所发展，同时却在阻碍生产力的发展。

一句话，片面强调生产关系是生产力发展的动力的意见，就把生产关系必须适合生产力性质的规律要求丢开不讲，也是难以自圆其说的。

四

生产力发展的动力，既不能由生产力内部存在的矛盾得到说明，也不能单由生产关系的促进作用得到说明，归根结底，必须在生产力与生产关系之间的矛盾和对立斗争的统一中，在它们之间的辩证发展中，去找到它的依据。在这次《福建日报》上的论争中，有的同志已经触到了这个论点，但没有把它说明交代清楚。而没有说明交代清楚的关键，在于没有把生产力与生产关系之间的矛盾的内容实质或其具体实况表达出来。

用常识讲话，生产力和生产关系既是社会生产不可分离的两面，它们从性质上讲，从一定质量规定上讲，就是配合的。比如资本家和劳动者结成的生产关系，和以往其他阶级社会的生产关系相对而言，不仅要求在性质上与它相适合的生产力，并还允许在质量规定上与它相适应的较大生产力。矛盾从何产生？它们这样骨肉相连，表里相应，又在哪里表现矛盾呢？

要知道，第一，不论是在哪一个社会，如果它的生产方式是单一的，如果它的社会生产发展水平是全面一律的，如果它是处在静止状态中的，在那样的场合，根本就谈不到什么生产力与生产关系的矛盾。但那样的场合在现实上是不存在的。以往的任何社会都同时存在着两种或两种以上的生产方式，因而社会生产发展水平就更加悬殊。也因为这样，不同性质的生产力，不同性质的生产关系及其在不同发展阶段的差别情况，就同时呈现着，错综交织着，并互为影响和作用。那不仅使人们强烈地感到落后的生产关系对于生产力的束缚，因而要求变革旧生产关系以提高生产力，同时还在实际生活中，使不同社会性质，不同发展条件的各种生产因素如直接生产者或生产工具等等，发生如我们前面谈到的那种不相适应或互相排斥的情况。因此，

第二，先进的东西与落后的东西，新生的东西和腐朽的东西之间存在的矛盾及其对立斗争的统一运动，就在过渡社会中表现得特别明显。就讲解放以来的新中国社会的情形罢，我们是存在着多种生产方式的，或多种社会所有形态的；各产业部门、各地区的发展情况，也是非常不平衡的。新、旧的矛盾，先进、落后的矛盾和斗争，几乎是广泛地存在着。但贯穿在这种矛盾和对立斗争中的统一趋势，就是旧有的那些妨碍着生产力发展的生产关系在不断被扬弃，而新的能容许并促进生产力发展的社会主义生产关系在不断扩展开来，而同时生产关系必须适合生产力性质的规律要求，也在这种过渡时期中有了极充分的表现。

第三，从发展过程去看，社会生产的矛盾，生产力与生产关系的矛盾，是不断发生着。我们从旧的半封建半殖民地经济基础上，把官僚资本变为全民所有，这就在全民所有和资本主义所有乃至和个体所有间造出了新的矛盾；使个体农业手工业合作化，更进一步使它们由初级的合作化进到高级的合作化；以及促使私营工商业变为公私合营；就是在克服矛盾中前进。旧的矛盾还有待于克服，更新的矛盾又要接着产生；没有矛盾的产生和克服，就不可能有发展。新的代替旧的，先进的代替腐朽落后的，这就是发展过程的实在内容，也就是由量变到质变这一过程的实在内容。这个现象，在过渡社会存在，在实现了单一的社会主义生产方式的社会仍然存在，所不同的，只不过是在后一社会形态中，矛盾变得单纯了一些，推

动生产力发展的，不再是对抗性的矛盾，而是非对抗性的矛盾罢了。

在社会生产现实的运动中，生产力和生产关系好像两个互相联系而又互相排斥的掣动机键。我们单只看到生产力排斥旧生产关系一面是不成的，它还有促成新生产关系发展的一面；同样，我们单只看到生产关系保育生产力一面也是不成的，它还有阻碍生产力发展的一面。所以，不论是生产关系或生产力的发展，都必须在它们的矛盾和对立斗争中，在它们的辩证发展关系中，去找得根据，发现掣动力量。

（原载 1956 年 12 月 14 日《福建日报》）

价值规律在我国社会主义经济中的作用

在人民公社这个崭新的社会主义生产关系出现以后，我国社会主义经济的生产、分配、交换、消费各个方面，都相应地发生了变化；经济条件的改变，使原来作用于那些经济条件中的各种经济规律，也不能不跟着改变它们的表现形式和作用范围。这对于社会主义基本经济规律说是如此，对于国民经济有计划发展的经济规律说也是如此，而对于价值规律说，尤其是如此。

和建立在集体所有制基础上的农业合作社比较起来，人民公社虽然也还是建立在集体所有制基础上，但是它更大了，也更公了，它跨上了一个新的阶段。在生产内容上表现的农、林、牧、副、渔相结合和举办工业，在分配关系上采行的供给制和工资制相结合的新措施，最容易给人一种印象，就是它的公有化的程度加大了，自给自足的比重加大了，也就是它所生产的生产物的商品化的可能性减少了。于是一个新的问题被提出了：人民公社出现以后，商品生产是不是还存在，价值规律是不是还发生作用呢？

价值规律在一定限度内，还起着调节流通乃至调节生产的作用

对于这一个问题，我们的经济学家展开了广泛而热烈的讨论。到目前为止，似乎已经得出了这样一个大体一致的结论，就是在现阶段乃至在完全建成社会主义以前，商品生产还是必要的，价值规律还是会发生一定的作用的。但商品生产究竟为什么还有必要，价值规律究竟是发生怎样一种作用，则仍是言人人殊，各执一是。这正是我们需要从长讨论的问题。我只是想在这个限度内谈谈我个人的不成熟的看法。

首先，我觉得，在社会主义制度下为什么还要商品生产，或者社会主

义的生产物为什么还要当作商品来交换；在集体所有制经济单位与国家之间，在国营企业、机关职工与国家之间，在国家企业与集体所有制经济单位之间以及在国家企业之间，为什么还要借助于货币形式来进行经济核算，来实现按劳分配，来保持商品关系，那和我们在这一经济发展阶段还需要价值规律在其中发生提高劳动生产率的作用分不开的。把社会主义社会的商品生产只是看作为这一经济发展阶段，无论是就物资的供应状况讲，还是就人们的劳动觉悟程度讲，都还不能不借助于商品货币的形式来维持彼此相互间的经济交换关系，这样说，显然是不充分的，至少是没有把商品生产与价值规律的内在联系充分表达出来。有些经济学者，在论说社会主义制度下的商品生产的必要性的时候，总像很谨慎地避免触到价值规律的作用，仿佛商品生产的必要性与价值规律的作用无大关系。我不这样想。我以为商品性的生产所以必要，在很大的程度上是由于还需要价值规律发挥促进生产、提高社会生产力的积极作用。当我们的生产因此迅速发展起来，我们的社会产品也因此迅速丰富起来，足够转变到共产主义阶段，不再需要采行当前的商品货币形式的时候，那在很大程度上也是由于我们再也用不着价值规律在我们的经济生活中发生任何积极作用了。

那么，在我们社会主义经济生活中，价值规律究竟能够发生怎样的作用呢？或者，它又是在怎样的发生作用呢？这里又要碰上一个争论不休的老问题。经济学者们一般都认定在社会主义经济条件下，价值规律对于生产和流通，只能从外部发生影响，没有调节作用，我以往也曾一度强调这个看法，后来越来越觉得有疑问，最近参观了一些人民公社，较仔细深入地考虑到这个问题，觉得商品价值规律在我们的经济生活中，还能够在一定的限度内，起着调节流通乃至生产的积极作用。从全国范围来讲，我们有若干个经济协作区，每个协作区包括若干省，一个省又划分了一些行政的经济的地区，以至于最基层的生产兼消费单位——人民公社。不论是经济协作区，是省市地区，还是人民公社，当它在许多生产事业中，决定把它的生产资料和劳动力，全部或有重点地安排在某些生产事业方面，而让那些很有需要但不值得生产的生产资料或消费资料，从其他经济协作区，从其他省市地区，或从其他人民公社去得到满足的时候，它们这么做，不论是根据全面观点的原则，是基层通力合作的原则，还是根据因地制宜，因利乘便的原则，在经济学上讲来，只要它们还有必要在相互间的经济联系上借助于商品货币形式，其中就一定有价值规律在发生作用，在一定限度内调节着生产与流通；并且，只要它们相互间通过这样的经济联系，对于社会劳动生产率的发展有所助益，那也说明，它们已很好地掌握运用了价值规律，使它在一定限度内发挥了积极作用。

价值规律同社会主义基本经济规律有矛盾的一面，也有统一的一面

是的，当我们如上面这样讲的时候，一定又要碰上经济学界争辩的另一个问题，那就是，在我们社会主义的经济条件，调节生产和流通关系的，是社会主义的基本经济规律，是国民经济有计划的发展规律，而不是价值规律；价值规律只扮演着极其有限的从属作用。因为在我们社会主义社会，以图利为目的的资本主义所有制的经营，已经不存在了，因而随着以商品价值为中心而上下波动的价格变动，而扩大或缩小生产规模或转移经营行业的现象，就难得发生。比如说罢，有的地区，尽管栽培经济作物的利益大，种植谷物的利益小，但我们并不曾因此就把种植谷物的田地，改种经济作物；有的地区，即使把地区差价加算起来，要保证供应，不但无利可图，甚且还得担负亏损，但我们并不因此就中断那种地区的供应。在这里，显然不是价值规律在发生作用，恰好相反，那正是无视价值规律，而从全局出发，很好地掌握运用了社会主义基本经济规律和国民经济有计划发展规律的结果。可是在同时，我们能不能够设想有这样的场合：尽管照顾到社会主义基本经济规律乃至国民经济有计划发展规律，仍不妨碍让价值规律发生积极作用；或者还设想有这样的场合：只有充分发挥了价值规律的积极作用，社会主义基本经济规律或国民经济有计划发展规律的实际作用的效果，才能充分实现出来。就前一场合而言，我们只要去参加一次人民公社的生产计划会议，听听社员们就农、林、牧、副、渔投资比例所发表的意见以及最后讨论的结果，就知道他们在某些决定上，确实为了顾全大局，无视价值规律，在对于本集体比较不利的事业上，投下了生产资料与劳动力，但同时对于其他的决定，却是认为照顾了大局，而无碍于当地有利经济条件的发挥，或者是认为即使从全面考虑，显然不很周到，但为了充分发挥有利经济条件，照顾社员的积极性，也就这么确定下来了。事实上，各单位、各地区在经济上的协作，只要是借着商品货币的流通关系来进行的，就必然要引导人们趋向有利的途径，而回避不利的途径；我们通常惯于谈起的因地制宜，就地取材，或因势利导的意思，也无非是说，某个地区，某个单位，生产同量的生产物，所耗费的劳动量，要比较少一些罢了。这也就是我在前面谈到的另一个场合的问题，不论是社会主义基本经济规律，还是国民经济有计划发展规律，在许多场合，如果

没有好好运用价值规律，使其发挥积极作用，它那借着发展社会生产力来提高人民的物质的文化的生活水平的要求，或全面按比例有计划发展国民经济的要求，就不可能实现。人民公社所以不宜于全面实行供给制，而必须同时采行工资加奖励的办法，并且工资还要像国家企业部门那样，分等分级，也无非是要借此鼓励大家，努力在一定量的生产物中少耗费劳动量罢了。归结起来说，无非是要照顾到要社会必要劳动量决定着商品价值的规律罢了。一些经济学者喜欢谈社会主义基本经济规律或国民经济有计划发展规律在实际生活中和价值规律相矛盾的一面，而比较不大注意它们的统一的一面。

学会利用价值规律来进行经济核算，提高劳动效率

最后，我还想结合我们中国的社会主义经济特点，来谈一谈我们需要发挥价值规律的积极作用问题。谁都知道，我们的社会主义，是从非常薄弱的资本主义经济基础上变革成长起来的。这有好的一面，就是我们的劳动人民一穷二白，所受资产阶级的唯利是图的感染不深，他们的共产主义觉悟较高，不会遇事斤斤计较；可是尽管如此，我们国家还是采行了按劳分配的制度，使那些对于人民事业作出了较多贡献的人取得较多的报酬，借以巩固并提高他们的积极性。这是一方面。另外方面，由于我们原来的资本主义经济基础薄弱，科学技术条件比较落后，在工业方面，在其他企业方面，特别是在农业方面，对于管理经营，对于财务核算，还需要大大努力，加强监督，以减少不必要的损耗和浪费。我们对于个人的利得不斤斤计较是好的，可是对于公家的盈亏损益，漠不关怀，就无法进行经济核算，降低成本，增进劳动效率；也就是说，我们对于各种生产事业，不仅要多方努力减少每个单位产品的劳动耗费量，并还要参加那种生产事业的人，逐渐具备有经济核算的知识，养成精打细算的习惯，让他们明了一种产品的劳动耗费量，在社会必要劳动量以上，在社会必要劳动量以下，或保持在社会必要劳动量的水平，对于社会、集体或他们自己个人，该有怎样的密切关系。我们不单靠金钱收入去鼓励劳动人民的积极性是一回事，我们必须加强监督核算，以期不断提高社会生产力又是一回事。由资本主义不发达引起的好处和缺点，是必须同时考虑到的。

让价值规律在一定限度内发挥调节生产、调节流通的作用，会不会引起资本主义社会的那种自发势力的破坏作用呢？不会的。我们还有社会主

义基本经济规律，还有国民经济有计划发展规律。价值规律是必须在那两种规律的要求下发生作用的。在实际经济生活中，不违反那两种规律的要求，甚至有助于那两种规律的要求，而发挥价值规律的一定作用的可能性是存在的。在那样的场合，我们能说它只是从外部影响生产与流通，而不发生调节的作用么？事实上，像在我们中国这样不是从很发达的资本主义体系中转变过来的国家里，是特别需要加强经济核算，加强财务管理，活跃流通经济，使价值规律发挥积极作用，以期迅速地发展社会生产力，迅速地丰富社会产品，从而加速建成社会主义的过程。

(原载1959年1月17日《人民日报》)

从发展社会生产力的角度来申论我国社会主义现阶段商品生产与价值规律作用问题

1959年1月17日我在《人民日报》发表了一篇《价值规律在社会主义经济中的作用》的文章,其中有三个主要论点:

第一,价值规律在一定限度内还起着调节流通乃至调节生产的作用。

第二,价值规律同社会主义基本经济规律及国民经济按计划成比例发展规律,有矛盾的一面,也有统一的一面。

第三,我们必须学会利用价值规律来进行经济核算,提高劳动生产率。

那篇文章讲得太简略,由于这是一个牵涉到很多方面的理论性问题,同时又是一个需要结合到我们的现实,才能谈得较深入和有实际意义的实践性问题,所以感到有必要进一步加以申论。为了不致拉得太广泛,使重点突出一些,特表明是"从发展社会生产力的角度来申论的",并还把问题的讨论,限定在我国社会主义发展的现阶段。

一 我国社会主义发展现阶段的商品生产的性质和趋势

(一) 商品生产形态是一个历史形态

1. 商品生产的萌芽在原始社会末期就出现了,它将消亡于共产主义的完成阶段。

2. 商品、价值、货币关系,是在社会出现了分工和私有的条件下,为了解决人们交换其劳动或服务活动的矛盾而产生的。

3. 商品生产关系,不仅要反映社会生产关系的性质和生产力的水平,也要反映生产力与生产关系的矛盾状态。

4. 在社会发展的进程中,商品价值、货币、价值规律曾被有意无意地运用来促进生产力。由是改变生产关系,以至于最后消灭那些历史范畴存在的基础。

(二) 我国已全面建立起社会主义生产关系,但生产力还很不发达,这情况就决定了我们的商品生产的性质和对于发展商品生产的要求

1. 在我国社会主义发展的现阶段,我们的商品生产,已经是社会主义性质的商品生产。我们所谈到的一系列的经济范畴,商品、价值、货币、价格、价值规律等等,也都只是体现我国社会主义生产关系的某个侧面,而勿庸和资本主义的那一套纠缠不清。

2. 在实际经济生活中,以往资本主义的发达程度,我们对于资本主义是采行彻底革命方式,还是采行逐渐改造方式,都要在我们现在的商品生产形态、价格政策等方面发生极大的影响——我们由落后的半封建半殖民地统治局面改变过来,还不到十年,三改成功,全面建立起以全民所有制和集体所有制为基础的社会主义生产关系,还不到三年。这不仅说明我们以往的商品生产很不发达,还说明我们目前的商品生产,还未能完全抹去过去的痕迹。

3. 我们国家土地幅员大,交通一般还很不方便,自然条件差异极大,人民生活的习惯和需要,又是非常复杂而参差,不大力地发展商品生产,显然是不容易满足人民的不断增长的需要的。

4. 尤其重要的是,我们全国人民正在党的总路线的照耀下,争取迅速完成两种过渡——由集体所有制到全民所有制的过渡和由社会主义到共产主义的过渡。我们的落后经济条件和面貌,在很多方面妨碍我们成就那种飞跃。我们要让商品生产关系大大发展,就是要由此促进生产,加速来完成那种过渡。

二 在我国国民计划经济中的商品生产与交换关系的存在,就使得我们有运用价值规律来提高社会劳动生产率的可能

(一) 关于价值规律及其作用的再认识

1. 我们经济学界有关商品价值规律问题的争论,有不少是发生在对于价值规律的不同认识上。

2. 马克思提出的价值规律的最基本形式是:"社会必要劳动量决定商品价值"——可以理解为:先进落后的分野;争先进赶先进的社

会客观强制力；商品等价交换（劳动力不等价交换）的依据；在原则上，也是对商品调拨分配，必须保证质量规格的要求和按劳分配的基准。

3. 马克思对于上述基本形式，又提出了一个更概括的补充形式："商品价值，与实现在其内的劳动量成正比例，与实现在其内的生产力成反比例"——把降低社会必要劳动量与提高劳动生产率联系起来，说明了价值规律的基本作用，就在于促进社会劳动生产力。

4. 马克思还提出了有关价值规律的直接表现形式："价值规律支配价格运动"——由商品价值的生产到商品价值的实现——他把这看成是资本主义商品生产的最突出表现形式——竞争，生产无政府状态——个人占有和生产社会性之间的根本矛盾——价值规律在资本主义商品生产条件下的破坏作用。

5. 马克思说的前面两个形式，是对小商品生产说的（见于《资本论》第1卷第1篇）；而第三形式，则是对发达了的资本主义商品生产说的（见《资本论》第3卷第1篇）；足见第三形式是只有在资本主义生产条件下才表现出那样的破坏作用；而第一第二形式，则是一切商品生产形态所共有的，它的基本作用就在于提高生产力，促进生产。

（二）价值规律在我们社会主义计划经济中作用的限度

1. 在我国社会主义计划经济中，根本不存在像资本主义商品生产那样的听任价值规律发生自发作用的条件，计划经济就根本限制了它的破坏作用。

2. 同时在计划经济下，计划所依据的社会主义基本经济规律和国民经济有计划按比例的发展规律，就是被运用来作为动员并促使社会生产力发展的重要手段，价值规律不过是作为重要的辅助手段。

3. 但是，我们的经济计划是否行得通，是否定得合理，是否行之有效，在相当大的程度内，就是看我们在依据社会主义基本经济规律和国民经济有计划按比例发展规律来定计划来执行计划时，是否自觉地运用了价值规律，是否发挥了价值规律应有的作用和效果。

4. 在把价值规律看作运用社会主义基本经济规律和国民经济有计划按比例发展规律的一个重要辅助手段的限度内，凡在用后者调节生产资料和消费资料的生产和流通中，也可能在一定限度内，帮同发生了调节作用，即使它一般地不大可能单独发生这种调节作用。

（三）我们当前有关价值规律作用的认识上存在的问题

1. 不是在怀疑它是否有作用，而是在怕它只发生消极破坏作用，而没有足够重视它的积极作用。

2. 即使也体会到了它的积极作用，但还不大明确它究竟是怎样发生作用，究竟要创造出哪些条件，才好充分发挥其积极作用。

三 在实际经济生活和国家计划工作中，我们已在广泛运用价值规律来促进生产，但是我们一般的思想认识还没有跟上，还有待于创造条件来进一步发挥其积极作用

（一）价值规律实际应用，不论就范围讲，就深度讲，都比我们经济学者所想象的要广泛得多，深透得多

1. 我国最高决策机关制定国家建设计划任务和总路线时，对价值规律的自觉运用——执行第一个五年计划过程中最大限度地改善生产性质和条件，提高技术和充分发挥劳动者积极性、创造性，保证了第一个五年计划实现和超额实现——"鼓足干劲、力争上游、多快好省地建设社会主义总路线"，意味着更多地减少劳动耗费，更快地改良技术、改造劳动方法，提高生产效率。——"全国一盘棋"的方针，要求劳动生产率较低、成本较高、质量较差的企业，要让位给劳动生产率较高、成本较低、质量较好的企业；这就是为了避免价值规律引起的消极作用，从而发挥它的积极作用。

2. 国家企业部门接受国家任务，实现国家计划的情况——国家分配给企业部门的任务或生产计划指标都是按平均生产水平，或先进平均定额制定。他们在接受国家任务，实现国家计划时，具体化时必须改进劳动方法，发挥潜力，力争上游，才能把生产提高到先进水平的基础上完成计划。这就是在完成生产计划任务本身，就有降低成本、降低劳动耗费、提高生产率的客观强制的要求。

3. 国家计划任务在农业合作社和当前人民公社实际情况——农业生产合作社和人民公社是建立在集体所有制的基础上，限制了农产品的生产和流通的计划性，国家是借着收购任务和价格政策促成一定农业生产计划的完成。——人民公社的生产更大范围内纳入国家计划，但在今后一个必要的历史时期内，必须广泛的发展商品交换。因此价值规律不仅表现在农

业产品交换关系中，更表现在生产过程中。——社、大队、小队三级之间都得施行经济核算，贯彻按劳计酬，等价交换原则，以便促使生产效率迅速发展。

4. 职工、农民及一般市民对于国家经济政策的支持和在日常经济生活中围绕着消费品价格变动和供需关系所起的反映。

（二）关于价值规律作用的认识的分歧

1. 有些同志，只从资本主义的自由竞争和生产无政府状态去看价值规律的作用，因而，认为价值规律就是破坏作用，就是资本主义的特产物。但在事实上，价值规律并不是资本主义商品生产特有的经济规律，它的作用，不只有消极破坏一面，而还有它的基本的积极一面。

2. 有些同志以为，一谈计划经济，就和价值规律的作用势不两立，以致认为计划经济就是要遏阻价值规律的作用。但事实上，国家根据社会主义基本经济规律和国民经济按计划成比例发展规律，结合我国具体条件，决定经济建设任务，制定计划以至完成计划都在不断运用和发挥价值规律的积极作用，并防止其破坏作用。

3. 有些同志，把价值规律看成只在流通过程中发生作用，因而，就认定只是对于一些要在市场上实现价值，实现买卖的消费资料的流通乃至生产有一定的影响或调节作用。但事实上，只是被看作商品形式或外壳的生产资料的生产和调拨分配，都在一定程度运用价值规律。

4. 有些同志看价值规律的作用，似乎只是在较狭窄的经济领域考虑，而不把全国国民经济的有机活动看成一个整体，认为价值规律只是对某些方面、只是从外部发生影响，而对其他方面则会在内部发生调节作用。但事实上，根据具体的不同经济条件，和在不同的场合，它的作用确有大小、深浅和范围广狭的不同，但并不是彼疆此理地严格区别开来。

5. 有些同志以为对于价值规律的运用，只是属于经济工作者或经济学者的事，对一般市民不会有什么反应。但事实上，在社会主义制度下，直接参加生产的工农大众，如果不是从实际经济生活中深切体会到了国家任何经济措施都是从人民利益出发的，那些政策对于国家、集体和对于个人的物质利益有怎样的关系，他们就不会有那样大的热情和积极性。应当说他们对于市场的供需状态和物价的变动的反应是非常敏感的。

（三）不管我们经济学界的思想认识，怎样跟不上实际，和怎样参差，价值规律并不因此就停止它的作用

问题是，我们大家能够通过讨论，逐渐统一了认识，就会大有助于共同努力创造条件，让价值规律更好地发挥积极作用。

（四）关于有助于发挥价值规律作用的若干具体措施

1. 订定计划特别是将国家计划具体化，必须尽可能掌握各种资源，调查材料，依据生产力配置原则，以期符合价值规律要求。

2. 重视数据，全面加强统计监督工作，把价值规律的运用建立在统计工作的基础上。

3. 严格执行按劳计酬原则，妥善安排集体利益与个人物质利益，积累与消费之间的比例关系。价值规律是不会同平均主义和一步登天思想妥协的。

4. 价格政策和运用价值规律有密切关系，它是按劳计酬原则、等价交换原则是否受到尊重的考验。在整个国民经济活动中，它必须借助于税务工作、货币管理工作、信贷工作，充分发挥促进生产的作用。

5. 加强财务管理，严密经济核算制度，层层负责，相互督促检查，合理的要求愈严格，就愈能发挥价值规律的积极作用。

6. 生产资料在国营企业相互间的调拨分配，必须订定一系列的带有强制性的检查鉴定规章制度；规章制度合不合理，就看它是否有助于促进生产力的发展，是鼓励了先进，还是迁就了落后。

（这是在福建经济理论讨论会中经大家提过意见后的修正稿，但文责仍由作者自负。）

（原载《中国经济问题》1959年第4期）

充分发挥价值规律在我国社会主义
经济中的积极作用

一 论争分歧的主要关键之一

直到现在为止，我国经济学界关于价值规律及其作用的每一个论点的讨论，几乎都存在着颇不相同甚至完全相反的看法。对于这个有重大理论意义和实践意义的问题，见智见仁，各抒己见，宁是自由论争的健康现象。但为了不使论点拉得过于广泛，以致漫无归宿，我想探究一下论争分歧的主要关键所在，应当不是没有益处的。

据我阅读各方面有关论文的体会，仿佛引起争论的主要关键之一，是在于对价值规律本身的认识，还颇不一致。从这里出发，对价值规律在资本主义经济中的作用，对于它在我们社会主义经济中的作用，乃至对于如何掌握运用它来为我们社会主义计划经济服务，就不能有一致的意见。

为了说明的便利，我想在下面概述几个有关的论点：

1. 有不少的同志，在有意无意地把价值规律看成资本主义的特产物，只从资本主义的自由竞争和生产无政府状态去看价值规律的作用，并干脆地认为它只起着消极的破坏的作用。事实真的这样么？

2. 正是由于把价值规律看成是资本主义的特产物，并一味从消极方面去考虑它的作用，于是，人们一谈到社会主义的计划经济，就很自然地把它和价值规律对立起来，以为计划经济不只是要阻遏价值规律的作用，且还是已经阻遏了价值规律的作用的结果；在计划经济领域内，价值规律是无能为力的，是不受欢迎的，事实真是这样么？

3. 既然计划经济的园地不容许那个"资本主义"的价值规律的猪嘴伸进来，其结果自然是：凡属依照国家计划生产出来，而又是在国营企业内部相互调拨分配的生产资料，它是否生产，它究须生产多少，就完全没有价值规律过问的余地；它可能发生一些作用的，只不过是那些没有完全纳入国家计划，而又要在市场流通的消费资料罢了。事实真是这样么？

4. 在整个国民经济中，价值规律被允许发生作用的，既然只限于极其有限的窄狭领域内，如有的经济学者所指出的，只限于没有纳入国家计划中的那百分之二十到百分之二十几的商品生产和流通活动的范围，那就无异在作着这样的断定：凡属在计划经济领域内活动的直接生产者，工农劳动人民乃至一般职工，似乎对于市场的供需状态，企业的盈亏，物价的变动，完全没有什么反应；也似乎他们用极高的热情和极大的积极性来努力实现国家的计划，并没有考虑到那些计划，对于国家，集体和对于个人的物质利益有怎样的关系。事实真是这样么？

我想，无论就以上的哪一点说，恐怕都不是事实，或不完全是事实。

价值规律的真正作用，并不像我们一向联系资本主义商品生产所看到的那样，是在引起生产无政府状态的消极破坏方面表现出来，而宁是在它提高劳动生产力，促进生产的积极作用方面表现出来。

价值规律和计划经济并不是势不两立的。它是社会主义基本经济规律和国民经济有计划按比例发展规律的一个好助手；它是从属于前者来发生作用的。定计划、执行计划，都不能不认真考虑到价值规律的作用。

把全国国民经济的有机活动看成一个整体，价值规律在具体的不同经济条件下和在不同的场合可能发生的作用，确有大小、深浅和范围广狭的不同，但似乎并不是彼疆此理地在事前就"先验地"严格区分开来的。

最后，价值规律的运用，并不仅是经济决策者、经济工作者、经济学者的事。在社会主义制度下，直接参加生产的工农大众既然是当家作主的人，既然他们个人的物质利益和国家集体的利益结合在一起了，他们对于价值规律的作用的反应，应当说是非常敏感的。

我将要在下面分别交代这个问题。按照逻辑的顺序，先得对价值规律及其作用有一个正确的认识。

二　关于价值规律及其作用的再认识

我们的革命导师马克思提出的价值规律的基本形式是：社会必要劳动量决定商品价值。[①] 事实上，价值规律的基本作用，也表现在这里。它包含有巨大的积极意义。作为一个规律，它的作用，就是表现在它通过一定条件所显出的要求或倾向或社会的客观强制力上。商品价值要由社会平均

[①] 马克思：《资本论》第1卷（郭大力、王亚南译），人民出版社1953年版，第11页。

必要劳动量决定，即无论你在生产时所耗费的劳动量是多还是少，是在平均必要劳动量以上，还是在这以下，都只得到或都会得到同一的评价。这样，多费劳动就要吃亏、少费劳动就占便宜，结果就会在无形中敦促着大家去多方地讲求如何在生产中减少劳动的耗费。所以，价值规律的这个形式，就是意味着先进、落后的分野；用我们现在的语言来说，就是争先进赶先进的社会客观强制力，所谓先进定额，先进平均定额，都是通过这个形式体现出来的。商品的等价交换是以此为依据，而在原则上，那也是对产品调拨分配必须保证质量规格的要求和按劳分配的基准。

马克思除了这个价值规律的基本形式以外，又提出了一个更包括也更有深刻意义的补充形式，即"商品的价值量，与实现在其内的劳动的量成正比例，与实现在其内的劳动的生产力成反比例。"① 即是说，要使生产所耗费的劳动，少于社会平均必要量，只有一个办法，就是提高劳动生产力或增进生产效率。他并明确指出："劳动的生产力，取决于多种事情，就中，有劳动者熟练的平均程度，科学及其技术应用的发展程度，生产过程的社会结合，生产资料的范围及作用能力，和诸种自然状况。"② 这就是说，要提高劳动的生产力，要缩减一件产品中耗费的劳动量，就只有从这些方面入手。

可是，单是这两个形式，似乎还难得充分表明：人们其所以在生产中拼命缩减他们自己的产品的劳动耗费量，就是为了要在流通中，在交换过程中，和那些耗费了较多劳动量的产品实现同样多的或更大的价值。也就是说，在生产过程中其所以能发挥人们不断提高劳动生产效率，缩减劳动耗费量的积极性，就是由于他们在生产过程内部的劳动活动的质量，要在生产过程外部或流通关系中受到评价，要在等价交换上受到考验。这是在不同程度上为各种商品所共同具有的属性。但其表现形式，则因为各种社会的生产关系不同，因生产资料与劳动力的所有与使用的关系不同，因产品的所有与分配的条件不同而显出了极其本质的差别。资本主义商品生产的特点，就从这里表现出来了。生产资料与直接生产者分离开，劳动力也变成了商品，这一来作为由劳动过程与价值形成过程的统一的商品生产过程，就转变到作为由劳动过程与价值增殖过程的统一的资本主义的商品生产过程。马克思特别用"价值法则支配着价格的运动"③ 这个形式，来表

---

① 马克思：《资本论》第 1 卷（郭大力、王亚南译），人民出版社 1953 年版，第 13 页。
② 同上书，第 12 页。
③ 马克思：《资本论》第 3 卷（郭大力、王亚南译），人民出版社 1953 年版，第 205 页。

述价值规律如何在资本主义商品生产条件下,由自发作用,由价格围绕价值中心上下波动,而引向白热竞争和生产无政府状态的全部过程。资本家们相互拼命竞争并多方设法剥削劳动者缩减劳动耗费量的结果,社会的劳动生产力确实大大提高了,但个人占有与生产社会性的根本矛盾,却更深刻也更明显地暴露出来了它的消极破坏作用。我们许多经济理论工作者和经济实际工作者,也许就是在这里看到了价值规律的作用。

然而,这是必须明确地加以区别的。价值规律为一切社会形态的商品生产所共有的特性,并不是表现为消极的,而是表现为积极的,它的基本作用是促进生产,只有在资本主义商品生产的特殊条件下,才在促进生产的同时,发生了严重的消极破坏作用。我们仔细探究一下马克思关于价值规律的说明程序,也多少可以体会到这种区别。前面讲到的价值规律的最基本形式:社会必要劳动量决定商品价值,和最包括的形式:"商品的价值量,与实现在其内的劳动的量成正比例,与实现在其内的劳动的生产力成反比例",都体现着积极的作用,马克思是在研究小商品生产的时候,述及这两个表达形式的。而对于"价值法则支配着价格的运动"这个形式,则指明它要求一个发达得多的资本主义商品经济的基础。很明显的,在小商品生产条件下,生产一般还是为了满足直接生产者个人及其家属的需要,还是为了使用价值,他有一部分生产物拿到市场上去,也还是为买而卖;这个过程延续了很长一段时间,小生产者逐渐感到交换的好处,他被敦促进一步分工,或者由副业改为主业,再改为专业,以至出现把许多有关的专业结合为工场,这已接近了资本主义商品生产的边缘。但在这个新的历史局面出现以前,价值规律被允许自发地发生严重的社会经济危机的条件也还没有形成,它的破坏作用,还不显著,我们倒只见到它的不断促进生产的积极作用。

如其说在为资本主义商品生产准备条件的小商品生产的条件下,由于生产资料和直接生产者基本上是统一的,价值规律在这里更多的表现了促进生产的积极作用,那么,在我们从资本主义商品生产基础上变革过来的社会主义商品生产形态下,由于生产资料的公有,由于计划经济的实现,价值规律已不像在资本主义经济中那样,当作一个左右一般经济活动的主要的或基本的经济规律,而是当作一个从属于社会主义基本经济规律或国民经济有计划按比例发展规律的辅助手段,所以我们今天的主要问题,不在如何防止它的消极破坏作用,而是在如何尽可能地发挥它的促进生产的积极作用。

三 价值规律在我国社会主义经济生活和经济政策活动中在怎样发生作用

我国自1956年对农业，对手工业和对资本主义工商业的社会主义改造胜利以后，社会主义生产关系就全面建立起来了。

社会主义经济的特点，就是它的计划性。从表象上看来，计划经济和商品生产是格格不入的；许多人确实是这么想，以为计划经济在和商品生产争地盘，计划经济范围扩大，就是商品生产的缩小。可是，我国出现了人民公社以后，尽管农业生产纳入国家计划的可能性增大了，商品生产却并不因此减少，反之，"在今后一个必要的历史时期内，人民公社的商品生产，以及国家和公社、公社和公社之间的商品交换，必须有一个很大的发展"。① 可见社会主义的商品生产，并不是和计划经济抵触的。它是计划经济的一个构成部分。同时在另一个方面，计划经济是只有在社会主义生产关系下才有可能存在和实现的。它不容许，实质上也没有具备容许价值规律自发地发生消极破坏作用的条件，可是尽管如此，它却为价值规律的积极性的作用，提供了广阔的活动场所。这可以从两方面来说：

第一，社会平均必要劳动量决定商品价值，这个价值规律形式，在计划经济中，不论是先进定额，还是用先进平均定额作为制定生产指标的基准，那些指标，一般都是能够实现或超额实现的。它的保证在什么地方呢？就在于实现生产计划的直接生产者，同时就是劳动生产物的全民的或集体的所有者。由于他们不是在资本家鞭策监督下为资本家追求超额利润而劳动，而是主动地为了国家集体和他们个人的物质利益而劳动，他们的劳动成果，就能很直接地给予他们以生产刺激。生产技术劳动方法改进了，不像在资本主义社会那样，会成为劳动者被机械驱逐，被游离出来的可怕压力，反之，却会成为他们改善劳动条件，更多更快地创造社会及个人财富的可靠保证。在这里，没有剥削阶级从中打埋伏，布疑阵，投机倒把，成本价格或生产价格能相当确定地反映价值；直接生产者的货币收入，能比较直接地反映他们的劳动质量。这种情况，不但有利于国家执行价格政策时，要确定用怎样的物价基准或比价，才能更好鼓励生产者的劳动热情；同时也有利于我们劳动人民接受国家任务时，要讲求如何增进生产效率，才能加速积累国家财富和增进个人物质利益。我们能够多快好省

---

① 《关于人民公社若干问题的决议》。

地建设社会主义的基本关键，就在这里。

第二，我们社会主义的经济计划任务，基本上是根据社会主义基本经济规律和国民经济有计划按比例发展规律定出来的。其中不仅规定了迅速增长的生产指标，还规定了迅速提高的生产力水平，生产力水平不提高，生产指标的完成就有困难。但如何能在完成预定生产指标的同时，把生产力水平提高起来呢？上面讲到的调动生产者的积极性，发掘一切潜在力量，是有决定意义的，但计划本身必须建立在经济原则的基础上，必须定得全面，定得合理，定得切实可行，行之有效，在这样的场合，价值规律的自觉掌握运用就非常必要了。同时，由于社会主义的生产计划性，不存在个人占有与生产社会性的矛盾，不要通过竞争来实现其所生产的产品的价值，基本上无须随着市场供需状况变动，随着价格上下的变动，而不断被迫增减其生产规模，或改变其生产方向，从而，就不致在所谓自由竞争中丧失自由，迷失方向，也就是说，不致遭受价值规律自发运动的支配，却反而有更大地自觉掌握运用价值规律的可能了。

事实也正是这样告诉我们的。举几个简单例子来说吧。

仔细检查一下我国已经超额完成了的第一个五年计划，就知道其中不论是关于工业或农业的生产计划，都分别提出了如何实现那些计划的具体措施，如在工业方面反复强调"大力地提高工人和技术人员的技术水平，进一步地改善产品的质量和增加产品的数量"，"加强生产中的协作，普遍地推行各企业之间的合同和企业内部的联系合同"，"加强生产、原材料供应同产品销售相结合的计划性"，"进一步地提高企业的管理水平"，"经常地注意提高广大工人职员群众的政治觉悟，充分地发挥群众的积极性和创造性……改善劳动组织和工作方法的合理化建议，来不断地解决提高劳动生产率、提高质量和降低成本这三个方面相互联系的工业企业生产的中心问题"……等等。① 又如在农业方面，强调"根据当地的实际需要和群众的自愿原则"，"有效地利用土地"，"加强地方国营农场在农业生产中的示范作用。地方国营农场必须在整顿巩固的基础上，认真地改善经营管理，进行多种多样的生产，按照农业生产的特点，实行经济核算制，从而达到提高产量、降低成本和杜绝浪费的目的"……等等，② 几乎没有哪一项不是要求通过直接生产者和技术管理者的积极性创造性来努力撙节开支，降低成本，提高劳动生产率。如果把这些联系到国家执行的价格政

---

① 《中华人民共和国发展国民经济的第一个五年计划》，第39—41页。
② 同上书，第84—87页。

策、工资政策、信贷政策来考虑，就知道价值规律在广泛地被利用，并且实际也在广泛地发生积极作用。

即如最近党中央提出的"全国一盘棋"的号召，要求集中领导，统一安排，保证重点，加强协作，把1959年必须争取实现的钢、煤、粮食、棉花指标突出来，统一安排基建项目、统一安排主要产品的生产、统一分配原材料、统一调拨收购两大部类的主要物资。在这里，计划性显得大大地强化了，似乎更没有价值规律作用的余地，或者说，这么做，根本没有理会什么价值规律。真是这样的么？本年2月24日《人民日报》在"全国一盘棋"社论中，明确指出："各地区之间，各部门之间，各企业之间……在原材料不足的情况下，建设条件比较差的地区，要让路给条件比较好的地区，因为这些地区很快发展起来了，不仅能使全国经济力量迅速提高，而且也能给现在条件较差的地区以更大的帮助。暂时不能发挥作用的工程要让路给能够马上发挥作用的工程；国家暂时不迫切需要的工程要让路给国家迫切需要的工程。同样的，生产效率比较低、成本比较高、质量又比较差的企业，要让路给生产效率比较高、成本比较低、质量比较好的企业。"这是实现"全国一盘棋"的具体措施。在资本主义社会，工程需要不需要，要让市场的供需关系去决定去留；企业先进不先进，是让竞争去淘汰，而我们则用计划加以安排。当然，这种安排，基本上是依据社会主义基本经济规律的要求作出的，但同时也是从全国的角度，高度发挥经济原则，充分考虑到价值规律的积极作用的结果。

再说到国家所制定的计划任务的实现，在工业上是靠国营企业，在农业上是靠人民公社。计划任务下达到它们那里，它们还要根据国家计划方案所指示的具体化措施的原则，而将其实行具体化；它们要按照一定程序，分别把计划任务发交工人技术人员或社员讨论，要再进行安排，安排合理不合理，照顾到了经济原则没有，考虑到了价值规律的作用没有，很快就要在群众的积极性上受到考验。是的，按照价值规律，在生产过程中的争先进赶先进的刺激，是来自流通过程中对于产品的反应；我们国营企业部门的绝大部分的产品，甚至人民公社的很大一部分当作商品生产出来的农产品，都是按供应合同预定生产的，调拨供应价格也预定好了，在这里似乎价值规律的作用，不是完全没有了，就是完全不足道了。实现价值不成问题，买卖只不过是形式。可是，由于在全国范围内，同一类型的企业，散在全国各地，它们所提供出来的产品，不管是通过怎样的调拨供应方式，在定额、成本、质量、规格等方面，相互都有比较，都存在着无形的竞争或评比要求；而且，某一企业部门的产品，可能就是其他部门生产的原材料，它的定额不能完成，成本太高，或规格不合，就要成为其他部门完成计划任务的障碍。所以，产品在各企业部门之间的相互调拨，即使有价格而并不要实行付款，有交换手续而并没有变更所有者，看起来，是形式的，但其实，在其中存在着一种非常实质的要求，应当有比实行买卖还要严格的连锁责任关系，有能唤起人们鼓足干劲，多快好省地完成任务的强制力量。至于国营企业间签订合同的价格问题，那也并不是像人们想象的那样，以为横竖不过统计数字的换算，定高一点，低一点，没有大关系，但揆诸实际，完全不是那一回事。产品价格定得不合理，没有和所费劳动量、价值量保持适当联系，或太没有照顾到实际供销状况，就将在各企业完成计划任务上发生强烈反应。在国营企业方面的这些情况，在一定限度内，是适用于人民公社的。不过由于人民公社是建立在集体所有制基础上的，它的产品种类甚多，农产品与工业品的比价，第一二三类农业品间的比价，始终都成为农民非常关心的问题。

　　总之，不论是在我们一般人民的经济生活中，还是在国家的经济政策活动中；不论是在流通领域，还是在生产领域，价值规律一直在发生这样那样，或大或小的作用。不过一种产品，可以作为消费资料用，也可以作为生产资料用；一个生产生产资料的国营企业部门，可以把它的产品供应给其他国营企业部门，也有时会把它出卖给人民公社；一个生产消费资料的国营企业部门，它的产品会卖给人民公社的社员，也会卖给国家及国营企业部门的职工；有些人民公社生产的农产品用以自给，有一些还必须售卖出去，它售卖的对象，可以是其他人民公社，或本人民公社内的其他单位的社员，也可以是国家和国营企业的职工。它们相互间的联系是相当错综复杂的。我这样说，并不是要抹煞或搅乱它们分别作为两种所有制，两大部类产品的特点，我只不过表明，要在它们的生产与流通中间限定价值规律作用的界限，我不知道是否完全合乎实际。照我的很不成熟的想法，我们似乎只好这样说：我们的社会主义国民经济是一个整体，我们所有的社会产品，都还要借助于价值、货币、价格，来确定它们所费社会必要劳动量的大小，来确定它们的成本，确定它们相互交换分配的比价。价值规律不在其中发生作用是不成的；可是在我们社会主义计划经济条件下，它要自发地发生破坏作用也是不容易做到的。

　　问题在于怎样更好地把它的积极作用发挥出来。

四　我们当前的问题，是在结合商品生产与价值规律的讨论，正确认识党的方针政策、探究有助于发挥价值规律的积极作用来迅速提高社会生产力的一切有效措施

讲到这里，已算把我要讲的话都讲了，需要在这里简单补充的，就是把我所强调的价值规律的真正作用，应用到我们社会，还可能会受到这样的反驳：然则在社会主义计划经济中，价值规律就真的会"万事大吉"，不发生任何消极破坏作用么？即使不会发生像在资本主义社会那样严重地引起生产无政府状态，引起过剩危机的消极破坏作用，也没有在个别场合造成搅扰计划、脱节、浪费的可能么？在农业社、人民公社，甚至在国营企业部门，为了追求较大盈利，不认真执行计划以至牺牲大集体利益来成就小集体利益的现象，确实是个别存在的，报刊不时也有所反映和揭露，这里无须引述。我认为，像这类事情的发生，除了最关重要的政治没有挂帅，思想工作没有跟上之外，就经济上讲，应当说是由于计划定得不全面不周密或太没有照顾到经济原则，必须从积极方面来重视下面这些工作，才能避免发生上述不良现象，而有利于发挥价值规律的积极作用：

1. 订定计划特别是将国家计划具体化，见之于实行，必须充分掌握各种资源调查材料，在全面观点指导下，做得合乎经济原则，合乎有关生产力配置原则。

2. 执行国家计划，必须重视各种有关数据，全面加强统计监督工作，在相当确实而有效的统计工作基础上，运用价值规律。

3. 严格遵循按劳分配原则，正确处理国家，集体与个人之间的物质利益关系，妥善安排积累与消费之间的比例关系，价值规律宁是差别主义者，而不是平均主义者。

4. 价格政策和运用价值规律有密切联系。它是按劳分配原则，等价交换原则是否受到尊重的考验；在整个国民经济活动中，它必须借助于税务工作、信贷工作、货币管理工作，充分发挥促进生产的作用。

5. 加强财务管理，严密经济核算制度，层层负责，相互督促检查；合理的要求愈严格，就愈能发挥价值规律的积极作用。

6. 不论是在国营企业内部或其相互间，还是在它们与人民公社间，或人民公社相互间，对于产品的调拨、分配、交换，必须订定一系列的带有强制性的检查鉴定规章制度；规章制度合理不合理，就看它是有助于促

进生产力的发展，是鼓励了先进，还是迁就姑息了落后？

当然，经济工作是和政治思想工作密切联系着的。为了说明的便利，我们把政治思想工作抽象去了。一回到现实中来，就知道我们进行社会主义建设的每一个阶段、每一个步骤，都是把党的方针政策作为指导。而党的方针政策，又是结合我们现阶段建设的主客观条件，分清主从，灵活运用各种经济规律所制订出来的。即如上面提到的各种便利价值规律发挥积极作用的措施，也正好是在党的各种政策法令中所反复提示了的。用一切有效的办法来发展生产，来提高社会劳动生产力，来多快好省地建设社会主义，这就是我们的方针，我们的总路线；我们也正好是在这种要求下，来重新认识价值规律及其作用的。至于在共产主义高级阶段是否还要商品生产，是否还要运用价值规律来提高生产力，那不是我在本文里面所要回答的问题。如因论坛上对这个问题的意见很多，有必要在这里附带指明一下，那么我认为，商品生产是一个历史形态。我们当前的任务，就是要促进商品生产，利用价值规律，来加速我们社会劳动生产率的发展，更快地来完成两种过渡，因而辩证地达到消灭商品生产、终结价值规律作用的结果。

（原载 1959 年 5 月 15 日《人民日报》）

社会主义政治经济学中若干理论问题

现在我就当前论坛上提出的若干问题来讨论，以供大家研究参考。以下分四点来讲：（1）社会主义经济形态及其研究的前提认识问题；（2）社会主义政治经济学的方法论问题；（3）社会主义政治经济学的范畴、规律与结构的问题；（4）对我国当前研究社会主义经济理论的若干看法。

一 社会主义经济形态及其研究的前提认识

我们研究社会主义经济形态，先要对这一对象的本身有一个认识，才能进行社会主义经济形态的研究。它并不是简单地客观存在，它是研究政策，还是研究规律呢？还是两项都研究呢？

社会主义与共产主义的混称

当马克思、恩格斯在《共产党宣言》等著作提到这两个名称时并不像我们今天分得那么清楚明白。我们今天说社会主义是资本主义到共产主义之间的过渡阶段，而共产主义是最后阶段。前年刮"共产风"时还不是那么清楚区别。马克思、恩格斯是当作同一阶段不同看法提出来，不是当作不同阶段提出来的。当马克思、恩格斯在1848年提出《共产党宣言》时就有共产主义和社会主义两种提法，在欧洲大陆叫社会主义如傅立叶等，而在英国叫共产主义如圣西门等。但这不是绝对的说法，而是一般的说法。当时马克思为什么题为"共产党宣言"，不叫"社会主义宣言"呢？因为当时社会主义是资产阶级运动，只有共产主义才是工人阶级的运动。如当时拉萨尔被当作普鲁士的皇家社会主义者，蒲鲁东是职业的社会主义者，巴枯宁是小资产阶级社会主义者。现在很多国家都自称社会主义，有一个时期社会主义和共产主义是混称的。当时资产阶级不怕叫社会主义者，现在怕了。美国资产阶级就是例子。

再进一步讲社会主义是共产主义的初步阶段，这是马克思在1875年《哥达纲领的批判》上开始提到的，但还不很明显。开始提社会主义、共产主义是当作原则提出来，以后几十年，工人阶级斗争展开了，特别是到了（1870—1871年）巴黎公社的时候，原则就发展成实践的问题。要实现共产主义就要分阶段走。于是《哥达纲领的批判》就提出最高、最低阶段的问题，按劳和按需分配的问题等。不过当时的区别还不是很明显的。到了列宁《论哥达纲领的批判》[①]才说明只有社会主义发展到巩固的程度，才能开展共产主义的活动。此后文献就把社会主义当作通向共产主义的初步阶段，它是刚刚从资本主义发展出来，还有许多旧社会、资本主义的残余存在着。

但是它与社会主义经济形态联系的问题，特别是与政治经济学的关系问题，还没有解决。现在提出二个问题：

一个是德国卢森堡在1918年牺牲前讲过作为研究资本主义商品开始的政治经济学，资本主义灭亡，政治经济学也就结束了。她是著名的共产主义者，但对此也不清楚。甚至到十月革命后布哈林也还在重复它。社会主义阶段还要不要商品经济呢？在苏联新经济政策时期还不明确，只有到新经济政策时期结束后才明确商品生产在社会主义还占有很重要的地位。就是当时甚至还有人认为资本主义商品经济结束后，作为商品经济规律也就失去了，社会主义没有规律，是以计划经济来指导，就不要政治经济学。这样看法当时还是很流行的。列宁以后，长期中，对社会主义有没有政治经济学，不明确。现在已经四十多年了，究竟社会主义过渡多长？如果时间很短，就无研究其规律的必要。

现在的认识是，社会主义经济形态是过渡的，但它是一个相当长时期稳定的过渡形态。这是目前的结论。既然是相当长时期的过渡形态，那它就有客观规律，就要研究商品生产及经济规律。在肯定了相当长时期过渡形态之后，我国是后进的落后的社会主义国家，而且是一穷二白的国家，要实现过渡有两个可能，过渡时期可能缩短也可能延长。可能缩短的根据是：（1）利用先进国家的成功和不成功的经验；（2）我们是一穷二白的国家，解放后人民干劲特别大；（3）我们受资本主义势力（习惯、思想）腐化的影响少得多。可能延长的根据是：（1）一穷二白，社会积累少，科学技术差，生产少，长期战争破坏大；（2）受自然灾害支配大。当然，自然灾害对资本主义国家也有影响，但自然灾害对落后国家的影响更大，

---

① 《列宁全集》第24卷。

靠天吃饭很大程度依赖于自然力；（3）社会经济组织，经营管理不严密，现在我们政治组织相当有力量，而经济组织仍很不够，还有很分散的个体经济，现在合作起来，并不能排除小生产者斤斤计较的习气。因为生产力水平低，每个生产者都知道自己生产多少，该得多少报酬。

现在我们要尽力利用有利的方面，克服不利的方面，这种条件很多，科学研究就是一个条件。好好的研究经济规律，发现它和利用它，就能够很好地缩短过渡的过程，所以它是相当重要的工作。

这里提出两个问题：我们当作一个社会来研究，是研究这个社会比较发达成熟的东西，即纯粹的典型的，如研究资本主义就选取英国为典型，它的资本主义是比较发达成熟的。所以马克思就叫它为理想的平均。照此研究，这里又出了一个问题，我们1956年至1957年建成社会主义只有几年，研究苏联可参考，但以中国为主。我们研究的是特殊的中国形态，还是一般的形态？所以研究刚发生的形态，还是研究成熟形态的问题，就提在我们面前。

另方面，我们从1960年起大规模编教材，一般的评价是政治多于经济，政策多于理论。政策是应该研究的，但我们是仅仅阐述政策，还是研究规律使政策能够利用规律呢？例如我们要研究经济效果，提高生产力，我们是单纯去研究它呢？还是为了发现它所根据的规律，根据规律去提高生产力，确定经济效果，才去研究它呢？现在有一种倾向，由阐述经济政策，或者单纯阐述经济政策，慢慢到发现政策的客观科学依据的经济规律，使我们的经济政策有所依据，这是研究社会主义经济形态的前提认识。

二 社会主义政治经济学的方法论

方法论的问题很广，马克思主义认为认识论与方法论是统一的，如何认识事物就是方法问题。但认识与方法不能截然分开。严格来讲，范畴、规律的安排，都是方法的问题。现在提几点来说：一是对象；一是细胞；一是动力（矛盾，社会主义矛盾）。但方法论不仅这三个问题。

先讲对象。资本主义研究的对象是资本主义的生产关系，社会主义是否也以生产关系为研究的对象呢？有人怀疑，但还没有把握，不敢明确地提出来。有人说：社会主义与资本主义的经济完全不同，是不是要像研究资本主义的经济细胞——商品及其掩盖的剥削关系呢？社会主义应该研究生产力。还有一种提法：作为一门科学的社会主义，研究的对象只能有一个，如果因为历史时代不同，可以有不同的研究对象，那就不成为一般的科学了。虽然如此，但表达对象的方式可以不一样。《教科书》指出政治经济学的对象是"研究支配物质资料生产与分配的规律"，这好像与马克思、恩格斯的提法不同，马克思在《资本论》上提"生产与交换"；恩格斯在《反杜林论》上提"生产与其相适应的交换方式"。实际上这并没有不同，都是"生产关系"，不过在资本主义一切生产要通过交换，交换是特点，所以提"生产与交换"。社会主义仍有交换，而东西通过分配，分配较突出，所以提"生产与分配"。

关于社会主义政治经济学是否研究生产力问题，我希望有人写毕业论文。马克思讲生产力是怎样讲的，《资本论》讲劳动过程，简单协作，制造业和机器大工业，资本有机构成，再讲劣等地和级差地租。所有讲生产力之处，都是就生产关系的角度来讲，讲所有制、分配如何影响促进或阻碍生产力的发展，没有讲生产力内部的问题，因为它不是政治经济学要处理的问题。如果就这方面写一篇文章，那很好，不要在名词上去争论，而是在《资本论》中或其他有关的书中找出论点来。我就是生产关系派，而生产力论还是少数派。如果研究对象偏向生产力，内容就整个儿不同了，这是方法原理的问题。

次讲细胞的问题。《资本论》很清楚指出，商品是细胞形态，是资本的生产物，因为资本主义一切剥削关系都是通过商品买卖，所以它是细胞。有人认为社会主义经济不要像资本主义经济那样研究细胞，因为资本主义的烟幕性、掩盖性，商品拜物教很大。社会主义经济就不一样，清清楚楚排在面前，问题是我们是否全无一点拜物教，能够看得清楚？实际上还不能那么透彻清楚。周总理报告上也曾提到我们经验不足，一切经济活动还不能完全脱离盲目性，这就要进行研究。那么社会主义经济细胞是什么呢？有两种意见：一种认为社会主义经济细胞是产品，一种认为是商品，认为是产品的理由是我们社会主导经济是国营经济，产品是国家企业单位生产出来的，是全民所有制生产出来的，也是斯大林所讲的由商品转化到产品。还有人认为我们的产品——生产资料是掌握在国家手中，而我们的消费品绝大部分还是商品，是集体所有制甚至是个体经济生产的。因此认为社会主义经济细胞是商品。怎样判断这个问题，两方面都有道理，或者似乎都有道理。我们不能孤立地去判断它，要在一个体系中来认识它。马克思说过，要从整体、主体、全体一线相牵来看商品排在什么地位，很大部分的商品慢慢向前发展要为产品所代替，这是要用发展眼光来看问题。

再次，动力的问题。一个社会经济的发展是存在着矛盾的，毛主席在《矛盾论》上说过："矛盾存在于一切事物发展的过程中，矛盾贯串于每一事物发展过程的始终。"① 社会主义是过渡经济，要向共产主义发展，发展是它的特征，但什么是发展的动力呢？现在讲的很多，譬如：生产力与生产关系的矛盾，基础与上层建筑的矛盾，生产与消费的矛盾等等，论点很多。这些矛盾是不是有主次之分，要结合过渡社会的性质来看，过渡社会的变革，发展运动更是频繁。生产力与生产关系矛盾的规律是一切社会共同的规律，它们的矛盾在过渡期表现得更突出。在大跃进时有一种看法：认为是先进制度与落后生产力的矛盾，这样讲法在今天是不是还有效？譬如人民公社问题，当时很多人把它看做共产主义，现在认为只是萌芽，好像生产力与生产关系矛盾很大，其实生产力与生产关系的制约关系很明显。马克思在《政治经济学批判》序言上说过，生产力与生产关系辩证的概念，是指一定限度的制约的关系，并不排斥其间的差别，不是先进的生产力一定要先进的生产关系，先进的生产关系一定要先进的生产力，这里所说制约的关系，是有一个大限度，大限制，并不是配合得那么好。不是讲生产关系完全适合生产力？很难讲，因为还有其他因素在起作用。有人说：不能讲在矛盾中前进，而是解决了矛盾前进，也有道理，譬如调整一下就可以前进。

关于细胞和动力问题，现在还正在讨论中，而对象问题讨论比较少。

三　社会主义政治经济学的范畴、规律与结构的问题

现在讲范畴，先要区别一下哪些是共同的范畴，哪些是特有的范畴，这样才好讲一些。范畴可分四类：

第一类是一切社会共有的。如生产劳动、生产方式、生产力、生产关系，诸如此类范畴概念。

第二类是一切商品生产社会共有的。范围比前一类小（当然包括第一类的），如商品、价值、货币、价格、工资、利息、供给与需要等是一切商品生产社会所共有的。

第三类是资本主义社会特有的，其他社会没有。如资本、剩余价值、平均利润、生产价格，超额利润等。

---

① 《毛泽东选集》第2卷，人民出版社1952年版，第774页。

第四类是社会主义社会特有的。如按劳分配、计划经济、计划价格、周转税等。

但是有一点先要讲明的，就是一切社会经济慢慢向前发展了，经济范畴愈来愈多了，如社会主义经济范畴是由许多内容、条件合起来的，内容条件合起来叫规律性。学习时要学习范畴所代表的不同内容和社会制度。共同的范畴，它的性质、内容往往还有很大的不同。

分开后综合起来看还要注意社会主义和资本主义共同的范畴，特别是过渡时期，除资本主义特有的很少数的几个是社会主义所没有之外，很多范畴社会主义还有。

现在还有这些问题，劳动力价值要不要？工资是否生产力水平决定的？按劳分配的"劳"是指什么？级差地租还要不要？如社会主义还有级差地租，那无形中要承认平均利润、生产价格，因为前者是后者引申出来的。

其次讲资本主义经济范畴的扬弃，取一部分，弃一部分，是客观条件弃掉它的。不是我们主观弃掉它。一切资本主义经济范畴到了社会主义都有不同的含义内容，有不同的规定性。但研究扬弃它很不简单，是很大的研究工作。毛主席说，"取其精华，弃其糟粕"。范畴中某些意义不存在，有些存在。譬如商品经济讨论起来，这里很多意见，去年年底广东开了一个专门讨论商品经济存在的问题的会议，有人提出商品经济的来源取决于分工，分工就有交换，交换就有商品经济。这样，要承认共产主义也要分工，因此引申出来共产主义仍有商品经济。这个论证前提是不完全的。商品经济不仅要以分工为前提，而且还要有一个私有制为前提，不仅分工而且所有制也决定商品经济，至少共产主义商品经济意义与今天不同了。这样又引出一个问题，究竟是所有制还是分工重要呢？这说明有的可以推论，有的不可以推论。这个例子说明，就是简单商品经济还有许多问题要研究。

第三点讲新范畴的发现，这也是一项大的工作。马克思发现很多，是客观存在的，不是主观想的。现在我们社会主义出现了，是不是有许多新的范畴要发现？有许多如公社、工分、加工订货、公私合营等等，这是排在面前的事实不需要去发现，是不是还有其他的关系范畴要去发现？现在各处都在讨论级差地租，我校也参加了。绝对地租不存在，因为社会主义下土地公有化了。级差地租还存在，因为土地肥沃程度不同，同样多的劳力和生产资料投入，因土地不同，而收入多少有所不同，这就要考虑到马克思提出级差地租的来源。在资本主义社会中，少数人垄断了土地，土地的使用要付报酬，如果资本家要投资到土地上去，那就要获得平均利润以上的超额利润。现在我国土地报酬差额来源不同，给谁也不同，所以上海有一位同志写了一篇文章提出"级差土地收入"这个名词，请我发表意见，我说不完全赞同，但赞同他发表出来。或者用"级差农业收入"更好一些，因为土地还没有脱离自然条件。这也算是创造性的意见，也需要大量的工作。

什么是社会主义经济的统治范畴呢？马克思讲范畴有一个体系，一定有一个范畴是中枢，资本主义经济是以商品经济为统治范畴的，社会主义经济一般提出把社会劳动当做统治范畴较多，但不是很明显的。马克思在《资本论》二版跋上提出过："资本主义经济学是有关资本的经济学"。社会主义经济学是有关劳动的经济学。

再讲规律。范畴与范畴间生动的联系就是规律，斯大林《社会主义经济问题》出版后，提出几个规律，有基本经济规律，有计划按比例发展规律等等。现在有人提出，是不是可以不要基本经济规律，问题不在于我们要不要，而它是客观在起作用，我们在于把握它，进一步认识它，不是有无的问题。

华东编的教科书提出"发展生产，满足需要"，基本上与斯大林提出的一样，我个人赞成这一方面，但表达不同。斯大林提出只是基本经济规律的特点，社会主义没有剥削，不断发展生产的目的，在于提高人民的生活，在于满足人们的需要；但满足需要不能太快，太快就不能满足了。

社会主义为了提高人们的生活，发展生产就要保持一定的比例，联系到生产、积累、消费等问题。所以满足需要就要与国民经济有计划按比例发展规律和价值规律联系起来，但到底满足需要对它们的影响如何？国民经济有计划按比例发展规律和价值规律如何联系？价值规律在国民经济有计划按比例发展规律中如何作用呢？目前关于国民经济有计划按比例发展规律和价值规律讨论得很多。中央手工业管理局有位同志写信给我，读到我们现在讨论价值规律的作用，没有分清是价值规律转化形态在发生作用，还是价值规律在起作用呢？马克思提出资本主义工业品价值是由平均利润所决定的，地租是由最劣等地所决定的，因为少数人垄断了土地要求超额利润。由此可见，垄断资本、地租、矿山垄断的形成都是一样的。少数资本家垄断了生产技术条件，垄断了土地，就形成了垄断价格。再进一步讲有很多人认为社会主义有许多是国家垄断的，不是价值规律、生产价格规律在起作用，而是国家计划价格规律在起作用；不是主观随意制定的，是根据发展生产满足需要客观多方面条件而定出来的。这个意见对不对还待研究。但有一点是对的，就是我们社会不是价值规律起作用，而是它的转化形态在起作用。他还将基本经济规律和有计划按比例发展规律联系起来看，认为国民经济有计划按比例发展规律中"有计划"这几个字表达不好，有计划不是客观上能够有计划。至少名词有问题。还有许多其他规律：如等价交换、按劳分配是原则，还是规律的问题有争论。我认为等价交换、按劳分配是原则又是规律，从静态看是原则，从动态看是规律。

在这里我谈一下人口问题：这次政协会上有几个经济学家提出五大问题，其实是大小问题联在一起。第一个是因地制宜的问题——如厦门该多种亚热带的东西，不该多种粮食。第二个是集市贸易的问题（自由市场的问题）。第三是高档商品的问题——这是暂时性的措施。第四是货币回笼的问题——城市郊区的农民货币多的问题。第五储蓄的问题（发行实物储蓄券的问题，这点我不赞同）。

这些问题是从全面经济效果和部分经济效果问题考虑提出的，的确是有问题，货币回笼，中央现在压缩购买力，特别是集团的购买力，仓库一清，集团购买力一压缩，东西就多出来了，这是我们社会主义制度的优越性。现在只谈人口问题：人口问题的确是一个问题，大家怕与马尔萨斯联系起来。每年都有人提，今年只有邵力子提，他说要采取严肃措施实行节育。周总理在人大会上也提出过应重视这个问题，要节育，人口增加，少慢一些愈好。我们中国社会变革了，但生产力很低，仍然需要压缩人口，中国人民把三座大山搬掉了，但不是什么问题都解决了。还有两座大山"一穷二白"和前进道路上人口增殖太快了，这是大问题，需要解决的。这里面有一定的规律，生产力发展到什么程度，人口增加多少。

结构上的问题。范畴、规律是要在结构上排列出来的，即使范畴规律都研究好了，结构未搞好也不成。如何使它们排列得合适，适合客观发展情况，是一个问题。

苏联《教科书》编出来后，很多大学自己偏不用它，不满意最多的是结构问题。主要不在前后（两个过渡），而是中间讲社会主义的存在、发展怎样排法的问题。按《教科书》先是分别讲6个规律再讲工业、农业、商业、财政信贷各个部门，这样规律是规律，各个部门还是各个部门，没有联系贯穿起来谈，这与《资本论》结构的排列很不相同。最重要的缺点是研究重点放在生产力上去，如说农业生产技术要发展到极大的机械化时才算是社会主义，照这样讲法，那我们中国现在就不是社会主义，而美国反而是社会主义了。

华东编的《社会主义政治经济学》（姚耐等编的），只有5章6章讲社会主义经济，其他讲过渡和共产主义经济，写出来表达文字等有很大的进步，但显然还很不够。现在中央经济研究所集中了几十人，编社会主义经济论，结构按照《资本论》，比上海版特点是政治部分减少了，如文化革命，技术革命不列入了。现在北京搞的更接近于《资本论》的体系，但遇到的问题还很多，如对象、红线、细胞、动力问题都与资本主义不同，都要研究。

最近中央宣传部出了一本社会主义政治经济学教科书是在社会主义经济论的基础上搞出来的，应该更好一些，这个本子我还没有看到，但是就是这样，我们还不能等待。还有问题是要当做处理我国社会主义经济，还是要当做一般社会主义经济来处理呢？

四　对我国当前研究社会主义经济理论的若干看法

1. 我们所面临的社会主义经济建设问题不仅紧迫而且很多，如果从客观要求来看，我们社会主义经济研究大大落后于形势后面。但从另方面来看，我们社会主义建立只有6年时间，就一般对社会主义经济的认识来讲，比苏联建设之初那是大大前进了。苏联在1939年，大经济学家列昂节夫还提社会主义经济没有经济规律。一直到1941年斯大林才着手编教科书，到1952年12年之久才提出来，当然其间受到战争的影响，停顿了几年。

2. 我们1959年到1960年大编教科书，1961年才缩小战线，虽然没有很好的成品出来，但因为大编教科书，使许多理论工作者受到不同程度的锻炼，参加了工作，认识就提高了。如江西省就搞12本教科书（南昌市1本，所有地委也都搞1本），这样就扩大了搞政治经济学的队伍，它的影响就不能光从成品质量的好坏来判断。

3. 在编教科书的基础上，进一步有计划地进行工作，中央经济研究所专门抽出40人来，反复在编写、讨论、修改、总结。总结我们成功的经验，存在的问题，错误在哪里。

4. 总论式与专题研究同时进行；经济政策与经济原则、规律的研究同时进行；一般社会主义经济的阐述与我国特殊社会的经济建设特点的研究同时进行。不能以为经济规律的研究与政策无关，研究规律就是研究政策，因为政策要以规律为依据，这样同时并举是符合当前争鸣的方针，可以使社会主义经济的研究繁荣起来，满足国家建设的需要。

在座同志多是学习经济的，也许有人认为到现在为止，社会主义政治经济学还没有搞出一个教本来，时常变动，很难学也容易学，这样想法是错的。考虑到我们社会主义刚建成，社会主义经济的积累很少（不仅财富少，而且文献也少）；我们社会主义政治经济学的研究也是刚刚开始，苏联的经验又不能硬套，今天在座学习研究经济的同志，应该就自己所研究学习的范围来发挥、探讨，进行阐述，这对社会主义经济建设是会有好处的。

（本文系王亚南同志1962年5月21日在厦门大学经济系学术报告会上的报告，根据当时的记录稿整理。）

也谈社会主义社会的商品性质
（节选）

《光明日报》1966年3月21日发表了攸全同志的《对社会主义社会商品的几点认识》一文。这篇文章就社会主义制度下商品的性质和商品生产的目的提出了许多值得深思的问题，对于我们有不少的启发。但文章中所阐述的一些问题，我们有不同的看法，现提出来与攸全同志商榷，并向同志们请教。

一 社会主义社会的商品是资本主义性质吗

生产资料的社会主义公有制，是社会主义经济关系基础。社会主义集体所有制和全民所有制共存，是社会主义社会中，劳动生产物采取商品形式、生产商品的劳动采取价值形式的基本原因。因而，人们在研究社会主义社会中商品的性质时，自然而然地会回到社会主义公有制及其两种形式这一点上来。攸全同志既然要证明社会主义商品不是社会主义性质，那么他也就不能不从社会主义公有制上作文章。在他看来，社会主义社会商品存在是与生产资料公有制相排斥的，而只是与公有制两种形式相联系。因此，社会主义社会中商品性质是不能由社会主义经济关系性质来阐明。初看起来，这是很有道理。但实际上，一方面他把商品生产存在条件与规定这个商品性质的原因等同起来。另一方面，却又把社会主义公有制性质及其两种形式差别完全割裂开来了。

众所周知，我们在考察一个社会生产方式中是否存在着商品价值等经济关系时，总是从社会分工和生产资料不同所有制这两个基本经济条件出发。因为，只有在社会分工有了一定发展，同时生产资料与产品在事实上为不同所有者所掌握时，人们才会发生彼此互相交换、互相让渡产品的经济联系，才会发生产品转化为商品的经济形式。可见，当我们把社会主义社会中商品价值等经济范畴存在的根源归结为两种形式的社会主义公有制并存时，实际上只是回答了社会主义社会的一定时期内，劳动生产物一定部分何以会采取商品形式，而生产商品劳动又何以还要通过迂回的道路（即物的价值性）来表现自己的社会性。因此，社会主义公有制两种形式并存只是说明劳动产品怎么会具有商品属性这一点。这如同私有制社会中，不同私有制存在，使产品带上商品属性一样。至于这种商品的性质如何，那是要进一步研究的。

马克思主义经典作家告诉我们：商品价值是一个历史的经济范畴，它像任何一个经济范畴一样，都"不过是生产方面社会关系的理论表现，即其抽象。"① 商品的价值形式必然反映着不同所有者相互交换其产品的经济关系。因此，不同社会中商品的性质，就要由它所反映的不同社会经济关系即生产关系的特性来决定。换言之，认识一个社会中商品的性质，不是依据于它与其他社会中商品所共同具有的形式，而是由这个共同形式下所包含的不同的经济内容所决定的。因而，如果抽掉了不同的生产资料所有制性质，就必然无法判别不同社会中商品的特殊性质，至多也只能停留在对商品的共同形式的一般理解上。攸全同志关于商品价值"它们不会因为所有制不同而有所区别；它们可以存在于不同社会，但不论是哪一种社会，都是一样"的结论，就是只着眼于商品形式的结果。事实上，马克思在分析当作资本的前提的商品和当作资本产物的商品的本质区别时，正是立足于生产资料不同所有制这一点上的。由于简单的商品生产是建立在生产资料与产品归个人占有的经济基础上，而产品所有权是以个人劳动为前提的，因而这里生产的商品仅仅是为买而卖，即为了个人的消费而进行商品生产与商品交换。但是，在资本主义经济条件下，诚然就其商品形式及其一般特性来说，并没有发生多大变化，但由于它所包含的内容有了质的变化，所以它的性质却已全然不同了。第一，资本主义商品生产是以生产交换价值和剩余价值为目的。因此，第二，商品生产与商品交换不仅掌握了生产的剩余，而且掌握了生产实体本身。第三，商品内部包含着剩余价值，从而包含着生产过程的剥削关系。如果说，在简单商品生产条件下，商品价值关系只不过是反映着独立生产者互相之间经济联系的话，那么在现代资本主义条件下，商品交换关系，就只不过是资本关系在流通领域内表现。既然，劳动力已经成为商品，生产资料已经是为资本家所占有，那么，简单商品生产，自然要转化为资本主义商品生产。而隶属于以往社会中商品价值等范畴，也必然会在资本主义生产方式的基础上，

---

① 《马克思恩格斯全集》第4卷，人民出版社1958年版，第143页。

"获得了一个特殊的不同的历史性质"。①

因此，我们认为立足于社会主义经济关系基础上的商品生产，也必然会获得一个不同于简单商品生产与资本主义商品生产即私有制基础上商品生产性质的特殊本质。这些特性不仅表现在社会主义社会中占社会主导地位的商品生产是由联合生产者进行的，生产目的是为满足全体劳动人民不断增长的需要，从而在商品的内在矛盾中，满足社会需要使用价值往往成为矛盾主导方面。而且，也表现在商品生产与交换大体是在国家计划下进行的。商品生产与商品交换范围也缩小了，劳动力也不再成为商品。因此，在这里商品价值关系所反映的已经是城乡、集体与全民所有制之间的互相支援、互相帮助的同志式协作关系了。

总之，我们认为社会主义公有制两种形式的存在，是社会主义社会劳动产品具有商品经济性质的条件。而生产资料的社会主义公有制的性质，却使社会主义社会中的商品价值形式中含有不同于私有制社会中商品所具有的经济内容。因而，使社会主义商品具有一定历史的特殊性质。攸全同志借口社会主义公有制没有使商品的一般特性发生变化，从而否认社会主义制度下商品的新的经济内容及其不同的社会性质，显然是欠妥的。的确，商品生产与商品流通是为好多种生产方式所共有，假如我们单纯地观察它们抽象的共同形式与属性，确实也无法说明它们性质上存在任何差别。但是，正如上述理由，我们不能忘却商品价值决不是一种不反映经济内容而只表现其形式的范畴。实际上，在不同生产发展的历史阶段上，由于商品生产与商品流通所赖以存在的经济基础发生根本变化，所以在商品价值形式底下，已经包含了互相区别的特殊的经济内容。而这种特殊的经济内容正是成为我们认识不同社会内商品的不同性质的依据。

既然，攸全同志反对以商品价值形式下所包含的经济关系性质来阐明社会主义商品性质，那么必然要从这种形式本身的由来与内在自发倾向来证明它的资本主义性质了。然而，我们觉得他把社会主义社会中商品价值形式宣布为资本主义经济范畴的那些论据也是值得怀疑的。

第一，难道劳动产品的价值形式，是资本主义生产方式最一般特征这一点，就可以说商品价值是资本主义范畴吗？照此推论，那么就是那些先于资本主义经济而存在的商品生产岂不是也要归到资本主义范畴去了？因为在那个时候，商品生产始终也没有成为社会生产方式最一般特征。另一方面，在封建社会里，剩余生产物的地租形态是这个社会最一般特征，但

---

① 马克思：《直接生产过程的结果》，人民出版社1964年版，第7页。

是能不能说在资本主义社会中出现的地租也是封建性质的呢？这显然是不能的。马克思关于这一点说的如此明白，所以我们只要能把他原话转引在这里就可以了。他说："我们可以把其他社会形态内地主的所得，也称为地租。但这种地租，和在这个生产方式内（即资本主义生产方式——引者）出现的地租，是本质上不同的。"[1] 总之，我们认为凡是多种生产方式所共同有的经济范畴，其性质不能由这个范畴在那一种社会生产方式内取得支配地位情形来决定，而是要由它所在不同社会生产方式内，所包含所反映的不同社会经济关系性质来分别决定，互相区别。

第二，在一个代替旧的生产方式的新社会中，确实会同时存在着多种形式的经济范畴。其中有的范畴是体现着这个新社会统治关系的基本范畴，有的却是几个社会生产方式所共有的经济范畴。最后，还会或多或少地在一段时间内残存着反映旧社会经济关系及其残余的经济范畴。无疑，反映旧社会生产关系的那些经济范畴性质是与反映新社会经济关系范畴性质是根本对立的。但是，那些在多种社会生产方式中共同存在的经济范畴性质，能不能因为它在形式上保持了与上一个社会中相同面貌，而把它的性质也宣布为跟旧社会一样呢？显然，这在理论上是说不过去的，也与历史发展事实相违背的。其实，资本主义商品形式也是从简单商品生产那儿发展过来，它也决不是在资本主义私有制基础上产生的新东西。难道我们也要据此把资本主义性质商品看作是简单的小商品生产基础上商品性质吗？上面提到的资本主义地租的情况也是如此。

第三，说社会主义社会下的商品、价值，其固有本性只是被限制，而没有被改造或消除，从而它们仍然为资本主义自发势力保留着土壤。这是正确的。但是，能够依据这一点就可以判为资本主义性质的吗？如果真是这样，那么如上所述的存在于资本主义社会以前的小商品生产（要知道，这种经济本身也具有自发资本主义倾向）也应该具有资本主义性质了。又如，我们总也不能把按劳分配这个社会主义经济原则也宣布为资本主义性质，尽管这个原则本身也包含有资产阶级法权残余。实际上，由于社会主义社会是一个过渡性社会，在这个社会中，一方面经济关系各个侧面还残存在不少资本主义旧社会母斑或痕迹。另一方面，占主体的社会主义和共产主义因素却不断增长起来。因此，当我们提到社会主义商品、价值反映着社会主义经济关系性质，是社会主义性质商品时，并不排斥它们内部还会存在着资本主义旧社会因素的残余。从而，也不必担心，说社会主义

---

[1] 马克思：《资本论》第8卷（郭大力、王亚南译），人民出版社1953年版，第1157页。

社会商品是社会主义性质,就会忽略了它有自发性这一面。

综上所述,可见无论就商品、价值形式,以及这种形式的由来,它的内在自发倾向来说,社会主义社会商品及其规律都不能说是资本主义的东西。也不能说,社会主义社会中商品价值的形式是资本主义的,而其内容或它所体现、包含的经济关系则是社会主义性质。从而变成在商品生产与商品交换的领域内,社会主义生产关系的内容与资本主义形式作斗争。这种背理的结论,显然是像斯大林所指出那样,只是由于从形式上、从现象的表面过程来看待问题的必然结果。

二 商品的属性是由社会的生产目的所决定的

一个社会的生产,服务于什么样的目的,不是取决于人们的主观愿望,而是由该社会生产资料所有制的性质决定的。

在社会主义社会,由于生产资料是劳动者共同占有,共同支配,因而,其生产目的必然是为了满足劳动人民日益增长的物质文化生活的需要,服从于全体劳动人民的根本利益。

同时,在社会主义社会,由于还存在两种不同形式的公有制,由于整个国民经济是一个互相渗透的有机整体,于是,客观上要求大部分的生产资料和消费资料,都必然要带上商品的性质。这是客观的事实。从这个意义上,我们说,社会主义生产过程,也是商品的生产过程,社会主义商品生产的目的,就是体现着社会主义生产的目的。两者是互相联系、统一的。

上述的观点,本来是没有什么值得非议的。但是,攸全同志却不同意我们的看法。由于他离开了客观存在的经济条件,错误地把社会主义商品的属性,直接等同于资本主义,因此,为了"自圆其说",便借口商品本身不能提出什么生产目的,从而,否定社会主义商品生产的目的是为了满足劳动人民的需要这样一个提法。我们也同意攸全同志这样的看法,即抽象的商品本身,是不能提出什么生产的目的的。但是,作为具体的商品生产来看,情况就不同了,没有目的的生产活动是不能设想的。那么,商品生产的目的又是什么呢?

攸全同志为了论证社会主义商品是资本主义性质,是不愿意直接回答这个问题的。

我们认为,攸全同志分析社会主义商品问题的主要弊病,是把它抽象为商品一般。这种观点,是和马克思政治经济学的基本原理背道而驰的。

众所周知，资产阶级庸俗经济学者，为了掩盖社会生产方式的本质，往往是抽象地空谈什么生产一般。因此，毛主席强调指出"马克思主义的最本质的东西，马克思主义的活的灵魂，就在于具体地分析具体的情况。"① 否则，就不可能真正的区分不同事物的内在本质。

当然，在某种意义上，说社会主义商品的属性是为了交换，并没有什么不可以。但是，如果仅仅停留于这种最抽象的认识，那么，我们对各种生产方式的特征，就不可能作出任何的判断。试问，倘若不附加任何其他具体的条件，难道我们能从为交换而生产这一属性，直接引出商品是资本主义性质的吗？既然商品就是商品，价值就是价值，它们不因为所有制的不同而有所区别……那么，商品还有什么性质可言呢？

因此，如果说马克思为了分析商品最一般特征，是运用了从具体到抽象的分析法，那么，一旦把商品范畴放在特定的社会经济条件下加以考察的时候，就必须再从抽象还原到具体。

那么，如何才能科学地认识商品的特殊属性呢？我们认为，商品的特殊属性，从直接意义上说，只能由该社会生产的目的所决定。这是因为，一个社会生产的目的，不仅反映了该社会生产方式的本质，同时，还决定着该社会经济运动的主要方面和主要过程。因而，作为产品运动的形式——商品的性质，只能由其生产的目的所决定。离开了商品生产的目的，就不可能真正认识商品的特殊属性。

正因为这样，马克思在分析不同社会商品的性质时，从来不是抽象地空谈一般的属性，而是从特定社会的生产目的作为前提条件的。因此，他说："在城市手工业中，虽则它实质上也是以交换、以制造交换价值为基础，但这种生产的直接的、主要的目的却是保证手工业者、手工业师傅的生存，因而是使用价值；这既不是发财致富，也不是那作为目的本身的交换价值。所以生产到处服从于它原来所估计的消费，供给服从于需求……"② 因此，如果认为，凡是存在商品生产的社会，商品的属性仅仅是为交换而生产，这并不是马克思的观点。简单商品生产的特征是这样，那么，资本主义商品生产的特征又是如何？马克思说过："生产过程……当作劳动过程与价值增殖过程的统一，……是商品生产的资本主义形态。"③ "他（资本家——引者）不仅要生产一个使用价值，并且要生产

---

① 《毛泽东选集》第 2 卷，人民出版社 1952 年版，第 778 页。
② 《资本主义以前各形态》，1956 年版，第 57 页。
③ 马克思：《资本论》第 1 卷（郭大力、王亚南译），人民出版社 1953 年版，第 217 页。

一个商品，不仅要生产使用价值，并且要生产价值，不仅要生产价值，并且要生产剩余价值。"① "交换价值本身，以及产生交换价值的生产的占统治地位，是他人劳动能力本身即是交换价值为前提的，也就是说，是以活的劳动能力与其客观条件的分裂为前提的；……对于客观条件的关系，乃是对于资本的关系。"② 因此，我们没有理由断言，资本主义商品的属性，只能是为交换而生产；而应当这样说，资本主义商品的本质特征，是以孕育剩余价值为前提。资本主义商品生产，是为剩余价值而生产。

那么，根据这个原理，当前我们应该如何认识社会主义商品的特征呢？我们认力，在社会主义社会，由于这种商品生产，是建立在社会主义全民所有制和社会主义集体所有制的基础上，由于劳动者和生产资料在公有制基础上直接结合起来，在这种客观条件下，支配和从事商品生产的，既不是资本家，又不是个体小商品生产者，而是社会主义国家和社会主义集体生产者。因此，客观上必然要求社会主义的商品生产，不能是以交换作为自己的目的，更不能是为了追求交换价值或利润，而是为了实现社会主义基本经济规律的要求，促进社会主义经济的共同高涨，满足劳动人民多种多样的需要。正因为这样，虽然社会主义社会的商品，仍然是价值与使用价值的统一，但是，其中的使用价值已经居于主要的地位，价值是居于从属的地位。

所以，在不同的社会，由于生产的性质不同，商品的本质属性是不一样的。以实现劳动者个人对使用价值的需要为目的，是简单商品的特征；以实现价值或剩余价值为目的，是资本主义商品的特征；以实现全体劳动者的共同的生产和生活需要为目的，是社会主义商品的特征。

（本文系王亚南同志 1966 年 5 月在厦门大学经济系学术讨论会上的发言，根据当时的记录稿整理）

---

① 马克思：《资本论》第 1 卷（郭大力、王亚南译），人民出版社 1953 年版，第 203 页。
② 《资本主义以前各形态》，1956 年版，第 53 页。

政治经济学史

政治经济学史方法论

一 政治经济学和政治经济学史

（一）政治经济学史的研究对象

政治经济学史这门科学，是把政治经济学领域内所有一切的学说、思想、法则、概念等等，作为其研究对象，所以有的经济学史家如卢森堡（Rosenberg）就认定政治经济学史的研究对象，是政治经济学本身；① 那正如同政治经济学研究对象，是"政治的"经济或经济本身一样。

政治经济学史家把政治经济学上的各种学说、思想、概念当作其待处理的材料或史料，本来同政治经济学家把经济上的各种事象、各种形态、各种运动，当作其待处理的材料没有两样。如其说，后者是在那些经济事象、经济形态或经济运动中去发现其规律，前者就是要从那些经济学说、经济思想或经济思潮中去发现其迁流演变的迹象或发展规律。然而它们之间，毕竟有一大差别在，就是，政治经济学所研究的对象，我们说它是"政治的"经济事象也好，说它是经济事象也好，终归是第一次的；若政治经济学史所研究的对象，因为它是那些经济事象，通过经济学者的体认，或由经济学者脑子"再生产"的结果，所以是第二次的；至于经济学史本身，又更进一层，把那些通过经济学者"再生产"的结果，如学说、思潮等等，加以再组织，结局，它便成为第三次的了。从这里，我们知道，政治经济学史，就是更深进一层的意识形态的科学；对于它的研究，当然更多一些曲折，或者对于我们要求更深更多的理解。

我们研究政治经济学史，既然是把政治经济学作为对象，那就无异说，政治经济学史是被限定在把政治经济学成立当时的经济学说，作为其研究的起点。然则政治经济学是在何时才"正式"成立的呢？这是所谓政治经济学的年龄问题。关于这个问题，学者们因立场不同，颇多相异之主张，如亚朵尔夫·布兰基（Adolf Bran-qui）说：

---

① 《政治经济学史》（李译），第1页。

"政治的经济学,那是比大家所设想的要早得多的时代产物,希腊人罗马人都有他们的经济学。"① 他这种议论,并非全无根据,亚里士多德(Aristotle)不是有过《经济学》② 的著作么?但是社会主义者恩格斯(Engels)却说"至今日为止,举凡我们所有的经济学,几乎全都局限于资本主义生产方法之发生及其发展……"③ 两相对照起来,不是非常矛盾吗?有的人为调和此两种不同主张起见,曾勉强称前者为广义经济学,后者为狭义经济学。其实严格讲起来,前者只能称为经济思想,而不能称为经济学。近代严格意义经济学之产生,那在一方面固然是应资本主义社会的种种要求,但是,不到资本主义社会,经济事实、经济关系,亦绝没有成为科学研究的必要。

在资本主义社会以前之封锁的自给自足经济下,人类经济生活简单。统治者与人民的经济关系,仅仅地租或赋税的收纳关系罢了。人民几乎全都是自耕而食,自织而衣,他们彼此除了单纯物物交换关系、小买卖关系、借贷关系外,在经济上全都是自给自足的。追后经济发达,社会之经济事象虽较为复杂,但除了很少数的城市手工业者及小商人,大部分人民仍是过着老式的自给自足生活。在当时那种社会,固然不要求经济学之产生,而这样简单的经济事象,这样贫乏的经济内容,又哪有构成经济学之可能与必要呢!

到了资本主义社会,情势就为之丕变了。在这种社会中,一切的人,几乎都为经济问题而总动员了。几乎都在随经济重心的车轮转动了。统治阶级不再像从前那样坐吃租税,他们要忙着为其支持者——制造业者商人——决定经济政策,订立种种色色的经济法规条例,并且随时都要安排保障市场,争夺市场的军备。人民与人民的关系呢?那更不像从前那样简单而自由了。以前自由活动的手工业者,一部分农业劳动者,都变成了商品,出卖于他们的工厂主人,任主人鞭策摆布了;就是留在农村的农人,他们亦不像从前那样自耕而食,自织而衣;他们成了都市制造业者的原料食料供给人,同时又成了都市制造业者之商品的消费者。在这种情形下,聪明的都市人,自然是日以欺诈剥削那些朴实的农人为事呵!在一般制造业者商人呢?他们已经不是本来的人,而变成为"经济人"(Economic

---

① 亚朵尔夫·布兰基:《经济发达史》第 1 章首段。
② 署名为亚里士多德所著之《经济学》,其中第 1 篇系出提奥佛刺斯塔(Theophrastos),或其他学者之手,而第 3 篇则是迟至纪元前 250 年乃至纪元前 200 年,为逍遥派学者所写成。
③ 恩格斯:《反杜林论》(吴黎平译),第 182—183 页。

man）了，钩心斗角，唯利是图：如何大量生产呢，如何增加生产力呢，如何推销产品呢，如何竞胜其他同业者呢，如何缩减劳动工资，增加劳动时间呢。这一切，已够成为他们日常繁难的功课。况且，物价的变动，不一定决于市场的竞争，有时又直接蒙受金银价值的影响，金银价值又直接蒙受矿山丰歉及采掘难易的影响。无论就哪一件经济事实推阐下去，其变迁复杂，殆难于究诘。诚所谓经济的人生了。经济现象之复杂如此，经济关系之丛错如此，哪有成为科学研究之可能，固不待言，且也确有成为科学研究之必要哩！

要之，经济事实之复杂性，虽非经济学成立之唯一的条件，但是必不可少的条件之一，否则，像中世纪那种简单的经济生活，如果一直延续下来，我们现在依旧只有一些零碎的经济思想，而决没有这整然成为一种社会科学的政治经济学。因此，科学的政治经济学史的时间范围，是限于现代，如果把现代以前的经济思想也包括进去，那就只算是较包容的经济思想史，而不宜称为政治经济学史。

（二）政治经济学的观点与政治经济学史的观点

政治经济学史虽然是以政治经济学为研究对象，但一般在学的研究与学史的研究上所发生的绝对性与相对性的差别观的问题，也同时发生于政治经济学家与政治经济学史家之间。

所以，无论对于哪种学说，经济学家有一种看法，经济学史家可以有另一种看法。即是说，经济学家大抵认为经济学的学说，具有普遍的妥当性，经济学史家却说那只具有有限制的相对性。这种差别观，或者这种对立见解，可就我们后面要论述到的几个经济学派的相异观点，即他们对于经济学的不同认识，而得到说明。正统派的经济学者，大都认为他们的经济学说，不是属于某一国、某一地、或某一时期，而是具有永恒的普遍的适用性的，这个学派的创建者亚当·斯密，在其大著《国富论》中，就惯用"一切时间一切地方"（All the time and all the places）的语词。其后继者如西尼耳（Senior）等，他们更把先辈的学说的普遍妥当性，吹得过火。他们主张：工资、利润、地租，及其他诸经济现象，乃受支配于和地心吸力法则相差不多的不变法则。德·昆西（De Quincey）对李嘉图称扬说："以前诸作家，已为事实、细目、例外所攻击所责难了。李嘉图先生却先天的，从悟性本身出发，演绎若干法则，那对于材料之黑暗的混沌，还是第一次放射透彻的光明，从而，在先不过是一种尝试的讨论集，现在却就成了一种真正的科学，第一次立在永恒的法则上。"①

与正统派经济学者同调的，还有此后属于限界效用学派的诸经济学者。杰文斯（Jevons）对于其效用变动法则的考语说："经济学的第一原理，是如此真确适用，所以我们正可以说，这种原理，与人性相关而言，乃是一般的真理。"又说："这种科学的理论，乃由如此单纯、如此深深根据人身组织及外部世界的普遍法则所构成，所以，在我们所讨究的一切时代内，那都是同一不变的。"②

以上两派，都是要求经济学说，成为一种不论时间、不论地域的超绝真理。至若这种真理究在实际上，能适用到什么程度？能延续到什么时期？他们一些也不要考虑，因为，他们是根据先天的认识，根据人身组织及外部世界之普遍法则而立论的。这正是所谓理论之绝对主义。无疑的，他们都是取的经济学家的见地。

但是，与他们这种见地正相反对的，就是经济学上的历史学派。在他们看来，各民族各时代都各有其特殊的经济学。经济学说相对的观念，乃从经济生活表现为一种连续有机的概念出发，而这种概念，又是历史研究的自然结果。因此，前面为德·昆西推崇备至的李嘉图的经济学说，他们只认为在特殊范围内有其妥当性。就空间上讲，李嘉图以个人所有权及竞争自由的假定为基础之地租法则，不能适用于东方的社会状况，因为在东方社会内，联合所有权是常规，而地租亦由习俗支配；就时间上讲，那法则决不能适用于中世纪的经济状况，因为在中世纪，土地有许多是公有的，地主与耕作者的关系，亦非受支配于自由竞争。③然而对于这种意义，表现得最简明有力的，要算历史学派之建立者克尼斯（Knies），他说："经济学之学说，无论形式若何，都和经济生活一样是历史发展的产物……经济学法则，应该成为历史的说明和真理之逐渐的表现；那只能代表一个时代的真理，在实质上形式上，都不能说是绝对完全；学说的绝对主义，即会在历史发展的某一时期被人们确认，亦只能当作是时代的产物，不过代表了经济学史的发展的一个阶段。"④

认定经济学说，是"历史发展的产物"，是"经济学史的发展的一个阶段"，那与正统学派、限界效用学派的绝对主义独断主义，要进步多

---

① 《一个吃鸦片烟者的自由》，1856年版，第255页。
② 凯恩斯（J. N. Keynes）：《经济学之方法与范围》第9章之注释。
③ 同上。
④ 克尼斯：《历史观的经济学》，1883年版，第24—25页。

了。但是，经济学说为什么和经济生活同为历史发展的产物，经济生活变动了，经济学说为何随同改变，对于这点，他们都没有根本的说明。他们只是在形式上、表面上知道任何经济学说，没有超时空的普遍适用性；他们要藉此反对当时德国采用英国的自由主义学说罢了。他们算不得彻底的经济学史家。

最后，我要讲到马克思主义学派的经济学史观了。这个学派的创建者卡尔·马克思，在他的《政治经济学批判》序文中说："物质的生活资料的生产样式，决定社会的政治的和精神的生活过程之一般性质，决定人类生存的，不是人类的意识，反之，人类社会的生存，决定他们的意识。"这是从唯物史观的见地，来说明人类各种意识形态之如何形成。又在《哲学的贫困》中说："适应他们的物质的生产样式而构成社会关系的人们，同时又适应他们的社会关系，而构成原则、观念、范畴。那么，这些观念、范畴，同他们所表现的关系，同样不是永久的。那些，都是历史的、一时的产物。"这是从唯物史观的见地，来说明人类各种意识形态之如何发展。

在上述这两个基本观念之下，一切视为不磨不朽的学说，一切所谓关于人性的、先天的法则，都有其历史的命运。而适应近代资本主义社会生产关系，构成的关于价值、货币、地租、工资、利润等经济形态的学理与法则，概言之，近代的经济学，必然的，是"历史的、一时的产物"。

可是，尊重这种唯物史观精神的马克思主义者，他们并不辩护马克思学说，说它有超越时空的妥当性，反之，他们甚且指证那种学说必然要归于没落的命运。罗莎·卢森堡（Rosa Luxembury）说："依马克思所说明的资本主义的无秩序，与其将来没落的法则，确是有产阶级学者所创始的经济学的继续，可是在最后结果，与有产阶级经济学的出发点，成为判然相反的继续。马克思的学说是有产阶级经济学的儿，并且是母亲以生命换来的儿。经济学是完成于马克思的理论中，但是同时经济学这门科学，也就告终了。"① 为什么呢？因为"……经济学既是作为关于资本家的生产样式之特殊法则的一科学，其存在与职能，明明是与资本家的生产样式的存在相连接的，一旦那生产样式停止，它立刻就失了基础。"② 这就是说，马克思主义的经济学，即有关资本批判的那部分经济学说，只适用于说明"资本主义的无秩序，与其将来没落的法则，"只能在资本家的生产样式

---

① 《新经济学》（陈译），第81页。
② 同上书，第76页。

存续的限内，显其作用，换言之，它也是"历史的、一时的产物"。

资本家社会的生产关系，是否就一直崩溃没落下去；即使那种生产关系全归没落了，是否经济学照应新的环境，以一个新的形式呈现出来，那现在还有许多经济学者在断断争辩。但是，对于这个问题，我在这里没有讨论的余裕，不过，我敢断言的是：社会的生产样式掉换了一个样子，不论是资本主义的经济学说，抑是批判资本主义的经济学说，一定都要成为历史上的陈迹。然而，不根据这种见地，或者，不根据经济学史家的见地，就很容易囿于成见，看不出这种道理来。

我们由此知道，经济学家的独断主义或绝对性，是要从史学的观点去研究，才得解消的。这同时也暗示了我们经济学史研究的重要。

(三) 政治经济学史的功能

这所谓政治经济学史的功能，就是说，政治经济学史对于我们有些什么帮助，或者，我们由研究政治经济学史可受到那些益处。

本来，每部经济学史的内容，或其所暗示我们的意义，可因经济学史家或经济学史之叙述者的立场、态度与学力，而极不相同。例如，同是经济学史，由因格列姆（Ingram）叙述的是一个样式，由昂肯（Oncken）叙述的是一个样式，由斯盘（Othmar Spann）叙述的又是另一个样式。读过这三部经济学史的人，他一定有三种不同的观感；而且，一个独断主义的经济学者，他要歪曲的、矫揉的、随他自己的好恶取舍来着手一部经济学史的叙述，把过去乃至现在反乎他自己或自派的学说，都描写得一文不值，那亦大有可能。而且，事实上特别如上所述斯盘的著作，[①] 就恰好是一个标本。我们如读到这样一部经济学史，那就不但不能受到益处，甚且会加深我们的成见，予我们以极坏的影响。这样，经济学史的功能云云，不就很可怀疑么？

然而，我所要论及的，是经济学史这门学问本身，是根本原则的问题，而不是特指某某经济学史的著作。即就经济学史家来说，那亦是着重在精神，而不在形式。写一部经济学史的，不必就算得真正的经济学史家，反之，真正的经济学史家，也不必就要写出一部经济学史。问题是在于他对于经济学理的研究态度、研究方法如何。

经济学史的功能，我以为有几点值得注意。第一，经济学史是具有批

---

① 按托伦斯于1815年出版《外国谷物贸易论》，同年威斯特出版《资本投入土地论》，马尔萨斯则出版《地租之性质及其进步》。

判性质的，惟其如此，我们乃可因此化除成见，对于各种经济学说，予以公平的评价和正确的理解；第二，经济学史是具有客观的性质的。即是说，学说之史的展开，与其认识对象之史实的发展过程，有紧密的关联，因此，经济学说之史的研究，可以帮助我们理解各学说所由发生的当时的经济环境；第三，经济学史是具有阶级的性质的，在各种经济学说发生的社会经济的背景上，我们不但可以由此窥见其所代表的阶级利害关系，还可由此认识，把经济学史本身，当作一种思想斗争上的有力武器。以次，我想就这三点，作一个简括的解述。

就第一点讲，经济学的观点与经济学史观点之不同，我在前节已经解述过了，但那还是置重在学者方面而言，其实在读者或研究者方面，亦很容易因此两者性质之不同，而受到相异的影响。试单就地租学说一项来说吧，如其我们对于这种学说没有相当的素养，同时，我们所研究的，又仅是某一家的地租学说，例如亚当·斯密的、李嘉图的、洛贝尔图斯（Rodbertus）的，或者马克思的；那么，我们无论研究哪一家的主张，一定容易盲目的以他的主张为主张，而无法辨认其具有如何的正确性。但，如果我们就经济学史来研究地租学说，即对于各种地租思想，加以史的考究，我们就知道：亚当·斯密的地租说固然缺陷甚多，即地租理论建立者李嘉图的主张，亦未能尽满人意，至若集地租学说之大成的马克思的理论，究竟还有没有需要补充说明的地方呢？设从正确的史学的观点把各家学说依其本来面目叙述出来，任何有问题的理论，都要无形受到批判了。这样，我们才不致囿于一家之说，同时，我们还可由此认清每种学说在历史上的评价。

就第二点讲，任何时代的学说，都特别适于那个时代的实际情形，如其我们要理解那种学说，并适当评定它的妥当性，我们就不能不参照当时惹人注意，且熏染人们见解的实际现象。试仍以地租学说为例来说吧！地租学说建立者李嘉图的大著《经济学及赋税之原理》，出版于1817年，在这前两年，马尔萨斯、威斯特（West）及托伦斯（Torrens）都有关于地租学理的著作出版。研究地租之风所以大盛，就是因为英国由1793年至1814年的20年间，谷价暴腾，结果，劳动阶级益陷于贫乏的深渊，同时地主阶级却获得了空前未有的所得，因之，社会各方面皆高叫地租所得之不当，于是乎有土地改革论者，有地主放逐论者。李嘉图、马尔萨斯等的地租学说，就是发生于这种经济环境中。我们要正确理解他们的学说，既有探究其所由发生的环境之必要，那么，全都经济学说史研究了的结果，我们对于那些学说之研究对象的发展过程，一定能够认知一个轮廓。

况且，学说史的研究，往往可以使我们得到一个新观点，来观察事实，得一个新枢纽，来完全了解事象之现实的过程。

最后就第三点讲，任何一种经济学说，显然都有它的社会出发点；一个经济学者尽管在主观上说他的意见，如何公平，没有偏袒，而在客观上终归有他的阶级立场。如亚当·斯密在他的《国富论》中，即使讲了不少同情工人，责难资本家的高见，然而谁都无法否认他是初期资本主义的最有力发言人。仍就上例地租理论来说吧！重农学者们的地租论或农业纯收益论，无疑还在为地主阶级立论，亚当·斯密就比较倾重地租上的商工阶级的利益，马尔萨斯与李嘉图，则显然站在尖锐的对立地位，一拥护地主，一拥护商工业者。我们能分别把握他们的阶级意识，认清他们的社会实践的意义，在消极方面，始不致受其蒙蔽，且反可运用来增进我们社会变革上的积极理解。

然而，经济学史的研究，如其要获得上面所述的利益，那却不是一件容易的事，那必须依着正确的研究方法，去发现经济学说的发展法则或规律；能把经济学史安置在健全的科学基础上，然后始可真正显出它的功能。

二 政治经济学说在历史发展过程中表现的基本规律

（一）普行于经济思想史上的两种不健全认识

把各种经济学说经济思想作为研究对象，最先会要求研究者说明的，也许就是那些学说思想之间，究有如何的相互关系，或者从纵的方面讲，看它们是如何演变发展下来。关于这点，一般经济学者或经济学史研究者，曾分别提出了两个对立的见解：其一是连续说，其二是照观说。兹分别解述如下：

1. 连续说。所谓连续说，是说经济思想史的演进，是一直连续着的，后起的思想，对于以前的思想并非重新来过，只不过加以订正补正罢了。持此说的学者甚多，但以马歇尔（Marshall）提倡最力，他在其大著《经济学原理》序言中表示：诸重新学说，只是补充、敷衍、展开诸种旧学说，时或加以修正，或改换其要点，变化其音调，而很少把旧学说完全推翻了的。他的经济中心理论，是所谓"连续原理"（principles of Continuity）。一切学说思想，都有它的渊源，不是凭空飞跃来的。单在这种意义上，这种说法不独为常识所允许，且为常识所要求。但其根本错误，却在于把经济学说看为自己连续的东西，后者居上，后来更多，两者只有量上的差别，没有质的变异。

2. 照观说。这是说，经济学说或经济思想是照应着客观环境而产生的东西，其实现的论据是各别不同的时代，都有其不同的学说思想。这种说法无疑是比前一主张还易为人接受，但主张最力的，还当数及德国历史学派诸子，而集其大成者为克尼斯。前面所谓："经济学之学说，无论形式若何，都和经济生活一样，是历史发展的产物……经济学法则应该成为历史的说法，和真理之逐渐的表现"云云，正可视为环境决定论的代表。乍然一看，简直像无法怀疑他或他们这一派是唯物史观论者，但其间有一个最大的差别，就是他们认定思想是环境的反映，环境中的许多社会因素乃至自然因素，都被他们混同看为同样作用于思想与学说，至若学说思想的能动作用，至少是无法从他们那种表象的多因多元的理论中逻辑出来的。

要之，这两种说法，差不多是一般流俗思想史的通说。连续说太重视思想渊源，而忽略思想环境；照观说太重视了环境，而忽略了思想渊源。然则是不是两面兼顾得到就算恰到好处呢？不是的。随便捡取一例来看罢。韩讷（L. H. Haney）在其所著《经济思想史》之结论中，曾用"环境与薪传"的子目，作这样不着边际的说明："环境对人之影响甚深，人对环境之反动亦大，能给吾人以极多证据者为经济思想史。观于经济思想史之进化，物理法则与心理法则，均有决定经济情势、社会制度及智能工具之功能，而经济制度及智能工具，又一方能决定人所遭遇之问题，一方虽不能决定人之观察，亦可以变更人之观察。"① 像这样一种非驴非马的模糊影响的讲法，决不能使任何人得到一点有关经济学说或经济思想演变发展的清晰观念。

然而，关于这种关系方法论的问题，我们是不能对于这类形式主义的资产学者，作着任何期待的。

（二）现代经济学说之物质的把握及其发展迹象

1. 从现代经济思想本身说起。

讲到经济学说或现代经济思想的演变，首先须对现代经济思想本身，作一本质的考察；一定要这步工作做到了，然后始容易把握其演变发展的究竟。

---

① 韩讷：《经济思想史》，商务印书馆1930年版，第759页。

一提到现代经济思想，我们很容易联想到以次几个问题，那就是第一，现代经济思想，究与过去的经济思想，表现了怎样的分野；第二，经济思想，究与其他社会意识或社会法律政治宗教哲学思想，有怎样的不同；第三，经济思想与经济现实，究有怎样密切的关系。这三个问题，很可以把现代经济思想的本质、特征，及其形成的基础显示出来，所以这里且就这三点分别予以解释。

(1) 现代经济思想对过去经济思想显示的分野。

在经济思想上冠以"现代"二字，那就立即使它同过去的经济思想，在质上在量上，都显出了极大的区别。在现代社会以前，一切有关经济的观念，都是出于直感或肤浅的观察；各部族间，或者一国各领邑间的相互隔离的孤立状态，自然无法把当时各地分别表现的单纯而支离的经济观念，有效地交流汇合乃至累积起来，而宗教规律的权威，更加妨碍了经济思想的展拓。但一到现代，一切孤立的状态，逐渐解消了。日益复杂的经济事象，不但提供了科学研究的充分资料，且还提起了科学研究的实际要求，于是，现代经济思想，就包含有系统的经济学说的意义，或者应理解为现代的经济学或经济科学。惟其如此，这所谓现代经济思想的演变，和以前不相交流汇合，且不易累积和零碎支离的经济思想的演变，就具有完全不同的实质了。

(2) 经济思想对其他社会意识显示的特征。

在一般社会意识中，包含有政治、经济、法律、宗教、艺术、哲学等等方面的思想。设把这种种思想，对它们所反映的现实社会的物质关系的接近程度，加以比较的考察，立即会使我们达出这样的结论：宗教哲学思想为最高级的意识形态，法律政治思想次之，经济思想则最为具体直接。如其允许我们使用不十分贴切的成语，那经济思想与其他的社会意识比较起来，实带有最明显的"形而下学"的特征。如其把哲学上的思维与存在问题，社会学上的斗争与互助问题，和经济学上的生产与分配问题，拿来作一较量，我们也不难发现经济思想的那种较为具体的性质。我们知道：过去的经济问题，多半没有成为研究对象的必要；未来的经济问题，也多半没有成为研究对象的可能。一般所讨论的经济问题，大体是它的解决条件业已形成，且还继续存在着的那些问题。这原因，就是由于经济思想的性质，比较更不容易离开它的现实基础，从这里，我们也能得到一些有关现代经济思想演变的认识了。

(3) 经济思想对现实经济保持的关联。

关于这个问题：需要我们把论点扩展一点来考察。

首先，我们要问：经济是否决定一切？

提论到这里，我们很容易记起一段古典："人们适应他们的生产方式，而构成社会关系，又适应他们的社会关系，而构成原则，观念，范畴"。这段话，曾被人误解为经济关系决定一切思维、决定一切社会意识的依据，最有具体性的经济思想，自然是受决定于其所直接反映的经济现实。但我们如其过细体察这段话的意旨，却并不曾硬化到没有伸缩的余地。即使是"社会存在决定社会意识"的命题，也应在作者立论的用意和其整段文字的联系上去理解：断章取义，乃至超过妥当性以上的强调，都不免失之歪曲，因此，对于"经济决定论"的妥当性，我想就它对于经济思想的关系，须加以次的限界：

1）对于一切社会思想或社会意识，经济并没有完全的绝对的决定作用，对于经济思想，亦是如此。

2）每种经济思想，都不免蒙受当时经济以外的其他一切社会事象及其思想的影响。

3）经济利害关系，确为左右我们一般社会意识，特别是经济意识的有力因素和重心，此在现代社会尤属如此。

把经济是否决定一切的问题解答了，接着，我们就可很便利地很不费力地解答下面这个问题了，那就是：经济思想的演变，是否完全与现实经济演变相平行。

对于这个问题，我们在下面解答的机会还多，这里暂且作这样的说明：经济既不能决定一切，经济思想既不完全是当前经济事象的机械反映，那就说明了，经济思想的发展，可能对经济的发展，表示或大或小的偏差。我们在承认一部经济思想史和一部经济史大体保持着平行关系的前提下，应当不要忘记：对经济思想演变发生相当影响的，除了各种社会制度社会意识外，还有它自身的渊源，还有同时代相并存在的各种经济思想的相互联系。引论到这里，似乎就要逼着我们来答复下面的问题了。

2. 经济思想有没有它自己发展的规律？

关于这个问题，我的解答是肯定的，但须附加两点限制性的说明：

第一，承认经济思想有它自己发展的规律，就不能不注意到它那种规律发生作用的前提条件，即思想本身的内容，要相当复杂；其散播范围，要相当广阔；其相互交流关系，要相当密切。过于简单，过于窄狭，过于隔绝，根本就只是各别时代各别地域的经济事象的观念反映，而谈不到什么发展的规律。这就是说，经济思想是愈到现代，才愈能表现它发展的规律性的。

第二，承认经济思想有它自己发展的规律，并不是说，它可以完全脱离经济发展的轨道，而自由自在的发展；事实上，现实的经济，随时随地都在把经济思想拉向它的轨道，叫它不要远离了它所提示的路标。而且，照我们前面说明了的经济思想的特征来说，其他社会意识发展和社会存在发展，尽管有较大较多偏差的可能，但在经济思想的发展上，那种可能性，是更受限制的。

为了说明的便利起见，我们且指出经济思想形成过程上表现的几种倾向，借以窥知经济思想自己发展规律的一般轮廓。

（1）适应的倾向。以现代经济思想而论，它的适应的倾向，由它所表现的社会性与民族性两方面看得非常清楚。现实经济的变动或发展，对于社会各集团各阶层间的利害关系，是颇不一致的。对于同一经济问题，以各别利害关系出发的人们的看法说法，自有不同：凡属有利于自己立场的意见，不管是过去的，或者是同时代的，他尽可利用或据以构成自己的思想系统，但他由此构成的经济思想，却显然表现了适应现实经济的倾向。不过，这还是就社会的观点来说，而经济思想的民族性或国民性，亦可说明此点：各国间的经济发展，因自然条件与历史条件不同，在时间上互有先后，在程度上互有参差，由是各国的经济思想，就比照着各国相互间的利害关系，分别构成其不同经济思想体系，英国有便利自国经济利益的自由主义思想体系，德国亦有便利自国经济利益的保护主义思想体系。然而，从世界的观点来看，这两个不同的经济思想体系，无非是从不同的立场，来说明整个现实经济的不同方面。也可以说，是以不同的理解，对现实经济作分途的适应。

（2）保守的倾向。人们尽管是以现实社会的或民族的经济利害为重心，而构成其经济思想，但某种经济思想一经取得了社会的确认，一经成为社会的经济思想，它很快就会硬化或定型化起来。特别是某种应时产生的有力的经济主张或经济思想，由普遍化乃至立法制度化，它在人们心目中，便愈加执拗化，视为神圣不可侵犯的典则。甚至，那种思想所由取得合理存在的经济环境改变了，它原来对于某种经济制度有利的，已经变为不利了，在客观事实上，对于拥护保守者的经济利益，亦成为不利了，依旧可能被人们视为不可逾越的教义或圭臬。自然呢，这被执拗保守的经济思想，与特定社会集团或某些的人的现实利益，至少在主观上是相调和的。大约一种经济思想在现实经济制度上，作用的范围愈广，持续的时间愈长，它的这种硬化的定型化的倾向，也就愈为显著，单就这一点来说，经济思想的发展，有时就不免要落在现实经济发展的后面。

(3) 反拨的倾向。当某种经济思想由合理化、定型化以至顽执化的过程中，往往会引起与它正相反对的另一种经济思想。在每个时代，我们总不难发现两个正相对立的或互相排斥的两个经济思想潮流的存在。在这里，似乎经济思想自己发展的规律，有了更大的作用。但一考察实际，就知道当这两种经济思想，以保守的和进步的对象姿态表现着的时候，这所谓进步的经济思想，已早在现实经济发展中，取得了存在的依据。这时在经济思想对经济思想批判的里面，早有经济现实在实行着批判的任务。因此，反对的经济思想的发生，在某种限度内，我们虽然无法否认思想本身的反拨作用，但我们同时也不能否认反拨的经济思想，正是把逐渐转化和发展的经济现实，作为它立论的张本。不过，在它对传统思想争取领导的场合，它可能而且必要把现实经济发展上还不曾显露或实现的某种经济理想，作为其宣传的目标。单就这一点说，经济思想的发展，又往往不免要走在现实经济发展的前面。

(4) 综合的倾向。经济思想既然有时不免落在现实经济发展的后面，有时又不免走在现实经济发展的前面，同时，在两种对立思想争取领导上，又总不免各别过分强调，各走极端，以致加大其离开现实的偏差程度，于是，在此种场合，往往发现一种带有综合性的第三种经济思想体系出现。但这第三者的综合，并不是对于其先行的"过犹不及"的两种思想的调合，而是对照现实，批判前两者，舍去其不合实际部分，抽出其合理部分，而达出的更高级性的，更有包容性，或现实性的思想体系。举一个非常显明的例吧，在现代初期，由重商主义思想体系，重农主义思想体系的对立，终至引出了亚当·斯密一派的经济思想体系，这个体系，当然不单是把重商重农两理论，加以调合就完事的。虽然我们不否认斯密学说中有重商主义重农主义因素，但他都曾依据当时现实经济要求，分别予以批判，予以选择，然后再综合己见，构成一个更高级的思想系统。

总之，经济思想的发展，在它对现实经济的发展，表示或前或后，或大或小的偏差的场合，在它不完全是与现实经济的变动，采取同一步调的场合，我们无疑可以看出它自己发展的规律；但在这规律作用着的过程中，我们却又发现现实的经济的演变，随时都在把经济思想拉着一同前进。所以，在归根结底上，经济思想的发展，大体仍能与现实经济的发展，保持平行的关系。

3. 现代经济思想的演变，在其一般程序上，似由具体的实践的知识，转化为抽象的一般的理论体系。但这种认识的妥当性，有一个限界。

关于经济思想的一般演变程序，我们很可以把一位德国经济学者的话，拿来作一个导引。那位学者就是亚孟（Alfred Amonn），他在其所著《理论经济学之对象及基本概念》中说："任何科学，皆开始于有关特殊的具体的和有实际意义的知识之研讨。及至此知识获得，吾人乃进一步将其一般化。而使其由具体以进至抽象。最后，吾人更将以此获得的抽象知识总体，使组成为一个在理论上彼此关联的全体，而使其形成一个体系。任何科学，在最初都是一种应用的或实践的科学，到以后才渐渐变成一个纯粹的或理论的科学。"① 这段话，是关于一般科学思想的，著者以经济学者的资格来说明经济学的对象与基本概念，当然是认定那在经济思想的演变上，有同一的或更大的妥当性。

任何一个有相当科学修养的人，都不能不承认这种说法，不但合乎理论的逻辑，且还合乎事实的逻辑。

试把现代初期的经济思想，拿来同晚近的经济思想一加比照，就显然看得出初期经济思想，该是如何素朴地表现着实践的要求。早期重商主义者干脆地把货币，把金银当作财富，就依据他们这种观点，作出一个铿铿有声，和光彩夺目的黄金白银思想体系，到了反重商主义者和重农主义者的学说出现，重商主义的"金银说教"，便当作没有成熟的理论，当作发财致富的肤浅经济知识，被抛出现代系统的经济学说范畴以外了。亚当·斯密的《国富论》大著，还满含着"发财致富"的重商主义的气味；他讨论经济问题，大抵是为了政治上的目的，是研究为政者要怎样安排生产，交易，才算便当，才有利益。他的全部理论，实带有浓厚的"策士"意味。然而，和重商主义乃至和重农学说比较，有的地方，确实前进得太多了。现代经济思想之科学的基础，是经过了他才奠定下来的。到了他的继起者马尔萨斯，特别是李嘉图，经济思想就真像是"变成了一个纯粹的或理论的科学"；李嘉图的经济思想，"被称为经济学上运用演绎法之典型的代表的实例"（克尼斯语）；被称为"资产阶级经济学，至是已达到了难于超越的限界"（马克思语）；被称为"第一次立在永恒法则上真正的科学"（德·昆西·托马斯语）。但亚孟所说的："最初都是一个应用的或实践的科学，到以后才渐渐变成一个纯粹的理论的科学"，这句话的真理，把它应用到经济思想的演变上，似乎也达到了"至此止步"的限界。为什么？因为在李嘉图以后，经济思想是不是一直在一步一步向着"更纯粹更理论的"前程迈进呢？是不是一达到了"纯粹的理论的"阶段，就再不要管"应用"，再不要管"实践"呢？对于后一问题，英国西

---

① 参见刘絜敖《经济方法论》。

尼耳教授曾发挥过一些伟论，表示一切主义式的说教，一切社会改良的提案，一切受支配于道德的或政治的关系，都当排除净尽，使经济学成为一个"抽象的演绎的科学"。但他这种"好意"，遭到了此后历史学派彻底的攻击。他们硬要把英国经济学者"惨淡经营"的被人看为"纯粹的理论的"经济学，拉回到"实践的应用的"领域。在结局，经济学这个"绣球"，甫经新旧历史派学者从纯粹理论境界投出来，又被奥地利派诸学者再由实践领域抛过去了。他们的说教，是要把经济学说，变成不论时间不论地域的超绝真理，变成"依据人身组织及外部世界法则所构成"的普遍真理（杰文斯）。若照前述亚孟所说，我们实在不知道经济思想变成"纯粹的理论的科学"，是到李嘉图才完成，抑是到奥地利学派才完成；如其说，那是到奥地利学派始完成这种演变，与奥地利学派同时或先后掺杂出现的历史学派的经济理论，将如何说明；在李嘉图的理论经济学以后，又出现专讲实用，讲保护主义，讲社会政策的，历史学派经济学，反将如何说明。如其说，理论经济学，到了李嘉图已达到了相当完满的境界，以后的各种学说体系，都可归属在"傍趋斜出"的支流里面，那倒是较能免俗的说法，可惜亚孟不能接受这种意见。

概括地说来，他这种说明，至少会有以次几种流弊：

第一，说科学，说经济思想，是先由应用的实践的，逐渐变为纯粹的或理论的，那当作"思维术"的程序看，似无不可；若当作思想演变的准则看，却就未免有"定型化"的危险。又若当作科学研究方法看，亦似有可斟酌余地，因为对于社会科学的研究，愈来愈要借助抽象的方法，但若竟把它当作科学本体本质演变的途径看，却就未免有许多说不通的地方。就经济学说，似乎一达到了理论的经济学的阶段，便一直是停在那里，变成定性的，不再前进了。而且，

第二，显然易见的缺陷，是这样一种说法，立即会使我们感到：科学的发展，愈来愈远于实践；一达到了理论的科学的境地，它就不复是应用的实践的了。"实践的"与"理论的"之间，被掘起一道俨然不可逾越的鸿沟。

第三，一切社会科学，都必然是说明社会发展现象的历史科学。经济学或者经济思想亦系如此。在我们所说定的"现代"的时间限界内，所谓现代经济思想，它必然是由十七八世纪以来，直到我们当前这个时代的全般经济思想，它必然是对于这数百年间不断发展，不断变化其内容之现实经济的赓续不断的说明再说明。如其说，经济思想这门学问，是由应用的渐渐变成理论的，那不是我们这种认识要为经济史实所否认，就是经济

史实被我们这种认识所否认。

引论到这里，我们似可把科学，把我们所论及的经济学或经济思想，由应用的渐变到理论的这个命题，这样来作一结束。在常识上，在某种限度之事实的乃至辩论的逻辑上，它无疑是妥当的，至少，亦具有妥当的外观。但仔细加以研究，就知道这个命题的有限妥当性，亦是要加以补充和更深透得多的解释，才能确定的。社会经济事象，在日益复杂化，纯粹化，和高度化或成熟化。惟其复杂化，乃更能提供我们以充分考察对象，更能显示我们以有机的因果的密切关联；惟其纯粹化，即是说，惟其没有包含前一社会经济体制的残余，经济学者就愈能就当前的经济事象，进行科学的分析。还是把李嘉图作为适例来说罢。"李嘉图时代的资本主义经济，是'扫除了'资本主义时代以前的残余的，是所谓资本家占中心的'纯'资本主义。他研究资本主义经济倾向，是在纯粹孤立的形态上来研究……这种抽象的研究方法，才使李嘉图思想能大大展开，才使他有力量去追究各种经济形态到底"；[①] 再者，惟其经济高度化或成熟化，它就能给予研究者以全盘和全发展形态的理解，使他们能看出它的必然的归趋。

这是就经济事象本身来说。

在另一方面，照应着经济事象的发展，经济思想，也在不断向前演进，不断累积，使研究者能利用或增益或批难其先辈的经济理论，而对当前的经济事象的理解，可能引入更展拓更深入的境界。

由这两方面的考察，我们就明了，经济思想在它演变过程上，虽然显示出了由应用的实践的到纯粹的理论的外观，实不过是因为后来的应用的实践知识，愈来愈有深化的可能与必要。经济每前进一步，对于它的说明，一方面非前进一步，即不能满足现实要求，对现实问题的解决，有何等益助；同时，现实经济亦像"不肯苦人所难的"把它的实质和内容，更纯化，更高度化，给予其理解者，说明者，批判者，以更大的方便。由是，我们可以达出这样的结论了：

（1）经济思想的演变，并不能完全拿一个定型化的公式——由应用的到纯粹的理论的公式来说明，即使我们有时为了解说便利，不妨附加限制，附加条件，而承认其妥当性。

（2）任何社会科学思想，特别是经济思想，都是在不绝应用上形成，即大体对照着现实，对其先在的思想或学说，予以测验，批判，选择，运用的结果。

---

① 参照《鲁滨经济思想史》。

（3）现实经济愈进步愈发展，其应用的实践的知识，都一步一步趋于深化，一步一步显得理论化；所以，从理论一方面来说，前述那个公式，应是从较肤浅的较不成熟的理论，到较深入的较成熟的理论。而从应用一方面来说，应是由较肤浅较为现象的应用知识，到较为高度的较为本质的应用知识。

（4）经济思想的演变，是无论达到哪个阶段，都不能脱离实践的。不断应用，斯不断展开。

我还想借下一节的说明，作为这一节更具体的补充。

4. 现代经济思想的演变在其注意重心上，似先由流通问题，次及于生产问题，再次及于分配问题，最后临到消费问题，但这种认识不仅只是指着现代经济思想的一个断面，而且这一断面，还是言其演变迹象，并未意味着何等历史定则。

现代的经济思想，是以重商主义作为它的起点；是以重商主义的不成熟的理论，来与过去零碎片断经济观念相区别。重商主义者所处的时代，正是一个新经济生活开始展开的时代。在此新时代中，最有活力，最有生气，最迷人眼而能给人以希望与利益的，是商业资本的活动，是买与卖，是交换。故照应着当时经济现实而从事考察的重商主义者，都必然要从流通过程出发，而且因为以次的诸般理由，他们还只能由流通过程的表面现象出发，并以流通现象作为其考察的唯一对象。

首先，作为生产过程之基础，同时又成为生产之一因素，成为生产之一个经过阶段的流通，是到了资本主义生产下才形成的。而在重商主义的当时，特别是在近代最初期间，流通过程是采取独立化的姿态，它只是活动在企图相互交换的两生产部门之间，作为其联系的桥梁，而并不曾完全控制着生产，同时生产过程也不曾把它吸进去，作为其一生产要素。这种流通运动的特征，由当时最普遍最大规模的贩运业格外表现得明白。贩运业曾经在威尼斯、荷兰等地盛极一时。那种商业活动的主要利益，不是由于本国生产物的输出，而是由于在落后的两生产地带，尽着媒介的作用，使它们得相互交换其生产物，而从中榨取双方。"最先独立化的大规模发展的商业都市和商业民族的商业，是当作纯粹的贩运贸易，立足在诸生产民族的野蛮状态上，他们就在这诸生产民族之间，充作媒介"，榨取它们。以这种经济活动为考察对象的重商主义者，当然只能把握着流通过程的诸表面现象，而且，他们因为事实上的限制，活动也不许可作进一步的分析。因为，

第二，榨取诸落后民族所获得的商业利润，是由流通过程内进行的行

为，即买与卖的行为而得到，而实现的。在流通过程离开生产过程而独立化的限内，更显示出了贱买贵卖的，非等价物交换的商业法则的作用，在商业上的价值概念，仅因为相交换的诸商品皆是价值，皆是社会劳动的表现。那时，生产物是由商业变成商品的，是商业使生产物发展成为商品的。生产物作为商品而相互交换的量的比例，尚是完全出于偶然，自然不能意味着相等的价值量的交换。而且，借助于强暴的劫掠，借助于征服，借助于种种方式的欺诈，都可使贱买贵卖的商业法则，得到更有力的发挥。这在一方面，使重商主义者的考察，只能限于流通过程，同时又使他们不得不集注到流通过程。因为，

第三，流通过程包含着两个运动，一是由货币到商品的运动，一是由商品到货币的运动。当时那种商业形态——以贩运为其特征的商业形态，显然是以商品运动，作为成就货币运动的机能。货币运动是把始点货币量与终点货币量的差额，或终点货币大于始点货币的量差，作为其运动的目标。"投出货币，是为了获得更多的货币"。在近代初期，借助于政治暴力和欺诈（落后生产民族的愚昧无知，对于欺诈的商业，提供了不少的便利）所保证的超额商业利润，或莫大的有利货币差额，已够吸引当时经济思想家们的注意了。而由新大陆发现所激起的贵金属崇拜热，新政治机构下为吃俸官吏与领饷士兵所增大的开支，以及为了推行各种商工业新设施和周转商业，所引起的货币新需要，此皆足以加强人们对于货币的爱好，从而，使人们把重视货币的心理，表现在获取货币的流通上面，这就是重商主义者为什么特别看重流通问题，把流通现象作为其考察对象的最实际的原因了。

但以贩运商业为特征的流通过程的独立化运动，到了一定限度，便必然会完结它的发展。贩运商业在各民族间的活动，乃至在一国内各都市间的活动，均是以它所贩运，所买所卖的生产物之生产者，其生产部门或生产地域之落后的状态，为其存在与发展的基础。但贩运业所造出的时尚，嗜好和需要，即把不同地域的生产物，交互流通所形成的新市场，一定会促进一般经济的发展。亚当·斯密说过："当这种嗜好普及并引起大量需要时，商人为节省运费计，就开始在本国创立类似的制造业了。"这一来，纯商业民族，就相应丧失其优势，丧失其经济榨取的基础。而在其他的民族，其贩运业的独占权，虽然消灭了，但因其制造业发展，随着贩运业消灭而丧失其独立姿态的流通过程，便改变了它和生产的地位，它不复是站在生产圈外来活动的独立部门了。它和生产打成了一片，变为生产的一个因素了。就从这时起，生产的活动，变成为支配的经济活动了。一切

经济上待解决的问题，可由流通过程移到生产过程上去解决；而且，在当时最成为问题的，已经不是如何去交换去流通的问题，而是如何去生产的问题，即如何始得大量生产的问题。

起初在欧洲感到这个问题的重要的，是制造业发展的英国。由是在18世纪中叶以后，就有以生产经济学姿态出现的亚当·斯密的自由主义经济学说。自由主义经济学说的核心，就是从消极方面，论证一切阻碍资本与劳动自由的过去封建遗制和重商主义制度的不合理，同时则在积极方面，建树一种允许一切人，在正义法律保障下，以自己的方法，追求自己利益，而"以其劳动及资本，参加对于任何人任何阶级竞争"的自然的自由制度。这种自由经济学说的实践要求，显然在使生产从一切人为的干涉得到解放。但正因为如此，作为现代科学的经济学的研究与考察，就不能再局限在独立化的流通过程，而必须从独立化的流通过程，移到那把流通作为其一个发展阶段，一个因素的生产过程了。

事实上，单从流通过程来考察，对于流通过程本身，也只能把握一个外观，而无法探究到它的本质。所以，科学性的流通理论，实际并不是由重商主义者创立起来。那是要生产理论确立了，打定基础了，才能有所成就的。亚当·斯密把他的全副精力，集注在生产问题方面，集注在资本的基本形态，即产业资本方面，对于当作资本再生产过程之一个阶段的流通资本（包括货币资本与商品资本），大体是放在一边。因为，他由考察产业资本所获得的关于价值形成，关于利润，工资，地租等等的原则，不能直接适用到有关流通的资本方面。这不仅是因为他对于商业利润，商业工资劳动者的工资，没有能力去说明其真正性质，同时也因为当时占据他全部注意的，只是有关产业资本的诸基本问题，只是关联到产业资本自由发展的生产问题，所以，他认定，只要生产物能自由地大量地生产出来，以后生产物当作商品，在社会各阶级间行使交换流通，固然不成问题，即当作收入来源，在社会各阶级间的分配，亦都有自然的顺序。

不过，就在斯密的时代，分配的问题，亦并不是完全没有露出暗影。他曾说："我国商人制造家，对于高率工资之提高物价，从而减少国内外销路的恶果，常发不平之鸣。但对于高率利润的恶果，他们却三缄其口。关于因自己利得而生的恶果，他们保持沉默，关于因他人利得而生的恶果，他们却大鸣不平。"劳资两阶级利害相反的事实，他已直感到了，但他相信"自然的妙手"，会把各阶级的利益调和起来。例如，一国国富增加，对于劳动者的需要必加大，从而其工资必会提高。工资抬高到某种限度以上，又会因劳动者的竞争而减低。若利润的大小，恰与工资立于相反地位,仍由供求律所限制,不会常常过大,也不会常常过小,而在特定的土地劳动生产物的普通价格中,要有了超过相当劳动工资及资本利润的部分,才得成立地租,所以地主阶级的所得,更不会侵越其他依利润生活及依工资生活两阶级的利益。

然而,由斯密预想的这一幅协和的理想分配图画,在他《国富论》出版(1776年)后不到半世纪间,就由其后继者马尔萨斯及李嘉图发现了极大的破绽。马尔萨斯的人口论,李嘉图的价值论、地租论乃至工资铁则说,都是建立在分配不能公平不能协调的事实上,都是建立在地主阶级,劳动者阶级,资本家阶级的经济利害冲突的事实上。以谷物条例为中心而展开的经济理论斗争,直到了谷物条例撤废的19世纪中叶,才得到一个结束。在那种斗争当中,地主利益的拥护论者(如马尔萨斯等)和资本家利益的拥护论者(如李嘉图等),各就其社会的立场,把经济理论发展到了那种社会立场所允许的顶点。过此以往,和资本家阶级对立的,已经不是地主阶级,而是在资本主义经济制度母胎内必然发育成长起来的劳动者阶级了。劳动者阶级的势力,愈以威胁资本主义经济制度的姿态表现出来,站在资本家阶级方面的经济学者,就愈加无法维持其科学的研究精神了。正所谓从此以往,成为问题的,不是真理与非真理的问题,只是于资本有益抑有害,便利抑不便利,违背警章不违背警章的问题。超利害的研究没有了,真正的科学考察没有了,代替的东西,是曲尽掩饰歪曲能事的辩护。

所以,依据价值学说的分析,而展开的古典经济学者的分配论,到了约翰·穆勒算告了一个结束,他认定了"富之分配,是受支配于社会之法律与习惯,而决定分配之规则,则是存于社会支配者之意见与感情,时代不同,地方不同,此规则亦因而大异。设人类愿意,其相异程度也许要更甚"。小穆勒的这段议论,无异否定资本主义的自然分配秩序,也无异否定资本主义的永恒法则的存在。

然而分配论的研究,至此止步了。在19世纪下半世纪中,资产阶级经济学者把研究的重心,转移到消费的方面了。他们其所以把视线转到这个方面,大体可以说是适应着两个实践的要求。其一是,资本主义经济发展到了金融支配的阶段,大资本家们都相率离开了产业的生产领域,而以"遥领","遥临"的方式,站在生产领域以外,借投机及信用制度,来增大财源。他们是生活在享乐的世界中。而且享乐与阔绰的消费,有时且成为获得信用与增进财富的必要的排场。这种明如观火的事实,被反映到经济学者的头脑中,当然会吸引他们的注意:至若他们将如何把这一事实表现出来，那就要涉及他们所须适应的另一种实践要求。那就是，他们不能也不许继承古典经济学的成果，在古典经济学所阐述的生产论与分配论上，作进一步的分析。为了回避现实，最好是抬出消费论来，来与金利生活者的资本家们的利益与兴趣相配合。

他们极一般的，或者说，极其技术的，避开其当前特定社会的一切现实经济上待决的问题，而提出一些超历史的见解。对于最基本的价值论，他们否定了古典学派的劳动价值法则，而代以主观的限界效用学说。① 照此说法，商品的价值，不是产自生产过程，而是产自满足欲望的消费方面。一切财货生产出来，都是为了满足人类的欲望，都是为了消费。他们谈得有声有色的价值论，欲望论，结局无非是在阐述他们自以为新发现的消费论。生产物品出来，是为了满足欲望，充当某种消费，那是自明的道理，最常识不过的平凡俗见。他们虽把这"俗见"装璜在科学的柜架里面，但对于其当前的现实经济问题，根本无所说明。谁都知道，资本主义的生产，并不顾及它所生产出来物品，是为了满足谁的欲望，是拿去供谁的消费，是具有何等使用价值，它的唯一目的，只是为了交换，为了实现更大更多的交换价值。一旦流通过程发生梗滞现象，商品价格不克实现资本的平均利润，资本家就宁愿停止生产活动。有时，他们为了降低市场供给数量，以便提高价格，致不惜用种种方式，把既经生产出来的货品，加以破坏销毁。这种种不合理的但却并非罕见的现象，奥地利的消费论者们，是不能给予解释的。

自然，我们在这里，并不想深入地批判奥地利学派的整个经济学说，而只是要表明：他们的中心论点，是放置在消费方面，他们把消费论作为其研究的重心，那与其说是为了要解明当前的现实经济问题，却毋宁说是为了要回避当前的现实经济问题。

这是现代经济思想到了资本主义"向下发展"阶段所必然发生的现象。

5. 现代经济思想的演变，在其一般动态上，是以批判而开始，又以批判而终结。

关于现代经济思想演变的重心，我们虽然按照一定顺序，把流通论、生产论、分配论、消费论分别提举出来，但这只是为了说明的便利，而且，这种种理论，还只能表明现代经济思想的一个方面。为了补救这个缺憾，这里又进而提论到它的一般演变动态。

---

① 主观的限界效用学说，即主观的边际效用学说——编者。

所谓现代经济思想，其实就是指着现代经济学。现代经济学在它形成的全过程上所表现的最值得注意的动态，就是以批判始，以批判终。

关于这点，恩格斯曾有一段简明的叙述，那是说："至今日为止，我们所有的政治经济学，差不多只是专门研究资本主义生产方法的发源和发展。它开始批判封建时代的生产方式及交换方式的残余，证明这些残余，一定要为资本主义的形式所代替；往后，它从正面阐发资本主义生产方式及交换形式的法则（交换形式，是与生产方式相适应的）；这所谓正面，就是说，这些形式，还能适合整个社会的目的；最后，它以社会主义观点，批判资本主义的生产方式，就是从反面说明它的法则，证明这种生产方式，因自身发展的结果，将迅速达到使自身不能再存在下去的境地。"①这段话，是现代经济思想发展的最扼要的最有分寸的素描。

亚当·斯密的全部经济学说，虽然粗枝大叶地为资产阶级经济学定下了相当的基础，但他在消极方面的功绩，却是在对于封建时代的生产方式及交换形态的残余，作了全面的批判。马尔萨斯、李嘉图、萨伊、约翰·穆勒乃至其他古典学者，显然是从正面阐述资本主义生产方式与交换形态的法则。但由他们所阐明的法则，有一个共同的缺点，就是把资本主义的社会秩序，当作绝对的永恒的秩序，当作永远不会没落的自然的秩序。他们虽都认定社会劳动生产力日益向前发展，但社会生产关系，则被定型化为自然现象。结局，在资本主义的生产关系，尚有允许其劳动生产力发展余地的限内，他们的理论，大体还持有相当的妥当性，一到生产力的发展，不但不能由生产关系得到保育扶持，且反而受其压制拘束的时候，他们的经济理论的狭隘性和偏颇性，就充分暴露出来。此后历史学派、奥地利学派、乃至晚近新正统学派的经济学者，虽然对于这些古典学者的学说，从正面从反面做了一点订正、疏解、补充的工夫，但由于他们所处的时代，比其先辈学者更没有科学的研究的自由，于是，他们最大的成就，也许就是把经济的研究，引到非现实的境地，引到掩饰现实的境地。这说明，现实经济运动法则的发现只有期之于站在批判资本，批判资本主义立场的经济学者。

自然，在资本主义经济发展最迅速最高扬的19世纪初期，浪漫主义经济学者西斯蒙第及空想的社会主义经济学者圣西门、傅立叶、欧文辈，也曾对资本主义经济作过无情的批判，但他们的热情、他们的天才，突不破时代的现实的限制。当时的历史情况，支配了这些社会主义的创造者。

---

① 《反杜林论》（吴黎平译）。

不成熟的理论，正和不成熟的资本主义生产状况，不明朗的阶级状况相适应。解决社会问题的方法，既然在不发达的经济关系中隐藏着，所以他们就不得不从脑子里造出方法来。

但是到了19世纪下半世纪中，资本主义已发展到了它的光明面的尽头；阶级对立的关系，已表现得非常明朗；解决社会问题的方法，亦相应显然的表露出来。结局，把整个资本主义发生、成长、衰落各阶段的经济发展运动，作为研究对象的经济学，就必然要把资本家阶级的全部经济理论，拿来作一个全面的清算。

自然，现代经济思想之始点的批判与终点的批判，不但表示了本质的不同，同时也显出了研究内容与研究范围的极大差异。封建社会的生产方式及其相应的交换形态，是非常简单、非常素朴的，但资本主义末期的经济现象，都是异常复杂，异常不容易透过诸般现象，去把握其本质。生产过程及流通过程，以及包括这两者的总再生产过程，是资本主义社会全部经济脉络循环周转和新陈代谢的经纬。用一个基本法则，把这全部的环节贯通系统起来，而构成一个批判的经济理论体系，那在一方面表示是一种伟大的天才的作业，同时却也说明现实经济发展的完成了的"花开蒂落"的成熟形态，提供了充分可供新经济理论展开的素材。至若前此所有经济思想家经济学者连续形成的经济理论，对于一个新经济理论体系，都直接间接或从正面或从反面地曲尽了"孕育"的功能。新的批判体系，是古典经济理论体系的儿——母亲以生命换来的儿。

总上所说，现代经济思想演变的一般动态，似可以四个阶段来加以概括，那就是：

（1）初期的批判阶段——以封建遗制及重商主义为批判对象。亚当·斯密为其理论代表者。

（2）实证的说明的阶段——从正面阐明定立资本主义各种基本法则。李嘉图为其理论代表者。

（3）保守的辩护的阶段——对现实经济所显示的缺陷与弊害，加以弥缝、掩饰、曲解——流俗的调和学派（如凯里、巴师夏等）及奥地利学派为其理论的代表者。

（4）后期的再批判的阶段——对以前一切经济理论，在发展的观点上，加以历史的清算，马克思及恩格斯为其理论的代表者。

6. 研究现代经济思想发展的几个基本认识。

第一，现代经济思想，是不绝在应用过程上演变过来。经济现实每前进一步，与其相适应的特定经济思想的应用，就必然会有批判、选择的实践趋向发生，在这场合，原来的经济思想，就部分地增益了新的内容，或者全面地采取了新的形态。

第二，经济思想有的对特定社会有妥当性，有的只对特定社会的某一发展阶段有妥当性。而这对特定社会，特定发展阶段有一般妥当性的经济思想，还须对自然条件历史条件不同的社会国家，在应用过程上，权衡损益，斟酌修正。

第三，在同一国家，前一社会发展阶段的经济思想，每成为其后一阶段经济发展的障碍；在不同国家，先进国的经济思想，也可能成为，或时常成为后进国经济发展的障碍。

第四，中国今日经济学界，特别是大学讲坛上流行的经济思想，正是先进国在它们现阶段所要求的经济理论——歪曲掩饰现实经济的理论——这些理论，大部分是障害中国经济发展的。

第五，我们不但在吃外国资本主义经济发展的亏，我们还在吃外国资本主义经济理论发展的亏，为了中国经济的解放与改造，我们每个研究现代经济思想的人，都不要忽略一个任务，就是如何去批判、选择，构成中国现实经济发展上所要求的经济理论，这种理论，我们也可勉强的，但却是郑重的称为"中国经济学。"

三 政治经济学史研究方法问题

从上面的研究，我们已知道现代政治经济学说，是依着如何的历史规律，逐渐形成，逐渐发展开来。但明了那种规律，只不过是知道了研究经济学史的原则，或所谓经济学史方法论，而如何运用那原则或方法论，来处理史料，处理实际先后发生的许许多多的学说，把它们系统的加以组织部署，使其不但无背于那种原则，且能把那种原则充分而明确的显示出来，那显然是属于技术性的方法问题。当作一门史学或科学来研究的政治经济学史，如其关于其选述，从头到尾，没有一个基本原则或历史方法论，将其贯穿着，规制着，如像一般的流俗的经济学史或经济思想史教本，仅在时间的顺序上或派别国别的分野上，作着形式的编列，那将变成毫无生命、毫无生气的思想史料的堆积。

可是，把握了史学的原则，如其对于原则的运用，对于史料的处理，不肯留意属于技术性的方法问题，那在结局，也可能流于公式主义，弄得顾此失彼，漏洞百出，以至原来强调的史学原则，也不易顾到。那当然是很可惋惜的。

因此，我们在讲述过经济学史的原则以后，不能不进而讨论到它的史料的技术处理问题。大体上，那可从三方面来讨论，第一是体系问题，第二是派属问题，第三是焦点或核心问题。分论如次。

（一）体系问题

一般的说来，现代经济学的全领域，完全是由两个不同的，或者正相背离的学说所占据，其一是拥护资本主义的学说，其一是反对资本主义的学说。对于前者，我们称它为资本主义体系，对于后者，我们称它为社会主义经济体系，或马克思主义经济体系。这两个体系的对立，复化了，或者说，丰富了现代经济学的内容，从而，增大了现代经济学史的重要性。

然而，在一般的经济学史中，大抵只论到资本主义经济学体系，而把马克思主义经济学体系存而不论了，即或论到，亦不过断章取义，或轻描淡写的点缀而已。这有种种理由，其最要者莫若格于学统的成见，和规避研究的繁难，同时这两者又互相影响。因为，仅就马克思主义经济学的核心，即马克思那部洋洋大观咄咄逼人的《资本论》说，那一方面固颇费我们钻研，而他那全书中加诸异己者的无情批判与尖刻讥嘲，更令一般对于资本主义感染有素的学者，不能平心静气的研究了。但是，站在学问的立场上，特别是站在学史的立场上，我们不但要克服困难，我们尤且要克服成见。

无论就学理讲，抑就其影响讲，我们都没有理由忽视马克思学说在经济学史中的地位；像德国诺巴·李夫曼教授（Prof Robert Liefmann）所说："马克思主义之在今日，与其说是可以阐明经济现象的学问体系，宁不如说它是一个信条，一种信仰。"[1] 这位学者的议论，在我看，决不会丝毫贬屈其所论对象的声价，反之，实足以铸成学问研究的障碍，并暴露其缺欠学者公正的精神。

然而现在赞同李夫曼教授之意见的，依旧大有人在。

但在另一方面，我们又会听到另一种说法了。据罗莎·卢森堡（Rosa Luxemburg）所说："经济学的任务与对象，如果是在说明资本家的生产样式之发生、发展、扩张的法则，则其不可避免的结论，就是经济学在结局上，不能不发现资本主义没落的法则。"[2] 她又说："法国英国的古典经济学者，是发现资本主义生存发展的法则，而马克思是在半世纪后，

---

[1] 李夫曼：《国民经济原论》第6章第5节。
[2] 《经济学入门》（日本佐野文夫译），第118页。

恰从他们中止了的地方，开始其工作。"① 开始"暴露资本家社会之经济运动法则"的工作，开始"发现资本主义没落法则"的工作。惟其如此，所以，"由马克思说明了的资本主义无秩序，及其将来没落的法则，确是资产阶级学者创始的经济学的继续。但在终局的结果上，这继续却正是同资产阶级经济学相反的。"② 把马克思主义经济学，解作是对于资产阶级经济学的继续，相反的继续。我觉得，这是既未贬屈前者，亦未高扬后者的公允之论，而且事实也确是如此。

资产者经济学与反资产者经济学，均以资本主义经济为研究对象。在学史的叙述上，先讲资产者经济体系，然后再讲反资产者或社会主义经济学体系，原来是非常顺理成章的，但为了说明技术上的方便，也为了打破一般太过形式的对立的分划，我将在本书中，讲到以次三个理论体系：

（1）说明的经济理论体系；（2）辩护的经济理论体系；（3）批判的经济理论体系。

前两者，都是属于资产者范畴的，但它们之间，有一个极显明的区别，就是所谓说明的经济理论体系，包括有重农学派和正统学派的经济学说在内。它们是发生在资本主义初期乃至向上发展期，当时劳动阶级的势力尚未抬头，反资本的见解，虽然已经在流布着，但大都不是从资本主义经济组织经济运动中研究出来，而是更一般的站在人类道德文化的立场，指摘出资本主义的缺点。因此，那些见解，虽然再激越，再能引起人们对于资本主义制度的反感，但因为不曾搔着资本主义的痛处，经不起理论的驳斥，所以资产阶级的经济学者，仍可冷静的去"说明资本家的生产方式之发生、发展、扩张的法则。"而且，在传统社会生产关系，还多少在此处彼处，对资本主义生产方法发生着束缚作用的情形下，他们无论从消极方面讲，抑就积极方面讲，都需要把自己的论据，安置在科学的基础上。亦就因此之故，所谓古典派经济学者的经济理论，尽管留下了不少漏洞，为此后反资产者的经济学家所指正与批评，可是，他们毕竟在客观经济现实许可的条件下，在就事论事的作着科学的说明。所以，我依着这样的认识，称他们的学说为说明的经济理论体系。

至若另一个站在资产者立场的经济学说体系，其中包括了所谓调和学派、历史学派、奥地利学派的各种学说，我之所以要另立一个体系，与前一体系相区别，并不是认为他们的理论，足与前者相颉颃，倒反而是因为

---

① 《经济学入门》（日本佐野文夫译），第124页。
② 同上书，第125页。

他们在理论上既与前者大相径庭，而在实际上的影响，又颇不容忽视，所以才依照"物以类聚"的原则，把它们放在一起，恰好它们发生的时间顺序，又允许我们或便于我们这样做。至若我把他们提称为辩护体系的理由，就因为这全个体系，大体是发生在 19 世纪中叶前后，当时"无论从实际方面说，抑从理论方面说，阶级斗争都益采取公开的威吓的形态。科学的资产阶级的经济学的丧钟，敲起来了。从此以往，成为问题的，不是真理与非真理的问题，只是于资本有益抑有害，便利抑不便利，违背警章抑不违背警章的问题。超利害的研究没有了，代替的东西，是领津贴的论难攻击；真正的科学考察没有了，代替的东西，是辩护者（Apologetik）的歪曲的良心和邪恶的意图。"① 我在其他场合②曾就它与前一体系作着以次的比论："亚当·斯密的全部经济学说，虽然粗枝大叶的为资产阶级经济学定下了相当的基础，但它在消极方面的功绩，却是在对于封建时代的生产方式及交换形态的残遗，作了全面的批判。马尔萨斯、李嘉图、萨伊、约翰·穆勒乃至其他古典学者，显然是从正面阐述资本主义生产方式与交换形态的法则。但由他们所阐明的法则，有一个共同的缺点，就是把资本主义的社会秩序，当作绝对的永恒的秩序，当作永远不会没落的自然秩序。他们虽都认定社会劳动生产力日益向前发展，但社会生产关系，则被定型化为自然现象。结局，在资本主义的生产关系尚有允许其劳动生产力发展的限内，他们的理论，大体还持有相当的妥当性，一到生产力的发展，不但不能由生产关系得到保育护持，且反而受其压制拘束的时候，他们的经济理论的狭隘性和偏颇性，就充分暴露出来。此后历史学派、奥地利学派乃至晚近新正统学派的经济学者，虽然对于这些古典学者的学说，从正面从反面做了一点订正、疏解、补充的工夫，但由于他们所处的时代，比其先辈学者更没有科学的研究的自由，于是，他们最大的成就，也许就是把经济的研究，引到非现实的境地，引到掩饰现实的境地。这说明，现实经济运动法则的发现，只有期之于站在批判资本，批判资本主义立场的经济学者。"

最后，关于批判的经济理论体系，那把一切站在反资本立场的学说，都包括在里面。它们不但批判了古典的理论，也在相当范围内批判到流俗的辩护理论；至若它们本身的理论的性质，显然是用不着在这里说明的。

---

① 马克思：《资本论》第 1 卷第 2 版序言（郭大力、王亚南译），人民出版社 1953 年版。
② 王亚南：《经济科学论丛》，第 107—108 页。

（二）派属问题

政治经济学史上的派属问题，也许没有体系问题那样需要较多的解释。具体的讲，以次几个方面，似乎特别应当注意到，而且值得加以解述：

第一，上述三大体系里面包括的各派，就根本没有一个定说。我在说明的体系当中，只括进重农学派和正统学派，重商主义是除外了。因为在我的理解上，广义的重商主义者当中，如其把威廉·配第（Williampetty）、休谟（David Hume）等放在里面，其理论造就，原亦不可忽略，但一般重商主义者与其当作一个学派，毋宁看作是政策论者，他们的研究，多半停止在交换关系中，而迄未深入到生产组织里层去。这不只是经济学上的准备知识限制了他们，更基本的还是当时客观的经济发展程序限制了他们。所以，我除了把他们中间的若干优秀者，编列作后来重农学派和正统学派的先躯者以外，其余重商者的理论或见解，我都概述在近代初期的过渡思想中。

在辩护经济理论体系下的派系，把历史学派与奥地利学派相并列入，在一般过于重视奥地利学派经济学，而特别把它夸称为"经济学之复兴"的那些流俗经济史家〔如著述《经济思想发展史》的美国威廉斯各特（William A. Scott）一流学者〕看来，也许觉得有些委屈了；但在另一方面，我们还不难发现过分重视历史学派的人物〔如英国经济学史家因格列姆（J. K. Ingram）辈〕，真是见仁见智，太不一样了。但大家最感咋异的，也许还是因为我在它们两派之前，安置一个调和学派，其理由，书中是有说明的，在这里简单解释一句，就是我所着眼的，是它们研究出发点或研究立场的一致，至若研究方法或若干论点的出入，那是无须斤斤较量的。

关于批判的经济学体系，虽然提论到了空想社会主义者、科学社会主义者以及介在他们之间或他们以外的许多彻底的不彻底的学说，但在那里，我是采取的另一叙述方式，即以科学的社会主义经济学作为主体，其他则看作是他们的先行者或前驱。

第二，包括在上述各派别中的经济学者，虽然学史上已大体有所确定，但不属于那些派别中的经济学者，确实不在少数，也许就因此故，许多经济学史的著述，如意大利学者柯沙（Z. Cossa）的《经济学说史》、因格列姆的《经济学史》、翁格尔（Suramju-Unger）的《20世纪经济学说史》，或者完全采取国别分类叙述法，或者部分采取国别分类叙述法，此法之不当，已有人指出。德国经济学者桑巴特（Werner Sombart）曾对柯沙将经济学说史分为三大时期：（1）零简时期，（2）各论及经验学说时期，（3）科学或学说时期，认为所定时期极佳；但谓"其申论，则杂乱无章。终而完全以年代及地域为准，将19世纪之一切经济学说，均先就国而为之区分；更在每国之内，各按学说发生之年代前后加以论列。"①为什么如此呢？桑氏提出他的高见了，他接着说："夫以头脑清晰如柯氏者，举措尚复如此，则不得不谓杂乱之罪，确在对象本身矣。"在另一场合，他还说："苟吾人试一翻阅一般关于经济学史之著作，则知其中之最佳者，内容亦无秩序之可言。此则不能归罪于著者，诚以原无正当之区分原则在乎其间，故结果常为杂乱无章。"② 研究之对象有罪，倒是一个"新说"，任何学科的著作者，都可将其内容"杂乱无章"之过错，归之于对象过于复杂，不易理出头绪。经济学者太多，见解又参差，难得完全依类分派，已有派系又不够包括，确系事实，但当作一个科学来研究，我们所当注意的，宁是将重要派系中之有名经济学者的主要诸学说，循其系统，究其根源，详加解述，至若其余比较不重要学者或其断片理论，有时不但不妨置，甚且应当割爱。因为一部经济学史的著作，究竟是无须要像《经济学家辞典》一样，让一切学者都有机会入选的。在这种认识下，我以为经济学史的叙述，与其采用国别法，把大大小小的经济学者全都网罗出来，以混乱经济学的系统，就宁不如明其派属，辩其重轻，把小经济学者归属在大经济学者底下叙述，把支派位置在主流底下叙述，把无所属而又不便割爱的经济学者的较不重要的见解，放在有关重要学说方面叙述，那样得体多了。虽然在选择的权衡上，我们应极力减少流于武断的毛病。

（三）学说的焦点或核心问题

最后，我要谈到各家学说之焦点或核心问题。这个问题，对于经济学史的叙述上非常重要，但非常不容易讨论。就经济学上主要各派的经济学大师讲，他们的学说，当然都有一个核心，我们在解述其学说时，如其不抓住那核心，那就真是不知道从何说起。比如，重农学派主导者魁奈氏的伟大作品，就是他那由五行线联结六个出发点与六个回归点构成的《经济表》，反之，正统学派主导者亚当·斯密的大著，却是他那牵涉极广，

---

① 《经济学解》（王译），第13页。
② 同上书，第11页。

多所包容的七八十万言的《国富论》。后者固然是太繁难了，前者却又是太简单了；但我们如其把握住了他们整个学说的核心，繁难与简单都不成问题。

不过一家学说之核心的认识，却又不是如我们偶然想象的那样容易。第一，那须具有辩认一家学说的充分学力，其次，还须剔除任意取舍的主观成见。兹仅就后一点来说吧。任凭那家的学说，只要由两个观点不同的人加以论述，一定会得出彼此不同或全然相反的结果。同是魁奈的经济学说，亚当·斯密所注意的是自由贸易理论，马克思所注意的则是总再生产理论；同是亚当·斯密的经济学说，历史学派所批难的是方法论，奥地利学派所批难的则是价值论。每个经济学者都多少不免带有几分成见，从而，各家经济学说就似乎不只一个核心了。

但读者的眼睛无论是近视、远视，抑是乱视，事物终归是有其本色的。历史学派尽管重视亚当·斯密的方法论，奥地利学派尽管重视其价值论，而在亚当·斯密学说本身，究有其根本的核心，有其执一驭万的焦点。他那大著《国富论》，是广泛的涉及了各种经济原理、经济政策，但贯透于这各种原理政策中的，却是他的个人主义思想，以及企图实现那种思想的自由主义政策。他的中心主张确定了，然后就容易判别其分工论、货币论、价值论、地租论等等，在全学说中所占的地位，然后就容易批隙导窍的加以论列了。在亚当·斯密的学说是如此，对于其他经济学者的经济学说，亦没有两样。

可是，论到这里，我们还须注意一点，即，关于各家学说的介绍，我们首先固当把握其中心思想，但这中心思想确定了，同时，其全学说中各种原理原则，亦经诀别过了之后，我们更须就某派各家学说，做一番精审统筹乘除损益的工夫。比如，关于价值、地租、利润、工资等主要经济形态，那几乎是每个经济学者都要论到的，单就正统派诸经济学大师说，亚当·斯密、马尔萨斯、李嘉图、约翰·穆勒等，都颇努力于这诸般经济形态的分析，但我们介绍这各家的学说，却不宜一一刻板论列，而要权其轻重，计其精粗，使有伸缩增减的余地。例如，地租论在斯密学说中是较为疏懈的，我们不妨归属在李嘉图地租学说中连带介绍，价值论在马尔萨斯学说中是较为肤浅的，我们不妨归属在论述詹姆斯·穆勒与麦克库洛赫的价值学说时连带介绍；至若约翰·穆勒关于价值、地租、利润的努力钻研，我们认为他没有令人满意，甚至没有令他自己满意的新的发现，所以我们介绍他的学说，顶好是不要论及这些，而把有用的篇幅，去解述他那崭新的分配论与半截的社会主义思想。

对于各家各派的学说，能如上面这样权宜精审的安排介绍，那不独可以避免机械刻板之嫌，且能增进我们对于经济学史的理解，增加我们研究经济学史的兴趣。——然而我还想在这里进一步把整个经济学史中的最基本的焦点或核心指明出来，以为我们论衡或评价一切经济学说的最后标准。

我一再指明过：政治经济学所研究的对象，是资本主义经济，是资本运动法则，所以，在这种理解的限内，政治经济学殆可视为是资本学或资本的学说。又因为资本运动或资本活动的最后目的，就在增加价值，也就是说，在企图藉劳动来增加剩余价值，所以，看作资本学或资本学说的政治经济学，必然会把价值学说或剩余价值学说当作其基本构成部分。而由资本运动、由剩余价值增殖所显示的社会劳动生产力的增进，更说明政治经济自始就是在资本主义社会生产关系下，来探究其生产如何遵行，生产力如何发达的科学。一个经济学者，不论他是拥护资本主义，抑是反对资本主义，如其他的论点，他的学说，未触到资本主义经济本身的上述三个中心焦点，那就证示他对于其所研究的对象，根本没有理解；他的一切其他高见，即使再讲得头头是道，自我满足，也是不着边际。所以，本书中关于各家学说之焦点或重心的探究，特别着意于政治经济学本身所具有的这三大特质。

四 政治经济学史这门科学的对象和性质

在经济科学范围内，政治经济学史这门科学，和政治经济学，和社会经济形态发展史，或社会经济史，是有密切联系的。政治经济学史所研究的，就是政治经济学发展的历史，就是各种经济学说产生、发展、演变的历史。由于那些经济学说，事实上，不过是在特定社会的经济关系及其变动情况在观念上的反映，所以，研究政治经济学史，不能不在一定的必要的限度内，把社会经济发展史这门科学，作为先修学程。不过，我们这里所说的，还只是政治经济学史与政治经济学，与社会经济史的一般的联系。

科学的政治经济学史，显然不是把不同历史时期产生的各种经济学说，按照出现时间的先后编纂起来就能成功的。不同的历史时期，出现不同经济学理论，人们尽可用不同的经济生活事实和经济关系去说明，但对于同一历史时期的同一经济事实和关系，如果有不同的经济理论的表现，那将如何去说明呢？如我们将在下面讲到的，资产阶级学者对于这样的问题，惯于从思想认识上去寻求答案：或者说，那是见仁见智，认识不同呀；或者说，那是有的人单从经济上着眼，有的人兼考虑到伦理、法律、宗教上的因素呀；或者说，那是由于他们研究时分别采取了不尽相同的方法态度呀！尽管诸如此类的理由，都不厌其详地被指到了，还往往含糊笼统地谈到不同环境的影响，可是对这一切方面起着决定作用的阶级利害关系，却偏偏不肯讲出来。反之，和他们站在不同立场的马克思主义者，他们一接触到这种问题，却是最先就考虑到阶级利害关系问题。他们的哲学，是存在决定意识，社会存在决定社会意识。而所谓社会存在，在原始社会以后，又都是阶级的组成；不同的阶级利害关系，决定着人们对于经济事物及其关系的不同看法。一般地说，经济思想意识，对任何其他社会思想意识，表现了更其浓厚，更其深刻的阶级利害关系的特殊性质。人们不但利用政治经济学来为阶级利益辩护，还把它当作阶级斗争的武器。政治经济学的阶级性，是从这里得到理解的。政治经济学显然是具有强烈的阶级性的科学，那么，以政治经济学为对象，而从历史上去研究其发展过程的政治经济学史，无疑是同样具有强烈阶级性的科学。事实上，正是因为经济学者为他们所代表的特定社会阶级的利益，而提出的这样那样的经济理论学说，具有强烈的阶级性，政治经济学史的研究者，才有可能与必要，采用阶级分析的方法，去探索那些学说理论在不同社会经济阶段，不同社会阶级关系中产生、发展、演变的历史过程。不过，我们也得了解，经济学者在提出这样那样的经济理论或意见的时候，还可能没有意识到，他是代表什么阶级讲话，甚至还认为他的主张，是超阶级的，而在经济学史家的职责，却在于把经济学者自己没有明白意识到的阶级观点，阶级利害关系问题，给彻底揭露出来，在这种意义上，我们就看到了，政治经济学史这门科学的特点，以及它同时对于社会经济发展史的更深一层的关系。在这里，社会经济发展的历史，社会生产方式变革的历史，不同社会不同诸阶级势力的消长变化与先后更替的历史，就是我们对于各种经济学说进行阶级分析的根据。

不过，讲到这里，我们需要指出这个史实：从奴隶社会发生阶级分化以来，由奴隶制到封建制到资本主义制的这些阶级社会经济形态，尽管都分别有其不同的经济思想意识，但这经济思想意识，是作为现实经济生活、经济关系的反映的限内，过于简单的经济生活，过于窄狭和不密切的经济联系，就很难得有较广泛、较深入、较系统的经济理论知识。不论是奴隶社会经济形态，还是封建社会经济形态，基本上都是由自然经济占统治地位。而有较广泛交往关系的市民经济生活，或所谓国民的生产形态，一般是开始于封建社会的末期，或近代资本主义初期。因此，以一般经济思想（包括零碎的知识和系统的学说）为对象的经济思想史，尽管可以上溯到奴隶社会乃至原始社会的末期，而比较系统的经济学说或政治经济学为对象的政治经济学史，则一般只能开始于资本主义的发轫期。资本主义经济一步一步地向前发展，有关资本主义生产方式与交换方式的学说理论也逐步由积累趋于充实和深化；在为政治经济学建立起基础的同时，又不啻在为政治经济学史增加内容，准备材料。但现实的政治经济学发展的道路，也如同现实的资本主义的发展道路一样，是显得极不平坦的，是远非一直线向前演进的。资本主义社会经济形态包含着致命的内在矛盾，并不断为阶级冲突所困扰，发展到一定点，就要走向下坡，而在它走向下坡以前许久，代表着这个社会的统治阶级利益的政治经济学，早已结束了它从事科学理论研究的历史任务。而把这个科学理论研究历史任务接替下来的，只能是代表另一个阶级即无产阶级利益的经济学。于是人们像是很有理由从阶级立场上，把政治经济学区别成资产阶级政治经济学和无产阶级政治经济学；事实上，我们一般也是这样考虑、设想的，但科学是统一的，在政治经济学史是把政治经济学作为研究对象的限内，是不是也有资产阶级的政治经济学史与无产阶级的政治经济学史的区别呢？依据马克思主义的唯物主义的历史观点，符合现实经济关系的经济理论或政治经济学只有一个，符合一定历史时期的现实经济关系的经济发展理论或政治经济学史也只有一个。"因为思想过程是由实在情况生出的，本身就是一个自然过程，所以现实地把握着的思想，常常只能是一样的。"① 这将怎样统一说明呢？马克思主义的政治经济学，首先就要交代诸如这一类的问题。可是这在资产阶级政治经济学史家看来，却是根本不成问题的。在他们的分类学上，不是把政治经济学区分为科学的与非科学的或反科学的，而是把它区分为拥护资本主义与反对资本主义的，凡属拥护资本主义的，都认为是科学的，正统理论（虽然它们之间也存在着宗派主义的斗争），反对资本主义的，则认为是非科学的异端邪说。结局，到现在为止，尽管资产阶级经济学者写了不少有关政治经济学史的论著，但怎么也找不出一部符合政治经济学史的科学要求的论著。为什么呢？那也得从社会阶级关系的发展变化上去找到说明。原来政治经济学的撰述，是到资产阶级的科学经济学已经接近尾声的历史时期，即在阶级斗争已经大大发展的历史时期，

---

① 马克思：《资本论》第1卷（郭大力、王亚南译），人民出版社1953年版，第998—999页。

才为他们的经济学者所注意到。可是正是在这个时期，他们的阶级立场，早已不允许他们采取自由研究的科学态度了。特别是他们的非历史的观点方法，自始就不容许他们有任何正确的历史科学。所以，正如同社会经济形态的历史考察一样，政治经济学史这门科学，也只能留到那些一开始就对资产阶级政治经济学采取批判的革命的立场的马克思主义者来建立。事实正是这样。

不过，在说明马克思和他的战友恩格斯如何建立这门历史科学以前，检视一下资产阶级经济学史学者在这方面已经作出的"成绩"，对于我们较全面而深入地了解这门科学建立的原则方法，是会有不少帮助的。

五 资产阶级不可能有科学的政治经济学史：几种资产阶级庸俗政治经济学史论著示例

直到现在为止，我们已经可以找到不少资产阶级的政治经济学史论著。

但是必须明确指出，资产阶级经济学者用经济思想史、经济学说史、经济学史或其他有关名义出版的论著，和政治经济学史这门科学本身，殆没有任何同点。正如同19世纪后期以来，资产阶级经济学者用经济学或政治经济学名义出版的汗牛充栋的论著，实在找不到一部符合政治经济学这门科学本身的要求一样。马克思于19世纪60年代上半期完成他的《资本论》和《剩余价值学说史》草稿，并于1867年出版《资本论》第一卷以前，有关经济学说思想史的论著，是极其罕见的，亚当·斯密于1776年出版《国民财富的性质和原因的研究》一书，曾在其中第四篇论政治经济学上的诸体系中，就重商主义与重农学派有所论别。最早的经济学说史的专书，恐怕要数到德国罗雪尔于1851年出版的英国十六七世纪经济学说史。这位庸俗的历史学派经济学的建立者，在这部书里面所讲的，和他在此后23年，即1874年出版的《德国国民经济学史》，同样是就这两国在重商主义前后出现的一些思想史料编纂而成。他根本没有触到古典经济学，自然说不到什么经济学史。在《资本论》第一卷出版以后，资产阶级的经济学说思想史论著，慢慢增多起来了。这里无须逐一指出它们的名目，但似有必要就其中通行较广，在资产阶级经济学史界取得有较大声誉的论著，选出以下四种，看它们是怎样一些货色：

1. 英国英格列姆：《政治经济学史》（1888年）
2. 法国基德·里斯特：《经济学说史》（1909年）

3. 美国韩讷:《经济思想史》(1911年)
4. 德国熊彼特:《经济学说及其方法史论》(1914年)

英国英格列姆的《政治经济学史》,是用法国孔德的实证主义观点和德国历史学派的经验主义方法写成的。孔德的实证主义哲学,根本就不承认自然界和社会有什么客观规律。英国古典经济学者强调抽象演绎法,并由此得出适用于一切资本主义社会的经济规律,早为德国学派所反对。在他们看来,人类社会现象是复杂的,其中包括有各种各色的社会的乃至和自然有关的因素,除了采用历史的、社会学的比较方法以外,根本就无法考察它;像古典经济学者所发现的那些抽象经济规律,他们认为是不可能接受的。英格列姆秉承着这样的观点方法来写政治经济学史,无非就是要论证庸俗的历史学派是对的,古典学派是错了;在古典经济学派中,最有科学研究成果,最强调一般经济规律的亚当·斯密,特别是李嘉图,就受到他的最大攻击。无怪在他的《政治经济学史》中,对于沿着古典学派的正确理论论点而将其发展的马克思主义经济学,干脆一笔不提。当然,我们在这里要考虑到:英格列姆写他这部书当时的英国经济学界正还在企图用沉默代替批判,来闷死马克思主义政治经济学哩。

法国基德·里斯特的《经济学说史》,采取了和上述英格列姆不同的看法和做法。他们把自己描述成不偏不倚的兼容并蓄史论家。各个较有影响的社会经济学派别,都在该书中占了适当的篇幅。在他们的笔下,似乎各派各家都有些对,有些错。是非曲直的标准是什么呢?他们只给予了这样一个含糊的说明:"不问他是干涉派,自由派,保护政策派,自由贸易派,社会主义派,个人主义派,都必须屈服于具体的观察和科学的解释。"① 这好像也有些道理。但他们自己就没有遵循这个原则,举一二个例子来说罢,书中把主观主义的奥国经济学说成是古典经济学派的"复兴",究竟是根据什么"具体观察"呢?把马克思资本学说中的关键论点,不变资本与可变资本的区别,一律说成是固定资本与流动资本的区别,究竟是根据什么"科学解释"呢?② 他们在这部书的最后结论中,力

---

① 基德·里斯特:《欧美经济学史》下册,神州国光社1932年版,第292—293页。
② 马克思把资本分为两种,第一种资本是指供养劳动阶级的工资或食料而言,旧经济学家称为工资基金,马克思叫它为"流动资本"。这些基金是不能直接参加生产,然而给劳动者去消费了,结果便会产生价值或剩余。第二种资本,是直接扶助劳动者生产的,如机器及其器械,马克思称为"固定资本"。这资本并非由劳动者所消费,因之不能发生剩余价值(见基德·里斯特《欧美经济学史》下册,第124页)。马克思批评亚当·斯密说他把流动资本代替可变资本,把固定资本代替不变资本。这两位作者却张冠李戴,把它说成是马克思的意见。

251

言政治经济学史是一门未完成的科学，还要继续演变下去，但该会怎样演变下去呢？他们"鉴往察来"地告诉我们："读了这一本经济思想史……使我们减少了骄矜之气，因为有许多经济学说，已经成立，而不久消失，有许多已经推翻，而仍旧会恢复。"① 他们还斩钉截铁地说："一切新的发现，其实都是过去学说的遗产。"② 这是不折不扣的经济学说循环论者。循环论显然是对历史的否定。那还有什么政治经济学史可言呢？

美国韩讷的《经济思想史》，是一部什么都讲到了，什么都没有讲明白的论著，但是，尽管如此，它却是解放前我国的许多大学，选用这本书作为教本的。书的篇幅相当大，作者在第一篇总论中，讲到他如何重视各经济学派的哲学与方法。并表示他对"有价值有影响的经济学说，进行评述，是看他们的哲学，是不是唯心主义与唯物主义的折衷；是看它们所用的方法，是不是归纳法与演绎法的综合。"他对资产阶级各经济学派的学说，确像在应用这个是非曲直的天秤，有褒有贬：古典经济学派是有道理的，只是他们的哲学偏于唯物主义，他们的方法偏于演绎法，因而强调一般原理，有绝对主义的流弊；历史学派也是有道理的，只是他们的哲学偏于唯心主义，他们的方法偏于归纳法，因而不承认普遍法则，有相对主义的流弊。可是对于奥国主观主义心理学派经济学，基德与里斯特把它说成是古典经济学的"复兴"，他也认为那是古典经济学的"再造"。如何能用唯心主义经济理论"再造"唯心主义的经济理论呢？他似乎有些感到不好用他那个哲学和方法的评论标准来说明，却从经济循环论方面去找根据。在同书最后的结论中，他明确指出："返观十六七世纪，是重商主义盛行的世界……而今日的世界，则是重商主义重现的世界。"③ 他据此循环史实，讲述古典主义代替重商主义，社会主义与历史学派代替古典主义，新古典主义代替古典主义，其间还穿插了奥国心理学派的再造过程。他以为他的时代正处在新古典主义反对新重商主义而创造一个新局面的关头。这所谓新古典主义，就是指着英国马歇尔一派人物的学说。这位认定事物在循环变动相互决定，从而理论上应有更广泛的折衷倾向④的经济史家，既然把垄断资本主义看成重商主义的重演，把新古典主义看成古典主义的再生，是否认为新古典主义以后，还会出现社会主义学派呢？讲到

---

① 基德·里斯特：《欧美经济学史》下册，神州国光社1932年版，第295页。
② 同上书，第292页。
③ 韩讷：《经济思想史》，商务印书馆1930年版，第657—658页。
④ 同上书，第659页。

这里，我们分明看到他的折衷主义与阶级本能发生了矛盾。他自己承认在该书中，对于马克思主义的经济学说，讲得极其简略，但辩解说，英格列姆的《政治经济学史》根本就不讨论马克思主义经济学说，他毕竟讲出了一个概略。① 多么公道啊！何况重质不重量呢！但是还有比这做得更高明的！

德国熊彼特的《经济学说及其方法史论》，是他的《社会经济学大纲》第一部《经济及经济科学》中的一个构成部分。熊彼特被现代资产阶级经济学界誉称为世界理论权威，这部书的日译者②在译者序言中，简直把他捧上了天。认为在1914年这部书出版以前，许多经济学说史的论著，都不过是各种经济学说的编年的杂凑的记录。就是那些综合描述了各时代优良学说的作品，也算不得经济学说的历史。"科学的经济学史，恐怕是由熊彼特这部书开始建立起来的，虽然在纯经济的展开的意义上，其方法的萌芽，已见于1904—1910年出版的马克思的《剩余价值学说史》中。"然则这个被誉称为第一部科学的经济学史的著作，究竟包含了怎样的内容呢？由于全书只有四个简单章目，便于我们把它写在下面：第一章　社会经济学的科学的发展；第二章　经济循环的发现；第三章　古典学派的体系及其诸派别；第四章　历史学派与限界效用理论。

这里第三章第四章的内容是非常明白的。第二章是讲重农学派，而第一章则大体可以说是讲经济学史方法论。其中指出了社会经济学的两个源泉：一是经济思想在哲学内部的发展；一是由通俗的讨论到科学认识的发展。到18世纪末为止，或者到亚当·斯密的《国民财富的性质和原因的研究》出版为止，人们是从两条路线去接近经济学，一是由最广义的哲学，即包括神学、伦理学、法律学等等的哲学出发，由希腊的哲学家到中世纪的神学家，自然法学家以至近代包括休谟、哈其生、亚当·斯密等等在内的道德哲学家，都是属于这条路线；一是从当时最实际的经济问题出发，企图通过讨论，成为政策执行的张本，如16世纪以来，各国重商主义者分别讨论到的货币、贸易、利息、租税、农业等等问题，都是应实际要求提出的。但他认为当时英国的议会政治和经济有利条件的刺激，特别宜于展开这种讨论，把它提高到科学认识上。这就是为什么像英国威廉·配第、诺思这些注重实际问题的人，后来都成为古典经济学家。——18

---

① 韩讷：《经济思想史》，商务印书馆1930年版，序言第2页。
② 熊彼特：《经济学说及其方法史论》（日本中山伊知郎和东大田精一合译），岩波书店出版，书名改题为《经济学史》。

世纪末以前的经济学依着这两条路线发展的叙述，究竟告诉了我们什么呢？即使把其中的错误论点放在一边，那最多也只能说是罗列指数了一些史实，根本说不上什么史学方法论。而且18世纪末以后的经济学的发展，又是沿着怎样的路线呢？他以为那太错综复杂了，不好指出一个确定的线索。那么，他这部书被认为创建了科学的经济学史的论据在哪里呢？也许他别开生面的地方，就在把亚当·斯密放在重农学派一块讨论，特别是把马克思当作李嘉图的追随者，放在古典学派一块讨论罢！这位属于庸俗的奥地利学派的人物，无论对于古典经济学，还是对于马克思主义经济学，都是极尽曲解的能事，还说什么创建科学的经济学史！

在上面，我们单从经济学史体系的角度，简介了四部资产阶级政治经济学史论著，它们不仅没有哪一部符合科学的政治经济学史的要求，而且都是反科学的。科学的政治经济学史，比之科学的政治经济学理论，还更需要唯物辩证的观点方法，才能正确处理各不同经济学派别，在不同历史时期的发展演变关系，而这对于资产阶级的经济学史家，特别是对于19世纪二三十年代以后的资产阶级的经济学史家，简直是不能设想的。不论是上述的四部资产阶级的经济学史论著，还是其他同类的什么论著，它们对于历史上各种不同经济学说的发生、发展、演变，都只能采取非常庸俗的形而上学的方法来处理和说明。总的说来，不外下述三个方式：或者强调环境影响，或者强调思想渊源，或者同时强调这两方面。如上述英格列姆的《政治经济学史》，就是比较倾重环境影响论，熊彼特的《经济学说及其方法史论》，就是比较倾重思想渊源论，而极力强调折衷主义的韩讷的《经济思想史》，当然同时是环境影响论和思想渊源论兼而有之。说不上哪一种说法对或者比较对。只要简单分析一下它们的论据，就知道任何一方面都无助于问题的说明。环境影响论者的所谓环境，在私淑孔德与历史学派的英格列姆看来，那里面包括了一切社会历史因素，还有自然因素；韩讷认为经济思想史充分证示环境影响人，人也影响环境，而物理法则与心理法则在很大程度上，范围着经济情况，社会制度与智能工具。① 这样含糊笼统，包含万象的环境影响论，能说明什么呢？另一方面，在属于奥国主观心理学派的熊彼特看来，思想渊源的关系，当然极其重要，他把亚当·斯密放在重农学派一块叙述，把马克思放在李嘉图学派一块叙述，并不是偶然的。折衷主义者韩讷在这一

---

① 韩讷：《经济思想史》，商务印书馆1930年版，第644页。

方面也讲了不少自古以来经济思想就是连续传袭下来的一类的庸俗不堪的废话；按照他的这种逻辑，大概他是师承英国马歇尔教授。那位教授在他的《经济学原理》中，就向我们提出一个经济学发展的连续原理，认为"经济科学是，而且必须是缓慢连续发展的结果……新的学说，不过是补充、扩充、发展旧学说，有时或改换其要点，变化其音调，而极少完全予以推翻。"①这就是说，经济学的发展，只有量变而没有质变。直到这里，我们还只是分别讲到了支配经济学发展的环境影响论和思想渊源论，而没有说明把它们统一在一起的主张。尽管韩讷在两面开弓，认为两者不能偏废，但当他讲到任何一方面的时候，似乎把其他一方面忘记了。在这一点上值得特别提起的，是卢森贝在他的《政治经济学史》中引到的一个典型例子，那是修正主义者希法亭向唯心主义哲学家爱恩斯特·马哈那里学来的。马哈把科学的发展，描述为思维对于事物的适应和思维相互间的适应。希法亭证示政治经济学的发展，也要归结到思维对于事物的适应和思维的相互适应。②思维对于事物的适应，是上述环境影响论的变相说法；思维的相互适应，是上述思想渊源论的变相说法。所有诸如此类的庸俗的政治经济学发展论，都在有意无意地否认政治经济学的阶级性和政治经济学者的社会阶级立场，而以为一部政治经济学史，不过是把不同历史时期的经济学者，由不同感受、不同的思想背景所形成的不同的经济学说，作着编年史的记录罢了。上述的各种政治经济学史论著，正是按着这种认识写出来的。一句话，那是依照资产阶级学者的庸俗政治经济学史方法论写出的庸俗政治经济学史论著，一点也不说明问题。

那么，马克思主义者讲政治经济学的发展，不考虑经济学者的环境，不考虑他们的思想渊源么？不是的，问题是在于像前面简单指出的那样，在阶级社会里，最有力地决定着人们的学说思想观点，从而也最有力地决定着他们对于前人或同时代人的学说思想采取不同看法的，究竟是什么。避开了这个关键性的阶级观点，避开了形成人们这种观点的阶级利害关系，避开了改变那个阶级利害关系的社会经济形态的盛衰消长过程，政治经济学的历史，就只有超社会，超阶级的一般的量变。那将是非批判的，非科学的，没有是非曲直的，黑漆一团。这就是为什么在一切资产阶级的

---

① 马歇尔：《经济学原理》，人民出版社1964年版，原著第1版序第11页。
② 英格列姆：《政治经济学史》第1卷，第10页。

政治经济学史论著中，对于同阶级的经济学说，尽管可以胡乱地把奥地利学派经济学看为是古典经济学的再造，又把所谓新古典派经济学看为是古典经济学的复兴，而对于异阶级的马克思主义的经济学，该怎么办呢？既不能说是"复兴"，又不能是"再造"，摆不进他们那个形而上学的历史框框里，结果只好放在一边，存而不论；或者是简单交代一声，以示不值得讨论；或者像聪明的熊彼特所做的那样，干脆把它塞进资产阶级学派里面，算是"宽大处理"。如果马克思主义经济学说，也像他们那样昙花一现，当然就好对付多了。可是，如像基德和里斯特那两位资产阶级经济学家痛感到的那样，"别的社会主义已经失去了群众信仰，成为过去的成绩，但是马克思福音虽然经过许多变化，并没有失去最初的力量。"① 既抹煞不了，又推崇不得，讲它是适应当前事物的结果吧，当前事物尽管变了，它仍旧显示出无限的生命力；讲它是与其他有关的思想相适应的结果吧，它几乎批判了一切过去的经济理论，而成为一个崭新的东西。环境影响论像是失灵了，思想渊源论也说不清楚。问题终于会归结到这一点：对于异阶级的马克思主义的政治经济学说的处理竟成了一切资产阶级的经济学史论著的阶级考验。足见科学的政治经济学史，只有抛弃一般化的形而上学的方法论，而采取以社会经济形态发展史为基础的唯物辩证的方法论，才能建立起来。

如果说政治经济学是由马克思主义者批判吸收了资产阶级的经济学说而加以发展完成的科学，政治经济学史则只能是由马克思主义者开始创建的科学。

六　科学的政治经济学史是由马克思开始创建的

站在无产阶级立场的马克思主义的政治经济学，自始就被赋予有批判资产阶级政治经济学的历史任务，从而，自始就具有学史的特质。这就是为什么最早的马克思主义的经济学论著，即恩格斯于19世纪40年代初出版的《政治经济学批判大纲》，一开始就是对于资产阶级经济学说的历史的批判的考察。由于这个小册子在批判资产阶级各种经济学说的同时，也在批判资本主义不同发展时期的经济制度，这就不啻为说明政治经济学的发展，奠定了初步的方法论的基础。

此后，马克思在40年代后期开始撰写的一系列经济著作，全都是在

---

① 基德、里斯特：《欧美经济学说史》下卷，神州国光社1932年版，第134页。

唯物史观的基础上，边批判资产阶级的经济学说，边展开他自己的理论建设。这个章法，在《政治经济学批判》中已经非常显著，而作为《政治经济学批判》续篇的《资本论》，则不仅全书随在散见着各种重要学说有关的历史批判叙述，不仅后面包括着一个体大思精的《剩余价值学说史》专论，并还在第一卷第二版跋中，把政治经济学发展的方法论，扼要而精辟地加以说明了。他以英国、法国、德国的资本主义社会经济形态发展的不同的程度和先后次第为例，来解说社会经济形态以及由此发生的阶级利害关系，如何范围着社会经济学说的特质。由是在寓褒贬，别是非的批判要求上，提出资产阶级经济学的两种形态——古典政治经济学和庸俗政治经济学；指出古典政治经济学在如何的社会历史条件下转化为庸俗政治经济学；又指出，当资产阶级经济学在英法两国开始全面庸俗化了，开始变为科学的反对物的时候，德国无产阶级的政治经济学，如何从古典政治经济学那里，批判吸收其合理的正确的部分，而把政治经济学继续发展下来。这几点关键性的指示，完全解决了上述各种庸俗经济学史论著无法解决的问题，并还为一部完整的，包括资产阶级经济学与马克思主义经济学的政治经济学史，建立了科学的基础。在下面，我想先就前面第一节已经反复讲到的政治经济学史的阶级分析，作一补充说明，然后再以此为纲，分别阐述资产阶级政治经济学中的古典政治经济学与庸俗政治经济学，古典政治经济学向庸俗政治经济学转化，以及资产阶级古典政治经济学为马克思主义政治经济学所批判，继承诸关键性论点，借作全史展开的指导线索。

　　在马克思主义者看来，原始社会以后的历史，全是阶级斗争的历史。在阶级斗争中，各种社会学说思想，一方面是特定阶级利害关系的表现，同时也是特定阶级用以进行斗争的工具。不过，在各种社会意识形态，或社会学说思想中，经济学说研究的材料，显示了极大的特殊性。它直接关系到人们的利害，最为人们所关心，因而，在阶级社会的统治阶级方面，对于经济研究，就很不易破除个人所属的阶级的利害攸关的成见，而采取自由的科学研究的态度。马克思说："自由的科学的研究，在政治经济学范围内，不只会和在其他范围内，遇到相同的敌人。经济学研究的材料的特殊性质，会把人心中最激烈最卑鄙最恶劣的感情唤起，把代表私人利益的仇神召到战场上来阻碍它。例如，英国国教会，对于在39个信条中攻击38条的人还会原谅，而不会原谅一个夺去他的收入三十九分之一的人。在今日，与旧财产关系的批判比较，无神论是较轻的罪。"我们在经济学上考察到的一切人，"都不过是经济范畴的人格化，是一定的阶级关系和利益的负担者。"① 资本是资本家的化身，土地所有权是地主的化身。研究资本，研究土地所有权，毋宁是研究资本家与地主，即研究资产阶级本身。一个站在资产阶级立场上的人，怎能叫他对于资本与土地所有权的研究，保持住自由的态度或所谓"科学的良心"呢？但问题毕竟得从两方面去看，从历史发展过程去看，同是资产阶级，同是为他自己的利益，他处在前进的发生发展阶段，就比他处在没落的反动阶段，对于经济学的研究，有极大不同的要求。在前一个阶段，他的利益，还有必要了解经济的现实关系和运动；在后一个阶段，他的利益，却需要把那一切的真相都掩盖起来。这基本上就是资产阶级古典政治经济学与庸俗政治经济学产生的阶级背景。

(一) 资产阶级古典政治经济学与庸俗政治经济学

政治经济学研究材料的特殊性质，它的强烈的阶级性，不但阻碍着既得利益阶级对于它的正确认识，也同样阻碍着他们对于有关它的已有的认识，或者已经形成的学说理论，作出正确的评价。恩格斯曾经说，政治经济学"这种科学的历史家，一向是以黑白不分牵强附会为特征。"② 因此，对于资产阶级政治经济学的批判，最需要设定一个鉴别什么是错误的，什么是正确的科学的标准。同是资产阶级政治经济学，马克思把它的错误的部分和正确的部分，严格区别开来，而称后者为古典政治经济学，前者为庸俗政治经济学。马克思是是非爱憎分明的。他对古典的，多少有些合乎现实情况的理论，总是以敬佩的心情来加以叙述；反之，对于那些庸俗的，又抓住一些表面现象的理论，他总是以烦厌的，极其鄙视的态度来加以叙述。所以，古典政治经济学与庸俗政治经济学的区分，是寓褒贬于是非之中，有着极重大的科学意义。无怪自马克思提出这个鉴别资产阶级经济学说的是非标准后，庸俗资产阶级经济学者都对此非常敏感，他们竟互相标榜，制造出什么新古典学派，好把自己安排在里面，以免戴上"庸俗经济学者"的帽子。

资产阶级古典政治经济学的特点，就在于它的学说理论，是由科学去发现的，有些近似地接触到了经济事物的真正关系。经济事物的真正关系，我们知道，它是隐藏在表面现象后边的；现象往往显得相互独立，彼

---

① 马克思：《资本论》第 1 卷（郭大力、王亚南译），人民出版社 1953 年版，初版序第 5 页。

② 同上书，第 3 版序第 24 页。

此没有密切的联系；只有深入到内部去，才能把其中的本质的关系揭露出来。比如，资产阶级社会最为人们所注意的利润这个范畴，它和利息，和地租，和工资究竟有怎样的关系呢？"古典经济学要由分析，把不同的互相区别的诸财富形态，还原为它们的内在的统一性，并把它们依以漠然并存的姿态剥除。它要把握内部的关联，使其与现象形态的杂多性相区别。它把地租还原为剩余利润，由此，地租就不复成为特殊的独立的形态……它还同样剥除了利息的独立形态，并把它当作利润的部分来证明。……但利润可分解为剩余价值，因为全部商品的价值是分解为劳动。商品内包含的有给劳动量分解为工资，这以上的剩余，则分解为无给劳动，无报酬在各种权利名义下被人占有但实际是由资本引起的剩余劳动。"[①] 如果像这样，把属于资产阶级的各种分配形态，利润、地租、利息，归结到剩余价值，归结到不给报酬的剩余劳动，把工资归结到有给劳动，我们就看到了所有这些分配形态的内在的本质的联系，并对它们有一个统一的理解，而这样的理解和说明，即使其中还存在不少漏洞，毕竟近似地接触到了资产阶级社会的内部联系，大体符合于科学的要求，所以马克思把关于这一类的经济科学说明，称之为古典政治经济学。

至于资产阶级的庸俗政治经济学，那也有它的特征，就是对于经济事物及其关系的认识，不诉之于科学的分析，不从资产阶级社会的内部联系，去发现它们的本质关系；只一味照着表面现象去理解，把流行思维再生产出来，并依照主观的愿望，把它们组织在形式上可以勉强讲得过去的系统中。以上述各种分配形态的考察为例来说罢，几乎一切的庸俗经济学者，都企图丢开劳动价值学说，丢开剩余价值学说，来谈分配问题。愈到晚近，这种倾向表现得愈益强烈，因此，当代的资产阶级庸俗经济学和19世纪后期，特别是19世纪前期的庸俗经济学比较起来，就更加丑劣不堪了。为什么是这样呢？这要从资产阶级社会经济形态的变化，它的各社会阶级关系或其势力的消长变化，来求得理解。我们在论述古典政治经济学如何向着庸俗政治经济学转化过程时，将有机会讲到这一点。

（二）由资产阶级古典政治经济学到庸俗政治经济学的转化

古典政治经济学，是出现在17世纪中叶到19世纪初叶这一段历史时期，这并不是偶然的。在这个时期，资本主义的社会经济形态，一直在向

---

① 马克思：《剩余价值学说史》第3卷，三联书店1957年版，第565页。

前发展；作为这个社会的主人的资产阶级，为了促进生产，增加财富，一直要求对促进生产，增积财富的经济原则，或者生产与交换的基本法则，有一个较全面较深入的了解；加上这个时期的资本主义社会的内在矛盾，尚未表面化，无产阶级对资产阶级的斗争，尚处在潜伏状态，于是资产阶级经济学者就不但必要，而且也有可能在政治经济学上作出一些科学的成果来。我们知道，英法两国是当时资本主义最发达的国家，因而资产阶级古典政治经济学，也基本上是在这两个国家，特别是在英国，表现出较大的成绩。可是，当英法两国资本主义逐渐发展起来，两国的资产阶级先后分别推翻了封建贵族僧侣的统治，而夺取了政权，这两个国家的资产阶级，一向领导无产阶级，把斗争的矛头指向封建领主贵族阶级的场面，就终止了，资产阶级和无产阶级面对面斗争的形势，就开始形成了。"从此以往，无论从实际方面说，还是从理论方面说，阶级斗争都愈益采取公开的威胁的形态。科学的资产阶级的经济学之丧钟敲起来了。从此以往，成为问题的，已经不是这个理论还是那个理论合于真理的问题，只是它于资本有益还是有害，便利还是不便利，违背警章还是不违背警章的问题。超利害关系的研究没有了，代替的东西是领津贴的论难攻击；无拘束的科学研究没有了，代替的东西，是辩护论者的歪曲的良心和邪恶的意图。"①从此以往，就是资产阶级庸俗经济学泛滥的时期了。这个经济学避开资产阶级生产关系内部的联系的分析，"却只在外观上的联系上面打转转，为了想要给最常见的现象以表面上也说得过去的说明，并且为了资产阶级日常的需要，像反刍一样，不绝咀嚼科学经济学许久以前已经供给的材料，在其他各点上面，他们又只把资产阶级生产当事人关于他们自己的最善世界所抱的平凡而自大的见解继续一下，墨守着，并称其为永远的真理。"②

事实上，在19世纪初期以后，资产阶级经济学者，不再能沿着古典的科学的道路发掘下去，除了惧怕上述各种分配现象，归结到劳动价值学说去说明，会变成，并已实际变成有利于无产阶级斗争的有利武器以外，还因为古典经济学者，把资本主义经济制度，说成是合理的，说成是永恒的这个前提，不仅被事实动摇了，也被理论分析动摇了的时候，作为资产阶级的经济学者，他们也只有庸俗的道路可走了。这正如马克思所说的，"当经济学自身由它的分析，而把它自身的前提分解动摇，以至经济学的

---

① 马克思：《资本论》第1卷（郭大力、王亚南译），人民出版社1953年版，第2版跋第11页。

② 同上书，第65页。

反对理论,也已经多少在经济的,空想的,批判的,和革命的形态上存在时,庸俗经济学就扩大了。政治经济学及由它自身生出的反对理论,是和资本主义生产内包含的社会对立性及阶级斗争之现实的发展,并步而进的。政治经济学达到一定的发展程度——那就是,在亚当·斯密之后——并取得稳固的形态时,它里面的庸俗要素(那只是现象的再生产,当作现象的表象),就当作经济学的特殊表现,和经济学切离开来了。……经济学越是临近它的末日,越是陷入深处,并当作一个反对的体系来发展,在它面前,它自身的庸俗要素就越是独立出现。"① 从前世纪二三十年代以后到目前的这一百多年间,资产阶级的经济学界,一直都是由各种庸俗的经济学说的翻筋斗,打转转。但这并不表明科学的政治经济学已经停止了。

(三) 马克思主义政治经济学承续发展资产阶级古典政治经济学的历史过程

就在英法两国的古典政治经济学,分别由李嘉图、西斯蒙第这两位经济学家宣告结束后不久,各种各色的反对理论,虽然在上述"经济的、空想的、批判的和革命的形态"上出现,但就消极的一面讲,都不曾击中古典经济学的缺点或要害,而就积极一面讲,又不曾沿着古典经济学的正确的论点,将其发展下去。两方面的历史任务,结果落到代表德国无产阶级利益的马克思主义者的肩上了。马克思曾明确指出,德国在它的资本主义尚未发展起来的时候,当然不可能像英法两个资本主义发达的国家那样,有它的科学的经济学;等到德国资本主义已经发展起来了,阶级斗争早已表面化了,又不容许它有科学的经济学。这就是说,"德意志社会的特殊的历史发展,使德意志在资产阶级经济学上,不能有任何独创的造就,但其批判却不是这样。这种批判在它是代表一个阶级的限度内,是只能代表这个阶级。这个阶级的历史使命,是资本主义生产方式的颠覆和阶级的最后废除。"② 资本主义生产方式的颠覆和阶级的最后废除,必须在资本主义社会经济形态本身的发展中以及照应着那种转变而发生的阶级力量的消长变化中去求得理解,去加以论证。也就是说,还必须诉诸政治经

---

① 马克思:《剩余价值学说史》第 3 卷(郭大力、王亚南译),三联书店 1957 年版,第 566 页。

② 马克思:《资本论》第 1 卷(郭大力、王亚南译),人民出版社 1953 年版,第 2 版跋第 12 页。

济学。这个政治经济学因为还是以资本主义社会经济形态为研究对象，所以无须另起炉灶，从头搞起，而只是要把资产阶级古典政治经济学已经作出的成果，已经研究得有些头绪的劳动价值理论与剩余价值理论，加以批判吸收，并继续发展下去。由于历史条件，特别是阶级关系的限制，资产阶级古典经济学者的认识，始终没有从资本主义社会经济形态的束缚中解脱出来。不论资本主义制度有多大的弊害，引起了多么严重的贫困与罪恶，他们总以为是自然无可避免的。对于资本主义制度的这种形而上学的看法，使他们不能设想到由另一个制度代替资本主义制度的可能，尤其是由另一个阶级代替资产阶级统治的可能。这就是他们的一切经济学说，在不同程度上，都显得有不彻底，相互矛盾，半途而废的缺陷的病根所在。但尽管如此，我们能不能够因此就把它的正确的部分也一概否定掉呢？不，任何有价值的正确的东西，是必须继承下来的。马克思自己曾经这样说过："1871年基辅大学经济学教授西伯尔先生在其所著《李嘉图的价值理论与资本理论》中，认为我关于价值，货币，与资本的理论，在根本上是斯密，李嘉图学说的必然的完成。"① 关于此点，列宁还作了更全面的说明。他说："哲学史和社会科学史已经十分清楚地表明：在马克思主义里绝没有与'宗派主义'相似的东西，它绝不是离开世界文明发展大道而产生的偏狭顽固的学说。恰巧相反，马克思的全部天才正在于他回答了人类先进思想已经提出的种种问题。他的学说的产生正是哲学、政治经济学和社会主义的最伟大代表的学说的直接继续。"②

从上面的说明，我们看到了，马克思对于政治经济学的产生与发展，已经在唯物史观的基础上，提出了一整套的科学说明。如列宁所说的，"以往一切历史理论，至多是考察了人们历史活动的思想动机，而没有考究产生这些动机的原因，没有发现社会关系体系发展的客观规律性，没有看出物质生产发展程度是这种关系的根源。"③ 这是第一次才由马克思建立的历史理论方法论。根据这个方法论来考察经济学说的发展，必须认清所在社会经济形态；认清在那种社会经济形态下的阶级关系；认清在那种阶级关系中占统治地位的是什么阶级，处于统治阶级的前进阶段，还是处在不利于它们的衰退阶段——只有把这些阶级分析的前提认识搞清楚了，

---

① 马克思：《资本论》第1卷（郭大力、王亚南译），人民出版社1953年版，第2版跋第13页。
② 《列宁全集》第19卷，人民出版社1959年版，第1页。
③ 《列宁全集》第21卷，人民出版社1959年版，第38页。

然后才能判断：为什么同是资产阶级的经济学说，在资本主义某一历史阶段，还被容许，甚至被要求讲一些多少符合实际经济情况或关系的真理，而在另一个阶段，则只允许并鼓励那些曲解或掩盖现实的谎话。我们已经知道，古典政治经济学是资本主义社会阶级斗争未发展以前的资本主义前进阶段的产物，庸俗政治经济学却是阶级斗争激烈以后的社会阶段的产物。社会经济形态的变化，社会阶级关系、阶级势力的消长变化，使得资产阶级政治经济学，必然由古典的科学的，转变成庸俗的反科学的；根据同一理由，又必然要由马克思主义的政治经济学者，把资产阶级经济学中的古典的科学的部分，续续贯彻下去，从而，使科学的政治经济学，继续向前发展，不断趋于完善。由于马克思主义者所代表的无产阶级，是以废除阶级为他们的最大利益，在本质上是最进步、最革命的，唯有他才容许并要求对现实的社会经济关系，作最彻底的科学分析，所以，资本主义社会经济形态愈临它的末日，为资产阶级利益辩护的经济学者，愈需要用表面现象来掩盖事实，颠倒黑白！马克思主义的经济学者却就有必要彻底揭露他们，让科学的政治经济学得到更进一步的发展。

正是由于政治经济学在随着社会经济的发展，随着社会阶级关系的改变，而不断前进，这就不但使我们有可能对它的发展，作科学的说明，并还有可能把代表不同的社会阶级利益的学说理论，统一在一个科学的政治经济学史中，这就是马克思所创建的唯物史观的政治经济学史体系。

七　依据马克思主义原则，结合时代的特点与要求，我们应当怎样进行政治经济学史的研究

我们已经知道，马克思不只创建了研究政治经济学发展的方法论体系，他还根据那个方法论体系，写了《剩余价值学说史》的专门论著。这部书原来是打算附在《资本论》里面的。直到马克思死后20余年，才由考茨基在1904—1910年分别编好独立出版。尽管这部大著，在编纂体裁上，还只是一个草稿的形式，但它对资产阶级经济学说全面深入批判分析所取得的辉煌成果，以及马克思在进行那种批判分析工作时所采取的正确的途径、方法和态度，都将成为我们研究这门科学所依据的典范。这个论著由重商主义论述到古典经济学派，古典学派经济学的发展，再论古典学派经济学向着庸俗经济学的转化。而对于古典学派理论中包含的庸俗成分，以及19世纪初期的庸俗经济学者对于这个时期以后的庸俗经济学者，

还多少保持一点科学的成分的特点，都分别根据阶级的历史条件，作了科学的交代。虽然他自己作为马克思主义政治经济学的建立者，没有在这部著作中把古典政治经济学向着马克思主义政治经济学转变发展的过程描述出来，但这是要留给马克思主义经济学的后继者去做的事。当然，并不是说马克思遗留给了我们这个政治经济学史的经典论著，我们研究这门学问，就一切有了依据，再无须多动脑筋。这部书，毕竟还只是关于剩余价值学说的历史，从资本主义的社会经济形态出发，它无疑是最基本的经济学说史，但还不是一般的经济学史。特别因为是描写在19世纪60年代。那时资本主义还在向世界的范围扩展其势力，此后不久，就进入帝国主义阶段。到了20世纪初期，社会主义国家出现了；在当前，已经是资本主义作垂死挣扎的时刻。社会经济的实际情况发生了这样巨大的变化，有关的社会经济理论也变得极其错综复杂。当马克思的学说，一直指导着工人阶级的革命运动，并日复一日地为社会革命实践证验得无比正确的时候，反对革命，反对马克思主义就采取了非常隐蔽迂回的策略。在前世纪末本世纪初，资产阶级还只是从马克思主义内部去找他们的代言人——修正主义者之流；而在今天，已经不只是各色的修正主义者改良主义者用马克思主义的语言来反对马克思主义的革命实质，连资产阶级庸俗经济学者，也在一定限度内套用这样的手法，它们甚至在某些方面与修正主义者改良主义者打成一片了。同时，在另一方面，在社会主义建设展开过程中，许许多多的新的社会经济问题，要求我们去解决了。解决的途径与方法一不对头，就将为修正主义与改良主义提供活动的机会。这说明，今天的各种社会意识形态的斗争，已经处在一个非常错综复杂的状态中。它对马克思主义的哲学和各种社会科学，都提出了新的战斗任务。政治经济学史这门科学的新的战斗任务究竟是什么呢？很显然，作为一门具有强烈阶级性与战斗性的科学，它的战斗任务，更不能不是集中在反帝反修和怎样才好为社会主义建设服务方面，但要完成这个战斗任务，并不是只要用更多的篇幅集中到这些方面来就成功的。作为一门历史科学，它所研究的，主要是属于过去的经济理论，它将怎样做到古为今用，来配合当前的斗争任务呢？它首先必须在论述政治经济学发展的过程中，把它的客观规律，即前面讲到的马克思创建这门科学所提示的诸般规律，明确表达出来：看政治经济学是怎样产生的。科学的政治经济学；怎样庸俗化为它的反对物，又怎样为马克思主义政治经济学所代替。只要用阶级分析的方法，把这些发生、发展、转化的客观规律明确交代清楚了，目前以各种蛊惑人心的邪恶形态为帝国主义—资本主义效劳祝福的思想体系，如现代修正主义改良主义的经济理论，如各种变相的垄断资本学说，就会在这个马克思主义的科学的历史审判之面前，受到更有力地揭露和更严厉地谴责，同时，通过对于过去各种经济学说的阶级分析和批判，也可对当前的社会主义建设问题，摸索到一些符合于无产阶级利益的解决途径。所以，我们在研究过程中，对于这门科学的继承与创建问题，其所以要有足够的重视，其最后目的，不是为了过去，而是为了现在。从这点出发，我们在着手研究政治经济学史的时候，无论在研究它的结构方面，在重点方面，在取材方面，在叙述的方式方法方面，是随时可以贯彻历史为现实服务的原则的。当然，这里首先须得从它的结构入手。

就结构方面讲，我们打算依据马克思指示的政治经济学发展规律，把全书分作五个部分，即第一篇政治经济学前史，第二篇资产阶级古典政治经济学的产生、发展与演变，第三篇空想社会主义派、小生产者社会主义派和国家社会主义派的经济理论，第四篇马克思主义政治经济学的建立，第五篇马克思主义政治经济学在反对资产阶级庸俗经济学和改良主义修正主义经济理论斗争中的发展。这里不需要详述各篇内容，但须根据上述的要求分别指出其方向性的重点，然后才好就整个体系来作一综合的说明。

关于第一篇讲到的政治经济学前史，对于研究资产阶级政治经济学究有什么重要意义，在下面还要从长说明，这里只要指出一点，就是，晚近马克思主义的有关论著，有的讲到这一方面，有的根本不讲，而直接从近代资本主义理论的最初发言人——重商主义者开头。这当然同论著本身的性质有关，看它的着重点是什么。但在我们今天来研究这门科学，也正如同研究其他社会科学乃至自然科学一样，似乎很有必要，也很有条件，把视线扩展得更广一些，不要把它局限于资产阶级政治经济学，不要局限于西欧或欧洲；并且一讲到前史，就只是希腊罗马。好像除了欧洲以外，其他的世界不但没有科学系统的政治经济学，连希腊罗马那样的经济思想也不曾有过。这是欧洲文化思想中心论在经济思想史上的反映。这种看法，完全违反了马克思主义的社会文化思想与社会经济形态相应发展的世界观。这在今天是需要彻底清除的。我们在下面讲到前史，讲到欧洲以外的东方各国在奴隶封建社会阶段的有关前史，其主要目的，不是要说明东方各国过去的经济思想，对照希腊罗马古代中世纪的经济思想，从而说明它对近代政治经济学，有什么直接联系；而是说明，那些国家在它们的奴隶封建社会阶段的经济思想，并不比希腊罗马的经济思想差劲，有的还大大超过它们，比它们更接近近代初期的重商重农思想。如果我们研究者或读者，认识到人类社会发展全过程中，某些地区和国家，曾在某一社会经济形态方面有较大的发展,从而使其文化经济思想有较多的贡献;而其他地区和国家,在另一社会经济形态方面有较高程度的发展,其文化经济思想也相应有较突出的表现;那么,他在考察这种关系时,就会从传统的思想境界解脱出来,而少受到资产阶级的形而上学的唯心主义历史观的有害影响。

关于第二篇讲到的资产阶级古典政治经济学的产生、发展与演变,涉及了重商主义学派、重农主义学派、古典学派以及古典经济学派解体后的各种经济流派。所有这些派别的重要人物、重要著作、重要理论,其先后承继演变的关系与过程,都经马克思在《政治经济学批判》,特别是在《资本论》和《剩余价值学说史》中,作了非常系统而精辟的说明。但这并不是说我们在这方面再没有什么好做了。同是这些研究对象,马克思在他当时从批判资产阶级经济学中建立他自己的科学理论的要求出发,从论证资本主义制度的剥削与暂时性出发,所要考察到的,同我们今日显然大不相同。我们不但有马克思的现成的指示作依据,还可以把资本主义制度已在世界很大范围内为社会主义制度所代替的事实做基础。要求不同,注意的重点不同,说明的方式方法也不一样。比如,马克思在《剩余价值学说史》中,对亚当·斯密,特别是对李嘉图的经济学说,就用了极大的篇幅去详尽周密地分析它,根据当时的情况,确有这种必要,但在今日,我们在研究分析它的基础理论的同时,似乎应较多地注意:它会怎样增进我们对于马克思主义政治经济学的理解,会怎样帮助我们对于现代资产阶级庸俗经济学理论的揭露。

关于第三篇讲到的空想社会主义派、小生产者社会主义派以及国家社会主义派的经济理论,马克思在写《剩余价值学说史》的当时,原是打算不予考察的。他曾说:"依照我这个著作的计划,一切社会主义和共产主义的著作家,都不在这个历史的考察之内。这个历史的考察,不过一方面要指示,(资产阶级的)经济学者,是在什么形态上自行批判;一方面要指示,政治经济的法则,最先是在什么历史的决定形态上说出来,并且怎样进一步发展的。所以,在剩余价值的考察上,我把布里梭、葛德文等等18世纪的著作家,和19世纪的社会主义者共产主义者,完全放在度外。在这种考察上,我虽然要说到一两个社会主义者,但这种社会主义者,即使不是立足在资产阶级经济学的立场上,也是从资产阶级经济学的立场,去和资产阶级的经济学斗争。"[①] 从这里可以看到,马克思在《剩

---

① 马克思:《剩余价值学说史》第1卷,三联书店1957年版,第80页。

余价值学说史》中,是把他的考察范围,严格限定在资产阶级经济学者在怎样的历史条件下提出剩余价值理论,并又怎样自行批判其前驱者的有关理论而将其发展。在这个范围内,他一般地不涉及十八九世纪的社会主义者共产主义者从反对资产阶级的立场所提出的一般经济理论,是可以理解的。我们现在所研究的,是一般经济学的历史,且不说十八九世纪的各种社会主义者的主张,曾对资产阶级经济学的庸俗化,发生过强烈的反应;马克思主义的社会经济学说,也还有一部分是从批判这些社会主义流派的某些方面的理论发展过来的,特别是在19世纪后期20世纪初期以后,各种改良主义修正主义的庸俗社会主义流派产生了,他们一面反对马克思主义,一面又把马克思恩格斯曾经批判驳倒过的早期社会主义者流派的庸俗理论,拿来作为反对马克思主义的思想武器。这样,我们要用一个专篇来叙述它们的有关的经济理论,就有新的意义了。

关于第四篇讲到的马克思主义政治经济学的建立,我们在这里特别需要指出的,似乎是这一点。马克思主义政治经济学体系本身,是异常严密完整的,我们的研究,就是怕不能完全按照它提示的基本内容,逐一顺序阐述下去。但是,如果在适当照顾体系的完整性的同时,比较侧重那些和当前理论斗争理论建设方面最有关系的论点,比如说罢,如危机理论、绝对相对贫困理论、"资本生产力"理论、虚拟资本与机能资本的关系的理论、生产集中理论、再生产方式理论……等等,不正是当前资产阶级经济学者、修正主义改良主义者与马克思主义者激烈论争着的问题么?如果我们在阐述马克思主义的各种经济理论时适当注意到这些方面,对它们作较充分的说明,我看那是马克思原则允许的。列宁在《卡尔·马克思》一文中,曾就马克思的经济学说,作着扼要的说明,但那个说明的较多篇幅,是阐述地租理论。① 为什么呢?也许因为那是俄国当时最突出的实际上与理论上的问题罢。就在马克思自己,他曾说明他在《资本论》第一卷中其所以用很大的篇幅,叙述英国的工厂法的建立的过程,就是企图以此对落后的德国工人生活状况的改善,发生一些影响。② 革命导师的经济理论,是为解决现实问题提出来的,我们研究阐扬那些理论,能够结合到我们当前的现实问题,那是完全符合马克思主义的理论联系实际的原则的。

---

① 《列宁全集》第21卷,人民出版社1959年版,第48页以下。
② 马克思:《资本论》第1卷(郭大力、王亚南译),人民出版社1953年版,初版序第4页。

关于最后第五篇讲到的马克思主义政治经济学在反对资产阶级庸俗经济学与修正主义改良主义经济理论斗争中的发展，它涉及了相当长的历史时期，由19世纪后期到当前，包括了很多的内容，有资产阶级的庸俗政治经济学，有修正主义改良主义的经济理论，又有马克思恩格斯以后的马克思主义政治经济学的发展。前述各庸俗政治经济学史论著，根本就不把马克思的，特别是马克思以后的马克思主义政治经济学算一回事，在那里也不发生什么修正主义改良主义经济理论的处理问题，它们只要把古典学派以后的各种庸俗经济学派别，如历史学派，限界效用学派等等，按照它们出现时间的先后，编刊下来就行了。而就马克思主义的政治经济学说史论著来说，按其性质及当前时代的特点与要求，它不只要注意对于资产阶级庸俗经济学的批判，尤其要注意对于修正主义改良主义经济理论的揭露，事实上，这个时期的马克思主义经济学的发展，就是在这种批判与揭露中实现的。但我们所有在这些方面的著作，或者是单叙述资产阶级经济学发展的历史，讲到古典经济学的没落为止；或者是在古典政治经济学以后还论述到马克思主义政治经济学，再或者是以断代历史的形式，分别讲19世纪中期以后的资产阶级经济学的演变，或马克思主义政治经济学的发展，而从没有用这种章法统一起来论述的。虽然这个新的尝试，有一些技术上的问题，需要在论述过程中予以解决，但总的方向是符合历史事实的，也许对于增强政治经济学史这门科学的体系的完整性，还会有一些帮助。

总的说来，科学的政治经济学，是由19世纪以前的资产阶级经济学者，经历将近两百年的时间，逐渐树立起基础，然后由马克思主义者在这个基础上，在相反的社会目的上，再经历一百余年的时间，加以发展充实完成的结果。科学的政治经济学史，则无非是对于这几百年长时期内，由资产阶级学者和马克思主义者分别先后就政治经济学提出的建设性的，批判性的革命的经济理论，用唯物史观的阶级分析方法，来加以综合系统说明的结果。且不讲政治经济学，从而政治经济学史，随着时间的推移，社会的变革，由基本上以资本主义社会经济形态为背景，进而兼以社会主义经济形态为背景，而由是延续扩大其生命与范围。但到目前为止，整个政治经济学发展的过程，仍不外是以资产阶级古典政治经济学与马克思主义政治经济学为其主流，其间虽然穿插着各种社会主义流派庸俗政治经济学，以及与庸俗经济学有着密切联系的改良主义修正主义经济理论，那都不过是分别演着副次的插曲的角色。在这种限度内，政治经济学的发展过程，大体上就是由马克思主义政治经济学来代替资产阶级经济学的过程。

我们上面说明的体系，正是从这个事实出发的。这是我们理解政治经济学的钥匙。我们只有把握好这个钥匙，才不至对于那个在现实发展中显得非常复杂曲折的过程，迷失方向；也才不至对于各种学派、人物、论著在政治经济学史上的地位，作着不符合事实的处理。

讲到这里，人们可能认为在这门科学中贯彻厚今薄古的原则，有些困难，因为资产阶级古典政治经济学的产生与发展，马克思主义政治经济学的建立，都是属于19世纪中叶以前的事，而资产阶级的庸俗经济学与改良主义修正主义的经济理论，却是在19世纪后期才开始泛滥猖獗。但是无论站在马克思主义立场上，还是站在科学立场上，我们都不能机械地理解厚今薄古的原则，要知道，不能很好地掌握马克思政治经济学（并在理解马克思主义政治经济学的来源的限度内，掌握资产阶级古典经济学），我们就不能对资产阶级庸俗经济学及各种修正主义改良主义的经济理论，进行深入有效的批判；不能对于社会主义的理论建设，作出像样的贡献。从而，也就是不能好好地为我们当前的革命斗争与建设事业服务。我们在前面分述本书各篇重点时已经讲到，事实上，不限于政治经济学发展的各历史时期的讨论，就是关于前史的说明，也必须在马克思主义的原则上，把目标指向我们这个时代的一般的特点与要求；在一定范围内，还必须联系到我们自己的国家。所以，归根到底地说，就是在政治经济学史这门科学的研究上，我们也必须体现毛泽东思想，把马克思就这门科学指示的原则，拿来与我们时代的、中国的革命实践结合起来。

（摘自《政治经济学史大纲》第1篇：政治经济学史研究绪论
第1—3章和《中国经济问题》1979年第1—2期）

怎样从立场、观点、方法来辨别马克思主义政治经济学与资产阶级经济学的不同本质

一 当前政治经济学学习上已经发生的和尚存在着的问题

政治经济学的学习,在目前,不能不说是相当的普遍了。但正因为如此,在学习过程中,也就相当普遍地存在了一些问题。那些问题,基本上是由旧经济学的学习转变到马克思主义的政治经济学的学习时所必然无可避免的,要当作一种规律发生的。

为了说明的便利,我把那些问题概括在以次几个有着连带关系的说法中:

(一)资产阶级的经济学,是否可以同马克思主义政治经济学并存呢

在以往,马克思主义的政治经济学,并不被我们的学者教授们认为是一种经济科学;论坛上及大学讲坛上差不多通是把所谓经济学概论或价格经济学一类东西,奉为金科玉律。现在情况根本改变了,有的人一下转不过弯来,乃一半保留一半转变的认为价格经济理论一类东西,即使不算全对,也至少可同马克思主义经济学说相并存在,"道并行而不悖";况且在我们目前社会的经济中,有社会主义经济成分,也有资本主义经济成分,不是可以作为并存的物质根据么?然而,学了一些旧的货色舍不得丢,是情有可原的;拿旧的教义来比附新的真理,一时也不易完全避免;若不分皂白,没有一点立场、观点的原则,把绝对相反的学说,讲得没有抵触,让它在自己乃至自己学生脑子里"和平相处",那该是如何荒谬绝伦啊!

(二) 批判资产阶级的经济学，是否应当同时吸收它的"精华"

当"并行论"眼看愈来愈站不住脚的时候，"不得已而求其次"的另一种说法，就跟着产生了，那就是说，资产阶级经济学中的错误成分，虽不妨加以批判，但我们不能一味抹煞其中的合理部分，那些部分是应该吸收的。这里，且不管这种说法是否"并存论"的另一表现，也姑不问这种意见在开始清算资产阶级反动经济理论时有怎样的害处！我们应当指出的是：马克思主义在本质上不同于一切狭隘宗派的教义，它对一切健全的真理，就是敞开着大门的。事实上，马克思主义的政治经济学，在某些方面，竟可说是资产阶级的古典经济学的发展和继续。也许就因了这个论据，有的人就振振有辞地认定：当前流行的价格经济学一类东西，不是也可批判吸收么？但问题不能一概而论哪！同是戴上资产阶级的头衔的经济学，性质和内容，颇不一样呵！下面将要交代清楚。

(三) 我们应不应当把反马克思主义的政治经济学同非马克思主义的政治经济学混为一谈呢

这个问题的提出，是怪有意思的。当资产阶级的庸俗的价格经济理论被肯定为不能与马克思主义经济学并存，且还肯定为没有什么"精华"被吸收的时候，一种新的逃避方式被采取了，那就是说：反马克思主义的经济理论，固当摒弃，但许多并未明白反对马克思、恩格斯的经济理论，也应一并否定么？这个问题在表面上像是提得非常聪明，其实是极端皮相的望文生义的说法。从基本原则上去看，马克思主义就是一个无产阶级立场、唯物的观点、辩证的方法，凡是违反那个立场、观点和方法的，就是反马克思主义的，那同文字上是否把反对的字样明白标出来，并不相干。就是在马克思出世以前的许多学说理论，也不妨其为反马克思主义的；反过来说，即使在标题或措辞上戴上马克思主义的帽子，仍旧不妨是反马克思主义的。

(四) 为什么明明标榜着马克思主义的经济学说，也不被赞许呢

前面所讲的三条路都走不通，一种像是更聪明但却更有害的手法被采用了，那就是在新坛子里，装进旧酒；把庸俗透顶的经济理论，硬塞进马克思主义的经济学范畴中；或者是从马克思主义的各种文献里面，断章取义地摘取出合乎庸俗口味的片断，以便把沙子煤屑搅和着面粉鸡蛋，做成马克思主义的布丁。在经过了两年学习的我们经济讲坛或论坛上，无论是出于有意或无意的，这总归是最常见的一种做法。

以上种种存在于我们大学政治经济学讲坛（在论坛上比较不容易显现出来）上的思想情况，也许是在过渡期间难于避免的。但在政治经济学被视为明确社会立场和改造思想的党性科学的限内，像这样一些混乱而有害的思想情况，显然是需要从最基本的原则上，即从立场、观点、方法上，把马克思主义的政治经济学与资产阶级的经济学加以本质的区别的。

二 怎样解释马克思主义政治经济学与资产阶级经济学的不同阶级立场

谁都明了：马克思主义的政治经济学是站在无产阶级立场，代表无产阶级的利益的；同时，资产阶级的政治经济学是为资产阶级的利益讲话的。但这样说，似乎要引起以次的问题：是不是真有两种经济科学存在呢？不是的，经济科学只有一个。对于同一研究对象或同一经济现实，只允许有一种科学的说明。如果一种说法是科学的，其他一种说法就是非科学或反科学的。举例来说，如其马克思在资本积蓄规律中所说明的劳动人口理论是科学的，马尔萨斯的人口论就是非科学或反科学的；如其马克思关于劳动价值学说是完全正确的，亚当·斯密、李嘉图的价值学说就是不够完全不够正确的，以后奥地利派及其他的价值学说或价格学说就是荒谬错误的。亚当·斯密、李嘉图是资产阶级经济学者，奥地利学派价格学派亦是资产阶级的经济学者，在为资产阶级利益讲话的限内，为什么表现出了那么大的分界呢？为什么站在无产阶级立场的马克思主义政治经济学就是真理，就没有阶级偏见呢？

我们须从以次三点来说明其究竟。

（一）资产阶级经济学的两大类别

同是资产阶级的经济学，它们的内容本质显得极其不同，乃是由于处在不同历史时期的资产阶级对于经济学的要求不同，当资本主义经济尚在成长阶段的时候，即当旧的封建统治对资本主义经济的束缚还没有解除，或者还严重的限制其发展的时候，亦即当资产阶级对封建势力，还是站在进步立场，要求打破生产力障碍，以增进其利得的时候，适应它的要求的政治经济学，就需要在消极方面暴露封建经济形态的生产与交换关系的不合理，而同时在积极方面论证资本主义生产交换方式的合理。资产阶级的古典经济学就担任起了这个历史任务，由是在它们的政治经济学中，就或多或少地表现了以次几种进步的科学的特征：（1）与以往封建意识相反，它是否定神定秩序,而采取一种自然主义的观点的;(2)它是重视生产的,把生产的重要性提高到了首要地位,惟其它重视生产;(3)劳动这个因素也相应被看重了;劳动,劳动力,劳动生产力在古典经济学中,是不厌详尽地被说明着论证着的。事实上,资产阶级要用革命行动向封建领主贵族争取的,也无非就是当时还被拘束在各种封建组织中的劳动力(不管是封建田庄的农奴,还是封建基尔特的学徒或职工)的解放,没有这种解放,完全靠雇佣自由劳动者来生产的资本主义经济或自由竞争经济,就不可能。而以劳动观点来说明商品价值的增殖或财富的增加,亦是从这点出发的。最后,(4)沿着生产观点劳动观点去看问题,去研究生产力增进的道理,一定会引出阶级认识来。没有这个认识,向封建贵族作阶级斗争的号召,就提不出来。联合劳动阶级打倒地主阶级的号召,也提不出来。结局,阶级斗争的学说,工资取得者和利润取得者、地租取得者相互对立的学说,也被迫承认了。一句话,资产阶级的前进地位,决定了它所要求的经济学说的进步性和科学性。

但当资本主义经济在逐渐清除了封建障碍基础上而大踏步地向前发展起来的时候,它的对立物,即劳动阶级的力量,也相应加速地发展着,阶级关系根本变化了;资产阶级由原来的进步地位,转落到保守地位了;它原来是同腐朽的封建贵族阶级对立,现在是同新兴的劳动阶级对立,它保守了,原来在它进步阶段对它有利的进步学说,现在对它不利,反而对它的阶级敌人——无产阶级有利了。这样,就使它在经济问题的说明和研究上,要求掩饰曲解现实。生产的观点,劳动的观点,阶级斗争的看法,都不对路了,都要触到它的痛处,宣布它的死刑了。于是,以消费论代替生产论,以效用价值学说代替劳动价值学说,以阶级调和教义代替阶级斗争理论……把前期资产阶级经济学者在经济学中的一些进步性的科学性的表现,都给取消了;即以往泛滥在我们大学讲坛及论坛的经济理论,正好是那一些同古典经济学绝缘了的,同科学绝缘了的各种庸俗不堪的东西。

(二)马克思主义政治经济学对上述两类资产阶级经济学的关系

我们前面已经讲到,政治经济学是只能有一个的。如就同一的研究对象或资本主义经济来说,对它只能有一种的合理说明。

资本主义前期的资产阶级经济学者,既然站在进步立场上,对封建经济,特别是对资本主义经济,研究出了它一些基本原则和运动规律,马克思主义者就决不会像小气的资产阶级学者那样,讲门户,闹宗派,深闭固拒,自立蹊径,而一定会在真理的大道上,指出其不彻底不明确部分,而对其合理部分加以吸收。马克思主义的政治经济学，正如同它的哲学乃至社会主义一样，通是总结以往的有关的学说，在一边批判一边吸收的过程中，建立起来的。但作为完整的经济科学看的马克思主义政治经济学（就在以资本主义经济为研究对象的限内），还不仅只是批判吸收了资产阶级学者或古典经济学者有关资本主义发生成长的科学的说明，并还确立了任何资产阶级学者不敢接触到的有关资本主义没落的必然性的规律。因为资本主义一达到了相当发展的阶段，一达到劳动阶级对它表示了威胁力量的阶段，资产阶级学者，就再也不敢正视现实，把资本主义生产关系的剥削本质和内在矛盾揭露出来，也就因为这个缘故，在劳动阶级确定地显示了它的力量的19世纪30年代以后，哪怕是像古典经济学那样不明确不彻底的经济理论，也再不能期之于资产阶级的经济学者了。在这以后不久，陆续出现的所谓调和学派，历史学派，奥地利学派，乃至由奥地利学派脱胎的晚近英美学派，通是站在反动的保守的立场，掩饰并辩护阶级剥削，歪曲现实，拒绝真理，根本没有科学的影子。不幸，由经济学者们"买办"回来，流行于中国大学讲坛，而在解放后，还被嚷着要与"马克思主义经济学并存"或批判吸收的，恰好就是这些货色。不论是克拉克的教义，还是以改良主义标签贴盖着的凯恩斯的胡说，在骨子里，都是反劳动人民的，反马克思主义的，反科学的。

从这里，我们应当可以明了：

1. 当作经济科学看的政治经济学，就是由资产阶级的古典经济学者开其端绪，由马克思主义者加以批判吸收，加以发展完成的那种经济理论；那就资本主义经济来说，就是暴露资本主义运动规律的真理。

2. 我们所谓资产阶级经济学，在说明便利上，虽然把它分作两个类型，但其实只算是不完全不彻底的古典经济理论，和一味为没落反动资产阶级利益辩护的庸俗的反科学的晚近英美派的经济理论。

3. 晚近英美学派的那些反科学的理论，恰好是我们经济学者从国外"买办"回来，当作教条传播讲授的东西，它的立场根本是反劳动人民的，所以我们要彻底排斥，不能唱批判吸收的老调。

（三）为什么要站在无产阶级立场上，才能把经济规律完全彻底地发现出来建立起来呢

我们讲过了，资产阶级在它前期的进步阶段，它是需要揭露封建制及重商主义和专制主义混合的初期政治经济制所加于资本主义商品生产上的妨碍的；但因为当时辩护封建制及重商主义制的表象的片面的学说的存

在，和依据那些说法的政策法令的存在，他们商工业的资产者自己，是讲不出一些驳斥那些理论政策的道理的，于是代表他们的要求的经济学者，就不能不从经济的内部联系上，去发现出一些贯彻在其中的运动规律。古典经济学，就是这样产生的。同样的，当无产阶级以新兴阶级姿态，处在进步阶段，需要揭发资本主义内在矛盾，无政府状态以及新的奴役制本质的时候，资产者阶级早已利用它的金钱，以各种方式，雇佣了大批的御用经济学者，来为他们辩护。因为这个缘故，还因为资本主义剥削比封建剥削更有烟幕性，需要彻底的从根本上揭发它的秘密，于是代表无产阶级要求的马克思主义者，就必须在一方面，把古典经济学讲得不完全不彻底的资本主义经济的发展规律，进一步加以批判和发展，而同时对于任何资产阶级学者，都因限于阶级立场，不敢正视揭发的资本主义经济的没落规律，则更不能不依着古典经济学所揭出的劳动价值学说的线索，贯彻下去，把剥削者被剥夺的辩证规律，建立起来。

单就这一点讲，一个完整的政治经济学，也正如同完整的哲学或社会主义一样，是历史规定了要由无产阶级的代表者——马克思主义者来完成的。

但他们是怎样完成这种阶级任务的呢？那是不是用资产阶级学者所采用的那种观点和研究方法可以完成的呢？显然不是的。

三 怎样分辨马克思主义政治经济学 和资产阶级经济学的不同观点

一般来讲，当作党性科学看的政治经济学，是须有更明确的立场，才能依据正确观点，来作着严密的科学分析的；只有采取了正确观点，才能更好更有力地坚定立场。

马克思主义政治经济学对资产阶级的经济学说表现得无比正确性，再从研究观点上看，就更加清楚了。一般资产阶级学者有一个共同的极其肤浅的说法，以为一有立场，一偏向某一阶级，就是成见，就不易发现真理。但他们忘记了，他们的祖先在现代初期，其所以能在科学上有一些贡献，不正因为他们是站在反封建贵族的资产阶级立场的么？可见能否发现真理的问题，不在是否有阶级立场，而在是否站在革命的进步的阶级的立场上。有了进步的阶级立场，稳站在新兴的阶级的立场上，就必然要采取较正确的观点的。反之，如为反动的保守的阶级的利益辩护，也就不可能正视现实，把事物的原形暴露出来。

且作一概括的比较说明罢。

(一) 资产阶级的自然主义、经验主义和唯心主义观点

从整个资产阶级的经济学说的发展过程来看，很明显地可以发现，它们所采取的观点，是逐渐由接近唯物的自然主义，慢慢堕落到唯心主义；亚当·斯密是由自然主义出发的，李嘉图也是如此，德国历史学派充分表现了经验主义的特点，而到晚近英美学派所宗师的奥地利派经济学，就蜕变到主观主义的泥潭中了。且分别划出一个轮廓：

1. 自然主义观点。由于中世纪的封建统治是把神定秩序作为护符，而造成了进步的障碍，在近代初期的资产阶级的反封建的思想斗争中，就一般地举起了自然主义这面大旗，把"自然秩序"、"自然权"……一类号召，拿来对抗并打击一切神化的东西。自然就是好的，顺着自然就是好的，违反了自然就不利，就不合理，自然主义是资产阶级的各种思想学说的共同特点，政治经济学也具有了这特点。亚当·斯密就公然宣称要根据人类自私自利的自然本性，听其自然，不加干涉，而由是建立起一种自然而自由的经济制度。在他的说明中，并还带有相当浓厚的唯物主义的色调。不仅亚当·斯密，一切古典经济学者，特别是李嘉图，因为他处在英国资本主义发展得相当成熟，但无产阶级势力还不会变为资产阶级威胁的时期，他由是就敢于无所顾忌地从经济关系的内部，去发掘其运动规律，提出工资利润的决死对立，即资产阶级与劳动者阶级的不可调和的对立，而被反对者攻击为具有煽动性的唯物主义者了。如其我们把说明限定在这种限度内，即在把资产者不顾一切，唯利是图的面貌以及他们与劳动者的对立关系不加隐讳，照着原来形象揭露出来的限内，他确是唯物主义的，这同他们古典学者站在进步的资产阶级立场相照应；但也正因为他们只是站在进步的"资产阶级的"立场，他们就不可能是纯粹的或彻底的唯物论者，而只不过是在有一些科学的说明中，带有唯物主义的成分罢了。

2. 经验主义观点。一切资产阶级的学者，在他们不可能是彻底的唯物论者的限内，在他们不可能遇事从经济关系内部去作着科学的分析的限内，他们都多多少少是经验主义者，是从表象、片面或外部，把直接感官所接触的事象或间接得自他人的经验，没有提到原则上，没有通过理性阶段，就很皮相地肯定下来，当作真理。例如亚当·斯密把商品价值分解为资本家所得的利润，劳动者所得的工资，地主所得的地租；李嘉图依据马尔萨斯的人口论胡说所提出的工资铁则，都是受了经验主义的毒害。

不过，如其说，站在进步资产阶级立场的经济学者有时不免要犯经验

主义的错误，而站在快要趋于没落，或已经震惊于无产阶级吼声的经济学者，就像逼着不能不变成经验主义者了，如其他还不甘心戴上唯心主义的王冠的话。在 19 世纪中叶前后出现于德国的所谓历史学派，基本上就是根据经验主义来作他们的教义的。他们对于不论什么问题，都从历史上去找论据，都从客观环境里去求得说明，在表面上，像是很合理的，但所谓客观环境，在他们都是同样的没有主从的在那里发生作用，那里包含有自然条件、人的条件、社会的条件。是不是这一切都发生作用呢？是的；是不是这一切都等同的发生作用呢？不是的；是不是这一切都各自的个别的发生作用呢？不是的。他们不能理解到这一些，不能理解到自然的社会的乃至人的因素，只是在一定的社会经济结构下作为社会物质生活条件而作用着。于是经济的规律，经济发展的规律，在他们都是想不通的。为了反对英国经济学者所提倡的自由竞争，尽管他们根据一些极皮相的经验史实，把经济发展分成各种各色的阶段，来论证德国应采取保护主义，但他们的每一种阶段论，都只说明了一种经验主义的标本，在本质上，他们是反规律的，也不能不是反历史的。

3. 唯心主义观点。经验主义者往往只是朴素的客观主义者。当社会经济事象的变动，不能由客观主义得到说明，他们往往就不免要由一极跳到另一极，而成为主观主义者。德国旧历史学派的破产，使得新历史学派不能不很显著的在他们的教义中，把人类经济活动中的情感和心理的因素，夸大起来；然而略加仔细的分析，就知道那里由于马克思主义的经济学及社会主义，已经在德国发生着决定的影响。也许就因为这个缘故，资产阶级世界是不能靠着这种在经验主义里面混杂一些"不彻底的"唯心主义成分来招架的。落后保守的维也纳大学的教授们，就振臂一呼的干脆把他们资产阶级的自然主义乃至经验主义都抛在一边，而在经济学上戴起限界主义的主观主义的帽子。商品的价值由心理变化去说明：利润、利息、工资也都由时间先后在心理上的差别去说明；把一切剥削说得合理，把一切矛盾冲突说得非常调和或一团和气。资本家是过去的工人，工人是将来的资本家。阶级不存在了，对立不存在了，斗争也不存在了。该是如何伟大的经济学啊！

然而，这一切，究还只是在资产阶级的经济学中不存在，在他们学者们的"心理"中不存在，实际上，却是一天严重一天的在资产阶级支配的社会存在着，以致威胁和扰乱着资产阶级的安宁呢！有鉴于此，当主观主义经济学离开那当作世界资产者享受乐园的大消费都市——维也纳，向着资产阶级世界，特别是向着英美两国传播的时候，乐观的气象，就逐渐被冷酷的事实所冲销了。于是，在基本上，继承着奥地利主观主义衣钵的英美学派，乃不能不或多或少地改变他们的调子。把一些似是而非的自然主义的经验主义的论点，糅和在他们改良主义的说教中。

被看作"美国李嘉图"的克拉克，被看作历史学派和奥地利学派的调和者马歇尔，就是这样成为英美学派的先导者，而作为他们的变种或亚种的凯恩斯之流，如其说他的学说对其先辈表示了什么特点，那就是他把代表腐朽资产阶级利益的改良企图，更机诈更圆滑从而也像更能依据事实的，掩饰在自然主义、经验主义和主观主义糅合的说教中。然而，就因为这样，我们不问立场，不讲观点的经济学界中人就以为那是"科学"，若不能同马克思主义政治经济学并存，也当吸收其"精华"了。

（二）马克思主义的唯物主义观点

唯物主义是马克思主义的世界观。从这个观点出发，一切先验的东西，是不存在的，作为古典经济学的立脚点的自然秩序、自利本性一类教义，无非是把特定历史时期的特种要求，加以超历史的理解罢了。从唯物主义观点出发，不论是自然现象，还是社会现象，都在依着一定的物质条件的变化，表现为各种运动规律；经验主义者根本不承认这点。他们的经济学说，就无法不庸俗化为反规律、反科学的庞杂的史料堆积。从唯物主义观点出发，一切主观的心理的因素，都要在客观上找到它所反映的物质基础。如像奥地利学派那样，把一切经济现象归结到最单纯的心理因素，或者，由最单纯的心理因素，推论到最复杂的经济现象，那样的学说体系，根本就是与现实没有关系的主观臆断。

马克思主义的唯物主义的政治经济学，是把事实作出发点，但事实本身，并不像表现在经验主义者头脑中那样的混杂一团。它们是有本末先后或主从关系的。如其把主要的环节看成次要的，把依属的关系看作决定性的，或者夸大其作用，或则贬损其作用，那一来，即使是如许多庸俗资产阶级经济学者所做的那样，用数学，用图表，说得如何真确，其实那不是依据事实。比如，生产活动，或社会生产形态决定交换分配以及消费，但庸俗学者却为了适应腐朽资产阶级要求，把消费放在第一位，以为人类生产，是为了消费，为了满足消费的欲望。但他们没想到，他们所讲的"人类生产"的人类，并不是一般人，而是资产者阶级，他们生产出来的东西，并也不是供任何人的消费，满足任何人的欲望，而只是供那些有购买力和购买兴趣的人的消费。满足他们这一部分人的欲望，一句话，他们生产，不是为了消费，不是为了满足自己的消费欲望，而是为了交换，为了满足自己的占有欲望。像这样一方面强调资产阶级社会，如何根据人类消费欲望而生产，如何自然而合理，但另一方面，又把这个社会不根据人类消费欲望而分配生产果实的事实放在一边，他们的整个说教，显然是把事实歪曲颠倒了。马克思主义者是不否认欲望在经济上的作用，在价值上的作用的。但第一，他们把欲望看成是社会历史的产物，而不是像资产阶级学者所描述那样，一有人类，就第一次生成固定下来的；第二，欲望只可借以说明使用价值，并不能拿来解释价值，拿来测定一物与他物的交换比例，所以，马克思主义者坚持的从事实出发的唯物观点，与资产阶级学者所泛取杂拾事实的自然主义、经验主义特别是唯心主义完全两样，"马克思只关心一件事：那就是由严密的科学研究，证明社会关系上一定的秩序的必然性，并对于当作出发点和根据点的各种事实，尽可能予以完全的确认"。① 科学研究最重要的一点："是要同样正确地研究各种秩序的序列，各个发展阶段依以出现的次序与联结。"② 若不顾这一切，只是用一些数字图表来证示根据了"事实"，那就根本不知道唯物主义者所谓根据事实，并不是任意从客观存在中"抽调"出一些合乎自己论证需要的事实，而是就客观存在所显示出它的主从关系，作用次第以及推移顺序的事实。

不懂得这种区别，是极容易把经验主义者或实验主义者所喧嚣的"拿证据来"，和唯物主义者的从事实出发混同的。

四　怎样区别马克思主义政治经济学与资产阶级经济学的不同研究方法

观点问题，属于认识论的范畴。但在马克思主义怎样进行认识的方法，是统一在认识过程中的。

但为了说明的便利，这里也不妨就马克思主义政治经济学的方法和资产阶级经济学的方法，作一概括的比较观察。

1. 我们已经讲到资产阶级经济学者所采取的自然主义的经验主义的和唯心主义的观点，其中，自然主义观点算是比较有进步性的，现在且看这种自然主义观点，是依着怎样的方法，去认识经济现象。

---

① 马克思：《资本论》第 1 卷（郭大力、王亚南译），人民出版社 1953 年版，第 2 版跋第 15 页。

② 同上书，第 15—16 页。

在现代初期的一切启蒙学者的心目中，自然有天定的意思，有本来如此的意思，有合理的意思，对于他们所希望实现的制度或秩序，就认为是合理的，认为是出于人类本性的，是自然的；反之，就以为是不合理的，不是出于人类本性的，是反自然的。自然和不自然就成了他们的真理性的标准，他们对于经济问题的观察，都是在这种自行设定的认识方法里兜圈子。历史的变化，也只有两种，自然的，和不自然的；资本主义制度以前的一切制度是不自然不合理的，资本主义制度才是自然的合理的，历史就停止在这里，永不前进。这就是所谓不易捉摸的，然而却是固定不变的形而上学的方法。自然主义者反对一切诉之于上帝的想法，他们却一切诉之于自然，自然变成了他们的上帝。同样的，经济学上的经验主义者，也有他们的上帝，那就是诉之于直感的经验。在经验主义的思想方法中，各种经济现象，只有在极狭窄范围内的表面的偶然的联系；它的特征是不讲原则的，不讲必然性，不触到发展规律，有了这种"自由"，即在思想方法上，有了一种把许多没内在联系的事象任意搜奇和炫示地拿来支持其阶级成见的"自由"，就恰好造出历史学派的那些似是而非的经济阶段理论的典型。从表面上看，主观主义的（奥地利学派的）经济学的方法，应当是和经验主义不同的，但如其说对于经济事象，不按照本来的内在的关系去观察，却依着自己主观的愿望去牵强附会，那就是唯心的或倾向唯心的。那么，唯心主义者要使其说得动听，或使其说明适合于低级常识，也就不能不借助于经验主义乃至自然主义了。比如，奥地利学派尽管方法论上反对古典学派，反对历史学派，但他们却是把人性生而自利的这一古典派的命题作为其出发点；而他们为了论证那出发点在经济生活上的决定作用，就不惜乞怜于一些经验事实，如像物品愈多，则满足欲望的效力愈小，价值愈低，反之则愈大愈高之类。所有资产阶级经济学者的五花八门的思想方法，其所以具有形而上学的同点，乃因它们都是把资本主义当作合理而永生的政治经济体制，而其异点，则无非是因为在不同历史时期来进行那种考察罢了。一句话，把资本主义制度看成天生的永生的要求，基本上就决定了它们形而上学的思想方法。

2. 当资产阶级学者企图永远维持资本主义制度，因而就决定并限制了他们的思想方法，恰好站在相反立场的马克思主义经济学者，就因为要推翻资本主义制度，他们考察研究经济事象或经济问题的方法，就显然不能把那些看作固定不变的了。也就是说，他们的立场，他们所采取的观点，也决定了他们的思想方法。

但这样的论断，显然是不会把事物的真理性表达出来的。马克思主义者观察事物所采取的方法，与其说是单由立场来决定，更基本的毋宁是由所观察研究对象本身的性质所决定。一切社会事象（资本主义当然包括在内）都在不断的变动发展中，都显示为连续不断的过程；由前一过程推移到后一过程，由前一形态转移到后一形态，显出了成熟了就要作着历史交代的辩证的发展规律，那就是所谓辩证的规律。那规律，是我们从客观现实中从事物自身转变中去发现的，所以又称为唯物辩证规律。当我们考察事物时，就我们这里的论题讲，当我们考察经济事象时，我们能依据所考察对象的这种变动发展的辩证关系，我们的思想方法，就是辩证的，就是辩证的方法。

在马克思主义看来，正如同以往一切其他的经济制度一样，资本主义制度也是整个历史发展过程上的一个辩证的环节，你尽管憎恶它，但不能叫它不发生发展；你尽管辩护它，也不能叫它不没落衰亡。用这样的思想方法去研究，才能很科学地客观地把资本主义的本质显现出来。然而这是谈何容易啊！

第一，当作一个整体来看的资本主义经济的辩证发展转变，是要从它的每个细胞每条血管的有机变动来说明的，马克思的《资本论》，恰好就是作着这种说明。也就因为这个缘故，《资本论》曾被列宁理解为马克思的辩证哲学的具体表现。作为资本主义经济细胞的商品的价值与使用价值的矛盾，是资本主义社会一切矛盾冲突的最基本的症结，生产物在一定的程度上或一定发展条件下才变为商品，变为货币，再转化为资本，以及在整个资本积蓄运动中所显示的剥削者，逐渐转变到被剥夺的史实，构成了生动的辩证发展的图样。马克思如实地把这种辩证关系表现在他的《资本论》中，他所运用的思维方法，就如他自己所说的"不是辩证法，又还是什么呢"？[①]

第二，我们又得把论点拉回来，马克思以及其他马克思主义者，其所以能坚决地采用这种方法，仍不能不说是他们的阶级立场，他们代表无产阶级要求的历史使命，有必要敦促他们采取唯物观点和辩证方法揭露出资本主义经济的这种内在矛盾和没落的必然性，以便在精神上思想上瓦解资产阶级的幻想，而由是加强无产阶级斗争的胜利的信心。这就是政治经济学为什么是党性科学的有力说明。

惟其资产阶级学者特别是没落阶段的资产阶级学者，自始就企图把资

[①] 马克思：《资本论》第1卷（郭大力、王亚南译），人民出版社1953年版，第2版跋第17页。

本主义制度永存下去，他们就有必要采行形而上学的方法；马克思主义者恰相反，他们要推翻剥削的资本主义制度，也就有必要采行恰好与形而上学相反的辩证的方法。这就是辩证的唯物论，其所以只能是无产阶级的世界观的道理，唯物的辩证法，其所以只能是代表无产阶级利益的经济学说的研究方法的道理。

五　我们应当应用到政治经济学教学上的结论

由上面的说明，我们可以得出以下那几个结论，那都是可供我们学习政治经济学时参考的。

1. 不管哪种经济学说，或哪一个派别的经济学，因为它在阶级社会是为特定阶级的利害关系发言，它的阶级性党派性是比任何一种社会科学，都要表现得更加明显的。也就因为这个缘故，因为要坚持阶级立场的缘故，研究的观点和方法，就非特别同它的立场适应不可；否则如像资产阶级的特别是没落期资产阶级的经济学说，如其依着唯物的观点，把资本主义正要作着辩证的历史交代的关系多多少少地暴露一些出来了，那样的学者，将怎样向豢养着他们的资产阶级报账呢？所以不管是资产阶级经济学，抑是马克思主义经济学，都很显然地贯彻着一个立场，一个观点，一个方法。但由于这一点，只有马克思主义者可以这样宣扬，资产阶级经济学者怎么也不敢把他们的立场明白昭告出来，因为他们如其这样做了，他们宣扬资本家阶级是为了人类服务，为了改善劳动者阶级生活，为了拯救落后地区贫困人民的幌子，不就被揭露了么？所以，愈是为资产阶级豢养得好好的学者，如像英国的凯恩斯、美国的费雪之流，他们就愈要把他们的理论矫饰得更像科学，更多方遮掩其阶级的尾巴，而使那些如像曾经一度辽视阔步于我们经济学界的天真的崇拜者摸不着头脑。因此，

2. 政治经济学的教学或学习，如不懂辩证唯物论，如不懂唯物史观，就不但不能把马克思主义政治经济学与资产阶级的经济学区别开，也无法把资产阶级中的古典经济学和庸俗经济学区别开，从而也就没有可能了解政治经济学。尽管戴着各种各色的名目，其实作为科学，它只有一个，因为真理只有一个。古典经济学中的科学成分，被经过批判吸收在马克思主义政治经济学中了，而古典经济学以外的资产阶级经济学，因为是庸俗的反科学的，都只算是玄学同诡辩，这是我们今天学习政治经济学必须明确了解的。

3. 但是不学好马克思主义哲学，不理解辩证唯物论与历史唯物论的基本原则，那就不但无法研究马克思主义政治经济学，其实，他又何能明白了解资产阶级的，特别是晚近庸俗的经济学呢？晚近庸俗经济学的各种玄谈和诡辩，只有在马克思主义的照妖镜里，才能好好显示出它的原形。如其你堕落在他们那一套观点和思想方法的当中，那就一辈子也莫想认清它的错误。所谓"不见庐山真面目，只缘身在此山中"。我在前面提到的我们经济学界主张"并存论"、"批判吸收论"，主张做一个非马克思主义者但不是反马克思主义者的高论，乃至在马克思主义的经济学名目下，偷天换日地输进一些庸俗成分的讲法同做法，那都不外是资产阶级的观点和方法，特别是小资产者的立场在那里作祟，那都是毫无结果的。我希望我们的经济学者和教授们，为了自己，特别是为了我们下一代，以更真挚老实的态度，对待马克思主义的真理啊！

1952 年 9 月

（原载《政治经济学论文选集》，福建人民出版社 1957 年版）

怎样从资产阶级经济学的学习中获得教益

一 马克思主义三个组成部分及其来源

我提出这个问题的目的，在于说明整个马克思主义学说是以资产阶级学说为其来源。由此也可以反映出，我们的革命导师们，是怎样对待资产阶级的各种学说的。

马克思主义学说分成三个部分进行研究是开始于恩格斯论著《反杜林论》的时候，正如《恩格斯传》的写作者德国社会民主党人古斯达夫·梅尔所说，"有了《反杜林论》，才有系统的，明确的马克思主义"。在《反杜林论》中，恩格斯指出杜林在他的"著作"中如何狂妄自大地漠视一切以往科学家思想家的研究成果；他不但对于自柏拉图、亚里士多德以至资产阶级学者的哲学、经济学说加以全面的否定，而且以同样傲慢的态度对待圣西门、傅立叶、欧文等的社会主义学说。恩格斯在批判杜林狂妄无知的时候，曾分别实事求是地就哲学、经济学、社会主义三方面指出了资产阶级学说的健康和不健康成分，也指出了空想的和小资产阶级的社会主义学说的健康和不健康成分，加以分别对待。他表明，他和马克思就是在批判吸收这些学说的当中，同时展开他们的新理论体系。往后，列宁更在这个基础上进一步概括出马克思主义的三个组成部分的来源是：古典哲学（黑格尔、费希特、康德等的学说），古典经济学（配第、魁奈、亚当·斯密、李嘉图等的学说），和空想社会主义（圣西门、傅立叶、欧文等的学说）。从此，资产阶级的及小资产阶级的这些方面的学说以及它们在学术或科学史上的地位，却因此公正的批判分析而更加明确了。是就是，非就非，马克思主义者一点也没有怠忽对于资产阶级学说的无情的批判，但也从未掩饰他们从那种批判中获得了教益。

二 怎样理解资产阶级经济学说

要能在资产阶级经济学说学习中获得教益，应该先知道什么是资产阶级经济学，它的性质怎样，用什么准则来识别资产阶级经济学说和非资产阶级经济学说或马克思主义经济学说。

从研究对象上说，原是无所谓资产阶级经济学说和非资产阶级经济学说的区别的，尽管立论根据不同，出发点不同，选择的研究对象可能有很大的差别，但资本主义经济制度这个对象，不是同样为资产阶级经济学说和马克思主义经济学说所研究分析吗？不错，对于同一对象所要讨论的问题和范围，是可以大不相同的，有的就整个国民经济进行全面研究，有的只就其中某个经济领域或过程加以分析。从这里，一般也看不出有什么性质上的区别。也许有人认为那种区别，基本上会从研究者的不同立场表现出来，但仔细考察起来，单靠这点也还不够，如近代初期的资产阶级经济学者，在他们的著作中，就很少明白表示拥护资产阶级及其利益，他们所强调的是"国民"，是"人民"，"资产阶级"的概念甚至在他们还不怎样明确。尽管如此，他们在本质上宁是最彻底的资产阶级学者。而且如我们要在后面谈到的，愈是肯从事物内部去考察问题的学者，就愈了解没有劳动阶级，就谈不上资产阶级，强调劳动阶级的劳动自由和权利，往往比直接强调资产阶级的利益还重要。在资本主义初期的学者是如此，到了末期，他们有的人却又非常狡狯地照例在国家的名义下讲出许多安慰、惋惜或鼓励无产阶级的话，以表示他们不是站在资产阶级的立场。所以，在这个限度内，单从学者们著作中的"语法修辞"去端详他们为谁服务，往往会感到迷惑。怎么办呢？是否可以从观点来区别资产阶级经济学说和马克思主义的经济学说呢？基本上可以这样说，一个学者的世界观，决定他对于现行制度是抱着什么态度，是倾向或服务于哪个阶级。不过，从观点上出发，也有表现得暖昧不明的地方，如初期古典经济学者强调反封建，主张革封建主义的命，那就等于承认社会经济制度是会变动、是会发展的，但他们同时却又认为这种变革只能到资本主义为止，历史车轮到资本主义社会就要停止转动了，资本主义是合理的，不需要再变动了。甚至后来自己标榜为历史学派的学者们，也是如此。不过愈到后来，他们就愈像不是由于采取形而上学的观点，以致不能不归结到资产阶级的立场，而宁是由于顽固地没有理性地站在资产阶级的立场，以致不能不采取形而上学的观点。总之，我们所理解的资产阶级经济学说，就是那些有意无意把资本主义社会秩序当作不可变、不能变的自然而自由的制度来加以阐扬乃至辩护的理论。

可是，同是拥护资本主义制度的理论或学说，由于有的发生在资本主义社会的初期，有的出现在资本主义社会较晚的期间或末期，而显得极不相同。在初期的资产阶级经济学说，因为他们的作者面对着妨碍资本主义发展的封建制的各种不合理的规定，有必要从事物内部去考察问题，去发现规律，同时又不明了这个新的制度究竟要发生怎样的弊病，更没有料到无产阶级的威胁，于是，他们的理论的展开，就表现了一些进步的科学的特点。等到资本主义秩序在封建的废墟上建立起来了，它的黑暗面和它的光明面一样表现得明白了，同时被看作资本主义社会的"创伤"的无产阶级，随着资本主义发展而变得严重了，揭露并攻击资本主义制度的学说，相继出现了，这时拥护资产阶级利益的人，就不再能保持理性的冷静，不再能从事物内部去考察问题，反而有必要从事物的表象去寻求掩饰事物本质的口实了。他们就愈来愈丢失了"科学的良心"，愈来愈带有反动的特质。马克思称前面一类经济学说为古典经济学，称后面一类经济学说为庸俗经济学。

不过，我们这样来区别资产阶级的经济学说，在学习研究的立场上讲，只有极其相对的意义；在古典经济学中，就包含了非常多的庸俗成分，虽然我们一般地还不便于倒过来说，在庸俗经济学中，也还包含有不少符合事实的看法，但毕竟同样有学习和研究的必要，为什么呢？那可以从下面得到解答。

三 为什么必须学习资产阶级的经济学说

我们无论学习什么经济学说，归根到底都是为当前的经济服务。学习理论是为了更好地了解实际，但研究过程不能一味直观地从实际开始，愈是涉及面大，愈是复杂的实际经济问题，愈有从思想材料出发的必要。譬如我们要研究当前的物价问题，就必须具有关于物价的基础知识，如果所要研究的是比物价问题还带有根本性的还复杂得多的其他经济问题，我们所需要贮备的基础知识，就更加广泛了。哪一个环节没有搞通，哪一个联系没有接上，对于问题的认识和处理，就无法全面。而要打通那些关节，并不是像我们古人所谓面对着竹子作格物致知的工夫，而是学习钻研以往研究的成果。我们知道，在科学知识的领域内，每一个概念、原理或规律都有它的发现史，如生物上的细胞，尽管老早就存在，但发现的时间很短，而且现在也还知道不完全；又如氧气，它存在的时间就更早了，但一直到18世纪后期才逐渐被发现；同样的在经济学上的一些概念，原理的发现也是经过了一定的历史过程的。如"资本"这个名词，在18世纪以前还没有明白提出过，以后随着现代经济形态的逐步形成，由法国重农学者魁奈提出了"原垫支"、"年垫支"的概念，亚当·斯密进一步把"年垫支"叫流动资本，把"原垫支"叫固定资本，这种分法虽然合乎事实，没有错，但毕竟还不能说明"资本"为什么会增殖价值，会"赚钱"的道理；只有马克思在前人所提出的这个"资本"概念的基础上，更进一步科学地发现"不变资本"和"可变资本"的区别，由是，"资本"这个范畴的本质才被揭露出来。由此可见，人类文化知识的积累是科学研究的前提，丢掉研究对象本身的历史发现过程及其成果，一切重起炉灶。那是吃力不讨好的，同时也是不可能的。

一般地讲来，资本主义社会的文化遗产在人类历史的文化中算是比较丰富和比较进步的，因为资本主义社会生产力远远高过过去任何一个社会，生产力发展要求科学的相应发展，同时由于社会生产力进步，积有巨大的财富，因而也就有可能腾出更多的人从事科学研究。所以今天研究自然科学或社会科学都不但不能丢开资产阶级的学说，甚且有必要实事求是地学习和研究资产阶级的学说，在其他科学领域是如此，在经济学方面亦是如此。

讲到这里，大家一定会这样设想：我们不是有非常完整周到而深刻的马克思主义经济学么？既然要学习马克思主义的经济学，现在又强调学习资产阶级的经济学说，这是不是意味着每一个概念、原理或规律可能有两种或两种以上的讲法呢？不是的，真理只有一个。概念也好，原理或规律也好，都是反映客观存在的现实，对于同一个现实，不能有两个讲法；如果存在不同的看法，那么，必然是有的讲法不能反映现实或只能部分反映现实，总之，能比较正确地反映客观现实的只有一种讲法，也就是"真理只有一个"。然则，我们能不能说凡属马克思主义者所讲的都完全正确，凡属资产阶级学者所讲的都完全不正确？我们不应该作这样笼统的断语。仔细加以分析，就知道，马克思主义的世界观，是绝对正确的；根据这个世界观，根据辩证唯物主义，从而就社会经济问题讲，根据历史唯物主义，是比较能够正确把握社会经济事象的可靠保证，但单有这个保证是不够的，以为凡属能从这个观点出发来研究问题的人，都不会发生错误，不会对事物作主观的曲解，那是颇不全面的说法。反之，资产阶级的观点立场尽管不对，但他们可能对个别问题、个别论点有较正确的说明，甚至可以补充我们的不足。马克思的《资本论》不就是在批判吸收资产阶级经济学说的基础上展开自己的新的理论的结果么？

不仅如此，我们既然知道在马克思主义的政治经济学中，包含了一些资产阶级经济学的合理的健康的成分，那么不懂得资产阶级的经济学说，要想比较透彻地理解马克思主义的政治经济学，显然是非常困难的。

四 如何由资产阶级经济学说的学习来扩大我们的理解，扩大我们认识境界和研究视野

为了说明上的方便，我想就以下三个有代表性的而且又可相互比较的资产阶级的经济学说分别加以考察。

（一）亚当·斯密的自由竞争学说

亚当·斯密的代表著作《国富论》可以说是资产阶级的自由竞争学说的经典。他是怎样展开他的说明的呢？他非常别致地也可以说非常正确地把劳动看作是国民经济的命脉，该书开宗明义讲了这一句话："一国国民每年的劳动，原本就是供给这国民每年消费一切生活必需品方便品的资源。构成这种必需品方便品的，或者是本国劳动的直接产物，或者是用这类产物从外国购进来的物品。"①

在180年前，亚当·斯密就对国民经济作了这样本质的分析，这是非常难能可贵的，虽然他这句话中某些地方还说得不够完满（如一切必需品方便品的资源，除劳动外，还有自然或土地，同时这个资源除供给一国国民生活的必需品方便品外，还应供给生产上的必需品即生产资料）。但一个代表资产阶级利益的学者，当时竟能这样鞭辟入里地提出问题，这已经算是很难得了。

他认为政治经济学的目的，就在"富其君主而又富其人民"，但要"富其君主而又富其人民"，也就是说要"致富"，只靠劳动人多是不够的，更重要的是劳动生产力大，而劳动生产力的提高，有待于分工，分工之起，由于交换。他还提到所有方便品、必需品都是劳动生产物，照理应为劳动者所有。但现在参加生产的除了劳动者外，还有资本家和地主，由于他们分别是生产所需的资本、土地的所有者，他们就要求从劳动生产物

---

① 亚当·斯密：《国富论》第1卷（郭大力、王亚南），商务印书馆1974年新版，第1页。

中分取一个定额，土地所有者分得地租，资本所有者分得利润。然则他们三方面的分配怎样才能得到其平呢？他把交换看作是分配的手段，又把劳动看作是生产物交换的真正价值尺度。他以为社会各阶级成员间，即在获得利润收入的资本家阶级、获取地租收入的地主阶级、获取工资收入的劳动者阶级成员间，如能依据劳动价值原则来进行交换，就可以使各阶级间以及同一阶级的成员间分配关系趋于合理，趋于平均。这就是他所期待的理想社会。但要实现这种公平合理社会的理想，首先必需破除一切妨阻劳动资本自由流动的人为障碍，就是必须全面实行自由竞争，而这在当时封建领主制度和基尔特制度重重限制下，是颇难做到的。所以他非常猛烈、非常坚决地反对各种封建束缚，反对基尔特制，反对以繁琐限制见称的重商主义条例。由于他很正确地认识到资本的自由，必须以劳动的自由为前提条件，他就强调解放劳动力，强调每一个人都能以自己的劳动与资本加入与其他人的竞争，而由是建立起自由而又自然的理想社会制度来；这个社会制度一经建立起来，人类就会永远是自由而幸福的，当然再不需要什么变动。

由上面的简括说明，我们知道亚当·斯密的整个自由竞争学说，是要为资本主义的生产与流通，扫清一切过去的人为障碍；但他拥护资产阶级的利益，不是从表象出发，而是极深刻地洞见到资本、资本家阶级、资本主义制度，和劳动有血肉的关系；没有劳动就没有这一切；劳动没有自由，劳动力没有在自由市场上作为商品出卖，资本就要停止脉搏的跳动，就要失去存在的基础。这是非常本质的看法，他因此就透视到了现代国民经济的内部关系，发现了不少的科学真理，而成为现代资产阶级经济学的奠基人。可是，在另一方面，也许是由于当时社会生产条件的限制，他在从事物内部考察问题的同时，又惯于从外部，从表象考察问题。例如，他原是主张商品的价值，是取决于其生产时所费的劳动量，等到有些问题讲不通，他又极其表象地认为那是取决于其交换时所换得的劳动量；又如，他把劳动看作一切财富的源泉，可是在分配方面，他又毫不迟疑地把资本及土地和劳动一样看成是非常自然合理的所得源泉。后来的优秀古典学者继承了他的科学的衣钵，而庸俗学者们则一味吸收他的肤浅见解。

（二）马尔萨斯的人口理论

亚当·斯密是处在资本主义初期，当时英国存在的中心问题是如何发展生产，怎样进行大量生产，怎样让每个人以他的资本与劳动来和其他人的资本与劳动竞争，亚当·斯密的学说适应了这个要求而被当作当时施行政策的指导原理。在18世纪末19世纪初，西欧各国的特别是英国的资本主义生产关系迅速发展起来，生产上的自由问题逐渐解决了。然而，资本主义这个制度并不像亚当·斯密所想象那样自由、自然和合理，相反的，悲惨的社会情况紧接着产生了，就是说，生产问题解决了，严重的分配问题产生了。当时英国是一个令人吃惊的国度，在旧式农业手工业相继破产，而同时又产生机械驱逐劳动的情况下，一方面是社会财富大量增加，另方面是贫困失业也大量增加。结局，资本主义社会的平等、自由、幸福的幻想破灭了，各种反对资本主义制度的空想社会主义学说出现了。而在此时登场的马尔萨斯的人口学说，就要面对着失业贫困问题为资本主义制度作辩护了。

马尔萨斯人口理论的前提，是所谓人口的增殖力和土地的生产力不调和，也就是人口对生活资料经常显得过剩，他把这个命题放在"食色性也"的自然基础上，而其"科学"数据则是人口按几何率级数增加，而食物按算术率级数增加，因而社会人口过剩，就成了无可避免的自然规律作用的结果。在这种自然规律作用下，失业、贫困、疫病、罪恶、战争就宁是一种必然的现象，而就贫困对于富有或资本家来说，会发生有益的警惕影响，因而这又进一步成为文明社会的一种必要的现象，他因此极力反对济贫法，认为济贫法是违反上帝的规定，违反自然规律。

马尔萨斯所讲的这一大套理论，无非是要说明失业、贫困……等和社会制度无关，但丢开社会生产关系、分配关系来谈人口增殖力、土地生产力的不平衡，丢开人口过剩商品生产也过剩的事实来讲所谓自然的人口规律，他所设定的前提，根本就站不住脚。

马尔萨斯的人口理论无疑是非常冷酷、反动和荒谬的，马克思并曾表示在他的那部《人口论》的著作中，找不到一个科学的词句，可是尽管如此，善于学习研究的人，仍可从那里得到扩大认识的好处。即如马克思批判马尔萨斯的人口理论，首先就是把人口规律从自然的超历史的视野移到社会的视野来，就资本主义社会讲，就是把它放在资本积累过程中，放在资本主义生产关系与生产力的矛盾中来考察。而且，在分别批判的过程中，他引用马尔萨斯及其他僧侣主义者的社会向两极发展的必然论和必要论的看法，更明确看到资本主义在一端是财富的积累，另一端是贫困的积累；看到了资本主义生产关系的不断再生产，证实了在资本主义社会，贫困是必然和必要的，是不可避免的，因此，尽管马尔萨斯从表象来谈人口规律，但他所谈到的资本主义现实，却似乎大有助于马克思的正确的人口理论的发挥。

(三) 凯恩斯的就业学说

如其说，亚当·斯密的自由竞争学说是在于从封建束缚下解放劳动力，在于使资本家有可供榨取的剩余劳动，在于由资本价值的增殖而致富，在于论究"富"的性质及其原因；马尔萨斯的人口理论是在于对已经从各方面游离出来或解放出来，但却为资本主义事业吸收不了的过剩劳动力或失业人口，以及由是引起的贫困罪恶，讲出一些辩护的道理，在于论究"穷"的性质及其原因。那么，在20世纪全世界的资产阶级经济学界红极一时的凯恩斯的就业理论，就在于论究资本家阶级如何才得维持"富"，劳动者阶级如何不免于"穷"，他所处的时代，已经不许可他有亚当·斯密那样乐观的"天真"，一味谈"富"的前景，也不许可他像马尔萨斯那样无所顾忌的"爽快"放言"穷"的必要，他不能不两面开弓，作为他的中心学说的就业理论就带有这样的性质和任务。就业理论在一方面是讲失业问题，同时又是讲如何解决失业问题的扩大就业问题。他在他的著作《就业，利息和货币通论》中，曾就失业或失业者的涵义，极其含蓄而又极其机诈地把他全书的主旨表达出来，那就是说："假如物价对货币工资略微提高了，则愿在现行货币工资上工作的劳动总供给量及对于劳动的总需要量，都将大于现有就业量，在这种情况下的失业者，就是非自愿的失业者"（原著第15页）。把失业者区分为自愿的与非自愿的，认为愿在物价上涨而货币工资不变的条件下工作，而得不到工作的人，才是非自愿的失业者，才是真正的失业者。那些不愿在实际工资降落条件下工作的人，就是自愿的失业者，也就是非真正的失业者。他把失业者加以这样的区别，就一举而在文字上把失业问题解决了很大一部分，晚近各资本主义国家的失业统计数字，也许不少是依据这个失业者分类法的原则算出来的。

然则对于非自愿失业者的问题，该怎样解决呢？该怎样使他们就业呢？显然是要扩增增雇工人的企业，就是要新投资。照理一国的财富愈多，向着新企业投资的财源也愈多；一个人的收入愈大，用在消费上的支出也愈大，可是他发现事实上不是这样。社会愈富裕，它的实际投资与可能投资就愈有距离，个人收入愈多，它的实际消费与可能消费也愈有距离；资本的占有与资本的经营发生了分离，有许多社会心理的因素，加大了这种分离，因而要把资本诱导到新的企业投资方面，就必须使投资能获有预期的利得，获有所谓资本的边际效率，而要做到这层，又必须使一般利息率降低。但单是降低利息率还不足以保证资本的边际效率，因为在产业资本与银行资本结合的垄断资本统治下，利润与利息的比例关系，究还只有不太关重要的现实意义，怎么办？归根到底，只有降低工资，才能保证可以诱致新投资的预期利润。但降低工资，减少购买力，不是缩小了消费范围，而使产品不能实现么？又明目张胆地降低工资，不是会引起工人阶级的有组织的反抗么？在这里，凯恩斯是用通货膨胀这个手段，来鼓励消费和不直接明显地降低工资。为了要使太多的失业人口有就业可能，他甚至强调那些于社会没有什么利益可言的浪费，军火生产就是一个显著的例子。因此，当前帝国主义国家当作国策来推行的通货膨胀，冻结工资，军火生产，就都从凯恩斯的上述意见中，特别是都从凯恩斯对于失业者所作的定义中，找到了理论根据。

像这样一种露骨地代表垄断资本的利益的学说，究有什么值得我们学习的呢？我们要知道，资产阶级是非常实际的，虽然它也非常欢迎那些转移人们注意，或使人们注意力离开实际的空谈或胡扯，但在不断发生经济危机的压迫下，毕竟更欢迎面对现实，对当前缓和危机，延续资本主义生命的各种对策能讲得出一套道理的学说。凯恩斯的就业理论，就是有了这样的性质。

他非常实际的面对当前经济现实，不讳言失业以及经济危机，并把这当作当前经济上的中心问题；他不讳言劳动阶级的不断贫困化，同时并还强调资本的利润率、利息率都在逐渐降低；此外，他又指出了资本所有与投资经营间存在的分离状况和国民收入中可能用在消费上与实际用在消费上的差离情况……这一切，都是现代垄断资本主义生活中的现实，甚至他在说明这些情况时提出的各种心理状态，也还有一定的依据，有些可以从日常资产阶级思想生活中得到证验。

问题只是在于他的观点，把属于第二性的东西，当作第一性来处理，各种社会心理现象，不是被看作实际的物质生产条件生活情况的结果，而倒立起来，被看作是原因；其次，他的整个理论的出发点，不是要科学地分析经济现状，并根据那种分析，找出采取经济措施的理论根据，而是就现有的已在实际采行中的各种维护经济现状的措施，来加以申述和辩解。结局，他所讲的尽管有些近于事实；但事实在观念地再生产过程中，被颠倒、被歪曲了。

从以上举述的三种经济学说的实例看来，只要我们会学，无论学习其中哪一种学说，都能获得益处；作为古典经济学的杰出代表者亚当·斯密，他讲了不少庸俗而又肤浅的意见，但却阐明了更多的真理。马尔萨斯的学说尽管没有一点科学气息，开了近代庸俗经济学的先声，但错误往往会引出真理，他的自然主义的绝对人口过剩法则，他把贫困看作是对于富有的必然而又必要的补充的论证，都能发人深省，把我们的考察研究，导向一个特殊领域，使人体会到上层建筑该和经济基础有怎样密切的联系。凯恩斯的学说，是新庸俗经济学的典型，他用古典经济学的格调，故作科学研究姿态，极其机诈狡猾地援引支持其论点的事实，但尽管如此，仍旧把资本主义末日的无可奈何的致命矛盾的实况表露出来了：要缓和危机，减少失业，就只有用通货膨胀及其他方法，进一步压低工资。但这样做的结果，又是什么呢？更严重一些的危机，更多的人失业。只有对资产阶级统治表示了高度关怀的论著，才能这样深刻地表达资本主义社会的绝望的"沉痛"。

对于这三种学说，分别来学习钻研，已经使我们受益不浅了，但如其把它们综合起来加以比较考察，就显然能大大扩展我们的认识境界。亚当·斯密处在资本主义初期，他只能想到资本主义社会光明面，所怕的是生产不自由，以为生产一自由了，什么问题都没有，他是非常乐观的。马尔萨斯已经看到自由竞争的后果，已经看到财富增加，同时贫困也增加，他是有些悲观了，但当时还没有意识到这种"自然"现象，需要什么根本改变，所以他谈论起来，就毫无所顾虑。可是过了一个世纪，凯恩斯就没有这种幸运了，他已经是处在资产阶级不易按照原来的方式统治下去，劳动人们不能按照原来的方式生活下去的动荡时代了，各资本主义国家的前途，早由帝俄作了示范表演，因而，他面对着这个现实，就谈得非常含蓄、圆滑、曲折而低调。愈是忠于阶级利益的作者，就愈能表达出阶级的感情。我们从这里，从这三位经济学者的学说中，深深体会到了整个资产阶级的喜怒哀乐的情调。正因为他们都是资产阶级利益的忠实代言人，他们才都分别从不同角度，来关心那个极本质的问题，即和资产阶级生死攸关的劳动者阶级的问题。

五　学习资产阶级经济学说应有的态度

前面已经讲到，我们无论学习哪种资产阶级的经济学说，都能得到益处，问题就是要我们善于学习，善于从正面、反面、侧面去领会，去吸取我们所需要的东西。不过，要做到这点，首先得端正一下我们的学习研究的态度。那可以简括地从三个方面来讲：

(一) 历史的态度

科学真理的发现，是要受到历史条件的限制的，我们今日看得非常寻常甚至一般妇孺可以喻知的道理，可能在以前某一个历史时期，曾大大地苦恼过一些有造诣的学者。我们今日学过了一些马克思主义经济学的人，对于过去资产阶级学者就价值、资本、利润、地租……等等概念所作的某些说明，是极容易感到过于有阶级成见，过于肤浅，或非常不明确的，从而，也是极容易对它们作着不公平的评价的。这在一开始，就会阻止我们去接近它，去虚心钻研它。其实，历史的态度，就存在于用历史唯物主义观点处理问题的方法上，以今日的社会评价去要求古人，那显然是极不公平的。

(二) 存疑的态度

学过一些马克思主义经济学的人，对于资产阶级的经济学说，总会觉得有些格格不入，那和资产阶级经济学者对待马克思主义经济学的态度，是有些类似的。但是如其要对经济学作较深入的研究，如其非接触到资产阶级经济学说不可，我们就有必要对任何一种学说，避免武断或全面拒绝的态度；过早地作结论，轻率地下断语，都是为研究所禁忌的。哪怕是极其庸俗而很少科学价值的学说，也要以存疑的态度，宁信其某种个别论点，有可参考的价值；就是指出其错误，也必须经过审慎钻研，确能抓住要点，否则就是"非参验而必之"，"不可必而据之"，那就根本谈不到研究。

(三) 为一切真理敞开大门的开明态度

马克思主义者对任何资产阶级学派有一个根本不同之点，就在于他们不是一个狭隘的宗派。摆在他们面前的历史任务，是实现社会主义——共产主义，求得人类的解放。任何有助于这种事业的科学知识，不论是来自何人何派，也不论其是否完全正确，都将受到欢迎，都将被批判吸收到他们的思想体系中。也就是说：为一切真理敞开大门。这种态度，已非常明显地表现在马克思主义的著作中，特别是表现在《资本论》中。

只要我们对于资产阶级的经济学说，抱着这几种态度去接近它，那就可以说是对于"百家争鸣"方针的贯彻。

(原载《新建设》1957年1月号)

马克思对资产阶级政治经济学批判的态度与方法

一 马克思怎样对待批判

在说明马克思对于资产阶级政治经济学批判的态度之前，首先要谈一谈马克思是怎样看待批判的。

谁都知道，马克思是把批判看得非常重要的。也正因为如此，他对待批判的态度是非常严肃的。

马克思所担当的历史的阶级的任务，是要求用社会发展的规律、用阶级斗争的科学来教育和武装无产阶级。为了完成这个重大历史任务，不但对于以往一切以生产资料私有制为基础的社会，特别是资本主义社会的哲学、社会科学和其他各种学说，需要全面加以清算，检查，还需要去其糟粕、取其精华地加以吸收。这就是批判。这也是为什么马克思的论著都采取了批判的形式，充满了批判的精神的道理。在理论上，批判的要求，是别是非，求真理；而在实践上，则是无产阶级为推翻剥削制度而斗争的有力武器。马克思说："在同这种制度进行斗争当中，批判并不是理性的激情，而是激情的理性。它不是解剖刀，而是武器。"① "哲学把无产阶级当做自己的物质武器，同样地，无产阶级也把哲学当做自己的精神武器。"② 但是，哲学、社会科学要成为无产阶级解放自己的有力的精神武器，它就必须具有高度的科学的说服力，对于所研究分析的问题，要经得起事实的考验。简单的否定是轻而易举的事，但那就不是批判。马克思经常把"非批判地"这个名词解释作是表面的庸俗的没有通过思考的现象反映，是"自发的流行的思维形态的再生产"。

综合马克思在这个问题上给予我们的启示，则严肃的批判。

第一，要有战斗性。批判的总的要求，既然在于求真理与别是非，它

---

① 《马克思恩格斯全集》第 1 卷，人民出版社 1965 年版，第 455 页。
② 同上书，第 476 页。

不但要敢于反抗占统治地位的剥削阶级，还要敢于违反传统的舆论和世俗的权威。所以，马克思把科学的入口处，比之于地狱的入口处，认为在那里必须根绝一切犹豫，毫不畏缩；只要自己的见解是认真探讨的结果，不论怎么不合于统治阶级的偏见，都不要管它。① 他还说："每一种以科学批判为根据的判断，都是我欢迎的。关于以所谓舆论为根据而我从来不对它让步的偏见，佛洛伦大诗人的格言，现在还和以前一样对于我是适用的。'走自己的路，让人家去说罢！'"②

第二，要意识到批判的艰巨性。我们必须承认这种为真理而战斗的精神，是很不容易的。但比这更不容易的，也许还在这一点，即认识批判的艰巨性。马克思曾经指示我们，"在科学上面是没有平坦的大路可走的，只有那在崎岖小路的攀登上不畏劳苦的人，有希望到达光辉的顶点。"③ 恩格斯对这一点讲得更具体，他说："唯物主义的认识的发展，哪怕是单单对于一个历史实例，都是一种科学工作，要求多年的冷静钻研，因为这是很明白的，单靠几句空话是做不出什么来的，只有大量的、批判地审查过的、透彻地掌握住了的历史资料，才能解决这样的任务。"④

第三，要有自我批判的精神。这一点对我们可能是更高的要求。这就是说，要把批判工作做得好，不仅需要不断提高对所批判的对象的认识，同时还需要批判的主体不断提高认识，进行自我批判。即使是马克思主义的经典作家，他们的认识也是在不断发展、提高的（特别是在他们的世界观与方法论正在形成的那个阶段）。马克思曾就自己对哲学、社会主义和政治经济学的认识的发展过程，作了批判性的说明。就在《政治经济学批判》的序言中，就已不难看到，马克思是如何严格要求自己。马克思回顾道："当1845年春他（恩格斯）也在布鲁塞尔逗留时，我们决定对于我们的见解与德国哲学思想体系的见解之间的对立共同钻研，实际上是把我们从前的哲学信仰清算一下。"⑤ 在这个"清算"中，他们不但同青年黑格尔派完全决裂了，往后他们又同费尔巴哈派决裂了，而他们的唯物主义世界观和辩证方法正是在这种自我批判的"清算"中逐渐建立起来的。对于社会主义的认识，马克思说："在《莱茵报》上可以听到法兰

---

① 马克思：《政治经济学批判》序言（郭译），第4—5页。
② 马克思：《资本论》第1卷（郭大力、王亚南译），人民出版社1953年版，初版序第6页。
③ 同上书，法文版序第19页。
④ 马克思：《政治经济学批判》（郭译），第165页。
⑤ 同上书，序言第3页。

西社会主义和共产主义的带着些少哲学色彩的回声。我……公开承认，我以往所学，还不容许我对法兰西思潮的内容本身作什么判断。"① 对于政治经济学的认识，马克思在这篇序言中承认他在由1842年至1843年发表的一些经济论战文章，如关于森林盗伐，地产细分，摩塞尔农民情况以及关于自由贸易与保护关税等等，都是"善良的"，"前进"愿望大大超过了实际知识。② 直到1850年，马克思在便于观察资本主义发展情况的伦敦，才把中断了的经济研究恢复过来，他利用不列颠博物馆中堆积着的政治学史的大量材料，还利用当时在世界发生的一些新的情况，才决定了"我再从头开始，用批判的精神来透彻地研究新的材料"。③ 单就马克思的这些自白看来，就知道，他是如何严肃认真地看待批判，正是这样，他才不能不在批判中更严格地要求自己。

二 马克思对于资产阶级政治经济学批判的态度

我们看到，马克思和他的战友恩格斯的经济论著，在书名和文章题目上几乎都标出"批判"的字样。恩格斯早在1843年，就写出了《政治经济学批判大纲》，马克思的第一部经济论著是《政治经济学批判》，《资本论》是作为《政治经济学批判》的续编；就是没有在书名上标出"批判"字样的著作，如《哲学的贫困》、《雇佣劳动与资本》、《剩余价值理论》……等等，其内容也是从批判入手的。这决不是偶然的现象。我们知道，在这两位革命导师开始他们的经济研究活动的19世纪40年代，资产阶级经济学者，已就资本主义的经济生活写出了千百部著作，已经把政治经济学作为一个完全的形态，作为一个不能非难的教义摆在后来者的面前。不从批判这些材料入手，不突破资产阶级经济学者在资本主义经济认识论上设立的障碍，或者说，不清除他们在资产阶级思想意识上散布的尘雾，是一步也不能前进的。当然，这并不能得出这样的结论：站在无产阶级的立场上，凡属为资产阶级利益设想的理论都不利于无产阶级，都要加以否定，批判就是意味着简单的否定。事实决不是这样。从社会历史的发展过程来看，资本主义制度是一个比较进步的经济形态，而在19世纪40

---

① 马克思：《政治经济学批判》（郭译），第1—2页。
② 同上书，序言第1—2页。
③ 同上书，序言第4页。

年代以前，又是资本主义处在发生成长的历史阶段，在那样的历史阶段，资本主义制度不但容许并且要求对它的经济生活，对它的经济运动的规律，作一些客观的科学的说明。比如，它要发展商品生产，就不能不注意研究劳动价值学说，事实上，没有这样的科学说明，没有根据这样的科学说明而制订的便于商品生产自由发展的政策作指导，资本主义经济运动是不会迅速前进的。这也就是说，把资本主义经济作为对象，资产阶级经济学者对于政治经济学是作了一些贡献，是有它的正确的一面的。可是，在另一方面，正因为他们是资产阶级经济学者，他们所研究的经济材料，又具有资产阶级所固有的利令智昏的特点，再加上受当时的生产力发展水平的限制，他们的理论不但包含着错误，就是比较正确的部分，也显得不彻底、不明朗、不系统。这样，要从他们的理论中，分辨出哪些是正确的，哪些是错误的，哪些在正确的原则中包含有错误的因素，哪些在错误的说明中包含有正确的片断，这的确是一件非常困难的批判工作。马克思是充分估计到这一点的。为了别是非，求真理，他没有放过任何一个大经济学家的名著中的小缺点，同时也没有忽略任何一个不知名作家所写的小册子中的任何有价值的论点。马克思一方面尖锐地揭露和驳斥了那些专以诡辩为能事的经济学者的肤浅说教，可是在另一方面，对于那些在经济学上作出了一定贡献的资产阶级经济学者及其有科学价值的理论，马克思却是赞扬备至的，称之为"伟大的"、"天才的"、"最有创建的"、"卓越的"、"第一次出现的"等等。这说明正是由于他的以真理为准绳，丝毫没有狭隘宗派的无产阶级革命导师的气魄，才能这样是其是非其非，才能把批判看作是探求真理的最重要手段。试把资产阶级经济学者对待马克思及其学说的态度一加比较，就可以看到：资产阶级的学者所受到的资产阶级狭隘性的限制和资产阶级偏见的束缚是多么大和多么深。当然，由于资产阶级经济学者所处的历史条件不同，他们对待批判，对待真理的态度也不是完全一样的。

对批判采取严肃的科学的态度，当然不是纯客观的研究，而是要是其所是而非其所非，这就是说，要寓褒贬、别是非。前面已讲到马克思怎样表扬资产阶级经济学者的正确见解，又怎样无情地斥责诡辩理论的严正态度。马克思为了贯彻这种批判的精神，特地把资产阶级经济学中比较正确的一面，称之为古典经济学，而将其错误的一面，称之为庸俗经济学。这两者的分野，严格地讲，就是前者所研究的是反映社会经济的本质的内部联系，而后者所研究的则是它的外表现象。马克思说："我所说的古典经济学，是指配第以来这一切的经济学，它曾研究资产阶级生产关系的内部的联系；相反的，庸俗经济学却只在外观上的联系上面打转转……"① 在马克思看来，"古典的表现"，就是作过批判的研究分析，就是对于用日常的流行观念代替科学研究的庸俗见解，作过批判的分析的结果。他常把"古典的"和"批判的"看为同义语，把"庸俗的"和"非批判的"看为同义语。"古典的表现"不彻底，因为其中就还夹杂着没有批判透的庸俗成分。他认为古典经济学的伟大功绩，在于它和以前存在的错误表象经济观念作斗争，和那些把各种经济形态看作彼此无关的错觉作斗争。"因为它把利息还原为利润的一部分，把地租还原为平均利润以上的余额。让二者在剩余价值内合而为一；因为它把流通过程当作单纯的形态变化来说明，最后并在直接生产过程内，把商品的价值和剩余价值还原为劳动。不过，甚至古典派经济学第一流的发言人，也还多少拘囿在他们曾经批判地解决的假象世界内；而从资产阶级的立场看，也不可能再有别的结果。所以，他们都多少陷在不一贯，半途而废，和没有解决的矛盾中。"② 这段话告诉我们：古典经济学家所批判研究过的是这样一些虚假错误的东西，古典经济学的"古典的表现"是什么？古典经济学"未能免俗"的，不能彻底从庸俗流行见解中解脱出来的关键何在？从这里，我们已经看到，把科学的批判分析称之为"古典"，这本身就是一种"褒奖"。同时，把非批判的、毫无科学意义的研究称之为"庸俗"，它本身就是一种"贬斥"。就像马克思把资本主义制度定义为剥削制度的这一科学概念一经为一般人所接受，连资产阶级也非常忌讳资本主义这个概念一样，自马克思把资产阶级经济学划分为古典经济学与庸俗经济学，当这种划分一经为一般人所接受，连最庸俗的经济学者也千方百计地企图避开"庸俗经济学家"这个称号。当代庸俗经济家大师凯恩斯把许多庸俗经济学的代表人物塞进古典学派里去（例如他把萨伊当作旧古典学派，把马歇尔、皮古当作新古典学派（见《就业，利息和货币通论》），就是这个手法。在这里，我们也看到了马克思的批判的力量。

即使对于庸俗经济学，马克思也不是采取一概否定的态度，这一点，只要看马克思对当时的庸俗经济学所作的区别，就非常清楚。马克思把庸俗经济学的代表人物，分作三个流派：现代庸俗经济学的老祖宗萨伊；剽窃大师巴斯夏；德国的历史学派。马克思指出，在萨伊，在亚当·斯密著作中发现的劳动者与资产者的对立性，在当时的现实生活中还未展开，但

---

① 马克思：《资本论》第1卷（郭大力、王亚南译），人民出版社1953年版，第65页。
② 同上书第3卷，第1087页。

以后这两派却已经面对着劳动者和资产者对立的现实了。所以，马克思说："在庸俗经济学的早期的阶段上，它的一切资料都还没有完全制造好，从而，在经济问题的解决上，还多少掺杂着经济学的立场，例如，萨伊就是这样。反之，巴斯夏却只有剽窃，只要把古典经济学的不适意的方面支吾开去。但巴斯夏还不代表最后的阶段。……这里所说的最后形态是大学教授的形态。那是'历史的'进行的，并且到处都用聪明的克制精神，去搜集'至善'，其目的，当然不在矛盾，而在完善。一切体系的精神被斫伤了。一切体系的尖锐处都被折磨了。它们是和平的同处在选文集中了。"① 就是对于基本上是庸俗学派的马尔萨斯，马克思也不把他的经济学和《人口论》同样看待，马克思指出：在马尔萨斯的经济学中还包含了一些有价值的成分。对属于庸俗学派的约翰·穆勒，马克思也认为，在庸俗派中要对他另眼相看。从这里可以看出：马克思对资产阶级经济学的批判采取了多么严肃，认真和负责的态度。

三　马克思对于资产阶级政治经济学批判的方法

为了探求科学的真理，不仅需要有科学的批判的态度，还需要有科学的批判的方法。马克思在《政治经济学批判》的序言和导言中，在《资本论》第一卷的《初版序》和《二版跋》中，都曾经反复地讲到他的批判方法问题。恩格斯明确地指示我们，他同马克思共同创建的"这种德国的经济学，其精神实质是建立在对于历史的唯物主义观点上的。"② 他还说："马克思对于政治经济学的批判就是把这个（辩证逻辑——南）方法作基础的。这个方法的树立，我们认为是一个成果，就重要性说丝毫不次于唯物主义的基本观点。"③ 这句名言是大家都熟悉的。马克思自己说他的方法是辩证法，④ 另外又提出研究的方法和说明的方法；⑤ 又提出抽象的方法；⑥ 此外，恩格斯又讲到马克思在批判政治经济学中所运用的历史的方法和逻辑的方法。⑦ 马克思所运用的究竟是什么方法呢？怎样把上

---

① 马克思：《剩余价值学说史》第3卷，第567页。
② 马克思：《政治经济学批判》（郭译），第163页。
③ 同上书，第169页。
④ 马克思：《资本论》第1卷第2版跋（郭大力、王亚南译），人民出版社1953年版。
⑤ 见《政治经济学批判》。
⑥ 同上书，初版序。
⑦ 见《政治经济学批判》。

面所说的这些方法统一起来认识呢？详细说明这一点，不是本文的任务，这里只简单谈一下其中的联系。马克思所说的辩证法，不能理解为一般的方法，而是方法的原理。对资本主义经济的研究来说，就是要把资本主义内在联系的辩证发展关系表达出来，使它成为人类社会逻辑发展过程中的一个特殊段落，使它成为"资本主义的辩证法"，即列宁所说的马克思的《资本论》是一部活的辩证法。可是，要把资本主义的辩证发展关系表达出来，是颇不容易的，必须研究大量的现实材料，找出资本主义社会的各种不同的经济形态，如商品货币，资本形态等等；在资本这个范畴中，又分出生产资本、商品资本、货币资本、不变资本、可变资本、固定资本、流动资本……等等，这就是研究的方法，即一般所说的分析的方法。但怎样把所发现的这些经济形态加以综合表达呢？其中什么是主要的，什么是从属的，什么应放在前面，什么应放在后面？在这里，显然不能由主观任意决定，而必须依据对象的性质，主体的立场，特别是从事物的内在的必然联系中，考虑怎样正确地把资本主义经济的辩证发展关系表达出来，这就是科学的系统的说明或叙述的方法；抽象的方法，历史的逻辑的方法，都是在这种场合里分别显示它们的作用的。而由简单到复杂、由抽象上升到具体的表述的程序，则不过是作为运用那些方法的具体表现。

从这里，我们就知道，马克思主义的政治经济学，尽管在理论方面，还批判地吸收了资产阶级政治经济学的一些古典的合理的成分，而它在方法论上，一开始就是同资产阶级的半历史主义的形而上学的方法相对立的。资产阶级学者在反对封建主义生产方式的斗争中，认识到了封建制度乃至更古旧的奴隶制度的不合理、不自然，但对于资本主义制度，则认为是合乎理性的自然的制度，即使它有缺点有错误，那也是自然的、不可避免的。马克思把这种观点看作是半历史主义的观点。在这种半历史主义的自然的观点的指导下，他们的经济学当然不可能建立一个以辩证发展关系为核心的科学体系，就不可能认清资本主义制度和其他剥削制度具有相同的性质的一面这种历史的特点：他们总是把资本主义制度的主人——资产阶级的利益看作是全体人民或国民的利益；结果，他们就有意无意地模糊了研究的对象，而在理论上弄得漏洞百出。

为了说明马克思在批判资产阶级经济学中所运用的方法，就不能不把资产阶级经济学的发展作一个简略的说明。资产阶级学者，特别是那些古典学者，曾经努力把劳动价值学说作为基础，来建立一个反映资本主义经济内部联系的科学体系。早在17世纪后期，英国古典学者威廉·配第，曾企图用土地和劳动的价值来计量比较工资、地租、利息这些分配形态的变动比例。马克思认为那是最有创建性的天才的尝试。过了100年以后，法国经济学者魁奈，曾用一个简单的经济表，把整个社会生产、分配、流通、消费的关系表现在再生产方式中，马克思也说那是一个天才的创见。但由于历史条件的限制，不但没有一个比较成熟的资本主义经济形态供他们考察，而依靠土地生活的封建经济，还有力地影响着他们，使他们无法完全从自然因素中解脱出来。配第认为土地也创造财富，魁奈只承认农业劳动创造财富。直到亚当·斯密，才如马克思所说的"大大跨进一步"。斯密在《国富论》的序言中说："一国国民每年的劳动，就是供给这个国民每年消费的一切生活必需品方便品的泉源。"李嘉图又进了一步，在他的《政治经济学及赋税原理》序言中，就阶级关系来说明整个经济学的任务。他说："劳动、机械、资本、联合使用在土地上所生产的一切土地生产物，分归社会上三个阶级，即地主、资本家和劳动者，这种分配，受支配于一定法则。确定这个法则，是经济学上的主要问题了。"机械与资本，被李嘉图理解为过去的劳动，劳动，则被理解为活劳动。这样，我们就不但有了较完整的劳动价值学说，并在这个学说的基础上，明确地把握基于阶级关系的分配论了。因此，李嘉图的经济理论是被看作集资产阶级政治经济学之大成的。从表现形态上看，不但是配第、魁奈的经济论著，就是亚当·斯密或李嘉图的经济论著，也没有成为一个科学的系统。他们的后继者，如萨伊、杰文斯之流，也许为了补救这个缺陷，就对古典经济学大师们所提供的有价值的内容，任意加以割裂取舍，从表象上组成一个由所谓三分法（生产、交换、分配）再加三位一体公式（资本——利润，土地——地租，劳动——工资）的体裁。马克思曾在一切适当的场合，尖锐地驳斥了这个矫揉造作的虚伪结构。也正因为这样，马克思对资产阶级政治经济学进行批判。就不能就他们某个著作或某些论点分别地零碎地加以考察，而必须根据辩证唯物主义的观点和方法，对资产阶级经济学进行系统的批判分析，对其中的每一个论点，都从资本主义的全面的发展的观点来加以考察，关于这点，恩格斯曾就《论马克思的〈政治经济学的批判〉》，作了这样深刻地说明："我们面前这样的著作，决不是对于政治经济学中的个别章节作零碎的批判，决不是挑选出经济学上某些争论问题作孤立的研究。相反，它一开始就以系统地总结经济科学的全部复杂内容，并在联系中说明资本主义生产与交换法则为目的。经济学家们既然无非是这些法则的解释者和辩护人，那么，这个说明同时就成为对于全部经济学著作的批判。"① 只有这样，只有就资产阶级社会经济的内部联系或结构，全面加以把握，这样，资产阶级经济理论中的任何一个正确或错误的论点，就一目了然地显现出来了。马克思所说的他的"批判的范围，不限于拿事实和观念来比较对照，却是拿一个事实和别的事实来比较对照。"② 就是这个意思。孤立地考察某一个论点是否符合于事实，往往难以下判断，把它放在整体中来看，放在发展过程上来看，它是否站得住脚，就看得非常清楚了。所以马克思的《资本论》这个体系一摆出来，所有资产阶级经济学者所提出的概念、范畴、规律，没有一个不受到编队检查，而被分别放在适合它们现实关系的地位中。

四 从马克思对资产阶级政治经济学批判的态度与方法中学习什么

我们在上面讲了马克思对待批判的态度，也讲了他对资产阶级政治经济学的批判的态度和方法。马克思的这种批判态度和方法对我们批判当代资产阶级的诡辩理论，以及对我们的社会主义政治经济学的理论建设，对我们的经济教学和科学研究工作有什么现实的意义呢？我们能从这里获得哪些教益呢？根据我个人的体会，下面这几点是值得我们重视的。

首先，它告诉我们，对于科学真理的忠诚，是对于无产阶级事业的忠诚的考验。马克思列宁主义所以具有无往不胜的力量，就在于它是科学的真理；就在于它的创建者和继承者认识到他们所代表的无产阶级的根本利益，就要求他们运用辩证唯物主义的观点和方法，把社会经济的现实关系正确地表达出来，彻底揭露社会经济运动中存在的矛盾，并以此来比较、考察、批判一切阶级社会，特别是资产阶级社会的一切社会的思想的经济的学说。在批判资产阶级的政治经济学中，建立起崭新的无产阶级的政治经济学体系。正因为如此，他们对批判采取了最严肃的态度；既不放过一个错误的见解，又不丢掉一个正确的论点。是其是而非其非，不夹杂一点狭隘宗派的成见，一切都以真理为准绳，无产阶级所需要的就是科学真理。因此，忠于科学真理，就是忠于无产阶级事业的表现。作为一个马克思列宁主义的理论工作者，无论是从事理论斗争，还是从事理论建设，对

---

① 马克思：《政治经济学批判》（郭译），第166页。
② 马克思：《资本论》第1卷（郭大力、王亚南译），人民出版社1953年版，第2版跋第15页。

批判研究的对象，不经过严肃、认真的分析研究，即作出简单的否定或简单的肯定，都是不符合于我们革命导师用自己的榜样所教导我们的对待批判的态度的。

其次，它告诉我们，马克思主义的立场、观点、方法，只是我们进行批判研究工作的出发点和指导原则，它不能代替具体的批判研究工作，任何一项科学的批判研究工作，都需要付出大量的艰苦的独立劳动。我们今天从事批判研究工作，比起马克思的时代来，具有无可比拟的有利条件，单就这一点来说，我们的革命导师所创立的无产阶级的世界观和方法论，和他们运用这种世界观和方法论批判资产阶级政治经济学中所作出的榜样，不知道要为我们今天进行这项工作提供了多少便利条件。可是，即使如此，摆在我们面前的任务还是十分艰巨的。单是学习革命导师们所遗留给我们的那些经典著作，由体会、掌握到应用，就够我们下一辈子的苦功。而我们今天所接触到的经济现实，所面临着的各种经济问题，所要批判研究的对象，又是那样繁杂。我们有和比马克思的时代更庸俗的资产阶级经济学者作斗争的任务，有和修正主义、改良主义经济学说作斗争的任务，还有建设社会主义政治经济学的任务。要应用马克思主义的观点、方法来批判研究这任何一方面，或其中任何一个原理，而真有所获，那就正如上面所引述过的恩格斯的话："唯物主义的认识的发展，哪怕是单单对于一个历史实例，都是一种科学工作，要求多年的冷静钻研，因为这是很明白的，单靠几句空话是做不出什么来的"。用马克思的话来说，就是：善良的"前进"愿望，大大超过实际知识，这是不行的。

第三，它告诉我们：批判资产阶级政治经济学要区别对待。马克思批判19世纪中叶以前的资产阶级政治经济学，把它区别为古典的和庸俗的：即使对庸俗经济学也作了最缜密的分析，把其中哪怕一点点古典的正确的成分，都把它剔取出来。但在马克思以后，资产阶级政治经济学有了很大的变化，我们知道，在19世纪中叶以后，当无产阶级革命运动由于愈来愈多地接受马克思主义的指导，而日益发展壮大的时候，资产阶级政治经济学为了维护资本主义制度，为了反对马克思主义的经济理论，各种各样的唯心主义的思潮开始泛滥起来了，各种为资产阶级御用的经济理论，都钻出来了。到了20世纪初，特别是十月革命以后，整个资产阶级已经腐朽到这样的程度，它再也不能让它的经济学者讲理了。但是尽管如此，对待这个时期的资产阶级经济理论，我们仍然不能认为它们是毫无研究价值，而一概否定了事。要知道，再庸俗的唯心主义理论，即使它不能直接反映客观现实，它却可以反映统治阶级允许并鼓励这种伪科学存在的实际情况。而且，资产阶级内部也是存在着错综复杂的矛盾的，在国与国之间，在财团与财团之间，都有代表它们不同利益的不同宗派，在它们相互抨击的时候，也可出现一些"露底"的见解。事实上，就在反动的垄断资产阶级统治下，也还有一些代表小资产阶级利益的或比较进步的经济理论存在着，所有这些情况都告诉我们：批判当代资产阶级经济学，仍然必须采取严肃认真的态度，分清是非真伪，区别对待。

它还告诉我们：对资产阶级的经济理论进行批判，同时还需要有严格的自我批评的精神。因为我们对于任何经济理论的研究，都不能不同已经存在的有关的流行思维打交道、作斗争。如果我们在研究批判当中，由于深入分析钻研不够，"非批判地"接受了那一些流行的思维或表象观念，就会发生错误。正因为我们要批判地论证和分析他们的错误，要把当代资本主义和社会主义的现实关系及其运动的规律揭露出来，也就需要同我们自己思想认识中存在的错误观念作斗争。这样，就能使我们的批判研究工作和马克思列宁主义的理论水平逐步得到提高。

1962 年 1 月 1 日于上海

（原载 1962 年 1 月 19 日《解放日报》）

古典政治经济学及其发展

一 古典政治经济学的产生

资产阶级古典经济学派，产生于17世纪中叶到19世纪前期的这个历史时期。那时，资本主义经济制度，还处在由发生到成长的前进阶段。资产阶级与工人阶级间的阶级斗争，还未发展，而资产阶级对封建贵族僧侣阶级的斗争，对专制主义和重商主义的斗争，却在一步一步地取得决定的胜利。因此，这个时期的政治经济学，就从消极和积极两方面显示了它的任务和特点："它从批判封建生产形式的和交换形式的残余，开始证明它们为资本主义形式所代替的必然性，然后从正面……阐发资本主义生产方式的以及与此相适应的交换形式的规律。"① 必须指出，在近代初期，要批判封建生产形式和交换形式的残余，已经不很容易，而要从资本主义的生产方式和交换形式来发现各种经济规律，就更加困难了。因为当时处理经济问题，并没有完全从非经济的宗教的伦理的因素摆脱出来，各种财富形态，被看成是漠不相关的、相互独立的、或至多只认为有一些偶然的表面联系。而社会经济规律的发展，却要求从一般社会关系中，划出经济关系；从一般经济关系中，突出生产关系；并进而从生产关系内部找出统一的联系。马克思所说的古典经济学派，就是这样做的。他们对资本主义的现实关系，作了古典的科学的表述，取得了成绩，所以马克思在肯定的褒扬的意义上，说这样的经济理论，是古典经济学，并把这样一些经济理论研究者，称之为古典经济学派。他说：我所说的古典经济学，是指配第以来这一切的经济学，它曾研究资产阶级生产关系的内部联系。② 并指出，他们这样进行研究所取得的伟大的功绩，就在于把一向认为彼此漠不相关的不可究诘的各种经济表象，都从生产关系内部，找到它的统一的因果的

---

① 恩格斯：《反杜林论》（吴黎平译），人民出版社1956年版，第154页。
② 马克思：《资本论》第1卷（郭大力、王亚南译），人民出版社1953年版，第65页注。

关系。"因为它把利息还原为利润的一部分，把地租还原为平均利润以上的余额，让二者在剩余价值内合而为一；因为它把流通过程当作单纯的形态变化来说明，最后并在直接生产过程内，把商品的价值和剩余价值还原为劳动"。① 这就是说，古典政治经济学，是在劳动价值学说的基础上，来统一说明资本主义商品生产的各种分配形态与流通形态。

我们今天所熟悉的较完整较系统的古典经济学理论，实是17世纪中叶以后，将近两个世纪的古典经济学者共同努力的结果。如以劳动价值学说而论，马克思就说："把商品归结于两重形式的劳动，即把使用价值归结于实在劳动或合目的的生产活动，把交换价值归结于劳动时间或同样的社会劳动，——这个分析，是古典派政治经济学经一个半世纪以上的研究而最后得出的批判的结果。"② 价值学说如此，在其他必须依据价值学说来说明的其他经济学说，如货币学说、资本学说、工资学说、利润学说、地租学说……等等都同样经历了长期的摸索过程。古典派经济学者遗留下来的大量著作，就清楚告诉了我们这一点。

二　古典政治经济学的发展过程

马克思在全面批判分析资产阶级政治经济学的同时也指点出：谁是属于古典经济学派，以及哪些是他们的值得重视的古典经济著作。

这里我们不能详细论述古典派经济学者及其著作。我们只想就他们那些代表人物及其代表著作分别在经济学说史上的地位和作用，概括一个轮廓。

在前述古典派经济学产生的那个时期（由17世纪中叶以后到19世纪中叶以前），在西方所有的先进国家中，只有英法两国的资本主义经济生活，一直是比较持久地发展着。因此，所谓古典派政治经济学，就差不多是以英法两国为限。马克思很明确地讲道："古典派政治经济学，在英国从威廉·配第、在法国从布阿吉尔贝尔开始，在英国以李嘉图、在法国以西斯蒙第结束。"③ 在这中间他虽然提到了美国人富兰克林在《略论纸币的性质与必要》（1721年出版）一书中，肯定劳动是价值的尺度，劳动时

---

① 马克思：《资本论》第1卷（郭大力、王亚南译），人民出版社1953年版，第1087页。
② 马克思：《政治经济学批判》（郭译），第24页。
③ 同上。

间是测量价值大小的依据，因此，"规定了现代政治经济学的基本法则"。① 但他他随即表示："佛兰克林的交换价值分析对于这门科学的总的发展并无直接影响，因为他不过在有一定实际需要的时候处理政治经济学上的个别问题。"② 马克思对于当时个别意大利经济学者的见解，尽管也有所赞许，③ 但却不曾把他们包括在古典经济学派里面，也许是根据同一理由罢！事实上，就在古典经济学派中，他对英法两国的经济理论，也不是一律看待的；严格意义的资产阶级古典经济学，基本上是属于英国的科学；法国的古典经济学理论，对于古典经济学的发展，一直具有极大的影响，但一般地讲，它们的农业趣味，从而，它们的小资产阶级的色彩，是太浓厚了。

古典政治经济学，在它的整个发展过程中，曾在三个历史时期表现得比较集中突出，也比较显示了不同的特点。

第一个时期是在 17 世纪后期。那时的国民生产还基本上是封建的，谋利的资本主义活动，一般还只限于商业范围，而作为对抗封建统治的最初的近代经济意识形态，则是随着流通活动展开而变得极为流行的重商主义。由于经济上的重商主义是要借政治上的专制主义来推行的，而专制国王与贵族官僚在国民财政税制以及其他各种经济措施上的专断与胡为，显然要和当时在流通经济活动中逐渐抬起头来的工商市民阶级的合理的新经济秩序的要求相抵触。在这种情况下，代表市民阶级的那种合理要求的经济学者，就想尽办法，对于那些还基本上没有从封建形态蜕变出来的经济生活，勉强作着资产阶级的解释。在这时期，英国威廉·配第分别在 60 年代、70 年代、80 年代写出了《赋税论》、《政治算术》、《货币问答》等著作。紧接着，诺思在 1691 年发表了《贸易论》，洛克在同年发表了《论降低利息与提高货币价值的后果》，以及法国布阿吉尔贝尔在 1697 年发表了《法兰西详论》和这以后若干年写出了《论谷物的生产与贸易》等著作。尽管他们的研究所涉及的经济领域不同，所注意的重点不同，但却有一个共同的要求，就是企图找出国家管理财政经济活动，调整发展产业所可能依据的合理的原则。威廉·配第第一个就全国民经济范围，指出自然与劳动是财富的源泉，是产业发展的基本条件，也是各种分配形态如地租、利息、工资等等之间的内在联系，他甚至试图用商品价值来衡量它

---

① 马克思：《政治经济学批判》（郭译），第 26 页。
② 同上书，第 27 页。
③ 同上。

们之间自然的比例关系。后期的突出的重商主义者诺思，乃至哲学家洛克，都是沿着他所提出的原则，论证限制货币利息，无异限制用货币来经营的贸易及其他事业的发展。洛克还进一步说明，货币也是一种商品，它也和其他商品一样，要受价值法则的支配，政府任意提高货币的额面价值，在他看来，简直是胡闹。当英国的这些经济学者从贸易产业的角度，来反对专制主义的重商主义的措施时候，法国的重农主义先驱布阿吉尔贝尔，却在非常担忧农业受到破坏的情况下，力言农业才是生产事业，"土地的果实"才是一切收入的源泉，他以为能够让土地生产物得到合理的价格，就会使生产和消费都有保证。然则用什么做标准来确定农产品的合理价格呢？马克思说："布阿吉尔贝尔，就他这方面来说，虽然不是有意识地，却事实上把商品交换价值归结于劳动时间，因为，他用个人劳动时间分配于各个特殊产业部门的正确比例来决定'真正价值'。"① 至于金银，在他看来，只不过是为取得财富的手段罢了。他很奇怪人们为什么把手段当成目的。

所有这些经济学家，分别表现在他们上述著作中的见解和理论，归根结底，无非是要从现实生产关系中探索出有利于资本主义商品生产的一些基本原则。但在当时，一般劳动剩余生产物的代表形态还是地租，现代性的资本、利润这一类的重要的经济范畴，都还没有形成，他们的理论的局限性，就十分明显了。

第二个历史时期，是在18世纪中叶及其以后的二三十年间。在英国，那是在产业革命开始阶段，而在法国，则已临近大革命前夜。那时英国的资本主义商品生产，在比较顺利地向前发展，法国也在发展中痛感到封建制度与重商主义政策的束缚。因此，这一时期的经济理论研究，就比前一阶段表现了极大的进步性，而形成为古典派政治经济学的大发展时期。

1750年英国马西的《论决定自然利息率的原因——关于配第、洛克的意见的考察》一书问世，这部书的划时代的意义，就在于它明确提出了利润这个范畴，论证利息是利润的一部分，因之，决定利息率的就不像配第，特别是哲学家洛克所讲的那样，是货币的供需比例关系，实际上是看运用货币，能获怎样的利润。这样一来，就无异把前一阶段被看作地租的派生形态的利息，转而看作是利润的派生形态了。这是一个历史的转变和发现。在这点上，另一个英国哲学家休谟是完全踏袭着马西的。在1752年出版的经济《论文集》中，他这样告诉我们："利息率的水准，定

---

① 马克思：《政治经济学批判》（郭译），第25页。

于借者的需要，贷者的供给，从而是定于〔货币资本的〕供给和需要。但在本质上，它还取决于'由商业发生的'利润的水准。"[1] 可是不论休谟也好，马西也好，他们所讲的利润，还只是商业利润，不是产业利润。这是毫不足怪的，他们所处的时代，资本主义的活动也还一般地限于流通领域，正是因为这个原因，他们尽管明确提出了剩余这个范畴，"但他们两个都几乎没有说到商业利润本身的起源。"[2] 没有追问到剩余价值的来源，而剩余价值的来源，在流通过程是找不出来的，必须到生产过程去找。在这里，我们看到一件饶有兴趣的事。不管英国商品经济比法国怎样先进，但从生产过程去发现利润的来源，剩余价值的来源的，却是法国的重农主义经济学者。最初讲到资本与收入的不同性质，和资本的原垫支与年垫支的区别的，是他们最初说明什么劳动是生产的，什么劳动是不生产的，并由此来区分社会阶级的，也是他们。1758年，魁奈的那个用简单几根线条来表示全国民经济运动的《经济表》，第一次刊印出来了，这一序列有联系的根本问题，都在那个表及其说明中，有了相当确定的交代。而他的后继者，特别是那位在法国财政经济上掌过实权并力图把重农学说付诸实施的杜尔哥，曾在他1766年出版的《关于财富的形成和分配的考察》中，把他们的导师魁奈的许多讲法，还作过一些更有近代意义的订正。因此，马克思说："在资产阶级视域内分析资本，大体说，是重农主义派的功绩。这种功绩，使他们成为近代经济学的真正的始祖。"[3] 他又说："重农主义派，把剩余价值起源的研究，由流通领域推移到直接的生产领域，并由此立下了资本主义生产的分析的基础。"[4] 我们前面不是讲到威廉·配第是"现代经济学的创始者"吗？他不是也企图用劳动，用商品价值，来统一说明各种财政经济现象的内在联系吗？但他当时所在的社会，还太落后了，他不过是勉强对那些基本上是封建的经济秩序作着资产阶级的解释。等到英国工商业发展起来了，要从工业生产过程去发现剩余价值的来源，又远没有从农业生产过程去发现剩余价值的来源容易，"在工业上面，普通不是使劳动者直接再生产生活资料，生产其生活资料以上的剩余。当中的过程，要以买卖做媒介，以流通的各种行为做媒介的；要理解这当中的过程，必须先分析价值一般。这个过程，在农业上

---

[1] 马克思：《剩余价值学说史》第1卷，三联书店1951年版，第27页。
[2] 同上书，第32页。
[3] 同上书，第36页。
[4] 同上书，第38页。

面，却直接表现在所生产的使用价值多于劳动者所消费的使用价值的剩余上面了。所以，在农业上面，虽不分析价值一般，不明白了解价值的性质，这个过程也能被理解。"① 马克思的这个深刻的分析，表明重农学派所强调的纯产物，虽然是使用价值，但劳动者所生产的使用价值，多于他们所消费的使用价值，就直接地、毫无掩蔽地把剩余表现出来了，把他们的劳动生产性质表现出来了，把他们在劳动过程内使用并相互代置的诸物质成分的资本性质表现出来了。法国的社会历史条件，促使他们的重农者在农业生产过程首先分析这些问题，取得伟大的成就，但他们所期待的资本主义性质的大农业，却不过是英国的现实，而他们只承认农业劳动为生产的劳动的片面性，却必须由工商业发展的英国经济学者来予以纠正、补充和发展。由农业剩余劳动生产物的认识，推移到它的剩余价值的认识，到一般剩余价值的认识，首先要解决价值一般，从而劳动一般的问题。更进一步，还要解决，那是实用的有用劳动还是生产交换价值的劳动的问题。马克思说，这个成为资本主义财富的源泉的，究竟是哪一种实在劳动的问题，曾在18世纪惊动着欧洲。② 只承认农业劳动才是生产劳动的重农主义者，显然不能解答这个问题。1767年，英国经济学家斯图亚特出版了他的名著《政治经济学原理研究》。马克思说他在那部书中，第一次就整个资本主义经济制度作了全面的研究，他直截了当地把利润看成是剩余价值，又把利润分成所谓实际增加社会财富的积极利润与由让渡发生的在一方的所得即为他方之所失的相对利润。而他"比他的前辈和后辈杰出的地方是他在表现在交换价值中的特殊社会劳动和生产使用价值的实在劳动之间划了清楚的区别。"③ 不过，马克思同时也指出，"在他手上，政治经济学的一切抽象范畴还处在从它们的物质内容分化出来的过程中，因而表现得是不确定而摇摆的，交换价值这个范畴就是如此。"④ 可是凡属由斯图亚特乃至由重农学派表现得不全面、不明确、不确定的地方，最后都由亚当·斯密来加工发展了。许多关键性的原则方面，斯密是站在斯图亚特和重农学派的肩头上去考察的。尽管他在一定程度"抄袭了"这些学者，但他的伟大处，却在他看得更远，更全面，也更周密一些。首先，斯密在劳动一般的认识上，和他的一切先辈比较是大大地跨进了一步，

---

① 马克思：《剩余价值学说史》第1卷，三联书店1951年版，第39页。
② 马克思：《政治经济学批判》（郭译），第29页。
③ 同上书，第28页。
④ 同上书，第27页。

"把创造财富的活动的一切规定完全抛开，——干脆就是劳动，既不是工业的、又不是商业的、也不是农业的，倒是，既是这种劳动，又是别种劳动。有了创造财富的活动的这种抽象一般性，也就有了规定为财富的那种对象的一般性，这是生产物一般，又是劳动一般。"① 有了劳动一般的概念，他就再不用在各种不同劳动形态中区别什么是生产的，什么是不生产的，而是在一切劳动中，看怎样才是生产的，怎样才是不生产的；特别是有了劳动一般的概念，就可以提到价值一般，虽然他经常是用交换价值来混同于价值，但却明确地用包含在商品中的劳动时间来决定商品价值，并把商品价值分解为利润、地租、工资，把它们分别由自由竞争形成的自然利润率、自然地租率、自然工资率，看作是社会合理分配的标帜，看作是一种自然而自由的制度或合理的资本主义经济秩序是否确立起来的准则。他于1776年出版的大著《国民财富的性质和原因的研究》，就是全面而有系统地讨论了整个资本主义经济制度。古典政治经济学，就由他的这部著作，有了极大的发展，虽然那里面包含有矛盾的不彻底的乃至不少庸俗的成分。

第三个历史时期，是指着亚当·斯密的《国民财富的性质和原因的研究》出版后又经历了四十多年的19世纪20年代前后。当时英国资本主义商品经济在产业革命后，有了更飞跃的发展，法国也从大革命的大破坏中，逐渐恢复成长起来。在这当中，资本主义经济制度对封建制度的矛盾斗争，虽接近尾声，资本主义制度的内在矛盾，却逐渐酝酿暴露出来；生产在迅速发展着，分配上的不平等以及由此引起的贫富两极分化的现象，却提到经济学家面前来了。怎么办呢？英国经济学者李嘉图在他于1817年出版的大著《政治经济学及赋税原理》中，提出了他的更自由地、更大规模地发展生产，提高生产力的答案。而法国经济学者西斯蒙第，却对英国那种经济现象感到触目惊心，在他于1819年出版的《政治经济学新原理》中，提出了缩小生产规模，使财富不要太集中于少数人手中的另一个答案。他们都是把斯密的自由主义经济理论，作为他们研究的出发点，不但不隐讳，且还进一步揭露所在社会的阶级矛盾。不过在李嘉图看来，那种矛盾，是自然的社会现象，免不掉也避不开，经济学者所要做的只是彻底揭露一切在分配方面阻碍生产力发展的人为障碍。在这种要求下，他对亚当·斯密在价值论上的不彻底的二元论主张，在分配论上表现的天真的调和乐观论调，分别作了大胆的批判，认为严格遵循劳动价值原

---

① 马克思：《政治经济学批判》（郭译），第153页。

理，利润与工资的对立，利润与地租的对立，就是无从避免的结论。也就因为他从比较纯粹的资本主义经济，毫无顾忌地进行高度概括的抽象分析，资产阶级的古典政治经济学，就在他手上达到完成的境界。而西斯蒙第则因为要把资本主义生产的经济学，变为所谓关心全民福利的经济学，他就被他的好心肠，引导到浪漫主义的道路。以资本主义的古典经济理论开始，却以反资本主义的小资产阶级的浪漫主义理论告终。

论到这里，我觉得在古典政治经济学的历史发展中，有必要指出这个事实：马克思在《政治经济学批判》中，虽然指明古典政治经济学"在英国以李嘉图、在法国以西斯蒙第结束"，可是后来他在《剩余价值学说史》中，又着重地讲到英国的莱文斯顿、拉姆塞和琼斯以及法国的舍尔彪利埃等，特别是对于琼斯，他以为体现在琼斯的《财富分配论和课税源泉》（1831年）和《国民经济教科书》（1852年）等著作中的历史观点，使他关于地租，关于资本和所得的论述，大大地超越李嘉图，甚至还就整个资本主义生产方式本身，指出了它的发展的不可逾越的限界，指出了它的过渡性，指出了它为更进步的生产方式代替的可能。在这里，马克思曾意味深长地说："经济学的现实科学是这样结束的：资产阶级的生产关系，被认为是历史的生产关系，它会导入更高级的生产关系。"① 当然，作为资产阶级的经济学者，提出这样的问题，已经表示他在科学真理与阶级利益不一致的时候，服从科学的要求，比服从阶级的要求还要勇敢一些，这也是古典政治经济学的一个大特点，虽然它也只限于阶级斗争还未发展到白热化的历史阶段。

三 从古典政治经济学发展中得到的几点体会

我们上面结合古典派经济学的代表人物、代表著作，概述了古典政治经济学发展的一般迹象。我们这样作是希望由此多少可以增进一点我们对于整个古典政治经济学以及各家学说的理解，好帮助我们对它作出较公平的评价。从上面的说明中，有几点值得我们重视。

首先，应当划清古典经济学与庸俗经济学的界限。古典政治经济学在它产生以及发展的一个半世纪以上乃至两个世纪的历程中，我们已看到它经历了好几个不同的发展阶段，无论是研究全国民经济体系，还是研究个别经济范畴，各个阶段所要解决的问题的内容和性质，是极不相同的，其

---

① 马克思：《剩余价值学说史》第3卷，三联书店1951年版，第485页。

研究成果，也会有非常大的差异。但必须指明，作为古典政治经济学，只要求作者的理论，是依据唯物主义原则的，是从所在社会生产关系的内部结构，去寻找它的各种财富形态和各种经济活动的统一联系的；或者说，是把它的社会经济中的最基本的劳动形态，商品价值形态，来作为考察各种经济关系，说明各种经济运动趋势的出发点的。凡属由这样的途径，就这些方面进行的研究，不论它如何简单、素朴，乃至零碎，总是对于现实关系的表现作了科学的努力，因而，就被称为是古典的。反之，如果不是这样，丢开社会经济基础，只就表面经济现象去找到一些可以说得过去的联系，那种理论，即使在形式上讲得再条理，征引得再渊博，也是反科学的、庸俗的。

其次，应当承认，任何古典经济学者的全部理论中，都难免包含这样那样的一些庸俗成分。因为，作为资产阶级的经济学者，他们的认识，总是有一定的局限性的；加之，在早期阶段，封建的生产形态还占着优势，许多重要的资本主义经济范畴、规律还没有形成，要对这种经济生活，作着资本主义的解释，当然不免有些牵强附会。然则是不是到了资本主义占着绝对统治地位的发展阶段，就没有困难呢？不是的，马克思教导我们，经济上许多内在联系，特别是剥削关系，倒反而是在简单阶段，看得比较明白，面对着较高级的较复杂的经济范畴，连那些大经济学者，也弄不清楚了。举例来说罢，亚当·斯密的二元劳动价值学说，就是这样发生的，"从单纯商品观点上在他看来似乎是真实的东西，到资本、雇佣劳动、地租等等比较高级和比较复杂的形式代替了商品的时候，在他看来就模糊了。"① 他因此认定，在前一场合，是由生产所费的劳动决定价值，而到了后一场合，则是由交换所换得的劳动决定价值。如果说，前者是古典的表现，后者就是庸俗的了。但因为他根本是要用劳动价值学说来说明整个资本主义商品经济活动，尽管他在说明中，未能免俗地掺杂了这么一些庸俗成分，无碍于他是一位伟大的古典经济学者。这个例子，可以适用于一切古典经济学理论家。

第三，我们可以说，古典政治经济学的最初的创始者，到最后的完成者，其中的发展过程是一个唯物史观的继承接力过程。而就其理论的内容来说，又是一个由抽象逐渐上升到具体的过程。威廉·配第的研究，虽涉及了广泛的经济领域，他并企图在它们中间找出一个统一联系。但把他在《赋税论》等著作中的说明，拿来和魁奈的《经济表》比较，特别是拿来

---

① 马克思：《政治经济学批判》（郭译），第28—29页。

和亚当·斯密在《国民财富的原因和性质的研究》序言中对全书所作的设计比较，简直像是一幅虽然粗具轮廓、但著笔不多的经济漫画；可是，如果没有配第在经济学上的许多天才的创见，及后来的洛克、休谟等沿着他的研究成果展开的说明，恐怕《经济表》和《国民财富的原因和性质的研究》就写不出来，至少也是另一个样子。就什么是利润的来源这个问题来说罢，在配第的当时，还不曾当作一个问题提出来，但他在封建生产占着支配地位的条件下，把农业劳动者在生产生活所费以上的剩余，看作地租，就为将近一世纪以后的重农主义者的纯产物学说，提供了理论基础。不过由于重农主义者的纯产物学说，不只是强调农业优于其他工商业，还强调大农优于小农，并由此把生产的劳动与不生产的劳动的区别的问题提出来了，把资本问题提出来了，还连带把土地所有者、劳动力所有者、资本所有者的阶级构成问题也粗略提出来了，这就使得亚当·斯密有可能或有极大的便利，结合英国工商业发展条件，而全面讨论到资本一般、利润一般的问题了。我们由此看到，古典政治经济学的发展，无非是由于这些经济学者分别结合时代提到他们面前的问题，就以前有关的学说，加以批判继承的结果。而在这种发展中，每个原来只有非常简单含义的范畴、概念，也随着实际情况变得错综复杂而具有愈益丰富的具体规定性。

第四，我们应当由此体会到，不较全面地学习古典政治经济学的论著，我们对于马克思主义政治经济学是以古典经济学为来源的说法，就多少是一个抽象，同时，不好好钻研马克思的几部重要经济著作，也恐怕很难对古典政治经济学的那些论著，作出较正确的评价。马克思对于那些古典经济学者的每部论著，甚至其中的每个论点都反复作了批判的分析。他不惮烦地指摘它们的错误，也毫不保留地肯定它们的成绩或正确的地方。而且，对于这种研究批判工作的进行，都是把"一个新的科学的世界观"摆在前面，"它一开始就以系统地总结经济科学的全部复杂内容，并在联系中说明资本主义生产与交换法则为目的"。[①] 因此，批判的展开，就是马克思主义的政治经济学的建立，而在马克思的著作中，特别在包括《剩余价值学说史》在内的《资本论》中，那些古典经济学理论，就把它们的错误的地方和正确的地方，当作是否符合于资本主义现实关系，而被明确地揭露出来，或被批驳，或被吸收了。我们要从这里体会古典政治经济学是马克思主义政治经济学的来源的含义，同时也说明，好好钻研古典

[①] 马克思：《政治经济学批判》（郭译），第165—166页。

经济学论著，会大大帮助我们对于马克思主义政治经济学的理解。

最后，还须指出，出现在 300 年乃至一百多年前的古典经济理论，对于当代资本主义经济的理论与实践仍有极大的现实意义。从一方面讲，如果说，马克思批判吸收了古典政治经济学的合理成分，相反的，当代资产阶级经济学者，却在拼命地把它们的那些错误的庸俗的成分，当作"营养"。如像斯密的乐观分配理论、休谟的货币数量理论、李嘉图的土地收入递减理论和工资铁则理论、西斯蒙第的消费不足理论……等等，不正在改头换面地变成目前许多辩护经济学者的口头禅么？从另一方面讲，资本主义经济由自由阶段转变到垄断阶段，并不曾因此改变它的基本的社会生产关系，而它的种种经济活动，也并不因此就避开古典经济学者所发现的那些基本生产、交换法则的支配。事实上，不管当代资产阶级经济学者怎样为了他们的辩护任务，无视这种事实，但他们的理论乃至他们所辩护的垄断资产阶级整个经济政策，不是把古典经济学者所揭露的利润与工资的矛盾，作为出发点吗？马克思就从这个基本矛盾阐发了他的经济危机的理论。在整个资产阶级社会，不正在以唐·吉诃德搏风车的精神来和马克思主义的经济危机理论作斗争吗？应当说，我们今天复习古典经济学的著作，如果善于融会贯通的话，还有着极大的现实意义。当然，全部古典经济著作中，我们对于后期的论著，可能有较大的兴趣，那不但是因为它所讨论的问题，更现实一些，还因为它所作的说明，也更充分更系统更深透一些。

（原载《新建设》1963 年第 10 期）

威廉·配第《赋税论》出版三百年

一

1662年，英国威廉·配第的《赋税论》出版了，这个篇幅不大，内容有点杂乱的论著，虽然到今年已经经历了300年，但在经济科学的理论上，并没有因此失去它在近代资本主义初期放射出来的人类智慧的光辉异彩。马克思早在一百多年前，就给予了它极高的科学评价。他说它的作者，是"近代经济学的建立者"，"是最有天才最有创见的经济学研究者之一。"① 这主要是就这一本书说的。

这部书包括十五章，全是讨论政府或公共经费，以及从哪些方面，以怎样合理而有效的方法，才能筹得那些经费的问题。在近代经济学还不曾当作一个确定的科学成立以前，所有关于经济方面的问题，差不多都是在有关国家或君主支出收入的财政政策上加以研究，每部初期经济思想的论著，差不多都是以向君主献策的形式，论述如何增进国富，如何增进国家税收的问题，这是有它的特殊的历史背景的深刻的阶级利害关系的。十六七世纪的西欧各国，在政治上是所谓君主专制时代，而在经济上则是所谓重商主义时代，由封建制度向着资本主义制度的推移，由自然经济向着商品经济的推移，由以不动产为基础的财富形态向着以流动资产为主要财富形态的推移，其间必然要引起各种新的社会经济问题，必然要发生各种阶级消长变化关系。一般地讲，当时的专制君主，在客观上是以反封建领主贵族割据，而维护工商市民利益的姿态出现于历史舞台的。工商市民的基本经济利益，就要求有一个统一的国家，而这个国家要完成这一阶级任务，就有必要建立起需要巨大经费的政府机构，国防力量，有关的社会文化设施。那种巨大的政府经费或公共支出，将怎样筹集呢？是按照老一套的封建财政税收体制由国王任意设置课税项目，规定征课标准乃至征课手续呢？还是这一切都得经过有纳税人，工商市民参加的议会审议通过，才能施行

---

① 马克思：《剩余价值学说史》第1卷，实践出版社版，第3页。

的现代性的税制税法呢？这是一个国王要完成上述那个历史阶级任务，必得向市民阶级让步的问题。市民阶级愿意筹集那些经费，却要求财政税收不妨碍他们的经济活动，并且还能促进产业商业的发展。当时英法诸国君主官僚贵族与市民阶级间的斗争，差不多是以这一问题为核心，英国查理第一在17世纪20年代登极之始，就因为这个问题，与议会派斗争，以致引起内战。1649年，查理第一被砍掉脑袋，议会胜利了，克伦威尔共和政体成立。再过10年，克伦威尔死去，查理第二于1660年王政复辟，和议会派就财政税制作过一些妥协，但英国本土，特别在它统治下的爱尔兰，财政税收的紊乱状况仍须力图改进。这就是威廉·配第写《赋税论》的时代背景。他在这本书原序上说，他写这本书，是要清理一下脑子里存在的关于英国财政税制的一些想法。在克伦威尔统治下，他曾伴随克伦威尔征服爱尔兰，掠得大量土地；他先在爱尔兰充当军医，后来担任行政官、土地测量总监，很为克伦威尔所器重。他所考虑的财政税制，显然是为市民阶级所要求的资本主义性质的东西，因此，对于为什么和如何进行财政税制改革的问题，就不仅要一反过去封建主义的思想认识，同时也不能满意于近代初期的那些属于表象的片面的考察；他对国家、对社会、对人民、对一般财政经济措施，都力图从本质上，从内部联系上，从总体关系上去把握问题。他以为在英格兰，特别是英国在爱尔兰所采取的一些财政经济措施，其所以弊害百出，顾此失彼，引起民穷财匮的状况，就是由于统治者没有对全国人力物力财力做全面摸底工作和统计工作，以为任意征课，没有关系，而不了解"天生蒸民，有物有则"的道理。"正当的理性"，"自然的法则"，是不能欺负的，是不能按照人们自己的主观愿望去改变的。对于它们的研究考察，必须从经济事实出发，"用数字，重量和尺度，来表达自己的想说的问题，只进行诉诸人们的感觉的议论，借以考察在自然中有可见根据的原因。至于那些以个人的容易变动的思想、意见、胃口和情绪为依据的原因，则留待别人去研究"，这些话，虽是在他以后写作于70年代的论著《政治算术》中才明确讲到的，[①] 但他在写这部《赋税论》时，已经是在应用这个独特的方法论。现在我们看他是怎样展开说明的。

二

关于配第在《赋税论》中，就田租、口赋、房产税、关税、什一税、

[①] 威廉·配第：《政治算术》，商务印书馆1960年版，第8页。

国内消费税乃至货币利息、货币改变价值等方面所作的具体改进建议，在我们今天看来，已没有任何重大意义，而从理论上感到重要的，宁是他对所由这些方面的财政税制问题的讨论分析，都归结到它们最本质的因素和内在的相互联系。为了说明的便利，且分别依次指出这几个重要的论点：

第一，作者认为，关于财政收支和税制问题，单从现象上来讨论是非得失，永远也得不出正确的结论。在他看来，那都是属于错综复杂的"上层建筑"的事体，必须从它的基础入手。种种色色的征课，无论经历多少转折，最后终归是落到土地和劳动的收入上。他在《赋税论》第四章论各种收入的方法中，就讲到"一国居民似可把他的土地和劳动所得收入的二十五分之一，作为充当公共经费的捐税用途"。赋税不论征课到哪种所得或财源上，财富的最后源泉，终归是土地与劳动，土地为财富之母，而劳动则为其父。这是配第的有名的格言。①

第二，在土地和劳动这两种财富源泉的收入中，他更进一步分析了这两者承担赋税的本质关系，作为财富之母的土地上的生产物，是由作为财富之父的、更有主动作用的劳动生产出来的。当生产劳动生产物的劳动者从他们劳动条件——土地分离开以后，在原则上，不能期望由他的所得承担起任何额外负担（尽管实际上各种间接征税和由货币贬值所引起的损失，还会落到他们肩上），结局，在一方面，社会财富的来源虽然是土地与劳动，课税的最后对象，都只能加担在土地地租及其派生的收入上，而同时，土地能够提供多少地租，又要看在土地上耕作的劳动者的劳动，有多大部分是维持自己的最低生活所必要的，有多大部分是在这以上的剩余的。他明确地告诉我们："我们假设，一个人用他自己的手，可以把一定面积的土地耕耘种植收获好，把谷物搬进打脱簸净，把种种必要的工作做好，并且有充分的种子，可以播在地里。这个人，在收获中，扣下他的谷种，以及他所消费的东西，他为交换衣着物和他种自然需要品而给予他人的东西，其余额便形成这一年的自然的真正的地租。"② 这说明，地租是剩余劳动的产物，在必须让劳动者能维持其最低生活要求，同时又是把地租作为劳动剩余生产物的代表形态的限内，所有的课税，是只有加担在地租及其诸种派生收入上，始能容许农业生产不受阻碍地有所发展。在这里，配第已经在实质上触到了剩余价值的问题，虽然他没有提到这个名

---

① 马克思：《资本论》第1卷（郭大力、王亚南译），人民出版社1953年版，第2版跋第16页。

② 转引自《剩余价值学说史》第1卷，第6页。

词，但在说明商品价值的基础上，已把它的含义包括在里面了。

第三，上述这种地租与税收的本质关系，人们自始没有明白地察觉到，为什么呢？在许多原因中，配第以为是他们被商品及货币流通的错综复杂的表象弄糊涂了，没有想到，在一切收支关系中，在一切交换关系中，有一个判定它们是否平均，是否均衡，是否公平合理的基础或计量标准。当劳动生产物采取商品形态，特别是土地剩余劳动生产物采取货币地租形态的时候，由什么决定商品价值的问题，早已提到人们日常经济生活中了，价值规律早已在人们没有意识到它的存在时，就发生作用了，配第以为在财政经济上的许多乱子，就出在这种不了解情况的无知方面，他以为"一切物品，都不妨说，是由两个自然单位名目，即土地与劳动来定它们的价值，就一条船，一件上衣来说，就是看它值多少面积的土地，多少数量的劳动，因为它们通是由土地和投在土地上的劳动所创造的。由于这是千真万确的事，我们就满可以在土地与劳动之间发现一种自然的等价关系。"① 这显然是沿着他前面以土地与劳动为一切财富源泉的思想线索贯穿下来的。不过，作为决定价值的最后因素来说，他对这两者并不是等同看待的，他接着说："和用这两种自然单位名目来表现价值比较，也许单用土地或单用劳动来表现价值，是同样妥当或更加妥当，我们能够象把便士还原为镑那样容易确实地把一方还原为另一方。"② 尽管他在这里没有指明，是应当把劳动还原为土地，还是把土地还原为劳动，他往后似乎专门把劳动作为决定价值的标准了。大家都知道他讲了这一段名言："假设有一个人，他从秘鲁地里取得一盎斯银带到伦敦来所费的时间，恰好和他生产一蒲式耳小麦所要的时间相等，前者便成了后者的自然价格。现在假设有新的更丰饶的矿坑发现了，以致二盎斯银的获得，和以前一盎斯银的获得，是同样便宜，则在其他情形相等的情形下，现在小麦一蒲式耳10先令的价格，和以前一蒲式耳5先令的价格，是一样便宜。"③ 在这段话里，我们知道配第所谓自然价格，就是价值，就是生产一种商品所费的劳动，价值量的大小，就是取决于劳动时间的长短，而且劳动生产力提高了，所生产的商品里的劳动减少了，它的价值也相应降低了。这都是劳动价值理论的最根本命题，把这些和前面谈到的剩余劳动生产物转化为地租及其派生所得联系起来看，就不难理解，他已经无意中把地租当作剩余价

---

① 本大内卫兵：《岩波文库》，第79页。
② 同上。
③ 马克思：《剩余价值学说史》第1卷，第4页。

值的代表形态，而把其他所得，如利息等等，当作派生形态来处理了。他在资本主义最初期阶段，不能像在一百多年后的亚当·斯密、李嘉图那样，把利润作为剩余价值的代表形态，那是完全可以理解的。而且，配第还没有停止在这里，他进一步把这个价值尺度，拿来衡量一切所得形态相互间的比价关系以及各种课税负担的可能转嫁关系了。

第四，当他肯定了，商品的价值由体现在它里面的劳动量决定这个命题，整个劳动生产物价值分解在各种所得间的比例关系，就不再是含糊笼统的，而是可以用数字来说明的了。全部土地劳动生产物或全部谷物，有多大的价值，值多少货币，就看同时银的生产者以同等劳动生产出了多大银量，后者就是前者的货币价值。劳动者所得的工资，是由他生活所需的资料或其价值决定的，地租或作为地租的谷物，能值多少货币，就看在相等时间内，别一个从事银生产的人，能够在费用以上，剩下多少货币来。① 在配第的时代，地租是作为这种剩余价值的代表形态显露它的作用。因此，在价值问题的说明上，他只着重地讲到工资、地租、利息，这三个所得形态及其关系。本来，在全部劳动生产物价值中，除去了非常明确的劳动者的必要生活资料价值外，其余就是归属到地租及其派生所得项下，但这是科学分析的结果，而且劳动者的生活资料，严格说来，也还是一个不大容易确定的可变数，而日常进行分配，总得有一个比较客观的依据。地租乃至利息，为什么是那么多？为什么更多或再少就行不通？在这里，他特有创见地提出了土地的使用权的价值问题，以及与此相应的货币的使用权的价值问题。对于地租或土地的使用权的价值，他是这样说的："如果能够决定可以自由卖买的土地的自然价值，那就使所能决定的，不过是使用权的自然价值，我们也会觉得喜慰。……我们发现地租或一年使用权的价值后，我们就要问，若干年的年租是一块自由土地的自然价值？若假设无限的年数一英亩土地就会在价值上与同种土地的几千英亩相等了。这是不合理的。……我假定，一块土地自然值得的年租总额，是等于这样三种人（祖、父、孙——南）自然可以共同活下去的年数。假设在英格兰这样三代可以共活21年罢，土地的价值也大约与21年的年租总额相等。"② 不论配第根据如何的理由，要说明人们为什么只考虑到21年以内的事，毕竟是非常勉强的；事实上，他在同书中，又曾讲到爱尔兰的土地价值，和7年的年租额相等，那就显然不能自圆其说了。马克思就这点

---

① 马克思：《剩余价值学说史》第1卷，第6页。
② 同上书，第718页。

力说配第的"卓越天才",并不是因为他做了这样的假定,而是因为他把土地的价值,还原为多少年的年租额的做法,是经济科学上的一个重要的发现,那就是,土地的价值,或土地使用权的价值,不外是预买一定年度的地租,不外是资本化的地租。在这种限度内,地租成为土地的利息了。这样的结论,从利息推论到地租,原是可以顺理成章地达到的,但因为在他的时代,还不容许把利润作为剩余价值的代表形态,只能把地租作为代表形态,所以他尽管是由地租来推寻利息,马克思还是称许他,说他在逻辑上是应当如此的,否则就会完全破坏他的理论体系。不管推论的过程如何,终归得出了地租和利息相互联系转化的结论。土地的租金是地租,货币的租金就是利息,他说,"现在说到利息,那至少要有这样多;因为,用这种货币购买土地,也会生出这许多地租,并且购买土地的钱,还毫无疑问是安全的。"① 关于这一点,在地主经济封建制的中国,虽然在秦汉以后,就出现了地主、高利贷业者、独立商业者,成为三位一体的"通家"的局面,容易了解地租与利息的相互转变过程,而在领主经济封建制的西欧,由于商业、高利贷业是由不能接近土地的异教徒经营,把地租与利息联系起来考察,还是近代初期的事;只要把它们联系起来考察,利息的神秘性,货币自行增殖的神秘性,就被揭露出来了。配第在揭露货币的这种神秘性的当中,事实上,已无疑对一切用货币经营的商工业者的所得,提出了它们在正常的条件下,在合理的范围内,所可能挣到的限度。因为很显然,商工业经营者如得不到用同样多货币购买土地收租或放款取息那么多收入,他们是没有理由不做地主或高利贷者的。他在这部论著中,已分别把这种倾向指出来了。从这里,我们已看到配第如何通过劳动决定商品价值这个基本命题,把他所理解的"上层建筑"现象,从内部关系上来全面加以把握了。不但如此,对于地租,他还第一次把它的两个级差形态指出来了。他告诉我们,"土地的优劣(即土地的价值)取决于该土地所生产的生产物分量,和为生产那些生产物所投下的简单劳动比较,是多还是少。"② 这个讲法,已经是说,土地价值的大小,地租的多寡,就看同量生产物在同面积土地生产出来,费了多少简单劳动。地租不是由土地引出,而是由劳动引出的。正因为如此,所以他说,如果伦敦附近各郡尽一切努力生产的农产物,仍难满足需要,"那么,这种情况,就会逼得必须从距离更远的郡,运来所需的物品,以供应市场需要。这一

---

① 马克思:《剩余价值学说史》第1卷,第91页。
② 本大内卫兵:《岩波文库》,第154页。

来，距离较近的各郡，物价一定上涨。或是发生另一种情况，就是，上述各郡，比现在支出更多的劳动，对土地施行改良，促成土地丰产起来。……这样，地租就会因收成的增加，超过所用劳动的增加而照比例上涨。"① 在这段话里，不但级差地租的两个形态都指明出来了，并还把两个形态的相互关系，作了说明：即当地产品不够满足需要，就是耕种较远地区的土地，或者在近郊土地上增投劳动，增进劳动生产力，结局，都会使地租增加起来。当然，在利润还没有成为独立的范畴的历史条件下，关系地租产生的生产价格，额外利润这一些中间环节，在他还不是明确存在的。除级差地租而外，他在经济学上同样作了创造性的说明的，是他关于货币必要流通量的提出；往后他还在《献给英明者》中，特别是在《货币问答》中，进一步讲到了一个社会周转一定商品额所需货币量的具体算法。由于在一切场合，他都强调用数字来说明问题，我们又发现，他对一切社会现象的平均倾向，尤其对劳动的平均数概念，在当时说来，确是一个有关认识社会现象的了不起的创见。从这种种方面我们已不难了解，配第实在为政治经济学奠下了相当广阔的基础。

第五，我们还必须归结到这部书的出发点，看他是怎样用他的理论来解决他所面临的财政经济问题。他认为，在整个英国，特别在爱尔兰，财政收支状况是非常混乱的。不恰当的课征，不平衡的负担，紊乱不堪的货币，引起经济生活的脱节，产业的凋敝，社会秩序的岌岌可危，而这些又要成为增加治安官吏，加多神职人员，扩大救恤设备，扩增警察军队力量，从而进一步追加或新设征课名目的原因。至于为了摆脱财政困境，竟不惜向邻国寻衅发动战争，也是司空见惯的事，其后果就不堪设想了。在造成这种尴尬局面的许多原因之中，配第着重指出统治者对于全国"人口、财富、产业，一无所知"，对于一种财政措施，究竟会在各方面发生如何的影响，一无所知。由于一切心中无数，有所举措，就全凭兴趣，情感用事，或者至多不过是对当时财政压力的一种盲目反应。挽救之道，头痛医头，脚痛医脚是不成的。综合他在《赋税论》中的说明，有两点是特别值得重视的创见。其一是，他的财政计划，是从全国着眼，根据全国的人口、财富、产业的具体推算数字，看需要设置或只许设置多少政治机构，政法人员，多少教区和教职人员，多少医院和卫生人员，多少学校和教师学生，多少军队警察，发行多少铸币，限定多少批发商和零售商。他以为所有这些方面，不够一定数量，固然会妨碍工作的推行，但若超过一

---

① 本大内卫兵：《岩波文库》，第 92 页。

323

定限度，还会出现更大的麻烦。这与他的另一点的创见联系起来看，就十分清楚了，那就是，他的财政改革计划，并不单纯是为了各方面活动的均衡，而更重要的，是在那种均衡中，贯彻着节约劳动，节约劳动时间的根本要求。全国的财富，总是由人力利用自然或土地创造出来：节省一分劳动，或把劳动用在更大更有利更多效果的事业和地区方面，就能够造出更多的财富。他建议把爱尔兰人移到英格兰，以便强制他们更好劳动；建议把产业设立在地位较便利，条件较适合的地区；建议把裁并的机关、教会、学校的冗员，使用到生产部门。用赋税及其他措施，使社会财富资金从无所事事游手好闲者手中，转移到勤勉而有经营事业能力者手中，利用那些消耗社会财富的乞丐、盗贼的劳力，去兴建各种会增进社会财富的公路桥梁堤坝等等公共工程……所有这许许多多的建议，归根结底，无非是更有效地榨取劳动力，节约劳动力的使用，增进劳动生产率，以符合新兴商工市民阶级的要求。马克思说，他在这些要求中，还天才与大胆地作出这样的建议："把爱尔兰和苏格兰高地的居民和动产移到大不列颠其余部分。这样，劳动时间可以节省，劳动生产力可以提高，而'国王与臣民将变得更加富强'。"① 他极力强调"人的价值"，强调要尽可能地把劳动者的哪怕一点点余力，都榨取出来。有一分劳动力没有用上，他就以为是失了一分社会财富；对他来说，利用劳动价值学说来为资产阶级服务，算是做得很到家了。

三

《赋税论》作者配第在他的研究方法及其经济理论方面表现的天才创见，马克思在他的几本经济名著：《政治经济学批判》、《资本论》、《剩余价值学说史》乃至《反杜林论》的"批判史"中，都给予了极高的评价。虽然他没有忘记提到这位杰出人物的政治品格，说："这个思想锐敏的，但是特别轻浮的军医，既能带着克伦威尔之盾劫掠爱尔兰，又能为这种劫掠向查理第二跪求男爵称号。"② 寥寥的几句话，把他的品格面貌和盘托出了。他不仅是一个大殖民主义者，还是一个新贵族。我们认识到，英国资产阶级革命的特点，就是资产阶级与新贵族合作。所以，他的贵族身份，并没有妨碍他为资产阶级服务的政治经济学作出贡献。作为资产阶级

---

① 马克思：《政治经济学批判》（郭译），第 174 页注 16。
② 同上。

前进历史阶段的思想拓荒者或政治经济学的奠基者，我们从人类进步思想遗产的角度来看，所应注意的，宁是他所处的过渡时期和未成熟的历史条件，限制了他的天才的发挥，限制了他的丰富含蓄的思想内容的更系统的更明确的表现。无论就他的基本的劳动价值学说来讲，就他在价值学说基础上的分配理论来讲，抑还是就他用劳动价值学说，用分配理论来建议的财政改革新计划来讲，尽管用当时的具体历史条件来衡量，是天才的，是深刻的，是全面的，是接触到本质的，但在很大程度上，没有脱离素朴的，零碎的，还有些杂乱的状态。例如，关于劳动决定商品价值，他确是很有创见的提出了这个命题，但是，那是什么劳动呢？劳动的二重性问题，他固然完全没有接触到，就是社会必要劳动量的问题，他也只有一点非常模糊的概念。他在后来于1665年写出的《献给英明者》的论著中，虽曾漠然讲到死劳动和活劳动的问题，可是这两者在生产过程中，前者只是转移价值，后者才创造价值的区别，他是连想也没有想到的。单就这点来说，已不难了解，他之所谓劳动决定价值，不但对劳动的概念不大明确，对于如何决定价值的过程，更是理解得极其含糊，而就价值本身说，他不仅没有把握价值实体，价值量，价值形态这些根本概念，在他的说明中，连价值与使用价值的区别，价值与价格的区别，价值与交换价值的区别，也是不很清楚的。对于地租与利息的分别解释和统一说明，在利润这个名称还是放在地租项下来处理的历史条件下，他虽有再大的天才，也是无法说得系统而透彻的。至于他的方法，诚然是沿着培根的崇实主义的道路发展过来的，拿事实来，拿数字来，把理论或建议，建立在可以计量指数的根据上，但也许因为社会经济调查统计工作，是要在资本主义经济组织渐臻严密的历史条件下，才有可能做得好一些，他在全书中，就每项事业，每种设施，每一个具体建议所提出的数字，几乎全是出于推测估计，由一种估计到另一种估计。用数字来讲话，是较能了解情况，较有说服力的，但假设的数字，是要减低效果的，后来和他同样重视事实的亚当·斯密，竟有些怀疑他的方法的效果，可能是从这里出发的。但不论如何，他在现代计量经济学上的开山祖的地位，和他在政治经济学上的奠基者的地位，是一样无可争议的，我想，研究财政经济的人，如果没有把他看作是现代资产阶级财政理论的首屈一指的导师，那也是数典忘祖。

　　配第关于政治经济学，统计学乃至财政学的巨大贡献，虽然主要表现在《赋税论》中，但讲他的整个学说的影响，却是不能不连带他往后陆续问世的《献给英明者》、《政治算术》、《爱尔兰政治解剖》、《货币杂谈》等论著一起考虑的。马克思在《剩余价值学说史》中，已就他对后起的经济学者如诺思、洛克等的影响作了说明；由于资产阶级经济学者（包括古典派在内），一般地不肯把他的理论中受到前人影响的出处，像马克思在《资本论》等著作中所作的那样，明白指点注释出来，但蛛丝马迹，总是不难找到一些线索的。即以斯密的大著《国富论》来说，其中有许多论点，就分明也可以从配第《赋税论》那里探出它的渊源的。当然，作为政治经济学的奠基理论，每个资产阶级古典经济学者，乃至马克思主义者，都是直接间接多多少少受到它的一些影响的。

而我们在这里倒要特别指出这一点：当资产阶级已经取得了政权，已经确定它的统治地位，并且已经逐渐感到它的敌对阶级——工人阶级的运动的威胁时候，它再也不对科学的经济学，不对以劳动价值为基础的古典经济学，感到兴趣，甚至愈来愈抱反感了。为了反对马克思主义经济学说，他们的经济学者早就把反对亚当·斯密，特别是反对李嘉图，作为反对马克思的一种手法。当代最有影响的垄断资产阶级的代言人凯恩斯，就最痛恨李嘉图，他说他反对李嘉图，就是要从根底摧毁马克思经济学的基础。当前风靡资产阶级经济论坛上的大大小小的凯恩斯主义者，正多方宣扬国民收入理论，扩大国家支出理论，赤字财政理论，通货膨胀理论……其基本特点，就是否定劳动价值学说（甚至否定任何价值学说），即否定威廉·配第所特别强调的基础，而只是在各种"上层建筑现象"方面兜圈子，寻求解决财政危机、经济危机的单方。所以，在19世纪20年代资本主义性质的危机开始发生的时刻，就已经是科学的经济学的危机的时刻，而在资本主义尚未彻底灭亡以前，资产阶级早就不需要科学的经济学了。

在资产阶级已经把他们的前期卓越的科学的经济学（更不说更早的经济科学）当作死狗来抛弃，甚至当作魔鬼来诅咒的时候，我们为了继承、发掘和发扬一切人类进步遗产，为了配合当前理论斗争和理论建设任务，把这部300年前出版的古典论著，拿来再学习再认识一番，也许不是全无意义的罢！

(原载1962年1月9、10日《光明日报》)

研究古典经济学的现实意义

古典经济学是"阶级斗争尚未发展时期"的产物，它产生于17世纪。它的第一个发言者是英国威廉·配第，其代表作《赋税论》，1662年出版，到现在已整整300年了。它的最后完成者，在英国是李嘉图，其代表著作《政治经济学及赋税原理》，1817年出版；在法国是瑞士经济学家西斯蒙第，其代表作《政治经济学新原理》，1819年出版。古典经济学所研究的对象，同我们今天所面对着的现实，有极大的差别。那么，我们现在来研究古典经济学，究竟能够得到什么教益呢？

马克思论到古典经济学的时候，总是把它同庸俗经济学相提并论，含有寓褒贬、别是非的深刻意义。马克思常用"古典的表现"、"科学的说明"、"现实关系的揭露"这一类字句，来表述古典经济学。古典经济学者力图透过资本主义社会经济的错综复杂的现象，探索其内在联系，把各种看来似乎相互独立的事物，作综合的统一的理解，最后接触到各种阶级的矛盾，特别是资产阶级与工人阶级之间的矛盾。尽管他们对于这些关系的分析，还留下了不少漏洞，包含了不少庸俗的成分，但现代资产阶级经济学毕竟由他们建立起来了。马克思恩格斯创立的马克思主义政治经济学，也就是沿着他们这种科学的考察，而加以批判发展的结果。当资本主义社会的内在矛盾已经激化到要根本否定它本身存在的今天；当资产阶级学者在马克思列宁主义真理面前，正力图用各种庸俗经济理论，来掩盖他们的剥削实质，并多方抨击、咒骂古典经济学的今天；当我国社会主义建设的实践提出了各种问题，需要在马克思列宁主义指导下，运用一切人类进步科学研究成果，来加强我们的理论建设与理论斗争的今天，研究古典经济学是很有现实意义的。

一 研究古典经济学，加深对于马克思主义政治经济学的理解

古典经济学是马克思主义政治经济学的来源。学习研究古典经济学会加深我们对于马克思主义政治经济学的理解。

古典经济学者所研究的是资本主义经济，马克思主义政治经济学创立者所研究的基本上也是资本主义经济。马克思研究资本主义经济，并不是丢开资产阶级经济学者的研究成果，而是批判地吸取他们的研究成果。我们读《资本论》，有这样一个印象，仿佛马克思从头到尾都在讲商品，讲价值，讲货币，讲资本。其实马克思在《资本论》中，在研究和阐明资本主义经济运动规律的同时，分别对资产阶级经济学者，特别是对古典经济学者的有关看法，作了科学的分析和批判，清除他们的错误论点，把他们的较有价值的见解，加以肯定和吸取。因此，学习一下古典经济学派的主要著作，会加深我们对于《资本论》的理解。把学习古典经济学派的主要著作看作学习《资本论》、学习马克思主义政治经济学的辅助材料是合适的。

二 研究古典经济学，加强对于庸俗经济学的斗争

古典经济学是庸俗经济学的对立面。我们对当前的庸俗经济学展开斗争，仍然不妨把古典经济学看作一个有力的思想武器。

这个道理，只要简略提一提一切庸俗经济学者都毫无例外地坚决反对古典经济学就够了。古典经济学者，都不大掩饰甚至揭露资本家对劳动者的剥削关系，在他们看来，这是一种社会自然现象，正如同古代希腊大哲学家亚里士多德等把奴隶主对奴隶的剥削关系看成是社会自然现象一样。自从古典经济学的完成者李嘉图，在劳动价值学说的基础之上，建立了他的阶级对立的分配理论，很快就出现了所谓"李嘉图社会主义经济学派"，接着这位为资本主义商品生产建立了所谓自然法则的经济学大师——李嘉图，就被抨击为扰乱资本主义秩序的"煽动者"了。然而，那毕竟是属于理论方面的宗派性的攻击，并没有由此阻止李嘉图及其所属古典经济学派的影响的传播。到了 19 世纪末期，情况大大改变了。一方面，亚当·斯密、李嘉图所坚决主张的个人自由主义和自由竞争原则，已

经不大适合新起的垄断资本的口味；另一方面，在批判地继承李嘉图劳动价值理论的基础上发展起来的马克思主义经济学说，由一个所谓"不入流的"、"异端的说教"，变成了工人阶级反对资产阶级剥削统治的福音。到了20世纪，由于工人阶级革命的胜利，社会主义国家的出现与发展，马克思主义的经济学说得到了越来越广泛的传播。因此，当资产阶级庸俗经济学发动对于马克思主义经济学说的攻击的时候，他们也就要对古典经济学发动攻击。他们把反对李嘉图，反对古典经济学，当作反对马克思主义经济理论的一个釜底抽薪的手段。例如，凯恩斯在1936年出版的《就业，利息和货币通论》一书中，激烈攻击李嘉图。他还向萧伯纳郑重表示过，他写这本书就是要"摧毁马克思主义的李嘉图的基础"。不但如此，他还企图打破马克思划定的古典经济学与庸俗经济学的界限。他把庸俗透顶的马歇尔、皮古一流人物（前者是凯恩斯的师父，后者是凯恩斯的师兄），都算作新古典经济学派，企图借此降低古典经济学的地位，并抬高他们自己的地位。古典经济学者从劳动创造价值的基本事实出发，从阶级剥削关系出发，考察资本主义经济运动；而庸俗经济学者、特别是当代的资本主义的辩护士们，却故意回避这些本质问题，专门枝枝节节地在古典学者所谓上层建筑的"供需反映"、"所得"、"流通"一类表面现象上兜圈子。在19世纪末期，庸俗经济学的先辈（如奥地利学派及其各种变种），尽管以主观效用价值学说来对抗古典经济学派，对抗马克思主义者的劳动价值学说，尚且认定分配论要把价值论作为前提；到了最近，庸俗经济学却根本否认价值，直接把所得——分配的论据建立在价格的基础上。凯恩斯跑得更远，认为价格理论在他的《就业，利息和货币通论》中，只占一个附属的地位。所有这些理论，只要对照一下古典经济学，就不难看出它们是如何荒谬绝伦了。

三　研究古典经济学，批判地吸收人类文化的遗产

由于社会历史条件的限制，在旧中国的经济学界，古典经济学的研究几乎是一个缺门。今天，我们生活在社会主义建设时期，为了批判地吸收人类文化的优秀遗产，为了理论建设与社会主义建设实践的需要，有必要对这个资产阶级前进时期的古典经济学进行补课。

古典经济学是在资本主义发生、成长阶段，当作各国经济政策的指导思想而产生的，因此任何一个国家要接受、传播这个经济学说也需要有一

定的社会历史条件。1862年，清朝曾国藩、李鸿章一流人物刚把太平天国的革命运动镇压下去，就着手"富国强兵"的洋务工作，创立了一个专门研究介绍外国致富图强之道的学术机关——同文馆。这个馆在1880年译印出来的第一部经济著作，是英国约翰·穆勒的信徒福塞特在1863年写的《通俗经济学读本》，题为《富国策》。过了几年，又出版了英国主观效用论的创始人杰文斯在1876年问世的《经济学入门》，题为《富国养民策》。这是官方作为致富图强的指南的两部经济论著。1902年，严复把亚当·斯密的《国富论》（译名《原富》）翻译出来，并加以评介，这不能不说是我国经济学界的一件大事。可是，当时由于我国半封建半殖民地的局面已经形成，这本书几乎连纯学术的影响也谈不到。尽管在第一次世界大战时期，我国的民族资本的轻工业有了一些发展，到了1923年，居然也成立了一个"集全国经济学者于一堂"的中国经济学社；但是这个经济学社的领导人物都是从英美，特别是从美国学成归国的专家，这些专家所学的无非是他们留学所在国的流行的庸俗经济学，结果我国的大学的经济讲坛和经济论坛，都成为庞巴维克、马歇尔、皮古、希克斯之流的庸俗经济学的宣扬场所（当时凯恩斯还没有大露头角）。这些专家、教授的言论，比他们的外国老师们还要庸俗。他们甚至没有接触到什么古典经济学。试翻翻解放前几十年来的他们所写的经济学论著，哪怕是错误地评介古典经济学的东西，也是少得可怜的。

现在，我们正在全国范围内贯彻执行党的文教政策。在学术上要展开百家争鸣活动，在教学上要加强基础知识、基本理论的训练，从经济学这门科学的角度上来说，显然也要加强对古典经济学的研究。

在经济学的学术研究上，任何一方面的经济见解或理论，都可以提出来研究讨论，在马克思列宁主义的指导下，讨论的最后结果，无疑会扩大大家的思想境界，提高大家的理论认识，使科学研究获得新的成果。但是，我们所占有的古典经济学的著作、文献是很少的。尽管我们可以通过马克思的几部有关的名著，如《政治经济学批判》、《资本论》、《剩余价值学说史》以及《反杜林论》中"批判史"部分，间接了解到古典经济学的一些基本论点，但要据以展开讨论和研究，是嫌不够的。至于在政治经济学教学上，为了打下较深厚的基础，更需要加强对古典经济学的研究。因此，需要我们在古典经济学译述工作和研究工作上加倍努力。

（原载1962年1月13日《人民日报》）

马克思主义政治经济学与资产阶级古典政治经济学

一 资产阶级经济学者对"古典政治经济学是马克思主义政治经济学的来源"这个问题的错误看法

我们都知道,明确提出资产阶级古典政治经济学是马克思主义政治经济学的来源的,是伟大的列宁。他在《马克思主义的三个来源和三个组成部分》一文中说:"古典政治经济学是在马克思以前在资本主义最发达的英国形成的。亚当·斯密和大卫·李嘉图研究经济制度的时候奠定了劳动价值论的基础。马克思继续了他们的事业。他严密地论证了并且透彻地发展了这个理论。"[①] 而在列宁讲到这个问题之前,马克思自己也间接这样表示过:"1871年基辅大学经济学教授西伯尔先生(N. Sieber)在其所著《李嘉图的价值理论与资本理论》中,认为我关于价值,货币,与资本的理论,在根本上是斯密,李嘉图学说的必然的完成。"[②] 代表工人阶级利益的马克思主义革命导师,这样坦率地承认他们的经济学,是在资产阶级古典经济学的基础上发展过来,并把古典经济学的基本理论——劳动价值学说——加以透彻、严密论证,加以发展完成的结果。这在一方面说明,只有在科学真理大道上,不怀丝毫宗派狭隘成见的最伟大的无产阶级革命导师,才能尊重任何人类优秀遗产;同时也说明,只有彻底认识了思想发展过程,在它体现着现实关系的限度内,也是一种自然发展过程的真正的历史唯物主义者,才会毫不踌躇地像从异己阶级接受物质财富一

---

① 《列宁全集》第19卷,人民出版社1959年版,第5页。
② 马克思:《资本论》第1卷(郭大力、王亚南译),人民出版社1953年版,第2版跋第13页。

样，继承他们的精神财富。

然则资产阶级经济学者们，是怎样看这个问题的呢？在19世纪60年代以后，马克思主义已经逐渐变成工人阶级运动的指导了。阶级斗争的发展，越发使他们的狭隘宗派成见变得不可理喻。对于这个关系到他们拼命反对的马克思的政治经济学的来源问题，他们痛感到：从正面来肯定，似乎并不光彩；干脆予以否定，又觉得难于论证，结果就忸忸怩怩地采取曲解诡辩的手法。这类例子是不胜枚举的。在这里只想提出两个最有名望也最有影响的大庸俗经济学者，即19世纪后期的奥地利学派的头目庞巴维克和20世纪前期的英国剑桥学派的时髦人物凯恩斯的"高论"作为例证。庞巴维克是这样交代这个问题的。他说："劳动为一切价值的泉源，一般人都认为亚当·斯密与李嘉图是这种学说的权威和创始者。这是对的，不过，也不完全对。在亚当·斯密与李嘉图的著作中，我们固然可以发现这种学说，可是亚当·斯密却时常提出相反的论调，同时李嘉图也把这种学说的应用性缩得极小，并且举出一些重要的例外，我们不能认为他把劳动当作价值的一般的与绝对的原则。"[①] 这就是说，"亚当·斯密与李嘉图并不像别人所相信的那样毫无条件地提出劳动价值论。"[②] 尽管如此，他毕竟把他们的这种"有条件的"劳动价值论，联系到洛贝尔图斯与马克思的劳动价值学说了，他说："洛贝尔图斯对于劳动理论，不过是在讨论价值的时候随便提一提，把它当作一种假定来看待，并没有用许多话来证明。马克思却不是那样，他把它当作他的基本原则，详详细细地加以说明和解释。"[③] 更进一步，他还就价值理论和剥削理论讲到他们的关系了："……我们可以把亚当·斯密与李嘉图二人当作剥削学说的不自觉的创始者来看待。事实上剥削学说的信徒们也常常存着这种的见解，认为亚当·斯密与李嘉图是这种学说的创始者。甚至最著名的社会主义者对于这二人——仅仅是这二人——也非常的尊敬，认为他们发现了'真正的'价值法则。但是对他们二人没有彻底阐明他们的原则，没有从他们的价值学说引伸出剥削学说，却引为遗憾。"[④] 这位唯心主义的大庸俗经济学者，不管怎样转弯抹角地说亚当·斯密、李嘉图是"有条件的"劳动价值论者和"不自觉的"剥削论者，由于他所处的时代还很熟悉并很尊重他们

---

① 庞巴维克：《资本与利息》，商务印书馆1958年版，第307—308页。
② 同上书，第308页。
③ 同上书，第300页。
④ 同上书，第254页。

的学说，特别是当时的工人阶级运动尚未十分威胁到资本统治的生存，这就使得他还有可能委婉其词地讲一点事实，虽然在骨子里，他是有意为斯密、李嘉图开脱，好把攻击的锋芒，集中到马克思身上。可是到了20世纪30年代，情况大变了，以马克思主义为指导思想的社会主义国家，在俄国实现了，发展了，整个资本主义制度正陷在深刻的危机中，所以，另一位大庸俗经济学者凯恩斯要触及马克思与古典经济学者的关系问题，就没有庞巴维克的那种讲一点事实的"自由"了。他在1936年出版《就业，利息和货币通论》那部名噪一时的论著，据他给萧伯纳的信中表示，是企图"摧毁马克思主义的李嘉图的基础。"① 照理，他应当讲一讲马克思主义的李嘉图的渊源，然后再通过李嘉图来间接抨击马克思主义，特别是马克思的经济学说。可是，他完全没有这样做，一味狡猾地乱耍花招。他的全书的着眼点，确实是在反对古典经济学，但他一开头就混淆马克思所设定的古典学派的科学界限，把一些庸俗学者，如萨伊、詹姆斯·穆勒（乃至当代的马歇尔、皮古之流）硬塞到那里面去。② 再说李嘉图是他们的集大成者。既不讲劳动价值论，也不讲剥削说，只是抓住李嘉图接受萨伊的贩卖法则，说"需要只受限制于生产"，③ 说"购买生产物的手段，即是生产物或劳役，……就特殊商品说，生产可以过剩，……但就一般商品说，却决不能有此现象"④ 这一论点大做文章，仿佛这就是李嘉图的整个学说。这个学说既然被当时的大恐慌推翻了，所以把李嘉图学说做基础的马克思主义，也就失灵了，也就根本被摧毁了。真是此地无银三百两，说来全不费工夫！而事实却说明，这只不过是夹在李嘉图的整个古典理论中的个别庸俗论点，这个庸俗论点，早被马克思斥为荒谬绝伦。说这种把商品流通看作是物物交换的"……儿稚的饶舌，出于萨伊之流的口，是适合的，出于李嘉图之口，却是不当的。"⑤ 事实上，马克思在他的一切论著中，几乎都严厉批判了这样的谬说。素以渊博自负的凯恩斯，难道一无所知么？难道他真的不知道马克思的经济学，以古典经济学，特别是以李嘉图学说为来源，主要是指着劳动价值理论么？他那本《就业，利息和货币通论》，大谈其利息利润和工资的分配问题，几乎完全没有触及到

---

① 辛格编：《凯恩斯经济学讨论集》，新德里1957年版，第16页。
② 凯恩斯：《就业，利息和货币通论》，三联书店1957年版，第9页。
③ 李嘉图：《政治经济学及赋税原理》（郭大力、王亚南译），中华书局1949年版，第225页。
④ 同上书，第227页。
⑤ 马克思：《剩余价值学说史》第2卷，第607页。

价值理论，更不要说劳动价值理论了。这如何能完成他的"摧毁马克思主义的李嘉图的基础"的"伟大"抱负呢？

然而，对于资产阶级庸俗经济学者的这类错误见解，如果不彻底弄清马克思主义政治经济学与古典派经济学的关系，不明确认识马克思通过科学的批判分析，把资产阶级经济学作了古典的与庸俗的区别，从而"取其精华，去其糟粕"的全过程，是很难完全予以廓清的。

二 资产阶级古典政治经济学与马克思所批判吸收的古典政治经济学的合理成分

在政治经济学史上，古典政治经济学这个术语或范畴，是由马克思批判研究资产阶级经济学，在肯定的意义上，在积极的意义上，把它与非科学的庸俗政治经济学相对立而提出来的。在古典政治经济学最初出现的近代初期，关于经济问题的说明，一般还没有完全从非经济的宗教的伦理的纠缠中解脱出来；各种财富形态或经济现象，还被看作是彼此独立的或者至多只有一些表面的联系；而作为当时经济界的最先进的解释者的重商主义，也不过是从流通过程，从贱买贵卖、多卖少买的交换行为，去找财富增进的原因。但是，经济学的科学研究，却显然需要从一般社会关系中分划出经济关系，从经济关系中分划出生产关系，并进而从生产关系内部，去找它们的统一的联系。在一定限度内，马克思所说的古典经济学者，就是向着这方面努力的。为要适应新起的商工市民的要求，为要反对传统的封建意识和强制的重商主义措施，他们力图从现实生产过程的内部关系中，去探求有关生产与交换的一些合理的说明。马克思曾总结他们的努力的成就，说他们的最伟大的功绩，就在"……它把利息还原为利润的一部分，把地租还原为平均利润以上的余额，让二者在剩余价值内合而为一；因为它把流通过程当作单纯的形态变化来说明，最后并在直接生产过程内，把商品的价值和剩余价值还原为劳动。"① 从这段话里我们看到了，古典学派是把劳动，把商品价值看作联系一切经济活动的总枢纽和基础，各种分配形态关系如何才算合理，并如何表现为对抗的形态，最后都归结到商品价值上去说明，而商品价值的增殖，又只能是产生于生产过程，虽然它要通过流通过程，把流通过程作为媒介。我打算依据马克思的这种提示，就以下四个方面，来较具体地概述古典派经济学者们所做的贡献：

---

① 马克思：《资本论》第3卷（郭大力、王亚南），人民出版社1953年版，第1087页。

(一) 劳动价值理论

作为古典派经济学者,他们几乎都在不同程度,努力把劳动看作财富的来源,看作商品价值的来源。但是,把劳动看作物质财富的来源,那是如马克思所说的,"立法者摩西同税吏亚当·斯密同样地熟悉。"① 而把劳动看作交换价值的来源,却是近代商品生产社会的事,并还要商品生产较高度发展才能逐渐理解的事。所以,马克思说,"把商品归结于两重形式的劳动,即把使用价值归结于实在劳动或合目的的生产活动,把交换价值归结于劳动时间或同样的社会劳动,——这个分析,是古典派政治经济学经一个半世纪以上的研究而最后得出的批判的结果";② 在英国,从威廉·配第起,在法国从布阿吉尔贝尔起,就一直在分途探索,决定商品价值的是什么劳动,和由劳动决定的是什么价值这样的问题;最后在英国到李嘉图,在法国到西斯蒙第,才比较明确地作出了结论。马克思说:李嘉图"他十分清楚地作出了商品价值决定于劳动时间的这个规定,并且指出这个法则也支配着表面上与它矛盾的资本主义生产关系";③ 而西斯蒙第在同李嘉图直接争辩中,既指出了生产交换价值的劳动的特殊的社会性质,又指出,价值量归结于必要的劳动时间,归结于"全社会的需要与用来满足这种需要的劳动量之间的比例"是"我们经济进步的本质",④ 虽然他极力反对这种经济进步带来的社会的不幸的结果。这说明,古典派经济学者其所以特别重视商品价值问题,在本质上,是由于他们要由此解决商品价值中包含的剩余价值问题,更进一步要由此解决剩余价值如何合理分配,才有助于促进商品生产,增进资产者社会的财富问题。

(二) 剩余价值理论

剩余价值理论是在劳动价值理论的基础上发展起来的。剩余价值这个范畴,是由马克思正式提出的,但古典派经济学者却长期在货币价值或产品的"余额"、"超额"这一类名词上探索它的来源。当时对于它的认识的极大障碍,是来自重商主义;重商主义者认为那种余额或超额是发生于流通过程。因此,古典派经济学者的研究,不仅要论证流通为纯粹形态变

---

① 马克思:《政治经济学批判》(郭译),第10页。
② 同上书,第24页。
③ 同上书,第29页。
④ 同上书,第30页。

化，并还在很大程度上要把流通看作纯粹形态变化，作为他们探索剩余价值的出发点。马克思其所以把这点看作古典学派的伟大功绩之一，看作他们与庸俗经济学者相区别的最重要关键之一，就在于，资本主义商品生产的目的，并不在商品，也不在价值，而是在资本价值的增殖，或剩余价值。如果没有认清资本价值增殖的原因或剩余价值的来源，这个社会就不可能执行任何一种有效的经济政策。实际上，在近代早期的相当长期内，刚从封建统治蜕变过来的专制国家，确曾把社会财富或价值增殖的努力，建立在贱买贵卖、多卖少买的那种货币主义或贸易主义的认识上。那种认识，不但误解了财富增殖的原因，还根本误解了财富本身。金银就是财富，贸易就是增殖金银的唯一途径。结果，手段变成了目的，生产变成服务于流通，一切都颠倒着。古典学派首先就为纠正这些错觉而斗争。他们一直是努力从生产过程去发现财富或价值增殖的原因。由于商品生产与商品交换紧密地结合着。商品本身又是一方面表现为价值，另一方面表现为使用价值，于是要发现商品价值增殖的原因，从必须转手始能增殖价值的工业品的生产过程方面去努力，就不如从不一定转手也能看出价值增殖的农产品的生产过程方面去努力，来得方便；因而从交换价值变动的方面去看，就似乎不如从使用价值的变动方面去看，还较直接明了，这就是为什么重农学派成为近代资本关系的最初发言人的原因。他们的纯产物理论，就是这样一种理论，即认定农业者所生产的农产品（或使用价值），超过其所消费的农产品（或使用价值），这个差额，就是他们所说的纯产物或当作地租提供地主的纯收入或剩余价值。可是，单从农业生产过程，从担当着价值的农产品或使用价值方面去发现价值增殖的原因，毕竟是非常片面性的，而在事实上，对于从工业生产过程去探索资本价值增殖的要求，宁可说是更加迫切的。后期的重农学者杜尔哥，特别是古典学派亚当·斯密、李嘉图他们用全力来一般地论证流通只是纯粹形态变化，不增加价值。他们大体上是从两个方面着手，一方面只把货币看成流通媒介的通货。无论由货币到商品的运动，还是由商品到货币的运动，按照等价交换原则，都不能说，有什么价值增殖。另一方面，却从生产资本的构成方面，从物化劳动与活劳动的区别方面，来探索所生产的产品价值为什么大于所投下的劳动或资本的价值的究竟。因此，我们知道，这些经济学者其所以强调流通只是纯粹形态变化，货币只是流通手段，实际上是要积极论证资本价值必须通过生产过程，才能增殖。在这里，流通只被看作纯粹形态变化的理论，无非是把劳动价值学说应用在货币，资本方面的另一个表现形式，是为剩余价值理论廓清道路的一个重要步骤。

（三）分配理论

剩余价值理论是和分配理论紧密结合着的。资本主义社会存在着二重的或两种性质不同的分配关系。一是劳动者阶级与资产者阶级间的分配，一是资产者阶级内部的分配。尽管资产阶级经济学者着眼在论证利润、利息、地租等等收入，如何公平合理分配，才能更好地调整、发展产业，使大家大受其利，但他们却不能不最先确定归到工资名义下的部分，究在劳动生产物价值中占着多大的份额。他们差不多都一致地肯定，劳动者在一般的情况下，总只能获得勉强维持他们生存的那么多生活资料或其价值，而在这以上的部分，或剩余价值部分，则分别以利润、利息、地租等名义，在整个资产者之间进行分配。至于为什么发生这种情况的问题，亚当·斯密讲得比较全面。他说，劳动者独自享有全劳动生产物，只是原始状态下的事情："土地一旦成为私有财产，劳动者想由土地生产或采集物品，就不能不在所产物品中，以一定份额，分给地主，而称为地租。因之，曾使用土地的劳动生产物，就不得不第一次，扣下一部分来，作为地租。一般农耕者，大都没有维持生活到收获完了的资料，他们的生活费，通例由雇主（即役使他们的农业家）的资本项下垫支。这般雇主，如果……投下资本，假若得不到相当的利润，他们当然不愿投资，不愿雇用劳动者。因之，曾使用土地的劳动生产物，又不得不第二次，扣下一部分来，作为利润。"[①] 且不讲利息等等派生形态，地租和利润这两部分，不但少不得，并且都有不能再少的最低限。至于工资，他认为，劳动者因处在非即刻出卖劳动力就无以为生的不利地位，工资有时还不能不降到仅够维持生存的极低限度以下。他甚至毫不掩饰地援引旁人的话，拿工资劳动者与奴隶相比，"一个健康奴隶的劳动，约有倍于其生活费的价值；一个最低级劳动者的劳动所值，也不能在一个健康奴隶以下。"[②] 他力言商品的价值，分解为利润、地租、工资，同时又强调，利润、地租、工资构成商品价值，这显然是庸俗的错误论点，但由此也说明他要求一切分配上的理论问题，是必须归结到价值论，从而必须归结到剩余价值论上去解决的。

[①] 亚当·斯密：《国富论》上卷（郭大力、王亚南译），第78页。
[②] 同上书，第81—82页。

（四）社会诸阶级间的经济对立理论

古典派经济学的最突出的伟大成就之一，就是他们由劳动价值、剩余价值理论，通过分配理论，得出了社会阶级间的经济对立理论。由重农学派起，他们就试图从社会经济生活条件中发现构成社会的诸基本阶级，但他们一直没能讲清楚。到了亚当·斯密，他不但很概括也很明确地就生产的三个要素，收入的三个来源，来区划社会三大阶级，并且还在一定程度上，看出了它们之间的不那么和谐的关系。他讲过这样的话："劳动者盼望多得，雇主盼望少给；劳动者为提高工资而团结，雇主为减低工资而联合。"① 但是，亚当·斯密毕竟是处在阶级关系尚未发展的手工制造业时代，他讲到这样的矛盾问题，还只能说是当作正在萌发中的经验的事实提出来，而还不是他们间的不可调和的关系的反映，从而，也很难说是沿着劳动价值论、分配学说而在理论上展开的阶级分析的结果。事实上，由于他对地租这个分配形态的处理，、始终不能忘情于重农主义者的自然观，以为那是对于土地自然力的报酬，因而认定支配商品交换价值的根本法则，得因土地占有和地租支给的事实而完全改变。李嘉图不同意他这种说法，② 认为地租的发生，不是由于土地，也不是由于土地生产物，而是由于土地生产物的价格。即地租不是构成价格的原因，而是土地生产物价格腾贵的结果。他指出，在各种不同性质的土地上耕种同一种农产品，那种产品价格如允许少产的低等土地的耕作者收回成本加平均利润，多产的优等土地耕作者便会获得额外利润，这额外利润就要转化为地租。农产品更大的需要，使更加劣等的土地进入耕种，价格就会进一步提高，地租就会进一步增多。因此，地主阶级的地租收入，就会同一切需要谷物原料品的一切阶级的利益相抵触。所以他说："……我们的学说是，利润高低由工资高低而定，工资高低由必需品价格腾落而定，必需品价格腾落，又主要由食物价格腾落而定。"③ 资本家、地主、工人这三种人以及他们的这三个阶级的利害矛盾关系，就这样明确揭露出来了。李嘉图是处在大工业迅速发展与资本主义商品生产广泛展开的时代，也是各社会阶级潜在矛盾逐渐趋于明朗和尖锐化的时代，这不但有可能还有必要促使他沿着斯密研究

---

① 亚当·斯密：《国富论》上卷（郭大力、王亚南译），第79页。
② 李嘉图：《政治经济学及赋税原理》（郭大力、王亚南译），中华书局1949年版，第42页。
③ 同上书，第81页。

的道路，进一步认定"资产阶级体系的生理学即其内部有机关联和生理过程的理解之基础或出发点，是价值由劳动时间决定。"① 而由是展开生产关系与交换关系的说明，"发现了，指出了诸阶级之经济的对立性，从而在经济学上，把握了，说明了历史斗争及发展过程的根本。"②

所有以上这几个方面的理论，就是马克思所说的古典学派的伟大成就所在，而我们也可以由此体会到，马克思从古典政治经济学吸收的合理成分，也无非是指着这些理论或者再加上探索这些理论所运用的一定的科学方法。

三 马克思在指责古典经济学中的不彻底不一贯和自相矛盾的错误的同时，全面展开了自己的新的理论建设

马克思在讲到古典派的经济学的伟大成就时，随时都没有忘记指出他们的局限性和缺点。他曾指出，古典学派企图透过假象的世界，在资产阶级的生产关系内部，去发现统一的经济联系，但是他说，就连他们的第一流的发言人，也还多少拘囿在他们曾经批判地解决了的假象的世界内。而从资产阶级的立场看，再也不能有别的结果，他们都多少陷在不一贯、半途而废和没有解决的矛盾中。③ 不论是对于哪一方面的理论，甚至是最有成果的理论，他们都不曾首尾一贯地、很明确地讲得系统透彻。正因为是这样，马克思对于他们的批判，就不能是枝节地、就这一家那一家的某个理论或论点零敲碎打，而必须从资产阶级社会整体出发，从表现那个整体的全体系出发，看它们是否符合于现实，是否通得过，讲得通。他让事实，让局部从属于整体的有机联系，去进行揭露和批判，恩格斯在《论马克思的〈政治经济学批判〉》一文中说："我们面前这样的著作，决不是对于政治经济学中的个别章节作零碎的批判，决不是挑选出经济学上某些争论问题作孤立的研究。相反，它一开始就以系统地总结经济科学的全部复杂内容，并在联系中说明资本主义生产与交换法则为目的。经济学家们既然无非是这些法则的解释者和辩护人，那么，这个说明同时就成为对

---

① 马克思：《剩余价值学说史》第 2 卷，第 5 页。
② 同上书，第 6 页。
③ 马克思：《资本论》第 3 卷（郭大力、王亚南译），人民出版社 1953 年版，第 1087 页。

于全部经济学著作的批判。"① 也因此，这个批判的展开，就同时是马克思的革命的新经济学的建立。

当然，本文的任务，不是要全面概述马克思的整个经济学，而是要指出马克思是在如何批判那些古典经济学者的错误见解中，提出他自己的积极看法，而由是使政治经济学在原有基础上得到革命和发展。

为了说明的便利，这里大体还是就上述几个方面的理论来分别予以论述。

就最基本的劳动价值理论来说，古典经济学者们长期一直在围绕着劳动决定价值这个经济学的根本法则摸索前进。要肯定这个法则，似乎有这样一些问题需要确定：（1）决定价值的是什么劳动；（2）由劳动决定的是什么价值；（3）劳动如何决定价值。所有这些问题，泛泛地谈一谈是比较容易的，要从现实关系的内在联系中去作系统的说明，就不但会受到我们对客观条件认识的限制，还会受到客观条件本身发展的限制。劳动生产物采取商品形态，商品采取价值形态，价值采取货币形态，是由来已久的，但要认识劳动表现为价值，表现为货币，却必须到商品生产发展到相当普遍的程度，到各种合目的的实在劳动，已经因分工发达交换频繁显得"在交换价值上，个别人的劳动时间，直接表现为一般劳动时间"，我们才能把握劳动一般，价值一般，才能有一般等价物的概念。这就是为什么古典派经济学者，经历一个半世纪以上的连续努力，到商品生产高度发展的19世纪初才得出使用价值归结为合目的的生产活动或实在劳动，交换价值归结为劳动时间的这个科学结论。可是，在作了这样的科学区别以后，即使是他们的最优秀的学者，又似乎不易把它们合起来统一考察。直到马克思结合商品的二因素，提出劳动的二重性，把创造使用价值的具体劳动和创造价值的抽象劳动，统一在商品生产过程来说明，劳动价值学说才突破最困难的一关。我们才能明确认识决定商品价值的是社会必要劳动量；劳动所决定的，只是价值实体，价值本身，不但不是当作它的形态看的交换价值，尤其不是作为它的较高级的转型形态看的生产价格。可是，就连亚当·斯密、李嘉图这样的古典派经济学者在论到价值的时候，即使在一定程度上从使用价值解脱出来了，却一般是把交换价值看作价值本身，在许多场合是把生产价格与价值看得没有区别，把较低级阶段的商品和高度发展的商品形态等同看待。这就无怪他们一方面坚持商品价值由劳动决定，同时又不得不修正那个法则，其结果，劳动如何决定价值这个问

---

① 马克思：《政治经济学批判》（郭译），第166页。

题，就显然无从得到解决了。在这里，可以看到他们在这个问题上感到的更大的困难，与其说是在劳动如何决定价值，毋宁说是在劳动如何决定价值的同时，还要决定包含有剩余价值在内的价值。

我们前面已讲到古典派经济学者不从流通过程，却从生产过程去发现剩余价值的来源，利润的来源的贡献。但他们对于这个问题的解决也是半途而废、矛盾重重的。首先，如马克思所指出的，他们一直没有把建立在自己劳动基础上的小商品生产和建立在他人劳动基础上的资本主义商品生产区别开来。他们看不到劳动的特殊的社会性质，从而就看不出为买而卖的流通形态与为卖而买的流通形态有什么区别，分不清作为货币的货币与作为资本的货币有什么区别，分不清价值形成过程与价值增殖过程有什么区别。他们不问时间地点条件，一味用形而上学的观点来处理这个问题，所谓"不揣其本，而齐其末"，愈是坚持劳动决定价值这个法则，就愈感到这个法则要修正，否则剩余价值就发现不出来了。事实上，马克思还指出了他们在探索剩余价值来源中所表现的另一个严重的缺点，他们一直是把剩余价值的形态，看作剩余价值本身，并还把剩余价值的某一形态，看作它的全体。早期的古典派经济学者把地租代表剩余价值，愈到后来，才愈把利润来代表剩余价值，这无疑是一个进步。但在理论研究上，不把剩余价值本身与它的表现形态分开，就显然要在剩余价值生产过程与剩余价值实现过程造出许多矛盾，因为剩余价值是在生产过程产生的，而剩余价值的利润化，则是通过流通过程的结果。就全社会讲，剩余价值与利润是同一的，就个别资本讲，它在生产过程生产了多少剩余价值，决不可能通过供需变动无常的流通过程，还恰好得到那么多的利润。而况就其发生来源讲，利润是对总资本讲的。而剩余价值则是对总资本的一个构成部分的可变资本说的。把利润看作剩余价值，就要在一系列有关问题上引起混乱。他们许多人（包括李嘉图）把价值与生产价格等同看待，毛病也出在这里。不但如此，在资本主义社会，利润虽然是剩余价值的代表形态，但毕竟只是它的一种表现形态，直接把利润看作剩余价值，就无疑是把部分看作全体。由于他们对于剩余价值本身或其整体没有一个明确概念，他们就只能模糊地接触到相对剩余价值，没有可能正视到绝对剩余价值，更没有可能辨认出绝对剩余价值与相对剩余价值的区别。而在马克思看来，这都是把握剩余价值发生、发展动态和理解商品价值分解为劳动力价值，剩余价值以及剩余价值分割为各种分配形态的比例关系的一个关键问题。

古典派经济学者，一般都认定，价值论是分配理论的根据。在商品价值中，除去补偿生产资料消耗部分，其余就是作为总收入，在社会各阶级间进行分配；总收入中，除去劳动者阶级所得的工资，就是作为纯收入，在资产阶级内部进行分配。用马克思的语言则是价值生产物（即除去补偿生产资料耗费后的新价值）分解为劳动力价值与剩余价值，而剩余价值更分解为利润、地租等分配形态。马克思的讲法，和那些古典派经济学者的讲法，有什么本质的区别呢？前面已讲到，剩余价值和利润是不同的，把利润看作是剩余价值就要引出许多矛盾错误。在这里，也必须指出，劳动价值和工资是不同的，把工资看作是劳动价值，会引起更多的矛盾错误。对于劳动者所得的报酬一般称为工资，而在古典派经济学者，工资又被解释为劳动的价值或价格。特别是坚持劳动价值学说的李嘉图，他在这上面翻了很多筋斗。商品的价值，由劳动决定，劳动的价值又由劳动者所消费的商品的价值决定。这个循环论，并不是肯定价值法则，而是否定价值法则。马克思把这看作是他们不能从世俗的流行的思维形态解脱出来的一个生动例子。把工资解释为劳动的价值或价格，就无异认定全部劳动都得到了报酬，那么，剩余价值从何而来呢？马克思指出，劳动只是资本家购买来的劳动力在他们监督使用下所发生的机能。他们使用劳动所产生的价值，和他们购买劳动力所支付的价值，有一个差量，这就是剩余价值。因此劳动的价值，只是劳动力的价值的不合理的表现。马克思说："'劳动的价值与价格'或'工资'是现象形态，劳动力的价值与价格，是表现在它上面的本质关系，是要区别开来的。"[①] 正因为资本家付给劳动者的工资，只支付了他的劳动的有给部分；另一部分未得到支付的劳动，就是剩余劳动，成为剩余价值的来源。可是，由于利润要在资产者间分配，他们又遇到另一个难关了，为什么不同构成的同额资本，尽管包含不同劳动，却要求同样多的利润呢？这是价值法则与平均利润率的矛盾问题。由于他们不能解释这个矛盾，他们就回过头来要求修改价值法则。马克思却指出，这恰好是因为他们把利润视为剩余价值，把价值视为生产价格所引起的混乱。剩余价值转化为利润，剩余价值率转化为利润率，是一个由本质到现象的问题，要有许多中项才能说明。资本的分为不变资本和可变资本的构成，是从本质上探索剩余价值来源要考虑到的问题，在实际从事商品生产的资本家，他们并不要想到这些，他们所关心的，只是在自由竞争的场面下，他投下的总资本多少，要争取应照其他资本家的投资得到同样多的利润，即得到平均利润。剩余价值转化为利润的过程，同时也

---

① 马克思：《资本论》第 1 卷（郭大力、王亚南译），人民出版社 1953 年版，第 668—669 页。

是价值法则转化为生产价格法则的过程。不了解这个过程，不但价值法则与平均利润率的矛盾不能解决，剩余价值分解为企业利润、商业利润、利息，特别是地租的过程也很难理解。如果更联系到上面讲到的，他们对价值生产物分解为劳动力价值和剩余价值的关系缺乏认识，那么，他们要从理论上去把握分配矛盾引起的社会阶级冲突的实质与动态，就极其困难了。事实正是这样。

资本主义商品经济的发展，到了19世纪初期，就已经把它的严重的分配问题，或阶级矛盾问题提到经济学者的面前了，这时有两个古典派经济学者分别提出了他们的不同看法，一个是英国的李嘉图，一个是法国的西斯蒙第。李嘉图在他的《政治经济学及赋税原理》中，毫无顾忌地把利润与工资的矛盾，利润与地租的矛盾，当作他的研究出发点。但是如我们在上面所讲到的，由于他在分配理论上留下了不少漏洞，没有明确辨别由利润与工资的矛盾所体现的资产阶级与工人阶级间的矛盾，和由利润与地租的矛盾所体现的资本家阶级与地主阶级间的矛盾，有本质的区别。不但如此，他甚至专从资本家阶级立场出发，有意无意地把地主阶级的存在，看作是不合理的，不利于资产阶级与工人阶级的。在他的理解上，资本家阶级与工人阶级的存在及其利害矛盾是自然的、无可避免的。社会生产力向前发展，即使不利于广大工人阶级，那也是自然的、无可避免的。他虽然相信，以机械代替人类劳动的结果，常常有害于劳动阶级。① 但却认为这不能成为阻止机械发明采用的理由，"如果一国的纯地租纯利润不变，我真不知道，被雇用的生产劳动量的增加，究于国家何益。"② 在他看来，阻止机械的发明采用，就是阻止生产力的提高，也就是阻止社会的进步。他在实际上已经肯定：社会进步，是由牺牲广大劳动人民的利益得来的，"人道爱护者，希望世界各国劳动阶级的生活，都安适快乐，并愿以各种法律手段，鼓励他们去获得这种生活。然而，这毕竟是一种希望罢了。"③ 在资产阶级的统治下，劳动阶级的前景确是这样黯淡。但由于时代和阶级的限制，再加上他的劳动价值和分配理论的不彻底和错误，他不能看出这个社会阶级矛盾以及由此引起的祸害能有什么结局。西斯蒙第不是这样看，他对资本主义的社会阶级矛盾与贫富悬殊的揭露，比李嘉图彻

---

① 李嘉图：《政治经济学及赋税原理》（郭大力、王亚南译），中华书局1949年版，第308页。
② 同上书，第273页。
③ 同上书，第62页。

底露骨得多。但却以为经济学者既然肯定社会贫困是由劳动生产力迅速提高，资本迅速积累集聚的结果，为什么还要主张继续重复这个错误，来加重这些弊害呢？他力言经济学不应单纯以增加财富为目的，而要以增加广大劳动人民的幸福为目的。他提出的"政治经济学新原理"，就是要求以国家政府的力量，分散社会财富，缩小社会生产规模，使人人都成为工农业上的小生产者。这样，社会阶级矛盾就会得到缓和，贫富悬殊所造成的祸害就可以避免。一句话，他是要以小资产阶级支配的社会，来代替李嘉图的大资产阶级支配的社会。他的心肠可能是善良一些，但他的观点，却不但是乌托邦式的，并还是非常反动的。马克思指出：他同李嘉图同样不能沿着价值——剩余价值理论的正确线索，去透视剩余价值资本化或在资本积累过程中，社会资本构成会有什么变化，那对劳动者阶级与资产阶级间的阶级消长关系，会发生怎样的影响。这就无怪他们无从设想或不敢设想，劳动者阶级在资本集中的过程中会不断扩大队伍，增强其对资产阶级的斗争力量，以及最后使"剥夺者被剥夺"，使资本主义社会为更高级的社会主义社会所代替。

四　政治经济学上的科学的道路与反科学的道路

由上面的说明，我们已可了解，说马克思主义政治经济学是以资产阶级古典政治经济学为来源，或者说，前者是在后者的基础上发展过来的，这句话，究竟是指着什么说的，究竟应作何理解，究竟有怎样的意义。我们这里，仍有必要加以综合的说明。

古典派经济学者努力从资产阶级社会生产关系的内部联系中去发现支配资本主义商品生产的基本法则；他们一般都就商品价值关系，来说明财富与价值如何增殖，说明所增殖的财富与价值，如何在各社会成员间，从而如何在各社会阶级间进行分配，他们到最后，并还从那种分配中，看到各社会阶级间在经济上的对立与矛盾。他们由是初步建立了劳动价值理论、剩余价值理论，以及在劳动价值理论和剩余价值理论基础上的分配理论和阶级斗争理论。但由于我们上面讲到的，时代的阶级的以及理论认识上的限制，就是他们后期的最伟大最优秀的代表，对于这一方面的理论，都是不彻底的，相互矛盾的，甚至为了要坚持其中的基本原则，遇到矛盾不能克服的时候，还提出一些非科学的庸俗的说明。可是尽管如此，由于他们的总的方向是尝试着从资本主义社会内部生理结构方面去探索解决问题的途径，那种不彻底和矛盾，并不妨碍他们的理论是古典的科学。马克思曾以亚当·斯密为例来说明这一点。他说，亚当·斯密总是从商品价值出发来研究全盘经济问题。而使他在价值决定上动摇不定的，时而主张生产所必要的劳动量决定商品价值，时而又主张由能够购买一定活劳动量的商品，或能够购买一定商品的活劳动决定商品的价值，这是含糊的，混乱的。但马克思指出："这两种全然异质的决定方法的混同，并没有影响斯密对于剩余价值的性质和起源之研究，因为在一切展开议论的地方，实际上他总是无意地固执着正确的商品价值的决定方法——那就是，由商品内加入的劳动量或劳动时间，决定商品的交换价值。"① 马克思的这个指示，不但教导我们如何正确地看待古典政治经济学，还教导我们他是怎样批判它。

事实上，资产阶级古典政治经济学的上述诸般理论，究竟对在哪里，错在哪里，有的地方，特别是那些需要有全面的发展的观点，才能透彻理解的地方，连最优秀的古典派经济学者自己，也并不怎样明白，虽然他们之间，或后继者对于先辈，也展开了相当尖锐的论争。由于马克思对他们的理论的批判，自始就有一个正确的唯物主义历史观摆在前面，采用了最先进的辩证方法，"它一开始就以系统地总结经济科学的全部复杂内容，并在联系中说明资本主义生产与交换法则为目的。"② 因而，那些理论，就在能否反映或在何种程度上反映那种以生产剩余价值为目的的资本主义的现实关系，而分别显出它们的合理或不合理，正确或错误，或在正确中包含着错误。批判的进行，一直是新的理论的建设的展开，其结果一切合理的正确的精华，就在马克思主义政治经济学体系中取得了适当的地位，而不合理的错误的成分，就当作糟粕被搁在一边了。在这里，我们清楚地看到，马克思对于资产阶级古典政治经济学的批判吸收，即使是就上面讲到的那些合理而正确的成分说，也并不是简单拿过来，照原样用上去。完全不是这样的。在马克思主义政治经济学中，在《资本论》中，每个经济范畴、规律，都被看作是整个资本主义生产关系的个别侧面的理论表现。不论有关价值和剩余价值，或分配的哪一方面的理论，当它被吸收到马克思的新经济学中来的时候，不仅是精炼过了，充实过了，还更恰当更系统地被组织在新的体系中了。一句话，它们是面目全非地脱胎换骨地革命过了。我们必须在这种意义上来认识马克思主义政治经济学是以资产阶级古典政治经济学的来源这句话的全部的深刻的含义。同时还必须在这种

---

① 马克思：《剩余价值学说史》第 1 卷，第 129 页。
② 马克思：《政治经济学批判》（郭译），第 178 页。

意义上来理解马克思在政治经济学研究上所采取的现实的科学的道路。

任何科学方面的成果，都是在长期历史发展过程中积累下来的。经济科学也是如此。不断总结经验，不沦研究者的阶级的政治的立场如何不同，对于同一研究对象或同一现实关系的正确反映或科学真理，只有一个。愈是代表先进阶级的理论，就愈需要继承并发扬前人的优秀遗产。不管这遗产是来自自己的阶级还是来自异己阶级；愈是代表保守的反动阶级的理论，就愈需要排斥或歪曲那些由实践证明是正确的优秀遗产，也不管那遗产是来自自己阶级还是异己阶级。这就是为什么资产阶级古典政治经济学的合理的科学的成分，竟为代表工人阶级的马克思主义者所批判吸收，同时却为他们后来的同阶级的经济学者们所反对抨击的根本原因。而且，又正因为代表工人阶级的马克思主义者批判吸收了并阐发了他们的正确理论部分，用以反对资产阶级统治，那些反马克思主义的资产阶级经济学者，就像更有必要抨击他们先辈的那些正确理论，同时并从那些先辈的非科学的庸俗的错误理论成分中去吸取"营养"。19世纪后期，特别是20世纪以来的一切庸俗经济学者的说教，都愈来愈抛弃了古典经济学派从他们所在社会生产关系内部去发现经济法则的途径，故意丢开或回避价值理论，专在交换分配的表象上兜圈子。我们前面提到的那位当代的资产阶级经济学界的最大明星凯恩斯和他的信徒们，不正在以他们反科学的庸俗透顶的论著，充塞世界资本主义各国的文化市场么？政治经济学研究上的科学的与反科学的道路是非常明白的。但我们要明确地辨别是非真伪，使我们的经济研究工作少走弯路，我觉得，对什么是资产阶级古典政治经济学，特别是对马克思如何批判吸收古典政治经济学有一定程度的理解，是非常必要的。

（原载《经济研究》1963年第11期）

中国经济学界的奥地利学派经济学

一　题旨的说明

　　近三年来，我曾不大明显地把"中国经济学"这个命题，作为我研究的重心。"中国经济学"这个语词，是不只一次地被提出来了，但我却不曾对它加以限界的释明。因为在理论上，这样一个名称，是不大妥切的。而且很容易引起许多不必要的误解。当作一门科学的经济学，是不允许我们用这个名称来伤害它的一般妥当性和系统性的，经济学只有一个。

　　不错，读者也许从意大利经济学史家柯沙（Cossa）的著作中，从英国经济学史家英格列姆（Lngram）的著作中，见到"英国经济学"，"德国经济学"，"法国经济学"，……的字样。在学说史上的这种国别分类的研究法，其最大缺点，尚只是在各国经济思想领域，树立起国界的藩篱，破坏各个派别在各国间的关联性和派属性，把重要的经济学说和不重要的经济学说，等同地并列起来，使现代经济学整体，受到支离分解的弊害。但因为他们大抵是把各国已经过去了的经济思想或学说，分别汇积起来，当作史学看，虽然有了我们在上面所指的那些毛病，但当作史料看，却就没有什么了。事实上，像柯沙、英格列姆辈的经济学说史，并不曾逸出史料的范畴。经济学在他们心目中，是不大发生一般性和科学的系统性的问题的。

　　反之，我是经济科学之一般性的确认者。我相信，在一定的社会生产关系之下，在一定的生产条件和交换条件之下，形成的经济法则，可以应用到一切具有同一社会生产关系或同一生产条件与交换条件的诸社会。当然哪，任何一个社会，它的自然条件，从而，它的历史条件，不能与其他社会恰好一致：在这种限度之内，任何一个社会的经济法则，就理应不能完全适应到其他社会。但在这里，我们有两种事实须分别清楚。其一是：一切经济法则，是就同一社会发展阶段的各别社会的经济事象，分别舍象其特异点，而抽出其一致点所得的结论；其二是：现代经济学，虽然主要是从英国经济的特殊环境而定立起来，但英国经济的一般趋势，大体内容，甚至其演变展拓程序，在法、美、德诸国同样表现得明显。英国的经济学或经济理论，不但由其他较迟发展的诸资本主义国家，得到了印证，事实上，当英国经济学者开始其科学研究之顷，其他国家，特别是法国经济学者，已半凭经验，半凭天才的预感，把现代经济的诸基本法则暗示或图示（如法国重农学派主导者魁奈的经济表）出来，使英国经济学者在研究上得到不少的便利。

由上面这简括的说明，使我们对于经济学的产生及其应用，有了以次这几个基本概念。

第一，经济学的一般性同世界性，是以经济的一般性和世界性作为现实的基础。

第二，经济的一般性或世界性，从而，经济学的一般的世界的性格，不但不否认各特定社会的特殊经济条件，甚且，就其积极面的意义上讲，是把各别特殊经济条件抽象化一般化的结果；就其消极一面的意义上讲，是把不能一般化共同化的特异点，舍象去了的结果。

第三，由上述研究过程产生的经济学，在应用上，即使是对于和产生那种经济学，立在同一社会发展阶段的经济现实，显言之，就是，如其我们现在所论究的经济学，是有关资本主义经济现实的科学，则这种科学，对于已经发达到资本主义阶段的经济，也可能因其发展的成熟程度的差异，可能因其发展时所具有的特殊条件，即不易一般化，而被特殊过程舍象去了的特殊条件的作用，而不能"按图索骥"似的套现成的公式。而它对于将要超越资本主义发展阶段的经济，或者是，对于尚未成就资本主义发展的经济，当然更是不能"削足适履"似的去应用了。

后面这一点关于经济学之应用的理解，是我在这里所特别着意的。在理论上，经济学在各国尽管只有一个，而在应用上，经济学对于任何国家，却都不是一样。我是在这个前提认识下，提出"中国经济学"这个名称的。而其所以要提出这个名称的最有力的动机，就是痛感到经济学在中国是太被误用了，而且一直还在被误用着。经济学当作一种完成的舶来品输入中国，已经有几十年了，我们对于经济学是怎样一门科学，需要怎样去应用始有助于中国经济变革的理解，还是格格不入。而且，这种所谓格格不入，并不是指着一般人，而是指着一般经济学研究者，就中，特别是数到那些经济学的输入者，那些以现实经济之立案者或指导者自居的经济学者们。

说经济学者不了解经济学是什么，设加以限界，说他们不知道他们所学的经济学是什么，也许有人会感到稀罕。但和尚不知道佛经是什么，不知道他每日所念的所宣扬的佛经是什么,却是一件极其寻常的事。如其我们经济学者所念的或所专攻的是形而上学的经济理论,他在理解上,就和一般和尚的距离更加接近了。

我这里所谓形而上学的经济理论,主要是指着奥地利学派的经济学。这个学派的经济学是讲的一些什么,是如何传到中国,是如何在中国特别猖獗起来,是如何抵触我们的经济国策并妨碍我们的经济改造,这是我要在下面展开的研究程序。

二 奥地利学派经济学的正体

属于奥地利学派的学者很多,他们之间的理论,并也不完全一致。但把门格尔、维塞尔及庞巴维克作为他们主导者,把他们的理论,当作该派经济学的主体,却是为一般所公认的。

我们在这里不能有充分的篇幅来详述他们的理论体系,仅按照他们所着重的几个论点,"批隙导窍"地加以说明,他们是反对古典学派的,但在方法论上,却是从相反的观点,来抄袭古典学派所建立的逻辑程序。他们特别强调经济学方法论,强调价值论,强调分配论,把分配论的认识基础,建立在价值论上,把价值论的基本命题,安置在方法论上,这完全是从古典学派抄袭过来的,晚近各国特别是在美国之奥地利学派的传习者们,所宣扬的"经济学的改造","经济学的(文艺)复兴",也许就是指着这种"抄袭",虽然他们会特别着意于"抄袭"中所采取的不同观点。

首先,就他们的方法论略加注释罢:

在他们看来,国民经济现象,可以从历史的,理论的及实际的三个见地来考察。当作"存在的科学"的理论经济学,是应当同那种当作"当为的科学"的实际经济学,即财政学与经济政策分开的,但古典学派把它们混同起来了;统计的研究与历史的研究,原只对理论经济学提供实际的例证与材料,但历史学派却把它们拿来代替理论的认识。由于这两方面的关系,他们就以再造理论经济学的"十字军"的姿态而出现了。他们认为:理论经济学的研究,应该采取所谓"严密的方法",使现实的经济现象,成为最简单最严密的考察分析的类型要素。作为经济学考察对象的现象形态,如像绝对的只追求经济目的的那种人,和那种人在从事经济活动时的心理状态,始终是最普遍的最重要的。把他们的这种经济的心理状态,孤立起来加以研究,是经济学的起点(门格尔)。惟其如此,他们就认定真的经济理论，必须先"探究人类活动的大动脉——快乐与痛苦的感情"（杰文斯）。为满足欲望，而不绝忍受牺牲，以及"由此发生的快乐与痛苦之关系，便是经济学研究的范围"（杰文斯）。在此种限度内，经济学就差不多是一种"享乐学"（戈森）。基于人类本能需求（享乐主义）的这种自然性质，使经济法则与自然科学和心理学不发生冲突。因为"有关经济学的问题的讨论，是须得在自然科学与心理学的原则上去进行的"（庞巴维克）。

然则经济学上的全般理论，何以能从心理的研究去达成呢？他们像很系统地把价值论当作经济学的枢纽。价值论能在心理学的基础上建立起来，他们的整个学说，就算有了着落。限界效用价值论，可以说是他们全部经济学说的神经中枢。在他们看来，所谓价值，乃吾人在满足欲望上，对于财货所感到的一种重要程度的评价，即价值是由主观评价而发生的。此主观评价，虽然要通过财货的客观价值，如肉之滋养价值，煤之燃烧价值，然后始能评判其在何种程度满足吾人的欲望，但经济学的价值研究对象，却不是此客观价值，而宁是主观价值。

惟其如此，一切财货，即使都有客观价值，都有满足吾人欲望的效用，却并不是一切有效用的东西，都有价值（即主观评定的价值）。财货的价值，只是在吾人的欲望满足上，对它有了一定的需求关系，才能表现出来。所以，同一货财，可因供用的情形不同，或有价值，或无价值，水在一般情形下，仅有效用，在沙漠的旅行者，乃有价值。在这种认识下，价值的发生，遂必然要关联到财货的稀少性和它的效用性。效用性是价值的来源，而稀少性则是使财货在一定场合，具有价值的条件。从这点看来，一般人动辄称奥地利学派是效用学派，那是不妥的。他们虽认定效用是价值的来源，但却不主张财货价值的有无或其价值的大小，取决于效用的有无或效用的大小。因为，如其是这样，他们就是客观效用价值论者，而非主观价值论者了。

作为他们整个价值学说的核心部分，乃是限界效用的理论。然则什么是限界效用呢？要解答此一问题，须知道：财货效用的大小，系取决于它对吾人欲望满足要求之重要性如何。吾人的欲望有许多种类，同种类欲望又有各种不同程度，将欲望的种类与欲望的程度，联合参较，斯可确定效用的级次，而由是达出限界效用的说明。即同一财货，可满足吾人不同重要性的诸种欲望和不同迫切程度的同一欲望。某一财货的现在贮存量，能满足吾人欲望，达到饱和之点，吾人对该财货，即不发生经济问题，一旦因某种情形，致丧失其一部分，致吾人在诸种欲望中，在同一欲望的诸种迫切程度中，至少有一项得不到满足，吾人的避苦就乐本能，必让那少了它，只受到最少的不便或痛苦的那一部分的最后的最低级的欲望，不予满足，此最后的最低级的欲望，即限界欲望，由此限界欲望所感到的效用，即限界效用。为求满足此限界欲望，而对于该财货所给予的评价，即限界效用价值。为满足吾人欲望，所感到的缺乏程度或迫切程度愈高，其限界效用愈高，其限界价值亦相应愈高。

在由价值移到价格的说明中，奥地利学派也很巧妙地抄袭了古典学派的做法，把价值看为其本质的形态，而价格则是现象的形态。他们认为，各个人在参加交换过程中，是把自利和自己对所需财货之主观的评价，作为交换能否成立的前提。对同一财货，各人由其各别限界效用所引起的主观评价不同，各人之利害关系的打算不同，所以，交换成立，各得其所，各受其利。

然则各人的评价不同，何以能形成一定的市场价格呢？竞争在这里发生了决定的作用。他们像很合逻辑的，由孤立交换场合，单方竞争场合（其中包括买者单方竞争及卖者单方竞争），最后描述到双方竞争场合。最后这种场合，正是现代市场的情形。在那里，对同一商品的买主和卖主，都有许多人在从事竞争。买方出价愈高，竞争者愈多，卖方索价愈高，竞争者愈少，相互竞争结果，必达到买卖双方之数趋于平衡，此时市场决定范围必定是以最后买者和被排出的最有贩卖力的卖者的主观评价为高限，以最后卖者，和被排出的最有购买力的买者的主观评价为低限，此结局定价范围内之两买主两卖主，称为"限界对偶"。由此限界对偶所决定之价格，称为"限界价格"，此限界价格，虽不一定与各个人之限界效用价值相符，但毕竟可由限界对偶，而决定其大体的变动范围，使它与限界效用价值，或各人之主观评价，一直都保持相当的联系。

财货的价格，既与主观限界效用，具有上述的关联，那么，财货当作商品来买卖，就与其生产时所投下的费用，没有何等直接联系了。换言之，就是商品价值的大小，不是取决于生产费的大小，而是取决于消费者对该商品在满足其欲望时，所感到的重要性如何，迫切性如何。为了"自圆其说"，他们把财货区分为消费财货与生产财货，前者是直接满足吾人欲望的东西，如面包之类，后者能间接满足吾人欲望，如制成面包所用面粉烤具等，更如制成面粉之小麦磨坊，推而至于栽培小麦之土地、劳动工具及农业劳动等等。他们把直接满足欲望的财货另称为第一级财货，其余则顺序称为第二级财货，第三级财货，第四级财货……

直接财货的价值，无疑是由直接消费者对该财货之限界效用决定。然则第二级及其以下的诸种财货的价值，将如何决定呢？即生产财货的价值将如何决定呢？他们认为生产财货与消费行为，有一连续过程。第一级财货，如面包的价值，系由消费者直接对该财货的限界效用决定，第二级财货如面包烤具的价值，则系由第一级财货之限界效用去测量，而第二级财货如小麦磨坊等的价值则系由第二级财货的限界效用去测量……由是，无限的最后的任何级的财货的价值，都是以它的第一级财货具有限界效用去决定。所以，维塞尔认定生产财货的价值，是取决于它所制成的生产物的价值。在这种限度内，生产费用就凭借种种迂回的"便桥"，和价值，从而，和价格发生了关系。

奥地利学派的这种"苦心孤诣"的价值论的"杰作"，无疑是为了要把它应用到分配论上。

作为分配论中最基本部分的利息学说，是他们的限界效用价值说的更"踌躇满志"的应用。但在奥地利学派的一切经济学说中，惟有这一项的发明权，特别是属于庞巴维克的"专利"。事实上，没有这项发明，整个奥地利学派经济学，便完全失去其现存在的意义了。

庞巴维克把财货在时间的观念上，区分为现在财货与将来财货，这种区分的意义，就是说："现在财货因为技术上的原因，成为满足我们欲望之比较完全的手段，而且，它因此对于我们，比将来财货有更大的限界效用。"设对此加以进一步的说明，就是，由于技术的原因，早些把生产财货放在生产过程中，比之把它迟些放在周转中，会带给我们更多的东西。此外，我们现在如果有了充分的消费财货，我们就不会因为缺乏或欲望不能得到充分满足的缘故，在消费上，提高对于所需物品的限界效用，在生产上去从事那些比较少利益的生产用途。现在财货对将来财货，既有上述的优越性，借得现在财货，取得将来财货的贷金，自不能不在原本以外索取报酬。而借入现在财货偿还将来财货的借者，亦自愿意于原本以外，支付报酬。借贷两方都有这种财货的时间差观念，这就是所谓利息存在之心理学的基础。本此原则，如果资本家为了生产，丢开那些现在可以满足欲望的消费财货，而去购买原料，机器及劳力等等高级财货，即生产财货，那也类似用现在财货去购买将来财货，他自然有理由在这将来财货收回时，附上一个增加额，即所谓企业利润或资本的收入。而其来源，则是生产财货的总价值，它少于其生产物之价值，而由是形成的生产价值超过其生产费用之剩余。在这里，庞巴维克很怕人误解了他的意思，以为把财货搁着不用，也可因时间的推演而生较大的价值。他指出："要使未来财货转变为现在财货，必须先把它投于生产过程中，然后始可使它转变为现成的消费品"。假如没有生产过程，资本便是死资本，生产工具的价值，就始终不会和成为现在财货的价值一律看待。利润和利息，也根本不会产生。资本家的可贵，就在他们节省当前的消费，把节省下来，当作资本来使用的财货，投入生产过程；他们节省的愈多，投入生产过程的愈多，转化为现成消费品的愈多，利润和利息也就愈多了。

这从心理上体验出来的时间差，价值差，不但可以解释利息利润，且可以解释工资。

庞巴维克教授曾"很慷慨"地声言：劳动者有理由要求得到他的劳动生产物的全部价值，但他却认为那理由只是片面：各个人都可以要求，在现在，按照他所卖的现在财货之全部价值支给他。但没有人可以要求，在现在，支给他那在将来才能出售的财货的全部价值。劳动者出卖给资本家以他那只有在将来才能给予有价值的生产品之劳动，他由此让渡给资本家以将来的财货。然而报酬他，却比较生产过程完结要早一些，那就是在现在。所以，资本家是从劳动者得到将来的财货，而付给他以现在的财货。而且，因为将来的财货和现在的财货是不等价的，后者要比较高，故对于劳动者所提供的同一数量的财货，按照公理，资本家只应支给他们以少些的比较有价值的财货。就因此故，劳动者即使没有得到他的劳动的将来生产品的全部价值，但这并没有破坏"公道"。还应该说：这正是"公道"。

上面已把奥地利学派的基本理论"和盘托出"了。从全体的表象看出，很像是条理井然的学说体系了，但稍一检点，就知道它和它所体现的资本主义体制本身，有同多的或更多的缺点和漏洞。

我们且不忙讲，用时间观念来说明利润的来源，说明劳动者应当舍去他应得的报酬部分，该是如何滑稽，单就其整个学说的体系而论，那亦是不通的，分配论的基本命题，被安置在价值论上，现竟又在限界效用大小，决定价值大小的命题之外，提出时间观念，以财货实现的未来，对现在的时间距离远近，来测知它的价值的大小。从而，来测定资本家应取得的利润的多少，和劳动者应得工资的多少。不错，他们在这里，曾把将来财货对现在财货，只有较小限界效用，作为其间的桥梁，但满足欲望的限界效用的大小，和时间的长短，究有如何的联系呢？如其时间的长短，如一年一月之类，系以确实的时间经过为准，而非主观所实感出的时间距离，那又不啻在主观的评价上，参进了客观的因素。

其实，在现实商品市场上，不仅这里用时间观念区别出来的所谓现在财未来财，是一种多余（然在奥地利派学者当然是必要），而其他如第一级财第二级财的分类，也于实际毫无关系。而且在市场当作买者的供给者，和当作卖者的需要者，如其他们是以资本家的资格出现，他们对于其所买所卖的对象物，并不易同他们的消费欲望发生直接联系。即使像一般奥地利派学者所诡辩的，任何买卖对象物，至少会"迂回的"间接的同买卖者的消费相关联，但交换的必需性，特别是"为卖而买"的交换的必需性，定会使一切主观的评价，都被消灭，都被压平到一定的客观标准。而况，每个人的主观评价，在开始，就已经是把一定的客观标准作为基础。

显然的，奥地利学派的这种支离的价值论，是在他们的方法论上注定了错误的根源的。在方法论上，他们把古典学派抽象化一般化了的经济人，更进一步予以超时代化自然化。古典学派把握个人自利的心理状态，始而强调生产，往后则强调分配，尚不难与时代的一般要求相配合。奥地利学派把握个人自利的心理状态，却强调消费，认定"生产是为了消费"。他们把这妇孺皆知的自明道理，当作"真理"来发现，以为由此建立的经济学，就立在不可动摇的坚固基础上。但问题的关键，不在当作研究出发点的命题，有怎样的真实性，而在由它引导出的结论，有怎样的妥当性，换言之，就是看他们研究，是否依据当前经济现实，是否能用以说明当前的经济现实。在资本主义的商品生产社会，不论是资本家，抑是为资本家雇佣的劳动者，都不是为了自己消费而生产，他们都是在生产交换价值，而非生产使用价值。如其他们真是为了消费而生产，由生产过剩，消费不足所引起的恐慌事实，就无从得到理解了。

总之，奥地利学派在方法论上所研究的个人，是没有社会性的个人，是好像在一定社会生产关系以外活动的超人；像这种人的心理状态，当然与现实社会没有密切的联系。而一味把这种人的心理状态，特别是把他的消费欲望作为研究前提和对象的经济学，无疑是具有充分的形而上学的性质的。

三　奥地利学派经济学向世界各国的传播

经济学的形而上学化，可以说是对于经济学本身的否定。但20世纪的经济学界，却竟像是很自然地把这种否定其自身存在的这种形而上的经济学看作是经济学一般。简言之，就是奥地利学派经济学及其变种或亚种，却满布于各国经济学界（除了晚近苏联以外）。在事实，在其德国的信奉者熊彼特（Schumpeter）曾这样傲慢地夸称着："最近在各国唯一可以并应当得到一般承认的经济学,就是限界效用说,最近所有的理论经济学的著作,有十分之九,是在心理学派的思想圈里绕着"。如其我们觉得它的拥护者的说法,难免失之夸张,再看它在美国方面的反对者,凡勃伦（Veblen）的议论吧。凡氏指奥地利派经济学及其诸变种说:"这类经济学诱人入形而上学,它将来无疑的还要繁盛,但对于实际问题的解释,它还不曾做,而且也不能做。"像这样不能说明经济现实问题的经济学,为什么"已经如此繁盛"？"将来还要繁盛"咧？我们需要在这里说明它的原由。

首先,我们应当指出:奥地利学派的整个经济学,是从自然的观点出发。凡属从自然观点出发的学说,很容易给人以不易颠扑的印象。比如马尔萨斯的人口论,就是把人类最无可否认的两个要求:食欲与性欲,作为它的出发点。在当时以后许久,人口论其所以那样被人称扬,那样淆惑人的视听,这是最重要因素之一。但科学的真理,并不是在解说自明的事实。愈是自明的事实,愈不需要科学。奥地利学派强调的消费欲望,尽管是谁都不能否认的事实,但经济科学实在用不着费篇幅来讲解它,并讲解人们在满足消费欲望时的心理状态。经济科学所需说明的,宁是满足消费欲望的物质条件,为什么有些人能够充分得到,有些人却不能够,和在它们之间的必然的因果关系。但奥地利学派极力回避这种说明,且借着强调无需解说的事体来作为回避应当解说的事体的手段。

奥地利学派经济学向各国传扬的第二个原由,就是它的全学说内容,原本就掺杂进了已经被古典学派安置在极坚固基础上的诸般经济原理。如自由竞争,需要与供给,以及利润等经济形态的运动法则,它都局部的迂回的甚至是机诈的,用不同的方式,收编进来,特别是作为它"全部学说之锁钥"的主观价值论的论理形式,直到今日,还不曾被人发现,那正好是对它反对最烈的古典学派之劳动价值学说之理论方式的变相抄袭,最显而易见的一点,是古典学派把价值与价格的区别,理解为本质与现象的区别,并认定后者的变动,是以前者为中心。奥地利学派所强调的限界效用价值与限界价值间的关系,正是以此为摹本,而由是取得科学的外观。此外,如古典学派把商品生产所费的劳动看为其价值的来源,把它的效用或使用价值看为它取得交换价值的条件,套这个公式,奥地利学派却把商品满足吾人欲望时的效用看为其价值的来源,而把它的稀少性,看为它取得交换价值的条件。还有,古典学派所阐述的商品价值中,包含有资本价值以上的剩余价值,奥地利派学者则强调生产财的价值,每小于其生产物的价值。这一切,已够表现奥地利派学者的"抄袭"技术。但经济科学的可贵,并不是它的逻辑程序,而是在应用逻辑程序所表现的正确事实。

如其说奥地利学派盛行的第二个原因,是它变相抄袭了科学的研究形式,则第三个原因,就是在另一方面,把许多可以直接诉之于常识的肤浅见解,都吸收来充实它那研究形式的内容。比如,作为其研究起点的消费欲望,特别是关于欲望种类及其满足程度的说明,简直是常识以下的东西。至于用观念上的时间差所引起的价值差,即以现在财货对将来财货有较大价值的"大发现",来解释资本利息及利润的来源来解释劳动者之工资应少得的原因,那却不仅是依据常识,同时又"制造常识"。他如前面所说的第一级财第二级财第三级财,乃至无限级的价值,都是以它前一级财的限界效用决定,而逆推至第一级财的价值,则是由该第一级财对其消费者满足欲望时所直感出的重要程度决定之云,那虽然在一般常识中也找不出来,却很显然要借常识去理解,稍有科学训练的人,就极容易把这些看成无从分析的呓语了。最后,如像我们前面还不曾提及但奥地利学派信奉者,已早说到极关重要之理论关节的代替财、补充财一类术语,殆莫不是从极一般常识中引导出来。

奥地利学派是强调纯粹经济理论的。为了补充这种常识化的缺点,他们有意无意地把他们的理论与数学结合起来,借数学的一般性与不可动摇的科学性,使自己七颠八倒的经济学说,得到有力的支持。这很可以说是这个学派向世界传扬或展开的第四个理由。事实上,被算作奥地利学派前驱的诸学者,如法国的古诺(Cournot)、瑞士的瓦尔拉(Walras),英国的杰文斯及德国的戈森等等,原都是把数学的解析方式,作为其研究的最基本方法,而此后接受了奥地利学派诸基本命题的马歇尔,其在德国的支持者李夫曼(R. Lefmann)及熊彼特,特别是所谓在美国的奥地利派学者如克拉克(Clark)、卡弗(Carver)、费雪(Fisher))之流,殆莫不是应用数学的解析方式,来说明经济事象,甚至在价值论上极力非难奥地利学派的卡塞尔(Cassel),他在研究方法上,却更有数理的倾向,这种经济学之数理研究的作风,一方面使奥地利经济学说更容易传播,同时,也因为奥地利学派的所谓纯理的而同时又是表象的研究,更适于采用数学的方法。数学方法,原是可以应用而且应当应用的。但它被用来解释经济现象,却有一个限度。对于已经由其他方法论证出的经济运动法则,再借数字或数理的解析,予以更明确的说明,那是被容许的。但如一开始就诉之于数学的诸般概念,并把一切的经济命题,分别拘束在一些解析方程式中,其结果,便是以经济现象去迁就数学方式,而非以数学方式来解明经济现象。在这场合,数学方法排除它以外的其他一切研究方法的应用。

然而,所有上面所提出的四个促使奥地利派经济学向世界传播的理由,只有在我们现在所要提到的这最后一个理由存在的条件下,始能取得现实的意义,这个理由就是:资本主义经济的发展,到了19世纪最后数十年乃至20世纪初,已经把它的内在矛盾及其不可避免的命运,给批判经济理论,暴露得毫无躲闪余地了。为了对抗这经济意识上的"危机",奥地利学派便以"卫道"的义侠武士的装束表演出来。由古典学派,至批判学派所一脉相承的客观主义,都在逼着人去正视现实,去揭发资本主义危机的根源。奥地利学派既是负有"特殊"的使命,自不能不从相反的立场,采取主观主义的研究方法。经济学之观念形而上学化,不能解释实际经济问题,虽然站在资本家立场的人,间尝也发出不满的议论,但在大体上,资本家的世界,特别是完全脱离生产领域,而一味在从事享乐的金融资本家的世界,毋宁是特别欢迎之一种"消费经济学"。奥地利学派经济学向世界不胫而走的最基本原因就在此。

四 奥地利学派经济学传入中国的原委

奥地利学派经济学,也传播到中国了,并且已像生起根来。中国还不是一个资本主义国家。为什么我们也需要这种经济学呢?上述奥地利学派经济学传播到各资本主义国家的理由,是否也对中国适用呢?本文的论点,原在说明奥地利学派传到中国的实情,而在前节其所以要特别提论到奥地利学派经济学之向世界各国传播,其目的也就是想借此说明它传入中国的经过。

现代资本主义的各种意识,是伴随资本主义的商品陆续输入的。商品的输入,特别与商品意识(经济学)的输入,原有极密切的关联。一个国家,它对商品的输入,是由于自动,它对商品意识的输入,始能自主,反之,它对商品的输入,不是由于自动,而是由于输入者的强制,则商品意识的输入,就不是由于它自愿或自主,而是由于商品强制输入者,把商品意识的输入,当作商品输入的一个组成的手段。在这种情形下,商品对被输入国最可能是有害的,商品意识或经济学对被输入国亦最可能是有害的。

不错,20世纪开始以来,我们对于商品意识的输入,正适应着我们对于商品输入,已经有自行选择的可能了,但这种可能,在商品意识上或在经济学上所受到的限制,比商品上所受到的限制还大得多。我们尽管每年派出了大批的国外留学者,其中有不少的政治经济学研究者,自动地去输入我们自己所需要的经济科学,但这种工作,首先,就受到了我们社会一般知识水准的阻碍,在外国,许多经济理论,尽管已由实际的经验与应用,变成了一般人的常识,在我们,却需要大费气力去学习。

其次,我们由外国输入的经济学,是资本主义的经济学,在我们自己尚未造成资本主义的经济条件,对于那种经济学的研究,这不但会增加认识理解上的困难,同时其所研究的法则,是否正确,是否应验,亦无从对照现实,予以确定。

再其次,资本主义经济发展到20世纪,帝国主义文化政策的执行,愈成为必要。在过去,各先进国家尚夸称它们对于落后地带的经济与文化负有开发传播的使命。一进入帝国主义阶段,它们对于落后地带的工业开发,已经一般的有所踌躇,已经分别采行了"保留"或"带住"落后地带之前资本主义社会经济体制的策略了,在配合这种策略的要求下,它们对于最有基本性的政治经济学的"输出",就不能不采行远较它们在自由放任主义时代为严格的限制了。其实,关于这点,与其说它们是在"输出"上用工夫,就宁不如说它们是在被输入地带的"输入"上用工夫,它们在诸落后地带,是确实拥有这种特权的。

然而,我们在上面所指出的,还是问题的一个侧面,还是奥地利学派经济学所以便于输入的理由。事实上,资本主义各国的经济学界,如我们前面所说都是充满了奥地利学派经济学的气氛的。由一般社会论坛到大学讲坛,乃至由政府及私人设置的各种经济研究机关,差不多直接间接都是由这所谓主观主义经济学说在发生领导作用。愈到晚近,这种倾向亦愈为明显。在这种情势下,资本主义各国向世界落后地带传扬介绍的经济学理论,即使再没有帝国主义的打算,亦是会很自然地把它们正在宣扬,正在奉行的理论,和盘托出来。而它们这样做,倒反而会显出这正是它们的"无私"和"正直"。而在诸落后地带,特别如在我们中国,不论是自己派人到国外去研究,抑是由外国请人来帮同研究,自己既没有选择的权能,复没有证验的社会条件,当然一切只有出自"顺受"。而况,我们前面已经论述过的奥地利学派经济学本身所具有的诸种传播性的特征,有许多是特别宜于向落后国家的研究者传授的,比如,常识化的现象因果论,就最容易为幼稚的和科学研究水准较低的头脑所接受。他们所强调的消费论、欲望论、时差利息利润论,以及根据市场上诸般经济表象所"做作"的各种表式和数字的说明,尽管似是而非的,但在经济学的初学者或经济科学根底不深的人看来,却最合口味的。经济学常识化的这种倾向,又导出了同派在传播中必然会形成的另一个特征，那就是把工商业上企业经营法、市情的报道、供需变动图解，以及在经济理论上，只占着辅助的，副次的和极边部分的经济技术知识，认为是经济学本体，这一点，也是对于经济学研究者极当警戒的，而我们的一部分经济学者，却显然犯了这个毛病。此外，在奥地利学派经济学中，还有一个与常识化技术化表面上相反但实际上却是相同的特征，一个最有基本性的特征。或者说是中国经济学研究者因此中毒最深而为害最烈的一点，就是把经济学看为玄学，看为形而上的纯理论之学。也许因为是奥地利学派一方把经济学当作形而上学来处理，他们为了要在现实上取得存在的依据，乃不能不乞灵于技术和常识，也许还因为是他们把经济学直截了当地看为抽象的演绎的学问，一种没有历史性的学问，他们就更易于为经济的常识和技术所驱使；但不论如何，经济学的常识化，技术化同时又玄学化，对于中国从事经济学研究的人，尽管是多重的蒙混和翳障，但他们却像很不免矛盾的分类的方法，将其调和起来，以常识化技术化的部分，是实用经济学，而玄学化的部分则是纯理经济学，前者是容易理解的，一学即得，后者是根本不易理解的，只要模糊理解就行。总之，这三者，都是奥地利学派经济学本身容易在中国经济学界"繁殖"的重要原因。

五 中国经济学界充满着奥地利学派经济思想的实际及经济实践上反映出的奥地利学派的经济意识

在前面，我们已把奥地利学派经济学的正体，作了一个轮廓的描述，要说明中国经济学界为何充满了这个学派的思想的实际情形，似乎只要读者自己去做一点对照工夫就行，不用多所词费。比如，涉猎一下各大书局出版的关于经济学部分的大学教本，我可保证百分之九十是依据美国各大学的经济学教本抄述过来的，就其"取法乎上者"而言，亦不过是把卡斐、陶西格（Taussig）、依利（Ely）及舍利格曼（Seligman）一流经济学者的教材作为蓝本，下焉者更不必说了。但我不想这样零碎枝节的分别指出哪些书哪些见解是奥地利学派经济学的传扬品，只须指明一个比较有概括性的测验准则就行了。奥地利学派经济学的最基本命题，是建立在超历史的观点上，不论是学校教本，抑是普通出版物上有关经济的理论或见解，只要它们忽略了所研究对象的社会性质，如论商品、论货币、论资本、论价值及工资，乃至论生产消费诸经济形态，都不涉及其因以形成的特定社会基础,而一味抽象演绎下去,那就是奥地利学派经济学的产物。这一类的作品或高见,我们实在是厌见饫闻了。

我们论述到这里,很容易"感慨系之"的忆及一位德国经济学家的话,他在19世纪中叶曾这样指责当时的德国经济学界:"政治经济学的著作或教授,无不醉心于世界主义学派,而视一切保护税为'学理之疣'。彼辈有英国利益以助之,故无往而不胜,尤可痛者,英内阁善利用金钱势力,钳制海外舆论。苟于其商业有济,则挥金如土,从未有所吝惜,大队通讯员,领袖著作家……漫游各地,专从事攻击德国工业家要求实施保护税之'无理'的愿望,……时流学说与德国学者之意见,既皆倾向于彼辈,以故为英国利益辩护者之工作,尤易易也。"(见李斯特著《国家经济学》)这段话已历一个世纪,但我们今日读起来,似犹有新的意义。不过,李斯特所指责的,是英国当时利用以阻害德国经济改造的世界主义学派,即英国经济学派的理论,而我们在此不惮陈述的,则是一切资本主义国家利用以阻害中国经济改造的奥地利学派经济学,而且,在事实上,德国当时所受阻害,尚只限于保护关税的实施,而在中国,其毒害所及,并不只于保护关税一项,整个社会经济的变革,现代化的进程,皆由此直接间接遭受了妨阻。

自然,以中国所处的国际地位,我们已经讲到了,商品和商品意识(即经济学)的输入及其流布,是无法完全自主的,但同时也得承认我们在这些方面,我们仍有自主与自动的可能运用范围的存在。外国经济顾问、外国经济专家,帮助中国经济"复兴"的计划或提案,不会把中国经济"复兴"的障碍,归因于帝国主义政策,这无疑是极其自然的。但许多强调"中国经济改造"的"权威"著作,也依照外国学者的浮面逻辑,不肯提论到帝国主义政策,即使近十余年来,指斥帝国主义政策的议论渐渐多了。但大半又只限于肤浅的感应,仍不肯继续探究到帝国主义政策作用下的中国经济,该是如何不宜于应用帝国主义者处理其经济问题所依据的经济学理论,及其所定的单方。结局,自中国社会经济史研究问题被提论到学术论坛以来,中国经济学界为奥地利学派经济学独占的局面,在一般社会论坛上,虽然已经有了一些动摇,但几乎在全部的大学讲坛上,在最有政治权势的经济研究机关里面,依旧满布着超历史的形而上学的经济理论,即使是对于摆在我们面前要我们去正视的经济问题,它们最一般的仍是用常识的技术的观点去处理。站在学术的立场上,奥地利学派的经济学说,无疑是我们应当研究的部门之一。但如其我们知道它是晚近资本主义各国为了稳定其金融统治或世界统治所促成或育成的辩护经济理论体系，我们对于这种学说的研究，就得采取批判的立场借以确知各国的整个经济动向，特别是认识它们对于落后地带所推行的经济政策。万不能"生于其心""害于其政"的由那种经济学说的意识中，去定立中国经济的改建方案。

然而不幸的是：晚近以来，作为中国经济设施之立案者或发言者的中国经济学界，例皆不问中国社会已有的经济基础，不问所有的设计，应用起来，是否为中国社会已有的经济条件所要求或允许。他们很直观地把构成中国总经济形态的商品价值、利润、工资、货币、资本诸基本范畴，与他们从经济学教本中，从奥地利学派经济学中，所习得的同名目的诸基本概念，看为同一的东西，迨其所定立的方案在行上遇到障碍，他们再回过头来叹说中国社会的技术条件不够，而迄未反省到他们的计划或立案，根本就未顾及中国社会以及中国社会的技术水准。过去是如此，现在亦然。

六　经济学者的责任

我现在可用下面这几点比较综括的意见，来结束我的题旨：

1. 我是绝对尊重学术自由研究精神的，对于任何一个学派的经济学说的研究，不但可借以扩大我们对于现代思想的理解，且可借以增进我们对于世界经济现实的理解。在这种意义上，奥地利学派经济学至少和古典学派、"历史学派"、马克思主义学派的经济学，同样值得我们研究和注意。

2. 正惟其如此，我们研究奥地利学派经济学，至少要明了它这种经济学，是适应资本主义衰落期的现实要求而产生的，在经济学史上，它并不像它的一般信奉者所誉称的"经济学的复兴"或"再造"。因为，如其我们不否认经济学是现实经济的反映，那么，在资本主义临到了多灾多难的严重时期，决不能站在资本家的立场，还有什么"更新"的学理的"发现"。即或我们主观上感染太深，不容易去掉这种幻想，我们亦得承认：在现代经济思潮里，奥地利学派经济学究不过是其中的一个支流。即使再强调它的重要性，亦不能竟把它当作是经济学全体。

3. 自然，我并不素朴地或表面地承认中国有什么奥地利学派。适应着中国经济形态的落后，中国的经济意识形态亦是非常落后的。自己不能制造商品，对于舶来商品不易辨认其真伪；自己无从创建经济学，对于舶来经济学亦自不易判别其是非。在这种认识下，我们即使不能否认中国经济学界，也受了中国买办商业金融资产者意识的影响，特别是受了帝国主义文化政策的影响，但我们仍不能据此就断定中国有什么奥地利学派经济学。实际上建立一种经济理论固然是谈何容易；就是信奉一种经济理论，也并不很简单。一般地讲，我们经济学界对于奥地利派经济学，与其说是自觉的自动的去理解和研究，毋宁说是被动的，人云亦云的。因此，我现在来批判中国经济界的奥地利学派的作风，实在是哀悯的心情多，而指责的意思少。但是，

4. 正如同我们的经济，受着历史的资本主义世界的束缚，仍必须拼命挣扎，以求得解放一样，我们的外铄的，不由自主的经济意识，亦当由我们努力，由我们展开研究的视野，俾能配合并进一步指导我们的经济解放。世界经济发展的客观动态，正大大启迪我们，只要我们的经济学者，肯从他们一向被拘囚奥地利学派经济学的"象牙之塔"中开脱出来，中国经济学界定然会一新其面目。这至少是我们经济学者应当担负的自觉的责任。

（原载《经济科学论丛》）

凯恩斯经济学说批判

一 凯恩斯经济学说是当代国家垄断资本形成过程的产物

现代资本主义由自由形态到垄断形态的转化，是开始于19世纪70年代。到了第一次世界大战前后，这种垄断资本形态，不仅在世界资本主义各国已确立了它的统治地位，并进一步开始采行国家垄断资本形态，从第二次世界大战以来，在所有各老牌资本主义国家进行全面统治的，已经是这种国家垄断资本形态了。

当然，全面阐述资本主义形态的转化过程不是这篇文章要做的，但在把凯恩斯经济学说作为国家垄断资本形成过程的产物来说明，当作国家垄断资本学说来理解的必要限度内，指出国家垄断资本形态，不同于一般垄断资本形态，更大不同于自由资本形态的特点；指出促成其转变的重要原因和必然趋势，对于较深入透彻地了解凯恩斯经济学说的本质，是大有帮助的。

资本主义由自由形态向垄断形态的推移过程，实质上，就是作为垄断资本的最鲜明特征来表现的财政资本的形成过程。列宁曾就财政资本的产生及其规定性，作了深刻的科学说明。他说："生产集中；由集中而产生垄断组织；银行和工业溶合或混合生长，——这便是财政资本产生的历史和财政资本这一概念的内容"。[①] 在自由竞争阶段，银行是为工商企业服务的，而交易听则发生着调节资本竞争的作用；"由生产集中而产生垄断组织"，必然会通过工业与银行的混合成长，造成大银行的支配地位，并相应形成大银行代替交易所的新局面。这种新局面的出现，在世界资本主义各国因各别的具体历史条件不同，先后参差不一，显示了不平衡的发展。但资本主义制度的内在联系及其矛盾，特别是作为那种矛盾爆发的世界性的危机与世界规模的战争，终于不但促使各主要资本主义国家的经济

---

① 《列宁全集》第22卷，人民出版社1963年版，第218页。

组织，全面采取了垄断资本统治形式，并还进一步采取了国家垄断资本统治形式。国家垄断资本统治在一方面表现为国家对于国民经济更全面的干涉，同时在另一方面却表现为整个国民经济、整个国家政权对于财政资本的隶属。

且就下面几个关键性的实例，来说明它的演变过程罢。

德国是施行卡特尔化最早的国家，但直到"1900年的危机才大大加速了工业和银行业的集中过程，巩固了这个过程，并第一次把银行和工业的联系变成大银行的真正垄断，使这种联系比从前更加紧密巩固。"[①] 当危机发展到要由备战以至战争来解决的情况下，国民经济很快地发生深刻的变化，"资本家为国防即为国家工作，这已经不是'纯'资本主义了（这是明显的事实），而是国民经济的一种特殊形式。纯资本主义是商品生产。商品生产是为不可知的自由市场工作的。为国防'工作'的资本家则完全不是为市场'工作'，而是按照国家订货甚至往往是为了得到国家贷款而'工作'的。"[②] 且不独是为金钱而"工作"，为极有把握的"顾客"而"工作"，且还为他们通过国家政权实现的特殊阶级利益而"工作"。虽然战争结束了，这种战时经济活动的范围缩小了。但战后20年代30年代资本主义经济矛盾混乱的加剧，特别是在苏联社会主义计划经济不断取得伟大成就的时候，爆发出1929年至1933年的大危机，更使得各国大资本家集团不能不对其代言人，提出挽救资本主义的新任务，要求把那些有利于他们的备战时期或战争时期的各种经济措施，当作计划化来强调，把国家垄断资本主义当作有组织有调节的资本主义来宣传。所谓凯恩斯的经济学说，无非就是在完成这个历史的阶级的任务。

二　体现在《就业，利息和货币通论》中的社会观和方法论

凯恩斯的经济学说，乍然一看，似乎会给人这样一种印象：和当代其他资产阶级经济学者比较，他敢于正视现实，不大掩盖资本主义制度的疮疤，并且也不怎么隐蔽他自己的观点。不少凯恩斯研究者曾把这看为是他的特点。但必须了解，他的这个特点，是他作为传统自由经济学说反对者和新型的国家垄断资本辩护者的特点所规定的。事实上，他所指明的现

---

① 《列宁全集》第22卷，人民出版社1963年版，第217页。
② 同上书第25卷，第52—53页。

实，一点也没触及到资本主义制度的本质矛盾和必然灭亡的命运；同时，他所自我坦白的观点，又是多么委婉曲折地叫统治阶级认识他对资本主义制度的维护和热爱啊！

现在且来看看他在 1936 年出版的代表著作《就业，利息和货币通论》（下称《通论》）中是怎么说明的罢。

他是这样"不同凡响"地表示："我们生存于其中的经济社会，其显著缺点，乃在不能提供充分就业，以及财富与所得之分配有欠公平合理。"可是接下去，他半是辩解半是遗憾地说："的确有社会的以及心理的理由，可以替财富与所得之不均辩护，可是不均得像今日那样厉害，那就无法辩护了。"① 幸而虽然是这样的不均，"我们现在生活于其中的经济体系，有一显著特征：即在产量与就业量方面，虽然有剧烈变动，但该经济体系并不非常不稳定，反之，似乎可以在次正常状态下，停留一相当时期，既无显著倾向趋于复兴，亦无显著倾向趋于完全崩溃。"② 要注意，这是作者在 1929 年至 1933 年大危机过去两三年后，惊魂甫定，强作安慰，才把这段时间说成是"在次正常状态下，停留一相当时期"。讲得多么委婉曲折啊！这能够说是一个经济学者正视社会经济现实，讲出来的实话么？尤其重要的，是他对于这种既非复兴又非崩溃的不死不活状态所作的奇特解释，他认为那是基于现代社会环境与心理状态，基于人性的必然规律。③ 到这里，我们已不难看到这位自命为正视社会经济生活的经济学家，是怎样小心谨慎地不肯沿着财富与所得的不均和大大悬殊来说明大危机，来说明那种"次正常状态"，却含糊笼统地提出社会环境、心理状态及所谓人性的规律，来曲解搪塞。很显然，如果从制度出发，问题就在改变社会制度，如果从人的心理状态、从人性的规律出发，问题就在改变人性了。在他看来，人性又是不能改变、或者说是不能很快改变的，该怎么办呢？这位垄断资本主义的说教者，不论怎么转弯抹角，终于不能不从这个角度，把他的本来面目完全暴露出来。他"教谕"人们："我们不要把改变人性和管理人性混为一谈"。人类有许多有价值的活动，必须要有发财这个动机，私有财产这个环境，才能充分收效。而且，人类有许多危险性格，也因为有发财机会之存在，而导入比较无害之途；……我们宁可让一个人做他银行存款之暴君，不要让他做他同胞公民之暴君。……不过要

---

① 凯恩斯：《就业，利息和货币通论》（徐毓枬译），第 318 页。
② 同上书，第 209—210 页。
③ 同上书，第 210 页。

鼓励这些活动，要满足这些性格，赌注不必像今日这样大。……在一理想社会之中，人们可以因为教育、感召、环境等关系，根本对于赌注不发生兴趣，但若一般人或社会上很大一部分人对于发财欲有强烈嗜好，则让人在规则与限制之下作此发财之戏，恐不失为聪明睿智的政治家作风。① 原来一个政治家的作风，就在鼓励人发财谋利，以免他去做其他的坏事。然则社会各种各样的坏事或罪恶，不正好是由发财谋利产生的么？在这里凯恩斯是别有用心的。他正是从由于不能改变发财致富的人的本性的这个命题，引出了"不需要革命"的结论。在他的理解上，不但不需要布尔什维克那样的革命，连所谓国家社会主义革命也不需要，所需要的，只是合乎垄断资本要求的改变。他明确地表示："似乎没有强烈理由要实行国家社会主义，把社会上大部分经济生活包罗在政府权限以内。要紧的倒不是生产工具国有；只要国家能够决定（a）资源之用于增加生产工具者，其总额应为若干；（b）持有此种资源者，其基本报酬应为若干，则国家已尽其职责。而且，实行社会化之种种必要步骤，也可以慢慢逐渐引进，不必打断社会上的一般传统。"② 从这里我们可以看到，整个凯恩斯的社会哲学，就在把资本主义制度看成是合乎人性的东西，由于人性不能变革，只可缓慢演变，所以建立在人性基础上的制度，只宜作保留实质、改变形式的适应，而不宜于有打破社会传统的更张。他的这种社会哲学，显然是和他的阶级立场和党派关系相调和的。他一再反复说明他是站在"有教养"的资产阶级一边，而不屑与粗野的无产阶级为伍。并表示：英国三个党派，保守党的右派顽固，左派是一些"有教养"的人；工党的左派过激，右派是一些"有教养"的人；在保守党难免不为右派操纵，在工党难免不为左派操纵，权衡利害，他乐得采取"消极标准"，做一个"左右逢源"的自由党人。③

十分清楚，对于一个具有这样深固的阶级成见因而持有这样保守的社会观点的人，我们能期待他正确对待现实经济生活，并对社会经济现象的研究采取较正确的方法么？我们能期待他不排斥一切足以暴露现行制度的真实情况，而一味从经济的表面联系上把论点引向他所希望达到的目的么？在事实上，凯恩斯正是这么做的。在《通论》中，他让人们知道他的研究，采取了下面这样的方式方法：

---

① 凯恩斯：《就业，利息和货币通论》（徐毓枬译），第318—319页。
② 同上书，第321—322页。
③ 凯恩斯：《劝说集》，商务印书馆1962年版，第244—245页。

首先，他表示他的研究，不是从生产者消费者的个体经济状况出发，而是从社会所有生产者消费者的总体出发，他着重在总投资、总就业、总所得……这一些范畴；为他捧场的资产阶级经济学者把后面这种理论研究，说成是宏观经济学，并说这种方法是所谓宏观分析。而关于前者，则分别称之为微观经济学，微观分析。虽然采取这种宏观分析法，不是始于凯恩斯，可是一经凯恩斯全面应用，它就为资产阶级经济学界所津津乐道，并且大行其道了。以私有制为基础的资本主义商品生产方式而论，私人个体经济，他们的相互利害关系，他们在生产、分配、交换上的联系，总是作为社会总体经济说明的出发点和基础。丢开个体关系，专从总体入手，将如何说明问题呢？凯恩斯要专就总体着手，这关系到他的整个学说的特质。凯恩斯认为，他一直不满意"个人主义的资本主义"，一直强调所谓"半社会化"的垄断组织，因而不欲斤斤于个体经济的分析，并认为，在国家垄断资本统治的情况下，斤斤于个体经济的分析，已经没有什么意义。但是，应当知道，即使是再大的垄断组织，从社会来看，仍旧不外是彼此相互对抗的个体。凯恩斯采取宏观分析法，一定还有更本质的原因。在19世纪七八十年代，资产阶级经济学界曾用主观边际效用价值学说，反对马克思主义的劳动价值学说，产生了一个"价值无用论"的强烈反应。在19世纪末叶以后，许多经济学者干脆用价格论来代替价值论。避开了价值论，也就无形中避开了马克思主义的劳动剥削论，再也用不着在价值学说的基础上去考察个人经济问题，去计较谁剥削谁，去分辨垄断资本的所得与广大劳动人民的所得的区别了，也无从追问垄断资本家阶级的超额利润的真正来源了。当前所谓宏观经济学、宏观分析法的流行，原因就在这里。

其次，凯恩斯自己在《通论》的序言中还指出："……我们分析当前经济行为之方法，仍不外乎供求之交互反应。如此一来，我们的分析法与价值论衔接起来了。"① 在这段不清不楚的文句中，表明受过传统经济学说熏陶的凯恩斯，毕竟感觉到用价格论来代替价值论，不大释然，所以他要在序言中做这样的交代。其实，从供求交互反应或供给与需要平衡关系出发，他还只是联系到价格，而不曾联系到价值。不论是从理论上讲，还是从实践上讲，我们只能够沿着商品价值——供需关系——价格这一线路去认识问题，而不是反过来。商品价格可以因供求不相适应而与价值发生差离，但不能没有价值作为其变动的依据。不错，就社会全体立论，总价

---

① 凯恩斯：《就业，利息和货币通论》（徐毓枬译），第4页。

格是等于总价值，但凯恩斯在《通论》中所讲到的总供给价格、总需要价格，显然不是这个意思，因为他是供需平衡论者、现象论者，有时提到价值，骨子里还是指的价格。这是研究凯恩斯经济学说的方法论的一个关键性的论点。

最后，应用宏观分析法，应用供需交互反应分析法，就是为了要从总体现象中找出供需失调的原因，找出经济危机的原因。但在国民经济体系中的各个方面，是交互错综影响的。怎样才能把关键性的原因找出来，借以决定救治的途径呢？凯恩斯又提出了一个较具体的方法。他表示："我们分析之目的，不在提出一部机器，或一种盲目计算法，使我们可以得出百无一失的答案；而在使我们有一种有组织的、有次序的思维术，探索若干具体问题。"① 在进行经济分析时，"我们最好分辨清楚：经济体系之中，哪几个因素是已知数，我们可以假定其不变，哪几个因素是自变数，哪几个是依变数。"② 对于不变数，他作了这样"奇特的"说明："我们所假定不变者，乃：现有劳力之技巧与数量，现有资本设备之质与量，现有生产技术，竞争程度，消费者之嗜尚与习惯，各种各类劳力活动（包括监督组织等劳心劳动）之负效用，以及社会结构，——包括（除了下举变数以外）决定国民所得之分配之种种势力。这并不是说，我们真假定这些因素不会变更，我们只是说，在本书中，我们不讨论也不顾到这些因素改变所起的影响与后果。我们的自变数，乃消费倾向、资本之边际效率表、以及利率。""我们的依变数，乃就业量与国民所得。"③ 他先就这三者作了限界，分别指出其所包括的项目，然后再说明其作用和关系：这三者中，"对于我们所要研究的问题有支配性的影响者，则列为自变数。"又说："我们现在所要研究的问题，乃是：在任何时间，何者决定一特定经济体系之国民所得，或其（两者几乎是一物）就业数量？经济学之研究既如此复杂，我们不能希望有完全准确的概括结论，故我们只能提出几个主要因素，其改变乃最足决定我们所要研究的问题者，作为自变数。我们的最后任务，也许是在我们实际生活其中的经济体系中找出几个变数，可以由中央当局来加以统制或管理。"④ 简单明白地说，就是在上述各种不变因素，如劳力、资本设备、技术条件、竞争程度以至消费嗜好等等不

---

① 凯恩斯：《就业，利息和货币通论》（徐毓枬译），第253页。
② 同上书，第206页。
③ 同上。
④ 同上书，第208页。

变的假定下,看那三种关于消费倾向、投资展望和利率要求的自变因素发生变化,对就业(或国民所得)发生怎样的决定的作用和影响。经济学的研究,是不妨作一些假定来进行抽象的分析的。但假定不仅要回到现实,而且所假定的不变因素,还要不妨碍对动态发展的认识。而凯恩斯所假定的各种不变因素,几乎全是时时在变,并且对于一切自变数因素、因变数因素有决定的影响。假定它们都不变,只是认定就业数量与国民所得的变动,受决定于上述三种心理因素,那就无异在对所谓总体经济行为、对供需交互反应平衡关系进行"分析"以前,就把最能影响它们的劳力及资本设备、技术条件、竞争程度……等等重要原因,都排除在考虑以外了。单就这点说,已够荒谬了,何况这种方法的说明,还包含了如我们在后面要交代的极大错误。

三 凯恩斯经济学说的系统了解

包括在《通论》中的整个凯恩斯的经济学说,按照他的方法论所提供的那种独特逻辑,可以分作以下五个部分:论有效需要原则和就业,论所得贮蓄与投资,论资本边际效率与利息率,论消费倾向与乘数,以及论危机与国家在经济活动中的职权。他所选定的论题和讨论的程序,并不是全面考察现代资本主义现实运动的客观反映,而只是依照他为挽救并辩护资本主义制度、维护垄断资本利益而特别精心设计的一套主观构思。作为供需交互反应均衡的现象论者,他认为当前最不可终日的危机问题、失业问题的产生,是由于供需的失调,是由于社会投资品与消费品的有效需要不足所引起的就业不足,而这又分别是由消费不足和投资不足所造成的。如果说消费受到了所得不平衡的限制,投资又因利率高与边际利润率得不到足够的鼓励,或投资鼓励不足,那么,要从这一序列的不足的连锁反应中脱出来,只有国家或政府出面用增发通货、压低利息、降低工资的方策,用举债增税、兴办事业的方策,用一切非生产的支出、创造条件增加就业机会的方策,说明白些,就是用一切有利于垄断资本大开财门的方策,来补救那些不足,使国民经济的供求失调得到缓和和改正。——这就是凯恩斯的上述的主观构思的简单蓝图。

(一)论有效需要原则和就业

面对着具有严重威胁性的失业问题,凯恩斯把如何解决失业问题作为他写《通论》的目的。他说,"本书……着重在研究何种决定力量使得总产量与总就业量改变"。① 又说，"本书分析之最终目的，乃在发现何者决定就业量。"② 而他所以要研究这个问题，就是因为现行制度的缺点，在于不提供充分就业。什么叫充分就业呢？简单地说，"即当对劳力产物之有效需求增加时，总就业量不再增加之谓也。"③ 这句话是这个意思，即在实际上雇佣劳力之有效需要增加，总就业量还是有增加，那就表示还有没有工作机会的失业者存在，还没有充分就业。他自认为他与所谓经典学派④的区别，就是胎源于这里。他认为，在那些经典学派看来，在资本主义社会的一般情形下，如听任经济活动自由竞争、自动调节，由于生产或供给本身就会创造需要，生产品与消费品不会发生一般滞销脱节现象，从而不会发生一般经济危机，不会发生真正失业现象，即使难免有流动转移的摩擦失业存在，乃至有工不做的自愿失业者存在，也是暂时的局部的，而不会是一般的。凯恩斯不同意这个看法。他认为，他们之所以作出这个错误判断，是根据两个前提：

第一，工资等于劳力之边际产物（从劳动需要者方面着眼的）；

第二，当就业量不变时，工资之效用适等于该就业量之边际负效用（从劳动供给者方面着眼的）。⑤

这两个前提的用语的含义，都大有问题。因为避开价值，而讲边际产物，讲效用，讲边际负效用，其间就不能有一个客观的公约数，而全是一些主观设想的概念。尽管如此，凯恩斯却认为他赞成第一前提，而反对第二前提。为什么呢？因为就第一前提而论，就是假设"组织、设备与技术不变，则一单位劳力能够赚到的真实工资，必与就业量成唯一的、相反的关系"。⑥ 即是说，根据生产递减律，就业量增加时，真实工资率必减低。至于第二前提，他则认为是大错特错的，他与经典学派的重大分歧在此，经济学需要"革命"的关键在此。他说："我们要推翻经典学派之第二前提，承认不自愿失业之可能存在，而另创一套经济体系之行为规则。"⑦ 在他的理解中，经典学派的这个前提，应当是和这两个论据连在

---

① 凯恩斯：《就业，利息和货币通论》，（徐毓枬译），第4页。
② 同上书，第79页。
③ 同上书，第28页。
④ 按凯恩斯别有用心的说法，其中除李嘉图外，还包括萨伊、约翰·穆勒、马歇尔及皮古之流，他想以此鱼目混珠，打破马克思规定的古典经济学与庸俗经济学的界限。见《就业，利息和货币通论》，第9页。
⑤ 凯恩斯：《就业，利息和货币通论》（徐毓枬译），第11页。
⑥ 同上书，第20—21页。
⑦ 同上书，第20页。

一起的：(1) 严格意义的不自愿失业并不存在；(2) 供给会创造出自己的需求。① 这就是说，所有的产品，所有的劳力，都不会过剩，都能确保其有效需要。他反驳说，在现实上，不是已有生产过剩现象么？现行真实工资即使因物价提高而有所削减，已在工作中的就业者人数并不很快随着减少，并还往往有大批的劳动者愿意在已经减低的工资率上接受工作。因此，在他看来，经典学派显然是错误地把特定时期的供需平衡、偶然的较好就业状况，当作一般的通常的状况。他反对他们说，那不过是特例，而一般的通常的状况，则是供需不能自动地趋于平衡、失业状况也不能听其自然地得到补救。由于他是就这种一般的通常状况立论，所以这本书就题为《就业，利息和货币通论》。

他指出，经典学派不承认不自愿失业的存在，是由于对有效需要原则认识不足。雇佣劳动的有效需要，"只是雇主们从决定提供的当前就业量上，所可预期取得的总所得或收益"。② 雇主们预期由雇佣多少人所获得的收益，"在总需求函数与总供给函数相交点时之值，称为有效需求"。③ 所谓总供给函数，就是雇佣一定人数所生产产品之总供给价格与所雇人数的关系，而总需求函数，则为预期雇佣一定人数所能获得之收益与所雇人数的关系。④ 他说，"就业量决定于总需求函数与总供给函数相交之点，盖在此点，雇主们之预期利润达到最大量。"⑤ 至于雇主们决定雇佣的劳工人数或就业量，乃取决于预期于社会的消费量和可以预期于社会的新的投资量两者之和。此两者构成就业的有效需要。消费不足，投资不足，都说明就业的有效需要不足。

凯恩斯对就业的有效需要，反复加以规定，并不像他的信徒们所吹嘘的那样，是什么科学的严密性。那不过表示：要资本家雇佣劳动者，就得他赚钱；要失业者有工可做，首先就得让资本家有钱可赚。至于所赚的钱从何而来，那可毋庸置问；也不要人们想到工人失业与资本家赚钱有何本质的关系。如照马克思主义者的讲法，有效需要，就是另一个涵义。归根到底地说："'社会需要'或规定需要原则的东西，本质上，是由不同各阶级相互的关系并由他们各自的经济地位来规定的。所以，特别地说，在这里首先是由总剩余价值对工资的比例，其次是由剩余价值所分成的不同

---

① 凯恩斯：《就业，利息和货币通论》（徐毓枬译），第24页。
② 同上书，第5页。
③ 同上书，第28页。
④ 同上书，第27页。
⑤ 同上书，第28页。

各部分（利润、利息、地租、赋税等等）的比例来规定。所以这里又说明了，为什么在说明供求关系所借以发生作用的基础以前，绝对没有什么能由供求关系来说明。"① 正是由于凯恩斯要避开这种决定社会需要的基础关系，即基本的对抗的分配关系，去枝枝节节地探索那些次要的因素或原因，他就不但对所谓有效需要本身讲得不明不白，并还由此引出一系列的错误论据，但是作为一个大资产阶级的谋士来说，这正是他要做的。

（二）论所得、储蓄与投资

凯恩斯沿着他的有效需要不足的思路，引到消费不足和投资不足。在说明消费与投资为什么不足之前，先要交代一下他对所得、储蓄与投资的关系的解释。他认为在这里，他也与所谓经典学派有极大的差别。经典学派是把储蓄与投资和利率关联起来，他则是把储蓄与投资和所得或收入关联起来。在实际经济生活中，这两者显然都同利率和所得有关系：利息高了，就要鼓励储蓄，妨碍投资活动；所得增多了，会有更多的资金被储蓄或用到投资上去。然则所谓经典学派为什么要贬低所得的作用，而凯恩斯又为什么要贬低利率的作用？原因很简单，就是由于他们各别要由此建立自己的"完整体系"——经典学派要建立他们的利率理论体系，凯恩斯则要建立他的就业理论体系。为什么建立就业理论体系就特别重视所得或收入呢？这是因为在凯恩斯的理解中，国民所得或总就业是一个意思；就业不只是指着劳动者的所得——工资，同时在相关函数的意义上还表示雇佣一定劳动者所提供的收益——利润。工资加利润，就是国民所得或收入。所以，国民所得与总就业有同一涵义。很显然，只要不要求概念或其相互联系符合实际，经济学家们是无妨对它们任意撮合，并自作解释的。

现在且看凯恩斯是怎样说明储蓄与投资的关系。投用的资本，是由所得分出来的。所得在何种限度，用到什么地方，或者如何把所得尽可能大的部分引到投资方面，是一个大问题。照凯恩斯的看法，所得有三个用途：一是消费，一是储蓄，一是投资。如果说，储蓄终于会转到投资方面去，那么，所得就只有两个用途：或者是消费，或者是资本化。但凯恩斯不愿意把问题说得这样简单。他交代三者的关系说："虽然储蓄量是消费者消费行为之总结果，投资量是雇主投资行为之总结果，但二者必然相等，因为二者都等于所得减消费。"其公式是：

所得＝产品价值＝消费＋投资

---

① 马克思：《资本论》第3卷（郭大力、王亚南译），人民出版社1953年版，第207页。

储蓄＝所得－消费

故　储　蓄＝投资①

该怎样理解这个储蓄等于投资的公式呢？他告诉我们："旧说认为贮蓄常常引起投资，新说认为可以有贮蓄而无投资，或有投资而无'真正的'贮蓄，两说相比，旧说虽然不完全，容易引起误解，但比之新说，在形式上尚较为健全。旧说之误，在于由此推论，如果个人贮蓄，则总投资亦必作同量增加。个人贮蓄可以增加其一己之财富，这是不错的；但由此推论，以为亦可增加社会全体之财富，则忽视了一个可能性：即一人之贮蓄行为，可以影响他人之贮蓄，因之影响他人之财富。"而且"如果每个人都想减少消费，增加贮蓄，则因所得一定受到影响，故这种企图必自招失败。"② 为什么这样呢？问题在于从个人观点去看，和从社会观点去看，不是一回事。到这里，他毕竟想到了他的宏观分析不能代替微观分析，认为社会全体行为之经济理论与个人一己行为之经济理论的重大区别在于：在后者，"我们可以假定当个人改变其一己之需求时，其所得并不受到影响。"③ 而"就社会全体而论，所得超过消费部分（即我们所谓储蓄者），不能不与资本设备之价值增益（即我们所谓投资者）相同。净储蓄与纯投资之关系，亦复如此。事实上，储蓄是一个余数。投资决策与消费决策两者，决定所得。设投资决策得告实现，则或者消费削减，或者所得增大，两者必居其一。故投资行为本身，一定使得储蓄这个余数以同量增加。"④ 他的这个说明，并不能增进人们对他的储蓄等于投资的理解。他的反对者不必说，就是对他的理论抱有很大信心的资产阶级经济学者，如英国的希克斯、罗宾逊以及美国的克莱因之流，都各作解说，互不信服。在这里，凯恩斯处心积虑的真正意图是：他殷切希望社会所得减消费的全部余数即储蓄，都汇集在财政资本手中，一方面借以消除靠遗产、靠利率生活的这些资本主义寄生因素，同时则用以增殖财富，加速资本积累，或者明白地说，增大大资本家阶级的利得。其实，在财政资本的统治下，社会的积累或剩余价值，不是在采取各种形式，按照这样的集中分散程序在资本化，并还通过借贷资本或虚拟资本运动，在以更大得多的规模在资本化吗？而各种各色的寄生性因素的存在和不绝增加，不正好是资本

---

① 凯恩斯：《就业，利息和货币通论》（徐毓枬译），第58页。
② 同上书，第75—76页。
③ 同上书，第76页。
④ 同上书，第58页。

迅速积累与过度扩张的结果及其反应吗？而凯恩斯却不敢正视资本主义社会的这些现实，于是就只好捏造什么储蓄没有完全变成投资，或投资引诱不足这种胡说了。现在且看他的投资引诱论。

(三) 资本边际效率与利息率

凯恩斯告诉我们：对就业量有决定影响的当前投资量，决定于投资引诱，投资引诱又决定于两组势力之相互关系：第一组为资本之边际效率表；第二组为各种期限不同、风险不同的贷款利率。他对这些术语或经济概念，也如同对于其他的经济概念，如失业、有效需要、储蓄……等等一样，对于同时代其他经济学者的说法，作了评论，他说："资产之边际生产力，或边际报酬，或边际效率，或边际效用，都是我们常用而熟悉的名词。但欲在经济文献中，找出很明白的一段，说明经济学家用此等名词时，通常究竟是什么意义，却不是易事。"① 可是，所有有关边际效用的用语理论，尽管是那样的不明不白，在凯恩斯的《通论》中，却还是在其中打滚。我们前面已经指出，他对所谓经典学派关于工资的两个前提：工资等于劳力之边际产物；工资之效用适等于就业量之边际负效用云云，不论是赞成前者，还是反对后者，如果对于所谓边际产物、边际负效用含义不明白，怎好加以赞否呢？当然，他的意思，不是要反对边际效用学说，而是认为人们讲来讲去，没有讲清楚物质与价值之别，没有说清楚是绝对数还是比例数，没有分清是一项还是多项。② 现在且看他自己是怎样说明资本边际效率的。他说："我之所谓资本之边际效率，乃等于一贴现率，用此贴现率将该资本资产之未来收益折为现值，则该现值恰等于该资本资产之供给价格。""所谓供给价格，并不是实际在市场上购买该资产所付之市场价格，而是适足引诱厂家增产该资产一新单位所需之价格……从一种资本资产之未来收益与其供给价格之关系，可得该类资本之边际效率。"③ 简单地说，"资本之边际效率，乃以钱投资于新产资产，所可预期取得之酬报率。"④ 他以为他的资本边际效率与费雪在1930年出版的《利息论》中所谓报酬超过成本率完全相同。费雪以为：任何一方面投资之多寡，乃定于报酬超过成本率与利率之比较，要引诱新投资，则报酬超过

---

① 凯恩斯：《就业，利息和货币通论》（徐毓枬译），第117页。
② 同上书，第117—118页。
③ 同上书，第115页。
④ 同上书，第116页。

成本率必须大于利率。可见，资本之边际效率不仅定于资本之现在收益，亦定于资本之未来收益，失察此点，则容易对资本边际效率之意义与重要性发生误解。"[1] 可见，一特定数量资本之边际效率与预期之改变有关；他以为这一点非常重要。只因为有这种关系，资本之边际效率才会有急剧改变，商业循环才会产生。他进一步强调说："繁荣之后所以有不景气，不景气之后所以又有繁荣，可以用资本之边际效率与利率之相对变动来分析与说明。"[2] 这就是说，景气变动，商业循环，可以对待特定资本量的边际效率的预期和流动偏好两者的相对心理变化来说明。直到这里为止，我们还没有发现凯恩斯关于资本边际效率的解释，比他所评论的其他资产阶级经济学者的类似名词的解释，究竟明白多少。而他用这个不清不楚的资本边际效率的预期和在利率上的所谓流动偏好的相对心理状态来说明商业循环，其荒诞不经由此可见。

再来看看他对于利率及利率所由决定的心理因素，是怎样发挥他的"创见"的。凯恩斯告诉我们："利率则定于心理的及制度的情况。"[3] 利率与社会制度有关，是毋庸说明的，为什么是心理情况呢？他说："所谓利息，乃是在一特定时期以内，放弃周转灵活性之报酬。盖利率只是一个比例，其分母为一特定量货币，其分子乃在一特定时期中，放弃对此货币之控制权，换取债票，能够得到的报酬。"[4] 因此，一定的货币数量，和希望把它控制在随时可以动用状态下的灵活偏好，就成为在特定情况下决定实际利率的重大因素。在这里，我们看到凯恩斯偷偷地把货币数量这个因素拉进来和灵活偏好一同决定实际利率了。至于他提出的形成灵活偏好的理由有三点：一是想控制现金，以备个人业务的交易动机，一是怕冒风险的谨慎动机，一是投机动机。[5] 无论是出于哪种动机，都和现已在握的货币数量有关。对一定量货币所作的打算，可以列出一个心理变化表或灵活偏好表，它就是表示货币数量与利率的函数关系。在说明这种函数关系中，他进一步把一切有关的问题都拉进来考察了："设其他情形不变，则增加货币数量固可减低利率，但设公众之灵活偏好比货币数量增加得更快，则利率不会减低。设其他情形不变，则减低利率固可增加投资量，但设资本之边际效率表比利率下降得更快，则投资量不会增加。设其他情形

---

[1] 凯恩斯：《就业，利息和货币通论》（徐毓枬译），第120页。
[2] 同上书，第122页。
[3] 同上书，第183页。
[4] 同上书，第141页。
[5] 同上书，第144页。

不变，则增加投资量固可增加就业量，但设消费倾向也下降，则就业量未必增加。最后，若就业量增加，则物价将上涨；其上涨程度，一部分定于生产函数之形状，一部分须看工资单位（以货币计算）是否上涨。产量既增，物价既涨，则又转而影响灵活偏好，故如欲维持一特定利率，则必须再增加货币。"[1] 他在这一系列的函数关系中，看到了货币数量的变动，如何影响经济体系，由是踌躇满志地说："把货币这个东西，引入因果关系中，这还是创举。"[2] 这个不自揣固陋的"创举"，无非是说，在一定既予条件下，就业量决定于投资量，投资的动机依存于资本边际效率和利率的比较，利率又因对于货币的灵活偏好和货币数量有所改变，于是就形成一个相关序列：增加货币，改变利率，增大投资引诱，提高就业量。我们由此看到，凯恩斯在前面把储蓄与投资关系上的均衡变数，由利率改作收入水平，并不是不重视利率，而只是因为那会妨碍他的就业经济体系的建立，所以就把它放在这里和货币灵活偏好结合起来，以完成一个新的"创见"。但是，由各种所得拥有货币者，究竟用多少来从事投资或储蓄，那要看他的消费倾向如何。在上面的凯恩斯的引文中，也指出了这一点：即投资增加固可增加就业量，但如果消费倾向下降，就业量也未必增加。且看他是怎样交代这个问题的。

（四）论消费倾向与乘数

人们讲到凯恩斯的"革命"或"创见"，首先就会联想到他的投资乘数理论。按照这个理论，就业量与投资量的相应变化关系，有消费倾向在其间发生积极作用。如果投资量增加了，消费倾向没有改变，就业量只能随投资的增加而增加；如果投资量增加了，消费倾向也随所得的增加而增加，那么，以 Δy 代表所得增加量，以 Δc 代表消费增加量，以 $\frac{\Delta c}{\Delta y}$ 表示消费倾向，以 K 代表投资倍数，或乘数，就会得出下面的公式：

$$K = \frac{1}{1 - \frac{\Delta c}{\Delta y}}$$

依此公式，如把所得增加量的百分之九十拿去消费，则由此引起的投资——就业乘数，将为十倍。其算式是：

---

[1] 凯恩斯：《就业，利息和货币通论》（徐毓枬译），第146页。
[2] 同上。

$$K = \frac{1}{1 - \frac{\Delta c}{\Delta y}} = \frac{1}{1 - \frac{90}{100}} = 10$$

凯恩斯是这样说明的："设社会之消费心理使社会消费其所得增量之十分之九，则 K 等于 10。据此，设别方面投资不减，而政府增加其公共投资，则由此引起的总就业量之增加，将 10 倍于该公共投资本身所提供之第一级就业量。"① 因为社会消费支出一有所增加，这项支出就要成为从事消费工业人员的收入，这收入再以十分之九用作消费支出，如此连续反复下去，最后将达到 10 倍于最初的投资量，相应 10 倍于最初的就业量。反之，如所得增量仅以不接近于一，而接近于零的百分比消费，则只会发生极其有限的投资——就业反应。

同是投资，不论是出自政府，抑是出自私人，不是会发生同样的有效反应么？为什么需要政府出面来从事投资活动呢？其原因不仅在于私人消费倾向会受到生活习惯的限制，还会受到分配制度的限制。对于前者，凯恩斯是这样解说的："消费倾向是一个比较稳定的函数，故一般而论，总消费量主要是决定于总所得量（两者皆以工资单位计算），消费倾向本身之改变可以看作是次要的。"② 为什么呢？这里有一基本的心理法则存在，人们消费受到生活习惯的限制，不会按照所得增大的比例而增大其消费。对于后者，他根据心理的需求以为："不幸收入愈大，则收入与消费之差亦愈大。"③ "雇主所得在总所得中所占之成数增大，而雇主之边际消费倾向，大概小于社会全体之平均边际消费倾向。"④ 其结果："任何现代社会"，大概都适用下述基本心理法则，当一社会之真实所得增加时，其消费量不会以同一绝对量增加。会在怎样的程度增加呢？"……实际上边际消费倾向之值，似乎在此二极端之间，但接近一之程度大，接近零之程度小。"⑤ 所以，这时只要政府增加小量投资，就能在就业上引起较大的效果。

如果这个建立在所谓边际消费倾向上的乘数理论，只是数字游戏，人们喜欢怎样打他的如意算盘都行。但如果要联系到资本主义社会的现实经济生活，那就完全是另一回事了。作为乘数原则成立前提的总所得，它是

---

① 凯恩斯：《就业，利息和货币通论》（徐毓枬译），第 100 页。
② 同上书，第 84 页。
③ 同上书，第 91 页。
④ 同上书，第 103 页。
⑤ 同上书，第 101 页。

谁的总所得呢？总消费又是谁的总消费呢？从手到口的劳动人民，经常把他们的所得百分之百地消费去，而大资产阶级呢？它只能把他们亿万分之几消费掉，其余则"节欲"下来，或者直接用以满足扩大再生产的压力，或者通过购买股票债券或其他方式予以储蓄或间接投资。所有直接间接再投下的资本，在现实上，并不像凯恩斯及其他资产阶级经济学者所说的那样，全部用以购买劳动力，恰好相反，是以愈益更大的比例用在马克思所说的不变资本上，以愈益更小的比例用在可变资本上；用在劳动者就业上的可变资本相对减少了，他们生活所需的消费品，也相应地相对缩减。无视这铁一般的事实，或者把这些事实当作不变数放在考察范围以外，而虚拟一种什么边际消费倾向，什么投资——就业乘数，究竟是在欺骗谁呢？其目的，无非要借此满足大资产阶级所期待于政府的人为创造需要和扩大非生产的消费的要求。再往下看罢。

（五）论危机与国家在经济活动中的职能和作用

从上面的说明，我们已逐渐看到了凯恩斯的整个经济学说的轮廓，看到了他自认为对于现代经济学所作的贡献，也看到了他之所以要"创造"这个学说体系的目的。他由就业不足引到有效需要不足，引到投资不足、消费不足以至货币不足，构成一个人们称之为"萧条经济学"的体系；在这个体系中，他傲然自诩地说是把现代经济学中的三大缺陷发现了，弥补过来了。他表示："消费倾向之分析、资本之边际效率之定义，以及利率论，乃是我们现有知识中之三大缺陷，必须弥补。"① 而他所弥补了的这三大缺陷的内容，又正好是他在他的方法论上确定的三大自变数；就业量或国民所得，就是这三者的因变数，他由此发现何者决定就业量了。可是，按照他的理论，就业量或国民所得，决定于资本边际效率、利率和消费倾向，而这三者又是人类心理法则作用的结果；像过去那样，在自由放任政策下，听任这种心理法则去作用，又不可能使投资与消费保证有效需要，保证充分就业，保证经济活动圆滑进行，保证避免社会经济秩序受到供需失调、商业循环的威胁。该怎么办呢？他尽管在论到资本边际效率、利率与消费倾向时，分别对如何由国家或政府引导三者，使有助于充分就业，作了说明，但毕竟最着重资本边际效率方面，认为政府特别应当从这方面下手。他表示："我认为商业循环之所以可以称为循环，尤其是在时间先后上及期限长短上之所以有规则性，主要是从资本之边际效率之变动

---

① 凯恩斯：《就业，利息和货币通论》（徐毓枬译），第32页。

上产生的。"① "一个典型的（常常是最普通的）恐慌，其起因往往不是利率上涨，而是资本之边际效率突然崩溃。……资本之边际效率崩溃时，常连带着利率上涨，这一点可以使得投资量减退得非常厉害，但是事态之重心，仍在资本之边际效率之崩溃。"② "而且决定资本之边际效率者，乃是不受控制、无法管理的市场心理。用平常话来说，在个人主义的资本主义经济体系中，信任心最难操纵，最不容易恢复。银行家与工商界一向重视经济衰颓之这一面，实在是对的；而经济学家倒反而不重视，因为后者过分相信'纯货币的'补救办法。"③ 这已说明，凯恩斯怎样在把他的经济学建立在商人的心理变动上。不过讲到这里，他似乎觉得自己以前也太客观主义了，太相信通过银行信用和操纵货币发行，可以解决这个问题，但现在他说："就我自己而论，我现在有点怀疑，仅仅用货币政策操纵利率到底会有多大成就。国家可以向远处看，从社会福利着眼，计算资本品之边际效率，故我希望国家多负起直接投资之责。"④ "所以我的结论是：我们不能把决定当前投资量之职责放在私人手中。"⑤ 论点慢慢引到本题了，但我们在这里必须注意凯恩斯所谓国家，是指由垄断大资本家阶级支配、为少数大资本家服务的国家。它对个别私人资本家的利益，可能在某些方面有不尽如人意的地方，但对整个大资产阶级的利益，却是照顾得周到而有分寸的。且看他的高明的献策罢："有几件事情，现在操之于私人之手者，将由国家集中管理；……国家必须用改变租税体系、限定利率、以及其他方法，指导消费倾向。还有，仅仅依赖银行政策对利率之影响，似乎还不足以达到最适度的投资量，故我觉得，要达到离充分就业不远之境，其唯一办法，乃是把投资这件事情，由社会来综揽；但这也不是毫无妥协折衷余地，还有许多办法，可以让国家之权威与私人之策动力量互相合作。"⑥ 在他看来，国家担负起投资责任，所要做的，就是要多投资，而不管它投在哪些方面，因为他明白讲到了："现行制度之缺点，不在实际就业者之工作方向，而在实际就业者之数量。"⑦ 为了救济失业，摆脱危机，他提出了像是自认为"有教养"的资产阶级不应讲的话，他说：

---

① 凯恩斯：《就业，利息和货币通论》（徐毓枬译），第 267 页。
② 同上书，第 269 页。
③ 同上书，第 270 页。
④ 同上书，第 139 页。
⑤ 同上书，第 272 页。
⑥ 同上书，第 321 页。
⑦ 同上书，第 322—323 页。

"……举债支出"（凯恩斯自己解释这个术语，说是包括政府用举债方式来兴办的投资事业——南）"虽然'浪费'，但结果倒可以使社会致富。如果政治家因为受经典学派经济学之薰染太深，想不出更好办法，则建造金字塔，甚至地震、战事等天灾人祸，都可以增加财富。"① 这已经表示了，只要资本家有钱可赚，失业及危机可以缓和或避免，就是诉之于备战或战争的方式，仍不失为发财致富之道。他甚至说："设财政部以旧瓶装满钞票，然后以此旧瓶，选择适宜深度，埋于废弃不用的煤矿中，再用垃圾把矿塞满，然后把产钞区域之开采权租与私人，出租以后，即不再问闻，让私人企业把这些钞票再挖出来，——如果能够这样办，失业问题就没有了；而且影响所及，社会之真实所得与资本财富，大概要比现在大许多。当然大兴土木要比较合理些，但设有政治上或实际上困难，使政府不能从事于此，则以上所提对策，也聊胜于无。"② 这就是说，只要有利于大资产阶级的利益及其统治的维持，就可以无所不为了。但这位自命不凡的经济学"革命家"，压根儿也没有想到，一个经济制度，能用这样一些破坏手段来维持自己的存在么？然而，这正是当代国家垄断资本统治所需要的。

四 我们应该给凯恩斯经济学说以怎样的评价

在上面，我们已经用凯恩斯自己多方加工定义的一套语言，分别就他的各种经济学说，作了概括的叙述，并还在叙述中，适当地指出了他的错误论点。但作为一个全面批判，显然是不够的。这里打算扼要地综合地予以评价。

（一）一个彻头彻尾的国家垄断资本学说体系

我们在前面领教过凯恩斯的社会哲学及经济学方法论，已经指出了，像他信奉的那种保守而反动的哲学，不问阶级剥削实质，只抓住一些表面现象来进行静态分析的方法论，自始就不可能建立什么经济学说体系。事实上，《通论》全书的布局只能给人以杂乱无章的印象，但我们并不打算在形式上苛求，问题在看它怎样展开中心论点的申述。凯恩斯在《通论》中所说明的是什么呢？他告诉我们，他是要指出怎样才使得供需的交互反

---

① 凯恩斯：《就业，利息和货币通论》（徐毓枬译），第109—110页。
② 同上书，第110页。

应平衡，怎样才使得从属于供需平衡的储蓄与投资保持平衡，而归根到底无非是要由此证实有效需求不足、投资不足所造成的就业不足的不均衡的缺陷，要借政府或国家的力量，以通货膨胀等方式，降低工人的实际工资，降低利率；以举债投资扩大军火生产规模等方式，创造人为的消费，来保证国家垄断资本的最高利得。所以，凯恩斯的整个经济学说，拆穿西洋镜，就在于反复说明，工人如何可以甘心接受更低的实际工资，和资本家如何必须得到最大限度的利润。他一开始就从批判所谓经典学派的工资的效用适等于就业量的边际反效用出发，说工资的效用可以不等于或小于就业量的边际反效用，用通常的语言说，就是强调工人所得的报酬，可以小于他所创造的价值。所以他肯定不自愿失业者的存在，目的就在于反证工人就是得不到充分的报酬，也愿意得到工作。全书的中心论点，就是就业论。就业论的实质，就在用一切表面上说得过去的理由，体现着所谓人类理性行为、心理法则的名词术语模型，用一切假手政府或国家偷天换日地推行的财政经济措施，来使大资产阶级的最大利润得到保证。如果说凯恩斯的经济学说有一个什么体系，这只能是国家垄断资本学说体系。在这个体系中，我们不难想到，它会怎样对待现实经济关系，它又会怎样对待以往的经济理论。

（二）所谓"打破传统，建立新说"

凯恩斯自己及其信奉者，都说他打破了旧传统，建立了新学说。他的新学说，我们已大体领教过了。现在且看他打破了哪些旧传统。依凯恩斯自己的看法，那大体无非是指供需自动趋于平衡的，自愿失业说，节约储蓄说，金本位说，稳健财政说，通货收缩说，特别是自由放任说。但同时必须指出，他所建立的新学说体系中，也还吸收了一些旧传统。根据他在《通论》中的一般理论，他非常重视重商主义体系中的国家干涉经济说；马尔萨斯的消费不足说、恐慌说和非生产的消费说；西尼耳的节欲说；奥地利学派的边际效用说、时差说；马歇尔的供需平均说，和他那包括收益"期待"的生产费说、资本主义效率说以及所谓连续渐进的自然演变说；克拉克的最后生产力说；卡塞尔、李夫曼的价格论、经济函数论以及由休谟以至费雪的货币数量说、通货膨胀说等等。就中使他最感到兴趣的宁是马尔萨斯的一套学说。把他吸收了的传统和打破了的传统比较起来，究竟哪一方面更占优势，恐怕连他自己也很难衡量出来。可是尽管如此，我们仍不妨承认他在配合当代国家垄断资本的要求方面，作了一番"创新"的努力。这需要从两方面来说明：在一方面，同是在资本主义社会，它在垄断阶段需要的一套经济学说，毕竟和它在自由阶段所需要的一套经济学说，不很相同；可是在另一方面，尽管垄断阶段与自由阶段不同，它们的社会基本生产关系依然没有本质的改变，所以，许多适用于自由阶段的经济学说，在垄断阶段还有很大的妥当性。这就是凯恩斯一面要打破传统，一面又不得不从旧传统吸收"营养"的现实基础。把那些不利于维护当代垄断资本统治的经济思想因素，如自由放任说等设法清理出去，把那些便利于当代垄断资本统治的经济思想因素，如国家干涉说等，尽量吸收进来，并在说得过去的表面联系上组织起来，这就是凯恩斯在他的《通论》中所进行的"改编"工作。也就因此，尽管有的人说他的经济学说没有什么创见，同时更多的人却说他对经济学作了"革命"。如果我们在把垄断资本看成是对自由资本表示了一些新的特征的限度内，说代表垄断资本的学说，对于代表自由资本的学说，是一个"革新"，那也似乎不是什么不可设想的事，问题是在于从经济学的立场上看，一个全面体现着国家垄断资本利益的学说，在实质上，究竟是科学的还是反科学的。

（三）科学与反科学

有人一讲到凯恩斯的经济学说，往往强调说，他和一般资产阶级经济学者不同，敢于正视现实，敢于承认资本主义的缺点，并敢于把供需失调、失业以及由是招来的周期性危机，看作资本主义经济的自由放任必然会发生的通常状况。但我们决不要为这种表面现象所迷惑。凯恩斯是在资本主义世界刚经历1929年至1933年威胁资本主义生存的大危机之后不久，撰写他的《通论》的；那时资本主义制度的弊害及其趋于灭亡的命运已经在人们中议论着。但是还没有人像他那样，从那种缺点与困难出发，写出经济学来。要知道，凯恩斯这样作，并不只是因为他是英国出名的资产阶级经济学者，不只因为他是英国财政金融政策的参与者，是大企业公司的董事长、经理，还因为他自己又是拥有巨额财富的资产者，所有这一切，已足够保证他对于资本主义制度的忠忱，足够保证他取得资产阶级的信托。何况，作为一个经济学论著，关系重要的不在于提出什么问题，而在于如何看待那些问题，如何处理那些问题，如何由那些问题的研究，得出怎样的结论。我们在前面已经看到了，凯恩斯的整个经济学说，是归结到利用国家这个机构，来为垄断资本服务。这里且不忙说这一套理论能否解决问题，首先要问这种理论本身是否有事实的根据。试想看，凯恩斯对于资本主义经济的供需失去平衡问题，对于周期危机、失业等问题的考察，都是根本丢开资本主义私有制，丢开资本主义商品生产的性质、资本主义的剥削关系，而单纯从表面现象入手，以为供需失调，就是因为太自由放任，私人经济太分散了，而一经采行垄断组织形式，由国家或政府加以控制管理，周期性经济危机和失业现象就不难避免。这是凯恩斯的《通论》的总布局。我们说，资本主义生产，无论是采取自由竞争的形式，还是垄断的形式，一样是私有的，并且垄断组织不但不曾消除它们之间的竞争，还会加强它们之间的竞争。特别是，资本主义一采行垄断组织形式，就说明它对广大劳动者的剥削的加强，它对被垄断的和中小型企业的压迫控制的加强，也就是说，垄断企业组织以更大规模更大生产效率生产出的更多的产品，更将与社会有效需要不相适应。但凯恩斯从他维护资本主义的立场出发，在一开始，就把他所提出来的一切问题，都限定在如何才能保证资本家认为满意的最大限度利润的范围内去解决。而资本家对于利润是否满意，达到何种程度才满意，在他看来，是一个心理问题，所以，他认为，尽管投资引诱，与消费倾向和货币流动偏好有关，但归根到底，还在于资本边际效率。对于资本边际效率的预期的变动，就是商业循环或周期危机的直接原因。从这里可以看到，凯恩斯提出的一些现实中的缺点，并不是要实事求是地去解决它；而只是唯心主义地去曲解它，以便引出由国家或政府执行满足大资产阶级垄断资本利益的政策实践。也正因为这个缘故，凯恩斯在经济理论上，不但对于他所攻击的传统经济学说，说不上作了任何正确的评价，而且把许多反动的庸俗透顶的见解和论点，都从表面联系上兼容并蓄起来。

还必须指出，凯恩斯的反动的庸俗理论，显然是和马克思主义背道而驰的，我们不难想象他对马克思主义政治经济学是何等深恶痛绝。但说也奇怪，在《通论》全书中，几乎全没有触及到马克思的任何经济论点或学说，为什么呢？看来是因为马克思的学说是完整的科学体系，触及其中一点，就会在他自己的那个虚假的唯心结构上，引起不易交代的麻烦。所以，他转弯抹角地采取了含沙射影的战术。在写《通论》的过程中，他给萧伯纳写了一封信，信里说他正在完成一部推翻"马克思主义的李嘉图基础"的著作。[1] 如果他有一点马克思主义经济学的常识，应当知道，马克思主义经济学是批判发展了古典学派，特别是李嘉图的劳动价值学说、剩余价值学说的结果。而他在《通论》中，连李嘉图的劳动价值学说也没有触及到，只是把李嘉图的一个早已由马克思指出其错误的论点，即生产——供给自动创造需要，因而不致引起一般危机的论点，当作马

---

[1] 辛格编：《凯恩斯经济学讨论集》，新德里1957年版，第16页。

思主义所由建立的基础。他以为批判了李嘉图的这个论点，就推翻了马克思主义的基础。在科学研究上要这样的不诚实的花招，足见其心劳日拙了。

总之，无论从哪方面说，我们都不能从凯恩斯的经济学说中找到一点点科学的影子，其结构和说明，无非是脱离现实关系的反科学的奇谈。

（原载《新建设》1964年1月号）

当代三大经济思潮

小引——下面待讲述的当代三大经济思潮，乃是个人主义经济思潮、国家主义经济思潮、社会主义经济思潮。这里所谓当代，是指着20世纪开始以来的这一段时间。从思潮渊源的联系上说，个人主义经济思潮，与前述奥地利学派经济学保有极其密切的关联；国家主义经济思潮，与前述历史学派经济学保有密切的关联；而社会主义经济思潮，则大体上又可以说是前述批判理论体系的继续。

20世纪开头以来的整个世界经济学界，显然是充满了五颜六色的，"樊然杂出"的学说，但如我们"批隙导窍"，沿着上面三个线索追寻下去，就不难从混乱中看出条理。设更进一步，把个人主义经济思潮与国家主义经济思潮，看作是资产阶级经济学阵营内的两个名相反而实相成的派系，那么，它们与社会主义系统，又恰好是反映着20世纪现实劳资斗争的激越情况，而平分着经济学界的秋色了。

一　个人主义经济思潮

（一）旧个人主义经济研究的没落和新个人主义经济研究的兴起

1. 古典学派经济理论的落潮期。

古典学派经济理论，在19世纪20年代及30年代，可说达到了高峰，自此以后，以提倡个人主义自由放任的古典理论，遂不免进入了它的落潮期。其所以致此之由，可分述如下：

（1）19世纪20年代起的古典经济理论趋于普遍化、流俗化、极端化——比较溯源的讲来，1826年后，亚当·斯密、李嘉图诸人的经济理论，已渐向广大的社会群传布，而达到了相当普遍的程度，本来仅见于专家学者等上层社会群的理论，已开始流向学校教室及其他社会层。普遍化的结果，使经济理论常识化、流俗化，成了弥缝敷衍的东西。另一个趋势，就是经济理论的趋向极端化，个人主义经济理论，必以自由主义作为其保证，因个人主义系对国家而言，要确保个人主义，就得从国家干涉束缚中求解放，也就是要自由。在斯密时代，斯密就为国家划定了三个活动的范围，对内，国家设警政司法，以维持社会秩序；对外，国家扩充军备以谋国防安全、同时并发展公用事业，以利人民安居乐业。除此三任务外，其他概为个人自由翱翔的天地，但到巴斯夏著作中，却将个人主义的自由，更扩充到极限，规定国家除维持公共秩序，管理公共土地外，如还兼及他务，就是侵犯个人自由。这种自由主义的极端化，显与当时的事实及人民对于国家的要求相反，特别是与资产者已在实际取得了社会政治权力以后的要求相反。到此时，个人主义经济理论本身，也就难以取信于人或成就资产者阶级的任务了。

（2）李嘉图反对派所加于个人主义经济理论的损害——极端的利用演绎法以发现经济法则是李嘉图治学的特点，他首先从人类的自利心出发，而归结到劳资双方的终必冲突，以致违反了资本家的心意，于是有同样以人类自利心为研究出发点的凯里等反对派，起而攻击李嘉图劳资不协调的理论。由于对李嘉图经济理论的局部攻击，引出了对李嘉图学说的全面批评。凯里曾说李嘉图的工作类于社会煽动家之所为，他想利用农业法及战争等以推翻现政府，这种由李嘉图理论的局部反对而引出了对于有利于资本主义社会的李嘉图经济理论的全部否定，当然会阻碍个人主义经济理论的阐扬。

（3）个人主义的社会主义之提倡——在19世纪中叶，资本主义的缺点与弊害，已难掩世人耳目了，故作为个人主义经济理论赞承者的约翰·穆勒，亦不能不默察当时情势，在其个人主义体系内，采纳社会主义观点，他认为要使个人主义继续发展，只有使个人主义社会主义化。他提出了三项办法：

1）以生产合作组织代替工资劳动制——他以为现实的工资劳动制，使劳动者工作愈勤苦，报酬反愈少，而不劳动者报酬反而愈多；工作勤劳完全没有得到激励，将使个人精神才力的发挥受到阻碍。

2）以地租国有化代替一般地租制——在一般地租制下，许多不劳而获，不能发挥个人才力，地租国有以后，土地独占取消，不劳而获者绝迹，社会幸福自将增加。

3）严格限制遗产——遗产制度最不合理，得遗产者有恃无恐，养成懒惰习惯，无遗产者失却求学及社会地位等方面的平等权利，成为人与人间先天的不平，所以应当彻底废止。

上述三点，约翰·穆勒称之为社会主义纲领，观其目的，系藉此发挥个人主义，故称个人主义的社会主义，约翰的理论一面继承正统学者，一面又受当时社会主义者们否定私有财产的影响。拥护个人主义的约翰，不能不受社会主义思想的影响，可知个人主义经济理论已无法维系，实不啻为古典经济理论之一严重打击。

2. 强调国家与强调社会的经济学说的抬头。

（1）在约翰·穆勒前后——就在约翰·穆勒的经济学中，我们已可见到强调国家的历史学派理论，和强调社会的社会主义派理论的某些动态了。这两个反个人主义的体系，虽然是在约翰以后才益发昌盛起来，然而我们切不要忘记，约翰个人主义经济学中的国家的社会的不纯粹成分，已经是把他以前的空想社会主义和浪漫国家经济思想吸收或收编的结果。

（2）不同的分野——关于历史学派与社会主义派的经济学说，在前面已分别介绍过了。顺便要在这里指明的是，同是对于个人主义学说加以攻击，但历史学派与社会主义派有一极不宜混合而事实上一直在为人所忽视的对照：即历史学派在理论上反对的个人主义，却是他们在实践上要求被维护被保持的个人主义，他们不过认定，个人在特定国际经济关系下，在特定社会斗争场面下，由个人自己去实现个人主义，就不如国家来为他们实现或成就个人主义；他们提倡的保护政策与社会政策，完全证示了他们的这种企图。反之，在社会主义派，则又是一个做法。他们在本质上在最后的目的上是要否定或扬弃个人主义的，但在研究上，却认定古典学派所描摹的个人，所要求实现的个人主义的自由经济活动，正好是资本主义社会精神和社会经济运动法则的揭露。从历史的发展立场去看，非藉古典经济理论明确把握资本主义的"个人"或所谓"经济人"的特质，是根本不能理解资本主义制度，从而也就不能理解资本制度自我否定的发展历程。简言之，历史学派是为了要维持并保育个人私有财产，而在研究上反对古典学派的个人主义；社会主义派则是要反对个人的私有财产，而在研究上反自愿赞承古典学派揭露的个人主义的精神。

他们分道扬镳的研究途径尽管不同，而分别在理论上实践上所给予个人主义的不利影响，则是非常明白的。我们必须能够明白这一点，才可理解为什么以复活个人主义经济研究为目的的奥地利学派，竟同时对历史学派与社会主义派都采取敌对的态度。

3. 个人主义经济研究的复活。

就在古典经济研究的落潮期中，强调国家的历史学派和强调社会的社会主义学派相继出现了，这对于个人主义经济当然为极大的不利。资本主义经济的发展，虽然使得资本家阶级的要求，渐渐发生变化，但资本主义制度，始终是以个人财产私有为其存在前提，个人私有或个人财产或资本的自由使用如发生问题，当为非同小可的事。在这种场合，所谓复活个人主义经济研究的奥地利学派，就以反对历史学派，在本质上，却是反对社会主义学派的十字军的姿态出现了。这就是说：物质生产手段的所有，始终是要配合精神生产手段的所有。个人主义经济的缺陷，虽已暴露得非常明白了，但旧社会经济体制的维系，仍需要意识上的理论根据，或者说，对于已经暴露得非常明白的缺陷，在理论上弥缝和掩饰，却更显得需要。

特个人主义经济理论的复活，在消极方面，固在驳斥古典主义、历史学派和社会主义学派，但更重要的却是在积极方面，把握当时当地的新资本主义精神，建立起新的个人主义理论体系。资本主义在其发展初期和后期的精神可以说是迥不相同的。资本主义初期的资本家，是克勤克俭富于进取冒险的果敢事业家，但到了资本主义后期，产业资本已金融资本化，资本家已远离生产而成为游手好闲的金利生活者。以前者为研究对象的古典学派，自将不适用于后者，而为新个人主义经济理论所代替。

我在其他场合曾讲过："……分配论的研究，至此终止了。在19世纪下半世纪中，资产阶级经济学者把研究的重心，转移到消费方面了。他们之所以把视线转到这方面，大体可以说是适应着两个实践的要求：其一是，资本主义经济发展到了金融支配的阶段，大资本家们都相率离开了产业的生产领域，而以'遥领'，'遥临'的方式，站在生产领域以外，藉投机及信用制度，来增大财源。他们是生活在享乐的世界中。而且，享乐与阔绰的消费，有时且成为获得信用与增进财富的必要的排场。这种明如观火的事实，被反映到经济学者的头脑中，当然会吸引他们的注意。至若他们将如何把这一事实表达出来，那就要涉及他们所须适应的另一种实践的要求。那就是，他们不能也不许赞承古典经济学的成果，在古典经济学所阐述的生产论与分配论上，作进一步的分析。为了回避现实，最好是抬出消费论来，来与金利生活者的资本家们的利益与兴趣相配合。

"他们极一般的，或者说，极其技术的，避开其当前的特定社会的一切现实经济上待决的问题，而提出一切超历史的见解。对于最基本的价值论，他们否定了古典学派的劳动价值法则，而代以主观的限界效用说，照此说法，商品的价值，不是产自生产过程，而是产自满足欲望的消费方面。一切财货生产出来，都是为了满足人类的欲望，都是为了消费。他们谈得有声有色的价值论、欲望论，结局无非是阐述他们自以为新发现的消费论。生产物品出来，是为了满足欲望，充当某种消费，那是自明的道理，最平常不过的平凡俗见。他们虽把这种'俗见'装璜在科学的框架里面，但对于其当前的现实经济问题，根本无所说明。谁都知道，资本主义的生产，并不顾及它所生产出来的物品，是为了满足谁的欲望，是拿去供谁的消费，是具有何等使用价值；它的唯一目的，只是为了交换，为了实现更大更多的交换价值。一旦流通过程发生梗滞现象，商品价格不克实现资本的平均利润，资本家就宁愿停止生产活动。有时他们为了降低市场供给数量，以便提高价格，致不惜用种种方式，把既经生产出来的货品，加以破坏销毁，这种种不合理的但却并非罕见的现象，奥地利的消费论者们，是不能给予解释的。"[1]

4. 特征着奥地利学派理论的三个重点及其相互作用的后果。

（1）三个重点。奥地利学派的理论研究上，有三个像是极相矛盾，但却又像很自然的在调和作用着的重点，那，我们在前面已分别提论到了，但为了说明的联系和便利，这里无妨再简括指明出来，那三者是：

1）心理的——享乐主义的由来。

我们从戈森、门格尔、庞巴维克三个人的著作中即可充分理解奥地利学派经济理论的心理的基础和享乐主义经济学的由来。戈森首先提出欲望饱和满足法则，认为经济乃研究人类欲望的满足和其满足的程度，欲望的满足是基于心理的主观的因素，此种但求欲望满足的理论，亦即研究人类如何求乐的理论。此理论之引申者为杰文斯，彼意谓经济学即如何避免痛苦，追求快乐，亦即"研究快乐与痛苦之法则"的科学，"享乐主义"的别名，乃由此而产生。门格尔著述中，亦谓经济学系研究人类活动的基本动因——效用、自然物、自然对于人类欲望的满足。他以欲望论冠于全书之首篇，可知其强调人类心理作用之甚。庞巴维克是奥地利经济学派的最大理论者，他更显明地认为经济学是建筑在心理学的不可违背的基础上。

2）数理的——数量主义的由来。

近代经济法则的建立，是以价值法则作为其统御一般的总的法则而存在，故任何经济学派，其理论的强固性和科学性，都将在价值法则的建立上得到考验，这说明价值法则的论究在经济研究上的重要性，故奥地利学派亦不得不在价值的产生和判断的测量上作出抽象的理论分析。

他们首先认为效用为价值的来源，价值的大小由效用来决定，但效用是否可测量，其测量的方法又如何？成为奥地利学派个别理论家所致力的课题。他们认为欲望效用是可以测量的，"我们日常皆在测定比较评价我们最主观的欲望而从事经济活动。"杰文斯且说："反映在心理上的快乐

---

[1] 王亚南：《经济科学论丛》，中华正气出版社1943年版，第105—106页。

与痛苦都是量的，由此反映过来的效用亦是量的"，故"经济学是数量的科学"。这说明了经济效用的可测性，因此效用的大小是量的表示，但此种量是否能用具体的数字来表现，奥地利学派的理论家对此不能不有所疑惧，效用、欲望本质上虽是量的，但他们却仅用程度、重要性、单位、等级、点线、图表、代数方程式……等非具体的数字来表示它，这充分说明效用只能由图式表之，不能用数字计量。

3）技术的——机械主义的由来。

先从方法论上来看：

奥地利学派以为任何事象的研究，总不外乎三种方式：一为物与物的关系的研究，属于自然科学范畴；一为通过物而作的人与人的关系的研究，属于社会科学；一为人对物的关系的研究，属于技术的范畴。从门格尔到庞巴维克都是以人对物的关系研究为主，故奥地利学派的经济理论是属于技术的。

次从价值论上来看：

用点线图表和数理方式来研究价值，不能不顾到适应数学方式的技术条件，那些不能化为简单数字的人类社会的复杂因子，乃不能将其抽象化、单纯化而削足适履地将其配合在计算的代数式中，这种代数式在交换论上更易于表现出来，故奥地利学派价值论的基础，完全放置在交换上，因为在交换过程上方能由数理方式来处理，于此亦可说奥地利学派乃至数理学派诸子为什么特别看重交换。

（2）三大重点的连同作用及其后果。

1）三者内在的关联。

奥地利学派的出发点是心理的分析，但心理现象最难捉摸，为了使其具体化和明朗化，只有作数理的考量，故注重心理研究，必然走上数量主义道路，为了表现其数理方法在心理上的应用，必然将经济学缩小在交换范围中，而偏向于技术方面，故从心理出发的奥地利学派，最终必走上技术之路。

由于各家研究兴趣与接触问题的不同，在经济理论研究上，每有侧重和偏向，使同为奥地利学派的学说，显示了相当程度的差异。如洛桑学派完全侧重在数理分析，他说经济学的数理的研究，不应限制在交换论的范围内，应扩至全面领域，故有人主张将奥地利学派从经济学中分立；但亦有人偏向心理分析，完全远离经济研究而成了心理学。在此等不同的各趋极端中，自难免有相互的抨击，但二者究其极是不能分立的，因其基于心理的根源是一致的。

2）全般演变倾向。

a. 由心理的转向技术的。基于心理数理分析的要求，交换论在奥地利学派理论体系内是最重要的，交换论的强调每会远离科学而偏向技术，这一趋势在当前是十分明显的。我们由此乃可明了，为什么后来许多赞承奥地利派丕绪或受了该派极深影响的学者，都不约而同的由主观心理出发而转到客观技术上去。如像后面待述及的李夫曼、熊彼特一干人，就是如此。

b. 愈来愈为交换过程之零碎说明。惟其理论研究的技术化，把经济学当作技术来处理，于是有关交换或流通上的零碎说明或个别问题研究，就代替了整个经济学的研究。除了极流俗的教科书以外，在当前，经济学界就是重商主义时代一样到处都只充满了有关政策、统计一类题材之应用，而像卡塞尔、费雪一流人物在"社会经济学"或"政治经济学"名义下所撰述的大著，揭开一读，也无非是那一类货色的扩大或炫博装潢罢了。

c. 愈来愈离开原来的出发点。由交换中的个别零碎现象的研究，代替了昔日经济现象整体的研究，由研究愈离开原来的基于心理的出发点而走向了技术的道路；技术是客观的存在，由心理的主观的研究始，而以客观的技术终。这一看，好像是非常矛盾，但仔细研究起来，就知道这正是奥地利学派学说发展的历史的必然。

（二）奥地利学派向英美的进出——马歇尔与克拉克的学说

奥地利学派经济学的世界性，我们已在前面解述过了。资本主义世界在19世纪末乃至20世纪初还特别需要个人主义经济研究的复活，那在各国之间，并不是一致的。甚且在奥国本土，它的经济，假使在当时有复兴或发展的可能，它倒宁可接受德国历史学派的理论；换言之，强调个人主义的经济学说，最先，必须在个人主义经济尚有发达或前进展望的国家，才能生根。在19世纪末期，德、意、日、美、俄诸国，均以不同的步骤，不同的程度，走上了资本主义的旅程，但在它们的中间，只有美国这个地大物博的青年国家，是特别要求个人主义精神的发扬。同时老牌的英国，因为是一个大殖民帝国，它的社会内部矛盾，可由殖民地的加强利用得到缓和，而其对外的竞争力，又还因其拥有广大落后殖民地与保护势力圈，暂时不会感到致命威胁，此外，在理论上，更因它是古典经济学的发祥地，它当然特别有理由要求复活个人主义经济的研究。

可是，不论是英国，抑是在美国，它们所要求的个人主义经济的研究，并不完全是奥地利学派为它们准备的那一套，它们已有的研究传统，特别是当时的社会经济现实条件，都说明奥地利学派经济理论，到了它们的经济学者手中，都会受到极大的修正。

1. 马歇尔如何把奥地利派经济学传扬到英国。

亚尔弗列德·马歇尔（Alfred Marshall）是英国约翰·穆勒以后的一位最大影响的经济学者。他的大著《经济学原理》（Principles of Economics）发刊于 1890 年。至 1922 年，他的晚年著作《货币信用及商业》（Money, Credit and Commerce）问世。但使马歇尔成为名经济学者的代表作，仍是他的《经济学原理》。

我这里无法详细论究他的全部经济学说，如其说，经济学史的研究，最重要的是了解每个著名作者的重要论点，我就可以指出，横贯在马歇尔那部大著中的基本概念，共有三个：一是连续的概念，一是平衡的概念，一是综合的概念。他对于经济学说发展的演变，是用连续原则去解释，① 他对于社会的经济活动，亦是用连续原则解释，"自然不是飞跃的"这个命题，是他时常拿来支持他的进化渐变理论的。

平衡的概念，他讲述得更多，霍门（Homan）曾指称"他的思想系统的主要中心，厥为扩充供求平衡概念，而归结于揭示价格制度之完全的相互关系及一切经济价值在原则上之根本统一，使整个经济组织宛如一种'太阳系之平衡均势'维系基本的匀整（Fundamental symmetry）。"② 但他想在经济生活中确立一种均衡，系出于他自己的愿望，而经济现实，却不时在打破那种为他所期待的均衡，而引起矛盾与破局。

然则他的均衡"愿望"是靠着什么建立起的呢？他自己不曾讲得明白，但我们从他全书中，可以看出他是藉着以往各家经济学说之综合或折衷来"架设"的。他一生最服膺的英国经济学者，是李嘉图，是约翰·穆勒，还有一个，是反对李嘉图和穆勒最力的杰文斯，这已表示他企图把主观主义与客观主义综合在一起。不但此也，他对奥地利学派的限界效用学说，异常感到兴趣。但他认为历史学派也大有可取之处，因此他努力想把经济学变为福利的学问。他这样聚各家学说于一炉而治之，凯恩斯曾表示：马歇尔的经济理论，在实质上虽站在古典学派的方针上面，但亦充分采取主观主义或限界效用派的理论，也很能看出历史学派的影响，并且也适度利用数学与图式的方法。

---

① 王亚南：《政治经济学史大纲》第 1 篇第 2 章，中华正气出版社 1938 年版。
② 霍门：《现代经济思潮》（于树生译），商务印书馆 1935 年版，第 229 页。

可是凯恩斯这个评语，虽然说明了马歇尔的综合精神，但不曾显出他的根本思想。试想，一个"充分采取主观主义或限界效用派理论"的人，如何能"在实质上"站在古典学派的"方针上面"，如其那"方针"不被理解为拥护资本主义，而被理解为是"研究"的方针，那就太说不通了。不过，他说马歇尔"充分采取主观主义或限界效用派理论这一点，却是万分真确的。"

比如就价值论上说，尽管他自己表示是折衷于客观主义与主观主义之间，但毕竟是偏向在后者方面。他首先提出所谓均衡价格理论（Theory of Equilibrium Prices），以为商品的均衡价格由需要价格与供给价格所构成，当此二价格趋于一致乃均衡时，这就是均衡价格。

在决定均衡价格的供给价格方面，马歇尔修正李嘉图的生产费用说。李嘉图认为商品价值，取决于生产时所费劳动量，但这个劳动量包括死的劳动与活的劳动两者，用货币计之，就是商品的生产费，故商品价值由商品生产费决定。马歇尔则以为生产费应包括两个范畴，一为货币生产费，一为实质生产费，实质生产费包括直接劳动，种种形态的资本，还有李嘉图所忽视的蓄积资本所必需的期待这一因素，这种期待完全是一种心理作用，庞巴维克说："人们对于同量财货现在评价大于将来"，这种评价差异的货币化，就是利润利息的由来，马歇尔以期待的长短来测量期待的大小，从而决定利润的大小；劳动资本是客观的，加了期待因素，即成为主观的、心理的。于此我们可见其折衷的偏向。

不错，在需要价格方面，他修正庞巴维克的限界效用说。庞巴维克以限界效用来测定价值，他以为人类消费财货时，每一单位财货所给予人的效用不等，而最后一单位的效用最小，由此最小效用以决定价值。马歇尔认为效用不能直接测量，效用本身是不能用数字测定的，他进而提出间接测定之法，即用对于该财货主观上所愿支付的价格以测定效用，愿支付价格的大小，可以反映出限界效用的大小。这种说法，很明显的落入循环论的矛盾。我们是为了测定价值价格而考虑效用的大小的，而现在却要以价格来测定效用，因果循环，始终得不到问题的解决；先说供需决定价格，现又说需要根据价格，由价格决定价格，岂不可笑。

马歇尔虽融合李嘉图及庞巴维克各不相同的理论，但在这种折衷中，究极还是偏向于庞巴维克的，即偏向于主观的、心理的。因为马歇尔在这种偏向中，自己还别出心裁的，另创了几种学说，那就是限界效用理论的应援和补充。

先说需要弹性说（Theory of Elasticity of Demand）。马歇尔大体承袭了

奥地利学派的限界效用理论，他似乎觉得没有新的补充，将不足以炫耀自己，故他提出了两点补充。其一说明随着价格变动，消费者对于商品的需要，随商品的重要性而不同，亦即不同商品在不同的价格下，需要的伸缩性不等。将这因素加入考虑，使决定商品的供需二种势力，显出了差异。他的补充，实质上不过是一种点缀，对于供需价格论的主要命题显然无大关系。

其次，他提出了"消费者剩余"这一概念。他以为消费者购买时所付出货币的限界效用必小于彼所购得的商品的限界效用，此二者之差，即为消费者剩余。这种说法，可以说百分之百是站在心理的主观观点立论。

价值论如此支离，应用到分配上，当然也引起一些破绽。在分配论上，马歇尔最初由消费财价格均衡理论突跃到生产财价格均衡理论，马歇尔在分析价值时，主要以消费财立论，但在论分配时，则主要以生产财立论，此种"突变"，马歇尔自己亦很少说明。

他首先以生产财为分配论的主要根据，构成生产财价值的，照马歇尔说，为劳动与期待。

马歇尔由均衡价格论引用到资本论上，就得出"利息的高低取决于资本的供需"的命题，资本的供给由期待上见之，资本的需求则由资本的生产力上求之：资本有生产力，他解释得最详，资本为间接劳动，如其他生产因素不变，资本递增，报酬必将递减，于此可测知资本的生产力。

在利润方面，他以为利润是企业收入与企业支出的差额，其差额由企业经营精力的大小与资本技术组织的良否而不同，此差额理应以利润名义给资本家与企业家分享。他将资本家理解为高等工业家，事实上，马歇尔时代，金融资本已经抬头，企业所需资本已不得不仰给于金融资本家，而这般支配经济生活的金融资本家，事实上不付出任何精神心力，他过着剪息生活，获有大量利润，可见利润非辛勤管理组织的报酬。

马歇尔在利润方面的第二个见解，是反对平均利润说。他以为利润是企业家个人才力差异的报酬，必然反对利润的平均化趋势，因为企业家的才智是不同的，利润当然亦不会相等。大规模企业利润率低，乃因固定资本大的企业，精用机械，管理单一。流动资本大的企业，所需精力大，故利润率高。至关于现代企业日趋大规模化现象，他却以人们的好逸恶劳的心理来解释，为了少费精力，资本家愿意固定资本所占比例大，这种说法，当然是离事实很远的，但显然更同心理学派相接近。

说到工资，马歇尔认工资为劳动力的均衡价格，亦即取决于劳动力的供需。劳动力的需要价格，由劳动力的限界生产力决定，劳动力的供给价格，基于劳动者的生育费和生存费。他也知道，在实际工资决定上，劳动者有特殊不利的地方：劳动力不比其他商品，不能待价而沽，劳动力一天不出卖，该日劳动力即白白牺牲，劳动力的供给，不能自由地适应市场需要；而且劳动者没有维持生活能力，当其出卖劳动力时，常为面包与生命之争。在这种不利条件下，劳动价格自不能与理论上应得的相一致，这时只诉之于社会立法了。马歇尔的福利经济学的闪光，就从这里透露出来。

惟其他在价值论上分配论上引入了如此浓厚的主观因素，使客观价值学说全走了样，他就照着我们前面所指出的一种研究上的必然趋势，在不知不觉中，把经济学庸俗化或狭窄化为价格学或货币学。他这种转换，是为补救或应援主观价值说而起的。他力言"效用本身不能用数量测定"，但转过来表示，这也无妨"将价格测量商品对各个购买者的限界效用。"① 价格是以货币表示的，故在他看来，"经济事务中，只有一个测量的标准，即为货币。"于是照前述霍门所认识的，马氏"只就经济势力之可以货币测量者，加以研究，遂致实际上限制经济生活之科学调查于价格的研究方面。"② 而他自己也明确表示，经济动机能以货币计量，乃经济科学研究较其他社会科学更有相对准确性的地方，至若经济上不便藉货币测量的，或与货币无关的事象，大可置诸不论。③

如其说，马歇尔的学说对于20世纪的各国经济学者有极大的影响，则他对于此后把经济学变成价格学，变成技术数量学所负的责任，就非同小可了。幸而他到晚年还有这样一种小忏悔的表示："一千年后，1920至70年，将为历史家之时代矣。偶一念及，不胜忧闷，余之经济学及其他类似著作，行且成为废纸，思之，思之，不知五十年后之世，将为如何也。"④

2. 克拉克如何把奥地利学派经济理论接生到美国。

对于经济学的看法，克拉克（John. B. Clark）与马歇尔不同，马歇尔想使经济学成为解决当前经济问题的依据，政策学的意味显得浓厚，他反对自由竞争，克拉克则将经济学视为纯理化，主张自由竞争。此种差别，实由于马歇尔与克拉克所在国情的不同。

克拉克时代的美国，资本主义还能自由发展，但自南北战争以后10

---

① 马歇尔：《经济学原理》（刘君穆译），上海民智书局1932年版，第100页。
② 霍门：《现代经济思潮》（于树生译），商务印书馆1935年版，第186页。
③ 同上书，第183页。
④ 同上书，第236页。

年，美国企业的集中与合并运动继之发生，美国国民经济有百分之十五操在大托拉斯掌握中，托拉斯运动开始，相并存在着反托拉斯运动（Anti-trust movement）。在第一次世界大战时，美国反托拉斯运动缓和，由于政府动员战时人力物力的方便计，政府有意维护托拉斯组织。第一次世界大战后，美国反托拉斯思想又风起云涌，因当时美国自由资本主义尚有发展余地，不如英国之已临末路，克拉克即代表这时期美国经济现实而成为反托拉斯理论权威。除了美国经济学界有促使克拉克提倡新个人主义的经济思想外，美国经济意识界亦需要克拉克提倡个人主义以对抗当时弥漫美国的德国国家主义经济思想，因美国名经济学家大都留德，故其经济意识界颇受德国影响。1872年，德国经济政策学会成立，1875年美国即有美国经济联合会（American Economic Association）的组织，标榜历史学说，强调国家。克拉克虽亦为留德学生，但极力反对之。他不仅理解历史学派理论，且研究社会主义，但二者他都不取，而以个人主义为宗。不过，拥护个人主义，事实上不能再走斯密、李嘉图辈老路，致达出马克思的可怕结论，故在美国资本主义尚有发展前途时，克拉克乃弃劳动价值说而走上主观主义的道路。

克拉克学说在方法论上所表现的特征，厥为抽象和演绎主义，他向被视为"美国李嘉图"（The Ricardo of America）。他的研究，出发于许多假定，而将经济以外的一切社会因素摒弃。1899年所著《财富分配论》（The Distribution of Wealth），即根据此种方法著述者。此后在1907年，他的另一部著作《经济理论纲要》（Essentials of Economic Theory）问世。他将经济学分为经济静学与经济动学，分开研究，大体上前一书在处理经济上静的法则，而后一书则在处理经济上动的法则。以李嘉图与克拉克比较，其不同之点，在于前者坚持客观主义，而克拉克所取的哲学观点，则是主观的。他采取奥地利学派的出发点、奥地利学派的逻辑程序，故与马歇尔比较，他的全部学说，殆达出了奥地利学派与杰文斯的全部结论。

克拉克在研究方法论上，展开其经济动学与经济静学的说明。他以为要了解变动的经济事象，必先从静态的经济事象研究起。研究静态经济事象所得出的结论，就是经济静学，经济静学所研究的对象，即斯密所谓"自然"，亦即自然经济状态。但在现实社会里，此种自然经济状态，必须要在许多假定下方能得到；此等假定，如人口不变，劳动供给状况不变，资本状况不变，资本结合形态不变，需要欲望不变；在此等假定下，自然法则作用可使分配得到自然；要是上述各因素有一变动，经济静态立刻破坏。我们不能直接研究动态经济，必先从研究静态经济入手，再看其因素变动的条件与程度，而作某种程度的修正，以符合动态经济的研究。我们必先借经济静学的成果，逐项研究经济动学。

主观价值论者向以限界效用的大小决定消费财的价值，此处就发生效用如何测量的难题，因效用本身是主观的，不易测定，许多主观效用论者在解决此问题时都感棘手。克拉克虽同为主观效用论者，但他却有一种新的说法；他以为效用固难测量，非效用却易于测定。效用意涵着一种快乐，非效用却为一种牺牲与痛苦；我们可所受牺牲大小来测定非效用，而判明效用的大小。因此主观效用论者着重的是消费者，克拉克则注重生产者。消费财的生产不能不加以劳力、劳动力的支出，是一种苦事，一种牺牲。普遍人类初次工作时，其所费劳动力亦即痛苦最小，而此时之效用最大，以后逐次工作，随劳动的时间增长而痛苦加甚，到最后一小时，牺牲最大而效用最小，最后一小时工作所得的产品，为限界效用生产物，其效用大小以劳动时间亦即非效用来测定。

此种测定个人主观效用的方法，亦可用以测定社会效用，因社会是个人之积，个人方面表现的诸作用，亦可应用到社会方面去。克拉克认为在社会中亦有一个最后的劳动时间，此最后劳动时间，亦即全社会之价值尺度。

克拉克的主观价值论有许多特点和矛盾，布哈林以为奥地利学派经济学有三个特征：（1）个人的，（2）消费的，（3）主观的。克拉克对此三特征，却都有所改变，他不从个人慢慢引到社会，而直由社会是个人之积而说明社会，故比起奥地利学派的特征来，稍有不同。他的价值学说的特征，该是（1）个人的—社会的；（2）消费的—生产的；（3）主观的—客观的（注意生产一定会注意客观）。克拉克修正了奥地利学派的学说，但此后矛盾却更多，他所说的个人，是抽象的、非现实的，而且也是十分含混的。

价值由非效用决定，亦即由劳动时间的大小来测量，得出财货的自然价格（效用与痛苦交合点）。价格分解为利润、利息、地租和工资。利润在自然价格中是不存在的，只有在资本经营者利用社会上的多种变动关系以投机取巧由贱买贵卖时方能发生。贱买时则生"劳动剥削论"，为克拉克所不承认，纵然有贱买也是偶然的，在自由竞争下必不可能；贵卖则生"利润摩擦论"，在自由竞争下亦不可能。那么利润何自来？利润只是企业家的工资而已，它包括企业家的组织能力与经营能力——这是以往许多流俗学者的老调。

但一般以为克拉克的成功，不在于利润分析，却在于工资说明及动静学的探讨。

工资以一定量的货币额来表示，代表劳动者工作结果所得之一定量生产物。在从事生产过程中，其产品，部分属于资本家，部分属于劳动者，工资即代表属于劳动者的生产物部分。

属于劳动者的生产物部分究有多少，以劳动限界的生产力为断；在生产过程中，不变资本与劳动量有同一的比例。如不变资本一定，劳动者增加，其总生产量虽然增加，但每一劳动单位生产力却逐渐减少，最后一个劳动者的生产力，称限界生产力，工资即以此限界生产力为准。为什么呢？因为各个劳动者对于定量资本之配合所演重要性虽不同，但在资本家主观上，可应用代替原则及无关轻重原则给予最少的工资。所谓代替原则（The law of substitution），即指"将最需要的单位，以最不需要的单位代替之"，使其主观评价降低，可以少出代价；所谓无关轻重原则（The law of indiference），为代替原则之补充，任何单位，均可依次补充而无关轻重。

以上说法，不免牵强，应用起来，颇多问题。如在今日极度分工情形下，不可能应用代替原则，如要代替，就很有关系，不可能无关紧要。在一定资本技术构成上，生产手段量与劳动量有一定比例，生产规模之缩小与扩大，都相对地有资本之缩小与扩大相应。其次，劳动者的劳动性，是否能如上述的水准一样，劳动过程中劳动者所担任的角色是否一样，这些都成为问题。而且，克拉克强调价值论，以为效用不能测量，他反对马歇尔以价格测量效用，而代以非效用——牺牲来测量价值。以为劳动者开始工作时，所得效用最大，最后工作最疲劳时，所得效用最小，故可用时间的长短以测定其大小，当劳动者工作超过疲劳的最大限度，效和与非效用交于一点，此即劳动者应得之物。他原主张工资以劳动的限界生产力决定，此处又以劳动时间来决定，工资论与价值论显然脱节了。

关于利息，他认定资本的生产创造力是利息的基础。

劳动的限界生产力决定工资，而利息则由资本的限界生产力所决定。

劳动一定，用不等单位的资本单位来配合，其最后一资本单位的生产力即为资本的限界生产力，此限界生产力，决定利息。这完全是抄袭马歇尔的。但他添了一项"创见"，以为利息是资本的使用费。他将商品的概念扩大。李嘉图以劳动（力）为商品，克拉克则以资本为商品，资本有生产性能，故利用资本从事生产必须有使用费，借贷商品者即为经营商品者。此种说法之主要目的，在强调资本利息之合理，而其消极意义，则正如同强调资本生产性的托伦斯、马歇尔一样，乃反对"只有劳动能产生价值"的命题。

最后,他更把资本的商品概念,扩用到土地上,以为土地亦是商品,故土地亦有其使用费,此即地租。不过他对于地租没有多所说明。

关于克拉克学说的评价及其影响,我们可以这样来说明:当作一个经济学者,他没有马歇尔般大的声名,但他的学说,特别是他的工资说,却更普遍的为人所接受。他比马歇尔更接近奥地利学派,因此,他把奥地利经济学,更抽象化,更演绎化。我们殆可以说,晚近经济学说所蒙受奥地利学派的影响,在技术上、数量上是通过马歇尔,而在纯理论研究上则是通过克拉克。

(三) 晚近个人主义经济理论上的末流与变种——熊彼特、李夫曼、卡塞尔、费雪、凯恩斯等的学说

在晚近或近二三十年的经济论坛上,出现了不少风头人物,这些人物因为对于资本主义末期的现实经济,分别提出了不少的极端辩护性的保守性的高见或"创见";那些高明的大意见,即使用真正的经济学的尺度测量起来,是非常俗劣可笑的东西,但因为他们颇投合资本家阶级利益的要求,且都差不多是被装璜在炫博与弄玄的文字中,于是,与其前辈比较起来,哪怕是极不足齿数的学者,也被吹嘘得超过马歇尔,超过克拉克,甚至超过李嘉图、亚当·斯密的大人物了。在这里,恕我不能用更多的篇幅,来详细介绍他们的经济理论,只分别就他们共同表现的若干重要趋势,来概括加以说明。他们的共同的重要趋向,计有三点:一是为否定因果关系而提出函数关系论;二是为根本否认价值论而提出平衡价格论;三是为解消恐慌论而提出货币数量论。

1. 函数关系论。

(1) 所谓函数关系(Funktional-bezrehung)论——函数关系论的提出,原有消极与积极两方面的意义。就消极意义上说,作此主张者,以为经济事象发生的原因,每是连续的,甲原因产生乙结果,但甲原因并非其最彻底根本的原因,甲原因背后仍有丙原因存在,如此循环不已,故要追问每一现象原因的原因,将无有底止,故经济现象无法穷根究底。凭这一理由,他们乃反对因果论。

其次,他们认为每一结果之产生,其原因并不单纯,普通都是相并存在着许多原因,方产生一个或多个结果,在此场合,他以何者为主因,何者为主果,很不明确,而且此种经济事象因果发生发展经历时间之长短及范围之大小,都很难判明,故因果概念很不明白,如果研究,反将引起

混乱。

最后他们又提出归属理论来，以为归属理论的依据还有问题。归属德语为 Zurechnung，价值论与分配论间，如何得到联系，亦即产品所生价值，依据何种标准分配于生产者之间；联系此等生产分配的，通常系诉之于价值，例如分配不论取何形态，其工资利润等大小，以生产过程中的价值来决定，此即所谓归属理论（Zurechnungstheorie）。但奥地利学派以为生产财都为补充财，它们生产时要互相补充方能完成生产物，在一般因果论者以为由生产可以得出分配的结果，但他们则以为归属的依据和加算都大成问题，由价格论到分配，既很多问题，因果关系论在他们心目中，自然靠不住了。

以上是函数关系论者从消极方面否认因果关系论的要点。

至若函数关系论在正面在积极意义上主张的基点，则是确认既予的事实。

他们主张就事论事，就已成的经济事象加以论究，不及其他，故函数关系论者着重既给予的事实。但既给予事实有很多因素，究以何者为主呢？

他们对各种因素则同时同等的作为研究出发点，研究方法，则标榜最严密的方法亦即数学的方法。

在既予事实中所包含的许多因素，他们认为都有相互依存关系，这是他们经济认识的根底。

他们理想的经济学的研究，是将经济上各种依存关系用数学方式记录下来，这可说是研究方法论上的问题。

（2）函数关系论的系统主张者熊彼特（Schumpeter）——要追溯函数关系论的由来，当然使我们不能忘怀于法国的古诺（Cournot）。他在所著《财富之数学理论研究》中，已明白揭出"需供是价格的函数"；此后，一切企图把经济学变为数量科学的学者，殆莫不注意经济上特别是价格上的函数关系的探讨。但对此加以系统主张者，却不能不说是奥地利派后起之秀的熊彼特。

熊彼特虽然是直接赞承奥地利学派的衣钵的人物，但他所受马歇尔与古拉克的影响甚深。克拉克的静学与动学的分别研究，马歇尔的平衡原理研究，对于他的函数关系理论的展开，有着决定的作用。他有两部重要著作，一是《理论国民经济学之本质及其主要内容》（*Das Wesen und Hauptinhalt der theoretischen Nationalökomie*），出版于1908年，一是《经济发展理论》（*Theorie der Wirtschaftlichen Entwicklung*），出版于1912年。他依照克拉克的说法，把经济学分为经济静学与经济动学，前一书，大体是研究经济静态，而后一书，则大体是研究经济动态。他把经济上的静态与动态完全对立起来，以为在研究的目的上，虽然经济的动态或其发展的说明最关重要，但在研究的程序上，经济静学的说明，实应摆在首位；因为在他设想，经济动态须理解为经济静态的变象，为未复归于平衡的搅乱，所以，我们的研究，就必先把握住常态，始可确定其变态。疯子是由一般普通人来比较判定的。

然则在国民经济学上，哪些范畴是属于静学的呢？他认为价格论、货币论、归属论是应当划在静学考察的领域，而其中，又以价格论最关重要。因为所谓静态，不但是不发展的，不变化的，且得有关诸方面都趋于平衡。他认定静态是基于两种事实：其一，在继起的一定时间之内，财货的种类、品质及其使用方法，全无变化；其二，财货的数量，也全无变化。这各方面各部分是在数量上相互依存的，是在交换关系上相互依存的。在完全交换关系里面，一定量的财货，是当作一定大小的价格，来与其他一定量的财货相对待。由是，在特定继起时间内，各别财货的数量如不变，它们的需要价格与供给价格，就会保持在需要曲线与供给曲线的交汇点上，而表现为一种静态的均衡。他以为，在国民经济上，只有供需函数关系均衡或依存关系（Abhangigkeitsverhaltniss）表现的价格均衡，最能体现静态经济的特质。

但我们知道，函数关系是就既予的事实立论，从而，重视函数关系，就必然要排斥因果关系。又，函数关系的强调者既认定只有交换经济最适于这种研究，他们无形中，便必然是一些交换论者，而把生产论抛在一边。不重视因果关系，不重视生产关系，又必然会走到否定价值法则一条路去。熊彼特真的在这一点上，对奥地利学派经济学表示了相当距离。他公然表示：价值原则是从研究的便利上设想到的，而不是实有其事的。经济主体对于某物所作的评价，与该物在现实交换关系中被规定着的价格亦有依存关系。这一来，不是由价值导来价格，倒反而是由价格导来价值了。

可是，熊彼特虽然是由于着重静态研究，才重视函数关系，重视价格，但当他由静态研究，移到动态研究，解明"经济发展理论"，他并不由此就掉转头来重视因果关系，重视价值。他自认莫大贡献的恐慌说明，无疑把经济静态或均衡如何被扰乱的许多原因，如新出品、新生产方式、新市场、新原料来源、新独占地位，以及帮同把这些因素结合成新生产手段的信用，都罗列出来了，但毕竟因为恐慌在他看来，是均衡的静态的暂时扰乱，从而就要因交换经济价格经济上的自动调节，而复归于均衡。复归于静态。所以，归根结底，复回到函数关系上去。

2. 平衡价格论。

由函数关系的强调，招致否定因果法则，价值法则的趋势，于是马歇尔、熊彼特以后，便公然有以价格代替价值的学说出现。虽然在渊源上，我们后面待述及的新价格论者，有的想不太远离了奥地利学派，而强调主观价格，有的想对奥地利学派表示一些"创见"，而强调客观价格，但归根结底，都不外处在20世纪的资本主义危难时代，如站在资产者阶级立场，赞成客观劳动价值学说，将为事势及"情理"所不许可，而奥地利学派为对抗客观劳动价值学说，而提出的主观限界效用的大理论，又太支离，太矛盾，于是干脆视价值学说研究为多余的妙论，就当作一个"时尚"产生了。这里介绍两位代表人物，即主张主观价格学说的李夫曼及主张客观价格学说的卡塞尔。

（1）李夫曼的主观价格论——诺贝特·李夫曼（Robert Liefmann）是一位有名的德国经济学者。就渊源上讲，他是属于后期奥地利学派的，"他在政治经济学中，是用奥地利学派的心理方法来解释经济现象的第一个人"，"是个人主义经济方法的极端代表者。"① 他在20世纪初，注重现代资本主义经济组织的研究，在1905年出版的《加特尔托辣斯及国民经济组织的发展》（Kartelle und Truste und die Weiterbildung der Volkswirtschaftlichen Organization），及1909年出版的《参与公司与金融公司》（Beteiligungs und Finanzierungsgesellschaften, eine Studie über den Modernen Kapitalismuns und das Effektenwesen），确实对于近代独占资本的研究，提供了不少有价值的材料。但他并不以材料的提供者为满足，由1817年至1819年，包括两巨册的《国民经济原理》（Grundsätze der Volkswirtschaftslehre）问世了。这部书虽然使他获得了"德国李嘉图的称号"，② 虽然与唯物的客观主义的李嘉图相对照，他是一个十足的主观论者。他承受了奥地利学派之经济的心理学基础，但却认为那些前辈主观得不够彻底。在他看来，资本主义社会的全部经济现象，都在价格形式中表现出来了。因此，不论在主观上抑在客观上，都应将价值论从经济理论中逐出，他认为价值概念是不必要的，这是他和奥地利学派不同的第一点。同时，他又以为奥

---

① 鲁滨：《近代西方经济学家及其理论》（严译），第334—335页。
② 在19世纪上半期，德国还有一位学者得到了这个"荣誉"，那就是德意志曼彻斯特派的首脑人物 F. B. Hermenn。

地利学派讨论价值，必先讨论效用，由效用的大小来测定价值，但限界效用测定时，必然会考虑到现有储存量这一概念，他否认此概念，否定现有储存量，因而亦否定稀少性概念，此为与奥地利学派相异之第二点。他之所以否认现有储存量，因他主张政治经济学应从心理评价出发，如由心理评价出发，可不必管现有储存量。

其次，他讨论及交换经济，以为交换经济现象包含价格、收入、资本、信用、危机各现象。政治经济学的最后目的，即在以主观的心理评价，说明交换机体、价格现象。交换最后原因，由个人对于经济判断中得到，个人经济判断为心理的判断，他并在其他许多经济行为之前，冠以"心理的"形容词。

对于心理的基本经济概念，他提出三点：（1）效用（Nützen），李氏所说的效用，与奥地利学派所说的效用没有多大区别；（2）费用（Kosten），个人为获得欲望的满足要花费代价，代价即为费用，费用亦可由我们日常经验中体念得到；（3）收益（Ertrag），是费用与效用比较之差，又叫比差，不同于一般习用语，不是指物价本身，而是就心理的方面而言。收益经济概念是李氏整个学说的中心。

他以为在经济上有两个基本经济范畴，即获得的经济与消费的经济。用货币收入去购取效用，表明消费经济是目的，获得经济是手段，个人计划经济只能在消费范围内进行，所以消费经济为出发点。

也许他以为经济学的"创见"，就是揭出一套新的术语，他把经济基本概念基本范畴作了上述的规定之后，接着就据以创出所谓限界收益平均律，对此，他首先解释限界收益，以为资本每部分都有其限界生产力，此限界生产力必须付最大费用，因其在经济上所花费用最多，故出卖时要最高价格，其所得收益叫限界收益。收益是心理的满足状态，效用减费用即为收益，故限界收益，也是一种心理状态。

其次再释明与此有关的限界货币收益。在交换经济内，费用与效用间，插入货币关系（费用—货币—效用），由自然经济中的直接心理评价到交换经济中的间接心理评价——"货币被视为效用和费用之心理比较的过渡阶段"（熊彼特语）——货币只不过是抽象的计算单位。

在这种场合，限界收益就变为限界货币收益，变成了收益二元论，一方面在感觉上此种满足大于他种满足，在另一方面，表现在货币上即一种货币收益额，大于他种货币收益额。他认为感觉上的剩余，和货币上的剩余是类似的，用货币剩余来表现感觉上的主观剩余，故归结还是心理的。

这两层关系弄清楚了，然后就明了所谓限界收益平均律，即由限界、收益、平均三概念结合而成的规律。企业家对于每单位资本生产之限界收益，均有一平均趋势，此概念所以不同于古典学派利润率平均法则之处，在于：古典学派所说的利润率平均趋势，是指社会各不同企业间利润率平均趋势，故其单位是各个别企业，而李夫曼所说，系指同一企业各单位资本间限界收益之平均化趋势。他说在自由竞争下，社会限界收益趋于平衡，此概念之提出，用意在说明其主观价格论。他现在开始讲价格是怎样形成的原因了。他套着马歇尔用价格来测量效用的公式，以为限界收益事实上为限界货币收益，货币额多少，反映限界收益大小。限界收益或收入的大小，决定经济上的需要额数。限界收益亦为最低收益，因限界收益为最低单位收益，最低收入固定额数为全部价格的调节者。因此，财货的价格由其限界费用加限界货币收益决定。

对于个人单一经济，经济学研究费用与效用关系；在交换经济中，经济学则研究需要与供给。于此，李夫曼乃应用类比方法，将交换经济中的需要，比作单一经济时的效用，而以供给比作费用。

从上面的说明，李夫曼的新价格论，除了转弯摸角提出了一些自造的词汇，支离的理解资本主义的个人经济之外，其整个精神，仍未脱出奥地利学派的窠臼。鲁滨曾这样批评他们的成就："李夫曼在奥地利派经济学家之抽象的和无生气的心理结构上，提出极度适合于近代资本主义现象之新的心理的概念。他想造成心理的结构之'真实经验的'变相作品。如其说，奥地利派经济学家分散其主要注意于理论之基本的心理的前提之研究，而只附带提到为资本主义实际所产生的'变革'，那么，李夫曼一开始，就从资本主义所借用来的特点，而带到他自己的心理学的理论中去。正因为如此，他的理论在实在论的意义上接近于实际，象是胜利了，但与奥地利派经济学比较，在逻辑的明确性和彻底性上，却是失败了。"①

（2）卡塞尔的客观价格论——与李夫曼的主观价格学说恰好相反，卡塞尔（Gustav Cassel）是主张客观价格学说的。他是一位瑞典的学者。在其主著《理论的社会经济学》（*Theoretische Sozialökonomic*）于1918年问世以前，他还发表了有关平衡价格理论的许多高见。而在本世纪二三十年代，他的货币意见，是风行于资本世界的，虽然那些意见，亦是对于他那主著中的基本理论的应用和发挥。

卡塞尔一开始，即以经济学的改造者自命，他以为经济学的最后目的，在发挥那些纯经济的非人类意志所能任意左右的必然趋势，他很想使

---

① 鲁滨：《近代西方经济家及其理论》（严译），第334页。

经济学变成一种彻底的数量的科学。他后来有一本小著《经济学之数理的研究》，颇像是在发挥杰文斯的高见。不过杰文斯强调主观价值，他却标榜价值无用论，说许多学者在价值论钻研上的徒劳无功。奥地利学派之心理价值说，将价值置于心理基础上，他是非常反对的。他以为价值研究不合乎数量分析，不能明确定其大小，那种研究，愈来愈使整个经济学蒙受极大的不利影响。照他的意见，价值可以不必讨论，因价值在经济学上并无必要，我们可以直截了当的专注于一物的货币评价亦即价格，价格研究可省却许多麻烦，而且可符合数量分析要求。这就是说，卡塞尔在消极方面，主张排斥价值理论，在积极方面，主张确立价格理论。

他在价格论上，提出价格作用论与价格决定论来。于价格作用论的解释，是说，人类满足欲望的手段，不能无限供给，始终感到不满和稀少。由于人类欲望满足的时感不足，乃有经济现象发生。一般人以为经济为求得如何满足欲望，但还有一点未为他们所知，即经济亦有限制欲望的作用，价格的规定可使欲望得到一种限制，满足欲望在现社会必需具有在特定价格下的提供一定量货币的能力，故价格限制了欲望的满足。在这种意义下，价格作用就非常明白了。物之供给愈少，则索价愈大，反之则索价愈低。"某种价格既定，需要供给相等，则经济制度臻于平衡。"市场上商品价格既定，必有其相应的供给与需要，而使整个经济制度趋于平衡。

平衡价格作用论如此，他进而讲价格决定论。在这里，他提出价格稀少性原则了。他以为稀少性原则是价格确定后表现的原则，即他认为稀少性的意义，须在价格决定后方能说明。在某一定量价格下，有某一定量的供给，此供给在某特定价格下是不能无限增加的，故表现为一种供给上的稀少性。价格确定稀少性，稀少性又确定价格，这里是一个循环。

且看他关于生产财与消费财价格决定的说明。他以为消费财价格是取决于消费财量与消费者收入量的比例，这种思想不过表现为正统学派的老调。

$$\frac{\text{收入}}{\text{消费财量}} = \text{价格}$$

此说之不妥当处，在于他不能明辨所有收入是否都用于消费，且消费财是否可用于生产，卡塞尔亦未加说明，故由此公式决定的价格，颇有疑问。他以为，消费财量取决于生产手段量（生产要素），而生产手段价格则由消费财价格所导出。因为生产财确定，其内部的技术构成亦不变，对于消费品价格的竞争，等于其对于生产手段价格的竞争，故生产手段的价格，是由消费品的价格所导出。又，生产手段（生产要素）各有定价，其用以生产消费品，每单位所需若干，又能确定，则消费品之价格定。

在这里，我们明显地看出了卡塞尔的矛盾，他一面说明生产财价格由消费财决定，又说消费财价格由生产财决定，此种矛盾，在李夫曼学说中亦存在过。李夫曼论限界效用与费用时，究竟是供需决定价格抑价格决定供需，亦见矛盾。惟卡塞尔与一般学者不同处，乃在其有一突出矛盾之方法，此点卡塞尔自己亦深切明了，而且大吹为"大发现"，即所谓"相互决定与相互一齐决定"。他以为任何经济事象没有因果关系，仅有函数关系，故一切因素都是相互决定的，小的决定在大的决定之中，小的决定无先后次序，其所以分别前后者，在求学说说明之便利，故此种关系，可以方程式来表示。原来函数关系论，有逃脱一切矛盾的好处！

不错，卡塞尔是在稀少性原理以外，更提论到费用原理的，且看他是怎样来解说两者间的关系。李夫曼说："在交换流通社会中（有别于单一组织的社会，亦有别于自然经济社会，需要占中心的社会），供给对于价格更有决定性。"卡塞尔说："稀少性原理，在自然条件之下，对于价格更有限制性，但在交换社会中，费用比稀少性重要，此为由生产观点所看出。"由此等语句，可知卡塞尔在稀少性原理以外，又提出费用原理来，并认定在现代交换社会，费用原理占着支配的地位。既然如此，他将怎样使他自己同他所反对的那些古典学者相区别呢？对于这个问题，他是容易答复，而且实在已经答复了。他是不要价值论的，他是认定财货的数量、价格、需要等等，都是立在相互依存关系上，从而互为决定，而不是由任何因素决定其他因素的。[1]

价格如此决定，事实上并不曾满足其所以提出这种价格论的要求，那就是，对于分配的合理说明。价值论的研究，本来就是要藉以确定分配各形态如利润、利息、地租、工资等等的比例关系，丢开价值论，自然省事多了，然则这各种所得将如何决定呢？在这里，他又不讲费用原理，而专讲稀少性原理了。换言之，价格的决定，与所得分配的决定，没有内在关系了。现代经济的有机性，被这些流俗学者弄得支离千万了。

但卡塞尔在资本家世界的"权威"，不是由于他的客观价格论，而是由于他的客观价格论所导出的货币数量论，特别的是由货币数量论所派生的购买力平价论。现在且阐述如次：

货币购买力平价论的"发明权"，一直是由卡塞尔操持的，但因为货币购买力平价论必然以货币数量论为前提，所以他开始是以货币数量论者

---

[1] 波多野鼎：《现代经济学》（彭译），商务印书馆1936年版，第285页。

的资态出现的。他以为货币价值是物价的倒数，他曾用金的数量说明物价水准的高低，从而说明经济恐慌之所以会发生。他由统计归纳法得出每年世界生产量必定要达到金存量的百分之三，方能维持每年增加的商品流通量，否则维持流通商品的金量即感不足，物价乃跌，因而引起恐慌。这种朴素的经济恐慌论，以及对于金在世界分配的社会条件的忽视，早已为稍有经济学 ABC 知识的人所唾弃了，但且看他权威所系的购买力平价说。

货币有对内购买力与对外购买力两种：对内的购买力，由本国物价指数上见之，此即由货币数量决定；对外购买力，由本国货币与外国货币的比价见之，决定于两国的货币数量。故货币数量说如无购买力平价说再加补充，就不算完整无缺，而货币购买力平价说亦可说是货币数量说的引申。

本来在金本位制下，两国货币汇率决定于两国货币金平价，而两国汇价的变动有金点为其范围，但在纸本位制之下，金平价不存在，两国汇价决定理论，乃不得不重新研究。就在这种情形下，卡塞尔提出其购买力平价说的意见来。

购买力平价说的基本论点是说明汇价是被动因素，而物价是主动因素，汇价变动由物价变动所引起，而物价水准的变动，却是由货币数量所引起。

汇兑率或汇兑行情的变动，其限度是两国货币购买力所显示的差额，其意即指汇价决定于货币购买力的平价，但其变动，却由于货币购买力所显示的差额。

根据上述说明，卡塞尔得出如下之公式：

新汇率 = 旧汇率 × 两国货币膨胀率之比

上式所得的结果并不是绝对的，但可代表金本位下的金点，作为汇价变动的准绳。

汇价变动落在物价水准之后，故汇价变动过程直至新汇率形成而止。

隐在汇兑行情变动后面的一种力是商品运动，由于汇率的不能与购买力平价相同，引起单方面的商品移动，使汇率得到矫正，如商品运动无穷，则汇价变动无穷。

对于这种货币购买力平价论，这里不想多加论究，但我们第一得指出：购买力平价理论的前提是不存在的。购买力平价理论必须要在各国都用纸币，且禁金出口，贸易自由的场合方能应用，但普通实行纸币的国家，皆采汇兑管理及贸易统制政策，二者适相矛盾，故其先决条件即不存在。

即使各国果能相约在达到新汇率后不再施行通货膨胀，货币购买力保持不变，照例，由汇率差比而引起的商品运动应不存在，但事实上商品运动仍然继续，为什么呢？原来使商品在国际间移动的因素，并不仅是货币购买力的差比，不同使用价值的交换，进步社会与落后社会的不等价交换，都可促使商品移动，然而货币购买力平价论者把它忽视了。不但如此，其次在商品运动一旁还存在着贷借资本运动。

决定汇价的除了由于商品运动所引起的外汇的供求外，还有贷借资本的运动所发生的外汇供求，贷借资本运动，是不能由商品的国内外价差来说明的。货币购买力平价论者单注意于有形商品的移动是不够的，事实上，现代国际间经济关系，贷借资本的往还又是一个很重要的因素，是决不能忽视的。此外，汇价固受物价的影响，但汇价同时亦影响物价。要之，卡塞尔的货币购买力平价说，大体是由货币数量论导来的，货币数量论上的诸般缺点，将是他的购买力平价说的考验。

3. 货币数量论。

一切主张放弃价值论，强调平衡价格论的学者，当作研究的必然趋势（且把对于现实的配合要求抛开不讲），都会走向货币数量论的泥淖中。熊彼特，特别是卡塞尔，虽然已为我们提供了最好的榜样，但晚近经济学的研究，愈来愈变为货币数量论的研究，那却是须得从长说明的。我们先得把货币数量论的基本概念弄明白。

（1）货币数量论的基本论点及其由来——由于放弃价值，专讲价格，货币本质同作用也跟着改观了，即在所谓平衡价格论中，货币只是抽象的计算单位。将货币用为抽象的计算单位，李夫曼已首先提出，此种说法，视货币为度量衡，其本身无价值，仅为价值的计算单位。且货币在流通过程中，测量价格，不在流通过程中，货币、价格、商品三者均无关系，这一来，商品就无内在价值可言了。商品在进入流通界以前，无价值且无价格。

商品在生产者手中时，只不过商品本体罢了。在商品未陈列市场前，商品只有观念的价格存在，成本亦不过是以观念的价格计算，非以现实的价格评定。

再从生产过程说，商品购进时已有价格，价格虽已存在，但其大小，乃由流通过程的供需决定。

如认流通过程以外有价格，等于承认了价值，等于提出价格由价值而来的结论，这是为货币数量论者所不取的，所以他们索性进一步抹杀流通过程以外的商品价格。以为以一定货币额表示商品的价格，系以一定价格水准表示货币购买力。

在流通过程中，商品与货币接触而对立，于是以一定货币额表示商品价格，由货币方面说，如一顶帽子等于三元，则一顶帽子是货币三元的购买力，而三元则是一顶帽的价格，故货币购买力与价格互为倒数关系，此种关系仅为数量的关系，且仅在流通过程中发生。

价格既由进入流通过程后由商品供需二方势力来决定，其本身为未知数，为未定数，必由流通过程中之其他因素决定。由什么决定呢？现在且看货币数量论的几个基本论点。货币数量论共有以次四个基本论点：

1）货币在流通中，在其他商品代置过程中，才取得价值，它没有内在价值。由于"货币价格"一名词的不合理，故在此处，我们又用了"货币价值"，于此可见货币数量论者的苦心。

商品没有内在价值，货币当然更无内在价值，货币价值只有在交换过程中，亦即与商品代置过程中，方能取得价值。

货币价值以货币的购买力来决定，其意即：货币在流通过程中与商品发生量的关系，单位货币所表现的商品量即货币购买力。货币本身无价值，商品取得价格的瞬间，亦即货币取得购买力的瞬间。

2）货币价值尺度机能和货币退藏机能的否定。

就一般而论，货币机能有五：作为价值尺度、价格标准、支付手段、交换手段、储存手段。此五种货币机能，货币数量论者仅承认其三，而否认货币有价值尺度和储存手段的机能。

货币数量论者以为货币有了充作价格标准的机能，就没有充作价值尺度机能的必要。其实价值尺度与价格标准是不同的，价值尺度用以测量某物值若干，但实际上市场售价不一定是此数；价格标准则测量某物卖若干，可以不同其所值。因为所买若干依据其所值，故价格应以价值为依据。但货币数量论者因为不承认货币有充作价值尺度机能，自亦否认货币有退藏机能。其实，货币在市上流通，若作价相对的高，货币（金银）会从其他各方面涌出；但如货币在市场上流通，作价相对的低，则货币会隐藏起来。货币数量论者不承认此事实，以为退藏不过表现为货币流通的迟缓，所有货币均在流通界，故不承认货币有退藏机能。

如承认货币有充作价值尺度和退藏机能，则货币数量论者即不能立足，因为他们认为在流通过程以外，货币无价值，如货币充作价值尺度和储藏机能，则货币在流通过程以外有价值，其商品亦有价值，与货币数量论者之假定相矛盾。

3）货币的购买力，主要在流通中受规定于货币。

4）货币数量是出发点，价格水准是结果。

上述的诸基本论点，是把货币数量论当作一个完成的学说来考察的结果，事实上，它与其他经济学说一样，也有其历史渊源。

在 1748 年孟德斯鸠（Montesquiel）在其所著《法的精神》中即已提出了以次有关的意见：

商品价格受决定于存在世界的全部商品数量与全部金银数量之间的关系。

一国的商品数量与商品价格水准间有一种机械的关系，货币增两倍，商品价格亦增两倍。

休谟的货币数量论，前面已经讲过了，那是说货币在实质上只是劳动和商品的代表，只是计算和估量商品的手段，货币之增加非国富之增加，不过是商品名义价格的增加。此点是对准重商主义的拜金主义而发的。

流通中的货币数量决定商品的价值及货币的价值（货币购买力）。

然而最关重要的，还是李嘉图，他的货币理论是对于他的价值论的一大背离。但那显然不是由于他怀疑或否定价值论，倒反而是由于他坚持或硬化了价值论，以致不能辨认纸币与硬币的差别，正如他在其他有关场合，以为劳动（力）的买卖，也同普通商品买卖一样。这从他关于由硬币到纸币的演绎过程，就非常明白。

首先从劳动价值说立论，以为金银价值与其生产及上市所费之劳动量成比例，在金价与银价之比成为 15∶1 的情形下，不是因金需要大和银供给多，而是因金生产及上市所费劳动量为银所费劳动量的 15 倍。

金价是银价的 15 倍，一定量商品用银为货币周转时，银需要量为金需要量的 15 倍，故一国货币需要量必受支配于其价值，这显然在牢牢的把握着劳动价值说。但移到铸币与金块银条之关系的说明上，他就不能支持前说了。

铸币成色如与金银同，重量亦同，且不收造铸费，则铸币与金块银条价值同。如收造币费，则按所收造币费大小而在铸币上增加其价值。造币费既可由政府财政缓急而定其高低，则造币费可不与造币时所费劳动量相等了。造币费如任意提高，即可随意提高铸币价值。更进，临到铸币与纸币的关系的说明，他更支离了，他以为纸币的全部价值可视为造币费，纸币印刷所费决没有其代表的价值大，故造币费绝非由印刷的成本所决定，由国家的财政缓急所决定，这里李嘉图可说是已与劳动价值说完全脱离关系。纸币无内在价值，但可由其量的限制，而变更其价值。[①]

---

① 李嘉图：《经济学及赋税之原理》第 27 章"论通货与银行"（郭大力、王亚南译）。

推论到这里，我们已可窥知李嘉图在货币研究上，愈来愈走向数量论的歧途了，但他还勉能支持铸币大体由生产所费劳动量决定其价值的立场。但到了他的后继者詹姆斯·穆勒，却竟一视同仁的作出这样的结论："货币价值在此理解为与商品之比例，或一定量商品与一定量货币于交换时所生之量的关系，但货币价值最后仍取决于现存货币量。"①

这种错误，乃由于他们不明白纸币价值决定法则，乃由一般货币价值决定法则派生的，正如同劳动价值决定法则，乃由一般商品价值决定法则派生的一样，它们是有关联的，但不是同一的。而且，把货币看作价值象征，看作计算尺度，而谓其没有内在价值，或无须有内在价值，那根本就反乎资本主义社会的本质。

（2）货币数量论公式化者费雪及其同道者——在晚近，把上述货币数量论加以公式化而扩大其影响的，可以说是美国的欧文·费雪（Irving Fisher），他是奥地利学派经济学在美国的修正者。1907年，他的《利率论》（*The Rate of Interest*）问世，对庞巴维克有关资本利息的高见，提出了新的说明。即庞氏认定利息是发生于同量现在财与将来财的"价值时差"，而对于同量现在财对将来财的差价，是从技术的观点去解说的；费雪不同，他以为应从其他两种理由立论，即现在财的借给，一般总比将来财的借给为缺乏，并且人总是重视现在，而比较不重视将来。这解释显然是比庞巴维克还要流俗化，还要常识化的。但从心理的基础来释明利息，毕竟未离奥地利学派的主观主义。

可是，我们一再讲过，心理的主观主义的说教，到了对经济现实讲不通的时候，惯常会用技术的数理的方法来补充。费雪在他后来出版的《经济学原理》（*Elementary Principles of Economics*）中，根本就不承认价值，而在有的场合，竟把价值曲解为诸价格的总称，意谓某物价格若干，某物价格若干，合起来乃有如何大的"价值"。② 一定要在他自己的思维中，把"价值"否定到这个程度了，他对于货币数量公式的演算，才一无挂碍。

费雪以为经济学基本原理在研究人类欲望的满足，而满足欲望之方法为购买，货币是充作购买的手段，单位货币所能购买的能力，亦即货币购买力，由下列五要素决定：

1）货币数量。指投入流通界的本位币数量。

---

① 马克思：《政治经济学批判》（郭译），第27页。
② 马歇尔：《经济学原理》，1920年版，第17页。

2）银行存款。银行存款亦为货币的一种，在资本主义发达的国家，信用机构健全，支票大有代替他种货币而成为社会主要货币之势。故在决定货币价值时，银行存款一因素颇为重要。

3）货币流通速度。

4）银行存款流通速度。货币数量固定，但如定量货币在单位时间内流转的次数甚大，其结果有如货币数量的绝对增加。银行存款亦如此，故两者都应计入。

5）商品规模。指被货币流通的社会总商品量及其价格。

上述五种因素的相互关系究竟如何，费雪拟就一代数方程式表之。

$$MV = PT$$

要是将银行存款及银行存款流转速度加入考虑，则该式变为：

$$MT + M'V' = PT$$

以上 M 及 M′ 分别代表货币数量及银行存款数量。

V 及 V′ 分别代表货币流转速度及银行存款流转速度。

P 代表商品价格。T 为商品加入流通之量。由上式已可明白看出 P 受 MV 及 M′V′ 的影响，P 的变动为被动的，MV 及 M′V′ 为能动因素。但 M 及 M′ 为货币数量，故 P 归结到由货币数量来决定。费雪并认为货币数量的变动，有如下数种著例：

1）倍加货币的名目价值。

2）把一个铸币改铸成两个铸币。

3）倍加同种类同重量铸币。

4）铸币数量维持原状，将其成色减去一半。

从这种公式同例解上，显然说明货币的本质，只是数量，而不是质量；可是，我们即使把质量问题抛开不讲，也得承认物价变动固可说是起于货币数量变动，但也可以说是起于商品价值的变动，或者同时起于货币价值与商品价值的变动。不错，他们是根本否认价值的，但在事实上，商品流通界的所需流通手段量，已为商品价值总量所规定。商品价格不变，流通货币量随商品量变动，这事实还不够明白吗？为什么许多鼎鼎大名的学者，硬要用这种公式来解说物价变动只是由货币数量变动引起的结论呢？把问题联想到他们的实践上，一切就清楚明白了。现代尤其晚近资本主义的经济恐慌，干脆否认似不可能，用太阳黑点说来解明，又似太陈旧，最好是从一般人不易想得穿想得透的货币数量变化上来用工夫。否则，这种在学说史上因站不住脚而不大有人注意的学说，为什么到晚近竟这样"繁昌"起来呢？其实，费雪教授自己已为我们答复了这一点。在

1933年，他曾在《通货膨胀》（*Inflation*）的小著中，利用他的货币数量理论，力言经济的恐慌，乃由于没有一个稳定的价格水准，物价高了，低了，都会破坏社会的正义与经济的平衡。不过，他认为在目前状况下，生产总量的不绝增加，如不曾伴以相应的货币增加额，就会不绝引起物价低落。所以，要挽救由物价低落所显示的危机，就须货币的增加与生产的扩张保持平衡。他的口号是："货币与货品有没有机动配合"（"If money and goods were geared"）。假如所发现货币的增加，赶不上生产品的增加，就应作新的发行或扩张信用。

费雪教授显然是一位"货币数量论的"通货膨胀论者，罗斯福总统实行新政当时的货币政策，便是依照他的高见设计出来的。

在1935年，约翰·斯特拉奇（John Strachey）在一部《论资本主义危机之本质》（*The Nature of Capitalist Crisis*）的名著中，曾就资本经济学者对于经济危机的不同看法，分成两大类：一是认定危机是发生于通货不足的，其代表人物，除了上述费雪外，还有霍布森（J. A. Hobson）及道格拉斯（Major C. H. Douglas）；一是认定危机是发生于通货过剩的，而其代表人物，则是哈耶克博士（Dr. Hayek）。但无论是通货不足论者抑是通货过剩论者，有一点是共同的，就是他们通是货币数量论者。这里顺便把他们的高见简括指出来，加以对照，应该是颇有趣味的。

先讲霍布森。霍布森以为恐慌的发生，由于通货之不足，通货不足引起物价停滞、失业、倒闭等现象，其所以致此，是由于在"成本＝收入＝价格"的等式下，人民如以全部收入购买，价格就不会低落，现在他们以收入之一部分储蓄起来，于是收入不能等于价格。因为收入减储蓄等于不能处分的商品总价格，由于商品不能处分的商品总价格存在，恐慌因而发生。但储蓄为政府所奖励，为了弥补由储蓄引起的通货不足，他以为，只有增发通货可以补救危机。

但道格拉斯对于同一生产滞销、价格低落的恐慌现象，另有一个讲法。他以为人民或一般消费大众，并不是因为他们把收入的一部分储蓄起来了，所以没有充分的货币去购买那些为他们生产的货物，而根本是因为以工资、薪津、股息名义分配到他们手中的收入，即使全部花费去，也不够提供出那些货品的价格。为什么呢？因为每个生产机构，就它的财务或会计方面的功用说，它并不仅只支付工资、薪水、股息，还得支付这些以外的团体，即它得对提供原料的机构，对贷款的机构，以及其他方面，支出费用。这两类支出，都是要取偿于生产品价格的。如其把前一类支出作为A，后一类支出作为B，同时又要A的收入，能提供A＋B支出所包含的价格，那不是要 A = A + B 么？① 他认为恐慌的关节就在这里。他还以为，经济向前发展，独占垄断的资本集中倾向愈厉害，生产在 B 方面的支出在金融等方面的支出愈益加大，工资、薪水、股息等所得愈不能依照所卖价格购买。要补救这缺陷或危机，他以为应设法使真正消费者手中有更多货币，要增加他们的收入，在消极方面，就是要减少 B 方面的"中饱"，减少对于银行及其他独占组织的依赖。而在最后提出了他的"社会信用"（Social Credit）的主张。他的讲法，当然比霍布森更接近问题的症结，但只是接近而已。

在上述一群经济学者，高嚷消费不足、货币不足的骚动场面下，哈耶克博士另树一帜了："那些消费不足论者（Under-Consumptionists）昌言储蓄太多，他却力说储蓄太少；前者说货币发行太少，他却认为发行太多；前者归咎银行家收缩通货破坏了我们，他却强调破坏我们的不是通货收缩，而是通货膨胀。"② 认识这样相反，无怪他相信目前大家狂呼大叫的危机，其实是应有的正常现象。生产组织进步了，生产规模扩大了，生产成本降低了，生产品价格当然要相应低落。"那种低落，一点也没有什么不好"。（There is nothing wrong with falling prices）但物价低落或狂跌，只是恐慌的一种征候，事实上，恐慌发生，还伴有比物价惨落更不好的一些事象。哈耶克博士当然不会闭着眼不承认恐慌，他不过认定"经济的原罪"（economic original sin），就在用扩张信用去挽救物价低落。愈用这种方法去维持或安定物价，势必至把社会的一切生产都动员起来，而造成一种更深刻的危局。所以他提议采行一种中立货币政策，尽量控制货币数量，使其不致影响物价，即使物价变动不再是由于货币数量的变动。在这种限度内，他像同货币数量论者表示了一些距离，即企图使物价不受货币影响；但在另一方面，把危机归咎于货币太多，他又是在从事货币数量论的说教了。

（3）货币数量论上的压台要角凯恩斯——把凯恩斯（J. M. Keynes）放在这里来介绍，也许有人为他叫屈，但我希望我后面给他整个学说的解析，能够证示我并不曾特意委屈这位名噪一时，而为国内流俗论坛所特别推崇的经济学者。

其实就在英国，已经有人把他归属在货币数量论派中。约翰·斯特拉奇在前书中说："我把美国名经济学者费雪作为这一派的发言人。不过这

---

① 斯特拉奇：《论资本主义危机之本质》，第 19 页。
② 同上书，第 43 页。

派包罗很广,在一方面,它包括那些主张'消费者不足'的业余经济学者,同时,许多出名的职业经济学者,如卡塞尔教授,固不必说,就是凯恩斯,分析到最后,即使要作一些保留,也必须算在这个范畴里面。"[①] 此外,关于恐慌的存在的问题,他说:"当代资产经济学者,例皆无知,就是象哈耶克、罗宾斯(Robbins)、凯恩斯一干人,也只能旁敲侧击的接近这个问题。把它看为是货币理论的特殊的分枝课题。"[②] 然而,最好还是听凯恩斯爵士自己的说明。在其大著《就业,利息和货币通论》(The General Theory of Employment, Interest and Money,下称《通论》)中,他明白表示:"本书已发展成为一种有关决定总生产规模与总就业之间的变动的诸因素之研究;当我们已发觉货币以一种基本的特殊的姿态参组在经济机构中的时候,技术的货币的节目,就变得无关重要了。我认为:货币经济在本质上,就是这么一种经济,在这种经济中,有关将来的不断变化的见解,不仅足以影响就业方向,且能影响就业量。"[③] 《通论》是他的代表著作,在这部书出版(1936年)前数年(1930年)问世的《货币论》(A Treatise on Money)在他自己,虽认为那还是沿着传统路线,视货币影响为与一般供需理论不大相关联的东西,[④] 直到写《通论》,才把它改变过来。但前述斯特拉奇氏却说:"他在《货币论》中,极详尽的说明了维持储蓄与投资间的比例的问题。……他乐于显示:没有扩充信用的结果,会使储蓄超过投资,使储蓄转变为贮藏;这样一来,失业问题就要跟着发生了,因为生产财部门没有增加,消费财部门就会缩减。"[⑤] 而这论点,在《通论》中已表现得非常明白了。他的脍炙人口的《通论》,虽然接触到了资本主义在现阶段的若干基本问题,但那并不曾使他从一般货币数量论者区别开,反之,在研究的程序与结论上,却正好证示他是一个十足的货币数量论者。他极力强调他的研究,不但与李嘉图前后的许多古典经济学者不同,也与马歇尔、埃奇沃思(Edgeworth)、庇古(Prof. Pigou)等不同。他并说:他之所以把书名题称为"就业利息与货币"的论据和结论,和所有这些学者所研究的,全是一个对照。[⑥] 我在这里不想详细解述他的论旨,我只须指出,他之所以与那些学者不同,也许正因为他是货币

---

① 斯特拉奇:《论资本主义危机之本质》,第115页。
② 同上。
③ 凯恩斯:《就业,利息和货币通论》序言(徐毓枬译),第7页。
④ 同上书,第6页。
⑤ 《论资本主义恐慌性质》,第53页注。
⑥ 凯恩斯:《就业,利息和货币通论》第1章(徐毓枬译),第1页。

数量论者，而那些学者还极力避免走向这种流俗的歧途；但同时我还得指出，他与一般货币数量论者比较高明的地方，就是他还知道把当代资本主义经济的基本的恐慌问题，从就业这个基本的问题着手。在下面，我将斩除去一切枝节的论难，看他主要是怎样展开他的叙述。

按照《通论》题旨的所示，这部书显然包括有就业通论、利息通论、货币通论三个部分。他全书的章回虽然不曾像这样明白显现出来，我们却很可依着这三个论点来解说。

先从就业问题来说。

凯恩斯理论的强点，就是他随时表示，他所研究的，是"我们实际生活所在的经济的社会"中的事象（虽然这强点极易转变为"只见树木不见森林"的弱点），所以，他对30年代初困扰着英国乃至整个资本家世界的恐慌，特别是在恐慌中表现得异常有威协性的失业现象，不像其他资产阶级学者，回避不谈，反之，他竟以极大的勇气，从这里下手了。

他首先追问，失业现象是怎样发生的呢？在解答之前，他对失业有一前提的解释，他说所谓失业，与以前经济学者的含糊概念不同，是用一定的现实条件所规制了的"非自愿的失业"（Involuntary unemployment）。照他对这新语词所下的定义是："假若物价对货币工资略微提高了，则愿在现行货币工资上工作的劳动总供给量及对于劳动的总需要量，都将较大于现有就业量，在这种情形下，就有非自愿的失业者。"（Men are involuntarily unemployed if, in the event of a small rise in the price of wage-goods relatively to the money-wage, both the aggregate supply of labour willing to work for the current money-wage and the aggregate demand for it at that wage would be greater than the existing volume employment.）① 这个繁琐的定义，贯彻了凯恩斯主义的全神髓。他由此，(1) 把失业的范围缩小了，表示在现实上，那些不满意于真实工资下落而丢掉工作机会的人，不能归属在他所理解的"非自愿的失业"范畴中；(2) 消弭失业的努力，应限于那些愿意以较低工资为满足的求业者，过此以往，就不是政府应设法去帮助他获得工作的对象；(3) 如其劳动者要求的工资，使资本家得不到适当利润，资本家不肯从事生产，他们被雇的机会就更少了。这即是说，他之所以"肯"或"敢于"把失业问题或就业问题提出来，就因他在定义"失业"之始，就把这个问题所以发生的本质理解给堵塞住了。唯有如此，最后或在他最关重要的，就是：(4) 他的"失业"认识完全停止在货币性的观点上，

---

① 凯恩斯：《就业，利息和货币通论》第1章（徐毓枬译），第25页。

认为失业问题之所以发生，乃由于国民总货币所得，没有全部拿去用掉，即国民所得增加，消费量也跟着增加，但消费增加并非比例于所得增加的全部（Not to the full extent of the increase in income），换言之，总国民货币所得的一部分，被储蓄去了。在这里，我们似乎又见到了前述霍布森的"成本＝收入＝价格"的公式，不过凯恩斯的说明比较深入一些（其实宁可说是比较曲折一些）罢了。

假令社会不绝增加的国民总货币所得，依储蓄限制消费程度，从而限制消费品制造，致令生产资源不能全部就业，劳动不能全部就业，那么，要使充分就业实现，或"非自愿失业"的消除，就得使其他用于某种投资财（Investment goods，新机器及补充储藏之货物等等）制造的需要增加，而其增加的程度，能够等于新货币所得中不曾用去或被储蓄去的部分。以数字表算出来，就是国民总货币所得如为一百，消费随所得扩张而增加的消费，仅占百分之七十，其中百分之三十被储蓄去，那么，新投资需要，就得达到百分之三十的程度，才可维持消除失业的均衡。然照凯恩斯的研究，一国产业愈高度发展，国民所得平均量固然增大，所得中用以储蓄的数量也比较大，从而，维持充分就业所需的新投资量也相应愈大。不幸得很，一国愈是工业化，它的有利投资出路也愈困难，所以在结局，国民新货币所得尽管增大，它不但不曾因此避免经济危机，却反而成为那种危机的诱因。而新投资大部分与股票交易所投机所结的不解之缘，以及资本所有与资本经营分离所造成的不统一状态，在他看来，均足以加重那种矛盾与困难。为什么呢？他在解答中，把就业问题与利息问题关联起来了。

现在看他关于利息的说明。

他力言实业家或制造家，新投资一种事业，他定会把那种事业的全部设备的成本，及可能期待的收益加以较量。他较量的根据，就是那种新投资所给予他的纯所得，至少应相当于投资在股票证券上所能获得的红利。这种纯所得，凯恩斯称之为新投资的"限界效率"（Marginal efficiency），大致等于制造业家所期望于新资本之纯利润率。

制造家除了对利润率的计较外，他还要计较一件事，那就是不论他用以增设新装备的资本，是自己的，还是借得的，他都得把通行的利息率与利润率加以比较，利润率如大于利息率，表明新投资还有利可图。因此，新投资可能扩张的极限，就是"资本的一般的限界效率"，刚好和长期借款的利息率相等。这又使我们知道，对于维持一定就业水准的新投资的需要，是取决于资本一般限界效率与通行利息率之间的关系。论到这里，我们就知道前面说过的不利于新投资的诸因素，该会发生如何的作用。在凯恩斯看来，资本的限界效率，与投资者对他的资本的可能预期所得，或所得预期有极密切的关系，或极大的心理的影响。他在《通论》中专章讨论到所谓"长期期望状况"（The state of long-term expectation），以为制造家或实业家对于其新投资所作的希望，是建立在他对于那种新投资的需要的预料上，一切足以增加其投资信心的因素，几乎等于加大了他所预料的新投资需要，反之，一切足以降低其投资信心的因素，又几乎等于减少了他所预料的新投资需要。现代的投资，既与股票证券交易所的投机结有不解之缘，股票交易事业愈发展，投资者就难免对于新投资本，要不绝重估其价值，换言之，就是会不绝动摇其信心。而通过股份公司组织所形成的资本所有与资本经营的分离，更使所有者对投资事业，抱有自己不易直接把握控制的疑虑或利得渺茫的感觉，同时又使经营者分心于股票证券市场的变化。结局，投资界就造成一种风习，使大家只关心短期的资本价值变动，而不肯抱长期的投资展望，只较量"资本稀少性"所可能赍来的投机利得，而不肯争取"资本生产性"所可能获致的收益，于是，投机代替了投资。于是，要人为的制造出资本资财的稀少性，以期提高资本的利润或限界效率，而不能不采取限制生产，毁弃存货，阻抑技术的下策。"社会愈富裕，它的实际生产与可能生产之间的距离愈大。……假若在一个潜在的富裕社会的投资诱力减弱了，有效需要原则的作用，将迫使它缩减实际生产额，使其达到这样一种贫困程度，即使其超过消费的剩余尽量缩减到足以刺激疲弱投资兴致的程度。"①

可是由这样反复人为的造出新投资需要，却并不曾解决问题，只有使原有问题更加严重化；生产技术或生产规模一旦由限制生产造成的稀少性予以恢复与增进，资本资财又进一步变为丰盈，从而资本的稀少性，资本一般的限界效率，又得降低了。我们已知道：凯恩斯认定新投资需要，是取决于资本的限界效率与现行利息率之间的关系，新投资扩张的可能程度，是资本一般的限界效率，刚好等于通行利息率。在一个高度工业发达的国家，即在"资本稀少性"已经减少得非常厉害的国家，要使维持充分就业水准的新投资继续进行，很快就会发现资本限界效率等于零的现象。因为实业家所关心的，除了资本的限界效率外，还有利息率，如其压低利息率，使利息率的低降，对逐渐低降的资本限界效率保持一定比例，那么资本一般的限界效率即使减落，新资本仍旧有扩充的可能。

---

① 凯恩斯：《就业，利息和货币通论》（徐毓枬译），第26页。

然则这条路行得通吗？他把问题引到货币上面了。

显然的，一个人有钱在手，他是会盘算，把它贷放出去，去冒各种可能的风险，以冀获得利得好，还是把它留在自己手中，宁愿失去利得机会，以避免可能损失好。在凯恩斯，货币贷放出去了，就是被放在不流动状态（illiquidity）中了，而将其保留，就是被放在流动状态（Iiquidity）中。人们本来就有一种宁可把货币放在流动状态中的倾向。利息实际就是使货币不被窖藏的诱力。利息率高，那种诱力愈大，反之，则那种诱力愈小。所以，他认为，要降低利息率。使资本限界效率提高，那除了利息率本身有一个不能突破的限界（即经营货币的成本费用百分之二，再加所得税和附加税），以及货币所有者阶级不容许任意"剥削"他们，必要时会出以贷放者"罢工"的抵抗手段外，事实上，在强制降低他们的利息以前，他们已不但在储蓄与消费之间有所抉择，且进而在窖藏与贷放之间有所抉择了。

强制降低私人利息率的路既不大能走通，剩下来就是由国家发行新货币，扩充信用，以补救私人宁肯把货币放在流动状态，把货币留在现金形态上的缺憾。投入的新货币如能达到国民总货币所得被保留在现金形态上的程度，利息率必然会降低而由是刺激新投资，俾维持住充分的就业。可是，对于单用这种货币政策来控制利息率的成效，他也有些怀疑了。① 最后，他不得不把他的希望，寄托在国家身上，他认为国家可由较远大的眼光，站在一般社会利益立场，来对有组织的投资，负起较大的责任。国家可以利用发行，来扩大各种公共事业，藉以补救私人投资在受到限界效率低落影响时所引起的失业危机。

在上面，我只是就凯恩斯有关就业、利息、货币的论点，作了一个简括的描述。他以为就业其所以发生问题，是由于国民总货币所得，未合部耗用掉；不管他怎样像马尔萨斯在资本社会初期那样，大声疾呼的鼓励消费，但他同时也知道现代依高度生产技术生产出的大量财货或其价值代表物的大量货币，是怎样也消费不了，除非将它用来作新的投资，新社会的生产资源或劳动力，就有一部分不能完全被利用。如他所说，"在我们实际生活的经济的社会中"，资本一般的限界效率既在不绝降低，而有货币出借的人，又惯于在"见势不佳"的情形下，宁可将货币窖藏，而不欲将其贷放，于是要使社会生产资源或剩余劳动力（在他所认定的"非自愿失业的"意义上）全部得到利用，就只有国家从较广阔的视野，顾及

---

① 凯恩斯：《就业，利息和货币通论》（徐毓枬译），第164页。

社会一般利益，而酌量投入新货币，扩张信用，乃至扩充事业，以资补救。总之，他从头到尾，是把注意力集中在货币数量的变化消长上。他虽然站在改良主义的立场，"勇敢的"承认社会财富的不均，[①] 并认定让资本家个人各自为谋的干下去，其前途将愈来愈形黯淡，因而主张藉国家的干预，藉有组织的投资，藉遗产税的课加，以缓和他们因各自私图所造成的不平与混乱，但我们并不能因此就否认他是货币数量论者。至若当作货币数量论者所有必然伴着的缺憾，我们前面已经讲过了，是用不着再多费一辞的。

二 国家主义经济思潮

(一) 当作个人主义经济思潮反动而出现的国家主义经济思潮

一般的讲，国家主义经济思想，在资本主义社会，曾两度露其锋芒。早在资本主义初期，重商主义就满含有国家主义的意味。强调干涉，强调保护，强调"国家至上"，强调"国家万能"。一言以蔽之，强调国家以政治权力掩护促成一般国民经济的发展。这是初期国家主义经济思想的显明特征。

但我们前面一再讲过，在重商主义政策下保育起来的工商业或商工市民阶层，当他们的经济势力一发展到某一阶段，国家的保育与干涉，就变成了他们的发展的桎梏。现实社会经济的辩证的演变，对于前此的代表意识形态——国家主义，重商主义也必然加以否定，结局，个人主义经济思潮，就以不可抗拒的万钧力量，变为社会思想的主潮。在这种思想潮流下，国家权力，在经济上，被要求限制在极狭窄的范围内。英国亚当·斯密提出的国家或政府的任务，已经够狭隘了，法国巴斯夏犹以为未足，要求进一步予以限制。[②] 到了19世纪中叶前后，国家或政府限制个人经济活动的理想，虽然在若干先进国家已逐渐实现了，但就在这些国家，一任个人自由竞争所发生的弊害，所造成的生产上的无政府状态，已不绝惹起了许多经济学者社会学者的隐忧。但是直到那个从资本主义经济发展过程中，爬升起的劳动者阶级势力，在社会、政治、经济各方面，已经造成资本家阶层的不安与威胁之后，他们才警觉到，有赋予他们所直接间接控制的国家以较大政治权力或经济力的必要。于是，与自由主义个人主义对立

---

① 凯恩斯：《就业，利息和货币通论》（徐毓枏译），第374页。
② 王亚南：《政治经济学史大纲》第6篇第1章第1节，中华正气出版社1938年版。

的统制主义与国家主义,就渐渐抬起头来。大约在第一次世界大战以后,特别在苏联经济形态,已经艰困的取得生存并顺利的进于发展的时候,它所给予各资本主义国家的刺激是多方面的。各国不但为了对抗苏联,需要加强国家这个机构;为了在某种程度模仿苏联(资产者及其经济学者,差不多很少例外的认定苏联的计划经济,正是他们所强调的统制经济,虽然在他们看来,那样与他们自己的丑恶形态相同或相类似的东西,又被他们视为异端)以解除内部的危机与矛盾,以压制国内的苏联扩大影响下增强的劳动阶级势力,更需要独占国家这个机构。而在事实上,由19世纪末期以来,就已在各资本主义国家逐渐发展起来的独占资本或金融寡头统治,业已为这种种需要或要求,准备好了技术的物质条件的基础。

照应着这种客观情势,在经济意识领域内,就必然要发生一种国家主义的思潮。针对这种思潮,我们第一应知道,在资本主义生产方法非平衡发展的各资本主义国家,并不是同样能顺利推翻或代替个人主义思潮的支配地位,换言之,它在各国是表现得极其参差的。所以,就在这种思潮盛极一时的第一次世界大战至第二次世界大战的推移过程中,它在有的资本主义国家,虽然已取得支配地位,在其他资本主义国家,却仍只能演着极其无关重要的角色。第二应知道,在资本主义始终是以个人主义或个人私有财产有其本质的内容的限内,这个思潮,只能看作是这个社会非正常发展状态下的一种产物,它在资本主义初期,乃至在其末期,都是作为一种转型或变形的意识形态。第三应知道,当作一个思潮,它并不是一个需要它,就一下可以从经济意识代表者脑中"临时赶制"出来的,有如物质基础非一蹴可几的一样,思想也是需要传统或渊源的。如其说,当作现代自由主义个人主义之策源地的英法诸国,都有其思想传统,而当作国家主义或统制主义的策源地的德意诸国,亦自有其特殊的思想渊源,虽然我们得随时注意,它们那种不同的渊源或传统,特别是那种渊源与传统之保持与发挥,仍是需要通过客观物质发展条件才能发生作用的。

(二)德国国家主义经济思潮之浪漫主义的特质及其演变历程

1. 德国与意大利。

在前面,我们已知道,国家主义的经济思想,在资本主义初期及资本主义末期,是必然的要当作一个一般形态而产生的。特因各国在历史发展过程上,发生了极大的不平衡性,而由是引起极不相同的传统,于是当着一般存在的这种思想,势必在特定国家,招来特殊的存在与发展。德国与意大利,乃至在某种程度的日本,其所以国家主义思想,尤其是有关国家主义的经济思想会特别的发达，其原因是不难沿着此一线索去探寻的。

把东方的日本丢开不讲，欧洲的德意两国，在现代发展史上，原是有许多同点的。作为划时代事件的1492年的美洲发现，和1496年的印度航行成功，在大西洋沿岸的西、葡、荷、英、法诸国，虽然先后利用这世界的新拓展而变为先进国家，但原已在中世纪后期，分别利用波罗的海与地中海而成就了极大的商业资本活动的德意两国，却反而因此遭受打击，以至落在英法诸国之后了。本来欧洲落后国家，并不限于德意两国，但赞成了罗马帝国文化传统的意大利，和禀受有日耳曼帝国传统文化的德意志，显然是特别不甘落后的。于是，眼看着英法诸国政治经济上的大成就，而要求统一，而要求现代化的大展望，就不知不觉的与它们要恢复过去大罗马帝国大日耳曼帝国的憧憬与号召，糅杂在一起了。在这里，我们已不难看到浪漫主义的历史渊源。但在德意两国之中，德国国家主义思想较之意大利又显得特别浓厚，那又不能单由上面列举的类同点得到说明，而必须由其差异点得到说明了。

就先天的禀赋或自然条件上讲，德国是远较意大利为优厚的。也许就因此故，德国经济有它落后的一面，但同时还有它进步的一面。要有了进步的一面，它对于现代化的要求，对于全国统一的要求，对于打破落后状态的要求，乃更迫切。然则德国有哪些方面显得比意大利更进步呢？第一，德意志是原来欧洲的一个大帝国，它的大帝国分解以后，全德意志民族虽来取得统一，而其中若干邦如普鲁士，如奥地利，却非常强大，且内部相当统一；第二，除此以外，统一了的大邦，普鲁士、奥地利的经济虽然相当落后，但西南诸邦如巴斐利亚，如萨克生尼，如莱茵区域，商工业都早就有相当程度的发达；加之第三，在法国革命后，拿破仑亲征德国，并为了分离德国，使德国进步力量起来反抗封建力量而推行的有利于市民阶层的"拿破仑法"，亦大有造于德国现代化的要求；事实上，德国在1808年的最初解放农奴令，就是在它被法国征服过程中颁发的。唯其德国已有这些可能现代化或现代化了的因素，它对于其尚未现代化，或反对现代化的因素，就更感到是一种桎梏。而同时在外国的经济与政治诸方面的钳制与分解下，它又不能像英法那样，由市民阶级从下而上的来一次全面的民主革命，反之，却得把希望寄托在君主或漠然的国家上，企图由君主或国家从上而下的来完成现代化过程。

这种特殊的现实，使德国变为国家主义思想孕育的温床，而当作国家主义之伴生物或补充物的浪漫主义，也就自始成为德国现代思想文化的一个重要组成部分了。

2. 浪漫主义与国家主义。

所谓浪漫主义（Romanticism），在 18 世纪末 19 世纪初曾经成为一个有力的思潮。这思潮开始表现在文学哲学诸方面，后来弥漫到一切社会科学部门。它的发生，本来是由于资本主义生产方法的展开，必然伴随着一种独立小生产者没落与古旧传统生活习俗解消的痛苦与动荡过程。不能适应新环境或过于为旧环境所习染的人，特别是那些敏感的思想家、艺术家，他们不能向前去把握时代的新动态，便必然会回过头去迷恋旧传统。而染有此等色彩的社会学者、历史学者，乃反对新资产阶级及其科学所赞成的东西，而表现为以次的共同倾向：

（1）否定客观的法则，强调主观的创造。

（2）对个人主义的原子社会观而强调有机的社会观。

（3）对启蒙者学者的人权而强调国权，以国家为至上。

（4）对外国而强调本国人种文化的优越，多半自许为国粹主义者。

（5）对当前的新社会而强调过去的文物制度。

（6）对物质而强调精神。

唯其浪漫主义具有上述的种种倾向，于是原本与国家主义非同一的，甚至在某些点上相背离的东西，乃表现为国家主义的伴生物或补充物而在资本主义末期，被利用为拥扩大资本统治的理论或哲学的基础。国家主义本身的理论根据是非常薄弱的，任何方面的国家主义者，结局所以都不能不表现为浪漫主义者，其原因，就在他们离开了浪漫主义的诸教义，就空无所有了。

3. 德意志经济思想上之浪漫主义的由来。

当作一般的存在形态，经济学上的浪漫主义，是在一切资本主义国家都会存在，而且实际也是存在着的。当古典经济学冷酷傲岸的认定贫困与罪恶为资本主义社会不可避免的祸害时，浪漫主义者却像是以悲天悯人的心情，希望人为的来阻止或消除那祸害。

现在先来看英法两国经济学上的浪漫主义。

法国西斯蒙第（Sismondi）是有名的浪漫主义经济学者，他的经济学说，我们前面已经介绍过了。另一个有名的法国浪漫主义者，是小生产的社会主义者蒲鲁东，他的高见，我们也在前面介绍过了。

再看现代古典经济学的故乡英国，英国带上这个浪漫头衔的学者有两个，一是约翰·拉斯金（John Ruskin），一是威廉·莫理斯（William Morris）。前者为当时英国的文艺批评家，他对经济学加许多坏的形容词，例如他称经济学为"悲惨科学"（Dismal Science），为"自私自利科学"

(Selfish Science)，为"黑暗科学"（Science of Darkness）。他以为这种科学都是从自利出发，都是从人性恶的一方面出发，而不知人性还有善的一面。他以为科学就应发挥这善的一面，要使自私自利变成自我牺牲，此种改造，应从经济学上的价值论开始。他假定社会生产物价值为 x，享有能力为 y，有效价值则为 xy。有价值，不一定有有效价值；享有价值大，有效价值亦大。有效价值就是财富。如何使享有能力大，他以为那属于分配问题。他要人们发挥正义以改善分配。他的这些主张，都见于其所著《给后来者》（Unto This Last）一书中。此书出后，其友人萧伯纳（B. Shaw）评其可以列于名经济学者之林，但其结果，却与杰文斯（Jevens）一样，在英国社会并不曾发生若何重要影响。另一个英国浪漫主义者莫理斯，亦是先致力于文学，然后转入社会科学，与拉斯金如出一辙，其思想由其小说中表现。他的理想社会，无货币存在，人与人关系非金钱关系，婚姻关系亦非以经济为基础。他的《无何有之乡》（News from no Where）的著作，就充满了这种反商业货币的浪漫情调。

可是，与英法两国比较起来，德国的特殊性，就显示得非常明白了。如其说英法两国的浪漫主义经济思想像是出没荡漾在古典主义个人主义海洋中的孤岛，反之，德国的浪漫主义，就差不多浸透到了每一思想部门。有如重商主义在德国采取了"官房学"的特殊形态一样，德国的启蒙思想，也很别致的表现了两个特征：第一是两重的特征，它一方面是革新的，以世界一般发展法则为对象，但另一方面又是保守的。比如斐希特（Ficht）说：奴隶、农奴制是宗教的构成分子，这是革新的一面，但在德国，二者势力很大，故他又说农奴与奴隶制不存在时，还是需要宗教，此时宗教是自然的、道德的。又如康德（Kant）论宗教，宗教在纯理性批判上是非科学的，但在实际理性批判上，宗教又非需要不可。德国启蒙思想所表示的第二个特征就是它的半截性，即对于任何问题，都留着一个余意，他们每论到某一程度而止，这里也就很看出浪漫的性格来。唯其如此，德国哲学者们关于个人与国家的关系，就同英法学者的看法不同，他们心目中的个人，是社会化的个人。康德以为个人的自然质素很有限，在质素以上的发展，则有赖于社会。在这种认识下，他们所强调的"自由"，乃是所谓与"强制的国家权力"结合的"自由"。康德所以说人民的自由，不是脱离国家强制的自由，而是参加国家强制的自由，必须要有国家限制前提的存在，方有自由概念的存在。更进，他以为"个人"的"自由"，乃赖国家而实现。国家非以福利为目的，是以发挥正义为目的，不允许少数人发展个人人格以获得自由。黑格尔（Hegel）将人类发展分为家族、市民社会、国家三个阶段；在市民社会，人人皆对其他一切之个人作斗争，国家即如何判断此斗争。斐希特在他的大著《封锁的商业国家》(Der geschlossene Staat) 中，认定国家是使一切不定数的个人组织在封锁的全体中的东西，国家对于个人，要负起生存权保障的责任。

所有这些古典哲学者的见解，虽然都带有浪漫的国家主义的色调，但真正的德国浪漫主义的体系，是另有其建立者与宣扬者的。

4. 德国正统的浪漫主义思想。

德国浪漫主义最大代表者是亚当·弥勒 (Adam Müller)。他在1809年与1820年间，先后著作《国家学》(Elemente Staatskunts, 1809)、《货币新论》(Versuch einer neuen Theorie des Geldes mit Besonderer Rucksicht auf Grossbritansin, 1816)，而最重要的是《论全国家学之神学基础的必要性》(Vonder Notwendigkeit einer Theologischen Grundloge der gesanten Staatswissenschaften, 1813)。他反对机械的原子国家观，以为国家是有生命的。国家的生命，在他看来，是精神统一体。精神统一体内包括许多因素，不是自然的，亦不是生物的，而是社会的生命，例如宗教、艺术、文化各种社会因素。当时有人主张，国家如一保险公司，人类发明国家，为了保障人民利益。弥勒则反对此说，以为国家是全社会精神物质上所需要的，国家非由各个人相互作用而存在，国家非为各个人便利与利益而存在，国家自身有一目的，非以达成个人利益为目的，个人利益可说是精神统一存在后所得的附果。

他因上述这样的国家观，把论旨移到财富或经济上。他以为经济非由个人自利心出发的孤立概念，此一概念不仅是物质的，且有精神因素在内。财富有四因素：土地、劳动、物质资本和精神资本。精神资本一概念包括很广。财富不仅是物质体，有效用的市民的精神能力，更是财富。进一步说，外在的财富固为财富，维持增加物质财富的精神财富更是财富。全体国民之存在，乃国民真正之财富。从这点出发，他反对商工业的自由竞争。正统派认为自由竞争是国民经济发展的原动力。弥勒反对此说，以为自由竞争不仅非国民经济发展的动力，且易于分离社会，而形成阶级斗争的动力。他以为自由竞争是无规律的行动，应由国家使其规律化、协作化。此外，他还进一步，反对农业营利化。

弥勒的农业营利化原意，即指农产品商品化。他为了反对农奴解放，反对农村旧有传统生产关系的破坏，也就反对促使农村分化的农产品商品生产化。他反对1808年的农奴解放饬令，以为奴隶解放侵犯了农民与土地结合的神圣，因土地非个人所有，而系家族、氏族、民族所有，这是一种精神的结合，他反对加以破坏，因而也反对农业营利化。

以上所说诸点，大体上和他的哲学还能保持一贯。但最后他提出他的货币见解，以为货币非由机械的市场交换关系所发生，在日常生活中，一切经济财、商品、劳动都交互评价，各有货币性质，但真正的货币，却是经济上精神的统一的表现。货币因非自由个人的财产，而为共有财产，有普通妥当性。此普通妥当性即强制通用力，由国家管理。弥勒所指货币，看重其内在的精神的一面，好使其与哲学基础统一起来。其实货币由物质形态发展到观念形态，以生产品商品化为前提，他反对自由竞争，反对农产品商品化，货币将如何由物质形态上升到观念形态呢？他的这一奇想，实充满着浪漫的气息。

除弥勒外，德国还有一位真正浪漫主义代表者巴德尔（Franz von Baader）。巴德尔曾于1837年出版《社会哲学原理》（*Grundzüge der Sozietsphilosophie*），在这书中，提出他的独特的社会观与经济观。就前者说，他以为社会是一个共同体，是以爱为维系中心而形成的共同生活体，其反面则为以憎恶为中心的社会，此等社会即斯密、李嘉图所说的个人自利的社会；以爱为中心的社会才是自然的社会，此等社会以情感相结合而不以法来结合。但他心目中的社会也并不是人人平等的，反之，却是以结合者的不平等为前提。此结合在全体上统制部分，此统制由上而下，非由下而上，故社会上层必有权力的存在。要使社会完美，必有此一主权者；隶属社会的成立，是此种权力关系的一种表现。但国家与个人间存有一个距离，故他提出身份社会的要求，因为隶属者与主权者直接发生关系，实不方便，必须要有间接的身份制存在，方不致脱节。

至他的经济观，则主要是反对自私自利而强调公利。同时，反对农业合理化运动，他以为农业合理化的结果，将使巩固的家族相续的土地关系堕落在动的一时的投机状态中。还有一点，他强调保护小生产，反对大生产，这是浪漫主义色彩最显著的表现。

由上面的说明，我们知道德国浪漫主义的深厚渊源，而我们前面已经叙述过了的新旧历史学派的经济学说，虽然表现了非常浓厚的浪漫色调，但比起弥勒、巴德尔的说明，却宁是为19世纪中，特别是这时以后的德国资本主义的迅速发展要求所冲淡多了。可是临到第一次世界大战以后，德国的法西斯主义的统治，却需要把旧来的一切浪漫主义教义，都"借尸还魂"似的拿来予以新的穿插与"监制"。

(三) 法西斯主义经济思潮的正体

1. 经济上的国家主义与经济思想史上的国家主义。

在新历史学派发生以后，欧洲适逢长期的和平，由1870年到20世纪初的将近五十年间，欧洲没有大规模的战争；这可说是欧洲各国的黄金时代，但对于将来来说，这时期却是一个十足的备战阶段。就在这和平盛世下，资本主义迅速地发展，循着它一定的法则，在产业组织上，在金融信用上都起了明显的变化。

首先是产业组织的变化。就产业组织上说，1870年以后，股份有限公司成为时代的宠儿，一切过去的旧式的合伙企业，相率转变成股份公司组织。在企业公司上的这一转变，在技术上乃有纺织轻工业到钢铁重工业的转变，向为史家称为第二次的产业革命。

随着产业组织的变化，信用制度也随着转变过来。过去产业界融通资金，普通均向商业银行贷借，而其资本的贷借并不影响其产业经营权的独立性；但其后由于产业组织的股份公司化，使产业与金融结了十分密切的关系，慢慢形成银行资本控制产业资本的趋势，形成金融的寡头独占，于是使国际经济政治关系都起了一个很明显的变化。

除此以外，欧西列强对于殖民地政策，亦起了变化。初期列强的殖民政策，注重于殖民地的开发，19世纪后叶以后，殖民地的开发与其本国的经济利益相矛盾，乃改变方策，走上保守政策一途，尽可能使殖民地保留落后的生产关系，方有利于列强经济利益的榨取。另一方面，初期殖民地政策，都是主张开放门户，但后来竞争的不均衡化和炽烈化，使殖民地各国相率采取封锁政策。

由此等变化，先天不足的资本主义国家必然发生严重问题，其资本的性格与精神亦必相应发生变化。统制主义、新国家主义、帝国主义，便从政治经济文化各方面强烈表现出来。当各先进资本主义国家厉行自由主义政策时，落后的德国，已经不能不采行反自由主义的保护政策与社会政策的措施。迨各国亦相率以不同的程度与步调走向统制保护之路，德国"先天"缺少殖民地的资本主义的脆弱性，就更加要显得"捉襟见肘"了。在第一次世界大战以前，德国已经为了补救其资本主义的薄弱性，一方面努力化除国内的竞争，用政治权力，强制把中小企业卡特尔（Cartel）化，同时为了打破各先进国家对于它的海外市场的封锁，特别使它的产业与军国主义配合起来带有军需工业的特质。这是德国发动第一次世界大战的原因。第一次大战以后，德国资本主义发展的条件，显然是更不利了，换言之，需要以政治统制补助经济缺憾的要求更加强烈了，于是为配合法西斯主义运动，就更需要浪漫主义的哲学特别是浪漫主义的经济学了。

2. 影响法西斯主义最深的斯盘的经济学说。

斯盘（Orthmar Spann）曾是最受德国法西斯统治尊重的经济学者，重要著作有1911年出版的《国民经济学上之主要理论》（*Die Hauptlehren der Volkswirtschaftsle hre*），1918年出版的《国民经济学基础》（*Fundament der Volkswirtschaftslehre*），1930年出版的《社会学》（*Gesellschaftslehre*），尚有《四种经济形态》与《真正的国家》二小著问世。芒克（Munk）说："斯盘的学说，不但对德国经济学界影响重大，且可左右希特勒上台以前的德国青年哲学思想。他反对个人主义、民主主义，且为全体主义的创始者。职团主义（Corporativism）采取了他的许多概念。"① 斯盘大言不惭，对于他人之称其为浪漫派，颇为自得。他很崇拜弥勒，以为弥勒之哲学思想未能完成，而他完成之。②

全体主义为德国的传统思想，但由斯盘集其大成。对于全体主义的意义，弥勒说："国家是一有生命全体，非个人相互作用而使全体存立，而是因为全体之存立，方有个人。"斯盘则以为"一切部分，由全体的存在，方作为全体的部分而存在。"他的这种全体主义，与一般的概念不同。全体与部分或个人的关系，他用以次的构图表达出来：

$$\text{全体}\begin{cases}\text{局体}\\ \text{局体——全体}\begin{cases}\text{局体}\\ \text{局体——全体}\begin{cases}\text{局体}\\ \text{局体——全体}\begin{cases}\text{局体}\\ \text{局体……}\\ \cdots\cdots\end{cases}\\ \cdots\cdots\end{cases}\\ \cdots\cdots\end{cases}\\ \cdots\cdots\end{cases}$$

依此程序阶梯的统率，他说的全体并不是固定不变的；全体当其对上而言，是全体中的局体，就其对下而言，自身既成为全体，就其统属不同而分别成为全体中之局体或全体本身。其程序阶梯即根据"效能"而定。效能是看一件东西对它所要达成的目的而表现出来的功用；由效能看优先

---

① Munk：《武力经济学》（徐译），第32页。
② 斯盘的《国民经济学上之主要理论》国人译为《经济学说史》，著者在该书第16版序言中，这样夸大的作自我画脸谱的赞词："今则世人已公认浪漫主义为重要矣。经济学术自弥勒以至最新的历史学派，皆以浪漫主义为一线之连贯。不特弥勒、斐希特、巴德尔、丰斯泰因男爵、李斯特、屠伦、罗雪尔、希尔德布兰德、尼克斯、本哈第（Bernkardi）、希摩勒属于一系，即克莱尔（Carlyle）、拉基金、克雷诸子，也皆以宇宙有机的思想发为唯心主义之理论，而与亚当·斯密、李嘉图、劳门格（Rau）、杰文斯、海拉因（Herein）诸子以原子的个人的思想，发为唯物主义之理论相抗衡。此两派适为相反，故余首先表而出之，以明个人主义者与全体主义者对于社会学及经济学之观念固大相径庭。"《经济学说史》序言（陈译），第5—6页。

问题，上对下有领导作用，下对上有隶属关系。他更就经济上来释明此种全体统率局部的关键。

经济就是当社会全体的一部分，同时此部分又是全部，他下面所画图表，即是为了要说明此点。

$$社会全体\begin{cases}局体\\局体\\……\end{cases}——经济——全体\begin{cases}局体\\局体\\……\end{cases}$$

所有与经济处于一阶层之事象，所有与经济并列的局体，都有内在的目的，但经济本身是例外，他没有目的。经济这一局体，其整体是当作一个手段的体系，以达成其他目的。手段有两重性，一重是物质的，另一重是精神的。说它是物质的，因它有物理的自发动作，受一定目的的关联性而存在；说它是精神的，因精神的性格决定它的物质的性格。

经济由许多手段结成为一系统，此系统内有阶梯、次第，亦是以效能为原则来决定。

斯盘曾举例说明经济上逻辑的依属继起顺序。如就信用和生产来说，信用在上位，生产在下位，因为无信用，即无生产。信用所表示的效能大于生产。又如企业或工厂，应在劳动的上位。再就人的关系来说，其次序应为：金融家、企业家、劳动者，这种次序完全根据效能原则而定。

斯盘首先否认价值由劳动所创造，以为劳动必须在完成目的后才有价值；在完成某特定物质过程中，劳动才有价值，可见价值非由劳动所创造。价值系非数量的东西，其大小由效能决定之，处在逻辑上位者价值大，反之价值小，故价值由效能等级决定。

关于价值实现问题，他以为价值实现在所谓高级资本市场。他的所谓市场不仅是供需关系，包括信用贸易、市场习惯，所有的统合体，价值在此种场合实现出来，就是价格。故价格就是诸种效能综合的表现。这里斯盘亦很坦白的认为他这种说法非常勉强。因为不讲数量，似乎无法说明价格，他对于中世纪的公正价格，似乎津津乐道。他所说的正价，是市场价值，刚刚与社会效能相等。

最后讲到最关紧要的分配。他首先表明：分配非由价格决定，在非资本社会，分配不通过市场，分配由诸效能的配合所规定。按照这种说法，则劳动在对于一件商品的完成，效能表现得很显明，但资本家站在生产圈外，他对商品完成效能很小，在这种情形下，分配如何决定。斯盘以为在分配上的收入，非取决于个别工作，或个别经济行动之具体收获，而是取决于较高全体的经济行动的总收获。这种总收获当然难于精确的求得。斯盘在这里，像是有意使其问题模糊。

像这种以效能论为出发点的经济思想，显然只有在全体主义下，方可实现，但全体主义在下述四种经济形态中只有一种可以实现。（1）纯交通经济形态。此即指古典的自由放任主义经济形态，一切让那些作为原子的个人去碰运气。（2）彻底的计划经济形态，即是原子的个人机械地拘束起来。这即指共产主义经济形态，亦不能实现全体主义。（3）缓和资本主义经济形态。既不任个人自由主义碰运气，亦不拘束个人。此亦可称为改良资本主义，亦不能实现全体主义。（4）职团式的经济形态，如中世纪的基尔特、中世纪的合作社、卡特尔等。在这一经济形态下，方能实现全体主义的理想。

不过关于实现那种理想的具体方法，他是不曾具体说及的。而在这一方面的努力，则当期之于桑巴特。

3. 新新历史学派巨头桑巴特及其对于法西斯主义经济行动的贡献。

桑巴特（Sombart）和斯盘有一显明异点，对于法西斯经济制度，如其说斯盘的贡献是在学理上，而桑巴特的贡献则在实践上。

桑巴特为德国一大多产作者，其著述甚为广博。1900 年出版《19 世纪社会主义与社会主义运动》（Sozialismus und Soziale Bewegung in 19 Jahrhundert），1902 年初版《现代资本主义》（Moderne Kapitalismus），《市民社会》（Die Burgerlich Gesellschaft），1930 年出版《三种经济学》（Die Drei National ökonomie），1932 年著《资本主义的将来》（Die Zukunftdes Kapitalismus），1934 年刊行《德意志社会主义》（Die Deutschen Sozialismus）。

桑巴特思想先后颇不一致。他由马克思的服膺者渐渐转变到新新历史学派的健将。开始，桑巴特以为马克思是 19 世纪最伟大的社会哲学家。他自诩为自己的方法亦为效法卡尔·马克思者。他第一部著作，即《19 世纪的社会主义与社会主义运动》，采作大学教本，该书引《资本论》者很多，认《资本论》为奇伟著作。由于《资本论》以英国为背景，故他慢慢将该书扩大，书名改为《资本论扩大应用到全欧洲》。该书后分出一部分，而成为《现代资本主义》一书的雏形。《现代资本主义》叙述资本主义之发生发展扩大的全面经济生活，列举资本主义有 14 条件、10 要点。于是他离马克思研究方法愈来愈远，成功为材料的堆积，但这正是历史学派的能事。

桑巴特的第二次转变，是由新新历史学派变为法西斯主义说教者。在《三种国民经济学的体系》一书中，他批评到弥勒、斯盘诸人，弥勒以为古典学派将人生看成算术的计较例题，他却认为这不是经济学者的责任，应是资本主义的责任，经济学者不过将这一事实说明出来罢了。至对于斯盘之否认法则，他尚表示不能同意，他以为自然现象是循势的，是自然的、物理的运动，社会现象则是循志的，是心理的社会运动，系循我们的意志而变动的。否定循志的现象，实不合理。由人类预先规定一范畴做去，这是循志的现象。在这里，他的说法虽与斯盘不同，但离正确社会科学的命题，却更远了。以至在《资本主义将来》一书中，劈头一语，就是"经济不是我们的命运，经济本身没有法则，从必然的王国跳入自然的王国，不必等待共产主义。"这种说法完全是观念的。他否认社会经济发展的历史规律，而强调人类意志可扭转乾坤。在《德意志社会主义》一书中，他说："我写此书动机，不是为了逐条逐条的讨论德国当前的设施，要讨论德国当前的经济应如何做如何行，也许比讨论其他更有效果。"

好了，"齐一变至于鲁，鲁一变至于道"，什么道，希特勒之道。他的《德意志社会主义》就是依照希特勒的愿望写出来的。且看在这里面讲的是什么。

"德意志社会主义"一名词的提出，是为了符合斯盘所提的职团经济形态。斯盘所说的四种经济形态，是英美式的，俄国式的，历史学派所主张的缓和资本主义的，还有是职团式的。桑巴特提出的"德意志社会主义"，就完全是把斯盘所提倡的，意大利墨索里尼所实施的职团社会主义形态作为模型。

他在《资本主义将来》中说，资本的发展有三条途径：（1）维持现状。指维持1934年当时的资本主义现状，当时已成为独占资本主义。（2）保护并维持过去的旧资本主义，即恢复个人自由放任经济。（3）他的计划经济。

他由是进论到社会主义本身，他以为"德意志社会主义"的正解，并不是指德国人思想上的社会主义。他以为马克思都不能算是德意志社会主义学者。德意志社会主义与德意志社会有密切联系，这是国家主义与社会主义联合的变相说明。一方面是国家主义，一方面又是社会主义，所谓德意志的社会主义，是在德意志民族中实现的社会主义。普通所说的社会主义，主要仅指属于经济领域内的社会事象的社会主义，桑巴特则以为社会主义应扩至全民族生活，不问其为政治的或经济的。这种意义的社会主义理论上的根据，与科学无关。经济学并不指示途径，要实行德意志社会主义，不是科学上的事，而是意志上的事，并且先停滞在意志上亦不行，还要行动。

桑巴特以为推行德意志社会主义的行动,完全是国家的权力问题。这个权力存在于政治家手中,"政治家创造历史"。

桑巴特也提出计划经济这一概念,但他所说的计划经济,有三大特征:(1)广概性。指这一计划经济,大体上仅决定其重要事项,次要者放任之。意即把握住重点。此重点不限于经济一面,系从整个全体主义来看,(2)统一性。一切计划经济的规定与国家民族经济生活密切符合,与优良的德国民族传统保持统一性。(3)多状性。此计划非呆板者,其内容要配合多种特殊情形而有多方面的规定。亦即由于经济区域不同,自然条件不同,顾及全国状况,而有灵活规定。

就实施方面论,桑巴特提出社会主义的各项措施,他首先主张德国应做到自给自足的境地。其实当时德国已无自由竞争存在,其他国家亦都相率走上自给自足之路,不过桑巴特将其理论化。这种自给自足,并不是与他国绝对不通商,不过在必要时,可以不依赖外国而不感到大的困难。其所说的不依赖外国,其一要不依赖外国的市场,其二不依赖外国原料。要达到此二目的,故德国应该复农,使德国工业工人回到农村去。这样以后,可以将对于外国的依赖性,减至无限小。同时对于德国的优良民族传统习惯,亦可保持。除复农外,他还主张尽量纠正错误的消费,使国民收入与支出发生一大变化。为了实行复农政策,巩固现有农村的生产关系,故奖励国内移民和采行世袭遗产制。世袭遗产不能自由买卖和借贷。桑巴特并主张维持德国的中小产业阶级,因为大工业太多,消费太大,而且对民族性的保持是一种妨碍;商工业规模扩大,会破坏农村特性。健全的国民基础应该放置在中小阶级之上。大工业还有一坏处,即将活泼的企业精神减退,因大工业重于组织及管制,会伤害活泼的企业精神;一国变成一大工业公国,其产业资本家将成为此大工业公国之王。故此大工业的存在,对整个国族经济是一个妨碍。企业家息金化与脂肪化,国民经济将益贫弱化。所以,他主张小工业限制大工业,使社会以农业者及中小工业者为主要承荷人,把家庭复元为经济职务及货物制造职务的承荷人。这样以后,就个人说,慢慢希望生产技术的改良,但就国民经济全体说,落后生产技术并不一定是损失。

"第三帝国"在第二次世界大战中的解体,使希特勒及其党徒们的违反历史的戏剧似的表演,以及他的主义说教者的浪漫主义的插曲,都告一结束。但在现代经济思想史上,我们却无法否认所谓国家主义经济思潮,到了斯盘与桑巴特,已经"发展"到了可能的高峰。由不承认历史法则,不承认社会经济自身法则,而强调国家、主权者的意志与无上命令,那已可说是极尽破坏经济科学之能事了。然而从学术的立场讲,究是像晚近个人主义经济学者们那样忸忸怩怩的矫造曲解经济学好呢?还是像这些浪漫主义者们之干脆否认经济学好呢?我们也许是难得遽下判断的。

三　社会主义经济思潮

(一) 理论与现实

在当代的经济思潮中,我们已讲到了个人主义思潮与国家主义思潮。这两个思潮,就其社会立场讲,都是属于资产者的或资本家的。但与这两者立在对立地位的,还有社会主义经济思潮。在发生的渊源上,我们已讲到:个人主义经济思潮是沿着奥地利学派的线索下来的;国家主义经济思潮是沿着历史学派的经济思潮下来的;而当代的社会主义经济思潮,显然与马克思、恩格斯社会主义理论有着相当深切的关系。一切社会事项的发展,都不能是成一直线的。而在社会意识形态的演变上,当有更多得多的曲折。

由19世纪70年代到20世纪最初十余年,一般说来,那是资本主义的迅速向前发展的一个黄金时间,其间,虽然也有间歇的经济恐慌发生;虽然典型的自由主义已被逐渐蒙上了独占统制的暗影;虽然各主要资本主义国家,已在分别从政治军事外交诸方面准备着为再分割世界投资投货市场及原料取给地而大规模的厮杀,但这个时期毕竟没有发生任何有决定性的战争。特别是劳资阶级间的斗争,自1871年法国"巴黎公社"失败以后,每个国家的劳动者阶级,差不多都在倾向于通过议会政治,以便逐渐争取较大政治权力的比较温和步骤,由是,对于各国劳动者阶级负有联络与指导责任的国际工人协会,也不免在这一历史阶段,表现得极其散漫而没有生气。这一切,说明这是一个马克思、恩格斯学说更容易被人误解,更容易引起疑虑,或更容易使一切认识不够和意志不坚定的人们的信心发生动摇的时期。因此,在19世纪70年代后几年中,象杜林(Eugen Dühring)那样一部"蹩脚的书",《卡勒先生的经济学革命》,不仅在资产者间引起热烈的反应,就是在社会主义者阵容内,甚至在德国社会民主党党徒间,也发生莫大的骚动,有名的社会民主党人如莫斯特(Most)、倍倍尔(Bebel),乃至李卜克内西(Liebknecht)也为杜林的改良主义的说教所迷惑。等到恩格斯的《反杜林论》出版,杜林其人及其著作,以及对他本人及他那"革命体系"所生的幻想,始烟消云散了。梅耶(A. Mayer)曾叙述当时的情形说:"恩格斯对杜林的反驳,成了一本书;

书的名称是《杜林先生的科学革命》，和杜林先生自己的著作的名称《卡勒先生的经济学革命》两相对照。在这本书内，马克思主义的内容和观点，第一次向德国社会民主党人表示出来了。他为马克思主义夺得了无数的工人，事实上还教育了好几代的工人。它第一次向下一代社会民主党的最清楚的头脑，系统地阐述了马克思和恩格斯的见解。他们的辩证法唯物论，他教育了倍倍尔、伯恩斯坦、考茨基、蒲列哈诺夫、阿克尔络特（Axelrod）、阿德勒（Victor Adler）；教育了全世界的工人阶级。赖有它，马克思主义有了系统的说明；赖有它，世界上第一次有了真正的马克思主义学派。从表面上看去，用这样长篇大论，去反驳一个几乎没有读者的作家，好像是极无谓的，但一个难懂的一向不被人理解的体系，还是第一次在70年代灌输到群众心中。现在，赖有它，群众第一次可以了解马克思的历史观了。它讨论了哲学、经济学、社会主义各方面。"①

但由《反杜林论》到1894年《资本论》，第三卷的问世，马克思、恩格斯的经济学说，已达到了一个完成阶段。在这期间，以至此后直至20世纪初，马克思主义的研究，几乎陷在一个停滞状态中。据卢森堡女士（Rosa Luxamberg）说："不少年来，马克思的学说，显然有点停滞……自从《资本论》第一卷以及恩格斯的最后著作发表以来，除了一二个别著作足以表示理论上的某种进步以外，就只有一些马克思学说的通俗化和注释的优秀著作——这是千真万确的事实。这个学说的本质，还是科学的社会主义的两位创立者所留下来的原样。"②然则为什么形成这样停滞的局面呢？地像很怀疑"这是否因为马克思主义的体系给后继者的头脑的独立活动加了一个太严格的框子？在马克思的门徒之中，有许多人在理论的自由发展这一点上，受到了马克思的稍有限制性的影响，那是无可否认的。马克思与恩格斯自己都觉得对于好多自称马克思主义者的人的言论，有撇除责任的必要，保持在"马克思主义范围之内"的拘谨的努力，在某些时候，会跟另一极同样有害于思想独立过程的完整。这另一极端，是完全舍弃马克思主义的外观，以及不顾一切的宣称'思想独立'。"③

其实，照这位革命女史看来，马克思主义留给后来者发展研究的地方还多着呢。她以为，"只有在经济问题上，我们才能说马克思遗给我们的

---

① 《恩格斯传》（郭编译），第149—150页。
② 《卡尔·马克思》（何封等译），读书出版社1949年版，第156页。
③ 同上书，第157页。

主义，是多少完成了的整体。而他的全部学说里面最有价值的部分唯物辩证历史观，却不过是为我们提供了一个研究方法，提出了少数天才的卓见，它使我们能由此瞥见一个全新的世界；它启示我们独立活动无限远景；它鼓起我们勇敢的踏入未经开发领域的精神。"无奈，就在这个待继续发掘的领域，除了极少的例外，她也认定"马克思主义的遗产，也还是原封未动。"①

自然，我们如把前面述及的，这个历史时期的一般社会经济情势加入考虑，马克思主义研究的停滞，实并非偶然。而同时，正因为当时的这种客观现实，即资本主义生产在以不可抗御的巨力，突破一切障碍而向前发展的客观现实，益发使许多短视与浅见的社会经济学者，资产阶级的，准社会主义的或假社会主义的学者，像是振振有词的说马克思主义的理论，与现实并不符合，而由是簇生起大批的马克思、恩格斯学说的批判者与修正者。

(二) 批判者与修正者流

由19世纪末到20世纪初期的马克思主义的批判者与修正者，主要还是产生在马克思、恩格斯的故国，这是有它的社会的历史的原因的。

许多马克思主义者都承认，马克思主义对于英国的影响是较少的。马克思、恩格斯流寓在英国，并主要以英国社会经济为背景，而形成他们的经济学说。但《资本论》问世以后，在欧洲大陆甚至美洲，立即引起莫大的冲动，而以傲慢绅士见称的英国社会，却企图以"沉默代替批判"；马克思、恩格斯当时在英国的信徒或追随者，英国人也较少。后来出现在费边协会（Fabian Society）的那一群准社会主义者，他们虽然说是服膺马克思主义，但他们所信仰的马克思主义，是同马克思主义自身颇有区别的。社会改良主义本来是德国产品，是马克思、恩格斯所深恶痛嫉的，可是英国自认皈依马克思主义的人们，却行所事的在遵循社会改良主义的教义，仿佛他们只接受马克思对于资本主义经济运动的分析，但由资本主义转型到社会主义，他们却认定要采行最适于英国社会的方策和步骤。就因此故，在理论上，英国就很难找到认真的马克思主义批判者，而在这种意义上，仿佛他们又是"以行动来代替批判"。

法国原是一个社会主义运动最活跃的国家。由19世纪初一直到普法战争结束的70年代，法国始终在为各种各色的社会主义的学说和行动所

---

① 《卡尔·马克思》（何封等译），读书出版社1949年版，第157页。

激荡着，但到"巴黎公社"失败，资产阶级的政权第一次较稳定的确立起来，于是向被誉称为"革命试验所"的法国，在将近半世纪间，反而比其他任何国家更加平静，没有社会主义的风波；但不仅在实际行动上，就在理论上，法国人向来表现得非常显露的横溢天才和对于理想的热情，也像完全在启蒙主义运动和此后不断发生的各式革命运动过程中，完全枯竭了似的。在这里，我们是不能用中国人惯用的"人心厌乱"的笔法来判定的。社会的安定，也许可以理解为更不需要社会主义，甚至会在某种限度，妨阻对于社会主义学说的研究。但法国在这一阶段之缺乏较有系统的社会主义理论，似乎还有一个值得提到的原因。就是，现代古典经济学的主体是属于英国，而社会主义的批判经济学的主体，则是属于德国。法国在经济学上虽有重农诸子的学说，在社会主义上，虽有初期空想主义者与小生产主义者的理论，但毕竟都是属于未成熟的东西。要法国学者把贯透了古典经济理论的马克思、恩格斯学说体系加以发挥或批判，那无异叫他们从事他们传统思想渊源上不大习惯的东西，那显然需要客观现实的更大的激励；但19世纪70年代以后的法国，是比较缺乏这种客观现实的。

在德国，我们发现它有异乎英法二国的种种社会实情。德国一踏上资本主义的旅程，就为劳资对立的关系所苦恼着。代表劳动阶级的政党（至1875年由哥达纲领合并拉萨尔、马克思两派而形成的德意志社会民主党的前身——德意志社会主义劳动党）势力，在一直伴随德国资本主义发展而扩展起来。因为如此，在英国，改良主义的说教，是当作代表劳动者阶级的利益而登场的。在德国不同，德国的社会政策学派，却是代表资产者阶级以对付那当作劳动阶级的精神武器的社会主义理论，特别是马克思、恩格斯革命理论的。也许就因此故，当英法二国对于马克思、恩格斯学说采取默认或保留态度的时候，德国却在这一历史阶段，经常发生革命或改良的理论争执；这争执不但发生在社会主义与资产者之间，且发生在社会主义者，乃至马克思主义者之间。他们的论争，差不多都限制在社会改革策略的范围内，但那显然要牵涉到经济理论，特别要牵涉到历史发展法则的认识问题上去。马克思、恩格斯社会主义的批判者与修正者，本质上，至少在结局的影响上，也许没有怎样了不起的差别，但因为前者多半是一开始就扬起反马克思主义的旗帜，而后者则是在马克思主义的旗帜下，发出不满的噪音。如其说，他们有一个显明的共同点，那就是，他们有同一的哲学——即新康德哲学；还有就是，他们都企图利用这个哲学，来非难马克思主义的社会主义的实践，即非难其由资本主义社会突变到社会主义的革命策略。

现在先简括的解述批判者流的新奇见解。

本来，在前面介绍过的个人主义经济思潮及国家主义经济思潮中，几乎没有哪一位像样的资产学者，不直接间接对马克思主义大肆批击的，而我这里所说的批判者流，只触及那些社会主义者或冒牌社会主义的人物。他们勉强可以分为两个范畴，一是强调伦理的社会主义的那一群，而其他则是强调自由社会主义的。

前一范畴的学者，都簇集在新康德主义的旗帜下，其著名人物有斯丹姆勒（Stammler）、柯亨（Herman Cohen）、佛兰德尔（Vorlander）、里刻尔特（H. Rickert）、文德尔班（W. Windelband）等等。他们共同一致的意见，都认定马克思的理论与实践是分歧的。即在他们看来，依据唯物史观，是怎样也假设不出社会主义的实践斗争要求的。社会主义是属于理想的东西，是属于目的论的东西；而唯物历史观，则是排斥理想，排斥目的论的。唯物历史观所强调的因果必然性，就显然要让社会主义自己宿命的到来。在这种意义上，实现社会主义的斗争要求，便与理论脱节了。把这种高见烘托得最热闹的，要算斯丹姆勒，他在19世纪末出版的《唯物史观上的经济与法律》（Wlirtschaftund Recht nach der Materialischen Geschichfsauffassung）中，力言经济与法律的关系，不是基础与上层的关系，而是内容与形式的关系，两者是一个楯的两面，任何经济生活，都是不能离开那从外部予以规制的法的形式的。换言之，人类得以种种目的，对经济生活加以规定的。这一来，经济与法律倒不是一楯的两面，而变为经济是由法律，由各式主权者依他们认为"善的"，认为"合理"的，而加以决定的了。这样的论调，我们是从一般末期资产学者那里听得够腻了的，无庸在这里加以进一步的评论，且看他或他们怎样运用这种"主权者哲学"来批判马克思主义。依斯丹姆勒看来，"唯物史观及其实际应用的特点，乃在于它躲避着一种不可并立的选择：完全站在因果性了解的认识上呢？抑或站在那提出目的意志上呢？""谁要认为一定的结果，将以自然的必然性而到来，他便不能协助这一结果的到来。协助与推进，须具有一种观念，即认定一定目的是在干涉之下到来，所以事变被承认为自然的——必然的。这矛盾是不应躲避的：既然科学的认识了某种事变必然要以完全一定的方法而发生，则协助其发生的一定方法，便成为无意思了。我们不能组织一个党来自觉的协助那精确计算出的月蚀，在这种情形下，就只有宿命论的等待了。"① 然则当一个孕妇已经表现了生育的痛苦的时候，借着产

---

① 卢波尔等：《五大哲学思潮》，生活出版社1939年版，第349—350页。

婆的"一定的催生方法"的协助，使婴孩早点生产出来，以减少生育的痛苦，果真是没有意思的吗？人类社会的变革，在科学的看准了它的途径之后，予以促进，就是因果论与目的论相矛盾吗？马克思、恩格斯的社会主义的目的论，是由社会发展的因果法则关系中发现出来的，斯丹姆勒乃至他们这一流，却是要把社会主义的目的论，建立在他们主观的伦理要求、无上命令、主权者意志上面。所以，柯亨一再强调"社会主义是基于伦理学的理想主义而建设的"，并强调"康德是德意志社会主义的创立者。"他认为在社会现象中，有不受因果解释的方面——这便是自觉的提出自己底目的的人。当我们谈到人、党、阶级的活动时，我们所应注意的，不是"何以"他们是如此而不是别样的活动着，而是他们要求得到什么，"为何他们是如此活动着"。这就是说，人的活动，人的党的活动，他们的阶级活动，可以不依据现实的条件在发展中的倾向，而凭主观价值判断，凭空创造出"伦理的社会主义"的。而当作所谓西南学派之巨头的里刻尔特与文得尔班，他们从"文化价值观点"得出的许多高见，也只是要证示主观主义对于客观该有如何大的"创造"作用。

社会主义既然可以由我们"从心所欲"来"创制"，历史的必然就算不存在了；由资本主义向社会主义转型的因果关系也不存在了。结局，他们的"理想的社会主义"就可以把康德在德国封建制末期所幻想的"平等而自由"的资本主义社会作为模本。一句话，诸如此类冒名社会主义者的唯一企图，就是要取消社会主义。

除了捧康德为"社会主义创建者"的"伦理社会主义"者这一流派外，还有值得一述的"自由社会主义者"，其代表人物是有名的奥本海玛（Franz Oppenheimer）。在国家主义盛行的德国，"自由社会主义"的传播，显然是不会像前者那样繁昌的。而另外一个理由，也许可以说是这派所师承的杜林传统，经过马克思、恩格斯自己对于它的清算，已无异为其后继者加担了极大的发展障碍。但虽然如此，奥本海玛却仍由他独特的研究，在德国国境以外的资本主义经济学界，找到不少的共鸣者。

伦理的社会主义者流，主要是在哲学的领域内，耍弄着"因果论"、"目的论"的花枪；奥本海玛不同，他是在经济学的领域，去找寻他的社会主义的归宿。他是一个有多方面研究和多方面著作的社会科学者，而由1916年出版的《价值与资本利润》（*Wert und Kapital Profit*），则表示他自己的研究，是沿着古典经济学与马克思经济理论而来的，马克思针对古典经济学的错误，而使其向前发展，他则纠正马克思的"错误"，而使其更向前一步发展。他把握价值学说为经济学的枢纽这一命题，而表述他自己是现代经济学之最后完成者的究竟。在他看来，古典学派的价值学说，是"劳动数量说"（Arbeitsmengentheorie），马克思的价值学说是"劳动时间说"（Arbeitszeittheorie），而他自己的，方是"劳动价值说"。古典学派的价值学说，留下了三个漏洞：一是商品的价值，由他视商品的生产费来解释，陷于循环；一是熟练劳动与简单劳动混淆不分；一是自由竞争价格的形成与垄断价格的形成，没有差别。马克思在《资本论》中的分析，把前两个漏洞弥平了，但最后一个最关紧要的漏洞，却是留给他来填补。他是如何进行这填补漏洞的工作呢？① 当然是借助于他的"劳动价值说"。他以为在等一的劳动熟练程度，和垄断关系不存在的"平等社会"中，李嘉图和马克思的劳动数量说、劳动时间说，是有作用的。在这场合，生产的静止价格（价值），在实际上，是比例于生产它所耗费的劳动量或劳动时间。可是一旦移到熟练程度差别发生问题，垄断发生问题的情形下，劳动生产物的价值，就不是比例于生产它所耗费的劳动量，而是比例于这个劳动的价值。在奥本海玛，劳动自身是具有一种价值的，但那不同于旧经济学者所理解的工资，而是理解为，资本主义经济未发生前的简单商品经济中之劳动所具有的那种价值，或由独立生产者的劳力所生产的生产物之价值，即劳动的价值，等于它所生产的生产物的价值，或生产物的价值，等于生产它所消耗的劳动的价值。奥本海玛在这里似乎不觉得他已更深的陷在古典经济学者生产费说的循坏中了。但他以为有了这种"新的"价值学说，才可以说明资本家剥削劳动者的关系。到了资本家的社会，生产手段被垄断了，资本家付给劳动者的工资，一般都低于劳动者应得的"劳动价值"；资本家阶级愈凭借政治权力，凭借暴力，凭借各种人为组织施行垄断，对于劳动者的剥削就愈加厉害。照他所理解，一切占在垄断地位的人所获取的垄断利益，垄断收入，就是剩余价值。垄断是排斥自由竞争的，而不是阻害自由竞争的。垄断地位的造成，其归根结底的原因，应求之土地被视为私有财产，和大土地所有制的形成。因为一般人民借以独立生活的土地被兼并了，被囊括去了，他们就不得不离乡别井，到都市中去找生活，去依赖资本家的生产手段。所以，资本的垄断，是由土地垄断导来的。在这种认识下，他所理解的平等社会，第一就要由破除土地垄断而实现，第二要由破除自由竞争限制而实现。所以，他以为那种平等的社会，如其可以认为是"社会主义社会"，那就算是一种自由主义的社会主义社会。要社会主义，也要自由主义的天真幻想，就这样被这位渊博学

---

① 鲁滨：《近代西方经济学家及其理论》（严译），第1篇。

者"设计"出来了。晚近许多个人主义经济的改良家,如英国的道格拉斯、凯恩斯之流,差不多是由不同的研究途径,表露出了极其相同或相似的志愿。

然而,现实社会经济的发展,是在执拗地反对他们这种微温的中小资产者的社会主义的愿望的。

由马克思主义的批判者,转到马克思主义的修正者,我们会碰到另一个研究场面。

对于马克思主义加以无情的攻击,那是各国资产学者共同的历史任务,但德国的学者们却更有成就那种任务的必要;同样,对于马克思主义的修正,也是由德国学者率先或更认真的来履行那种任务的。列宁曾说:"修正主义不能仅用个人或个别派系的错误来解释,甚至不能用民族特点或遗传来解释。修正主义是一个'国际性'的现象,其根源保藏在某一时代,阶级及党的斗争的社会经济条件内……"① 从这段话,我们不仅知道修正主义是"国际倾向"在德国的特殊表现,还知道,修正主义主要是发生在劳动运动中,在社会主义的实践中。如其说前述的马克思主义批判者流,特别是新康德主义者流,是把论难由理论引到实践,而修正主义者流则是把论难由实践引论到理论;发生的场合不同,研究的方法也不尽同,但我们前面讲过,两者是有其一致的同点的。先且看看列宁所描述的他们之间的密切关系。他说:"在哲学范围内,修正主义是追随资产阶级教授的科学尾巴的,教授们'回到康德',修正者则攀援着新康德主义者;教授们一千遍的重复那反对哲学唯物论的故套,修正主义则咕噜地说唯物论是早已被'推翻了的';教授将黑格尔糟蹋得像一只'死狗',他们自己宣传唯心论(不过比较黑格尔的唯心论要微小平凡到千百倍),同时却对于辩证法加以极端的轻蔑,修正主义者亦跟着他们跳进这哲学的泥坑,用'简单的'(与静止的)进化,来代替'精巧的'(革命的)辩证法,教授们领了公家的薪水,使他们的唯心论与'批判论'的体系适应统治着的中世纪的'哲学'(即神学),修正主义则趋承着他们……"②

修正主义是在恩格斯死后由其不肖的大信徒,德意志社会民主党的指导者伯恩斯坦(Edward Bernstein)所倡导的。他于1899年出版其大作《社会主义的前提与社会民主党的任务》(*Die Voraussetzungen des Sozialismus und die Aufgaben der Sozialdemokratie*),再过10年的1908年,他在再

---

① 卢波尔等:《五大哲学思潮》,生活出版社1939年版,第204—205页。
② 《列宁全集》第12卷,人民出版社1959年版,第185页。

版序言中，这样强调着"修正主义"的精神："我在这里应申明：这本书乃由以次的见解而执笔，即劳动阶级大解放斗争之历史的理由及目的，并非依据什么已成的形式，乃是由此阶级之历史存在条件及由此条件所生的经济的政治的及伦理的要求所决定，是现实劳动阶级之理想的，而不是为了实现什么教义的。倘称此见解是'修正主义'，那是很好的。马克思同恩格斯也是当时的修正主义者，是社会主义上的大修正主义者。修正主义是一切新的真理，是一切新的认识。其实，进化不知什么叫做静止。不论是斗争条件，或其他形式，同是受着变化法则所支配。所以，慢说在理论上，在实际上也存在着修正主义……"① 然则他的修正，他的新认识是什么呢？

首先，他以为唯物史观是不妥当的。人类历史的发展，并不是如马克思、恩格斯所说的，完全归因于物质的因素，特别是归因于经济的因素。人的因素、精神的因素，在人类历史展开的活动过程上，扮演着重要的作用。不仅如此，他又重复康德主义的高见说，如其社会进步，真如马克思、恩格斯所说，是依据物质本身的机械的技术性的变化，那么，在封建社会的末期，就用不着资产阶级的民主革命，而在现阶段，也用不着无产阶级的社会革命了。换言之，马克思、恩格斯既一面强调社会变革的必然性，同时就不该强调那种变革的阶级斗争，而应静候花开蒂落的收获了。

其次，他对马克思、恩格斯所不绝宣称的资本集中运动过程中的恐慌现象，与中小资产者没落情形，也认为完全与事实不符。对应着19世纪末期资本主义世界的暂时稳定与一般发展的现实，他以为资本家的社会，并不曾依照马克思、恩格斯所预期的发生危机与迅速崩溃，反之，社会财富与有产者不但不减少，且在大量的增加。

再次，上面两点基本理论方面的修正，乃是为了"决心对于社会民主党之目的与任务，而系统的开陈其意见。"换言之，是为了要改变依据"错误"主义而定的党的斗争纲领。他以为，劳动运动的目的，是为了要实施所谓协同性原则，为了要以商业改良、消费协作组织，来消灭资本阶级。用卢森堡女士批评他的话，就是"伯恩斯坦'英国式见解'，简言之，以他所认为社会主义斗争最有力的手段，便是对于社会主义真正的阻碍，他所认为德意志社会民主主义的将来，便是使社会民主主义在发展过程中逐渐消沉到英国劳动运动的过去。"②

---

① 加田哲二：《德意志经济思想史》（周译），第288—289页。
② 同上书，第312—313页。

伯恩斯坦这种"修正",今日任何一个反马克思、恩格斯学说的人,都像鹦鹉似的重复着。这并不是由于伯恩斯坦的"宣传"在向全世界发展,而是因为伯恩斯坦对于马克思、恩格斯的攻击,是一切凭常识作看望文生义的和一知半解的指摘的人,都很容易做到的。所以,尽管伯恩斯坦的修正高见一发表,他的比肩战友卡尔·考茨基(Karl Kautzky)已在其所著《伯恩斯坦与社会民主党纲领》(*Bernstein und Sozialdemokratische Programun*)一书中,将其逐一斥得体无完肤。但继起非难马克思主义的人,却一点也不觉得害臊的在重复着伯恩斯坦的错误。其实,如真说马克思、恩格斯有错误,那就是他们,特别是恩格斯,竟把这样一个反复无信的背叛者看为自己最信托的同志。

卡尔·考茨基对于马克思主义的研究与发展,是有不少功绩的。但其所以"晚节不终",终于走到修正主义的机会主义的路上,却早已为马克思、列宁前后指出其理论上不彻底和实践上动摇的由来了。下面是一段暴露考茨基面目的恰当描述。他是"现在德国和国际社会民主党之最著名的理论家,但从来不曾站在真正的革命的马克思主义之严格的坚定的立场。马克思在某一封信里,已曾指斥了考茨基哲学的狭窄性。而列宁在 1901 年也已申述他的没问题的'橡皮'性。在《国家与革命》一书中,列宁考察到考茨基对于马克思主义的国家论的曲解和隐蔽时,并且为这个目的而去审查考氏的早期著作和甚至较好的著作时,他就明白昭示吾人:从考茨基这一切错误、省略和隐瞒,如何产生他全部无原则的社会主义来。在很早的时候,我们也已发现考茨基曾有将马克思主义与康德主义和马赫主义调和的尝试,将布尔乔亚的均衡论拖进马克思主义中去和使社会适应自然的尝试;考氏的生物学的社会本能观以及其他对于辩证唯物论和历史唯物论的极大的曲解,为社会民主'正统派'之代表的考茨基,经过了长久动摇之后,才开始对伯恩斯坦论战,可是那种论战却带着极其无能为力的和实质上调和的性质;不仅如此,在好些原则问题上,考茨基自己也滑到伯恩斯坦的立场上去了(例如对辩证法的估量上,在否认劳工阶级贫乏化这一点上等等)……"① 考茨基在 1902 年所著《社会革命论》(*Die Soziale Revolution*)中,还极力强调无产阶级革命的如何重要,如何需要无产阶级的决心与奋起,但到 1920 年,他在《恐怖主义与共产主义》(*Terrorismus und Kommunismus*)中,他却变成了一位疯狂的反无产阶级革命的急进先锋了。

---

① 米丁:《辩证唯物论与历史唯物论》下册(沈志远译),商务印书馆 1938 年版,第 531—532 页。

他以为社会主义应当是民主的,非民主的专制独裁,则不能成其为社会主义;又以为社会主义是建设的,一味破坏,更不成其为社会主义。他提出社会主义实现必须具备的物质条件与精神条件共有四个:第一,就是因大工业发达而更形增强的实现社会主义的意志;第二是资本主义劳动生产力的增进;第三是无产阶级势力随大工业展扩而增大;第四是无产阶级经营社会主义的新生力量。——这一切条件均显示只有在和平局面下逐渐完成。因此,社会主义的变革,就必得是用和平的手段,渐进的完成。依他在所著《唯物史观》中的说法,就是"决定的政治战斗,不是用炮火的武器来进行,而是借选举票来进行。"他咒骂布尔什维克革命方式的野蛮,咒骂苏维埃政权的专制,但反过来,对于苏联军事共产的终止,他却又说那是对于官僚主义、军阀主义、资本主义的让步。这一切的非难,一方面固然是由于他在1902年到1920年这一段时间中,他已变成了"卡特尔主义者","超帝国主义论者",同时最本质的则是由于他的小资产阶级的两面性、不彻底性,随时都会在现实革命斗争过程中,发生动摇;而其博学的优越感,和长期的领导地位,更帮同完成了他的"大机会主义"。

当作一个修正主义者,卡尔·考茨基与伯恩斯坦的唯一不同之点,只是后者一开始就毫不隐饰的表现为马克思主义的叛徒,从而由伯恩斯坦所生的不利影响,很快就消逝了。考茨基不同,他一直在坚持着马克思主义的旗帜,把这作为他革命的幌子,而他的渊博的大量的著述,更使正统马克思主义者的刷清工作,变得非常困难。

(三) 正统社会主义经济理论的发展

对于马克思主义,特别是对于马克思主义在归结的目的上去理解的社会主义,无论他在19世纪中叶以后,怎样变为资产者社会"众矢之的",无论在这时以后,有多少"品类不齐"的社会主义被"设计"、"装扮"出来,想借以代替或压倒马克思、恩格斯的"科学的社会主义",但就在这反对和"创造"的过程中,马克思、恩格斯的"科学社会主义"终于在世界,更明显的在欧洲,确立了它的不可动摇的支配正统地位。而正好在这种支配的正统地位被确立之顷,从外部,从完全对敌立场来进行的正面反对论,已经显得无力了,于是,一种迂回侧击或从内部,从马克思主义阵营内发出的各种各式修正论,便代兴起来,结局,原来壁垒分明的思想斗争,乃显得非常混杂。列宁曾在《马克思主义与修正主义》中,解释此种演变历程说:"马克思主义在其诞生后的前半个世纪(从19世纪40年代起),它跟那些根本上敌视它的理论作了斗争……但当马克思主义排除了一切比较完整的敌视它的学说（从工人运动的意识形态中排除出去——著者）时，在这些学说上所表现的倾向，就开始找寻它们旁的出路了。斗争的缘由和形式就都改变，然而斗争却依然继续着。马克思主义生存后的半世纪（从前世纪 90 年代起），开始与马克思主义内部的对敌马克思主义的各种思潮作斗争。"他并结论着说："先于马克思主义的社会主义是被击破了。从此它就不复在自己独立的基地继续斗争，而是在马克思主义的总基地上以修正主义的形式来作斗争了。"①

可是，与修正主义斗争的场面，是非常错综的。比如对于伯恩斯坦的修正论，考茨基曾奋起论争，考茨基在论争中表现的修正论，又分别由其他马克思主义者起而抨击，结局，一个像是混战的局面，就在 20 世纪的最初 20 年中，连续参差的表演下来。在这当中，我们见到了与社会主义实现或资本主义崩溃有较密切关系的各种特出的社会主义经济理论。值得在此提到的有：

（1）"流通观的"金融资本理论。在 1910 年，希法亭（R. Hilferding）的大著《金融资本论》（*Das Finanzkapital*）出版。该书的附题为"最新资本主义的研究"（Eine Studie über die jüngste Entwicklung des kapitalesmus），就是说，他企图对 19 世纪最后数十年的资本主义新发展现象，予以科学的分析。如其说马克思、恩格斯所解析的，是以工业资本主义为主体，而希法亭所解释的，则是以金融资本主义为主体。在这种意义上，他这部著作，便被一般强调成《资本论》的直接继续。站在马克思主义的立场上，来研究马克思、恩格斯当时尚未显著发展的新资本现象，其贡献是不容忽视的。但他的研究方法，却不能不说在某种程度离开了马克思主义，以致留下以次一些影响后来马克思主义的不良倾向。

其一是：他分析金融资本，虽然提论到了银行资本与其他资本，特别是与工业资本之间的关系，但归根结底他却企图从流通，从货币现象中，去说明此等关系。"此等关系是发现于货币资本及生产资本之基本形式之中的，于是就发生了信用之本质及其作用的问题；至于此问题之答案，也只有得自关于货币作用解释中。"②"只有正确的分析货币方才可以了解信用之作用，同时，方才可以了解银行资本与工业资本间的关系之基本形式。"③ 于是他研究第一章便是从"货币的必要"开始。他这种流通观的

---

① 米丁：《辩证唯物主义与历史唯物主义论》（沈志远译），商务印书馆 1938 年版，第 526—527 页。
② 《金融资本论》（王译），原著者序言第 14 页。
③ 同上书，原著者序言第 15 页。

金融资本理论,虽曾为考茨基所辩护,说研究上不妨采取这种方法,以便向这方面深入的探究,但金融资本的本质理解,却显然会因此受到损害,后来鲁滨(Rubin)把资本主义经济的重点,由生产形态移到交换形态方面,也许是受了他的不少影响。

其二,他从整个流通过程中看到金融资本的统治,遂认定它发出的组织功能,把自由竞争限制或消灭了。所谓"诸集合过程表现为'现代'资本主义的特点,一方面显露出以卡特尔及托拉斯为媒介'消灭了自由竞争',另一方面,银行资本与工业资本间之联系更加密切起来。"① 我们后面待述及的布哈林的"有组织的资本主义",当然从希法亭著作中获得了一些概念。

其三,惟其他过分看重资本主义"组织"的一面,他不能把帝国主义看成资本主义发展的最高阶段,而仅把它看成有组织的"金融资本统治"下的一种政策。此后波格达诺夫(A. Bogdanoff)在其所著《经济科学概论》(Economic Science)中,亦蹈袭此说,而在纯依"流通观点"所分类的历史阶段——自然自给社会、商业社会、社会的组织社会——之"商业社会"的"金融资本主义时代"那一章中,就把"当作金融资本之政策的帝国主义"作为一个节目。

(2)有"组织的资本主义"与平衡理论。关于这方面的意见,布哈林(Bucharin)发表得最多。他是一个理论上的大量生产者,他对于资本家经济学的批判,于1919年写了一册有名的《有闲阶级经济学》(Die politische Ökonomie des Rentners),这部书迄今仍有其现实意义与价值。但他的主要论著,仍是针对着马克思主义阵营内的不妥当理论。如在1915年出版《世界经济与帝国主义》(Die Weltwirtschaft und der Imperialismus),反对考茨基的《超帝国主义论》;在1925年出版《帝国主义与资本的蓄积》(Imperialismus und die Akkumulation des Kapitals),反对卢森堡女士的下面待述及的《资本蓄积新论》;至若他自己在社会主义实现过程上的错误见解,如有组织的资本主义论及社会经济平衡论,大体见于其1920年所著《转形期经济学》(Die Ökonomik der Transformations Periode)中。他认定资本主义社会,或世界资本主义各国间之维持安全,是由于依金融资本统治宰制而加以组织的结果。"金融资本撤除了各个大资本主义国家内之无秩序的生产,独占的企业联合、企业结合以及银行资本对于工业之侵入等等,造出新型的生产关系,而把无组织的商品资本主义的体制,变为

---

① 《金融资本论》(王译),原著者序言第13页。

一种金融资本主义的组织。"① "形成近代世界经济体制的单位，不是个别的企业，而是复杂的合成体——国家资本主义托拉斯。……资本主义'国民经济'已从一个非合理的体制，变为合理的组织，从没主体的经济，化为有主体的经济。这个变化是根据金融资本主义的成长，及资产阶级的经济组织与政治组织的融合，而发生出来的。"② 于是，他说，"在大战以前，世界经济的体制，乃处于可动的平衡状态。"③ 而"世界经济内部的诸种私人资本主义体制之所以得到稳定，是因为当战争成为具体事实的时候，它们却实行了生产关系内部改组，而化成了国家资本主义形态。所以，这些体制的稳定，大概可以说是同国家资本主义的组织化的程度，成为正比。……"④ 他当然也不相信这组织化的平衡安定，可以一直保持下去，由"世界价格，世界的竞争世界市场，世界利润率统一化倾向，工资的统一化及其世界统一化的倾向，以及随此而发生的由一国而至他国的劳动力的移动而反映出的世界资本主义体制内部各国间的一般结合及相互依存状态，所造成的可动的平衡状态，因为是在充满矛盾中进行，所以其中某一环节脱除或破裂，马上就会使全体机构的平衡，归于瓦解，而暴发为世界恐慌世界战争的规模。然则那脱节的环，究会在全体机构的那一部分表现出来的，他由是归结到国家资本主义组织最薄弱的俄国。他反对考茨基的'超帝国主义'，事实上，却无异在这种组织的资本主义的说明上，为超帝国主义提出了政治经济的基础；正如同他反对卢森堡女士的新资本蓄积说，即反对把非资本主义领域的存在作为资本蓄积得以继续进行的学说，但同时却又在上述理由之外，又提出资本主义体制崩溃之最重要原因，乃是资本主义国家与其许多殖民地断绝联络。"⑤

（3）资本主义自动崩溃说。卢森堡女士是马克思主义的最忠实信徒。她在1899年出版《社会改良主义还是革命?》（*Sozialreform oder Revolution*）中，对于伯恩斯坦所提出的资本主义崩溃否定论加以无情的批判。伯恩斯坦以信用组织的发达，中层阶级的强化和无产阶级经济状态的好转，论证资本主义一般崩溃的无据，女士对于她的批评或驳斥无疑是非常激越的，但从理论上证示资本主义必然的自动的归于崩溃，却是见于其此后数年，即1912年刊行的有名的《资本蓄积论》（*Die Akku-*

---

① 《金融资本论》（王译），原著者序言第7页。
② 同上书，第13—14页。
③ 同上书，第255页。
④ 同上书，第258页。
⑤ 同上书，第266页。

mulation des Kapital）中。这部书的出名，倒不是由于其分析的精辟，而是由于她在这当中对马克思的再生产行程的方式，大胆的提出了修正。她以资本主义蓄积的进行，照马克思所说，是剩余价值或利润的资本化。但体现着剩余价值或包含着利润的那一部分商品，如何能实现其价值或在利润名义上实际变为一定的货币额呢？申言之，将由谁消费哪一部分商品呢？由资本家吗？那将毫无蓄积可言；由劳动者吗？他除了由资本家那里得到仅够维持生存的工资以外，根本没有任何购买手段。然则现实的资本蓄积，究是怎样进行的呢？在这里，他从非资本主义的领域，或殖民地的商品市场，来使他脱出这理论上的困厄，同时并由此建立他的资本主义"自动消灭论"。即，她认为要解释资本蓄积，不应当从资本主义内部规律性出发，而应从资本主义与非资本主义的环境之外部的相互关系出发。她这样说："蓄积不只是资本主义经济诸部门间的内部关系；它首先'是由资本和非资本主义的环境间的关系'……是'资本主义的和前资本主义的两种生产方式间的物质交换过程'……'所以，资本主义是要靠这些前资本主义经济形态的破坏而取得生存的；没有别的经济形式来当作环境和滋养基础，它就不能生存。'在落后国家，殖民地等小商品生产一消灭，资本主义就自动的趋于消灭。"① 她这种"新蓄积理论"曾受到列宁严厉的指责和批判。第一，由于她的过于机械的观点，看不出再生产过程中的后一周期的扩大组织，对于前一周期要追加劳动，要加雇新的劳动者，从而要发生消费资料的追加需要；第二，由于她过于看重消费，而忽视消费被决定于生产，以至把非资本主义阶层，看为资本主义发展的基本杠杆，无形中陷入了大消费论者马尔萨斯的错误，由是极表象的把资本主义社会之生产力和消费力之间的矛盾，来代替社会性生产和私人占有之间的基本矛盾；最后第三，由于她过于看重资本主义生产的外部关系，把外部非资本主义环境作为其存在条件，结局，好像资本主义只是由于榨取或剥削非资本主义社会而得到营养与生存，资本家对劳动者的剥削反而放在不重要的地位了。

一切发生于马克思主义阵营内的这些不正确见解，都是经过列宁才予以彻底清算的。因此正统的社会主义经济理论，虽然曾有许多马克思主义者予以阐扬和发挥，但其全体系的明确的发展，却应当说是列宁的业绩。

由上面的说明，我们应已察觉到，马克思主义的研究，已渐由德国移

---

① 米丁：《辩证唯物论与历史唯物论》（沈志远译），商务印书馆1938年版，第533—534页。

到了俄国。这种移转不是偶然的，最基本的原因，可以说是在19世纪末20世纪初，革命斗争的舞台，已渐从德国移到了俄国。早在1902年，列宁曾在其所著《怎么办》（*Wastun*）一书中，极有远见的预言到了。他说："历史提出一紧急使命于俄国马克思主义者面前。这使命乃是任何国家无产阶级一切紧急使命中最革命的使命。执行这使命、即毁坏欧亚反动的最坚固的炮垒，将使俄国无产阶级变成国际无产阶级的先锋，换一句话说，即革命运动的中心应该移转到了俄国。"

列宁自己显系这种转移的一大促进的动力。

由于马克思主义是如列宁所明确提出的包括有哲学、经济学、社会主义三大部门，当作马克思主义的直接继承体系的列宁主义，也无疑在这三方面都有独特的发挥。在哲学上，他的《唯物论与经验批判论》（*Materialismus und EmPiriokritizismus*，1908）是其代表作；在经济学上，他的《帝国主义论》（*Der ImPererialismus als Jüngste Estappe des Kapitalismus*，1917）是其代表作；而在社会主义上，则是以他的《国家与革命》（*Staat und Revolution*，1917）及《共产党的左翼幼稚病》（*Die kinderkrankheit des 'Radikalismus' im kommunismus*，1920）为其代表作。由这诸方面的理论及其在实际方面的指导策略所构成的列宁主义，《列宁主义问题》的著者是这样解说它与马克思主义的关系的："列宁主义是帝国主义和无产阶级革命时代的马克思主义。恰切的说，列宁主义是无产阶级革命的理论和策略，特别是无产阶级专政的理论和策略。马克思、恩格斯生活在革命（指无产阶级革命）前帝国主义未曾发展的时代。在无产阶级革命时代，在无产阶级革命尚未成为直接的实际的必然的事实的时代。列宁—马克思、恩格斯的私淑弟子，则生活在帝国主义发展时代，这时，无产阶级革命已经在一个国家取得了胜利，毁坏了资产阶级德谟克拉西并开始无产阶级德谟克拉西的纪元，苏维埃的纪元了。因此，列宁主义是马克思主义的向前发展。"

从这里，我们可以看出，把列宁主义与马克思主义相较量，便极容易显出以次几个特征：

其一，它更表现为是动的、活生生的、实践的；其二，它更表现得是理论与实践统一的；其三，它更表现得是社会主义的——即就它全体的包含内容说，社会主义的比重更大了。

对于社会主义，他很实际的从帝国主义的分析着手。他不把帝国主义看为金融资本主义的一种政策，而把它看为是资本主义发展的最后阶段。因此，考茨基、希法亭、布哈林，把金融资本的寡头统治看作有组织的资本主义，或超帝国主义，而他则把帝国主义看成资本主义矛盾的大集合，看成资本主义矛盾性的极端限界。而以资本家与劳动者间的矛盾,各帝国主义国家间或其财团间的矛盾,以及文明统治国家与落后诸民族间的矛盾,为其具体表现。因此,到了这个新的帝国主义时代,这个在一方面充满了诸多矛盾,同时却将一切个别民族个别国家经济结成为一条统一链锁的世界经济时代,革命的对象已经是世界的了,个别国家生产发展水准问题,或者如考茨基依生产力发展程度来测定一个国家或民族,是否接近爆发革命的理论,已经变得常套而机械了。他认为当作诸多矛盾综合体的"帝国主义的世界阵容,容易为革命方面所击破,而在个别的国家方面这一阵线之断裂,也成为很可能的了。很明显的,帝国主义的阵线在比较薄弱的地方,就容易断裂。"这即是说,"劳工变革,不一定要在工业最发达,产业工人有多少,农民有多少的地方开始,而往往要在帝国主义的阵线受打击最重,链条的环子最薄弱的地方首先开始。"① 但他特别强调的提出,帝国主义列强间的这种最薄弱的环的断裂,并不是自断的,而是要人去打断的。谁去打断,这里就引出了他的社会主义变革学说的两大内容,一是关于劳工阶级在一切国民革命中演着领导作用的学说,又一是关于劳动农民有革命可能的学说。根据这种学说,他就认定在帝国主义国家中最薄弱的俄国,一方面因其有相当数量的产业工人,或无产劳动者,同时又有封建统治与国际资本统治下的大量贫苦农民,可以被团结在无产劳动者的周围,而首先成就那种变革。在《反潮流》(*Gegen den Storm*,1915)里,他说:"无产阶级将无所顾忌的奋斗,为夺取政权,为建立共和国,为没收土地,为求得资产阶级的俄国从军事封建'帝国主义'(沙文主义)下,求解放运动中有'非无产阶级民众'之参加,无产阶级立刻利用资产阶级的俄国,从这沙文主义,从地主,从土地政权求得解放的运动";在《叛徒——考茨基》(*Die Diktatur des Proletariats und der Renegat*,1918)一书中,他并还指出俄国的革命不可能单是无产阶级的,同时还是资产阶级的,是两种性质的革命的联合。他说:"过去的事,正如我所预言,革命的进程,证明我的论断的正确。起初,合同'一切'农民反帝制,反地主,反中世遗制(在这限内,革命是资产阶级的,是资产阶级德谟克拉西的);随后,合同贫农,合同半无产阶级,合同一切被剥削者,反对资本主义,连带也反对农村富人、富农、投机商人,在这限内,革命就变成社会主义的了。企图建立人为的万里长城于二种革命之间,企图除开无产阶级准备程度及其连合贫农程度之外,再用别的事物来

---

① 米丁:《辩证唯物论与历史唯物论》(沈志远译),商务印书馆1938年版,第517页。

隔离这种革命；这种企图，乃是过分附会马克思主义，乃是过分涂污马克思主义，乃是以自由主义代替马克思主义。"

在这种认识下，他便依据恩格斯在《农民问题》的特别提示，而主张在革命进程中，尽量设法便利小农，帮助小农。恩格斯说："要夺取政权，党必须从城市走入乡村去，并在乡村中占有实力。"又说："我们坚决的站在小农一边了。我们将尽可能使小农生活改善。如果他们愿意，即使如果他们尚不愿意组织，我们亦应尽力使他们能有更多的时间细细去想。我们这样做，不仅因为我们认定独立劳动的小农可以转过到我们这一边来，而且因为这是直接有利于党的。无产阶级化的农民，和赞助我们的农民，其数量愈多，则社会改造的过程亦愈加迅速而容易。我们用不着资本主义的生产到处发展到极端的限度，而最后一个小手工业者和小农也成为大资本主义生产的牺牲时，然后才完成社会改造。为农民利益而使社会担负物质的损耗，这正是善于利用资本，因为这样到全体社会改造时，或者可以节省十倍的必须的费用。因此在这方面，我们可以对农民大大慷慨一下。"列宁在俄国革命过程的实际斗争中，可以说是对于恩格斯这教言，有了充分的发挥和运用。

他这种社会主义变革理论，把以前为社会民主党，为第二国际所强调所重复的诸般机械见解，通通否定了。考茨基一帮人答复革命将在何处开始，在什么国家开始的问题，是说在工业较发展的国家；是说在无产阶级占多数的国家；是说在文化较高，德谟克拉西较普及的国家。列宁依据他所发现的帝国主义时代的资本主义的不平衡发展的法则，依据帝国主义把革命对象化成一体，同时把被压迫人民，也化成一体的全面对敌理论，而认定革命不仅可能在资本主义较不发达的帝国主义国家发生，在革命者的战略要求上，且应使其在较不发达的国家发生。正因为如此，他还确信，劳动者的文化水准的提高，政治意识的增进，管理能力的加强，只有期之于劳农联合所支配的国家，而不能期之于钝化或缓和分散革命情绪的议会政治。

要之，列宁主义对马克思主义的发展，是把马克思主义中讲得不够实际，不够具体的社会主义部分，或社会主义经济思想部分，作了更进一步的发挥。

（摘自《政治经济学史大纲》第6篇：
《当代三大经济思潮》第1、2、3章）